言語와 言語理論

소쉬르에서 촘스키까지

言語와 言語理論

소쉬르에서 촘스키까지

金鎭宇 著

한국문화사

言語와 言語理論

소쉬르에서 촘스키까지

1판 1쇄 발행 2014년 10월 20일
1판 2쇄 발행 2015년 8월 10일
1판 3쇄 발행 2021년 7월 30일

지 은 이 | 김진우
펴 낸 이 | 김진수
펴 낸 곳 | 한국문화사
등   록 | 제1994-9호
주   소 | 서울시 성동구 아차산로49, 404호(성수동1가, 서울숲코오롱디지털타워3차)
전   화 | 02-464-7708
팩   스 | 02-499-0846
이 메 일 | hkm7708@hanmail.net
홈페이지 | http://hph.co.kr

ISBN 978-89-6817-172-7 93700

■ 서문

    언어이론을 일단 하나의 과학으로서의 언어학의 정체와 그것에 대한 연구방법을 논의하는 이론으로 치자면, 이것에 대한 연구나 논쟁이 본격적으로 시작된 것은 20세기 초에 소쉬르의 구조주의 언어학이 탄생되면서 부터였다. 그가 언어이론이라는 술어를 쓰지는 안았지만, 언어연구에 있어서의 공시성 대 통시성이나 랑그와 빠롤의 구분을 주장하고 나선 것은 분명히 언어이론 연구의 시발이나 다름이 없었다.

    현대 언어학의 역사는 곧 언어이론에 대한 연구의 역사였다는 사실은 그 후 그의 언어사상을 이어받은 예름슬레브나 마르티네등의 주장에 의해서 더욱 확실해졌다. 예컨대 전자는 자기가 창안한 언리학이야말로 역사상 최초의 제대로 된 언어이론을 기반으로 한 언어학이라고 내세웠고, 후자는 자기가 개발한 음운이론과 언어적 경제성의 이론, 언어조직의 동력성 이론, 일반적 통사이론, 조어의 재구이론 등이 중추가 되는 기능언어학이 바로 최선의 구조주의 언어학이라고 주장했었다. 결국 이들은 언어이론이라는 신 개념을 도입하여 구언어학과 신언어학을 차별화하는데 성공했던 것이다.

    그런데 마치 역사의 반복성을 드러내려는 듯이 이런 식으로 언어이론의 장을 이용한 사람은 촘스키였다. 그는 처음부터 구조주의적 언어이론의 한계성을 극복하는 것이 곧 진정한 의미에서 언어학을 과학화하는 길이며, 그렇게 하기 위해서는 결국에 경험주의적 언어관이나 언어연구법을 버리고서 이성주의적 언어관이나 언어연구법을 채택해야 된다고 주장하고 나섰다. 이와 관련하여 그가 구체적으로 제안한 언어연구법이 바로 가설형성법이었는데, 결과적으로 이것의 과학성을 익히 실증하게 된 것이 최소주의 이론으로 불리는 그의 특이한 보편문법이론이었다. 아울러 그는 오직 철저하게 형식주의적인 특성을 갖춘 언어연구법만이 최선의 과학적 연구법이 될 수 있다는 원칙도 고수했다.

이렇게 보자면 현대 언어학의 발전사는 구조주의 대 생성주의 간의 언어이론적 논쟁에서 생성주의가 궁극적 승리자로 판명되는 과정이라고 볼 수가 있다. 이 책의 주된 목적은 그래서 구조주의적 언어이론과 생성주의적 언어이론을 심층적으로 비교해서 과연 생성주의가 주도권을 잡고 있는 지금의 언어학을 최선의 과학적 언어학으로 볼 수 있는가를 확인하는 것이었다. 이렇게 하는 것은 또한 촘스키의 언어학이 오늘날 인문학 전체를 이른바 언어학적 전환의 시대에 들어서게 만든 원인을 알아내는 방법이기도 했다.

그러나 인간의 언어는 다면적 기구이기에 촘스키의 생성주의적인 통사론적 언어이론만이 유일한 언어이론으로 군림할 수 없다는 것은 자명한 진리였다. 우선 이런 분석을 하다보니까 자동적으로 문제점으로 부상하게 된 것이 의미론과 화용론을 앞으로 어떻게 할 것인가의 문제였다. 특히 언어능력과 언어사용 간의 엄격한 구분을 내세워온 지금까지의 언어학이 과연 언어연구의 주된 대상이 문법조직으로부터 의미조직이나 화용적 원리로 바뀐 다음에도 그대로 존속할 수 있을 지가 커다란 관심거리가 되지 않을 수 없었다.

또한 언어연구의 역사는 학문의 역사만큼이나 오래 되었기에, 지금 논의되는 언어이론의 실체는 그것을 지난날의 언어이론들과 연결시켰을 때만 제대로 밝혀질 수 있다고 보는 것이 맞는 생각이었다. 이렇게 되면 결국에 언어이론 연구나 이론언어학은 한 단계 더 고차원적으로 이론화된 언어학사의 모습을 띠게 되어서, 언어학의 발전에 크게 기여하게 될 것이다. 다시 말해서 이론 언어학의 탄생으로 언어학을 하나의 과학적 학문으로 만들려는 작업이 훨씬 용이해질 것이 분명했다.

끝으로 나는 이번에도 이런 전문적인 책의 출판을 흔쾌히 승낙해주신 김진수 사장님께 깊은 사의를 표하고 싶다. 길게는 그의 이런 배려가 우리나라의 언어학 발전에 큰 기여를 하게 될 것으로 믿는다.

2014년 10월 1일
저자

제1장 언어이론 연구의 필요성

제2장 언어이론의 네 가지 특징

제3장 Saussure의 언어이론

제4장 Chomsky의 언어이론

제5장 언어이론 연구의 발전 방향 (I): 수평적 확장

제6장 언어이론 연구의 발전방향 (II) : 수직적 연결

제1장
언어이론 연구의 필요성

　일단 인간의 언어를 어떤 것으로 보아야 하며, 따라서 궁극적으로는 그것을 어떻게 연구해야 하는가를 밝힌 바를 언어이론으로 치자면, 그런 것을 공식적으로 내걸었든지 그렇지 않았든지 간에 언어학자들이 매 시대마다 저마다의 언어이론을 가지고서 언어연구를 해 왔다는 것은 의심할 여지가 없다. 한마디로 말해서 지난 2천여 년 동안에 언어이론은 언어연구의 슬로건이나 브랜드가 되어왔던 것이다. 그러니까 누구라도 우선 언어이론 연구는 지금까지의 언어학의 발달과정을 살펴볼 수 있는 방법 중 가장 간편한 것 즉, 일종의 간추린 언어학사를 쓸 수 있는 지름길이 될 수 있을 것이라고 생각할 수 있다.

　그러나 결론부터 말하자면 여기에서 우리가 하려는 언어이론 연구는 일종의 통시적인 것이 아니라 공시적인 것이다. 더 구체적으로 말하자면 여기에서 우리가 하고자하는 것은 지금을 이른바 언어학의 시대로 만든 언어이론의 실체를 밝히는 것이어서, 이런 작업은 곧 오늘날의 언어학의 현황을 파악할 수 있는 첩경이 될 수 있으리라는 판단이 그것의 전제가 되고 있다. 그리고 굳이 따지자면 여기에서 우리가 도모하고자 하는 것에는 언어학의 미래상을 현실적인 것을 바람직한 것으로 최대한 접근시키는 식으로 그려보는 것도 들어가 있다고 볼 수가 있다. 또한 아무리 엄밀한 의미에서의 언어이론은 현대 이전에 있었던 언어연구와는 직접적인 관계는 없다고 한들 과거가 있었기에 현재가 있다는 역사학적 진리는 이것에서도 그대로 적용되기 마련이다. 이렇게 볼 것 같으면 결국 여기에서 우리가 시도하려고 하는 것은 하나의 새로운 언어학 연구법을 제시하는 것이다.

물론 더 근원적으로 따지자면 우리가 이런 식의 언어이론 연구를 여기에서 시도하게 되는 데는 서양에 있어서의 학문적 내지는 지적 탐구의 궤적을 추적해볼 수 있는 하나의 창구가 될 수 있겠다는 생각도 한 몫을 했다. 쉽게 말해서 오늘날이 어떻게 언어학적 전환의 시기로 불리게 되었는가를 살펴보게 되면 지난 2천여 년 간의 서양의 학문이나 지성의 역사는 저절로 드러나게 될 터이니까, 결국에 이런 작업은 철학사나 과학사의 일부일 수가 있겠다는 판단이 우리에게는 있었던 것이다.

그리고 무엇보다도 중요한 사실은 이런 시도의 기저에는 예컨대 지금의 언어학을 주도하고 있는 생성문법이론이라는 Chomsky의 언어이론의 평가 작업도 마땅히 언어학뿐만 아니라 학문 전체의 역사적 맥락 안에서 이루어져야 한다는 생각이 깔려있었다는 사실이다. 이런 의미에서 보자면 여기에서의 우리의 작업의 궁극적인 목표는 Chomsky의 생성문법이론의 현재와 미래를 점검하고 예측해 보는 것이라고 볼 수가 있다. 일찍이 Robins(1967)는 「언어학 소사(A Short History of Linguistics)」라는 책의 끝을 「언어과학에 대한 약간의 이해는 역사가로 하여금 미래의 동향과 쟁점을 보다 큰 동정심과 관용성, 통찰력을 가지고서 연구할 수 있게 한다.」라는 말로써 마무리했었는데, 이 말이 바로 Chomsky의 언어이론을 평가하는 데도 그대로 적용될 수 있는지를 알아보는 것이 우리의 작업의 궁극적인 목표인 것이다. (p.232)

1.1 언어이론의 다양성

언어이론이라는 술어가 책의 제목으로 제일 먼저 쓰인 것은 1943년에 Hjelmslev가 낸 「언어이론 서설(Prolegomena to a Theory of Language)」에서였는데, 이 책의 시작말은 「언어—인간의 말—은 다양한 보물들의 소진될 수 없는 충만체이다. 언어는 인간과 분리될 수 없으며 그의 모든 일에 있어서 그를 따라다닌다. 언어는 인간이 사고와 감정, 기분, 야망, 의지, 행위를 형성하는 데 쓰이는 도구이고, 인간이 궁극적이고 가장 심오한 인간사회의 기반에 영향을 줌과 동시에 그것으로부터 영향을 받게 되는 도구이다」처럼 되어 있다. 이 말의 내용의 폭이나 깊이로 보아서 우선 누구나가 언어이론의 가짓수가 이론상으로는 얼마나 다양할 수 있는가를 단적으로 보여주는 것으로 이것만한 말이 없겠다고 생각할 수 있을 것이다. (p.3)

그런데 적어도 피상적인 차원에서 보자면 이 말은 그의 언어이론에 대한 해설서의 개시문으로는 쓰일 수 없는 말이다. 왜냐하면 그는 원래가 일찍이 Saussure가 내세운 구조주의적 언어이론이야말로 과학적 언어연구의 기본원리가 되어야 한다고 믿은 나머지, Uldall과 함께 「言理學(Glossematics)」이라는 일종의 신언어학을 창안한 사람이어서, 이 책은 바로 그것에 대한 하나의 안내서로서 쓰였기 때문이다. 다시 말하자면 그는 여기에서 언어에 대한 정의를 이처럼 전통적 인문주의나 기능주의적으로 내리는 것이 아니라 구조주의나 형식주의적으로 내려야 함에도 불구하고 그렇게 하지 않고 있다.

또한 이 정의는 이 책의 본론부에서 제시되어 있는 과학적 언어연구의 조건이나 원리와 아무런 관계도 없다. 예컨대 이것의 바로 다음에는 「이론이란 다른 많은 것 중에서 우선 가설의 체계를 의미할 수 있는데, 가설은 일정한 검증절차에 의해서 진위가 가려질 수가 있다」를 위시하여 「언어이론의 관심의 대상은 문헌이다」, 「언어학은 언어를 비언어적 현상들 (예: 물리적이거나, 신체적, 심리적, 논리적, 사회적인 것들)의 집성체로서가 아니라 하나의 자족적인 총체, 즉 독자적인 구조체로서 파악하려고 시도해야 한다.」와 같은 말들이 연이어 나온다. (pp.3~6).

이렇게 볼 것 같으면 결국에 그의 언어이론을 제대로 이해하기 위해서는 누구나 먼저 그의 언어관이나 언어연구관에는 일반적으로 알려져 있듯이 일차적인 것 즉, 과학적인 것 한 가지만 있는 것이 아니라 일차적인 것과 이차적인 것 즉, 인문학적인 것의 두 가지가 있다는 사실을 인정해야 된다는 점을 알게 된다. 다시 말해서 그는 언어란 궁극적으로 인간의 본성과 그의 문화와 불가분적으로 엉켜져 있는 것이기에 그것의 구조적 실체를 밝히는 일은 그 작업의 준비나 기초 작업에 불과하다는 것을 익히 알고 있었던 것이다. 그는 분명히 과학적 언어연구가 이제부터 새로운 언어학이 나아갈 길임은 분명하지만, 그로 인하여 바로 언어학은 곧 인간학이어야 한다는 고전이나 인문학적 언어연구관이 무의미한 것이나 잘못된 것으로 매도되어서는 안 된다는 것을 잘 알고 있었던 것이다.

이 책의 마무리를 그는 「언어이론은 그것의 구도와 용법, 전체성, 개별성 안에서의 언어체계 뿐만 아니라 인간과 언어 뒤에 있는 인간사회와 언어를 통한 전 인간의 지식 영역을 파악하려는 내적 필요성에 의해서 유도된다. 바로 그 시점에서 언어이론은 인간성과 보편성이라는 그가 미리 정해 놓은 목표에 이르게 된다.」는 말로써 하고 있는데, 이런 사실로 미루어 보아서는 그의 언어에 대한 통찰력은 그가 자기의 선도자로 여겼던 Saussure의 그것보다 더 깊었다고 볼 수가 있다.

1) 현실과 목표 간의 괴리

그의 언어관이나 언어연구관의 이와 같은 이중성이 우리에게 가르쳐주고 있는 것에는 크게 두 가지가 있다고 볼 수가 있는데, 그 중 첫 번째 것은 다른 학문과 마찬가지로 언어학도 결국에는 준엄한 현실적 상황과 원대한 궁극적 목표 사이에서 하염없이 몸부림 칠 수밖에 없는 학문이라는 사실이다. 예컨대 그의 경우를 살펴볼 것 같으면 그가 이제부터는 마땅히 새로운 언어이론대로 언어를 연구를 해야 한다고 주장은 하면서도, 어떻게 그것이 바로 언어의 두 가지 특성인 인간성과 보편성을 밝히는 길이 될 수 있는지에 대해서는 아무런 말도 하지 않고 있다. 더 구체적으로 말해서 그가 내세운 언어학은 「언어는 형식이지 내용이 아니다.」라는 구호 아래 언어의 음운구조를 밝히는 일마저도 제대로 마치지 못하고서 학문적 운명을 다했다.

이런 의미에서 보자면 70여 년 전에 과학적 언어이론의 대표이론으로 등장했던 그의 언어이론과 지금의 언어학계를 주도하고 있는 Chomsky의 언어이론 사이에는 의미 있는 상사성이 있는 것 같다. 물론 Chomsky가 언어의 음운구조가 아니라 그것의 문법구조를 구명하는 일을 언어학의 기본 과제로 삼은 데다, 연구방법도 자료수집과 분류작업과 같은 귀납적인 것 대신에, 최소의 자료로서 원리나 이론을 설정하게 되는 가정 설정법을 쓰는 식으로 해서, 언어학의 수준을 한 차원 높였다는 것은 틀림이 없는 사실이다. 그리고 지난 5,60년 동안에 그와 그의 학파가 거두어들인 연구업적은 양과 질 모두에 있어서 언어학의 역사상 최고의 것이라는 것도 의심할 여지가 없다.

그렇지만 그의 언어이론은 준엄한 현실적 상황과 원대한 목표 사이에서 헤매고 있다는 점에 있어서는 70여 년 전에 나왔던 Hjelmslev의 그것과 크게 다르지 않다. 큰 의미에서는 그러니까 오늘날의 Chomsky의 언어연구는 그 옛적의 Hjelmslev의 그것을 되풀이하고 있다고 볼 수가 있는데, 바로 이런 역사적 사실이 과학적 언어학의 태생적 한계성을 가장 웅변적으로 드러내주고 있는지도 모른다. 결국에 이들 두 이론 모두는 언어학을 아무리 과학화한들 언어의 실체나 본질을 알아내는 일은 지금으로는 상상도 할 수 없을 만큼 힘들고 원대한 일이라는 진리가 바뀔 수 없다는 사실을 실증하고 있는 것이다.

Hjelmslev의 언리학의 역사는 기껏 해봤자 몇 년에 불과한 데 반하여 Chomsky의 생성문법학의 그것은 5,60년이나 되어서 그런지 과학적 언어연구의 태생적 한계성을 더욱 신빙성 있게 확인시켜주는 쪽은 후자의 경우이다. Chomsky는 처음부터 과학적 언어연구는 마땅히 개별언어를 기술하는 일은 언어 전체에 적용되는 보편적 원리나 이론을 모색하는 일의 기초 작업에 불과하다는 입장에서 진행되어야 한다고 생각했었다. 예컨대 그 (1965)는 그의 언어이론의 서설서 겸 표준이론서라 할 수 있는 「통사 이론의 양상(Aspects of theory of Syntax)」에서 「비록 큰 규모에서의 기술적 적절성도 결코 접근하기 쉬운 것이 아니지만, 언어이론의 생산적 발달을 위해서는 이 보다 더 높은 목표를 추구하는 것이 중요하다. 보다 심오한 질문들을 명석하게 형성해볼 수 있으려면 언어의 「습득모형」, 즉 언어학습이나 문법구축의 이론의 수립이라는 추상적인 문제를 고려하는 것이 유용하다. 분명히 어느 한 언어를 배운 어린이는 어떻게 문장이 형성되고 쓰이며, 이해되는가를 결정짓게 되는 규칙체계에 대한 내적인 표현체를 발달시켰을 것이다.」와 같은 말을 하고 있다. (pp.24~25)

그런데 언어에 대한 그의 야망에 찬 기도는 그 후 더 근원적이고 궁극적인 차원의 것으로까지 변신이 되었다. 2000년대에 이르러서의 그가 지향하는 언어학은 일종의 생물언어학이다라는 선언이 바로 그것의 증거이다. 그 동안에 그가 언어연구의 이름 밑에서 해온 일은 크게 형식주의적 원리에 따른 최선의 언어 기술법을 개발하는 일과 언어적 지식이나 능력의 원천을 밝히는 일의 두 가지였는데, 이들 두 가지 모두가 처음에 내세워진 고정된 언어이론이 아니라 그때 그때 내세워진 새로운 언어이론에 의해서 추진되어왔다는 것이 그의 언어연구의 가장 큰 특징이었다. 예컨대 그의 언어기술의 모형은 처음에는 표준이론적인 것이 최근에는 최소주의적인 것으로 바뀌었고, 또한 그의 언어철학은 처음에는 내재적 언어습득론이었던 것이 최근에는 생물 언어학론으로 바뀌었다.

물론 그의 언어학을 깊게 천착한 사람은 우선 문장을 생성하는 규칙에는 병합의 규칙 한 가지뿐이라는 그의 최소주의적 언어이론이 그런 규칙에는 다양한 구구조 규칙과 변형규칙이 있다는 표준이론적 언어이론과는 비교도 할 수 없을 만큼 다른 것이라는 사실에 놀라기 마련이다. 그러나 그런 사람은 인간의 언어는 곧 그의 정신체계를 들여다 볼 수 있는 유일한 창인데다가 그들은 모두 두뇌에 생물학적 기저를 가지고 있는 것이기에 결국에는 「언어/ 정신/ 두뇌」와 같은 복합어의 실체를 밝히는 것을 언어학의 궁극적 과제로 삼아야 한다는 그의 최근의 생물언어학적 전향 앞에서 더 크게 놀라기 마련이다.

그의 이런 발상법은 언어학을 일종의 인간학으로 보려고 했던 Hjelmslev의 그것을 방불케 한다. 그러나 두 사람의 발상법 간에는 하나같이 적어도 당분간은 그것의 타당성의 실증되기 어려운, 하나의 야망일 따름이라는 데 더 중요한 공통점이 있다. 예컨대 Hjelmslev는 분명히 언어학의 두 단계 작업 중 첫 번째 것도 다 완성시키지 못하고 그것에서 손을 떼었다. 그리고 현재로서는 그 누구도 Chomsky의 「언어/ 정신/ 두뇌」와 같은 언어이론을 익히 실증할 수 있는 만큼 심리학적 내지는 생물학적 연구가 진전이 될 수 있을는지 예측할 수 없다. 이런 의미에서 볼 때 언어학의 역사는 되풀이되고 있는 것이다.

2) 언어의 다면성

그의 이런 이중적인 언어연구관이 두 번째로 우리에게 가르쳐 주고 있는 것은 언어는 원래가 다면적인 것이기에 연구자가 언어의 어떤 면에 연구의 초점을 맞추느냐에 따라서 그의 언어이론은 달라질 수밖에 없다는 사실이다. 우선 그가 이 책에서 언어이론은 언어를 하나의 구조체로 보는 입장에서 만들어진 것임에도 불구하고 언어를 정의하는 데 있어서는 그것의 구조성보다는 기능성을 앞세우는 입장을 취하고 있는 점으로 미루어 보아서, 언어연구법은 크게 기능중심적인 것과 구조나 형식 중심적인 것의 두 가지로 나누어질 수 있다는 것을 알 수가 있다.

그는 또한 여기에서 언어의 기능의 다양성도 강조하고 있는데, 예컨대 그는 언어는 일찍부터 시와 과학의 두 영역에서 연구의 대상이 되어왔다는 사실과, 언어는 Saussure의 견해대로 고정된 상태의 기호체계로 볼 수도 있고, 아니면 그것을 개성과 한 사회의 역사를 이해할 수 있는 하나의 변화나 유동적 현상으로 볼 수도 있다는 사실 등을 들고 있다. 그러니까 그는 이때 이미 본체론이나 시학, 역사언어학, 언어유형론과 같은 고전적 언어학뿐만 아니라 심리언어학이나 사회언어학과 같은 현대적 언어학의 존재가치를 인정한 것이다. (p.6)

그뿐만 아니라 그는 여기에서 기호체계를 이루는 기호에는 어휘와 문장의 두 가지가 있는데, 이들은 각각 「개념과 판단의 감지 가능한 상징」 이라는 말도 하고 있는데, 이런 사실로 미루어 보아서 그는 이때 이미 언어의 구조성이나 형식성을 연구하는 일도 크게 음운론과 어휘론, 통사론, 의미론 등으로 나누어질 수 있음을 알고 있었다고 판단할 수 있다. 현대 언어학의 연구영역에는 물론 이들 외에도 화용론이 들어가게 되어 있다. 그는 그러니까 그의 언리학이 꼭 음운구조의 연구만을 위한 것이 아님을 밝히고 싶었던 것이다.

그런데 언어의 다면성과 관련하여 그동안의 언어학의 역사가 말해주고 있는 사실에는 크게 두 가지가 있다고 볼 수 있는데, 그 중 첫 번째 것은 20세기 후반에 이르러 마치 움츠리고 있던 꽃봉오리가 봄을 맞이한 것처럼 언어연구의 방향이 거의 전면적인 것으로 확대가 되었다는 점이다. 한 마디로 말해서 언어학이 이 때부터 일종의 세분화의 시기에 들어서게 되어서 언어연구가 반드시 문법이나 통사론적인 현상에 대해서 뿐만 아니라 음운론적인 현상이나 의미론적인 현상, 어휘론적인 현상, 화용론적인 현상 등에 대해서도 이루어지게 되었으며, 따라서 언어이론의 가짓수도 크게 다양해질 수밖에 없게 되었던 것이다.

　　그러니까 적어도 이론상으로 이제부터는 언어이론은 마땅히 대 이론적인 것과 소 이론적의 것의 두 범주로 나뉘어져야만 했다. 대 이론적인 언어이론이란 언어 전체의 특성에 관한 것이어서 예컨대 Saussure의 기호체계 이론이나 Chomsky의 생성문법이론 등이 바로 그런 것이다. 그런데 「언어학은 사회생활의 일부로서의 기호의 역할을 연구하는 과학」이라는 그의 정의에 따르자면 Saussure의 언어이론은 하나의 사회언어학적 이론이기도 하다. (1983:9.15) 물론 Chomsky의 언어이론은 하나의 통사론적 이론이기도 하다. 따라서 실제에 있어서는 예컨대 Sperber와 Wilson의 관련성 이론을 대 이론과 소 이론 중 어느 범주에 집어넣어야 하는지를 결정하는 일은 쉽지가 않듯이 언어 이론의 무게만이 궁극적인 분류의 기준이 될 수 있다고 볼 수가 있다.

　　20세기 후반에 이르러 언어학 만개의 시대가 도래하면서 또 한 가지가 나타난 현상은 두 개나 그 이상의 언어이론들이 서로 대결하게 되는 현상이다. 예컨대 20세기 초에는 똑같이 Saussure의 언어이론을 구체적으로 실현하는 음운이론이라고 하면서 「프라그 학파」의 그것과 「코펜하겐 학파」의 그것은 서로 대립되어 있었고, 또한 20세기 후반에는 Langacker와

Lakoff 등이 내세우는 인지 언어학적 언어이론이 통사론과 의미론 모두에 있어서 Chomsky의 생성문법적 언어이론과 대치되는 현상이 일어나게 되었다. 물론 그동안 내내 Halliday가 내세우는 「체계적 기능 이론」도 그의 이론과 정면으로 맞서 있었는데, 한 가지 흥미로운 것은 최근에 와서는 Dixton 같은 사람이 자기가 내세우는 「기초 언어이론」이야말로 언어학을 자연과학의 일종으로 정립시킬 수 있는 유일한 언어이론이라고 주장하게 되었다는 사실이다. (2010: p.3)

3) 견해의 상이성

언어의 다면성과 관련하여 그동안의 언어학의 역사가 말해주고 있는 사실 중 두 번째 것은 으레 언어에 대한 학자들의 견해도 시대마다의 학문적 경향에 맞추어져 있게 되어 있어서, 결과적으로는 언어의 어느 한 면이나 양상을 놓고서 다른 언어이론이 나오게 되었다는 점이다. 이런 예 중 가장 대표적인 것이 문법이론이다. 누구나 익히 알고 있듯이 적어도 19세기까지는 문법하면 으레 규범주의적 이론에 따르는 「전통문법」이나 「학교문법」을 가리키게 되어있었고, 그 후 20세기에 이르러서는 그것은 「기술문법」과 모든면에서 대치를 하게 되었다. 그리고 최근에 와서는 그것이 특별히 Chomsky의 「생성문법」을 위시하여 「인지문법」, 「구성문법」, 「어휘기능문법」 등을 가리키게 되었다.

언어학의 역사에 따라서 새로운 이론이 그때 그때 나오게 마련인 것이 바로 의미의 문제에 관한 것인데, 그동안의 의미이론의 변천사야말로 한편으로는 언어의 어느 한 면을 놓고서 얼마나 다양한 이론이 나올 수 있는가를 단적으로 드러내줄 수 있는 것이면서, 다른 한편으로는 지금을 아무리 언어학 전성시대라고 해도 언어학이 앞으로 수행해야 할 과제가 지금까지 그것이 이루어낸 업적보다 더 클지도 모른다는 평가를 내릴 수 있는 근거가 될 수 있는 것이다. 다시 말해서 그동안의 의미이론의 역사가 직선적이지 않다는 사실만으로도 언어의 본질이나 실체에 대한 학자들 간의 논쟁이 언제라도 다시 시작될 수 있을 만큼 지금의 언어학은 일종의 가건물적인 학문인 것이다.

일반적으로 언어를 과학적 연구 대상으로 보느냐 그렇지 않느냐에 따라서 그것의 연구의 역사를 현대 이전의 것과 그 후의 것으로 나누는데, 흥미롭게도 이런 구분은 의미이론을 기준으로 했을 때 가장 뚜렷하게 형성될 수 있다. 한 마디로 말해서 언어를 하나의 형식이나 구조체로 보는 데 가장 큰 걸림돌이 되는 것이 바로 의미의 문제이기에, 현대 언어학에서는 의미이론을 내세우지 않는 것이 하나의 전통이 되어버렸다. 구조주의자인 Bloomfield는 물론이요 변형주의자인 Chomsky도 의미의 문제는 가급적 회피하는 것이 현명하다고 본 것이다. 이것의 가장 좋은 근거가 바로 Chomsky의 「Colorless green ideas sleep furiously.」라는 무의미문에 대한 논쟁이다.

의미의 문제에 대한 이런 회피적 태도는 Saussure도 가지고 있었다. 예컨대 그는 언어기호를 개념과 청각영상으로 이루어진 심리적 실체로 보고서 이들을 각각 「記意(signifie)」와 「記標(signifiant)」로 불렀다. 특히 그는 이들 간에는 자의적인 관계밖에 없다는 점을 언어의 한 특징으로 보았다. 그러나 구조주의자인 그가 강조하는 것 역시 언어는 실질이 아니라 형식이라는 점이었다. 다시 말해서 그는 의미의 문제는 결국 예컨대 불어에 있어서 「arbre」라는 음성적 표현체가 「나무」라는 실물을 가리키게 되면 전자는 후자의 언어적 기호가 된다는 식의 기호에 대한 정의 하나면 더 이상 논의할 필요가 없어진다고 본 것이다. 이런 의미에서도 그는 분명히 그 후 Peirce와 Barthes, Morris 등에 의해서 확립된 기호학의 기반을 닦은 이론가였다.

그런데 언어연구의 역사를 돌이켜볼 것 같으면 20세기에 현대 언어학이 등장하기 이전까지는 어휘나 문장의 의미에 대한 연구가 그것의 전부나 다름이 없었다는 사실을 알 수 있다. 언어연구도 원래는 철학자들에 의해서 이루어졌기 때문에 20세기 이전까지의 그것은 으레 언어철학이라는 이름으로 이루어져왔는데, 그동안의 언어철학의 역사는 쉽게 말해서 언어적 의미의 문제에 대한 연구의 역사였던 것이다. 언어를 의미의 표현체로 볼 것인가, 아니면 형식적 구조체로 볼 것인가의 근본적인 질문에 있어서 철학자들은 처음부터 철학적으로 보자면 너무나 당연한 대답을 가지고 있었던 것이다.

우선 Aristotle의 언어관을 살펴보게 되면 그 후 2천여 년에 걸친 언어연구의 역사는 결국에 그의 언어관의 타당성을 실증하려는 노력의 역사였다는 것이 당장 드러나게 된다. 예컨대 그는 「형이상학 1027, b25」에서 「거짓과 참은 이 세상에 있는 사물의 자질이 (예를 들어서 좋은 것은 참이고 나쁜 것은 거짓이다 식의)아니라 사고의 자질이다.」라는 말을 했었는데, 그의 이런 발상법은 20세기에 이르러 그 유명한 Ogden과 Richards의 「기호적 삼각형」의 이론의 바탕이 될 정도로 그 후 내내 의미론이 언어연구의 주도권을 잡게 되는 데 결정적인 역할을 했다. 또한 그는 「이전 분석학 24, a16」에서 삼단논법과 관련해서 「명제란 무언가에 대하여 무언가를 말하는 긍정적 내지는 부정적 표현이다.」라는 말을 하기도 했는데, 이 것은 그 후에 분석철학의 기본적 이론이 되었다. (Sewen, 2006. p.26)

20세기에 이르러서는 분석철학이라는 이름의 새 언어철학이 등장하게 되었는데, 언어를 기술하고 분석하는 방법을 다분히 논리학적인 것으로 바꾸었다는 점을 제외한다면, 이것 역시 Aristotle이 일찍이 내세웠던 언어연구의 주제나 원리의 타당성을 실증하려는 노력의 일부에 지나지 않는다. 이것의 창시자인 Frege는 예컨대 「수 서술이론」을 내세우면서

「Jupiter has four moons.」라는 문장의 진리치는 그것을 목성이 네 개의 달을 가진 점을 서술한 것이 아니라 일반적인 목성의 개념을 서술한 것으로 분석했을 때 얻을 수 있다고 주장했다. 논리적 기호와 형식에 의해서 문장의 진리치를 증명하는 방식이 다분히 과학적인 풍채를 지니고 있어서인지, 분석철학은 그 후 Russell과 Carnap, Tarski, Quine, Kripkee 등에 의해서 계속적으로 발전되어갔다. 이들이 저마다 점점 더 수학적이고 논리학적인 기법을 쓰게 되면서 그 이름은 논리적 실증주의라는 이름으로 대치가 되기도 했다.

그런데 이 기간 동안에 철학에서는 이런 주류적 발전에 맞서려는 움직임도 일어나게 되는데, Wittgenstein에 의한 일상 언어철학의 등장이 바로 그것이다. 그는 그 동안의 논리주의적 언어 분석법은 으레 의도적으로 조작했거나 선택된 문장을 분석의 대상으로 삼았다는 결정저인 한계성을 지니고 있었기에, 그것을 극복할 수 있는 길은 「일상언어」를 분석의 대상으로 삼는 것 밖에 없다고 본 것이다. 이런 비주류적 발상법은 그 후 Austin과 Grice, Ryle, Strawson 등에게 인계가 되어서, 언어학에서의 화용론의 기본원리가 되기도 했다.

그런데 사실은 Frege를 위시한 주류파는 가급적이면 의미의 문제를 우회하려고 한다는 비판을 듣기에 알맞은 약점을 지니고 있었다. 이들은 쉽게 말해서 철학계에서 전통적으로 인정을 받아오던 「지시설」의 부적설성을 지적만 했지 그것에 대한 대안을 제시하지 못했다. 예컨대 Frege가 일찍이 하던 대로 그들은 하나같이 「분석의 기본단위는 문장 전체이어야 된다. 한 술어의 지시는 일종의 파생적 개념이 되게 마련이다.」와 같은 의미관을 가지고 있었다. 그들이 한 것은 그러니까 흔히들 말하는 진리 조건적 의미론이었던 것이다.

그에 반하여 Wittgenstein을 위시한 비주류파에서는 「용도설」이라는 대안을 제안하였다. 이들은 주류파가 그동안에 잘못한 것에는 전통적 지시설을 유일한 의미이론으로 받아들였던 점도 들어간다고 보고서, 그것에 대한 대안을 내놓았던 것이다. 이런 의미관은 뒤이어 문맥이론이나 함의이론 등으로 발전이 되었다. 편의상 「지시설」과 「개념설」을 같은 것으로 볼 것 같으면, 철학에서의 의미이론에는 일단 「개념설」과 「용도설」의 두 가지가 있게 된 셈이다. 최근에 이르러서 많은 주목을 받게 된 것이 「언어적 행동이 곧 언어적 의미의 전부」라는 Quine의 「행동설」인 점은 인정이 되지만, 이것을 제3의 의미이론으로 볼 수는 없다. 그렇지만 이런 사실을 통해서 알 수 있는 것은 의미의 문제는 언어학에서와 마찬가지로 언어철학에 있어서도 여전히 미해결의 상태로 남아있다는 사실이다.

앞에서 이미 지적했듯이 근대나 현대 이후의 언어연구의 제일 두드러진 특징은 그 초점을 과학화라는 구호에 어울리는 작업, 즉 음운구조나 문법구조에 대한 것에 맞추었다는 점이다. 한 마디로 말해서 오늘날의 언어학은 1950년대의 음운론의 시대를 거쳐서 통사론의 시대에 돌입해 있는 것이다. 그렇지만 언어학자라고 해서 언어는 궁극적으로 의미적 표현체이기 때문에 의미론의 발전 없이는 어떤 형태의 통사론 연구도 머지 않아서 일정한 한계에 부딪치게 되어 있다는 사실을 모를 리가 없다. 언어학자들도 기호학적인 분류법에 따르자면 언어연구는 크게 통사론과 의미론, 화용론 등의 세 분야로 나누어질 수 있는데, 굳이 따지자면 이들의 학문적 난이도도 이 순서대로라는 사실을 익히 알고 있는 것이다.

그래서인지 오늘날에도 언어학계에서는 의미에 대한 연구와 논의가 일정하게 계속되고 있다고 볼 수가 있는데, 이것의 제일 간단한 증거가 바로 지금까지 제안된 의미론의 종류가 형식의미론을 비롯하여 인지의미론, 어휘의미론, 생성의미론, 담화의미론, 몬테이그 의미론 등으로 다양화되어 있다는 사실이다. 특히 최근에 이르러서는 의미론자들이 화용론의 발전 덕분에 의미론과 화용론은 상호 불가분적인 관계를 유지하게 되었다는 사실에 주목을 하기 시작했다. 그래서 의미론에서는 화용적 전제나 함의 문제 등이 주요 주제의 하나로 등장하게 되었다. 그 뿐만 아니라 이들은 의미론에서는 통사론과 의미론 간의 인터페이스의 문제도 다루어져야 된다는 사실을 알게 되었다.

이렇게 보자면 오늘날 우리의 주변에는 대단히 많은 수의 언어이론이 있게 된 것은 크게 본질적인 이유와 역사적인 이유의 두 가지가 일종의 상승작용을 일으킨 결과라는 것이 분명하다. 언어이론의 제일 큰 특징이 바로 이런 이원적 다양성인 이상, 그것에 대한 연구에도 마땅히 역사적 접근법과 현황적 접근법의 두 접근법이 적용되어야 한다는 것은 너무나 자명한 결론이다. 물론 이 연구를 통해서 언어학의 오늘과 내일을 파악하는 것이 우리 궁극적인 목적인 이상, 이들 두 접근법이 동일한 비중으로 쓰이는 것보다는 현황적인 것에 보다 큰 비중을 주는 식으로 쓰이는 것이 더 바람직한 것일 것이다.

1.2 언어이론의 역사성

언어이론이라는 말이 언어연구에 관한 논의에서 하나의 학술적 술어처럼 쓰이기 시작한 것은 20세기에 이르러 언어학이 하나의 새로운 학문으로 출발하면서부터였다. 따라서 엄격한 의미에서는 언어이론의 역사는 Saussure 때부터 오늘날에 이르기까지의 백년 전후에 걸친 것임이 분명하다. 그렇지만 이렇게 되면 지난 2천여 년 동안의 언어연구의 역사를 20세기를 구분의 시기로 해서 전 언어이론기와 언어이론기로 양분하는 결과가 나타나게 된다.

그런데 여기에서 예컨대 지금의 언어학을 주도하고 있는 Chomsky의 생성문법이론의 실체를 파악해보면, 이런 양분법이 우선 역사적 사실과 맞지도 않을 뿐만 아니라, 그 다음으로는 현대적 언어이론의 이해에도 아무런 도움이 되지 않는다는 사실이 당장 드러나게 된다. 다시 말할 것 같으면 그의 생성문법이론의 특징은 그것 하나만의 발전과정을 살피는 대신에 현대이전에 있었던 전통 문법이론과 그것을 대조했을 때만 제대로 드러나게 되어 있는 것인데, 흥미롭게도 그 자신이 최근에 이런 판단이 맞는 것이라는 것을 익히 뒷받침할만한 말을 했다. 그가 1995년에 낸 「최소주의 이론(The Minimalist Program)」의 제1장에서는 Lasnik과 함께 「원리와 매개변인 이론」을 소개하고 있는데, 바로 여기에 「초기 생성문법의 발상법은 전통문법의 표준적인 생각들을 원용한 것이다.」와 같은 말이 나온다. 구구조 규칙에 의해서 핵문이 얻어진 다음에 그것에 일정한 변형 규칙을 적용하게 되면 변형문이 생성되게 된다는 발상법은 전통문법가들에 의해서 그 옛날에 이미 착안되었다는 것이다. 실제로 능동문을 수동문으로 바꾸는 따위의 변형 연습법은 학교문법에서 널리 쓰이던 기법 중의 한 가지였다. (p.25)

그런데 멀리 희랍시대 때부터 오늘날에 이르기까지의 언어연구의 역사를 살펴보게 되면 그것이 결코 현대를 구분의 시기로 해서 이전의 것과 그 이후의 것으로 양분될 수 있는 것이 아니라는 사실이 분명해진다. 일반적으로 언어학사에서는 언어연구의 역사를 전통문법의 시대와 구조주의의 시대, 생성주의의 시대 등으로 나누고 있는데, 이런 구분법이 언어연구의 패러다임의 변화의 의의를 부각시키는 데 크게 도움이 되는 것은 틀림이 없겠지만, 자칫 잘못하면 이로 인하여 언어연구의 역사도 결국에 다른 학문이나 지적 탐구의 역사와 다를 바 없이 일종의 「흐르는 강」과 같다는 더 중요한 사실을 간과할 수도 있게 된다.

언어연구의 역사를 흐르는 강으로 보는 것은 그것의 연속성을 강조하는 것에 그치는 견해에 불과한데, 그것의 기여성을 강조하는 견해도 있을 수 있다. 역사적 언어연구의 가치와 필요성을 보다 적극적으로 내세우는 견해로서, 최근에 Harris(2006)가 내세우고 있는 「학문의 횃불(Torch of Learning)」 모형이 그것의 한 좋은 예이다. 그는 「현대 언어학: 1800부터 현재까지(Modern linguistics: 1800 to the present day)」라는 논문에서 크게 두 가지의 특별히 주목할 만한 주장을 하였다. 그 중 첫 번째 것은 엄밀하게 따지자면 현대 언어학의 시발점은 Saussure의 구조주의가 나오기 이전의 언어연구, 즉 19세기에 있었던 비교언어학이나 비교문법이라는 이름의 언어연구였다는 점이다. 이 연구의 횃불을 제일 먼저 든 사람은 William Jones 혼자이었지만 그의 뒤를 이어서 많은 비교언어학자와 「신문법학자 (Neogrammarians)」들이 그것의 빛을 더욱 환하게 했다는 것이다.

그 중 두 번째 것은 바로 이 시기에 이들은 역사상 처음으로 자기네 학문의 역사 즉 언어학사를 논하기 시작했는데, 그 목적은 과거에 있었던 사실들의 내용이나 의의 등을 밝히려는 것이 아니라 현재 자기네들이 하고 있는 일의 자율성과 당위성을 강조하려는 데 있었다. 그래서 이들은 자기네 학문의 탄생 절차를 설명하는 데 「학문의 횃불」 모형을 적용시켰다. 다시 말해서 이들은 「계속되는 세대들이 그들마다의 기여로 성스런 「불꽃」에 부채질을 함에 따라서 그것은 점점 더 밝게 타게 된다.」고 주장했던 것이다. 이들은 언어학사를 자기네 학문에 대한 역사적 정당화 수단으로 이용했던 것이다. (p.472)

그런데 언어연구의 역사를 일단 일종의 발전의 역사로 볼 것 같으면, 그의 횃불 모형은 익히 19세기부터 현재까지의 짧은 역사에만 적용될 수 있는 것이 아니라 희랍시대부터 현재까지의 전 역사에 적용될 수 있음을 알 수가 있다. 앞에서 이미 말이 나왔듯이 그 동안에 규범문법적인 연구방법이 기술문법적인 연구방법으로 바뀌었다가 그것은 다시 생성문법적인 연구방법으로 바뀌는 식으로 연구의 패러다임이 크게 달라진 것은 사실이다. 또한 언어연구의 대상도 문장의 진리치 조건으로부터 시작하여 역사언어학과 음운론, 통사론 등에 이르는 식으로 일정하게 고정되어 있지 않았다. 그리고 언어연구에 종사하는 학자들도 언어철학자와 언어학자로 나뉘어 있었다.

그럼에도 불구하고 우리는 충분히 그동안의 언어 연구를 단순한 누적의 역사라기보다는 일종의 상승의 역사로 볼 수 있는데, 그 이유는 지난날의 역사에는 누적의 면과 개혁의 면이 모두 있기 때문이다. 언어연구의 역사를 통해서 우리는 근본적인 의미에서는 패러다임의 추이도 무에서 유가 나오는 절차가 아니라 청출어람 식의 절차라는 사실을 익히 확인할 수가 있다. 예컨대 과거에 규범주의가 있었기에 근대에 이르러 기술주의가 태어나게 된 것이고, 또한 바로 전의 구조주의를 발판으로 해서 태어나게 된 것이 바로 생성주의였던 것이다. 한마디로 말해서 언어연구의 역사를 돌이켜보면 누구나 「하늘 아래 새로운 것은 없다.」는 속담의 진리성을 쉽게 확인할 수가 있다.

1) 문법학의 역사

이상과 같은 언어연구의 역사성을 가장 손쉽게 확인할 수 있는 방법은 역시 문법학의 역사를 살펴보는 것인데, 지금이 문법학의 시대라는 사실과, 그것은 학문이 시작될 당시에 시작된 이래 한시도 쉬지 않고 발달되어 왔다는 사실 등으로 보았을 때 이런 작업은 언어학의 역사에 관한 작업 중 가장 우선적인 것이라는 것은 더 말할 나위가 없다. 문법학은 원래 어형론과 통사론으로 나누어질 수 있는 것이기에, 이것의 발전과정은 으레 이들 두 가지 측면에서 살펴보게 마련인데, 이런 식의 2면적인 고찰을 통해서 우리가 알게 되는 것은 근본적인 의미에서는 계속성과 개혁성의 두 특징 중 더 기본적인 것으로 보아야 할 것은 역시 계속성이라는 사실이다.

아마도 그게 그렇다는 것을 가장 웅변적으로 증거 하는 것은 지금 문법학에서 쓰이고 있는 품사의 이름과 개념이 그 옛날 희랍시대에 알렉산더 학파의 Thrax가 완성시켰던 이른바 「8품사론」에서 나온 것이라는 사실일 것이다. 그의 「8품사론」이 우리에게 특별히 제시하는 바는 크게 두 가지라고 볼 수 있는데, 그 중 첫 번째는 그것이 제안된 작은 책자의 이름이 「문법서(Teche Grammatike)」라는 점이다. 이것으로 미루어서 그 당시에는 품사론을 문법으로 생각했다는 사실을 알 수가 있다. 희랍어에서 문법이라는 말은 원래는 「문자를 쓰는 기술」의 의미였었는데, 그것이 알렉산더 학파가 언어연구를 정식으로 시작할 무렵에는 「품사론」으로 바뀐 것이다. 아무튼 언어연구가 시작될 당시부터 이 말은 그것의 중심에 있었던 셈이다.

그 중 두 번째 것은 그의 「8품사론」은 실제에 있어서는 일찍이 Plato나 Aristotle이 내놓은 초기의 발상법이 오랜 기간에 걸쳐서 단계적으로 발달된 결과라는 점이다. 예컨대 제일 먼저 Plato는 어휘의 종류에는 크게 명사(Onoma)와 동사(Rhema)의 두 가지가 있다고 보았었는데, 그 후 Aristotle은 「수사학, 1406, a19)에서 이들 두 품사 외에 형용사 (Epitheton)라는 품사가 있다는 것을 예시함으로써 결과적으로 「2품사론」을 「3품사론」으로 발전시킨 셈이 되었다. 얼마 뒤에 나타난 스토아학파에서는 그들 세 가지 외에 관사가 있다고 주장하고 나섰고, 이런 「4품사론」은 그 후 알렉산더 학파 때에는 그들에 나머지 네 가지 품사가 더 추가되어서 이른바 지금의 「8품사론」으로 발전되게 되었다.

그런데 엄밀한 의미에서 볼 것 같으면 지금 쓰이고 있는 8품사 체계의 바탕이 된 것은 6세기경에 희랍어 문법을 모형으로 해서 라틴어 문법을 완성시킨 Priscian의 8품사 체계이다. 그의 문법서는 어형론을 다룬 처음 16권과 통사론을 다룬 나머지 2권으로 이루어져 있었는데, 여기에서 제시되어 있는 8품사는 명사를 위시하여, 동사, 분사, 대명사, 전치사, 부사. 간투사, 접속사 등이었다. 그 후 12세기에 와서는 파리 대학의 Helias가 Priscian이 「설명적 명사」와 「형용사적 명사」로 나누었던 방안을 수정하여, 분사 자리에 형용사를 집어넣었다. 이것이 바로 지금 널리 쓰이고 있는 8품사 체계이다. 그의 문법체계는 그 이전에 나온 Donatus의 것을 약간 확대한 것이었다. 따라서 그의 8품사 체계도 Donatus의 것을 거의 그대로 모방한 것이라고 볼 수가 있다. (K. Malmkjar, 2010, p.252)

그런데 8품사 체계의 발달과 관련하여 가장 중요한 사실은 희랍의 알렉산더 학파에서는 오늘날 널리 쓰이고 있는 기본적인 문법적 개념들을 이미 쓰고 있었다는 사실이다. 이들 개념에는 성을 위시하여 굴절, 태, 격, 수, 시제, 상 등이 있었는데, 이런 점 하나만으로도 이때 이미 상당한 수준까지 작게는 어형론이고, 크게는 문법학이 발달되어 있었다는 것을 알 수가 있다. 예컨대 알렉산더 학파에서는 어형적 형태에 따라서 명사의 격을 주격과 소유격, 여격, 목적격, 호격 등으로 나누고 있었으니까 지금의 격체제의 원형은 그때 이미 완성된 것이나 다름이 없다. (Seuren, 2006, p.27)

지금의 기준으로 보자면 마땅히 어형론이 아니라 통사론이 문법학의 핵심영역이 되어야 하겠지만, Thrax의 문법이나 Donatus, Priscian의 문법에서는 정반대의 현상이 나타나고 있었다. 물론 그들도 품사론과는 별도로 두 개나 그 이상의 어휘가 나열이 되어서 하나의 문장이 만들어지는 절차를 연구하는 영역, 즉 통사론이 따로 있다는 것을 인정했다. 그러나 그들은 통사론을 결국에 품사론과 그것에 부수되는 문법적 개념들에 대한 지식이 문장 수준에서 응용된 것에 지나지 않는 것이라고 생각했다. 특히 희랍어와 라틴어는 원래가 완전굴절 언어였다는 것과, 또한 그 당시에는 의미가 문장성립의 기준이었다는 점을 감안한다면 그들의 판단이 크게 잘못된 것이 아님을 알 수가 있다.

　그렇지만 엄밀한 의미에서는 통사론의 전통도 희랍이나 로마시대 때 이미 세워진 것이나 다름이 없는데, 그것의 근거로는 Priscian의 문법서의 마지막 두 권이 통사론에 관한 것이었다는 사실과, 그 다음으로는 18세기에 이르러 라틴어 문법을 모형으로 해서 만들어진 영문법이나 불문법 등에서는 오늘날 쓰이고 있는 문법적 술어들을 사용해서 문장의 구조나 종류와 같은 통사적 현상들을 논의하고 있다는 사실이다. 예컨대 이런 문법에서는 기본적인 문장의 구조는 「주어+술어」처럼 되어 있다는 사실이나 절은 주절과 등위절, 종속절 등으로 나누어진다는 사실, 문장이나 절보다 작은 어군으로는 구가 있다는 사실 등이 다루어지고 있었다.

　전통문법의 가장 큰 특징 중 한 가지는 발달과정이 처음부터 문법 자체를 완성시키려는 노력과 문법교육을 잘 하려는 노력의 두 가지 힘이 합쳐진 결과이었다는 점이다. 예컨대 14세기에 이르러서 Thomas of Erqurt 등의 10여 명의 논리학자들이 Priscian의 문법을 더욱 논리화시켜서 이른바 「양태(Modist)문법」이나 「사변문법」을 만들어낸 것은 그들 중 첫 번째 노력의 한 예이다. 그러나 그것은 Priscian의 문법이 1000년 동안 로마에서 문법 교육의 원전으로 쓰였다는 사실만큼 중요하지가 않은데, 그 이유는 그 후에는 여러 나라에서도 보다 가르치거나 배우기 좋은 문법 즉, 보다 나은 「학교문법」을 만드는 것을 문법학자의 기본 임무로 생각하게 되었기 때문이다.

　특히 여러 국가들이 저마다의 문법서를 갖게 된 18세기 이후부터는 실용문법으로서의 기능이 강조되다 보니까 문법이론도 자연히 달라지게 마런이었다. 이때부터는 오래된 규범주의에 새로운 기술주의가 첨가된 학풍, 즉 라틴어 문법을 그대로 복사하는 것이 아니라 자국 언어의 특성을 반영하려는 학풍이 생기게 되었다. 영문법의 경우를 예로 들어볼 것 같으면 격의 숫자는 소유격과 주격, 목적격, 등의 세 가지로 줄어들었고, 일치도 주어가 3인칭 단수인 경우에만 문제가 되었다. 그리고 이제는 학교에서 「It is I.」라는 문장 대신에 「It is me.」라는 문장을 가르치게 되었다.

문법교육의 효율성을 높이려는 노력은 간접적으로나마 규범주의적 문법 모형을 기술주의적인 것으로 바꾸는 결과도 가져왔는데, 그것의 근거로 내세울 수 있는 것이 「해부법(Parsing)」과 「5형식 설정법」이 준 영향이다. 먼저 해부법이란 간단히 말해서 구조주의 때에 이르러 새로운 문법기술법으로 등장한 「직접 구성소 분석법(Immediate constituent analysis)」의 전신에 해당하는 것으로서, 우선 문장을 주부와 술부의 두 부분으로 나눈 다음에, 주부는 다시 명사와 수식어로 나누고, 술부는 정형동사와 목적어나 보어로 나누는 것이 그 절차였다. 전통문법가들은 이 기법에 의해서 문장의 구조성과 언어의 논리성이 가장 효과적으로 가르쳐질 수 있다고 본 것이다.

그 다음으로 「5형식 설정법」이란 초기의 변형문법에서 내세워졌던 핵문 대 변형문의 개념과 비슷한 개념을 문법교육에 활용한 것으로서, 먼저 다섯 가지의 기본형 (예: 주어+술어, 주어+술어+보어, 주어+술어+목적어, 주어+술어+간접목적어+직접목적어, 주어+술어+목적어+보어)을 가르친 다음에, 그들 하나하나를 수식어나 부사 등에 의해서 더 확장시키는 연습이나, 아니면 서술문을 의문문으로 바꾸는 식의 단순변형 연습과 두 개의 문장이나 절을 하나로 합치는 일반변형 연습을 단계별로 실시하는 것이 이것에 의한 문법교육의 기본과정이었다. 물론 확장연습과정 중에는 분사와 부정사, 동명사와 같은 특수한 구조체에 의한 확장도 포함이 되었다.

20세기에 이르러 거의 모든 점에 있어서 문법 하면 으레 그것을 가리키던 전통문법과는 안티테제적인 입장을 취하는 문법이 태어나게 되었는데, 구조문법이나 기술문법이 바로 그것이다. 이 제2의 문법의 창시자로는 우선 Saussure를 꼽지 않을 수 없는데, 그 이유는 그는 일찍이 Verburg가 「언어학에서 코페르니쿠스적 전환점」을 가져오게 한 책으로 그 가치를 인정한 「일반언어학 강의」를 썼기 때문이다. 여기에서 예컨대 그는 의미주의 대신에 형식주의를 위시하여, 규범주의 대신에 기술주의, 통시주의 대신에 공시주의, 빠롤(parole) 대신에 랑그(langue) 등의 구조주의의 대원리를 제시하였다.

그런데 구조주의가 가져온 가장 큰 변혁은 간단히 말해서 음운론을 언어연구의 주된 영역으로 자리 잡게 한 것이었다. 특히 유럽에서는 프라그 학파나 코펜하겐 학파 등이 서로 다른 이론을 내세울 정도로 음운론에 대한 연구가 활발했었다. 그러니까 유럽에서는 문법학이나 통사론의 분야에서의 새 바람은 아직 일어나지 않았던 것인데, 이런 사정은 미국에서의 그것과 사뭇 대조적이었다. 물론 음운조직과 문법조직 중 전자를 더 기본적으로 보려는 구조주의적 언어관은 유럽의 언어학자와 마찬가지로 미국의 언어학자도 가지고 있었다. 미국에 있어서는 그러니까 Bloomfield가 1933년에 낸 「언어(Language)」가 유럽에 있어서의 Saussure의 책의 역할을 한 것이다.

더 구체적으로 말할 것 같으면 미국에서는 이 무렵에 Bloch와 Smith, Pike 등의 Bloomfield학파가 「음소론」을 하나의 새로운 언어연구의 영역으로 정립시켰다. 이들은 관찰과 분석, 분류 등의 경험주의적 원리에 의해서 영어의 음운조직의 조직성은 물론이요, 그것의 작동 절차를 과학적으로 기술하는 데 성공했다. 예컨대 이들은 음소 대 음성의 구별법을 비롯하여 분절음 대 초분절음의 구분법, 대조적 분배법에 의한 음소 발견법, 상

11보적 분배원칙에 의한 음소 간의 음성적 유사성의 발견법 등을 발견하였다.

그런데 미국에서는 이 무렵에 음운론에 대한 연구와는 별도로 문법이나 통사론에 대한 연구도 꽤 활발하게 이루어졌는데, 「문법소학(Tagmemics)」과 같은 새로운 분배주의적 문법 기술이론이 탄생된 것이 그것의 첫 번째 증거이다. 문법조직의 기본단위는 문법소인데, 그것의 기능은 으레 문장 내에서의 일정한 위치에 의해서 결정되게 되어 있다고 본다는 의미에서 이 문법모형은 자주 「빈칸 채우기의 문법(Slot-and filler Grammar)」이라고 불리기도 했다. 예컨대 Fries는 8품사 대신에 영어의 어휘는 문장 내의 위치에 의해서 구별되는 네 가지의 내용어와 15가지의 기능어로 이루어져 있다는 식의 「빈칸 채우기 품사론」을 내세웠다.

그것의 두 번째 증거는 이때에 이르러 Bloomfield의 발상법에 따른 「직접 구성소 분석법」이 문법 연구의 기본적인 방법으로 자리 잡게 되었다는 사실이다. 간단히 말해서 이 기법은 훗날 변형문법에서 「수형도법」으로 명명한 것으로서 더 이상 분해가 될 수 없는 구성소, 즉 궁극적 구성소에 이를 때까지 문장을 두 개의 구성단위로 나누어가는 절차이다. 이것에 의할 것 같으면 문법적 구조의 위계성과 구성소의 대치성이나 확장성, 내심적 내지는 외심적 구조성과 같은 그것의 구구조 문법적 특성이 바로 드러나게 되어 있었다. 그런데 무엇보다도 중요한 사실 중 첫 번째 것은 Bloomfield 자신은 인정하지 않았지만 이런 문법분석기법은 전통문법에서 이미 「해부법」이라는 이름으로 꽤 널리 쓰이고 있다는 점이고, 그중 두 번째 것은 이것은 그 후 여러 가지 형태의 구구조 문법이나 성층문법으로 발전되게 되었다는 점이다.

Chomsky의 생성문법은 그런데 언어관과 문법기술관 모두에 있어서 반구조주의라는 구호 밑에서 세워진 것이었다. 이것에서는 구조주의자들의 경험주의나 행동주의적 언어관을 공격하면서 새로운 내재주의나 이성주의적 언어관을 내세우는 데 열을 올렸다. 그리고 이것에서는 한편으로는 종전의 직접구성소 분석법의 한계성을 들춰내면서, 다른 한편으로는 변형기법의 도입만이 그것에 대한 유일한 해결책이라는 점을 부각시키는 데 전력을 기울였다. 변형주의자들이 보기에는 우선 직접구성소 분석법으로는 「Shake it up.」과 같은 분리적 구조체를 제대로 분석할 수가 없었다. 이런 데에서는 목적어가 두 부분으로 나누어진 동사 사이에 끼어있으니까 2분법식인 분해가 불가능해지는 것이다. 그 다음으로는 이 분석법으로는 「Old men and women」과 같은 복합어구를 제대로 분석할 수가 없었다. 이 구는 「Old」와 나머지를 나누는 식으로나, 아니면 「Old men」과 나머지를 나누는 식으로 분해될 수가 있었다.

세 번째이면서 가장 중요한 점으로는 이 분석법으로는 문법이나 구조적으로 상호연관 되어 있는 현상을 설명할 수가 없었다. 예컨대 이 분석법으로는 「Will it be fine tomorrow?」라는 의문문을 「It will be fine tomorrow.」라는 서술문과 불가분적인 관련성이 있는 것이라는 사실을 밝혀 낼 수는 없었다. 그러니까 그들이 보기에는 구조주의 문법을 기술력에 있어서 결코 만족스런 문법일 수가 없을 뿐만 아니라 설명력에 있어서도 결코 만족스런 문법일 수가 없었다. 한 마디로 말해서 이 문법은 좋은 문법은 으레 최대로 단순해야 한다는 원리에도 맞지 않는 것이었다.

그런데 사실은 생성문법은 그 이전의 구조문법을 전면적으로 거부한 데서가 아니라 그것을 그대로 받아들이면서 그것의 단점을 보완한데서 태어난 것이다. 예컨대 Chomsky가 처음에 제안한 변형문법체계는 크게 문장을 구구조적으로 분석하는 기저부와, 그것에 일정한 변형규칙을 적용하여 새로운 문장을 도출해내는 변형부의 두 부분으로 이루어져 있었으니까, 간단히 말해서 그의 문법체계에 대한 발상법의 최소한 절반은 그가 새롭게 창안한 것이 아닌 것이다. 더 나아가서 그는 문법은 심층구조와 표피구조의 두 가지를 가지고 있는데, 의미의 해석은 으레 심층구조에서 이루어진다고 보았다. 그런데 심층구조에서 쓰이는 분석법은 구구조 분석법이다. 역설적으로 그는 변형의 개념을 강조하려다가 구구조의 개념을 강조하고 만 것이다.

우선 학세적인 면으로 보아서도 생성문법이 구조문법보다 비교도 할 수 없을 만큼 앞서있다는 것은 부인할 수 없는 사실이다. 그리고 전성기가 구조문법의 경우에는 겨우 2,30년 정도밖에 되지 않았는데 반하여 생성문법의 그것은 5,60년이나 되어서 그런지, 연구업적에 있어서도 양자 간에는 비교를 할 수 없을 정도로 차이가 난다. 예컨대 그동안에 생성문법은 초기의 것과 지금의 것 간에는 공통점이 거의 없게 될 정도로 변신에 변신을 거듭하는 과정을 밟아오면서, 「촘스키 언어학 사전」이 따로 만들어져야 할 만큼의 많은 이론과 업적을 남겼다. 더욱 놀라운 일은 그럼에도 불구하고 Chomsky 자신은 언어가 지금으로서는 인간의 정신과 두뇌의 구조를 밝힐 수 있는 유일한 창일 수밖에 없는 이상, 오늘날 최신의 이론으로 내세워지고 있는 「최소주의 이론」도 최종적인 것으로 볼 수 없다고 주장하고 있다는 점이다. (原口, 中村. 1992)

그렇지만 문법학의 발달 과정으로 보았을 때는 앞으로 어떻게 생성문법의 모습이 달라진다고 해도 현실적으로는 그것은 전통문법과 구조문법이라는 두 가지의 다른 문법과 공존 내지는 병진 하게 되어 있다는 사실보다 중요한 것은 없다. 우선 문법체계 전체를 완성시킨 것은 오직 이것뿐이라 그런지 지금도 학교에서는 문법 하면 으레 전통문법을 가리킨다. 그 다음으로 형식과 구조 분석에 있어서 가장 직관적이면서도 경제적인 것이라 그런지 구조문법에서 쓰이던 분석법은 오늘날에도 일부 이론에서는 그대로 쓰이고 있다. 그리고 무엇보다도 흥미로운 사실은 마치 「반정립의 반정립은 곧 정립과 같아진다.」는 말을 실증이라도 하려는듯이 생성문법은 최근에 주제선택이나 분석기법 등에 있어서 전통 문법으로 다시 회귀하려는 경향도 보이고 있다는 점이다. 예컨대 Chomsky가 오늘날 비장의 보도처럼 사용하고 있는 보편문법이라는 말을 제일 먼저 쓴 사람들은 중세 때의 전통문법가들이었다. 그 의미는 물론 전혀 달랐다.

2) 내재이론

Chomsky의 언어연구가 드러낸 특징 중의 한 가지는 언어 철학과 언어학을 하나로 통합시키려고 했다는 점인데, 이것의 가장 확실한 근거가 될 수 있는 것이 아마도 표준이론이 발표된 것과 거의 같은 시기에 「데카르트 언어학(Cartesian Linguistics)」이라는 책을 발간했다는 사실일 것이다. 그러니까 그는 처음부터 언어연구의 역사성을 대단히 중요하게 생각했던 것인데, 실제로 그는 이 책의 서론부에서 현대 언어학의 가장 큰 잘못은 「의식적으로 전통적 언어이론과 단절하여, 전적으로, 새롭고 독립적인 방법으로 하나의 언어 이론을 만들어 내려고 시도했다」는 점이기에 그것을 바로 잡는 것이 앞으로 생성문법이론이 해야 할 첫 번째 일이라는 것을 밝히고 있다. (p.1)

「데카르트 언어학」이라는 용어 자체를 스스로 만들어가면서까지, 그의 언어 사상을 Chomsky가 전통적 언어이론과 현대적 언어이론 간의 계승성을 가장 분명하게 확인할 수 있는 것으로 잡은 것은, 두 말할 필요도 없이 자가가 내세우는 내주주의나 이성주의적 언어관과 거의 동일하거나 유사한 언어사상을 데카르트가 일찍이 가지고 있었기 때문이었다. 생성문법이라는 가장 새로운 문법기술이론을 내세우면서도, 그것을 뒷받침하는 언어 사상만은 17세기의 철학자의 것에서 뿌리를 찾으려고 한 것은 결국에 언어이론 중 최선의 것은 역시 역사적으로 고증을 받은 것이라는 것을 익히 알고 있기 때문이었다. 이런 사실로 미루어보아서 그는 처음부터 언어철학과 언어학은 궁극적으로 둘이 아닌 하나의 물줄기라는 사고방식을 가지고 있었음이 확실하다.

「나는 생각한다. 고로 존재한다. (Cogito ergo sum)」라는 명언으로 유명한 Descartes는 자기 특유의 이성주의적 인식론이나 정신이론, 지식이론을 내세운 하나의 철학자이지 언어의 문제에 특별히 관심을 가지고서 많은 언급과 연구를 한 하나의 언어학자는 아니었다. 그러나 Chomsky가 분석한 바에 따르자면 그의 정신이나 지식이론은 다음과 같은 네 가지 면에 있어서 충분히 자기의 생성문법이론의 사상적 기저가 될 수 있었다. 그러니까 이 책은 간단히 말해서 겉으로는 Descartes의 언어관의 타당함을 알리는 듯하면서도 속으로는 자기의 언어이론의 핵심사상이 어떤 것인가를 보다 확실하게 명시하려는 의도에서 쓰인 책인 것이다.

이들 네 가지 면 중 첫 번째 것은 「언어 사용의 창조적 양상」에 관한 것이었다. Descartes는 우선 「동물은 일종의 기계적 자동장치인 데 반하여 인간에게는 순전히 기계적 근거로는 설명이 될 수 없는 특이한 능력이 있으며, 인간과 동물 간의 본질적인 차이는 인간의 언어, 특히 새로운 상황에 적절한 새로운 사상을 표현하는 새로운 서술을 할 수 있는 그의 능력에 의해서 가장 명백하게 드러난다.」고 생각했었다. 인간의 이성의 문제에까지 이런 창조성 원리는 적용이 된다고 생각한 나머지, 그는 「인간의 이성은 사실에 있어서 모든 우발사건에서 쓰일 수 있는 보편적인 도구」인 데 반하여, 「동물의 기관이나 기계는 어느 특별한 행위를 위한 특별한 적응의 필요성만을 갖게 된다.」라는 말도 하였다. (pp.3,5)

Chomsky는 바로 이 대목에서 첫 번째로는 Descartes의 이런 이성주의적 언어관은 그 후 Cordemoy와 Herder, Schlegel, Humboldt 등에게 꾸준히 인계가 되어갔다는 점과, 두 번째로는 이런 역사적 사실과는 정반대로,

구조주의 시대 때는 Bloomfield를 비롯하여 심지어 Paul, Saussure, Jespersen, Hockett 등이 「언어사용의 창조적 양상을 유추나 아니면 문법적 유형의 결과로」 보는 잘못을 저질렀다는 점을 강조하였다. 그러니까 그는 여기에서 역사적으로 보아서도 자기가 내세우는 이성주의적 언어이론이 맞고 그 이전에 구조주의자들이 내세우던 경험주의적 언어이론이 잘못된 것이라는 점이 분명하다는 것을 밝히고 싶었던 것이다. (p.12)

물론 그가 여기에서 바로 이 점을 Descartes의 언어관 중 제일 중요한 것으로 내세우게 된 것은 창조성이라는 하나의 단어 안에 그가 생각하는 인간언어의 특성들이 모두 내포될 수 있다고 생각했기 때문이다. 예컨대 그는 그 동안 내내 인간의 언어는 종 특이적인 것이라는 것과, 그것은 의사소통의 도구가 아니라 사고의 표현수단이라는 것, 언어능력은 그의 일반적인 지능과는 별개의 것이라는 것, 그것의 제일 큰 특징은 유한한 규칙을 가지고서 무한한 문장을 생성할 수 있다는 점이라는 것 등을 주장해왔다. 이와 함께 그는 구조주의자들이 그동안에 궁극적으로는 자기들의 경험주의적 언어이론을 행동주의의 이론과 하나로 합쳐서 언어학습이론이나 언어교육이론을 내세우는 잘못을 저지르게 되었다는 사실도 지적하고 나섰다.

이들 네 가지 면 중 두 번째 것은 「심층과 표면구조」에 관한 것이었다. 놀랍게도 Chomsky는 이 책에서 변형생성문법이론이라고 이름붙인 자기의 문법이론은 사실은 독창적인 것이 아니라 17세기에 프랑스에서 새로운 문법 이론으로 자리 잡았던 「포르 르와이알(Port-Royal)문법」에서 제안된 발상법을 약간 수정한 것에 지나지 않는다는 사실을 밝히고 있는데, 기본적으로 이 문법이론은 Descartes의 언어사상을 계승한 것이라는 점이 분명한 이상, 이런 선언은 곧 자기의 문법이론이 결국에는 Descartes의 언어사상을 직접적으로 계승한 것이라는 점을 보다 구체적으로 밝힌 것이라고 볼 수가 있다.

　1660년에 이른바 「포르 르와이알」학파의 Lancelot과 Arnauld가 써낸 「일반 및 이성문법(Grammaire generale et raisonee)」라는 책이 바로 이 문법이론의 원전이었는데, 이름에 잘 드러나 있듯이 이 이론은 언어의 일반적 원리를 탐구한다는 것은 곧 인간의 이성을 구명하는 일이라는 입장에서 만들어진 것이기에, 역사상 최초의 전형적인 이성주의적 문법이라는 것이 그것의 제일 큰 특징이다. 그의 표준이론의 기본이 되는 발상법이 문법은 크게 심층구조와 표피구조의 두 구조로 구성되어 있어서 적절한 변형규칙에 의해서 의미해석을 담당하는 첫 번째 구조가 음운해석을 담당하는 두 번째 구조로 바뀌게 된다는 것이었는데, 사실은 이런 발상법은 17세기에 나온 이들의 책 안에 이미 자세히 제시되어 있다는 것이었다. 예컨대 이 책 안에 이미 「Dieu qui est invisible a cree le monde qui est visible (God, who is invisible, created the world, which is visible.」이라는 복문의 의미는 「Dieu invisible a cree le monde visible (Invisible God created the visible world.)」라는 단문의 그것과 같다는 주장이 나와 있다. (p.40)

　Chomsky가 보기에는 이와 같이 문법을 심층과 표층의 두 개의 구조로 이루어진 것으로 보려는 포르 르와이알 이론은 다음과 같은 세 가지의 중요한 사실들을 전제로 삼고 있었다. 첫 번째로 이것에서는 이미 보편문법의 개념이 정립되어 있었다. 예컨대 그는 여기에서는 「의미를 표현하는 심층구조는 모든 언어에 공통된 것이어서 결국에는 그것은 사고형식의 한 단순한 반영체이다.」라고 주장되고 있다고 보았다. (p.35) 두 번째로 이것에서는 규칙의 순환성에 관한 개념이 정립되어 있었다. 예컨대 그는 「이 이론에서는 적절한 언어이론이 마땅히 그래야 하듯이 유한한 수단의 무한한 사용을 가능하게 하는 순환적 장치의 작동 요령이 암시적으로 제안되어 있는데, 여기에 제시된 예를 통해서는 이 장치는 어떤 종류의 선험적 필요성도 필요로 하지 않는 형식적 조건을 충족시키게 된다는 점을 알 수 있게 된다.」와 같은 말을 하고 있다. (p.41)

세 번째로 이것에서는 구구조의 개념이 정립되어 있었다. 구조주의자들은 마치 구구조의 개념이야말로 자기네들이 최초로 찾아낸 최선의 형식주의적 문법 개념인 것처럼 자랑을 했었다. 그렇지만 그는 여기에서 「포르 르와이얄 문법은 분명히 명석한 방법으로 구구조의 개념을 처음으로 개발시킨 문법이다. 따라서 이 문법에서는 분명하게 통사적 구조를 기술하는 데는 구구조식 방법이 부적절하다는 사실을 인정하고 있다는 점을 유의할 가치가 있다.」와 같은 말을 하고 있다. 결국에 그는 이 이론에서는 이미 지금 연구되고 있는 것과 같은 변형문법의 필요성을 암시하고 있다고 보아야 한다는 말도 하고 있다. (p.42) 특히 그는 이런 포르 르와이얄 문법이론을 한 단계 심화 내지는 발전시킨 것이 바로 Du Marsais의 「구조와 통사이론」이라는 점을 강조하고 있다.

이들 네 가지 면 중 세 번째 것은 「언어학에 있어서의 기술과 설명」에 관한 것이었다. 그가 보기에는 포르 르와이얄 문법이론으로 발전된 데카르트 언어학의 장점 중 제일 중요한 것은 「그것이 단순히 기술문법에만 관심이 있던 것이 아니라 「일반문법」 즉, 언어구조의 보편적 원리에도 관심이 있었다.」는 점이었다. 다시 말해서 그의 생각으로는 이들의 책 이름 그대로 「일반적」일뿐만 아니라 「이성적」이기도 한 문법이론을 만들려고 한 점이 바로 데카르트 언어학의 제일 큰 특징이었다. 이런 문법을 가리켜서 이 당시에는 「철학적 문법」이라고 불렀는데, 이런 견해는 Du Marsais의 저서 내에 가장 잘 표현되어 있었다. (p.52)

흥미롭게도 지금과 마찬가지로 그 당시에도 언어학의 주된 과제를 설명하는 데가 아니라 기술하는 데 두려는 학파가 있었는데 그것을 대표하는 사람이 바로 Vaugelas였다. 더구나 그 당시에는 그의 접근법이 가장 강력한 이론으로 받아들여지고 있었으며, 따라서 부분적으로 나마 그것에 대한 반작용으로 나타난 것이 바로 포르 르와이얄 문법이었다. 1647년에 낸 문법책의 이름을 「프랑스어에 대한 관찰(Remarques sur la langue Francoise)」로 정한 사실로써 익히 알 수 있듯이, 그는 「자기가 이성적 내지는 심미적 근거로 용법의 수정이나 순화를 아예 제안하지 않듯이, 말에 관한 사실을 설명하려고 해서도 안 되고, 그것의 기저가 되는 일반적 원리를 발견하려고 해서는 안 된다.」고 주장했었다. Chomsky는 그의 문법관을 「창조적 작업을 유추나 대치에 의해서만 가능한 것으로 보려던 Saussure나 Jespersen, Bloomfield의 것과 대동소이하다.」고 비평하였다. (pp.54~5)

이 문제와 관련하여 또 한 가지 밝혀두어야 할 사실은 「철학적 문법에는 심층구조와 표피구조를 연결시키는 장치에 대해서는 일반적이고 추상적인 설명 밖에 없었다.」는 점이었다. 다시 말해서 그것에서는 문법에 나타나는 규칙의 성격이나 그것이 충족해야 할 형식적 조건 등에 관해서는 어떤 구체적인 연구도 이루어지지 않고 있었으며, 따라서 「심층구조는 단문들의 배열에 불과하다는 검증이 전혀 되지 않는 가정을 세우는 데는 사고와 지각의 성격을 결정짓는 원리들은 으레 내성적 방법에 의해서 알아낼 수밖에 없다는 데카르트식의 공리」를 이용하고 있었다. (p.56)

그러나 Chomsky가 보기에는 데카르트 언어학은 17세기와 18세기의 언어학을 보편문법 중심적인 것으로 만드는 데 결정적인 기여를 하였다. 그들은 분명히 「언어학의 자세는 마땅히 자연 역사적인 것으로부터 자연 철학적인 것으로 바뀌어야 되는데, 이렇게 되기 위해서는 보편적 원리와 언어적 사실에 대한 이성적 설명법을 찾는 일에 주안점을 두어야 한다.」고 주장했었다. 이런 의미에서 볼 때 자기의 문법이론이 Descartes의 문법이론을 이어 받은 것이라는 것은 의심할 여지가 없었다. 여기에서 그는 자기의 문법이론이 언어 사상의 면에 있어서는 물론이요 문법 모형의 면에 있어서도 Descartes의 문법이론과 직접적으로 연결되어 있다는 사실을 강조하고 싶었던 것이다. (p.59)

이들 네 가지 면 중 마지막이며 네 번째 것은 「언어의 습득과 사용」에 관한 것이었다. Descartes의 「일반 문법적」 언어 사상은 그 후 Humboldt에게 인계가 되었는데, 그것의 요지는 바로 국가적 내지는 개별적 다양성의 기저에는 하나의 공통된 언어형식이 있다는 것이었다. 그런데 이 당시에 언어의 본질을 이렇게 그것의 보편성에서 찾으려는 언어학자들의 태도는 인간의 지식이나 정신을 그런 식으로 파악하려는 심리학자들의 그것과 동일한 맥락을 형성하고 있었다. 다시 말해서 그가 보기에는 17세기의 Descartes 언어학은 그 당시의 이성주의적 심리학의 관심사들을 그대로 반영하고 있는 학문이었다.

그게 그렇다는 가장 확실하게 증거해주는 사실은 바로 그 당시에 프랑스에서 이성주의적 심리학을 이끌어가던 Herbert가 1624년에 낸 「사실성 (De Veritate)」이라는 책의 내용이 온통 「공통된 상념」에 관한 설명이라는 것이었다. 예컨대 그의 책에는 「비록 이런 공통된 상념들이 대상에 의해서 자극을 받기는 하지만, 아무리 그의 견해가 파격적이라고 한들, 누구도 그들이 사물 자체에 의해서 전달되었다고 상상하지는 않았다. 오히려 그들은 대상을 확인하고 그것의 자질과 관계를 이해하는 데 있어서 본질적인 요소가 될 것이다.」와 같은 말이 나오고 있다. (p.60)

더 나아가서 이 책에는 「선험적인 능력인 공통된 상념들을 사용했을 때만 지성은 우리의 주관적인 기능이 지각력을 제대로 발휘했는가를 결정지을 수 있다.」나, 「이성이란 공통된 상념을 그 한도까지 적용하는 절차일 따름이라.」는 말도 나오고 있는데, 흥미롭게도 이와 같은 이성주의적 내재이론은 곧 이어서 독일의 신플라톤주의자인 Leibniz와 Kant에 의해서 더 확대 내지는 발전이 되었다. 예컨대 Leibniz는 「우리의 정신 안에 상념을 이미 가지고 있지 않은 것은 배워질 수가 없다.」라는 말과 함께, Plato가 그 옛날에 메노(Meno)라는 노예 아이에게 실시했던 기하학의 진리에 관한 실험의 이야기를 되풀이하였다. (p.63)

그런데 사실은 이 당시에 이미 이런 내재적 지식이론은 이성주의적 언어 습득이론의 근거가 되고 있었다. 예컨대 Cordemoy는 언어습득의 문제를 논의함에 있어서 일종의 조건화 작업인 교육의 역할뿐만 아니라 「어린이가 알고 있는 것의 많은 것은 명시적 교육과는 별도로 습득 된 것이라」는 사실을 강조했었다. 또한 Schlegel도 언어는 인간에게 내재되어 있는 것이기에 「외부적 자극은 내재적 기구를 작동시키기 위해서만 필요한 것이며, 따라서 그것은 습득된 것의 형태를 결정짓지는 못한다.」와 같은 말을 했었다.

그러나 역시 언어습득과 관련하여 이런 플라톤주의를 비독단적인 방법으로 가장 명쾌하게 내세운 사람은 바로 Humboldt였다. Chomsky가 보기에 그는 「분산되고 부적절한 자료에 의해서 얻어진 것임에도 불구하고 학습된 것에는 으레 균일성이 있는 점으로 미루어 보아서, 경험을 위한 선행 조건으로서 일정한 자질들이 정신 안에 들어 있다.」와 같은 이성주의적 주장을, 그 당시에 일부 경험주의자들이 즐겨 사용하던 연상이나, 강화, 귀납적 절차, 분배적 절차 등의 개념의 부적절성을 지적하는 데 폈던 최초의 언어 철학자였다.

그리고 무엇보다도 중요한 것은 이런 이성주의적 언어 습득관을 가지고 있던 사람은 Descartes였다는 사실이었다. 간단히 말해서 그는 내재적 정신기구의 존재를 전제하다보면 자연히 지각이론과 학습이론 간의 구별은 사라지게 마련이라고 생각하는 하나의 대표적인 이성주의적 심리학자였다. 예컨대 그는 1647년에 낸 「어느 프로그램에 반대하는 의견(Notes directed against a certain program)」이라는 책에서 「감각의 한계성을 제대로 관찰하고, 또한 이 매개를 거쳐서 사고의 기능에 침투할 수 있는 것이 정확히 무엇인가를 관찰하는 사람이라면 응당 어떤 사물의 개념도 우리가 사고에 의해서 보게 되는 모양으로는 감각을 통해서 우리에게 제시되지는 않는다는 사실을 인정해야 한다.」와 같은 말을 했다. (p.67) Chomsky의 생각으로는 오늘날의 지각작용에 대한 연구가 내재적으로 구도나 모형에 관한 것으로 되돌아 간 점으로 미루어 보아서, 그것이 결국에는 데카르트 언어학과 그것의 기저에 깔린 이성주의적 심리학의 연속체임이 분명했다.

　표준 이론에서의 그의 이성주의적 언어 습득이론은 해가 갈수록 더욱 견고하게 다져져서, 그가 보편 문법과 매개 변항의 이론을 내세울 무렵에 는 드디어 내재이론이라는 그의 언어이론의 일반적인 명칭으로까지 굳어 지게 되었다. 그런데 그는 자기의 언어사상의 뿌리를 17세기의 데카르트 의 철학에서 찾으려고 했지만 사실은 인간의 지식에 대한 관심이나 논의 가 시작된 희랍시대 때 이미 그런 발상법이 나왔다고 볼 수가 있다. 다시 말해서 내재적 지식의 문제를 놓고서 이성주의 대 경험주의 간의 대립의 현상은 근대에 이르러서가 아니라 학문이나 철학이 시작되었을 당시에 이미 시작되었다는 것이 이 문제의 논의에 관한 첫 번째 특징이다.

　두 말할 필요도 없이 이것의 증거로 내세울 수 있는 것은 Plato가 그의 대화의 「크라틸러스(Cratylus)」편에서 역사상 가장 오래되었으면서도 아 직도 그것에 대한 해석을 제대로 내리지 못하고 있는 낱말과 사물 간의 관계에 대한 논의를 전개하고 있다는 사실이다. 이 대화에서 그는 자기의 스승격인 Cratylus와 Hermogenes, Socrates 등의 세 철학자들을 내세워 이 문제를 토의시키고 있는데, 이렇게 세 사람을 내세운 것 자체가 이것이 사실은 아주 오래 전부터 철학자들이 이른바 「자연파」와 「명목파」로 갈

릴 정도로 해결하기 어려운 문제였었단 것을 그가 익히 알고 있었다는 증거였다. 여기에 나오는 Cratylus는 간단히 말해서 이름과 사물의 본질 간의 불가분성을 강조하는 「유추론자」였고, Hermogenes는 그에 반하여 이름과 사물 간에는 자의성만이 있게 되어 있다는 「변칙론자」였으며, Socrates는 이들 간의 대립성이 일리가 있는 것이기는 하지만 그래도 굳이 따지자면 Cratylus의 견해를 맞는 것으로 보아야 한다고 주장한 하나의 중재자였다. 물론 여기에서의 Socrates의 언어관이 곧 Plato의 언어관이었 다. 그러나 학문적으로 그의 뒤를 이은 Aristotle은 이 문제에 있어서 그와 는 정반대의 입장을 취했다. 즉, 그는 일찍이 Hermogenes가 내세운 것과 같은 변칙론이 맞다고 주장하고 나섰는데, 이래서 결과적으로는 언어나 지식의 문제에 관해서는 이성주의와 경험주의의 두 이론이 대립하는 현 상이 시작이 되었다.

내재적 지식의 문제에 대한 논의의 두 번째 특징은 크게 보았을 때는 이들 두 이론들은 그 동안에 일종의 평행선을 그어 온 것이지, Chomsky 가 내세우듯이 이성주의가 경험주의를 결정적으로 압도한 적은 없었다는 사실이다. 예컨대 그는 Descartes의 이성주의적 사상은 곧바로 Leibniz를 거쳐서 Kant로 이어져 갔다는 말만 하고 있지, 그것이 Locke와 Hume과 같은 당당한 경험주의자들의 공격의 대상이 되었다는 말은 하고 있지 않 다. 더 가깝게는 그가 자기의 언어이론의 출발과 함께 먼저 구조주의자나 행동주의자들을 신랄하게 공격하고 나선 것은 바로 20세기의 초기를 전 후해서는 경험주의가 지배적인 철학이나 심리학적 사상이었다는 사실을 반증하는 사실에 불과하다.

물론 Chomsky 자신은 이제는 자기의 보편문법과 매개 변인의 이론과 같은 이론이 나온 이상 더 이상의 경험주의 대 이성주의 간의 논쟁의 필요 성은 없어졌노라고 주장할 것이다. 예컨대 일찍이 Leibniz도 그 옛날

Plato가 제기했던 학습의 역설성의 문제 즉, 「회상(anamnesis)의 이론」의 중요성만 강조했지 그것에 대한 구체적인 해답은 제시하지 못 했는 데 반하여, 자기는 어린이들의 머리 안에 내재되어 있는 보편문법의 실체를 밝힘으로써 드디어 「플라톤의 문제」를 해결했다고 주장할 것이다. 그러나 문제는 그의 주장에 동의하는 사람도 거기에는 으레 적어도 다음과 같은 두 가지 단서가 붙어 있어야 된다고 생각한다는 데 있다.

그 중 첫 번째 것은 「플라톤의 문제」로 까지 논의가 거슬러 올라가는 사실 자체가 익히 말해주고 있듯이 그의 이성주의적 언어관이나 지식관은 결국에는 서구의 학문의 역사 전체가 배경이 되어서 태어난 것이라는 점이다. 다시 말해서 그의 언어이론과 같이 다분히 파격적이고 획기적인 것일수록 역사적 평가와 의미의 중요성은 더욱 강조될 수밖에 없는 것이다. 그 중 두 번째 것은 그의 자신만만한 어투와는 반대로 그가 말하는 보편문법의 실체가 아직 확실하게 밝혀진 것은 아니라는 점이다. 누구나 익히 알고 있듯이 그의 생성 문법이론은 지금도 수정과 변형 절차를 밟고 있는 중이다. 이런 의미에서 볼 것 같으면 최근에 Simpson(2006)이 「내재적 지식(Innate Knowledge)」이라는 논문의 결론을 아래와 같이 내린 것은 틀림없이 그의 이론을 염두에 두고 한 것일 것이다.

> 그렇다면 요약해서 내재적 지식의 한 중요한 의미로서 그런 지식이 언어와 그 밖의 여러 가지 인지적 능력에 있어서 존재한다는 것은 더 이상 심각하게 의심할 문제가 아니다. 그렇지만 우리가 이런 지식의 구체적인 성격을 완전하게 이해할 수 있으려면 많은 작업이 아직도 이루어져야 한다. (p.332)

1.3 주도 이론의 확인과 평가

공시적으로 보아서나 아니면 통시적으로 보아서나 언어이론의 제일 큰 특징 중 하나는 분명히 다양성인데, 그것은 나쁘게 말하자면 혼동성이나 같은 것이기에 결국에는 우선 그 가운데서 집중적으로 검토할 가치가 있는 이론을 선별해 내는 과제를 언어이론을 연구하는 사람에게 던져주기 마련이다. 그런데 사실은 그에게 실제로 부여된 과제는 그런 이론을 새롭게 가려내는 일이 아니라 역사나 학세에 의해서 이미 가려진 이론을 평가하는 일이다. 다시 말하자면 다른 연구와 마찬가지로 언어연구도 매 시대마다 주도적 언어이론에 의해서 추진되어 왔는데, 우연인지 필연인지 그런 주도적 언어이론들은 그 동안에 문법 중심이라는 하나의 공통된 흐름을 형성하게 되었기 때문에, 언어이론 연구자에게는 오로지 그것을 평가하는 일만이 남겨지게 된 것이다.

그리고 더욱 중요한 것은 이런 평가 작업을 하다보면 언어연구가 그 동안에 하나의 독립적인 궤도를 그려왔다기보다는 오히려 학문 전체나 지적 탐구사의 궤도에 편승했다고 보는 것이 더 맞는 말이라는 것이 분명해진다. 물론 현재까지의 학문이나 지적 탐구의 역사가 그때그때의 주도적 학자들에 의해서 만들어진 것이라는 점도 언어연구의 역사에서 익히 확인할 수가 있다. 어떻게 보자면 이미 정해져 있는 진리 탐구의 길을 차례대로 밟아 온 역사인 듯하면서도, 또 다르게 보자면 중요한 시기에 있어서의 몇몇 대학자들의 방향전환에 의해서 진로가 정해진 역사인 듯이 보인다는 점에 있어서도 학문 전체의 역사와 언어연구의 역사는 똑같다. 결국 어떤 의미로 보아서나 그동안의 언어연구사는 그 동안의 인류의 지적 탐구사의 일부인 셈이다.

1) 문법이론의 근간적 위상

지난 2천여 년 동안에 해온 언어연구를 하나의 거목으로 비유하자면 그것의 근간이 되고 있는 것이 바로 문법이론이다. 앞에서 이미 말이 나왔듯이 희랍의 철학자들의 관심은 문법의 문제보다는 어휘나 의미의 문제에 가 있었다고 볼 수 있다. 예컨대 그들은 맨 먼저 어휘의 기원이나 의미의 문제를 언어적 토의의 주제로 삼았다. 그러니까 쉽게 말해서 어원학이 언어학의 최초의 형태였던 것이다. 그리고 이론적으로 따지자면 언어에 대한 연구는 표현적 특성에 관한 것과 의미적 특성에 관한 것이 병렬적으로 이루어지는 것이 마땅한 일이다. 그렇지만 현실은 그렇지가 않았다. 다시 말해서 적어도 알렉산더 학파에 의해서 8품사 체계가 일단 완성 된 이후부터는 문법이론이 근간이 되는 식으로 언어연구의 학풍이 바뀌게 된 것이다.

오늘날의 언어 연구를 주도하고 있는 이론도 물론 문법이론이다. 예컨대 누구라도 굳이 Chomsky의 생성문법이론을 내세우지 않더라도, 오늘날 문법이나 통사론에 관한 연구가 기타 음운론이나 어휘론, 의미론, 화용론 등에 관한 연구보다 앞서있다는 것을 부인할 수는 없다. 오늘날 맨 앞에서 그 전체를 이끌어가고 있는 Chomsky의 생성문법과 관련된 것은 더 말할 나위가 없고, 그 밖에 여러 형태의 구구조 문법이나 성층문법, 기능문법에 관한 연구들이 모두 문법이나 통사론에 관한 연구이다. 이런 의미에서 보자면 그가 언어학의 발전에 기여한 점 중 제일 의미 있는 것은 바로 문법 이론 중심의 언어연구의 전통적인 흐름이 그대로 이어져가게 한 점일는지도 모른다.

서양에서의 언어연구의 학풍이 이렇게 되는 데는 희랍과 로마시대 때의 철학자들의 언어관과 업적이 결정적인 역할을 했다. 우선 Aristotle이 최초의 형식 논리학에 대한 것인 「이전 분석학(Prior Analytics)」과 최초의 과학 철학과 지식이론에 대한 것인 「이후 분석학(Posterior Analytics)」과 같은 논문들을 발표해서 논리학이나 형식적 방법이 학문연구의 기본 방법이 되도록 한 것을 그것의 근원적인 원인이라고 볼 수가 있다. 그리고 로마시대 때에 Donatus와 Priscian이 라틴어 문법을 완성시킨 나머지, 그후 오랜 기간에 걸쳐서 그것이 일종의 보편문법의 역할을 수행할 수 있게 한 것도 그 다음의 원인일 수가 있다.

언어연구가 전통문법의 모형이 성립되면서 문법 중심적인 것으로 이미 굳어져버렸다는 것을 증거 하는 사실로는 14세기에 이르러서는 문법학과 논리학이 거의 하나로 합쳐진 듯한 「모디스트 문법」이 크게 유행을 하다가 17세기에 이르러서는 드디어 정신구조와 언어구조를 동일시하려는 「포르 르와이알 문법」이 언어연구의 주도권을 잡게 되었다는 사실을 들 수가 있다. 이 문법은 Descartes의 언어 사상을 그대로 계승한 것이라는 사실로 미루어 보아서, 그의 언어 사상도 문법 중심적인 것이었다는 것을 익히 알 수가 있다.

언어연구가 문법 중심적인 것이 되면서 그것과 철학 사이의 경계선이 사라진 현상은 Leibniz에 의해서 더욱 분명하게 드러나게 되었다. 그는 Aristotle의 논리학을 일종의 수학적 모형으로 발전시키는 데 앞장섰는데, 그 증거가 바로 아주 젊어서부터 그는 모든 진리나 지식의 문제를 논리정연하게 해명할 수 있는 상징 언어의 모형, 즉 이른바 「보편적 특성을 표현하는 언어(Lingua Characteristica Universalis)」의 개발을 시도했다는 사실이다. 예컨대 그는 「조립기술에 대한 논문(Dissertatio de arte Combinatoria)」라는 논문에서 인간의 사고 요소에 문자나 숫자를 부여해서 그것에 대한 일종의 「알파벳」이 만들어지게 되면 그것은 곧 보편언어의 기저가 될 뿐만 아니라 진리를 확인하는 수단도 될 것이라고 주장했다.

그의 보편언어에 대한 발상법은 다분히 통사적이고 수학적인 것이었다. 예컨대 그는 모든 복합적인 개념들을 더 이상 분석이 될 수 없는 단순 개념의 수준에 이르기까지 보다 낮은 수준의 개념의 연속체로 해부가 될 수가 있으며 이런 분석 절차는 각 개념에 부여된 특성번호에 의해서 수학적으로 추적이 가능하다고 생각했다. 또한 그는 가장 낮은 수준의 개념의 연속체, 즉 하나의 판단은 주어와 술어라는 두 개의 개념으로 이루어져 있어서, 술어적 개념이 주어적 개념에 내포되어 있는 경우에만 그 판단을 참이라고 생각하기도 했다. 그는 결국 이런 절차에 의해서 추리나 진리 평가의 작업은 논리적이며 단순한 연산적 작업으로 바뀔 수 있다고 본 것이다. (Callaghan and Lavers, 2006. p.398)

안타깝게도 그는 머지않아서 자기의 이런 야심찬 시도가 실현 가능성이 거의 없는 것이라는 결론에 도달하게 되어서, 그 후부터는 일종의 유사 대수학적 표기법으로 볼 수 있는 추상적인 논리 형식을 고안하는 일에 매달리게 되었다. 또한 그는 「비모순의 법칙」과 「충족 이유의 원리」와 같은 중요한 논리적 법칙들을 수립하기도 했다. 그러나 그의 이런 보편 문법적 시도의 진짜 가치는 그것이 현대에 등장한 실증철학이나 분석철학의 출발점이 되었다는 사실에서 찾을 수가 있다. 예컨대, 19세기에 이르러 Boole은 그의 수학적 발상법을 바탕으로 해서 이른바 「기본적 명제의 논리법」을 만들어냈다. 그리고 그의 논리법은 그 후에 Peirce와 Husserl, Frege, Wittgenstein 등이 저마다의 논리체계를 개발하는 데 기초가 되었다. (Mautner, 2002. p.344)

오늘날에 이르러서도 언어 연구는 으레 문법이론이나 통사론이 주도권을 잡은 상태에서 이루어지게 되는 식의 이런 전통은 그대로 살아있다고 볼 수가 있는데, 그것의 가장 좋은 예가 바로 1990년대에 Prince와 Smolensky에 의해서 제안된 「최적성의 이론(OT: Optimality theory)」의 발전 양태이다. 원래 이것은 일종의 음운론적 이론으로 제안이 되었었는데, 지금에 이르러서는 이것을 하나의 「보편적 문법 제약 이론」으로 보고 있다. 더 구체적으로 말하자면 이들이 1993년에 발표한 최초의 논문의 제목을 「최적성의 이론: 생성문법에 있어서의 제약의 상호 교섭(Optimality theory: Constraint Interaction in Generative Grammar)」로 정한 사실로써 익히 짐작할 수 있듯이, 이들이 의도했던 것은 특별히 음운론에만 적용될 수 있는 것이 아니라, 언어의 모든 조직, 특히 이 당시에 연구가 집중적으로 이루어지고 있던 문법조직에 적용될 수 있는 언어이론을 제안하려는 것이었다. 간단히 말해서 그들은 처음부터 제대로 된 언어이론은 마땅히 언어의 모든 영역에 적용될 수 있는, 일종의 일반적 언어이론이어야 한다고 생각했던 것이다.

이 이론은 그런데 얼마 뒤에 그들의 의도대로 문법이나 통사론의 영역에 있어서는 물론이요, 더 나아가서는 의미론이나 화용론, 역사언어학, 언어 습득론, 심리언어학, 컴퓨터 언어학 등에 쓰일 수 있음이 밝혀졌다. 현재로서는 이것은 음운론과 통사론의 분야에서만 쓰이고 있지만, 이론적 내용의 보편성이나 일반성으로 보아서 이것이 언젠가에 가서는 언어에 관련된 모든 영역에서 쓰일 수 있다는 사실을 많은 연구자가 인정하게 된 것이다. 이것은 그러니까 이미 하나의 언어이론으로서의 위상을 확립한 셈이다. 특히 이것은 최근에 가장 대표적인 신경언어학적 언어 처리 이론 중 하나인 연결주의 이론의 타당성을 실증하는 데 쓰이게 되면서 더욱 그 가치가 올라가게 되었다.

그러나 사실은 이 이론의 위상적 중요성은 다른 데에 있다고 볼 수 있는데, 그것은 바로 이것은 Chomsky가 제안한 보편문법이론에 대한 하나의 강력한 대안이 될 수 있기 때문이다. 다시 말해서 이 이론의 제일 큰 특징은 이것에 과한 첫 논문의 제목이 「생성문법」이라는 술어가 들어 있는 것이 결코 우연한 일이 아니었던 데 있었던 것이다. 처음부터 이들은 자기네들이 하는 음운론을 생성음운론이라고 불렀다. 물론 이 이론은 본질적으로 Chomsky의 보편문법이론과 크게 다르다. 예컨대 그의 보편문법이론에서는 보편적이라는 말은 「깨뜨릴 수 없는」이란 뜻으로 쓰이고 있다. 즉 여기에서는 어디에서나 공통으로 지켜지는 보편적 원리들이 모든 문법의 기본이 되고, 각 언어 간의 차이는 매개변인에 의해서 생겨난다고 본다. 그에 반하여 이 이론에서는 통사적 표현체에 대한 보편적 정형성의 제약들은 모든 문법에서 동일하게 작동되지만, 이들은 결국에 표면상으로 얼마든지 깨뜨려질 수 있는 것들이라고 본다. 간단히 말해서 이들이 보기에는 Chomsky가 애당초 언제나 지켜져야 될 문법적 원리가 있다고 생각한 것 자체가 잘못된 것이었다. 이들의 언어이론은 결국 Chomsky의 언어이론과는 본질적으로 다르다는 것은 여기에서 내세우는 문법 모형의 특징을 살펴봄으로써 익히 알 수가 있다.

이들의 문법모형은 크게 입력부(Input)와 생성부(Gen), 후보부(Candidates), 평가부(Eval), 출력부(Output)로 이루어져 있어서, 결국에는 먼저 입력부에 입력된 언어 자료를 가지고서 마지막에 정형적인 출력을 산출하게 되는 과정이 바로 문장 생성의 과정이다. 구체적으로 말하자면 그 과정은 우선 입력부로부터 언어자료가 제공되게 되면 생성부에서는 그것을 가지고서 일종의 후보문들을 만들어 내게 되고, 그 다음에는 그들은 평가부에 송부가 되어서 거기에서 제약성의 원리에 의해서 최적의 후보문이 선택되게 된다. 그러니까 이 모형의 두 기본 기구는 생성부와 평가부인 셈이다.

그런데 이 문법 모형의 생명이라 할 수 있는 발상법은 바로 생성부와 평가부, 입력부, 제약 등은 모두 보편적인 것이며, 오로지 제약들의 위계성이나 서열성만을 언어특이적인 것으로 본다는 점이다. 이렇기 때문에 이 이론은 하나의 보편 문법적 이론임과 동시에 언어 유형적 이론일 수가 있어서 Chomsky의 언어이론보다 더 큰 설명력을 가진 이론일 수가 있는 것이다. 이 이론에 따르자면 그러니까 음운론 연구나 문법 연구란 결국에 여러 언어에서 어떤 특이한 제약의 위계성이나 서열성이 쓰이고 있는가를 밝히는 것이었다. 그리고 이런 제약의 위계성의 원리는 의미론이나 화용론의 분야에서도 그대로 쓰일 수 있었다.

여기에서 참고로 이 원리가 실제로 어떻게 작동되는가를 살펴 볼 것 같으면 이것은 간단히 말해서 생성부에서 만들어진 후보문들을 비교하는 데 쓰이게 되는 것으로, 두 개의 제약들이 경쟁적 후보문들을 평가하는 데 경쟁적인 상태에 있을 경우에는 으레 서열이 높은 것을 택한다는 것이 그것의 기본 요지이다. 이 이론에 따른 생성 음운론이 어떤 것인가를 구체적인 예를 가지고서 살펴보게 되면 이 점이 보다 분명해진다. 이 음운론에서는 우선 음운체계에 대한 연구란 다름 아닌 각 어휘의 어휘적 형태와 출력부에서의 음성적 형태간의 불일체성이 어떤 규칙이나 조건에 의해서 생겨나게 되는가를 밝히는 일로 본다. 예컨대 「마오리어(Maori)」에서는 「마신다」의 의미의 /inum/이라는 동사는 실제로는 [i.nu]처럼 발음되고, 영어에서는 /leak+d(과거시제)/라는 동사가 실제로는 [likt]처럼 발음된다.

이 음운론에서는 이런 현상을 유표성(Markedness)의 제약과 충실성(Faithfulness)의 제약 간의 최선의 타협이 빚어 낸 것으로 본다. 유표성의 제약이란 음절이 자음으로 끝나는 것을 금지하는 「무코더(No Coda)」의 제약 같은 것이고, 충실정의 제약이란 모든 삭제를 금지해서 입력과 출력이 같아지기를 요구하는 「맥스(Max)」의 제약 같은 것이다. 그러니까 첫 번째 제약은 음성적 인터페이스를 최대로 보호하려는 제약이고, 두 번째 제약은 어휘적 인터페이스를 최대로 보호하려는 제약인 셈이다. 다시 마오리어의 예로 돌아갈 것 같으면 inum→i.nu의 현상에서는 「무코더」라는 유포성의 제약은 만족되고 있으면서도 「맥스」라는 충실성의 제약은 위배되고 있다. (표기법 상 [.]은 음절의 구분임) 그에 반하여 inum→i.num의 현상에서는 「무코더」라는 유포성의 제약은 위반되고 있으면서도 「맥스」

라는 충실성의 제약은 만족되고 있다.

그렇다면 어떤 것이 최선의 출력일 수가 있는가를 결정하는 일은 결국에 이들 두 제약 중 어떤 것을 더 상위적인 것, 즉 지배적인 것으로 보느냐의 일로 귀결이 된다. 예컨대 첫 번째 제약이 두 번째 제약보다 상위적인 것일 경우에는 실제로는 [i.nu]와 같은 음성 형태가 있게 될 것이고, 그 반대의 경우에는 [i.num]과 같은 음성 형태가 존재하게 될 것이다. 그런데 이 언어에서 실제로 쓰이고 있는 발음형태는 [i.nu]이다. 그러니까 이 경우에는 유표성의 제약이 충실성의 제약보다 상위나 우선적으로 작용되고 있는 것이다. 또한 적어도 이론상으로는 inum→i과 현상도 일어날 듯한데 그렇지는 않다. 그러니까 유표성의 제약이 이른바 「조화적 경계」의 원칙을 지키는 범위 내에서만 적용되지 무한정 적용되는 것은 아니다.

그런데 여기에서 또 한 가지 문제가 될 수 있는 것은 이것은 다른 언어들에 대한 연구를 통해서 얻은 결론과 일치하지가 않는다는 점이다. 다시 말해서 많은 언어에 있어서는 이들 두 제약들 간의 관계가 충실성의 제약이 으례 유포성의 제약보다 상위에 위치하게 되는 식으로 이루어지고 있는데, 유독 이 언어에서는 그 반대의 특이한 현상이 일어나고 있는 것이다. 이런 사실로 미루어 보아서 최적성의 이론에 대한 연구 중 제일 어려운 일이 보편성과 개별성의 양면 중 어느 쪽을 더 중요시해야 할지를 결정하는 일이라고 볼 수가 있다. (Prince and Smolensky, 2003. pp.212~215)

이 이론의 이상과 같은 특징은 이것이 통사론의 분야에서는 어떻게 적용되게 되는가를 살펴봄으로써 더욱 뚜렷하게 드러난다. 물론 음운론적 문제를 다루는 데 쓰이는 문법 모형이 통사의 문제를 다루는데도 그대로 쓰인다. 따라서 이 이론은 파생적 접근법 대신에 표현체적 접근법을 사용한다는 점에서 Chomsky의 문법이론과 크게 대립적이다. 이 이론에 의한 통사론에서는 평가부에서는 으례 생성부에서 만들어진 경쟁적 후보문 중 상대적 조화성이 제일 높은 것 즉, 최적의 후보문을 골라내게 되는데, 이렇게 정해진 후보문은 보편적 제약들을 위반할 수는 있으나, 그 정도가 최소의 것이라는 전제를 견지한다.

통사론에 있어서의 제약의 충돌과 해결책에 관한 가장 비근한 예 중하나가 바로 「it」과 같은 허사를 쓰는 언어와 그렇지 않은 언어 간의 비교이다. (예: 영어, It rained. 이탈리아어: Pioue) 일찍이 Chomsky는 이런 현상과 관련해서 모든 절에는 주어가 있어야 한다는 「확대투사원리(Extended Projection Principle: EPP)」와 통사구조의 의미해석에 기여하지 않는 요소는 금지되어야 한다는 「완전해석의 원리(Principle of Full Interpretation: FI)」를 내세웠었는데, Grimshaw와 Samek-Lodovici는 1998년에 발표한 「최적의 주어와 주어의 보편성(Optional Subjects and Subject Universals)」이라는 논문에서 이들 두 보편적 원리의 충돌 현상은 결국에 최적성의 이론에 따라 언어의 개별성의 현상으로 해결될 수 있다는 의견을 내놓았다.

예컨대 영어는 EPP는 충족되고 있으면서 FI는 파기되고 있는 사실로 미루어 보아서 제약의 위계에 있어서 EPP가 FI보다 더 상위에 자리하고 있는 언어임을 알 수가 있었다. 그에 비하여 이탈리아어는 FI는 충족되고 있으면서 EPP는 파기되고 있는 사실로 미루어 보아서 제약의 위계에 있어서 FI가 EPP보다 더 상위에 자리하고 있는 언어임을 알 수가 있었다. 이들은 이런 사실을 근거로 최소주의 이론과 최적성의 이론 간의 제일 큰 차이점은 바로 전자에 있어서는 이른 바 매개변인의 절차는 일종의 어휘적 절차, 즉 맨 먼저 하나의 어휘적 배열이 만들어질 때 일어난다고 보는데 반하여, 후자에 있어서는 언어 변이의 절차는 일종의 통사적 절차, 즉 평가부에 있어서의 제약의 상호교섭의 형태로 나타난다고 보는 점이라는 주장을 하기도 했다. (Legendre, 2003. p.223)

최근에 이르러서는 특히 최적성의 이론을 통사론의 분야에서 활용하려는 움직임이 활발하게 일어나기 시작했는데, 그것의 가장 대표적인 것이 바로 일찍이 어휘기능문법(Lexical-Functional Grammer)이라는 반변형주의적 문법이론을 제안했던 Bresnan이 자기의 이론과 최적성의 이론을 하나로 합성시킨 이론을 제안하게 되었다는 사실이다. 물론 더 중요한 사실은 이미 그 외에 여러 통사론자들이 이런 움직임에 참여하고 있다는 점이다. Sells는 (2006) 예컨대 이런 식의 연구는 드디어 최적성 이론적 어휘기능 문법에 대한 연구라는 이름으로 하나의 새로운 통사론의 흐름을 형성하게 되었다고 본다.

이런 통사론적 움직임이 어떤 것인가 하는 것은 Bresnan(2000)이 「최적의 통사론(Optimal syntax)」라는 논문에서 제시한 의견을 살펴봄으로써 가장 쉽게 이해할 수 있을 것이다. 그는 문법조직을 크게 여러 부분간의 문법적 기능 관계를 명시하는 「기능구조(f-구조)」와 그들의 위계성을 구구조 수형도로 표시하는 「구성소구조(c-구조)」의 두 구조로 보려는 자기의 표준이론을 f-구조와 c-구조를 각각 입력부와 출력 후보문으로 보는 식으로 고치게 되면 하나의 최적성 이론적 어휘기능문법이 탄생되게 된다고 생각했다. 다시 말해서 그는 그 전까지는 c-구조에는 단 하나의 구조만이 있을 수 있다는 입장에서 문법적 현상을 분석했는 데 반하여, 이제부터는 그것에는 여러 개의 구조들이 있을 수 있다는 입장에서 그런 작업을 하게 된다고 생각한 것이다.

물론 이런 식으로 문법 모형을 바뀌게 되면 c-구조, 즉 출력부에 어떤 형태의 복수의 후보문들이 생기게 되는가를 밝히는 것이 바로 문법적 기술 작업의 핵심부분이 되는데, 이때 쓰이게 되는 것이 충실성 제약의 원리와 유포성 제약의 원리였다. 이들 중 보다 큰 기능을 하는 것은 충실성의 제약에 관한 것이었는데, 그것은 다시 의미적 충실성의 제약에 관한 것과 형식적 충실성에 관한 것으로 나누어지게 되었다. 그리고 유포성의 제약의 원리로는 왜 어느 언어에서는 특정한 후보문이 쓰이게 되는가를 설명할 수 있었다. 구체적으로 말해서 그는 출력부에 하나의 동사가 주어와 목적어의 두 논항을 가진 타동사문이 있게 되는 경우에는 출력부에는 최소한 세 종류의 상이한 구구조적 수형도를 가진 후보문들이 있을 수 있다고 보았다.

2) 보편성의 구명

언어이론의 비교 내지는 평가 작업을 통해서 알게 되는 두 번째 사실은 한 때에는 통사론적인 연구 대신에 역사언어학적 연구나 음운론에 대한 연구가 언어연구를 주도했음에도 불구하고 연구자들의 궁극적인 과제는 언어의 변이성이 아니라 그것의 보편성을 구명하는 것이었다는 것이다. 우선 그 동안 내내 하나의 근간적 학풍을 형성해 온 것이 바로 문법에 대한 연구였는데, 이것에서의 주제는 으레 언어의 다양성이나 변이성이 아니라 그것의 공통성이나 보편성을 구명하려는 것이었다. 다시 말해서 보편문법의 실체를 밝히는 것을 언어연구의 궁극적 목표로 삼으려는 학풍은 Chomsky 때에 와서 갑자기 나타난 것은 아니었던 것이다.

(가) 역사 언어학

그런데 언어학사를 연구하는 사람의 특별한 주목을 끌기에 족한 사실은 얼핏 보기에는 문법학을 중시하는 전통에서 일단 일탈된 듯한 역사언어학이나 비교언어학에서도 연구의 궁극적인 목표를 언어의 변이성이나 다양성이 아니라 그것의 보편성을 밝히는 데 두었다는 점이다. 따지고 볼 것 같으면 언어이론의 발전과정을 연구함에 있어서는 언어학을 하나의 독립된 과학으로 정립시키려는 움직임은 20세기에 구조주의자들에 의해서가 아니라 19세기에 역사언어학자들에 의해서 시작되었다는 사실만큼 중요한 사실은 없다고 볼 수가 있는데, 그 이유는 흔히들 언어이론하면 으레 문법이나 통사이론을 가리키는 것으로 알고 있기 때문이다.

역사언어학이 특히 19세기에 언어연구의 대세를 잡게 된 것은 우선 이것이 인구어의 뿌리를 캐거나 아니면 여러 언어 간의 관련성을 밝히는 것과 같은 다분히 일반 문화나 역사의 발전과정에 대한 연구의 일부일 수가 있기 때문이었는지도 모른다. 그렇지만 이것에 종사했던 연구자들에게 이것을 하나의 과학으로 발전시킬 수 있는 능력이 없었더라면 그렇게 되었을 리가 없다. 그들은 한 마디로 말해서 언어 변화는 일정한 원리나 규칙에 의해서 일어난다는 사실을 밝히는 것을 이 연구의 궁극적인 목적으로 삼는 한, 이것은 마땅히 문법조직의 그런 특징을 연구하려는 문법학에 조금도 떨어지지 않는 언어학이 될 수 있다고 본 것이다.

역사언어학자들이 구체적으로 다루는 것은 어느 언어의 특이한 변이적 양상일지라도 자기네들의 궁극적인 목표는 언어 변화에 관한 보편적 원리나 규칙을 발견하는 것으로 삼았다는 것은 우선 이들이 다음과 같은 네 가지의 발상법을 자기네들의 연구의 기본적인 공리로 내세웠다는 사실로써 익히 확인할 수가 있다. 첫 번째로 이들은 모든 언어는 계속적으로 변화의 절차를 밟고 있다고 생각했으며, 두 번째로 언어 변화는 규칙적이며 체계적인데 이것은 화자 간의 의사소통에 지장을 주지 않는다라고 생각했고, 세 번째로 언어 변화에 있어서는 언어적 요소와 사회적 요소들이 상호 연관되어 작용한다고 생각했으며, 네 번째로 모든 언어는 같은 종류의 수정적 영향의 대상이 되는데,「가능한 인간 언어」라는 개념과 관련된 공통의 제약과 한계성도 가지고 있다고 볼 수가 있다고 생각했다. (Anderson, Dawson and Joseph, 2010. p229)

역사언어학자들이 이상과 같은 공리를 자기네들의 연구의 지침으로 삼을 수 있게 된 것은 두 말할 필요도 없이 그 동안에 그렇게 할 수 있기에 충분한 연구업적이 누적 될 수 있었기 때문이었다. 따라서 그들은 자기네들의 궁극적인 목표가 역사언어학을 하나의 과학으로 만드는 것이라면 그들이 해야 할 일은 당연히 보다 많은 언어 변화에 관련된 보편적인 원리나 법칙을 발견하는 일이어야 한다고 생각했던 것인데, 다행히도 그 동안의 몇 사람들의 의미 있는 연구업적으로 그들의 바람이 헛된 것이 아니라는 것이 증명된 것이다. 다시 말해서 그들은 자기네들의 역사 언어학이 전통적인 문법학과 전혀 다른 학문이라는 것을 실증하는 데 성공한 것이다.

역사언어학의 전성기는 단연 19세기이다. 따라서 언어변화와 관련 된 원리나 법칙 중 중요한 것들은 모두 이 시기에 발견된 것이라고 볼 수 있는데, 그 중 첫 번째 예로 들 수 있는 것이 바로 첫 번째의 음운 변화에 대한 법칙이라 할 수 있는 「그림의 법칙(Grimm's Law)」이다. 이 법칙의 다른 이름이 「제1차 게르만어의 음운 추이」라는 사실이 익히 말해주고 있듯이, 이것으로써 게르만어족이 그것의 모체격인 인구어족으로부터 분파되어 나온 과정을 과학적으로 설명할 수 있게 되었다는 의미에서 정식으로 역사언어학의 당위성과 연구방법을 제시 해 준 법칙이라고 볼 수 있다. Grimm은 물론 이로써 자기의 모국어인 독일어의 뿌리를 찾는 일은 더 말할 나위가 없고 독일을 역사언어학 연구의 중심지로 만드는 일에 결정적인 기여를 할 수 있게 되었다.

그러나 그의 법칙의 가치와 중요성은 이로써 역사언어학의 발전사상 최초로 음운변화의 규칙성이 밝혀진 데 있을 것이다. 그의 법칙은 이른바 「그림의 유기적 원형 절차(Kreislauf)」로 명명이 될 정도로 간결한 체계성과 규칙성이 돋보이는 법칙이다. 예컨대 T와 M과 A를 각각 무성파열음과 유성파열음, 무성유기파열음으로 치자면 그들이 변화한 과정은 아래의 원형처럼 표현될 수 있다고 그는 보았다. 그리고 굳이 따지자면 1822

년에 이 법칙이 발표된 책의 이름이 「독일어 문법(Deutsche Grammatik)」이었다는 사실도 시사하는 바가 크다고 볼 수가 있다. 이 당시에는 그러니까 언어는 본질적으로 음운론의 조직체이며, 따라서 그것에 대한 연구를 문법으로 간주했던 것이다.

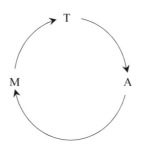

　그런데 사실은 이 법칙은 그 당시에 독일의 언어 연구를 이끌어가던 언어사상의 표현체이기도 했다. 그는 예컨대 이 법칙을 「독일인의 정신의 표현체」로 볼 정도로 이 시기에는 독일어 중심의 낭만주의적 언어사상이 철학자와 언어학자들 사이에 팽배해 있었다. 그는 간단히 말해서 언어의 원래의 모습은 완전한 것이었는데, 세월이 흐르면서 조금씩 그것이 퇴화해 갔다고 보았으며, 또한 한 언어는 여러 조직들의 유기적 조직체로 보기도 했다. 물론 이 무렵의 이런 낭만주의적 언어사상은 세계관의 가설이나 내적 언어이론으로 유명한 Humboldt에 의해서 더욱 발전이 되었다. (Fox, 2006. p.319)

　이 시기에 역사언어학은 한편으로는 하나의 과학으로 만들면서 다른 한편으로는 인문학 발전의 한 원천 학문으로 만드는 데 선구자적 역할을 한 또 한 사람은 바로 최초의 인구어 계보도(Stammbaum)의 작성자로 알려진 Schleicher이다. 물론 인구어의 조어를 재구성해서 그것으로부터 여러 언어들이 하나의 「가계도」처럼 분파되어 나왔다는 사실을 밝혔다는 사실 자체가 그의 언어사상이 다분히 생물학적인 것이었다는 것을 웅변적으로 실증하고 있다. 한 마디로 말해서 그는 언어를 하나의 생물학적 유기체로 보았던 것인데, 그가 특히 Darwin의 「종의 기원」이 출판된 지 4년 뒤인 1863년에 「다윈의 이론과 언어학(Die Darwinsche Theorie und Die Sprachwissenschaft)」이라는 소책자를 낸 점으로 보아서는 그의 언어사상에는 진화론적인 면도 들어있었음이 분명하다.

엄밀한 의미에서는 물론 그의 언어 발달관과 다윈의 진화이론 사이에는 일정한 차이가 있었다. 다윈은 예컨대 모든 생물체는 으레 보다 나은 형태론의 진화의 과정만을 밟게 되어 있다고 생각했는 데 반하여, 그는 언어는 일단 완성체로의 발전단계가 지나고 나면 쇠퇴단계가 뒤따르는 식으로 변화되어 간다고 생각했다. 또한 그는 언어변화의 양태는 다분히 기계적이고, 그것의 원인이 되는 요소는 언어 사용자의 생리적 특성과 마음이라고 보았다. 그 밖에 그는 언어의 종류를 분류학적으로 고립형과 유착형, 굴절형 등의 세 가지로 나눈, 최초의 언어유형론자이기도 했다. 이런 사실들을 종합해볼 때 그는 역사언어학의 연구에 최초로 생물학적 접근법을 적용한 언어학자로 보는 데 이의를 제기할 사람은 없을 것이다. (Ibid. p322)

19세기의 후반에 독일에서 역사언어학을 드디어 모든 인문학의 선도 학문의 위치로까지 끌어올린 사람들은 이른바 「신문법학자(Junggrammatiker)」들이었다. 따지고 보자면 이들이 일으킨 신문법학적 운동은 그 후 20세기에 이르러 Saussure로 하여금 통시적 언어연구와 공시적 언어연구의 엄격한 구분을 현대 언어학의 기본원리의 한 가지로 내세우게 하는 학문적 바탕을 마련해 주었다고 볼 수가 있는데, 그 이유는 바로 이것에 의해서 역사언어학자들이 그 동안에 위대한 발견으로 떠받들었던 음운변화의 법칙의 타당성에 대한 논의가 그 절점에 다다르게 되었기 때문이다.

일찍이 Grimm이나 Schleiler등이 음운변화의 법칙을 내세운 이래 역사언어학의 핵심적 쟁점으로 떠오른 것은 그것으로는 설명이 될 수 없는 예외적인 현상을 어떻게 할 것이냐였다. 만약에 이것의 일반성과 과학성이 문제가 된다면 역사언어학 자체의 존재 이유가 흔들린다는 것을 익히 알고 있었기에, 후배 역사언어학자들은 이런 예외적인 현상에 대한 설명법을 찾는 데 전력을 다했다. 그런 노력 중 가장 대표적인 것이 「유추이론」을 내세운 Scherer의 노력이었다. 유추이론이란 간단히 말해서 일반적인 연상 작용에 의해서도 언어변화가 일어나거나 아니면 새로운 언어형태가 만들어질 수 있다는 이론인데, 그는 이것을 음운변화의 법칙의 약점을 보완할 수 있는 최선의 이론으로 내세웠다. 그런데 신문법학자들은 이런 발상법을 「신문법학적 학설」로 발전시켰다. 이들의 학설은 크게 두 개의 이론으로 이루어져있었는데, 그 중 하나는 모든 음운변화는 예외 없이 기계적으로 일어난다는 음운의 법칙이었고, 그 중 또 하나는 그 밖의 예외적인 현상은 유추작용에 의해서 일어나는 것으로 본다는 유추이론이었다.

그런데 이들의 학설은 그렇다고 해서 완전한 것으로 받아들여지게 된 것이 아니라는 데 바로 문제점이 있었는데, 그것은 결국에 음운변화의 기계적인 규칙성만을 강조하는 것에 지나지 않았다는 것이 그 이유였다. 예컨대 심리학자인 Wundt가 보기에는 이들의 학설에서는 언어 변화를 하나의 복합적 심리적 절차의 표현체가 아니라 하나의 단순한 생리적 절차의 일탈의 결과물로 보고 있기에 그것을 과학적인 것으로 받아들일 수 없었다. 또한 Schuchardt 같은 사람은 언어 변화는 언어 내적인 원인과 언어 외적인 원인이 서로 섞인 상태에서 일어나게 되는데, 특히 이 중에서 인구의 혼합 현상이 가장 영향력을 발휘하게 된다는, 이른바 「기저층 이론」을 내세우기도 했다. 그러나 음운 변화의 법칙을 둘러싼 논쟁은 마침내 Saussure의 구조주의의 등장으로 휴지상태에 들어가게 되었다. (Andeson, Dawson and Joseph, 2010. p.229)

(나) 음운론

20세기에 이르러 구조언어학이 옛날의 역사 언어학의 자리를 차지하게 되면서 제일 크게 달라진 점은 음소나 음운조직에 대한 연구, 즉 음소론이나 음운론이 언어연구의 중심 영역으로 떠오르게 되었다는 사실이다. 따지고 볼 것 같으면 Saussure 자신이 그의 기호 체계적 언어이론 내에서 이런 방향성을 이미 제시해 놓았다고 볼 수가 있다. 예컨대 그는 언어와 말은 서로 다른 것이라거나, 언어란 상호대립 관계에 있는 자의적 기호의 체계라는 말을 했었다. 그러나 언어를 일단 하나의 음운조직으로 보려는 움직임은 19세기에 역사언어학자들에 의해서 이미 시작되었다고 볼 수 있다. 문자언어에 의한 문헌 대신에 언어 사용의 현장에서 쓰이는 음성언어를 언어연구의 기본 대상이나 자료로 삼는 것이 언어학을 과학화 하는 첫 번째 길이라는 것을 모두가 익히 알고 있었던 것이다.

한 마디로 말해서 구조언어학의 시대는 음운론의 시대였던 셈인데, 말로는 여러 언어들의 구조들을 과학적으로 기술하다 보면 언어의 보편성보다는 그것의 다양성이 저절로 드러나게 되어 있다고 하면서도 실제에 있어서는 예나 다름없이 보편적인 원리나 이론을 찾는 일을 언어연구의 궁극적인 과제로 삼고 있었다. 그게 그렇다는 것은 이 시기에 주도적인 학파를 형성했던 「프라그(Prague)학파」의 이론과 「미국 학파」의 이론이 대개 어떤 것이었는가를 살펴보게 되면 쉽게 확인 될 수 있다. 물론 엄밀한 의미에서는 이들 외에 「영국 학파」와 「코펜하겐 학파」의 이론도 검토되어야 하겠지만 편의상 여기에서는 유럽에서 일어난 구조주의적 언어연구의 대표로 볼 수 있는 한 학파의 것만을 살펴보기로 한다.

1926년부터 10여 년 뒤까지 유럽의 언어연구를 이끌어 간 「프라그 학파」의 중심 인물로는 러시아의 언어학자인 Trubetzkoy와 똑같이 러시아인이면서 그의 뒤를 이은 Jakobson을 들 수가 있다. 따라서 일단은 이들 두 사람의 언어이론을 하나로 합친 것을 프라그 학파의 언어이론으로 볼 수가 있다. 먼저 Trubetzkoy는 최초의 과학적 음소이론이라 할 수 있는 「음운적 대립 이론」을 내세워서 Saussure의 구조주의 이론이 언어연구의 주도 이론으로 정착하게 하는 데 결정적인 역할을 한 사람이다. 이 이론의 요점은 크게 우선 음소는 하나의 언어적 기능을 위한 기능적 단위여서 발음상의 실체인 음성과는 별개의 것이라는 점과, 그 다음으로는 하나의 음소는 으레 다른 음소와의 대립관계에 의해서 정의가 되기 때문에 여러 음소 간의 대립관계를 밝히는 것이 바로 음운조직에 대한 기술 작업이라는 점이었다.

그의 음운이론의 원전에 해당하는 것이 바로 1938년에 나온 「음운론 원리(Grundzuge de Phonologie」인데, 이것은 3년 전에 나온 「음운적 기술의 원리개설(Anleitung zu Phonologischen Beschreibungen)」이 기초가 된 데다가, 무려 200개 정도의 서로 다른 음운체계를 분석한 결과를 근거로 한 것이어서, 차후 음소론이나 음운론 연구가 역사상 최초로 언어연구의 주도권을 잡게 하는 데 결정적인 역할을 하였다. 두 말할 필요도 없이 여기에서 그는 한 언어의 음운체계를 기술하는 것은 곧 그것을 구성하고 있는 음소 간의 대립관계를 기술하는 일이라는 새로운 발상법을 하나의 언어이론으로 체계화하였는데, 이대로 하다보면 그것의 구조성과 대칭성이 저절로 드러나게 되어 있어서 그런지, 이 이론은 머지않아 Saussure가 일찍이 제안했던 구조주의 이론의 가장 충실한 구현 이론으로 받아들여지게 되었다.

예컨대 그는 여기에서 우선 음소의 개념을 선형적 형태로는 더 이상 세분될 수 없는 최소의 단위이면서 어휘의 의미를 구별시키는 역할을 하게 되는 것으로 정의함으로써 음운론은 결국에 음성학과 별개의 학문이라는 사실을 선언하였다. 그 다음으로 그는 음소들의 조직망은 몇 가지 차원의 대립 관계에 의해서 구성되어 있음을 밝혔는데, 그들에는 일원적 대립(예: /p/: /b/)대 다원적 대립(예: /p/: /t/: /k/)을 위시하여, 평행적 대립 대 고립적 대립, 결여적 대립 대 등가적 대립 및 점차적 대립(예: /i/: /e/: /a/) 등이 들어있었다. (Wangh and Hume, 2003. p.333)

그런데 무엇보다도 중요한 사실은 그는 여기에서 차후 더욱 현대화 된 음운이론에서 핵심적 개념으로 떠오르게 되는 변별적 자질과 유표성에 관한 개념을 소개했다는 점이다. 그는 우선 각 언어의 음운조직을 저마다의 개별성이나 특이성을 가지고 있는데, 그런 특성은 바로 그 언어에 있어서는 어떤 음소들이 서로 간에 어떤 대립 관계를 유지하고 있느냐에 의해서 결정된다고 보았다. 그러나 그가 보기에는 여러 언어들의 음운체계에는 개별성만 있는 것이 아니라 공통성이나 보편성도 있는데, 그것의 기본이 되는 것이 두 개의 음소들을 대립시키는 것은 으레 단 하나의 조음적 자질, 즉 변별적 자질인데, 이런 자질들은 공통적이고 보편적이라는 사실이었다. 예컨대 /p/와 /b/라는 두 음소는 유성성이라는 하나의 변별적 자질에 의해서 구별되어 있고, 또한 /p/와 /t/, /k/라는 세 음소는 조음점이라는 하나의 변별적 자질에 의해서 구별되어 있었다.

그 다음으로 그는 한 언어에 있어서의 음운적 대립 관계는 음운적 환경에 따라서 「중립화」될 수도 있는데, 이런 현상은 이른바 「유표성」의 개념으로 설명될 수 있다고 보았다. 예컨대 영어에서는 /p/와 /b/의 대립관계가 모든 자리, 즉 어두에서와 중간 및 어미에서 일어나고 있는데 반하여, 독일어에서는 그것이 어미에서만은 일어나고 있지 않았다. 그는 독일어의 어미에 나타나는 폐쇄음처럼 유성성이라는 변별적 자질이 더 이상 기능을 하지 않게 되는 폐쇄음들을 대문자로 /P, T, K/처럼 표현하면서, 이들을 「원음소」라고 불렀다. 그리고 그는 이런 원음소들을 무표음이라고 부르기도 했다. 그러니까 독일어에 있어서는 /p, t, k/는 무표음이고 /b, d, g/는 유표음이 되고 있는 것이었다. (Kemp, 1994. p.3032)

그의 음운이론이 때로는 「변별적 자질 이론」으로 불리게 될 만큼, Jakobson은 크게는 Trubetzkoy의 음운이론을 그대로 이어가면서도 작게는 그것과 구별되는 음운이론을 내세워서, 훗날 Chomsky와 Halle가 생성음운론을 펼칠 수 있는 기초를 제공하는 큰 기여를 했다. 그는 우선 Trubetzkoy가 일찍이 제안했던 대립의 개념을 대립에는 오로지 일원적인 것, 즉 양항적인 것 한 가지 밖에 없는 식으로 정리했다. 이렇게 해서 예컨대 /i/, /e/, /a/와 같은 세 모음들은 각각 [+고, -저]와 [-고, -저], [-고, +저] 등의 세 가지로 표현이 될 수 있었다. 변별적 자질의 유무(+와 -)에 의해서 음소의 실체를 파악하게 됨으로써 결국에는 음운체계의 기술 자체가 보다 간소화 된 것이다.

그 다음으로 그는 Trubetzkoy가 원래 40여 가지로 잡았던 변별적 자질의 수를 12가지로 대폭 축소했다. 이들 자질들은 보편적인 것이기에 이들만으로 모든 언어의 음운체계가 익히 기술될 수 있다고 는 본 것인데, 이것은 결국에 그는 각 언어의 개별성이나 다양성의 크기가 Trubetzkoy가 생각했던 것만큼 크지 않다고 생각했다는 의미가 된다. 이것은 곧 그는 언어들에게는 겉으로 보이는 것보다 훨씬 큰 보편성이 있다고 본 것이나 마찬가지이기에, 이 사실 하나만으로도 그의 음운이론은 이미 보편성 지향적인 것으로 탈바꿈되어 있었다는 것을 익히 알 수가 있다.

그는 그런데 흥미롭게도 음운변화와 음운습득 현상에 대해서도 자기 나름의 보편적 원리를 제안하기도 했다. 먼저 그는 음운변화는 결국에 음운적 대립관계에 어느 것이 새로 생기거나 소실되는 식의 변화가 있음으로써 나타난 현성으로서 이런 변화의 원리로 1) 모든 공시적 체계는 늘 일정한 변화 과정을 밟고 있다와 2) 변화는 목적 지향적이다라는 두 가지를 내세웠다. 그 다음으로 그는 어린이들의 음소 습득의 순서에는 보편적 자질들의 성격 즉 그들 간에 차이가 최대로 드러나는 것을 먼저 배우고 그것이 이차적인 것을 나중에 배우는 식의 보편성이 있다고 보았다. 이런 견해는 물론 훗날 언어습득의 내재이론의 근거로도 쓰일 수 있는 것이었다. 이런 면으로 보아서도 그의 시기에 이르러 이 학파의 음운이론은 보편성 지향성이 한층 더 뚜렷해졌음이 분명했다. (Wangh and Hume, 2003. p.336)

미국 학파의 음운이론은 으레 Bloomfield 식 내지는 후기 Bloomfield 식 음운이론이라고 불리고 있는 사실로써 익히 알 수 있듯이, 이것의 창안자는 미국적 구조주의의 원조라 할 수 있는 Bloomfield라는 점이 이것과 프라그 학파의 이론 간의 제일 큰 차이점이다. 그런데 그것의 내용을 살펴보게 되면 넓은 의미에서는 모두가 구조주의적 음운이론으로 묶일 수 있을 만큼 이들 두 이론 간에는 상이점보다는 공통점이 더 많다는 사실을 당장 알 수가 있다. Bloomfield가 그의 「언어(Language)」를 낸 것이 1933년이다. 그러니까 우연인지 필연인지 같은 시기에 유럽과 미국에서 거의 같은 성격의 구조주의적 음운론이 언어연구의 대세를 잡게 된 것이다.

그렇지만 이들 두 이론들을 세부적으로 비교해 보면 학문적 배경과 풍토가 다르면 동일한 발상법이나 원리도 으레 특이한 방향으로 발전되어 가게 되어 있다는 사실을 새삼 발견할 수가 있게 된다. 간단히 말해서 Bloomfield식 음운이론이 Trubetzkoy의 그것과 어떻게 다른가를 정리해 보면 대략 다음과 같아진다. 첫 번째로, Trubetzkoy의 이론을 「음운적 대립이론」으로 치자면, Bloomfield의 것은 「음소발견 이론」이라고 부를 수가 있다. 앞에서 이미 살펴보았듯이 Trubetzkoy는 대립이라는 개념을 중심으로 해서 음소들의 조직성이나 음운조직의 구조성을 구명하는 것을 음운론의 기본과제로 삼았다. 그러나 Bloomfield는 예컨대 「pet」와 「bet」를 비교하는 것과 같은 최소짝의 기법 등을 사용해서 음소를 정확히 발견해 내는 것을 그런 것으로 생각했다.

두 번째로 음소의 정의를 놓고서도 이들 이론들은 일정한 차이점을 드러냈다. 물론 음소가 더 이상 분해할 수 없는 최소의 단위이면서 두 단어의 의미를 구별시켜주는 것이라는 점을 두 이론 모두에서 인정하고 있다. 그렇지만 Trubetzkoy의 이론에서는 그것이 변별적 자질의 한 묶임이라는 사실을 중요시했는 데 반하여, Bloomfield의 이론에서는 그것의 분배적 특성, 즉 그것이 어떤 위치나 환경에서 나타나게 되느냐를 중요시했다. 또한 Bloomfield의 이론에서는 Trubetzkoy의 이론과는 달리 유사성도 하나의 기준으로 내세워야 한다고 보았다. 이런 이유로 인하여 이 이론은 나중에 Chomsky로부터 「분류학적 음소론」이라는 비판을 받게 되었다.

세 번째로, 음운조직의 개별성과 보편성 중 어느 것을 더 중요시하느냐의 문제에 있어서도 이들 이론들은 일정한 차이점을 보였다. Trubetzkoy의 이론에서는 보편성을 언어의 더 중요한 특성으로 본 데 반하여 Bloomfield의 이론에서는 오히려 개별성을 그런 특성으로 보려고 했다. Bloomfield의 이론이 이렇게 되는 데는 대부분의 연구가 일단은 미국 영어의 음운조직을 기술하는 일에 집중되어 있으면서도, 다른 한편으로는 미국의 여러 인디언 어들을 「새롭게 발견」하는 일에도 집중되어 있었다는 사실도 적지 않게 기여를 했다고 볼 수가 있다. 유럽의 그것과는 다르게 미국의 구조주의는 일종의 인류문화학적 접근법을 채택했던 것이다. 이런 사실 역시 이 이론이 훗날 Chomsky로부터 공격을 받게 되는 한 근거가 되었다.

그러나 너무나 당연한 말이 되겠지만 음소의 정의나 그것을 발견하는 절차 등의 문제를 논의하면서 미국의 연구자들이 제안한 원리나 이론들은 모두가 일반적이고 보편적인 것이었다. 큰 의미에서 보자면 그러니까 이들이 궁극적으로 추구한 것도 음운체계의 공통성이나 보편성이라고 볼 수가 있으며, 결국에는 이들 두 이론 간의 차이는 어떻게 하는 것이 음운론을 최고로 과학적인 학문으로 만들 수 있느냐의 문제로 귀착되는 셈이다. 한 마디로 말해서 미국의 연구자들은 유럽의 연구자들에 비해서 현장연구와 같은 귀납적인 방법의 역할을 더 중요시했던 것이며, 그 결과 음소발견의 절차에 관한 한 가장 수준이 높은 이론이나 원리를 내세울 수 있었던 것이다. 예컨대 Hockett은 일찍이 음소 설정의 기준으로 음성적 유사성과 비교차성, 대조성, 완전성, 유형조화성, 경제성 등을 들었는데, 유럽에서는 이만큼 고차원적인 음소이론이 나온 적이 없었다. (Hockett. 1942)

네 번째로, 미국의 음운론 연구자들은 음운론의 영역을 최대로 확대함과 동시에 그것의 중요성을 최고로 강조했다. 우선 미국의 음운론은 약 20년에 걸쳐서 언어연구의 주도적인 영역으로 자리 잡게 되었으니까, 약 10년 밖에 그렇게 하지 못한 유럽의 그것보다 더 깊고 넓은 영역으로 발전할 수 있었다고 볼 수가 있다. 그리고 이렇게 되는 데는 Pike와 Trager, Bloch, Hockett 등과 같은 후기 Bloomfield 학자들의 공로가 컸었다. 이들의 공로 중 첫 번째 것은 언어연구는 반드시 어떤 형태의 영역 간의 교류 없이 음운론과 어형론, 통사론, 의미론 등의 순서에 따라서 이루어져야 한다는 원칙을 내세웠다는 점이다. 예컨대 이들은 연구 수준의 분리라는 이름 밑에서 음소적 분석이 완료될 때까지는 어떤 문법이나 통사적 현상에 대한 고려나 연구도 시작되어서는 안 된다고 주장했다. 물론 안타깝게도 이들은 과연 언어와 같은 2원적 조직체를 연구함에 있어서도 이런 식의 과학적 준엄성의 제고가 바람직한 것인지에 대해서까지 고민 할 여유는 갖지 못했다.

이들의 공로 중 두 번째 것은 음소론의 연구 영역을 강세나 억양과 같은 운율적 요소, 즉 초분절 음소에 관한 것으로까지 확대했다는 점이다. 원래 미국에서의 후기 Bloomfield학파가 내세우는 「음소분석 이론」에 대한 하나의 대립이론으로 등장한 것이 바로 영국에서의 Firth학파가 내세운 「운율분석 이론」이었다. 그러니까 이 사실이 갖는 가장 중요한 의의는 이 때 이미 미국학파의 음운이론은 영국학파의 그것의 영향을 다소 간에 받고 있었다는 점이다. 아마도 두 학파 모두가 똑같이 영어를 분석의 대상으로 삼다 보니까 이런 정보교류가 쉽게 이루어지게 되었을 것이다. 또한 따지고 보자면 Firth 이전에 분절음소와 초분절 음소를 동일하게 다루어야 한다고 본 사람은 음성학자인 Daniel Jones였다. 그러니까 음소론의 발달은 음성학의 영향도 다소 간에 받았다고 볼 수가 있다.

이 사실이 갖는 두 번째 중요한 의의는 실제로는 연구 수준의 분리라는 원칙이 무너지고 있었다는 점이다. Firth학파에서는 원래 음운조직에 대한 연구는 그것이 어형이나 문법조직과 일정하게 연결된 상태에서 할 수밖에 없다고 보아왔는데, 결국에는 후기 Bloomfield학파에서도 이런 사고 방식이 맞다고 보게 된 것이다. 그게 그렇다는 것은 이들이 내세운 초분절적 음소들은 하나같이 어형이나 통사적 현상과 직접적으로 관련되어 있는 것들이라는 사실로써 익히 알 수가 있었다. 이들이 설정한 초분절적 음소 중 첫 번째 종류의 것은 강세 음소인데, 이른바 「제일강세(´)」와 「제2강세(^)」, 「제3강세(`)」, 「약세(무표시 또는 ‿)」 등의 네 가지가 모두 쓰이게 되는 것은 「élevàtor-ôperàtor」와 같은 복합명사에서였다. 단독으로 쓰일 경우에는 「óperàtor」처럼 발음이 될 텐데 복합어의 일부가 되면서 첫 음절의 제1강세가 제2강세로 강등이 된 것이니까 결국에 이것은 어형론적 고려 없는 음운론은 있을 수 없다는 사실을 증거하고 있었다.

이들이 설정한 초분절적 음소 중 두 번째 것은 고저 음소인데, 영어의 경우에는 이것은 반드시 문장에서만 음소로서의 기능을 하게 되어있다. 예컨대 이들은 이것에는 「낮음(1)」을 위시하여 「중간(2)」, 「높음(3)」, 「아주 높음(4)」 등의 네 가지가 있다고 보았는데, 「He killed a rat but George killed a bird」의 경우처럼 하나의 문장에서만 음소적 기능을 하게 된다. 이들은 또한 연접음소라는 세 번째 종류의 초분절적 음소도 설정했는데, 이것 역시 하나의 복합어나 문장에서만 음소적 기능을 하게 된다. 이들은 예컨대 한 가지의 내부 개방 연접(보통 이것은 +의 기호로 표시가 되므로 플러스 연접이라고 불리기도 한다. 예: night-rate <night+rate> vs nitrate)과 흔히 「→」와 「↗」, 「↘」 등의 기호로 표시되는 세 가지의 말미연접을 설정했는데, 그런 기호의 모양이 익히 말해주고 있듯이 이들은 문장의 억양형을 결정짓는 요소들이다. (Akamatsu, 2010. p.410)

그런데 이렇게 음소론의 영역이 초분절적인 현상으로까지 확대가 되면서 후기 Bloomfield학파는 크게 두 가지 새로운 문제에 직면하기에 이르렀다. 첫 번째로 이들은 머지않아서 분절적 음소에 비할 때 초분절적 음소들은 정확히 분석하기가 대단히 어려운 요소라는 사실을 깨닫게 되었다. 두 번째로 이들은 영어를 대상으로 한 초분절적 음소에 대한 연구가 과연 보편적 이론을 산출할 수 있는 것인가에 대한 회의를 갖게 되었다. 예컨대 이 세상에는 일본어와 같은 고저음소 언어도 있고, 중국어와 같은 성조 언어도 있어서, 영어와 같은 강세언어를 연구한다는 것은 결국에 언어의 보편성이 아니라 그것의 개별성만을 크게 돋보이게 할 따름이었다.

1.4 형식주의의 양면성

언어이론은 학문이 시작된 희랍시대 때부터 있어왔다고 볼 수가 있는데, 너무나 당연한 일일는지 모르지만 그 동안에 나온 언어이론들을 비교해 보면 그들은 한편으로는 형식주의라는 서양의 전통적 지적 탐구양식을 이어가면서도 다른 한편으로는 그때 그때 시대마다의 지적 경향을 반영한 것이라는 것이 바로 드러난다. 결국에 언어연구도 학문 전체의 지적 노력의 일부였던 것인데, 이런 점은 특히 현대에 이르러 구조주의나 생성주의와 같은 혁신적 언어이론들이 학문 전체의 학풍이나 패러다임을 주도하게 되면서 더욱 뚜렷해졌다고 볼 수가 있다.

그런데 언어이론들에 대한 이런 분석 작업을 통해서 다시 한 번 확인하게 되는 것은 역시 서양의 전통적 지적 탐구 양식은 형식주의적인 것이라는 점이다. 우선 언어학이 이제 와서 구조주의나 생성주의와 같은 대이론을 산출할 수 있게 된 것도 형식주의라는 방법론에 꾸준히 매달려왔기 때문이고, 반면에 그것이 지금까지도 의미론과 화용론과 같이 가장 핵심적인 연구 영역을 미개척의 영역으로 남겨 놓은 일종의 한계적 학문으로 비판을 받고 있는 것도 결국에는 형식주의라는 굴레에서 벗어나지 못하고 있기 때문이라고 볼 수가 있다. 그러니까 한 마디로 말해서 형식주의의 양면성을 다른 어느 학문에서 보다 분명하게 확인 할 수 있는 분야가 바로 언어학인 것이다.

1) 이득성

일단 형식주의를 모든 사물에는 실체와 형식의 두 가지가 있는데 그들 중 형식을 보다 본질적이고 기본적인 것으로 보려는 사고방식으로 정의하자면, 이것의 역사는 멀리 Plato 때까지 거슬러 올라간다. 예컨대 그는 그의 이상인 「이데아」는 일종의 형식이라고 생각했다. 구체적으로 그는 「형식에 대한 지식은 철학적 탐구의 목표가 되는 이상 자체가 된다.」고 보면서, 그 예로서 기하학과 윤리학의 관계를 들었다. 그는 또한 사물의 형식은 지각 가능한 것이어서 추상적인 공통의 자질로 이루어져 있다고 도 생각했다. (Blackburn, 2008. p.138)

형식주의는 그 다음으로 모든 학문적 연구나 토의는 으레 형식적 방법 에 의해서 수행되어야 한다고 생각하는 사고방식으로 정의할 수도 있는 데, 이렇게 되어도 이것의 역사는 마찬가지로 희랍시대 때까지 올라간다 고 볼 수가 있다. 예컨대 이때에 이미 Aristotle은 두 개의 전제를 통해서 하나의 명제를 추리해 낼 수 있는 3단 논법이야말로 서술의 타당성을 보 증할 수 있는 최선의 방법이라고 주장했다. 비록 이것은 연역적 논리학의 시발에 불과했지만, 그 후 귀납적 논리학이나 현대 논리학의 발달에도 이것이 하나의 모형의 역할을 하게 되었다는 것은 더 이상 의심할 여지가 없다.

이와 관련하여 무엇보다도 중요한 것은 지난 2천여 년 동안에 논리학은 그 자체가 하나의 독립된 학문으로 성장해 오면서, 철학이나 언어학과 같은 다른 학문의 발달에 결정적인 영향을 끼쳐왔다는 사실이다. 다시 말하자면 그 동안에 논리학은 형식주의적 연구방법만이 학문의 세계에서 살아남을 수 있게 하는 파수꾼의 역할을 해온 셈인데, 문법체계는 일종의 논리체계로 볼 수 있어서 그런지 이런 관계는 특히 문법학의 발달과정에 서 더욱 뚜렷해졌다. 더 구체적으로 말할 것 같으면 언어학자들은 으레 논리체계라는 형식적 언어야말로 언어에서의 쓰이는 문장의 정형성을 가 늠해 줄 수 있는 최선의 도구로 여겨왔던 것이다.

그런데 이들 두 학문 간의 관계는 반드시 일방적인 것은 아니었다. 예컨대 논리적 내지는 형식적 체계는 으레 크게 기본적 기호와 명제적 형성 규칙으로 구성되게 되어 있는데, 「Someone loves everyone.」이라는 명제를 「$\exists x \ \forall y \ (x \ L \ y)$」로 표현하는 식으로 그 동안 논리학자들은 자기들 나름의 독특한 표현체계를 개발하여 사용해 왔다. 그러나 자연언어를 분석하는 일은 생각 같이 단순하지 않다는 사실이 밝혀지면서 그들은 이른바 시제적 논리체계와 양상적 체계 같은 것을 발전시키게 되었다. 그러니까 그들은 어차피 철학에서는 명제적 서술을 자연언어를 사용해서 하게 되어있는 한, 진리의 타당성을 검증하는 데 쓰이는 표현체계는 보다 복잡해질 수밖에 없다는 사실을 깨닫게 된 것이다. (Hookway, 2010. p.163)

서구에서 형식주의가 주도적 학문적 연구방법으로 굳어지게 되는 데는 논리학의 역할 이외에 수학의 역할도 대단히 컸었다고 볼 수가 있는데, 그 이유는 물론 어떤 의미로 보아서나 수학은 원래가 형식주의가 극치에 이른 학문인데다가, 그것의 영역은 논리학의 그것과 적지 않게 겹쳐져 있기 때문이었다. 예컨대 19세기에 이미 논리학자들은 이들 두 학문 간에는 상호 중복 관계가 있음을 간파하고서, 이른바 「수학철학」의 탄생의 필요성을 주장하고 나섰다. 이들 중 대표적인 사람이 바로 분석철학의 선구자격인 Frege와 Russell이었는데, 특히 이 문제에 관한 Russell의 견해는 Whitehead와 공저한 (1910~1913) 「수학원리(Principia Mathematica)」라는 책에서 수학의 모든 공리는 논리적 공리로 대치 될 수 있는 이상, 그것은 결국에 논리학과 동일한 학문일 수 있다고 내세울 만큼 적극적인 것이었다.

이들의 이런 견해는 그 후 분석철학이나 논리적 실증주의의 발달에 있어서 수학적 발상법이 중추적 역할을 하게 만들었다. 예컨대 지나친 수학에의 의존은 「수학이라는 말은 형식주의」의 대명사처럼 쓰이게 되어서

「증명된 이론의 타당성은 검토하지도 않으면서 일단 증명 과정의 통사적 절차가 수학적이면 논의를 으레 최선의 형식주의적인 논의로 보게 되는」 경향까지 나타났다. 일상언어학파인 Wittgenstien도 「장과 같은 추상적인 대상은 전혀 놀라운 것이 아니라 지각 가능한 것이며, 과학의 일반적인 성공에 수학이 불가결한 요소라는 점 하나만으로도 수학적 진리의 진리성을 인정할 수 있다.」라고 생각했다. (Blackburn, 2008. p.226)

형식주의가 서구의 학문적 연구방법의 기본으로 자리를 잡게 되는 데 결정적인 요인으로 작용한 것은 근대에 이르러 학문 전체의 풍토가 자연과학이 인문학을 압도하는 식으로 바뀌게 되었다는 사실이다. 두 말할 필요도 없이 Saussure가 20세기 초에 구조주의를 내세우게 된 것도 근본적으로는 이것의 흐름에 합류하려는 움직임이었다고 볼 수가 있고, 또한 20세기 후반에 Chomsky가 Saussure와 Bloomfield가 제안했던 구조주의 대신에 생성주의를 최선의 언어이론으로 내세우게 된 것도 근본적으로는 결국에 그 많은 것들 중 어떤 것을 최선의 자연과학으로 볼 수 있느냐의 문제를 놓고서 학자들의 의견이 다를 수 있기 때문이었다고 볼 수가 있다.

자연과학은 무엇을 연구대상으로 삼느냐에 따라서 물리학을 위시하여 화학, 생물학, 수학 등으로 나누어지게 되었고, 학문적 역사가 길어지면서 각 학문마다 독특한 학풍을 형성하기에 이르렀다. 물론 관찰과 실험과 같은 귀납적인 방법에 의해서 일정한 원리나 이론을 찾는다는 점에 있어서는 서로 간에 어떤 차이가 있을 수 없었다. 그렇지만 연구대상이 달라서인지 각 학문에서 개발해 낸 연구방법은 동일할 수가 없었고, 그 업적도 동일할 수가 없었다. 그래서 언어학자들은 자기네 학문을 과학화하기 위해서는 어떤 자연과학을 모형으로 삼아야하느냐의 문제에 봉착하게 되었다.

그런데 일부 언어학자들이 보기에는 수학을 그런 것으로 채택하는 것이 가장 바람직한 일이었는데, 그 이유는 그것에서는 으레 최선의 형식주의적 연구방법, 즉 기본적인 기호와 명제적 형성규칙을 설정해서 구체적이고 다양한 사실을 간단명료하게 추상화 할 수 있는 방법을 제시하고 있기 때문이었다. 생성주의라는 최신의 언어이론을 창시한 Chomsky는 물론 이런 언어학자 중 대표적인 사람이었다. 예컨대 그의 선배격인 Bloomfield는 물리학적 발상법을 언어학에 도입하려고 했는 데 반하여, 그는 수학적 발상법을 그렇게 함으로써 결과적으로는 언어학을 기술 기반적인 학문으로부터 규칙 기반적인 학문으로 바꿀 수 있었던 것이다.

그의 언어학이 그렇게 해서 얼마나 수학적인 모습을 띠게 되었는가 하는 것은 우선 크게는 그것의 핵심 사상인 변형이라는 개념이 원래는 대수학에서 개발 되었다는 사실로써 익히 알 수가 있으며, 더 구체적으로는 여기에서 쓰이는 기호나 서술방법 등이 다분히 수학적인 것이라는 사실로써도 알 수가 있다. 예컨대 그의 표준이론의 원전이라 할 수 있는 「통사이론의 양상」에서는 통사적 서술은 아래처럼 일종의 「다시쓰기(→)」규칙의 연쇄체처럼 되어 있다.

S→NP⌒Aux⌒VP
VP→V⌒NP
NP→N
Det→The
Aux→M   (Sincerity may Frighten the boy 라는 문장에 대한 것)
(Chomsky, 1965. p.85)

표준이론의 바탕이 되었던 것이 바로 그것이 나오기까지 약 10년 동안에 걸쳐서 형성되어 온 초기이론이었는데, 이것에서는 그의 발상법이나 표현법이 다분히 수학적인 것이라는 사실이 더욱 확실하게 드러나 있다. 예컨대 이것의 원전에 해당되는 「통사구조(Syntactic Structures)」(1962)

에서는 왜 일단 「마코브(Markov)」 절차화 같은 유한상태 문법보다는 「변형문법」이 나은가를 설명하는 데 있어서, 「a」와 「b」라는 두 개의 문자로 된 언어의 문장에는 크게 (i)과 (ii), (iii)과 같은 것들이 있을 수 있는데, 이들이 모두 유한 상태 문법에 의해서 생성된 것은 아니지만, 이들 중 특히 (iii)과 같은 것은 자유 문맥적 구구조 규칙이 아니라 오직 변형적 규칙에 의해서 생성될 수 있는 것이라는 사실을 그 근거로 내세우고 있다.

(i) a가 n번 일어나는데, 그것 뒤에는 반드시 b가 n번 일어난다.
: ab, aabb, aaabbb.
(ii) x의 연속체 뒤에 반드시 그것의 「거울 영상」, 즉 x를 뒤집은 것이 따른다.: aa, bb, abba, baab, aaaa, bbbb…
(iii) a와 b로 된 x의 연속체 뒤에 반드시 똑같은 x의 연쇄체가 따른다.
: aa, bb, abab, baba, aaaa, bbbb… (p.21)

두 말할 필요도 없이 그의 생성주의 이론이 그 동안에 그 전에 없던 연구업적을 거둠과 동시에 몇 번에 걸쳐서 보다 과학적인 언어이론으로 발전할 수 있었던 것은 그가 형식주의라는 최고로 과학적인 원리를 십분 활용했기 때문이다. 그는 우선 어순을 중심으로 한 통사적 현상을 기술하는 것을 언어연구의 주된 과제로 삼았다. 그 다음으로는 그는 과학적 준엄성과 설명성을 최고로 제고시키기 위하여 모든 서술이나 설명을 규칙이나 원리의 형식으로 하였다. 어떤 의미에서나 그의 언어이론은 형식주의적 언어이론 중 가장 대표적인 것이라고 볼 수가 있다.

그러나 그 보다 앞서서 언어연구에 있어서 형식주의의 덕을 최대로 본 것은 Saussure였다. 그가 내세운 구조주의 이론은 한 마디로 말해서 만약에 과학적인 것이 되려면 언어기술은 마땅히 형식 중심으로 해야 한다는 이론이었다. 그가 말하는 형식이란 물론 이른바 기표, 즉 음성이었다. 또한 언어는 구조성을 지니고 있다고 말할 때의 언어도 바로 음성 조직체를 가리키고 있는 것이었다. 그러니까 그가 구조주의라는 가장 과학적이면서도 강력한 언어이론을 내세울 수 있었던 것도 따지고 볼 것 같으면 내용과 형식이라는 언어의 두 가지 면 중 후자에 연구의 초점을 맞추었기 때문이었던 것이다. 이런 의미에서 보자면 그는 구조라는 개념을 새롭게 창조했다기 보다는, 그 전부터 있어왔던 형식주의적 발상법에 새로운 이름을 붙였다고 말하는 것이 맞는 일일 것이다.

그의 언어이론이 본질적으로는 전통적 형식주의의 혜택을 최대로 받은 것이라는 것은 그것의 후속이론들이 하나같이 음운론 중심의 것이었다는 사실로써 익히 알 수가 있다. 예컨대 「코펜하겐 학파」를 이끈 Hjelmslev는 「언리학」이라는 언어학을 만들었었는데, 이것에서는 문자언어나 음성언어의 조직이나 구조를 연구하는 것을 언어연구의 기본과제로 삼았고, 「프라그 학파」를 주도한 Trubetzkoy는 음운조직의 체계성과 구조성을 밝히는 것을 언어연구의 기본과제로 삼았다. 그 무렵에 유럽의 언어학계를 이끌었던 학파에는 이들 외에 Bally와 Burge 등이 이끈 「제네바(Geneva) 학파」도 있었는데, 굳이 음운론만을 구조주의의 이론이나 원리를 실현시킬 수 있는 영역으로 보지 않고서 문체론이나 문법론과 같은 다른 영역도 그런 것으로 보려고 했다는 점에서 이것의 입장은 특이한 것이었다고 볼 수가 있다. 그렇지만 이것에서도 결국에는 Saussure의 후속 학파답게 형식주의를 언어연구의 기본철학으로 삼았었다는 것은 부인할 수 없는 사실이다.

2) 한계성

현대 언어학이 역사상 유례없이 강력한 인문학적 학문으로 발전할 수 있었던 것은 결국에 그것이 형식주의의 장점을 최대로 활용했기 때문이라고 본다면, 그러다 보니까 자연히 그것은 형식주의의 단점이나 한계성을 이겨내지 못하는 학문으로도 전락될 수밖에 없었다는 사실도 인정하지 않을 수 없다. 그 한계성이란 간단히 말해서 의미나 기능과 같은 문제를 연구대상에서 제외시킴으로써 일차적으로는 언어의 실체를 파악하는 데 절대로 배제되어서는 안 될 의미론이나 화용론의 발달을 도모할 수 없게 되고, 이차적으로는 아무리 연구의 차원이나 수준이 높아진다고 해도 언어학을 나쁘게 말하자면 의미와 형식이라는 언어의 두 가지 요소 중 단 한가지만을 연구하게 되는 일종의 반쪽짜리 언어학으로 만들게 된다는 점이다. 그 동안의 음운론과 통사론의 발달은 안타깝게도 우리로 하여금 의미와 형식의 두 가지 별도의 요소로 분리해 가지고는 언어의 실체는 제대로 파악될 수 없다는 지극히 불편한 진리만을 깨닫게 한 것이다.

이런 본질적인 사실은 물론 옛날이라고 해서 언어학자들이 모를 리가 없었다. 그런데 제일 큰 문제점은 음운조직이나 문법조직은 형식주의적으로 분석이나 기술이 될 수 있지만 의미조직이나 화용조직은 그렇지가 못하다는 것이었다. 이들이 보기에는 따라서 언어학을 하나의 과학으로 격상시키는 데 결정적인 장애물로 등장하는 것이 바로 의미와 기능의 문제이기에, 이들로서는 응당 이것을 완전히 배제 내지는 회피하든지 아니면 최대로 형식화 된 의미론이나 화용론을 개발하든지 해야만 했다. 그런데 이들의 이런 책략마저도 많은 경우에는 제대로 작동되지 못했는데, 그 이유는 두 가지 방책 모두가 실제로 실천하기에는 대단히 버거운 것이었기 때문이다. 예컨대 이들은 우선 언어학에서 의미나 기능의 문제를 송두리째 배제한다는 것도 비합리적인 일이고 그 다음으로 의미론이나 화용론을 형식화한다는 것도 결코 쉬운 일이 아니라는 것을 익히 알고 있었다.

(가) 형식의미론

이들 두 영역 중 의미론의 경우를 살펴보게 되면 이런 점이 바로 드러난다. 언어가 의미적 표현체라는 사실은 최초로 언어의 문제에 철학적 관심을 보이기 시작한 Plato나 Aristotle부터 알고 있었다. 그렇지만 이것이 정식으로 학문의 대상으로 자리 잡게 된 것은 20세기 초로서, Frege와 Russell, Tarski 등이 자기네들이 개발한 형식논리학을 「형식의미론(Formal Semantics)」으로 부르기 시작한 때가 바로 그때였다. 형식의미론은 그러니까 간단히 말해서 문장의 진리치를 따지는 일종의 명제적 의미론으로서, 이런 식의 논리학적 내지는 수학적인 의미론 연구는 머지않아서 철학의 영역뿐만 아니라 언어학의 영역에서도 의미론 연구의 주류로 자리잡게 되었다. 그것의 대표적인 예가 바로 Chomsky의 언어학에서의 의미론의 모습이다. 그는 어휘 배열로부터 변형 절차에 이르는 모든 통사적 과정은 결국에 의미해석 작업의 논리적 틀이 되는 「논리 형식」을 만들어 내는 과정으로 보았다.

그런데 형식의미론이라는 것이 실제로는 어떤 것인가를 살펴보게 되면 그것은 일종의 논리학이나 통사론에 불과한 것이라는 사실이 당장 드러난다. 다시 말할 것 같으면 형식주의에 집착하는 한 어떤 접근법도 진정한 의미에서의 의미의 문제에 대한 접근법은 될 수 없다는 사실을 이것을 통해서 다시 한 번 확인하게 되는 것이다. 예컨대 우선 형식의미론에서는 어떤 문장이 진리차가 있는 문장인가를 설명하는 것이 바로 의미이론이어서 결국 그것은 문장의 부분, 즉 어휘들의 의미적 자질과 그들이 합쳐져서 하나의 명제를 형성하게 되는 문법적 방법에 대한 분석 절차를 정리해 놓은 것이 된다고 본다. 한 마디로 말해서 수학에서의 장이론적인 기법을 의미 분석에 활용하게 되면 최고로 과학적인 의미 이론이 탄생될 수 있다고 본 것이다.

두 말할 필요도 없이 이 이론에서 쓰이는 기호나 표현법부터가 다분히 논리학적이거나 수학적인 것이다. 예컨대 여기에서는 L1이라는 언어는 「a」, 「b」, 「c」 등의 세 개의 이름과 「F」, 「G」, 「H」 등의 일항적 서술 및 「R」라는 2항적 서술로 구성되어 있다고 볼 것 같으면 이 언어에는 Fa, Hb, Ga, Gc, Rab, Gb, Gb & Rbb, HaV (Ha &⁻Rbc)와 같은 문법적인 문장들이 있을 수 있다고 본다. 이 분석에서는 먼저 세 개의 이름의 지시물을 ref(a)= Caesar, ref(b)= Brutus, ref(c)= Cassius 등으로 표시한다. 그 다음으로는 ext(F)= {x: x is a Roman}, ext(G)= {x: x is a Greek}, ext(H)= {x: x is an emperor}, ext(R)= {<x, y>: x killed by y}와 같이 서술적 내용들을 명시한다.

마지막으로 여기에서는 「만약에 문장이 Pn의 형태로 되어 있으면 오로지 ref(n) E ext(P)일 경우에만 그것은 진리치문이 된다. 만약에 문장이 Rnm의 형태로 되어 있으면, {ref(n), ref(m)→E→ext(R)}일 경우에만 그것은 진리치문이 된다.」와 같은 일반적인 서술을 하게 된다. 이 서술은 물론 「Caesar가 로마인인 경우에만 Fa는 진리문이 되고, Brutus가 Cassius를 죽였을 경우에는 Rbc는 진리문이 된다.」는 말을 형식화한 것이다. 다시 말해서 일단 여기에서는 「Ceasar is a Roman.」과 「Brutus killed Cassius.」라는 두 개의 문장의 의미는 철두철미하게 형식적인 방법에 의해서 분석될 수 있다는 것을 드러내주고 있는 것이다. (Hookway, 2010. b. pp.166~7)

이상과 같은 예는 물론 원래는 가장 간단한 방법으로 형식 의미론의 특성이나 장점을 보여주기 위하여 마련된 것이다. 그러나 이런 예야말로 형식의미론의 한계성을 가장 극명하게 노정시키고 있는 것이라고 볼 수도 있다. 우선 이런 언어는 자연언어일 수가 없다. 따라서 누구나 일단 이런 식의 형식의미론적인 분석법은 실제에 있어서는 여기에 제시되어있는 것과 같이 단순명료 할 리가 없다는 것을 익히 알 수가 없다. 그 다음으로 이것의 기본적인 발상법은 그 동안에 전통문법에서 쓰이던 그것과 동일한 것이다. 예컨대 예나 지금이나 한 문장의 의미는 그것을 구상하고 있는 어휘들의 사실적 의미와 그것의 문법적 구조의 의미가 하나로 합쳐진 것으로 보아왔는데, 흥미롭게도 논리학자들도 똑같은 발상법을 가지고 있었던 것이다.

먼저 첫 번째 문제점에 대해서 알아볼 것 같으면, 누구나 우선은 특히 1960년 이후의 논리학의 역사는 바로 그것을 자연언어를 다룰 수 있는 것으로 만드는 데 최선을 다한 것이라는 것을 인정하지 않을 수가 없다. 그 동안에 논리학자들은 자연언어의 논리적 복잡성은 그것에서는 으레 연결사와 양화사, 시제 작동자, 상 작동자 등이 많이 쓰이는 데서 유래하고 있다는 것을 알아차린 나머지, 고전적 논리학을 이른바 시제 논리학이나 상 논리학으로 발전시켰다. 그러나 이렇게 논리학이 발전하면 발전할수록 역설적으로 이들은 자연언어의 의미를 분석하는 일은 생각만큼 단순하지 않다는 사실을 깨닫게 되었다.

예컨대 양화사와 관련된 문제도 이들이 처음에 「∀」라는 보편적 양화사와 「∃」라는 존재적 양화사만 설정하게 되면 모두 해결된다고 생각한 것만큼 단순하지는 않았다. 형식의미론의 발전상을 보이는 데 자주 원용되는 예를 여기에서도 예로 삼아볼 것 같으면 「Someone loves everyone.」과 「Everyone is loved by someone」이라는 두 문장의 의미가 같지 않다는 것은 일단 $\exists x\ \forall y\ (x\ L\ y)$와 $\forall y\ \exists x\ (x\ L\ y)$와 같은 논리적 표현법으로 바꾸게 되면 당장 알 수가 있다. 그러니까 이런 논리적 방법을 쓰게 되면 변형절차와 관련하여 Chomsky가 일찍이 내세웠던 「의미 보전의 원칙」이 허구라는 사실이 쉽게 드러나는 것이다.

이들의 의미가 같지 않다는 것은 두 양화사의 적용 범위가 보편적인 것은 넓은 데 반하여 존재적인 것은 좁은 식으로 같지가 않다는 사실로써 익히 증명이 될 수가 있다. 첫 번째 문장의 의미는 어느 한 개인이 모두를 사랑하는 속성을 가지고 있다는 것이고, 두 번째 문장의 그것은 모든 사람이 저마다 적어도 한 개인에 의해서 사랑을 받게 되는 속성을 가지고 있다는 것이다. 그런데 이 문장을 통해서는 사랑을 하는 사람이 동일한 개인인지 아닌지를 알 수가 없게 되어있다. 그러니까 결과적으로 그 누군가가 동일한 한 개인인 경우에는 두 번째 문장의 의미는 첫 번째 문장의 그것과 같아지지만, 그렇지 않을 경우에는 그렇게 되지 않는 것이다. 다시 말하자면 논리적으로 보았을 때 첫 번째 문장에서 두 번째 문장이 탄생될 수는 있지만, 그 역순은 있을 수 없는 것이다. (Hookway, 2010. a. p.163)

그런데 무엇보다도 중요한 사실은 이렇게 양화사를 이용한 논리적 표현법을 썼을 경우에도 두 번째 문장의 의미적 중의성의 문제는 그대로 해결되지 않고 있다는 사실이다. 다시 말해서 「someone」이라는 단어 대신에 「∃x」라는 기호를 썼다고 해서 그것이 여러 개인을 가리키고 있는지 아니면 어느 한 개인을 가리키고 있는지를 알 수 있게 되는 것은 아닌 것이다. 그러니까 논리적 표현체가 다르다는 사실을 드러냄으로써 두 문장의 의미가 같지 않다는 점을 증명할 수는 있을지 몰라도, 그렇게 함으로써 한 문장의 중의성의 문제가 완전히 해결되는 것은 아니라는 사실을 익히 알 수가 있는 것이다.

그 다음으로 두 번째 문제점에 관해서 알아볼 것 같으면 전통문법에서의 의미관을 그대로 유지하는 한, 형식의미론도 그 동안에 거기에서 아예 덮어두려했던 문제점들을 그대로 이어받을 수밖에 없게 되어 있다는 사실이 당장 드러난다. 예컨대 전통 문법에서는 한 문장에서 쓰이고 있는 어휘들의 의미는 사서적인 것이 전부라고 생각해왔는데, 이런 발상법이 잘못된 것이라는 것은 이미 의미론자나 문학이론가들에 의해서 지적되었었다. 이들은 으레 어휘가 나타내는 의미에는 명시적 의미 외에 묵시적

의미도 있다는 사실과, 많은 경우에 명시적 의미가 아니라 묵시적 의미가
의미적 기능을 수행하게 된다는 사실을 강조했다.

또한 전통문법에서는 화용론자나 화행론자들이 말하는 상황적 의미의
중요성을 무시해왔는데, 이런 생각이 잘못된 것이라는 사실은 이미 화용
론이나 담화 분석과 같은 연구 분야에서 익히 지적되었었다. 예컨대 화행
론자들의 주장에 따를 것 같으면 하나의 문장이 어느 상황에서 실제로
쓰일 경우에는 그것의 언표적 의미보다는 그것의 비언표적 의미가 그것
의 주된 의미로 작용하게 된다는 것인데, 이것을 가장 극명하게 드러내고
있는 경우가 바로 「Pass the salt.」 대신에 「Can you pass the salt?」가 쓰이
는 것과는 같은 이른바 간접화행문이 쓰이는 경우라는 것이다. 또한 수사
학자들의 주장에 따르자면 은유문이나 반어문, 과장문과 같은 수사문의
진리치는 통사론이나 형식 의미론이 앞으로 아무리 발달을 한다고 해도
이미 그들의 영역을 벗어난 것이라는 사실만을 더욱 확인시켜 줄 뿐이다.

(나) 화용론

한 문장의 의미는 궁극적으로 그것이 실제로 쓰이는 상황이나 문맥에
의해서 결정된다는 의미에서나. 더 나아가서는 언어 사용자가 실제로 말
을 하는 경우에는 일정한 대화적 규칙이나 격률에 맞는 적정문만을 쓰게
된다는 의미에서나, 화용론에 대한 연구 없이는 어떤 언어연구도 완전한
것일 수가 없다는 것은 더 말할 나위가 없다. 또한 최근에 Sperber나
Wilson과 같은 화용론자가 주장하고 나섰듯이 일단 언어를 의사소통의
도구로 보는 한, 화용론을 통사론보다 한 수준 상위의 연구 영역으로 보아
야 할는지도 모른다. 그럼에도 불구하고 지금의 현황으로 보았을 때 분명
히 가장 뒤처지고 미개척지로 남아 있는 것이 바로 이 영역이다.

그런데 따지고 볼 것 같으면 언어연구가 이렇게 되는 데 가장 결정적인

원인으로 작용한 것이 바로 형식주의적 학문의 전통이다. 한 마디로 말해서 아직까지는 형식의미론에 버금가는 화용론마저도 개발되지 못하고 있는데, 이런 결정적 결격사항을 가지고 있는 한 이 영역은 부수적 내지는 주변적 영역으로 남아있을 수밖에 없다. 그렇다면 형식주의적 언어연구의 경계선을 음운론과 통사론까지로 잡고서 의미론과 화용론을 완전히 영외권에 속하는 것으로 본 나머지 실제로는 언어연구를 형식주의적인 것과 비형식주의적인 것의 두 갈래로 나누어지게 하든지, 아니면 형식의미론의 경우처럼 기본적인 표기법을 형식주의적인 것으로 바꾼 화용론을 개발하는 일에 하루 빨리 착수하든지 하는 양자택일의 계기가 주어져 있다고 볼 수가 있다.

현실적으로는 그러나 언어연구는 이들 두 가지 중 비교적 덜 부담스런 첫 번째 길을 이미 택해버렸다고 볼 수밖에 없다. 다시 말해서 언어학자들은 앞으로도 형식주의의 이득성과 한계성을 있는 그대로 인정하고서, 형식주의적 흐름이 주류가 되고 비형식주의적 흐름이 지류가 되는 식으로 언어연구가 진전되어 나가게 내버려 두는 것이다. 또한 이런 현상은 의미론과 화용론의 특성을 제대로 인식한 데서 비롯된 것으로 볼 수 있기에 결코 과도기나 비정상적인 현상이 아니라 일종의 성숙기나 정상적인 현상일 수가 있다. 결국에 언어학자들은 과학적인 언어연구가 생각보다 몇 배 어렵다는 것을 이런 사실을 통해서 다시 한 번 확인하게 되는 것이다.

우리는 크게 지금의 화용론을 이끌고 있다고 볼 수 있는 두 가지 이론들이 구체적으로 어떤 것인가를 살펴봄으로써 아직까지는 화용론이 비형식성이라는 족쇄에 묶여있어서 결국에는 일종의 부수적이거나 주변적인 영역으로 남아 있을 수밖에 없다는 사실을 익히 확인할 수가 있다. 먼저 살펴 볼 것은 화용론의 개척이론이라 할 수 있는 Grice의 협력의 원리와 관련된 이론인데, 이것은 양에 관한 것을 위시하여 질에 관한 것, 관계에 관한 것, 태도에 관한 것 등의 네 가지 범주로 나누어진 총 9가지의 격률로 이루어져 있다. 그런데 이들 격률은 모두가 형식적 규칙과는 거리가 먼 일종의 명령이나 요구문의 형태를 가지고 있다. 예컨대 양에 관한 격률 중 첫 번째 것은 「대화의 목적에 필요한 만큼의 정보만을 기여하라.」처럼 되어있고, 태도에 관한 격률 중 첫 번째 것은 「표현의 애매성을 피하라.」처럼 되어있다. 두 말할 필요도 없이 Grice에게는 처음부터 형식주의적 화용론을 만들 생각이 없었던 것이다. (Grice. 1975)

그 다음으로 살펴볼 것은 최근에 Chomsky의 통사론 중심의 언어이론에 맞설 수 있는 하나의 화용론 중심의 언어이론으로 이미 평가 받고 있는 Sperber와 Wilson의 관련성 이론인데, 화용론 자체로 보았을 때는 이것의 제일 큰 특징은 인지주의의 입장에서 전통적인 Grice의 이론인 단점을 최대로 보완한 이론, 즉 일종의 「신Grice이론」이라는 점이다. 이들이 보기에는 두 사람 사이의 대화행위는 그들의 지력이나 지식력이 총 동원되는 일종의 추리적 게임의 행위이기에, Grice가 일찍이 내세운 아홉 가지 격률 중에서 오직 「관련성을 있게 하라.」는 한 가지만이 남겨둘 가치가 있었다. 다시 말해서 이들이 보기에는 대화자들은 으레 정보적 관련성의 극대화를 유일한 언어 사용의 원리로 삼는다는 것이었다.

이 이론이 궁극적으로 얼마나 심리학적인 이론인가 하는 것은 언어사용을 기호의 모형이 아니라 추론의 모형으로 보고 있다는 사실로써 익히 알 수가 있다. 이 모형은 크게 세 개의 부분으로 이루어져 있는데, 그 중 첫 번째 것은 화자가 자기의 의도를 인지적으로 현시화하는 절차를 밟는 부분이고, 그 중 두 번째 것은 그가 그것을 일정한 문맥 내에서 언어형태로 바꾸는 부분이며, 그 중 세 번째 것은 청자가 그것을 듣고서 인지적 추론화 절차를 밟아서 의미를 파악하게 되는 부분이다. 굳이 따지자면 이 모형의 특징은 화자와 청자 모두에게 있어서 귀납적인 추리절차보다 연역적 추리

절차가 더 기본적인 것으로 쓰인다고 본 점일 것이다. (Sperber and Wilson, 1986. p.5)

그러나 이 이론의 문제점은 이것에서 논의되고 있는 바는 하나같이 형식주의와는 거리가 먼, 일종의 서술주의적 형식을 취하고 있다는 점이다. 예컨대 여기에서는 의사소통 시 중요한 것은 주고 받는 언어적 기호, 즉 말이 아니라 그것을 근거로 해서 그것에 함축된 의미를 도출해 낼 수 있는 추리력이라는 말을 강조한다. 또한 여기에서는 따라서 화자가 할 일은 상대방의 추리 작업에 최고로 도움이 될 수 있는 정보, 즉 대화 내용과 최고로 관련성이 있는 정보를 제공하는 것이고, 청자가 할 일은 주어진 정보를 가지고 그것과 관련된 정보를 최대한 추리해내는 것이라고 주장하고 있다. 그러나 이런 주장들은 기껏 해봤자 하나의 원리나 이론일 뿐 하나의 형식적 규칙은 될 수가 없다. 결국 Chomsky와 같은 형식주의자가 볼 때는 화용론이 통사론과 유사한 수준의 형식성을 갖추기 전까지는 과학적 언어연구 영역으로 자리 잡을 수가 없는 것이다.

제2장
언어이론의 네 가지 특징

　지금은 흔히들 말하듯이 언어학의 시대이다. 그런데 이 학문의 역사는 인류의 학문 자체의 그것만큼 길고도 굴곡적이다. 따라서 그것을 언어사상 중심으로 살펴보는 일은 언어학자는 더 말할 나위가 없고, 그 밖에 철학자나 지성사학자와 같은 사람들도 한 번 해 볼 만한 가치가 있는 일로 받아들일 것이다. 다시 말해서 이런 작업을 통해서 결국에 왜 지금이 언어학에 크게 의존하는 시대로 바뀌게 되었는가나, 아니면 앞으로 인류의 학문은 어떤 모습으로 발전되어 나갈 것인가에 대한 대답을 얻게 된다는 것을 모두가 알고 있는 것이다. 간단히 말해서 인문학의 본질을 아는 인문학자라면 누구나가 언어학사는 곧 인간학사라는 사실을 익히 알고 있는 것이다.

　그런데 어떻게 볼 것 같으면 대단히 번거롭고 시간 소모적인 작업일 수밖에 없는 이 일을 비교적 요령 있고 의미 있게 할 수 있는 방법은 바로 현대에 이르러서의 언어이론의 발전과정을 되돌아보는 것이다. 그 이유는 어느 시대에 있어서나 언어연구를 주도해 온 언어사상이 있었지만 그것이 언어이론의 형태로 구체화되면서, 언어학 전성시대가 도래한 것은 현대에 이르러서였기 때문이다. 인류의 학문의 역사를 크게 근대를 분기점으로 해서 인문학의 시대와 자연과학의 시대로 양분할 수 있다면, 언어연구의 역사는 현대를 분기점으로 해서 언어이론 이전의 시대와 언어이론의 시대로 양분될 수가 있는 것이다. 이런 의미에서 볼 때 언어학 하면으레 현대 언어학을 가리키듯이 언어이론 하면 현대 언어이론을 가리키게 되어 있는 것이다.

2.1 광의적 정의 대 협의적 정의

언어이론이라는 말을 일단 언어를 어떤 것으로 보느냐에 대한 기본적인 견해로 정의하고 보자면 그것은 광의적 내지는 일반적인 의미로 쓰일수도 있고, 협의적 내지는 전문적인 의미로 쓰일 수도 있다. 우선 넓은의미에서 볼 것 같으면 언어연구가 처음으로 시작된 당시, 즉 2천여 년전의 희랍시대 때도 언어이론은 있었다고 볼 수가 있다. 약간 생소하기는해도 그러니까 Plato의 언어이론이나 Aristotle의 언어이론이라는 말도 있을 수 있다. 더 구체적인 예로는 최근에 Bursill-Hall이 중세 때의 문법우선주의적 학풍을 소개하는 글의 제목을 「후기 중세에서의 언어이론(Linguistic theory in the later middle ages)」으로 한 사실을 들 수가 있다.

그는 이 글에서 중세 때의 문법관과 문법교육관은 Thomas Erfurt가 일찍이 「사변적 문법(Grammatica Speculativa)」에서 밝힌 양태적 문법이론을 바탕으로 한 것이라는 사실만 가지고서도 우리는 익히 그와 그의 동료들의 시도는 「서구에서의 완전한 언어이론을 만들어내려는 첫 번째 시도였다.」고 말 할 수 있다고 주장하였다. 물론 이 문법이론의 결정적 약점은문법적 설명과 논의를 단순 서술문에 관한 것으로 한정했다는 것이었다.

그러니까 엄밀한 의미에서는 이것은 태생적으로 일반적인 언어이론일 수가 없었으며 따라서 중세가 지나면서 그 수명이 끊기게 되는 것이 당연한 일이었다. 그는 그러나 이 이론이 현대 언어학자들에게 시사하는 바는 결코 적은 것이 아니라고 보았다. (Bursill-Hall, 1994. p.2233)

그렇지만 위의 글은 분명히 현대에 이르러 언어이론이라는 술어가 정식으로 탄생된 뒤에 쓰인 것인 이상. 이것을 원래는 하나의 전문적인 술어로 생겨났던 것을 하나의 일반적인 용어로 사용자가 전용하게 된 예로 보는 것이 맞는 일이다. 학술적 문헌에서는 처음에는 전문적인 술어였던 것이 뒤에 가서는 일반적인 용어로 바뀌게 되는 예를 적지 않게 발견할 수가 있다. 이렇게 볼 것 같으면 지금도 언어이론이라는 술어는 크게 일반적인 용어와 전문적인 술어의 두 가지로 쓰일 수 있는 것인데, 우리의 관심을 끄는 것은 당연히 언제, 누구에 의해서 전문적 내지는 학술적인 술어로 이것이 처음으로 쓰이게 되었는가 하는 것이다. 그 이유는 그 시기가 바로 언어학이 하나의 이론 지향적 학문으로 출발하게 된 시기이기 때문이다.

알기 쉽게 말하자면 현대에 이르러 언어학자들이 자기네들이 하는 언어연구에 일반 언어학(General Linguistics)이나 이론 언어학(Theory of Language)이라는 이름을 붙이게 되면서 언어이론이라는 술어도 생겨났다. 일반 언어학과 대립되는 언어학은 개별언어학인 셈인데, 실제로 이런 이름을 자기가 하는 언어학에 붙인 사람은 하나도 없었다. 그러니까 굳이 따지자면 언어의 본질이나 작동 등에 관한 일반적인 원리나 이론을 찾는 학문이라는 점을 강조하기 위해서 언어학자들은 자기네들이 새롭게 시작한 현대언어학(Modern Linguistics)을 일반언어학이나 이론언어학이라고 부르기도 했던 것이며, 따라서 이때부터 언어이론이라는 술어가 그들의 논의에서 하나의 중추적 학술 용어로 쓰이게 되는 것은 너무나 당연한 일이었던 것이다.

여기에서 우리는 처음에 이것이 쓰였을 때는 광의가 아니라 협의의 의미로 쓰였다는 사실을 확인할 수가 있다. 간단히 말해서 이 술어를 이때에는 그들이 현대언어학 이전의 언어연구와 현대언어학에서의 그것을 구분하는 일종의 식별자로 사용했던 것이다. 그러니까 그들이 보기에는 중세 때의 문법학이나 근대에 이르러서의 역사언어학에는 아무런 언어이론도 없었던 것이다. 예컨대 일찍이 대표적인 신문법학자인 Scherer는 모든 언어변화는 유추작용에 의해서 추동된다는 아주 그럴듯한 일반 이론을 내세웠음에도 불구하고, 그들은 그것을 하나의 언어이론으로 받아들이지 않았던 것이다.

물론 그들이 이때에 언어이론이라는 술어를 이런 용도와 목적으로 사용하기 시작한 것은 이 무렵에는 이미 이론이라는 단어가 하나의 현대적 학문의 핵심용어로 굳혀져 있었기 때문이었다. 영어로 「theory」라는 말은 원래 희랍어의 견해나 추리, 명상 등의 의미를 나타내는 「theoria」에서 유래된 것인데, 누구나 익히 알고 있듯이 지금의 이것의 의미는 이것의 어원적 의미와는 거리가 멀다. 예컨대 펭긴의 철학 사전에서는 그것을 「어떤 대상에 대한 분석이나 설명의 원리를 제공하는 명제의 한 조」라고 정의하면서, 하나의 명제도 하나의 이론으로 불릴 수 있다는 점을 강조하고 있다. (Mautner, 2002. p.616)

이 사전에서는 특히 현대에 이르러서는 모든 학문이 이론 중심으로 이루어지게 되면서 이것이 때로는 지식이론이나 수 이론과 같이 일반적인 학술 이론을 가리키기도 하고, 라캉(Lacan)이론이나 데리다(Derrida)이론과 같이 개별적인 이론을 가리키기도 한다는 사실을 지적하고 있다. 그러니까 한 마디로 말해서 여기에서는 이론이라는 말이 마치 모든 학문의 원조 격인 철학에서부터 쓰기 시작한 것 같은 인상을 주려고 애쓰고 있는 것이다. 또 한 가지 여기에서 전제되고 있는 것은 물론 이론이란 말은 일반적이거나 광의의 의미로 쓰이는 것이지 전문적이거나 협의의 의미로 쓰이는 것은 아니라는 사실이다.

그렇지만 언어이론이라는 술어를 최초로 사용한 언어학자들의 이 낱말에 관한 생각은 이것과 크게 달랐다. 한 마디로 요약하자면 이들이 이 당시에 생각한 이론이란 자연과학적 이론이었다. 다시 말할 것 같으면 근현대에 이르러 학문의 세계는 보통 귀납주의라는 이름으로 총칭되는 자연과학적 사고방식과 연구방법이 그 전까지의 보통 연역주의라는 이름으로 총칭되는 인문학적인 사고방식과 연구방법을 대치하는 커다란 변화를 겪게 되는데, 언어학자들은 자기네가 하는 학문도 마땅히 이제는 이 대세에 참여해야 된다고 생각한 것이다. 이들은 그래서 언어학을 언어를 과학적으로 연구하는 학문으로 새롭게 정의하게 된 것이다.

이런 의미에서 보자면 옥스퍼드의 철학사전에 나오는 이론에 대한 정의가 그 당시의 언어학자들이 가졌던 생각에 가까운 것이라고 볼 수가 있다. 예컨대 여기에서는 이론이라는 항목 밑에서 「과학에 있어서 설명 및 예견적 함의를 가지려고 의도하는 분야를 바라보는 방법으로서, 과학철학의 과제는 자주 좋거나 과학적인 이론을 나쁘거나 비과학적인 것과 구별시키는 것이었다.」와 같은 말을 하고 있다. 바로 이런 전통을 이어받아서 Chomsky는 자기의 언어이론이 Saussure나 Bloomfield의 그것보다 낫다는 것을 가장 쉽게 알 수 있는 방법은 어떤 것이 최고로 과학적인 것이냐 라는 질문을 던져 보는 것이라고 생각하게 된 것이다. (Blackburn, 2008. p.361)

현대언어학의 시조는 Saussure이다. 그리고 그의 언어사상을 구조주의로 치자면 그것을 그 후에 넘어서려고 애쓴 것이 Chomsky의 생성주의이다. 이렇게 보자면 결국에 협의의 의미에서의 언어이론이라는 술어는

Saussure와 Chomsky의 언어학에서 쓰이게 되었음이 분명하다. 어떤 의미에서는 Saussure야말로 언어학을 하나의 과학적 학문으로 정립시키는 데 Chomsky보다 더 큰 기여를 한 사람인데, 그는 언어와 언어연구에 관한 새로운 이론이나 원리를 제시하면서도 굳이 언어이론이라는 술어를 사용하지는 않았다.

그렇지만 오늘날 「Saussure의 언어이론」이나 「Saussure의 기호이론」과 같은 표현에 거부감을 느끼는 언어학자는 하나도 없다. 이것은 곧 언어학자들은 그가 주장했던 바는 모두가 언어이론에 해당한다고 생각하고 있다는 증거이다. 예컨대 Koener는 Saussure를 소개하는 글에서 「Saussure의 일반 언어이론의 요소 중 많은 것은 자주 원래의 문맥에서 벗어나 언어학 밖의 이론들과 합쳐지기도 했다. 이런 현상은 때로는 다분히 자의적이기까지 했는데, 특히 이런 점은 프랑스의 구조주의 인류학자들의 논문에서 두드러지고 있었다.」와 같은 말을 하고 있다. (Koener, 2006. p.766)

물론 상식적으로 보았을 때는 이런 표현에서의 언어이론이라는 말은 협의의 의미인 것이 아니라 광의의 의미의 것이라고 보는 것이 더 합리적일는지도 모른다. 그러나 엄밀하게 따져 보게 되면 이런 표현을 사용한 사람들의 의도는 상식과는 정반대적인 것이었다고 판단할 수도 있는데, 그 이유는 그들은 이미 Saussure가 한 일은 자기 특유의 언어이론을 정립하는 것이었다는 사실을 익히 알고 있었기 때문이다. 우선 그들은 Saussure는 그의 책 이름으로 잘 밝혀져 있듯이 자기가 하는 언어학은 그 당시에 유행하던 역사언어학이나 심리언어학과는 전혀 다른 성격의 「일반언어학」이라는 점을 강조했다는 사실을 잘 알고 있었다. 그들이 보기에는 그는 분명히 일반 언어학과 언어이론은 일종의 동의어로 쓰고 있었다.

그 다음으로 그들은 그가 내세운 여러 가지의 일반언어학적 언어연구의 지표들은 하나의 특이한 언어이론을 구성해내기에 족한 것이었다는 사실을 익히 알고 있었다. 한 마디로 말해서 그가 내세운 원리들은 하나 같이 반역사언어학적 이면서 반심리언어학적인 것이었기에, 새롭게 출발하는 현대 언어학의 지표나 다름이 없었다. 예컨대 그는 이제부터의 언어학에서는 통시적 언어연구가 아니라 공시적 언어연구를 추구해야 한다고 주장했다. 또한 그는 이제부터의 언어학에서는 문자언어가 아니라 음성언어를 기본적인 연구대상으로 삼아야 한다고 내세웠다. 이와 연관해서 그는 「랑가쥬(language)」, 즉 언어체계는 「랑그(langue)」, 즉 언어와 「빠롤(parole)」, 즉 「말」로 이루어져 있는데. 앞으로의 언어학에서는 첫 번째 것인 언어를 연구대상으로 삼아야 한다고 주장했다.

그는 물론 그 나름의 언어관도 제시했다. 예컨대 그는 언어를 하나의 기호체계로 보았다. 또한 그는 언어기호의 특징으로 자의성과 선형성 등을 들었다. 이와 관련하여 무엇보다도 그는 언어학에서 추구할 것은 그것의 실체가 아니라 형태라는 점과 그런 시각에서 보자면 언어는 분명히 일정한 체계성이나 구조성을 가지고 있다는 점을 강조했다. 그들이 보기에는 이런 주장을 하나로 합치게 되면 그것이 곧 그의 언어이론이 되는 것이었다. 다시 말하자면 그들이 보기에는 비록 Saussure 자신은 언어이론이라는 술어를 쓰지 않았더라도 그가 설파한 바는 분명히 하나의 언어이론을 구성하고 있었기에, 그가 설파한 바를 소개하거나 논하는 마당에서 「Saussure의 언어이론」과 같은 표현을 쓰는 것은 너무나 당연한 일이었다.

또 한 가지 이와 관련하여 빼놓을 수 없는 사실은 그의 언어사상을 이어 받은 사람 가운데는 역사상 최초로 언어이론이라는 술어를 책이름으로 사용한 Hjelmslev 같은 사람이 있었다는 사실이다. 그의 유명한 「언어이론 서설」의 7쪽에는 「스위스의 de Saussure만이 언어이론가이다.」와 같은 말이 나온다. 그리고 같은 책의 6쪽에서는 「언어이론은 그렇다면 자의적이면서도 적절한 전제에 대한 책략에 의하여 그것의 목적을 특이하게 설정하게 된다.」와 같은 말도 그는 하고 있다. 그러니까 쉽게 말해서 Saussure가 미처 하지 못한 것, 즉 새로운 언어이론의 내용은 제시하면서도 그것을 바탕으로 언어이론에 대한 하나의 이론을 개발하지는 못한 점을 그는 이 책에서 해낸 것이다. 이런 과정에서 언어이론의 위상을 격상시키다 보니까 그는 그것을 하나의 인본주의 이론으로 보는 경지에까지 이르게 되었다.

언어이론이라는 술어에 관한 한 Chomsky는 Saussure와 대척점에 있는 언어학자였다. 간단히 말해서 Saussure의 구조주의의 등장 이후 몇 십 년 동안에 앞으로의 언어학은 일종의 과학이어야 된다는 데 이의를 제기하는 언어학자는 사라져버렸고, 이런 환경에서 언어이론이라는 술어를 쓰는 것은 시대적 유행이나 시대정신에 딱 맞는 일이라는 것을 Chomsky는 익히 알고 있었던 것이다. 겉으로는 그가 Saussure의 언어이론과의 차별화에 치중했는지 몰라도 실제에 있어서는 그의 언어이론이 그것의 후속이론임을 드러냈던 것이다. 예컨대 그의 초기이론의 원전격인 책의 이름을 마치 구조주의에 관한 책인 것처럼 「통사적 구조」라고 붙였다. 또한 이 책의 제3장의 제목을 「기초적 언어이론(An elementary linguistic theory)」로 붙였는데, 기발하게도 여기에서 그는 「기초적 언어이론은 마땅히 「영어는 하나의 유한 상태인 언어가 아니라」는 사실을 확인하는 것으로부터 시작되어야 한다는 발상법을 제안하였다. 유한상태 언어란 일찍이 수학자인 Markov가 창안한 것으로서, 정보처리이론에서 수학적 원리가 얼마나 유용하게 쓰일 수 있는가를 단적으로 드러내주는 실례였다. 그는 그러니까 여기에서 그가 생각하는 언어이론은 문장생성의 이론, 즉 문법이론인데 궁극적으로 그것은 일종의 수학적 이론이어야 한다는 점을 분명히 한 것이다. (Chomsky, 1962. p.21)

이 제3장에서 논의된 것을 구체적으로 실증하는 과정이 바로 이 책의 내용의 줄기에 해당하는 것이어서 그런지, 제6장과 제8장에서도 언어이론이라는 술어는 쓰이고 있다. 예컨대 제6장에서는 「언어이론의 목적에 대하여(On the goals of linguistic theory)」이라는 제목 밑에서 「과학적인 이론은 유한한 수의 관찰에 기저되어 있어서, 물리학에서의 질량과 전자와 같은 가정적 구조체를 사용한 일반법칙을 설정함으로써 관찰된 현상 간에서 관련성을 찾고 새로운 현상을 예측하는 것이 그것이 추구하는 바이다.」와 같은 말을 하고 있다. (Ibid. p.49)

또한 제8장의 제목은 「언어이론의 설명력(The explanatory power of linguistic theory)」처럼 되어있어서, 여기에서는 「John ate an apple.」과 같은 서술문과 「Did John eat an apple?」과 「What did John eat?」, 「Who ate an apple?」과 같은 의문문들은 모두가 「John C- eat+an+apple」처럼 표현되는 기저문으로부터 도출된 것이기에 결국은 마땅히 같은 분류표 내에 들어 있어야 되며, 따라서 「이런 분류법의 근거를 제공하는 데 실패하는 언어이론은 분명히 적절치 못한 것으로 판단되어야 한다.」와 같은 말을 하고 있다. (Ibid. pp.90~91)

이렇게 분석해 볼 것 같으면, 이 책은 그 기능에 있어서 Hjelmslev의 「언어이론 서설」과 맞먹는 것이라는 결론에 도달할 수가 있다. 그는 이 책에서 언어학의 목적이 어떤 것이어야 하며, 어떻게 하는 것이 곧 가장 과학적으로 언어현상을 연구하는 것인가를 상세히 밝히고 있는데. 이런 점에 있어서 이 책은 일찍이 자기의 언리학의 기본원리를 설명 한 Hjelmslev의 책과 크게 닮았다. 물론 그가 여기에서 소개하고 있는 것은 변형문법 이론의 기본 구도와 개념이며, 이것은 그 후 그의 표준이론으로 확대발전하게 되었다. 그리고 더 나아가서는 이것은 최근에 이르러 그의 문법이론의 최신판으로 자리 잡게 된 최소주의 이론의 기본적 발상법이 되기도 했다. 따라서 크게 보았을 때는 결국에 언어이론이라는 술어가 중심이 되어서 지난 50여 년에 걸쳐서 그의 문법이론은 꾸준히 발전되어 왔다고 볼 수가 있다.

그런데 사실은 그가 이렇게 오랜 기간에 걸쳐서 이 술어를 사용하게 된 것은 자기 특유의 내재주의적 언어관을 내세우는 데 이것이 대명사처럼 쓰일 수 있기 때문이었다. 다시 말해서 표준이론 때부터는 그는 언어이론이라는 술어를 자기특유의 내재주의적 언어이론을 짧게 줄인 말처럼 사용하기 시작한 것이다. 예컨대 「통사이론의 양상」에서 이 술어가 「언어이론과 언어학습(Linguistic Theory and Language Learning)」처럼 제목으로 쓰이고 있는 유일한 곳은 제1부의 제8장인데, 여기에서 그는 「앞의 논의에서 언어이론에 관한 문제들은 가정적 언어습득장치를 설정하는 것에 관한 질문들로 요약될 수 있었다. 이것은 이런 문제들을 제안하고 고려하는 데 유용하면서도 제시적인 틀인 것 같다.」나, 「요컨대 언어학습에 관한 연구의 현황은 다음과 같음이 분명해 보인다. 우리는 언어습득 모형의 「출력」임이 확실한 생성문법의 성격에 대하여 일정한 양의 증거를 가지고 있다.」와 같은 말을 하고 있다. (Chomsky, 1965. pp.47~57)

물론 언어이론에 관한 한 Chomsky의 것은 Saussure의 것보다 몇배 더 복잡하다고 보아야한다는 것은 누구도 부정할 수 없는 사실이다. 일단은 Saussure의 이론이나 언어이론 하면 으레 구조주의 이론을 가리키게 되듯이 Chomsky의 이론이나 언어이론 하면 으레 생성주의 이론을 가리킨다고 볼 수도 있다. 그러나 Chomsky의 문법이론과 그것의 기술모형은 지난 50여 년 동안에 예컨대 초기이론으로부터 시작하여 표준이론을 거쳐서 확대표준이론, 수정확대표준이론, 지배와 결속이론(원리와 매개 변항 이론), 최소주의 이론에 이르는 식으로 환골탈태적인 변화 과정을 밟았는데 반하여 Saussure의 언어이론은 처음의 것 한 가지로 고정되어 있었다.

그런데 이 문제와 관련하여 특히 눈여겨 볼 것은 Chomsky는 적어도 1980년대의 지배와 결속이론 때부터는 표준이론 때까지 하나의 핵심술어로 사용하던 언어이론이라는 술어 대신에 문법이론이나 통사이론이라는 한 단계 낮춘 술어를 쓰기 시작하더니 드디어는「흔적이론(Trace theory)」이나「유표성 이론(Markedness Theory)」,「보편문법이론(Theory of Universal Grammer)」,「격이론(Case Theory)」에서와 같이 이론이라는 단어 하나만을 구체적인 문법원리를 가리키는 말로 쓰게 되었다는 사실이다. 예컨대「지배와 결속이론 강의(Lectures on Government and Binding)」의 제1장의 제목은「핵심문법 이론의 개요(Outline of the Theory of Core Grammer)」처럼 되어 있다. 그러니까 이 시기에 와서는 언어이론을 언어습득으로 보려던 초기 때와는 다르게 그는 이론이라는 단어를 협의의 의미가 아니라 일반적인 의미로 쓰게 된 것이다. 그러나 한 가지 분명한 것은 그도 적어도 언어이론이라는 술어만은 자기의 언어사상을 가리키는 말, 즉 협의의 의미로 사용했다는 사실이다.

2.2 과학성의 극대화

Hjelmslev가 일찍이 굳이 언어이론이라는 술어를 현대언어학의 간판처럼 내세웠던 것은, 두 말할 필요도 없이 원래 이론이라는 말은 자연과학에서 즐겨 쓰던 말이라는 점에 착안한 나머지 현대 언어학은 곧 과학화 된 언어학이라는 사실을 크게 부각시키기 위해서였다. 그러니까 그는 언어이론의 제일 중요한 특징은 마땅히 최고도로 과학성이 보장된 점이어야 한다고 생각했던 것인데, 그가 그 당시에 알고 있던 과학주의는 바로 근대에 이르러 자연과학에서 최선의 학문적 사상으로 받아들였던 귀납주의였다.

귀납주의란 간단히 말해서 인본주의 시대 때 학문을 이끌던 연역주의의 반대의 것이다. 그러니까 근대에 와서 인문학 중심의 학풍이 자연과학 중심의 학풍으로 바뀌게 되었다는 말은 곧 무엇보다도 우선 학문 방법이 연역주의적인 것에서 귀납주의적인 것으로 바뀌게 되었다는 말이나 같은 말이다. Saussure는 그런데 이제는 언어연구도 마땅히 이런 학풍적 대전환에 참여해야 한다고 생각했다. 다시 말해서 그는 언어연구도 이제부터는 자연과학에서 쓰는 학문방법, 즉 귀납적 방법에 의해서 이루어져야 한다고 생각한 것이다.

이렇게 볼 것 같으면 그의 공로는 크게 두 가지라고 볼 수가 있는데, 그 중 첫 번째 것은 자연적 대상이나 현상이 아닌 언어도 자연과학적인 연구방법으로 연구 될 수 있다고 판단했을 뿐만 아니라 궁극적으로는 오직 그렇게 해서만이 언어에 관한 올바른 지식이나 정보는 얻어질 수 있다고 판단한 점이다. 간단히 말해서 그는 이런 소신 하에서 현대언어학이라는 새 언어학을 도입하게 된 것인데, 그 당시는 역사언어학이나 사변언어학이 유행하던 시대였다는 점을 감안한다면 이런 발상의 전환이야말로 「코페르니쿠스적 전환」이라고 말할 수 있을 것이다. 두 말할 필요도 없이 언어가 이렇게 자연과학적 연구방법으로 연구될 수 있다면 언어 아닌 여타의 인문학적인 학문들, 예컨대 철학이나 역사학, 문학 등도 그렇게 할 수 있는 것이었다. 이런 의미에서 현대언어학의 시조로서의 그의 공로는 범인문학적인 것이었다고 볼 수가 있다.

그 중 두 번째 것은 원리나 이론의 차원에서 구체적으로 어떻게 해야지만 언어연구가 과학적으로 이루어질 수 있는가를 밝혔다는 점이다. 예컨대 그는 우선 공시언어학과 통시언어학의 구분을 위시하여 말과 언어의 구분, 기표와 기의의 구분 등에 의해서 어떤 것이 언어연구의 대상이 되어야 하는 가를 밝혔다. 그 다음으로 그는 관찰이나 분석, 기술과 같은 귀납적인 방법에 의해서 언어연구를 하다보면 언어에는 자의성이나 선조성, 양항대립성, 창조성, 구조성과 같은 과학적 특성들이 있다는 사실과 이런 점으로 미루어 보았을 때 언어는 크게 보았을 때는 자연적 대상이나 현상과 다름이 없는 일종의 구조적 조직체라는 사실이 분명해진다고 보았다. 언어를 일종의 기호체계로 본 것도 물론 그의 언어학의 과학화에의 공로 중 일부였다.

그러나 문제는 Saussure의 이와 같은 단순한 과학관이 Chomsky 때까지 그대로 이어질 수 있을 만큼 과학이 의미하는 바는 간단하지 않다는 데 있었다. 예컨대 귀납주의에서는 보통 과학적 절차를 관찰 또는 실험과 가설설정, 가설 검증, 이론 형성, 예측 또는 설명 등의 단계로 이루어져 있는 것으로 보고 있어서, 마치 여기에서는 과학자의 본능적 육감이나 창의력은 큰 역할을 하지 못 하는 것으로 이해하기 쉬운데 지금까지의 많은 과학적 발견들을 통해서 우리는 사실은 그와는 정반대라는 사실을 알게 되었다. 우선 이상과 같은 과정을 단 한 번 밟음으로써 일정한 이론을 얻을 수 있는 것이 아니라는 사실이 밝혀졌고, 그 다음으로는 이 절차에서는 연역적 절차는 전혀 쓰이지 않게 된다는 것도 실제와 전혀 다른 가상이라는 사실이 밝혀졌다.

과학주의의 시대에 일단 들어선데다가 그 의미가 이렇게 단순하지가 않은 이상 철학자나 과학자들 사이에서 최선의 과학이 어떤 것인가에 대해서 무게 있는 논의가 있게 되는 것은 너무나 당연한 일이었다. 이들이 보기에는 역시 이 문제에 대한 해답은 과학적 탐구에 있어서도 인간은 연역력과 귀납력을 다 쓰게 되어 있다는 사실을 인정하게 되면 얻어질 수 있는 것이었다. 바꾸어 말할 것 같으면 이들은 그 해답은 근대에 이르러 경험주의 쪽으로 지나치게 기울었던 지식관을 이성주의 쪽으로 되돌리는 데서 찾을 수 있다고 생각한 것이다.

이렇게 해서 나온 발상법 중 가장 대표적인 것이 Popper(1972)의 「반증가능성」이론이었다. 그는 과학적 절차에서 제일 중요한 기능을 하게 되는 것은 과학자의 「상상적 예견력」이라고 생각한 나머지, 그것을 결국에 엄격한 검증에 의해서 여러 가지로 내세워진 가설들 중 어느 것이 최선의 것인가를 가려내는 절차로 정의했다. 그의 모형은 그러니까 주로 과학자의 연역력에 의해서 추진되는 가설 중심의 것이었으며, 따라서 관찰을 첫 단계로 보는 귀납적 모형과는 판이하게 다른 것이었다.

Popper의 반증가능성 이론이 20세기에 와서 과학과 과학적 방법론에 대한 하나의 지배적인 신 이론으로 등장하게 되었다는 것은 부인할 수 없는 사실이지만 그렇다고 해서 그것이 어떤 면으로 보아서나 반론의 여지가 없는 완전한 이론일 수는 없었다. 그 동안에 그의 이론에 대한 비판은 크게 두 가지 쟁점을 놓고서 이루어져왔는데, 그 중 첫 번째 것은 과연 귀납적 절차를 Popper가 주장하듯이 완전하게 과학적 탐구 과정에서 제거시킬 수 있느냐 하는 것이었다. 예컨대 Ayer와 같은 반대파들은 우리는 보통 과학에서 이론들을 과거의 실험적 검증에서 어떤 결과를 얻었느냐에 대한 일종의 역사적 기록으로뿐만 아니라 우리가 미래에 기대할 수 있게 되는 것에 대한 하나의 안내자로서 다루고 있는데, 이 작업에 쓰이는 것이 바로 일종의 귀납적 절차라고 주장하고 나섰다. (Burke, 1988. p.211)

그 중 두 번째 것은 과학과 비과학 간의 구분이 과연 Popper가 내세우고 있는 만큼 엄격하게 이루어질 수 있느냐 하는 것이었다. Popper는 물론 반증성이라는 하나의 잣대로 과학과 비과학은 익히 구별 될 수 있다고 보았다. 그러나 Kneale이 보기에는 「과학적 서술 가운데는 원칙적으로 관찰에 의해서 입증은 할 수 있으면서도 반증은 할 수 없는 것들, 즉 비제한적 존재에 대한 서술들도 있었다.」 어떤 공간적 지역이나 시간에 대한 제약 없이 그저 특정한 자질을 지닌 어떤 것이 존재한다고 주장하는 것이

바로 비제한적 존재에 대한 서술이었다. (Ibid, p.212)

그런데 얼마 후 보다 종합적이면서도 근본적인 차원에서 Popper의 모형의 부당성을 지적하면서 그것에 대한 하나의 대안을 내놓은 사람은 바로 Kuhn이었다. 1962년에 나온 「과학적 혁명의 구조(The Structure of Scientific Revolutions)」라는 책에서 그는 이른바 「패러다임 변화의 이론」을 내세웠다. 그가 보기에는 Popper가 주장하듯이 과학자들은 과학적 이론이나 패러다임을 반증 내지는 검증하는 일을 과학으로 보는 대신에 이론과 자료 간의 불일치성을 더 많은 연구로 해결하는 일을 과학으로 보아왔다. 그의 견해로는 「과학의 역사란 원활하면서 전진적인 자료와 성공적인 이론의 누적이 아니라 갑작스런 결렬과 잘못된 출발, 여러 가지 변인들을 반영하는 상상적 제약 등의 결과이었다. 특히 그는 이따금씩 일어나는 이런 과학적 혁명은 「게슈탈트(Gestalt) 추이」와 같다고 생각했다.(Blackburn. 2008. p.201)

따지고 볼 것 같으면 처음부터 언어이론에 대한 논의는 결국에 일찍이 철학자들에 의해서 시작되었던 이성주의적 지식관 대 경험주의적 지식관의 대결의 양상이 되풀이되는 모습이 될 수밖에 없다는 것을 익히 알고 있었던 Chomsky가 최근에 나온 과학이나 과학적 방법에 관한 이론 중 가장 그럴싸한 것이 이들 두 가지라는 사실을 모르고 있을 리가 없다. 한 마디로 말해서 그의 과학이론이 이들의 직접적인 영향은 받지 않았는지 몰라도, 그가 이들의 내용을 깊이 숙지하고 있는 상태에서 그것이 만들어졌을 것이라는 것은 누구나 쉽게 짐작할 수가 있다. 우선 Popper의 추리력이나 연역력을 관찰력이나 귀납력보다 앞세우는 사고방식이 그의 이성주의적 과학이론과 잘 맞아 떨어진다. 그 다음으로 Kuhn의 일정한 시기에 일어나는 급격한 패러다임의 변화가 곧 과학발전의 원동력이라는 발상법은 자기의 문법이론을 구조주의 이론과 차별화하려는 의도와 잘 맞아 떨어진다.

그의 과학이론의 전개가 이런 식으로 이루어졌다는 것은 1962년에 있었던 제9차 국제언어학자대회에서 발표한 논문을 2년 뒤에 책의 형식으로 확대한 것인 「언어이론에 있어서의 지금의 쟁점(Current Issues in Linguistic Theory)」에서 그가 「지금의 쟁점」으로 보았던 것은 바로 언어학계가 Saussure나 Bloomfield가 내세웠던 발견이나 기술 지향적 언어이론을 버리고서 하나의 평가나 설명 지향적 언어이론을 받아들이는 것이라고 본 사실로써 익히 할 수가 있다. 한 마디로 말해서 그는 현대 언어학의 제1단계를 예컨대 Saussure나 Bloomfield의 구조주의적 언어이론이 그것을 이끌어가던 시기로 보자면 그것의 제2단계는 자기가 내세우는 생성주의적 언어이론이 그런 역할을 하게 되는 시기로 볼 수가 있는데, 그 이유는 진정한 의미에서의 과학적 연구방법은 관찰이나 기술면에서의 적절성이 아니라 평가나 설명 면에 있어서의 적절성이 있어야 한다는 것은 Popper나 Kuhn과 같은 오늘날의 과학철학자들이 하나같이 인정하고 있는 바이기 때문이었다. 그러니까 그는 여기에서 현대 언어학은 드디어 언어이론이 없던 시기를 지나서 그것이 있는 시기에 들어서게 되었다고 선언하고 나선 것이다. 그리고 그는 여기에서 언어이론은 곧 과학 이론이어야 된다는 점도 분명히 밝혔다.

이 보다 1년 뒤에 나온 그의 표준이론의 원전에서는 앞에서 이미 말이 나왔듯이 언어이론은 왜 결국에 언어습득이론이어야 되는가에 설명의 초점이 맞추어져있었다. 이런 발상법 자체가 물론 언어연구의 패러다임 전체의 탈바꿈을 요구하는 것이었다. 그런데 그는 여기에서 문법이론의 기술적 적절성과 설명적 적절성의 문제를 다시 제기함으로써 경험주의적 언어학의 시대는 가고 이성주의적 언어학의 시대가 오는 것이 언어학의 과학화라는 원래의 정신에 맞는 일이라는 점을 강조하고 있다. 그러니까 그는 현명하게도 이성주의적 언어이론에서만 결국에는 언어이론은 하나의 언어습득이론이어야 한다는 명제가 성립되게 되어있다는 사실을 드러내기 위해서는 기술적 적절성과 설명적 적절성의 문제를 거론하지 않을 수 없다는 것을 잘 알고 있었던 것이다. 예컨대 그는 이 책의 57쪽에서 「이런 증거는 분명히 언어구조에 대한 분류학적 견해는 부적절하다는 것과, 문법구조의 지식은 언어학이나 심리학, 철학 등에서 개발된 어떤 종류의 단계적인 귀납적 작동(분절, 분류, 대치절차, 틀에서의 빈칸 채우기, 연상 등)의 적용에 의해서는 얻어질 수 없다는 것을 드러내주고 있다.」와 같은 말을 하고 있다. (Chomsky, 1965. p.57)

그는 그런데 바로 이 책에서 과학성에 대한 또 한 가지의 기준을 내세우고 있는데, 이상화에 관한 것이 바로 그것이다. 그가 첫 번째 기준으로 내세운 기술적 적절성 대 설명적 적절성에 관한 기준은 일종의 범과학적인 기준이라고 볼 수가 있다. 이것은 학문 분야가 예컨대 물리학이나 화학, 생물학, 언어학, 심리학처럼 달라진다고 해서 달라질 리가 없다. 그러나 그가 두 번째 기준으로 내세운 이상화 대 현실화의 기준은 물리학이나 화학과 같은 자연과학이 아니라 언어학이나 심리학과 같은 인문학에서만 적용될 수 있는 학문 특유적인 기준이다. 따라서 언어학을 과학화시키는 데 있어서는 마땅히 이 기준을 최우선적으로 적용해야 된다는 것이 그의 기본적인 생각이었다. 그게 그렇다는 것은 이 책의 서두를 아래와 같은 말로써 시작했다는 사실로써 익히 알 수가 있다.

언어이론은 기본적으로 완전히 동질적인 언어공동체에 있어서의 이상적인 화자와 청자에 관한 것으로서, 이런 사람은 자기 언어를 완전하게 알고 있어서 실제적인 수행에서 자기의 언어지식을 적용시키는 경우에 기억적 제약과 분산, 주의와 흥미의 변화, 오류(무작위적이거나 특성적) 등과 같은 문법적으로 관련성이 없는 조건들의 영향을 받지 않게 된다. 내가 보기에는 이것은 현대 일반언어학의 창시자들이 가졌던 입장이었으며, 그 동안에 이것을 수정할 근거 있는 이유가 제시된 적도 없었다. (Ibid. p.3)

그는 특히 여기에서 「능력」과 「수행」을 엄격히 구별해야 한다는 자기의 이런 발상법은 Saussure의 「랑그」 대 「빠롤」식의 구분이론보다는 Humboldt 의 생성체계의 기저적 능력이론에 가깝다는 점을 강조함으로써, 결국에 자기의 언어관과 과학관은 경험주의적인 것이 아니라 이성주의적인 것임을 분명히 밝히고 있다. 뒷날 그는 이것을 「내적 언어(I—language)」 대 「외적 언어(E-language)」의 구별이론으로 발전시켜서 보편문법이론의 한 축으로 삼았다. 이런 점으로 미루어 보아서도 그가 과학적 언어이론의 추구에 관한 한 언어학 특유의 이 두 번째 기준을 일반적인 첫 번째 기준보다 훨씬 더 중요하게 생각했다는 것은 의심할 여지가 없다.

그런데 그의 이런 이성주의적 이론의 문제점은 바로 그것의 타당성을 놓고서 학자들이 한없는 논쟁을 벌일 수 있다는 데 있었다. 이런 문제점 중 첫 번째 것은 그가 말하는 문법적 능력은 보편문법이라 부르는 일종의 추상적인 지식인데, 이것의 실체를 구체적으로 알아내기 위해서는 반드시 현실적인 언어사용의 현장에서 일정한 양의 사실적인 언어자료를 수집해야 한다는 점이다. 언어사용의 현장이 다시 말해서 이상화되어있는 곳도 있을 수 없을뿐더러 언어사용자가 이상화된 언어사용자인 경우도 있을 수 없다. 그러니까 실제로 언어연구자가 하게 되는 일에 있어서는 이성주의자와 경험주의자 간에 아무런 차이가 있을 수가 없으며, 결국에 이들 간의 차이는 어떤 종류의 언어 자료를 수집해서 그것의 분석을 통해서 어떤 규칙이나 원리를 찾게 되느냐에서 나오게 되어있다. 이렇게 볼 것 같으면 그가 생각하는 문법은 과거에 전통문법과 구조문법에서 내세웠던 문법과 크게 다를 수가 없다.

이런 문제점 중 두 번째 것은 정형적인 문장을 생성해 낼 수 있는 능력이 곧 적절한 문장을 의사소통의 현장에서 사용할 수 있는 능력이 되는 것은 아니라는 점이다. 그는 문법적 능력은 연구의 대상이 될 수 있는 것인데 반하여, 화용적 능력은 그렇지 못하다고 생각하는데, 화용론자들이 보기에는 언어의 기능이 무엇인가를 고려하지 않는 데서 이런 단견은 나올 수 있었다. 이들이 보기에는 문법적 능력은 언어능력 중 일차적인 것이고 그것의 이차적인 것은 역시 수행적 능력이었다. 또한 그들의 생각으로는 문법적 원리나 규칙 가운데는 화용적 원리나 규칙에 의해서 생겨났거나 그것의 영향을 받고 있는 것이 적지 않게 있었다. 그러니까 큰 의미에서 보자면 Chomsky의 통사이론도 전통문법이나 구조문법 때 세워놓은 문장 중심이라는 울타리를 벗어나지 못하고 있었다.

언어학의 과학화와 관련하여 Chomsky가 크게 기여한 점은 구조주의 때 쓰였던 귀납적 연구법의 대안으로 가설형성법(abduction)을 제안했다는 점이다. 비록 이 연구법에 대한 그의 최초의 소개는 1980년에 발간된 「규칙과 표현체(Rules and Representations)」에서였지만, 그는 언어연구를 시작할 때부터 이것을 주된 연구법으로 사용했다는 것은 의심할 여지가 없다. 이것은 원래 미국의 실증주의 철학자 겸 논리학자인 C. Peirce가 창안해 낸 논증법이었는데, 이것은 최소한의 가설이나 실험적 자료를 가지고서 최대한의 가설이나 이론을 도출하는 것이 최선의 과학적 방법이라는 그의 생각과 일치하는 것이었다. 다시 말할 것 같으면 이 방법은 과학적 탐구에서는 으레 연구자의 연역력이 그의 귀납력을 이끌어가고 있어야 한다는 그의 이성주의적 과학관을 가장 잘 반영하고 있는 것이었다.

그런데 사실은 Peirce가 이번에 한 일은 Aristotle이 일찍이 3단 논법의 한 특수형태로 인정했던 것을 귀납법과 연역법에 이은 제3의 주요 논증법으로 격상시킨 것이었다. 그는 진리임이 확실한 대명제와 진리일 개연성이 높은 소명제로부터 기껏 해봤자 개연성 밖에 담보할 수 없는 결론을 얻는 절차를 가설형성법이라 일컬었다. Peirce의 생각으로는 그런데 바로 이 추리법이야말로 과학적 가설을 세우는 데 가장 편리하게 쓰일 수 있는 것일 뿐만 아니라 가장 높은 수준의 창의력과 설명력을 가지고 있는 것이었다. 간단히 말해서 그가 보기에는 우리가 찾고자 하는 최고의 과학적 연구법은 이 추리법대로 하는 연구법이었다.

예컨대 이 추리법에 따르자면 1) D가 수집된 자료일 경우, 2) 진리임이 분명한 H라는 가설로 그것을 설명할 수 있으나, 3) 다른 어떤 가설로도 H만큼 그것을 설명할 수 없다면 4) H는 아마도 진리일 것이라는 결론을 내리게 된다. 물론 이렇게 되면 이 가설은 더 이상 가설이라 불리지 않고서 하나의 이론으로 불리게 되면서, 연구자는 그가 연구하는 대상이나 현상을 한 층 더 잘 설명할 수 있게 된다. 그가 보기에는 지금까지의 과학적 업적은 대개가 과학자들이 이런 논증법을 사용해서 나온 결과이었다. 이런 의미에서 볼 때 과학적 탐구절차를 이끌어가는 힘은 과학자의 연역력이지 그의 귀납력은 아니었다. (Mautner, 2002, p.1)

Chomsky는 특히 이와 관련하여 여러 가지 가능한 가설 중 최선의 것을 가려내는 데는 연구자의 「직감」이 결정적 역할을 하게 된다는 점을 강조하였다. 이것은 곧 과학자의 창조력은 바로 그의 직감에서 나온다는 말이나 같은 말인데, 이런 견해는 이성주의적 지식관의 백미나 다름이 없다. 어린이들의 머리 안에는 보편문법적 지식이 내재되어 있다는 사고방식도 물론 그의 특이한 반경험주의적 언어관을 그대로 드러낸 것이다. 이런 극단적인 이성주의자가 일종의 수정된 연역법이라 할 수 있는 가설형성법을 최선의 과학적 연구법으로 내세우게 된 것은 너무나 당연한 일이었는지도 모른다.

그는 그런데 아쉽게도 이 문제에 있어서도 그 특유의 일방성과 우월성을 그대로 드러냈다. 한 마디로 말해서 Peirce 자신도 말년에는 이 추리법의 한계성을 인정하게 되는데도 불구하고 그는 그 동안 단 한 번도 그런 문제점을 지적하고 나선 적이 없다. 그러니까 그는 나쁘게 말해서 간접적인 약간의 증거를 가지고서 정확한 가설을 세울 수 있는 연구자의 직감의 힘이야말로 과거에 있었거나 미래에 있게 될 모든 과학적 발견의 원천력이라고 믿는 것인데, 현재로서 이런 식의 믿음은 가지고 있는 과학자나 과학 철학자는 그다지 많지가 않다. 예컨대 Peirce 자신도 나중에 가서는 이 추리법은 결국에 엄격한 논리성 대신에 일종의 개연성을 기준으로 한 논증법에 불과하기 때문에, 완전하게 형식주의적인 「확인이론」을 내세우는 사람의 입장에서 볼 것 같으면 최선의 추리법이 될 수 없음이 분명하다고 말했었다. 그러나 Chomsky는 시종일관 이 추리법의 장점, 즉 전통적인 귀납법과 연역법으로는 쉽게 발견이 되지 않은 진리들이 이것에 의해서는 발견될 수 있다는 점만을 강조했다. (Blackburn, 2008, p.82)

또한 궁극적으로는 그가 자기가 내세우는 과학적 방법이 앞으로 언어 연구를 해 나가는 데 최선의 것인지에 대해서 입장을 밝힐 만도 한데 그렇지도 못하다. 그에게 이 단계에 와서 이런 요구를 하게 되는 것은 최근에 이르러 이제부터의 언어학은 이른바 생물언어학이어야 한다고 선언하고 나섰기 때문이다. 이렇게 언어학의 위상을 일종의 학제적인 것으로 격상시킨 이상, 그가 마땅히 제일 먼저 할 일은 왜 이런 언어학에서도 종전의 가설형성법이 최선의 과학적 방법으로 쓰여야 하느냐에 대해서 설명을 하는 것인데 그는 그렇게 하지 않았다. 우선은 따라서 그는 그답게 과학적인 연구방법에 대한 논의는 한 번이면 된다고 생각하고 있다고 판단할 수밖에 없다.

그러나 누구나 그가 2005년에 발표한 「언어구도에 있어서의 세 가지 요소(Three Factors in Language Design)」라는 논문에서 어떤 것들을 세 가지 요소로 내세우고 있는가를 살펴보게 되면 과연 그의 판단이 옳은 것인지에 대해서 의심을 갖게 마련이다. 그는 여기에서 유전적 자질과 경험, 언어 기능에 특별히 제한되어 있지 않은 원리 등을 그 세 가지로 들고서, 그 중 세 번째 요소는 다시 자료 분석에 관한 것과 기본 구조와 발달적 제약에 관한 것으로 나누어진다고 주장하였다. 그런데 연구방법에 관한 한 이들 세 가지 중 특별히 문제가 될 수 있는 것이 두 번째와 세 번째인 것이다. 예컨대 두 번째 요소인 경험이란 바로 어린이들이 결과적으로 어떻게 서로 다른 언어들을 배우게 되는가를 설명하는 데 쓰이는 요소이기에, 이것의 역할을 논하는 데 있어서는 으레 자료수집과 자료 분석과 같은 경험주의적인 절차의 기능의 중요성이 강조될 수밖에 없다. 또한 세 번째 요소인 자료처리와 발달적 제약에 관한 원리의 역할을 논하는 데 있어서도 자료 수집과 자료 분석과 같은 경험주의적인 연구절차의 중요성이 강조될 수밖에 없다. 그런데 그는 이런 사실에 대해서는 아예 입을 다물고 있다. (p.6)

2.3 보편성의 추구

돌이켜 볼 것 같으면 전통문법의 기본적 틀을 만들어냈던 희랍시대 때는 아닐지 모르지만 그것을 모형으로서 라틴어문법의 체계를 완성시켰던 로마시대 때부터 언어연구자들은 자기네들의 과제는 언어의 개별성보다는 그것의 보편성을 추구하는 것이라고 생각해 왔다. 간단히 말해서 적어도 중세시대 때에는 문법학자들은 라틴어문법을 일종의 보편문법으로 받아들이는 것을 당연지사로 여겼었는데, 이런 사실을 단적으로 증거 하는 예가 바로 13세기에 파리에서 활동한 양태 문법 이론가들의 문법관이었다. 이들은 모국어인 프랑스어보다는 오히려 라틴어를 분석의 주된 대상어로 삼았는데, 그 이유는 그들이 보기에는 언어적 보편성을 가장 잘 드러내고 있는 언어는 라틴어이기 때문이었다.

물론 엄밀히 따지자면 그들의 의도가 일종의 보편문법이론을 만들려고 했다는 것은 Erfurt가 자기의 문법을 「사변적 문법」으로 명명했다는 사실로써 익히 알 수가 있다. 그는 일찍이 Aristotle이 그랬듯이 문법학이란 어휘나 문법적 구조와 사고와 현실 간의 대응 관계를 밝히는 것이라고 생각했다. 그는 언어적 양태에는 크게 이 세상의 사물에 관한 것 (존재의 양태)과, 마음 안의 개념에 관한 것(이해의 양태), 어휘가 나타내는 의미에 관한 것(의미화의 양태) 등의 세 가지가 있다고 생각했는데, 따지고 보자면 이런 언어관이나 문법관이야말로 언어를 인간 특유의 보편적 기구로 보려던 Aristotle의 그것을 그대로 답습한 것에 지나지 않는다.

사변적 문법에서는 이상과 같은 세 가지의 언어의 양태를 나타내는 것이 문법인 이상 문법이론은 마땅히 어휘론에 관한 것보다 통사론에 관한 것이 더 큰 비중을 차지해야 한다고 보았는데, 이것에서의 통사론적인 발상법도 근본적으로는 Aristotle의 것에 기저하고 있었다. 예컨대 이들은 Aristotle의 주장을 그대로 받아들여서 하나의 문장은 주어와 술어로 구성되어 있다고 보았다. 더 나아가서 이들은 라틴어의 「SVO」와 같은 어순은 「자연스런 어순」인데 반하여 전도된 어순은 「인위적인 어순」으로 보기까지 했다.

그렇다고 해서 이 문법을 고전적 라틴어 문법의 복사품으로 볼 수는 없는데, 그 이유는 이것에서는 조화(Congruitas)와 지배(Regimen)를 두 가지의 기본적인 통사적 원리로 보는 새로운 통사이론이 내세워졌기 때문이다. 우선 조화의 원리란 문장 내의 어휘들이 각각의 통사적 기능에 맞게 어형적 형태를 갖추고 있으면서 그 문장이 하나의 통합된 이해 가능한 의미를 나타내고 있어야 된다는 것이고, 그 다음으로 지배의 원리란 크게 문장은 자동사 구문과 타동사 구문으로 나누어지는데, 그 중 두 번째 구문을 만들기 위해서는 하나의 동사는 반드시 필요한 어휘, 즉 목적어를 거느리고 있어야 한다는 것이었다. 그러니까 「Socrates accusat.」라는 문장은 주어와 동사가 일치한다는 의미에서는 하나의 조화적 문장이지만, 타동사인 「accusat」 뒤에 목적어가 없다는 의미에서는 지배의 원리에 위배되는 문장이었다. (Amsler, 2006, p.220)

문제는 이 문법이론을 과연 하나의 언어이론으로 볼 수 있느냐 하는 것인데, 우선 Amsler같은 사람은 이 점에 대해서 다분히 긍정적인 입장을 보이고 있다. 예컨대 그는 한편으로는 「이 이론은 어형적 분석만을 주로 했던 Priscian의 문법을 초월하여 기술적 해부와 언어이론을 위한 대 언어를 새롭게 만들어냈다.」고 극찬하는 반면에, 다른 한편으로는 「이 이론에서는 이것의 비평론자가 그렇듯이 문장의 의미나 그것의 담론적 문맥을 완성시키는 데는 으레 사용자의 이해력에 의존하게 된다고 보았다.」고 비판하였다. 그러니까 결국은 자세히 들여다보면 불완전한 면이 없는 것은 아니지만 큰 틀로 보아서는 이것을 최초의 언어이론으로 볼 수도 있다는 것이 그의 견해인 것이다. (Ibid, p.221)

그러나 Bursill-Hall같은 사람은 이 점에 있어서 다분히 부정적인 입장을 보이고 있다. 예컨대 그는 이 이론의 실패의 요인으로 첫 번째로 이 이론에서는 음운체계에 대한 논의가 배제되어있다는 사실과, 두 번째로 라틴어가 보편문법의 모형이 될 수 없음에도 불구하고 그렇게 하려고 했다는 사실, 세 번째로 Priscian의 문법체계를 개선시키려고 노력했지만 그것의 비체계성을 완전히 극복하지는 못했다는 사실, 네 번째로 기술방법과 정의 등에 있어서 준엄성과 일관성이 유지되지 못했다는 사실 등을 들었다. 그는 결국에 그의 평가를 「양태적 문법이론가들은 자기네 이론은 하나의 응집력이 있는 언어이론이라고 믿었다. 그것은 완전한 언어이론을 만들려는 서구에서의 최초의 시도였다. 비록 그들의 문법이론의 기저가 된 사변적 문법이 그 이름 덕분에 하나의 언어이론의 역할을 했지만, 그것은 하나의 언어이론은 아니었다.」라는 말로써 마무리하고 있다. (Bursill-Hall, 1994. p.2233)

언어연구의 역사상 최초로 그것의 기본 과제는 결국에 인간의 언어의 보편성을 밝혀내는 것이라고 정식으로 선언하고 나선 사람은 바로 Saussure였다. 그는 다시 말해서 언어학자가 궁극적으로 내세우려는 언어이론은 인간의 언어의 보편적인 특성에 대한 서술이어야 한다고 생각했던 것인데, 이런 발상법이 많은 언어에 대한 비교 내지는 유형적 연구를 통해서 얻어진 것이 아니라 프랑스어와 같은 단 하나의 언어에 대한 연구에 의해서 얻어졌다는 점이 제일 큰 특징이다. 그러니까 이런 발상법은 그의 통찰력이나 직관에서 나온 것이나 다름이 없었는데, 따지고 보자면 바로 이 점부터가 중세나 그 이전에 문법학자들이 라틴어문법을 보편문법으로 생각했던 것과 크게 차이가 나는 점이다. 또한 사실은 그도 처음에는 하나의 역사언어학자였다는 사실이 그 자신에게 있어서도 이런 발상법의 전환은 일종의 코페르니쿠스적인 것이었다는 것을 익히 말해주고 있다.

그가 이렇게 보편성 추구의 과학적인 언어연구관을 내세울 수 있었던 것은 그에게는 과학이 무엇인가에 대한 지식과 언어가 어떤 것인가에 대한 지식이 있었기 때문이었다. 놀랍게도 그는 우선 과학이란 일반성이나 설명력이 상대적으로 큰 원리나 이론을 찾아내는 작업이기에 궁극적으로는 개념적 추상화와 지식적 체계화의 작업이라는 것을 잘 알고 있었다. 그는 이런 원리나 이론은 마땅히 보편성이 있는 것이어야 한다고 생각했다. 그 다음으로 그는 과학이란 결국에 자율적이고 독립적인 조직이나 체계를 가지고 있는 연구대상에만 적용될 수 있는 작업이라는 것을 익히 알고 있었다. 세 번째로 그는 과학은 으레 객관적이고 귀납적인 연구방법에 의해서 이루어지는 작업이라는 것을 잘 알고 있었다. 틀림없이 그의 이런 과학에 관한 지식은 물리학이나 화학, 생물학과는 같은 자여과학의 발달이 그에게 가져다 준 귀한 선물이었다.

이 보다 더욱 놀라운 일은 물론 그가 언어도 이런 과학적 탐구의 어엿한 대상이 될 수 있다고 본 점이었다. 자연적인 대상이나 현상이 아닌 인간적인 현상도 과학적인 연구방법에 의해서 연구될 수 있다고 그가 판단할 수 있었던 것은 그에게는 다른 사람에게는 없었던 언어의 실체에 대한 예리한 통찰력이 있었기 때문이었다. 이 문제와 관련하여 꼭 짚고 넘어가야 할 사실은 그는 역사상 최초로 언어학에 일종의 순수학문의 위상을 부여한 사람이라는 점이다. 희랍이나 로마시대 때의 문법학은 문법교육이라는 실용적 목적에 초점을 맞춘 상태에서 발달되었었고, 특히 양태적 문법이론이 문법학의 대세를 잡았던 중세 때는 성서의 정확한 해석과 같은 신학적 목적을 달성하는 것을 문법 연구의 목적에 포함시키기도 했다. 그러나 그의 언어관이나 언어연구관에는 이런 실용적 목적은 전혀 들어있지도 않았다. 그는 역사상 최초로 언어학은 하나의 순수과학이어야 된다고 내세운 사람이었다.

간단히 말해서 그는 자기의 이런 언어에 대한 지식을 구성주의라는 하나의 대 이론으로 집약시켰다. 그리고서 그는 이런 이론 하에서 언어를 과학적 탐구의 대상으로 만들기 위해서는 통시적 연구를 공시적 연구와 구별해야 한다는 것과 언어의 기본 형태는 음운적인 것이라는 것, 「랑그」와 「빠롤」 중 「랑그」가 연구의 대상이 된다는 것, 언어연구의 대상은 형식이지 실질이 아니라는 것, 언어적 요소 간의 관계에는 통합적인 것과 계열적인 것의 두 가지가 있다는 것 등과 같은 원리들이 지켜져야 된다고 주장했다.

1) 음소

따지고 보자면 그의 구성주의라는 대 이론과 그 밖의 여러 원리들 자체가 그의 언어이론이 보편성 추구의 이론이었다는 것을 실증하고 있는 것이다. 그러나 그가 제안한 구체적인 기술기법을 살펴보게 되면 이런 점이 더욱 분명해지는데, 이것의 첫 번째 예로 들 수가 있는 것이 「음소(phoneme)」라는 추상적 개념을 언어구조의 기본단위로 설정했다는 사실이다. 기록에 따르자면 이 술어를 처음으로 만들어 낸 사람은 Dufriche-Desgenettes였는데, 이것이 현대언어학을 선두에서 이끌어가는 향도적인 술어가 되게 한 것은 Saussure였다. 한 마디로 말해서 그의 공로로 인하여 현대 언어학은 음소연구의 학문이 되었다.

그가 실제로 이것에 대한 정확한 정의를 내린 적은 없지만, 이것은 낱말의 의미를 바꾸게 하는 최소의 소리이기에 마땅히 이것이 언어기술의 기본단위가 되어야한다는 점은 분명히 밝혔었다. 두 말할 필요도 없이 이런 식으로 음소를 정의하고 보면 언어학에서 연구하는 음소론은 음성의 과학적 연구를 목적으로 하는 음성학과는 전혀 별개의 학문이라는 사실이 확실해진다. 우선 이렇게 해서의 음소라는 새로운 기술 단위의 등장은 곧이어 Trubetzkoy와 Hjelmslev, Jakobson, Martinet, Bloomfield 등에 의한 「음운학(phonology)」의 발달의 시발점이 되었다. 더 나아가서는 이것은 어형소(morphome)나 통사소(tagmeme), 운율소(toneme)와 같은 언어기술의 새로운 기본단위의 모형이 되기도 했다.

그가 설정한 음소라는 개념이 현대언어학의 발달에 있어서 중심적인 역할을 담당하게 되었다는 것은 프라그 학파의 수장이었던 Trubetzkoy의 연구업적이 역역히 드러내주었다. 그는 간단히 말해서 음운학을 현대언어학의 주된 연구 분야로 만든 장본인이었는데, 이 면에 있어서 그가 기여한 바는 크게 두 가지였다. 첫 번째로 그는 Saussure의 발상법을 그대로 이어받아서 음운조직의 기본 단위인 음소는 일종의 추상적인 개념으로서, 「big」와 「pig」에서의 /b/와 /p/처럼 어휘적 의미를 다르게 하는 대조적 기능을 수정하게 된다는 식으로 그것에 대한 정의를 다시 내림과 동시에 그것을 연구하는 방법을 다양한 사례를 통해서 제시하였다. 그는 그러니까 일단 구체적인 작업을 통해서 음소가 인간 언어의 보편적인 요소라는 사실을 증명했던 것이다.

두 번째로 그는 무려 200여 개의 음운조직을 비교적으로 분석한 결과를 근거로 해서 하나의 종합적인 분류체계를 만들어냈을 뿐만 아니라, 그들 간에는 적지 않은 관련성이나 공통성이 있음을 발견하게 되었다. 특히 그가 주목하게 된 것은 여러 언어에서 쓰이는 공통적 내지는 보편적 음소들은 보편적 자질이라는 더 작은 단위로 분해 될 수 있다는 사실이었다. 이런 연구결과를 바탕으로 해서 그는 인공언어의 음운조직을 창출하는 일도 익히 가능하다고 보았다. 이 두 번째 공로의 중요성은 그 후 Jakobson이 그의 발상법을 발전시켜서 변별적 자질 이론을 내세우게 되었다는 사실에 의해서 익히 확인 될 수가 있다.

Jakobson의 변별적 자질이론은 음소를 변별적 자질이라는 몇 개의 구성 요소로 보는 이론이니까, 음운학이나 음소론의 모습을 그 전의 것과 전혀 다르게 바꾸는 혁신적인 이론이었다. 그런데 이 이론의 핵심적 사상은 바로 변별적 자질은 보편적인 것이라는 생각이었다. 그러니까 이로써 언어학자들은 인간언어의 보편성 추구라는 옛날부터의 궁극적인 작업을 다시 시작될 수 있게 된 것이다. 흥미롭게도 그의 보편적 자질이론은 일종의 보편적 언어 습득이론으로부터 출발했다. 1941(1968)년에 발표한 「어린이 말과 실어증, 보편적 운율자질(Kindersprache, Aphasie und Allgemeine Lautgesetze)」이라는 논문에서 그는 어린이들의 말소리를 배워가는 절차는 아래와 같은 하나의 보편적 순서를 따르게 되어있다고 주장했다. 두 말할 필요도 없이 이런 주장은 그 당시에만 해도 학습이론에 밀려서 큰 빛을 받지 못하던 내재이론을 직접적으로 뒷받침하는 것이기에 많은 사람들의 관심을 끌게 되었다.

제1단계	제2단계	제3단계
/p/와 /a/의 구분 →	/p/와 /m/의 구분 →	/p/와 /t/의 구분 →
제4단계	제5단계	제6단계
/a/와 /i/의 구분 →	/i/와 /u/의 구분 →	/t/와 /k/의 구분

그러나 그의 보편적 자질이론의 실체가 드러나게 된 것은 1952년에 Fant 및 Halle와 함께 쓴 「언어 분석 서설. 변별적 자질과 상관관계(Preliminaries to Speech Analysis. The Distinctive features and Their Correlates)」에서였는데, 그는 여기에서 모두 12개의 변별적 자질로써 이 세상에 있는 모든 언어의 음운조직이 기술될 수 있다고 주장했다. 다시 말해서 그는 여기에서 예컨대 유성 대 무성 식으로 모두 12개의 자질들의 대립관계를 밝히는 것이 곧 한 언어의 음운조직을 분석하는 것이라고 주장했다. 그의 이런 음운이론이 언어학계에 대단히 큰 영향을 주게 되었다는 것을 단적으로 드러내주는 사실은 바로 1968년에 Chomsky가 Halle와 함께 「영어의 음운형태(The Sound Pattern of English)」라는 기념비적인 책을 쓰게 되었다는 사실이다. 이로써 Chomsky도 그의 보편적 자질이론을 맞는 이론으로 인정한 것인데, 그가 근본적으로 철두철미한 내재주의자라는 사실을 감안하자면 이것은 너무나 당연한 결과였는지도 모른다.

2) 계열적 및 통합적 관계

그의 언어이론이 보편성 추구의 이론이었다는 것을 실증하고 있는 두 번째 사실은 언어적 요소 간의 형식적 관계에는 크게 계열적인 것과 통합적인 것의 두 가지가 있다고 본 점이다. 그는 이런 견해로써 우선 언어는 하나의 형식적 구조체라는 그의 기본적인 언어관을 보다 구체적으로 설명 할 수가 있었고, 그 다음으로는 과학적이고 형식 중심의 언어분석이나 기술의 방법을 제시할 수 있게 되었다는 의미에서, 이것은 음소라는 개념의 설정과 함께 그의 언어이론의 핵심을 이루고 있는 것이라고 볼 수가 있다. 특히 음소라는 개념은 다른 사람이 이미 창안해 놓은 것을 원용한 것인데 반하여, 언어의 구조성에 관한 이 개념은 그의 완전한 창조품이었다. 그리고 무엇보다도 중요한 사실은 이 개념은 예컨대 음운구조나 어휘구조를 분석하는 데만 쓰일 수 있는 것이 아니라 통사구조나 의미구조를 분석하는 데도 쓰일 수 있다는 점이다. 그러니까 그가 창안한 이 기술방법은 이론상으로는 어느 수준이나 어느 차원의 언어연구에서나 적용될 수가 있고, 실제적으로는 그의 언어이론에서는 다루고 있지 않은 통사론에서나 의미론 등의 분야에서도 쓰일 수 있는 일종의 보편적 언어기술기법인 것이다. 물론 이것은 어떤 종류의 언어를 기술하는 경우에도 똑같이 쓰일 수 있다는 의미에서도 보편적인 언어기술기법일 수가 있다.

언어적 구조체 중 가장 일반적인 것으로 받아들여지고 있는 것이 바로 단어와 문장이기에, 이들 두 구조체에 있어서 연합적 관계와 통합적 관계가 어떻게 드러나 있는가를 살펴보는 것이 아마도 이들 두 관계의 기능적 대립성이나 분담성을 쉽게 파악할 수 있는 최선의 방법이 될 것이다. 우선 연합적 관계(paradigmatic relation)란 Saussure 자신은 연상관계라고 부르기도 했던 것으로서, 한 구조체를 놓고 보았을 때 두 개나 그 이상의 요소들이 서로 배타적 내지는 선택적 관계에 있는 경우를 가리키는 말이다. 그러니까 그가 말하는 연합이나 연상은 전통문법에서의 「어형변화형」이라는 개념과는 아무 관련이 없는 술어인 것이다.

예컨대 영어의 「top」이라는 단어의 경우, 어두의 /t/ 소리를 다른 소리로 대치하게 되면 「cop」, 「fop」, 「hop」, 「lop」, 「mop」, 「pop」, 「sop」 등의 어휘가 생겨나게 되는데, 이런 현상을 놓고서 우리는 첫 번째로는 여기에서는 /t/소리와 /k/, f/, /h/, /l/, /m/, /p/, /s/ 등은 서로 계열적 관계에 있다고 말할 수가 있고, 두 번째로는 「top」라는 단어는 나머지 단어들과 서로 연합적 관계에 있다고 말할 수가 있다. 그리고 영어의 「receive」는 첫음절인 {ri}를 바꾸어 친 「conceive」와 「deceive」, 「perceive」와 연합적인 관계에 있다고 볼 수가 있고, 또한 두 번째 음절인 {si:v}를 바꾸어 친 「reply」와 「report」, 「return」, 「revive」 등과 연합적인 관계에 있다고 볼 수가 있다.

이런 여러 요소 간의 선택적 관계는 문장을 구조적 단위로 보았을 때도 마찬가지로 관찰될 수 있다. 예컨대 「He has a top.」과 같은 문장의 경우, 우선 주어인 「he」를 「she」와 「John」, 「Mary」, 「Father」 등으로 대치할 수가 있으므로 이들 문장들은 서로 연합적인 관계에 있다고 볼 수가 있고, 그 다음으로 동사인 「has」를 「buys」와 「sells」, 「gives」, 「takes」 등으로 대치할 수가 있으므로 이들 문장들은 서로 계열적인 관계에 있다고 볼 수 있으며, 마지막으로 목적어인 「top」을 「book」와 「pencil」, 「desk」, 「flower」 등으로 대치할 수가 있으므로 이들 문장들은 서로 연합적인 관계에 있다고 볼 수가 있다. (田中, 1988. p.460)

그 다음으로 통합적 관계(syntagmatic relation)란 간단히 말해서 그가 계열적 관계와 대립적인 성격을 띠고 있는 것으로 본 것으로서, 한 구조체 내에서 두 개나 그 이상 요소들이 상호의존적으로 결합되는 경우를 이르는 말이다. 그러니까 그 동안까지의 문법학이나 통사론은 결국은 문장 내에서의 어휘들의 통합적 관계를 밝히는 학문이었던 셈인데, 이런 사실 하나만으로써 실제에 있어서는 이것이 계열적 관계보다 훨씬 더 중요한 기능을 수행하고 있다는 것을 익히 알 수가 있다. 쉽게 말하자면 모든 언어적 구조체는 바로 이 원리에 의해서 만들어져 있는 것이다. 그러나 안타깝게도 그가 제안한 현대언어학에서는 거의 모든 언어학자들이 음운 조직 내에서의 연합적 관계를 구명하는 일에만 매달렸었다.

그러나 음운조직의 구조성도 사실은 여러 음소 간의 연합적 관계가 아니라 통합적 관계를 밝힘으로써 보다 확실하게 설명될 수가 있다. 예컨대 영어의 「kind」라는 단어는 /k/와 /ai/, /n/, /d/ 등의 네 가지 음소가 선형적으로 연결되어서 만들어진 것인데, 이때에 이들 네 음소들은 서로 간에 하나의 통합관계를 이루고 있다고 말할 수가 있다. 아마도 한 언어의 음운 조직의 구조성을 밝히기 위해서는 여러 음소 간의 계열적인 관계를 연구하는 일보다 그들 간의 통합적인 관계를 연구하는 일에 더 많은 노력을 기울여야 할 것이다.

그러나 이 관계의 기능이나 역할의 진짜 중요성이 드러나게 되어있는 분야는 역시 어형론과 통사론이다. 한 마디로 말해서 어형적 규칙과 통사적 규칙들은 모두가 어형소나 어휘 간의 통합적 관계를 규정해 놓은 것들이다. 우리 인간의 언어에 창조성이라는 특징이 있는 것은 우리에게 여러 요소들을 통합적으로 결합시키는 능력이 있기 때문인 것이다. 예컨대 「unkind」라는 단어는 「접두사+어간」이라는 통합적 규칙에 의해서 만들어진 것이고, 「kindness」는 「어간+접미사」라는 통합적 규칙에 의해서 만들어진 것이며, 「unkindness」는 두 가지 규칙을 하나로 합친 것, 즉 「접두사+어간+접미사」와 같은 통합적 규칙에 의해서 만들어진 것이고, 「kindest」는 「어간+굴절접미사」라는 통합적 규칙에 의해서 만들어진 것이다.

물론 구나 문장이 만들어지는 규칙들은 이상과 같은 어형적 규칙보다 몇 배 다양하고 복잡한데, 이들도 결국에는 두 개나 그 이상의 어휘들 간의 통합적 관계를 규정한 것들이다. 예컨대 「a kind man」이라는 명사구는 「관사+형용사+명사」라는 통합적 규칙에 의해서 만들어진 것이고, 또한 「He is kind.」라는 문장은 「주어+동사+보어」라는 통합적 규칙에 의해서 만들어진 것이다. 아마도 여러 언어들의 통합적 관계성을 비교적으로 연구해 보면 거기에는 보편성과 개별성이 같이 있음이 곧 드러나게 될 것이다. 이런 의미에서도 언어적 구조에 있어서의 통합적 관계에 대한 연구는 아주 의미 있고 방대한 과제일 것임이 분명하다. (Ibid. p.663)

3) 보편문법

언어이론은 궁극적으로 언어의 보편적인 특성에 관한 이론이라는 것을 처음부터 특별히 강조하고 나선 사람은 바로 Chomsky이다. 그의 언어 연구의 역사는 간단히 말해서 보편문법의 실체를 찾아내는 역사나 다름이 없었던 것인데, 이런 사실은 그의 문법이론은 그 동안에 생성주의이론이라고나 보편문법이론이라고 불렸다는 사실로써 익히 알 수가 있다. Saussure는 일종의 간접적인 방법, 즉 일반언어학이라는 이름을 내세워서 언어연구의 목적은 결국에 언어의 보편성을 밝혀내는 것이라는 점을 분명히 했는데 반하여, 그는 일종의 직접적인 방법, 즉 언어연구의 목적은 보편문법의 실체를 찾아내는 것이라고 선언함으로써 그 점을 분명히 한 것이다.

그의 문법이론이 그의 구상을 구체적으로 실현한 모양의 것으로 발전하게 된 것이 바로 1981년에 나온 「지배와 결속에 대한 강의(Lectures on Goverment and Binding)」에서 드러난 원리와 매개 변항의 이론이나 보편문법의 이론이었기에, 그가 생각하는 보편문법이라는 것이 어떤 것인가를 알아보기 위해서는 이 책의 내용을 일단 자세히 살펴보면 된다. 그러나 그의 문법이나 언어에 대한 기본적인 발상법이나 개념들은 그의 표준이론의 원전이라고 할 수 있는 「통사이론의 양상」에서 다 토의되고 있다.

물론 이것에는 언어의 보편성에 관한 것도 포함되어 있다.

우선 특기할만한 사실은 이 책에서는 「보편문법(Universal grammar: UG)」라는 술어는 아직 쓰이지 않고서 그 대신에 「언어적 보편소(Linguistic Universals)」라는 술어가 쓰였다는 점이다. 예컨대 이 책의 제 1부의 제5장 에서는 「형식적 및 실질적 보편소」라는 제목 밑에서 「설명적 적절성을 목적으로 하는 언어구조이론은 언어적 보편소에 대한 설명을 포함하고 있으며, 이것에서는 이런 보편소에 대한 암묵적 지식이 어린이에게 있다는 점을 밝히게 된다.」와 같은 말을 하였다. 그러니까 그는 아직까지는 보편문 법이라는 술어는 쓰지 않으면서도 이런 것이 어린이에게 있다는 것을 전제 하는 것이 바로 자기의 언어이론이나 언어습득이론의 핵심사상이라는 것 만은 이미 이 때 분명히 한 것이다. (Chomsky, 1965. p.27)

언어의 보편성과 과년하여 그가 여기에서 새롭게 제안한 발상법은 언 어적 보편소는 크게 실질적인 것과 형식적인 것의 두 가지로 나누어질 수 있는데, 이들 중 더 본질적인 것은 형식적인 것이라는 것이었다. 특히 그는 여기에서 지금까지의 언어적 보편소에 관한 연구는 거의 다가 실질 적인 보편소에 관한 것인데다가, 원래가 이런 것만으로는 언어의 보편성 에 대한 설명을 제대로 할 수가 없게 되어있기 때문에 이제부터라도 언어 연구는 마땅히 형식적 보편소를 찾아내는 일에 매달려야 한다고 주장하 였다. 물론 여기에서 이런 주장을 그가 할 수 있었던 것은 그에게는 그가 시작한 생성문법에 대한 연구야말로 바로 언어연구의 역사상 최초의 이 런 보편소에 대한 연구라는 자신감이 있었기 때문이었다. 예컨대 그는 이 장의 마무리를 「생성문법에 의해서 충족되어야 할 추상적 조건들을 연구하는 일은 아주 최근에야 시작되었다. 그들은 문법의 모든 면에 대한 연구를 위한 극도로 풍부하고 다양한 가능성을 제공하는 듯하다.」와 같은 말로써 하고 있다. (Ibid. p.30)

그런데 사실은 여기에서의 그의 이런 소신은 단순히 추상적인 언어기술의 원리에 관한 것이 아니라 구체적인 보편문법의 실체에 관한 것이었다. 그러니까 그는 보편문법이라는 술어만 아직 쓰지 않았지 그것이 결국에는 실질적 보편소에 관한 것이 아니라 형식적 보편소에 관한 것일 것이라는 것은 이때 이미 알고 있었던 것이다. 예컨대 그는 언어적 보편소에 대한 이론은 통사 조직이나 의미 조직, 음운 조직, 상호관련적 조직 등에 관한 것으로 나누어질 수가 있어서, 음운적 보편소에는 15개나 20개가 있다고 보는 Jakobson의 변별적 자질이론은 하나의 대표적인 음운조직에 관한 실질적 보편소 이론이고, 전통적 보편문법은 명사나 동사 등의 일반적인 통사적 범주를 설정해서 여러 언어에 공통되는 심층적 통사 구조를 제시하려고 했다는 의미에서 하나의 대표적인 통사조직에 관한 실질적 보편소 이론으로 볼 수가 있다고 주장했다. 또한 그는 아직까지는 의미조직에 관한 그런 이론은 나온 것이 없다고 보고서, 자기 나름의 추론으로서 그것은 아마도 「특수한 대상인 감정, 행위 등을 가리키는 사람이나 어휘적 항목을 지정해주는 술어에 관한 이론」일 것이라고 주장하기도 했다. (Ibid. p.28)

그러나 그가 보기에는 언어에는 분명히 보다 더 추상적인 종류의 보편소들, 즉 형식적 보편소들이 있게 마련이어서 보편문법의 실체는 오직 그들을 통해서만 드러나게 되어 있었다. 그리고 무엇보다도 중요한 사실은 그 동안에 그가 제안한 생성문법에 관한 이론만으로도 그런 식의 보편문법 추구의 노력이 절대로 허구적인 것이 아니라는 사실을 알게 되었다는 사실이었다. 그가 보기에는 결국에 언어의 형식적 보편소란 추상적으로는 「자연언어들의 일반적 속성」이고 더 구체적으로는 그들이 가지고 있는 공통적인 제약들이었던 것이다.

그가 여기에서 이런 예로 내세우고 있는 것 중 첫 번째 것은 역시 그의 표준이론의 핵심이라 할 수 있는 변형부 중심의 문법모형이다. 이 모형에 따르자면 이것의 통사적 부분에는 변형부가 있어서 이 부는 의미해석을 전담하는 심층구조를 음성해석을 전담하는 표층구조로 바꾸게 하는 기능을 수행하게 되어 있었다. 그 중 두 번째는 이 모형에서의 음운적 부분의 작동절차에 관한 것으로서, 그것은 대략 일련의 규칙이나 하위 규칙들이 순환적이며 연계적으로 표층구조의 더 지배적 구성체에 적용되어가는 절차였다.

이상 같은 두 가지 예만으로도 「실질적 보편소는 언어를 기술하는 데 필요한 어휘에 관한 것인데 반하여 형식적 보편소는 문법에서 나타나는 규칙들의 성격과 그들이 상호 연결되는 방법에 관한 것이라」는 점을 익히 드러낼 수 있었음에도 불구하고, 그는 여기에서 세 번째 예로서 의미조직에 관한 것도 제시했다. 물론 그가 군이 이렇게 하는 것은 그의 언어적 보편성에 관한 이론이 언어의 세 가지 기본 조직에 동일하게 적용된다는 점을 분명히 하고 싶었기 때문일텐데, 여기에서 주목할 점은 문법조직이나 음운조직에 관한 것은 그가 이미 표준이론이라는 이름 아래 예시했던 것인데 반하여, 이 의미조직에 관한 것은 아직까지 그런 적이 한 번도 없는 일종의 가정적인 것이라는 사실이다. (Ibid. p.29)

그는 흥미롭게도 여기에서 의미조직에 있어서의 형식적 보편소는 개념적 제약이나 조건에 관한 것들이라는 견해를 내놓았다. 예컨대 그는 고유명사는 일정한 시공적 접근성의 조건에 맞는 대상을 가리키는 말이고, 색채어는 색의 스펙트럼을 연속적 분할체로 나눈다는 조건을 충족시키는 것들이며, 인공물에 대한 어휘들은 단순히 물리적 특성에 의한 것이 아니라 인간의 목적과 필요, 기능 등에 의해서 정의가 되어야 한다는 조건을 충족시키는 것들이라는 식으로 의미조직을 기술하게 되면 그것이 바로 형식적 보편소 중심의 기술이 된다고 보았다. 그는 이런 의미적 보편소의 역할에 대해서 「개념체계에 있어서의 이런 종류의 형식적 제약들은 일차적 언어자료가 부여된 다음에 있게 될 어린이나 언어학자의 기술문법의 선택을 엄격하게 제약하게 될 것이다.」라는 말도 하고 있다. (Ibid. p.30)

그의 꿈은 궁극적으로 보편문법의 실체를 찾아내는 것이라는 점을 밝힌 것은 1965년의 책에서였지만, 그것을 일단 실현시켰다고 자부하게 된 것은 1981년의 책에서였다. 그러니까 그는 자기 언어연구의 전성기라 할 수 있는 15년 간을 보편문법의 실체를 파악하는 데 바친 것이다. 이 책의 모두에서 그는 「우리는 성공적인 문법과 성공적인 이론들로부터 그들의 성공을 해명하게 되는 일반적인 특성들을 추출하는 일과, 여러 가지 방법으로 실현하게 되는 보편문법을 하나의 이런 추상적 특성들에 관한 이론으로 발전시키는 일에 관심을 가져야 한다.」와 같은 새로우면서도 자신만만한 언어연구관을 개진하고 있다. (Chomsky, 1981. p.2)

그가 15년 만에 보란 듯이 내놓은 보편문법의 모양은 더 이상 그것을 꿈꾸었던 때의 것은 아니었다. 한 마디로 말해서 우선 그의 문법모형 자체가 이때쯤에는 최초의 것과는 크게 달라졌기에, 가령 자기가 개발한 문법모형을 최선의 문법모형으로 간주하려는 그만의 특이한 보편문법관을 적용한다 해도 그것의 모양은 크게 달라질 수밖에 없는 터에, 그가 그것을 문법적 규칙의 집합체가 아니라 문법적 원리들의 집합체이어야 한다는 식으로 그것의 실체에 대한 기본적인 발상법을 바꾸기까지 했기에 이때 제시된 보편문법의 모양은 일종의 최초의 것이나 다름이 없었다. 그러니까 그가 여기에서 제시한 보편문법은 일련의 추상적 조건이나 제약들의 집합체였다고 볼 수가 있는데, 그게 그렇다는 것을 보다 확실하게 알기 위해서는 그가 이 책에서 제안한 의견들을 종합해 보면 된다.

이 책에서 그가 제안한 문법모형은 아래의 도표처럼 되어 있어서, 표준이론에서 그렇게 소중히 여기던 심층구조부와 변형규칙부가 없어졌다는 점이 제일 큰 특징이었다. 그는 이 점을 놓고서 「보편문법은 세 개의 기본적 부위로 이루어졌다고 가정할 수 있다.」고 주장했다. 그리고 그는 이런 모형을 가리켜 「핵심 문법(core grammar)」이라고 부름으로써 보편문법은 문법의 주변부에 관한 것이 아님을 분명히 했다. 특히 그는 여기에서 이 모형에서 쓰이는 문법적 규칙과 음성형식 규칙, 논리형식 규칙에는 「α이동」이라는 규칙 한 가지뿐임을 명시했다. 그러니까 우선 이런 규칙들의 집합체가 보편문법의 일부가 되는 셈이었다. (Ibid. p.17)

그런데 여기에서 그가 제안한 보편문법의 핵심부분은 바로 원리들의 한 집합체였다. 그가 제안한 원리의 하위체계는 한계이론과 지배이론, Θ이론, 결속이론, 격이론, 통제이론 등의 여섯 가지로 구성되어 있었는데, 통사부에서 기본적으로 적용되는 X'이론을 이것에 포함시키지 않았다는 것이 우선 눈에 띄는 점이다. 그러나 이 이론은 바로 D구조에서의 구구조의 적격성을 규제하는 원리여서 보편문법을 작동시키는 원리 중 가장 기본적인 것임이 분명하다. 이렇게 볼 것 같으면 그가 제안한 보편문법은 모두 일곱 가지의 하위원리로 이루어져 있는 셈이었다.

그런데 어떤 의미에서 보자면 그는 여기에서 이들 원리들에게 이론이라는 이름을 붙였다는 사실이 더 중요한지도 모른다. 물론 이들은 모두가 보편문법 이론의 하위이론들이다. 따라서 일단은 그가 여기에서는 이론이라는 술어를 광의적으로 쓰고 있다고 볼 수가 있다. 그런데 실제로 이들 이론의 내용을 살펴보게 되면 그는 여기에서 이것을 원리라는 말의 동의어로 쓰고 있음이 당장 드러난다. 다시 말해서 지배 이론의 기본이 되는 것은 「공범주의 원리」이고, 결속 이론이 기본이 되는 것은 「결속 원리」이듯이 여섯 이론 모두에는 그들에 대응하는 원리들이 있다. 결국 그는 여기에서 일단 가설의 수준을 넘어 선 것은 모두 이론이라고 부르고 있는 셈이다.

물론 여기에서 술어의 문제보다 더 중요한 것은 이들 여섯 가지 원리들을 언어의 통사적 현상을 기술하는 데 꼭 필요한 원리로 보았다는 사실이다. 이 책의 제목이 익히 말해주고 있듯이, 이들 여섯 가지 원리 중 가장 중핵적인 것으로 그가 간주하고 있는 것이 지배와 결속의 두 원리이기에, 이들의 내용이 어떤 것인가를 살펴보는 것으로서 장황한 설명을 대신하기로 하겠는데, 먼저 지배이론의 기저가 되고 있는 공범주의 원리란 간단히 말해서 흔적(trace: t)의 조건과 제약에 관한 원리이다. 예컨대 어떤 요소가 이동을 할 때는 원래의 위치에는 이동된 요소와 같은 지표를 갖는 공범주, 즉 하나의 흔적이 남겨져야 하는데, 이런 흔적은 으레 의미역 기준과 투사원리에 어긋나지 않는 경우에만 성립이 된다. (예: [S Johni seems[s ti to have hit the dog]]) (原口, 中村, 1992. p.726)

그 다음으로 결속이론의 기저가 되고 있는 결속원리란 쉽게 말해서 대용사와 대명사, 지시적 표현과 같은 의존적 요소들의 분배현상을 규제하는 원리이다. 결속원리는 다시 말해서 대용사는 그것의 지배범주의 내부에서 결속되어있어야 하는데 반하여, 대명사나 지시적 표현들은 자유로워야한다는 것으로서, 여기에서의 결속이란 X와 Y는 같은 지표를 가지고 있으면서 X가 Y를 성분지휘(C-command)하고 있는 경우를 가리키는 말이다. (예: [s Johni is believed [s ti to be intelligent]].) (Ibid, p.83)

그의 언어이론의 특징은 앞에서 이미 말이 나왔듯이 언어학의 역사상 최초로 언어이론과 언어습득이론을 같은 것으로 보려고 했다는 점이었는데, 그의 그런 꿈이 구체적으로 실현될 수 있게 된 것도 이때 와서의 일이었다. 이때에 완성된 보편문법이론의 또 하나의 이름이 바로 「원리와 매개변인이론(Theory of Principles and Parameters)」이라는 사실이 익히 말해주고 있듯이 그가 여기에서 매개변인이라는 개념을 도입했다는 사실은 규칙 대신에 원리라는 개념을 내세웠다는 사실에 버금가는 중요성을 지니고 있었다. 그 이유는 이 개념을 설정하기 전까진 어린이들의 몸 안에는 공통된 언어지식, 즉 보편문법이 들어있음에도 불구하고 그들이 배우는 언어들은 각양각색이라는 사실을 제대로 설명할 수 없기 때문이었다.

한 마디로 말해서 이 개념의 설정으로 일찍이 그가 꿈꾸었던 대로 그의 언어이론은 드디어 언어습득이론과 동일한 이론이 될 수가 있었던 것인데, 사실은 안타깝게도 이 책에서는 원리에 관한 설명만을 집중적으로 하고 있다. 그의 이런 편견은 「만약에 이들 매개변인들이 구조적으로 충분히 풍요로운 보편문법이론에 삽입이 된다면, 그들의 가치를 어느 쪽으로나 고정시킴으로써 나타나게 되는 언어들은 대단히 다양해 보일 것인데, 그 이유는 선택을 한 조의 결과는 다른 조의 결과와 크게 다를 수 있기 때문이다. 그렇지만 그와 동시에 보편문법의 매개변인을 고정시키기에 충분할 정도의 한정된 증거가 아주 정교하면서도 귀납적 기저라는 의미에서의 경험적 기반을 가지고 있지 않은 문법을 결정짓게 될 것이다.」와 같은 표현 안에 잘 드러나 있다. (Chomsky, 1981. p.4)

그의 이런 태도는 이른바 대명사 주어 생략언어(pro-drop language)와 대명사 주어 비생략언어 간의 차이를 매개변인의 현상으로 설명하는 자리에서 더욱 구체적으로 드러나 있다. 같은 유럽어 이면서도 스페인어와 이태리어는 영어와 프랑스어와 주어인 대명사가 문장에 반드시 나타나야 한다는 면에 있어서 대립관계에 있다. 그는 이런 차이는 대문자의 「PRO」와 구별이 되는 소문자의 「pro」를 하나의 대명사로 설정함으로써 설명이 될 수 있다고 보았다. 그런데 문제는 이렇게 되면 그가 내세운 공범주의 원리가 과연 하나의 보편적 원리로 작용할 수 있느냐였다. 이와 관련하여 일찍이 Kayne은 「that-흔적」과 장거리 이동에서 적용되는 공범주 원리는 대명사 주어 생략언어에서는 성립 될 수 없다고 주장했었고 그 후 Rizzi는 이런 특징들이 프랑스어 같은 언어에서도 익히 발견될 수 있는 점으로 미루어보아서 공범주 원리의 보편성의 문제는 생각만큼 단순한 문제가 아니라고 주장했다.

Rizzi의 주장을 다시 요약하자면, 대명사 주어 생략언어의 통사적 특징에는 주어의 생략을 비롯하여 단문에서의 자유로운 주어의 도치, 주어의 장거리 Wh-이동, 내포문에서의 공복귀 대명사의 출현, 「that-흔적」 규칙의 위반 등의 다섯 가지가 있다는 것이었기에, 주로 영어를 대상으로 해서 얻어 낸 그의 공범주 원리가 생각만큼 공통적으로 적용될 수 있는 것이 아님이 분명했었다. 여기에서 그는 언어 간의 이런 차이를 인정하면서 「대명사 회피의 원리에 따라서 모든 언어는 모든 위치에서 대명사 대신에 「PRO」를 사용하려고 하는데, 대명사 주어 생략언어에는 이런 원리를 실현시킬 수 있는 자질이 있는 데 반하여 다른 언어에는 그런 자질이 없다.」는 식의 설명을 하였다. 다시 말해서 그가 보기에는 「대명사 주어 생략언어에서는 주어의 위치를 일치소가 적절히 지배하게 되어있다.」는 설명만 추가된다면 이런 언어에서도 공범주 원리가 똑같이 지켜지고 있음이 확실했다. (Ibid. p.254)

그러나 여기에서의 그의 초점은 역시 공범주 원리의 보편성을 설명하는 데 가있었지, 이런 매개변인적 변이성이 어떻게 생기게 되는가를 설명하는 일은 무시해버렸다. 그는 그저 어릴 때 갖게 되는 최소한의 경험에 의해서 예컨대 하나의 문장에서는 주어를 반드시 내세워야되느냐, 아니면 생략해야 되느냐와 같은 매개변인의 고정 작업은 거의 자동적으로 이루어지게 되어 있다고 보았다. 또한 언어는 이른바 핵말 언어와 핵선행 언어로 구별되기도 하는데, 이런 차이점도 결국에 매개변인 고정이라는 동일한 설명법에 의해서 설명하고 있다. 나쁘게 말하자면 그러니까 그가 매개변인이라는 개념을 내세운 것은 순전히 보편문법의 원리 면을 강조하기 위한 하나의 수단에 불과한 것이었다.

그런데 그가 1980년대에 내세운 보편문법이론은 그것이 만들어지는 데 걸린 15년이라는 세월이 다시 한 번 흐른 2000년대에 이르러서는 한 편으로 볼 것 같으면 그 정체가 그대로 유지되려는 듯하면서도 다른 한 편으로 볼 것 같으면 그 정체를 곧 완전히 부정하려는 듯한 양면적인 모양을 갖게 되었다. 1995년에 나온 「최소주의 이론(The minimalist program)」은 그의 언어이론의 최신판이라 할 수 있는 최소주의이론의 원전인 셈인데, 이것의 7쪽에는 「원리와 매개변인의 모형은 하나의 특수한 가설이라기보다는 부분적으로 하나의 대담한 추론이다.」와 같은 말이 나오는데, 지금으로서는 누구도 이 말의 진의를 알아차릴 수가 없다. 이것 역시 그만의 특이한 자신감과 신비성을 알맞게 뒤섞는 표현법의 한 예인 셈이다. (Chomsky. 1995. p.7)

우선 이 기간은 최소주의라는 이름에 걸맞은 대 수정 작업을 시도한 시기였다. 이 수정작업의 기본 방향은 최소노력의 원리를 하나의 주요 원리로 내세우게 된 사실이 익히 말해주고 있듯이 최대로 복잡해졌던 기존의 모형을 최대로 경제적인 모형으로 바꾸는 것이었다. 그런데 사실은 그의 이런 혁신적 발상법은 언어학 내에서의 언어연구의 결과를 통해서 얻어진 것이 아니라 최신의 첨단학문 간의 학제적 연구 동향에 발맞추어 착안된 것이다. 예컨대 그는 최근의 인지과학의 발달에 큰 인상을 받은 나머지 언어를 「인간언어라는 컴퓨터」 즉, 「CHL」로 보기 시작했다. 더 나아가서 그는 최근에 이르러 어차피 그의 내주주의적 언어이론을 검증하는 방법은 생물학적인 것이어야 한다는 판단 아래 「생물언어학」의 출현의 당위성을 주장하고 나섰다. 그가 보기에는 따라서 컴퓨터 공학적으로 보아서나 생물학적으로 보아서나 모든 것을 지배하는 최고의 원리는 경제성의 원리였던 것이다.

　그의 이런 최소화에의 노력은 먼저 문법모형을 최대로 단순화하려는 데로 표출되었다. 예컨대 그는 이제는 그 전에 D—구조나 S—구조 등으로 다양화되어 있던 표현 수준을 모두 없애고서 언어표현이 다른 인지체계들과 상호 교섭하는「인터페이스」라는 단 하나의 수준만을 남겨야 한다고 주장하고 나섰다. 이렇게 되면 문장이 생성되는 절차는 결국 어휘부에서 만들어진 배번집합이 문자화라는 절차를 거치면서 음성형식과 논리형식으로 바뀌게 되는 식으로 단순화되었다. 물론 이 때의 문자화절차가 반드시 단 한 번으로 제한되는 것이 아니라 경우에 따라서는 여러 번 되풀이될 수도 있다. 그렇지만 그의 문법모형이 이제 아래처럼 단순화되었다는 것은 어떤 의미로 보아서도 놀라운 사실이 아닐 수 없었다.

　그의 이런 최소화에의 노력은 그 다음으로 변형규칙의 종류와 적용요령의 면에서도 최대로 발휘되었다. 이때에 이르러서는 문법규칙의 종류가 이동과 병합 등의 두 가지로 줄어들게 되었는데, 최근에 이르러서는 그가 이동 규칙마저도 없애고서 병합규칙 한 가지만 남기면 된다는 주장

을 하고도 있다. 또한 이때에 와서는 이동규칙에는 으레 최소영역(이동)의 원리나 어휘 동시차출의 원리, 자질점검의 원리, 완전해석의 원리, 무제약의 원리 등이 적용되어야한다는 점이 강조되게 되었다. 또한 병합에 대해서는 구구조에 있어서 2분지 교점만을 허용하는 탓으로 병합도 두 개의 성분만을 합치는 절차여야 된다고 주장하기도 했다.

그의 이런 최소화에의 노력은 세 번째로 보편문법의 크기와 기능을 줄이는 식으로도 표출이 되었다. 물론 이 때에 이르러서도 언어능력은 원래가 일반적인 지능과 별도의 것이라는 의미에서 하나의 보편문법이 존재한다는 그의 생각에는 아무런 변화가 없었다. 그리고 궁극적으로 그것은 I—언어의 기본이 된다는 생각에도 아무런 달라짐이 없었다. 그렇지만 논리적으로 보았을 때 문장생성의 과정을 언어표현과 다른 인지체계 간의 일련의 인터페이스 절차로 보는 이상은 보편문법의 크기와 기능을 옛날의 것보다 줄이는 것이 맞는 일이었다. 심지어 그는 언어체계는 원래가 정신이나 두뇌체계와 가장 효율적으로 상호 교섭할 수 있도록 설계되어 있는, 일종의 최적이며 완전한 체계라고 가정하기도 했다.

그런데 문제는 이상과 같은 노력은 일종의 야망적 방향 제시의 역할밖에 하지 못하고 있어서, 이 책에서 실제로 하고 있는 일은 그 전에 내놓은 보편문법 이론을 재설명하고나 그것의 타당성을 재강조하는 것이라는 사실이다. 우선 문법 모형을 놓고 본다 해도 이 책에서 쓰이고 있는 것은 분명히 D—구조와 S—구조를 기본으로 하는 1980년대의 것이다. 예컨대 이 책의 2장에서는 통사부에는 크게 D—구조로부터 S—구조를 도출해 내는 외현 통사부와 S—구조로부터 음성형식과 논리형식을 도출해 내는 내현 통사부의 두 가지가 있다는 사실을 명시하고 있으며, 또한 제3장에서는 표현층위에는 D—구조와 S—구조, 음성형식, 논리형식 등의 네 가지가 있다는 사실을 명시하고 있다.

그 다음으로 변형규칙을 놓고 보아도 이 책에서 논의되고 있는 것은 분명히 「이동규칙」을 기본적인 것으로 삼는 1980년대의 것들이다. 예컨대 이 책의 제1장에서는 「α 이동」은 연산의 불변의 원리인데, 이것에는 크게 α가 β를 대치하는 것과 α에 β가 부가되는 것의 두 가지가 있다는 사실과, 이 규칙의 제일 큰 특징은 이것이 복합적 내지는 연쇄적으로 적용될 수 있다는 사실을 밝히고 있다.(예: John seems [t′ to have been expected [t to leave]]) 심지어 이장의 뒷부분에서는 「α 이동」을 α 처리로 고쳐 부르면서 이것에는 부가와 대치, 삭제, 삽입 등의 네 가지가 있다는 말도 하고 있다. 이렇게 되면 이때에 이르러서의 변형에 대한 그의 개념은 초기에 그가 내세웠던 것으로 되돌아간 셈이었다.

세 번째로 문장의 도출절차에 적용되는 원리들을 놓고 보아도 여기에서 논의되고 있는 것은 모두가 이미 1980년대에 보편문법의 하위원리로 내세워졌던 것들이다. 구체적으로 살펴보자면 이 책에서 집중적으로 논의되고 있는 것은 역시 지배이론과 결속이론이다. 예컨대 제1장의 4절에서는 우선 지배이론에 따라서 선행사와 핵, 지정어, 보어 등은 적절한 지배를 받게 되지만 그 밖의 요소는 으레 장벽이 된다는 사실이 밝혀져 있고 (예: *how fix [John will [t the car]]에서 「will」이 장벽이 됨.), 그 다음으로 결속이론에 따라서 대용사(상호사와 재귀사)는 으레 선행사의 결속을 받게 되어있는데, 성분 지휘 영역 내의 요소는 선행사가 될 수 없다는 사실이 밝혀져 있다. (예: *He said Mary criticized John. vs After he entered the room, John sat down.) (Ibid. pp.100~110)

굳이 따지자면 이 책에서 제시되고 있는 보편문법의 모습은 1980년대의 그것과 동일한 것은 아닌데, 이런 차이점 중 첫 번째 것은 어휘부의 기능적 비중이 이번에는 크게 커졌다는 점이다. 이런 발전적 차이 중 첫번째 것은 어휘를 음운적 및 통사적, 의미적 자질들의 집합체로 보고서 문장의 도출절차를 어휘적 자질들의 정합성을 찾아가는 과정, 즉 자질점검의 절차로 보게 되었다는 점이다. 그 중 두 번째 것은 어휘부로부터 만들어지는 배번 집합을 전 도출작업의 기본 표현체로 삼게 되었다는 점이다. 간단히 말하자면 이제는 소리를 나타내는 음성형식과 의미를 나타내는 논리형식이 배번집합을 적절히 문자화한 것에 지나지 않게 된 것이다. 역시 이제는 그도 언어는 연산체계와 어휘부로 구성되어있다는 사실을 인정하게 된 것이다.

이런 발전적 차이 중 두 번째 것은 매개변인적 현상에 관해서 그 전보다 크게 증가된 관심을 보이게 되었다는 점이다. 물론 매개변인의 이론의 기본이 되는 것이 바로 보편적 원리의 이론이라는 것을 잘 알고 있는 그였기에, 그가 우선 강조한 것은 X'이론의 보편성이었다. 예컨대 그는 보편적 기저부 가설이야말로 그의 문법이론을 떠받드는 가장 핵심적인 가설이라는 점을 강조했다. 다시 말하자면 그는 이 세상의 모든 언어는 공통적인 기저부, 즉 IP(굴절구)를 정점으로 하는 D—구조를 가지고 있으며, 따라서 유형적 변이성은 어순적 매개변인과 기능적 요소의 자질에 의해서 생겨나게 된다고 보았다. (Ibid. p.61)

그는 그 다음에 매개변인적 현상의 구체적인 예들을 많이 제시하려고 노력했다. 예컨대 언어와 중국어의 의문문이 서로 다른 현상을 「What do you want [John to give t to Bill.]」의 경우처럼 영어에서는 S—구조에서 의문사 이동이 일어나는 데 반하여, 중국어에서는 S—구조에서는 의문사가 t자리에 그대로 있다가 논리형식에 가서 이동을 하여 결과적으로 영어의 그것과 같아진다는 식으로 설명했다. 그러니까 그는 두 언어는 같은 기저부, 즉 D—구조를 갖고 있다고 본 것이다. (Ibid. p.68)

그는 또한 영어와 프랑스어 간의 어순적 차이의 현상도 이와 유사한 요령으로 해명할 수 있다고 보았다. 예컨대 그는 a) 「John often [kisses

Mary]」라는 영어와, b)「Jean embrasse souvent [t Marie](Jean kisses often Marie)」라는 프랑스어 간의 어순적 차이는 영어에서는 원래 S—구조에서는 조동사만 상승이 가능하고 본동사는 논리형식에서 상승될 수 있는데 반하여, 프랑스어에서는 S—구조에서 두 가지 상승이 다 가능한 데서 비롯된 것이라고 보았다. 다시 말해서 그는 여기에서의 a)는 결국에 공통적인 D—구조이고, b)는 공통적인 논리형식인 셈이며, 따라서 두 언어의 S—구조는 서로 다르지만 그들의 D—구조와 논리형식은 동일하다고 보았다. (Ibid. p.38)

그런데 사실은 여기에서의 그의 매개변인적 현상을 설명하는 요령에 획기적인 변화가 있었던 것은 아니었다. 우선 그가 여기에서 다루고 있는 예들은 모두가 어순에 관한 것들인데, 그것의 원인으로는 크게 변형규칙의 적용 시기의 차이와 학습이나 경험을 통해서「핵—보어」와「핵—부가어」,「지정어—핵」등의 세 가지 기본 어순형 중 하나를 선택하게 되는 차이 등을 내세우고 있어서, 과연 첫 번째 원인도 하나의 경험적인 원인으로 볼 수 있느냐에 대해서 의심을 가질 수밖에 없다. 그 다음으로 그는 「언어의 변이성은 기본적으로 어형적이다.」는 말만 했지, 이것에 대한 구체적인 증거는 한 가지도 제시하지 않고 있다. (Ibid. p.53)

아마도 그 자신도 지금과 같은 언어의 다양성이 이상과 같이 매개변인의 종류를 한두 가지로 보아서는 절대로 제대로 설명이 될 수가 없다는 것을 익히 인정할 것이다. 이런 의미에서 보자면 그의 보편문법이론은 제안된 지 20여 년이 지난 오늘날에도 그의 말대로「하나의 이론이 아니라 하나의 프로그램일 따름」임이 분명하다. 예컨대 Boeckx는「인지 내의 언어(Language in Cognition)」라는 책에서「가능한 매개변인의 수는 보편문법에서의 규칙의 수에 의해 정해지는데, 현재 그것을 100개로 보고 있다.」와 같은 말을 하고 있는데, 만약 이 말이 맞다면 현재로서는 그의 보

편문법 이론의 타당성을 판단하는 것 자체가 무의미한 일이 되고 만다. (Boeckx, 2010. p.89)

이렇게 보자면 지금으로서 우리가 그의 문법이론에 대해서 내릴 수 있는 결론은 간단하다. 그가 언어연구의 목적을 언어의 보편성을 찾는 데 둔 것은 확실한데, 그 일이 생각만큼 쉬운 일이 아니라는 것이 바로 그것이다. 더구나 그가 최근에 이르러는 그것은 인지과학이나 생물학적 접근법을 적용했을 때만 제대로 달성될 수 있다고 생각하게 되었으니까 그것 외 전망이 그가 원하는 만큼 밝을 리가 없을 것임이 분명하다. 간단히 말해서 그는 안타깝게도 최근에 이르러 언어학의 위상을 최대로 격상시키려다보니까 보편문법의 실체를 찾는 일을 점점 더 어렵게 만드는 우를 범하고 있는 것이다.

2. 4 인간본성의 탐구

굳이 언어의 기능성이나 도구성을 크게 내세우지 않는 사람일지라도 이것이 결국에는 인간의 본성을 드러내고 있는 것이라는 것은 어렵지 않게 인정하게 마련인데, 그 이유는 이것이 인간의 종특이적인 기구일 뿐만 아니라 이것과 인간의 정신작용 간에는 불가분의 관계가 있다는 사실 정도는 익히 알고 있기 때문이다. 그런데 일찍이 Saussure가 현대 언어학을 출발시킬 당시에 가졌던 생각은 이것은 우선 하나의 자율적이며 독립적인 학문이어야 된다는 것이었으니까, 그가 언어연구를 인간본성의 탐구의 수단이나 방편으로 보지 않았다는 것은 의심할 여지가 없다. 다시 말해서 그가 내세운 언어이론은 순전히 언어기술을 위한 것이었던 것이다.

그에 반하여 Chomsky의 경우는 그의 경우와 거의 정반대였다. 쉽게 말해서 그는 처음부터 문법이론은 곧 언어습득 이론이어야 하며, 따라서 자기의 문법이론은 인간의 정신작용이나 지식문제에 대한 이성주의적 입장의 확실한 증거가 될 수 있다고 생각했다. 더욱 놀라운 것은 그가 「최수주의 이론」의 마지막 마무리 말로 「언어연구를 한계에까지 밀고 나가서, 인간 정신의 호기심의 대상이면서도 점점 더 신비스러워가는 면에 관하여 어떤 것이 발견될 수 있는가를 알아보는 것은 해볼 만한 일 일것 같다. 이런 노선에서 더욱 진전하기 위해서는 우리는 그동안에 우리의 시야에 들어오게 되었으면서 때로는 꽤 명석한 방법으로 표현할 수 가 있는 폭넓은 경험적 질문들에 대한 대답을 찾아내야 할 것이다. 우리에게는 새로운 깊이의 힘이 들면서도 도전적인 문제들과, 대단히 경이로운 특성을 지닌 언어이론에 대한 전망들이 주어지게 된 것이다.」와 같은 말을 택했다는 점이다. 요컨대 그는 여기에서 앞으로 나올 새로운 언어이론은 결국에 인간정신에 관한 이론이어야 한다는 점을 분명히 한 것이다. (Chomsky 1995. p.379)

1) Saussure의 구조주의

그는 원래부터 심리학이나 실험음성학, 사회학과 같은 다른 학문과의 연결성을 거부하는 것이 곧 언어학의 학문적 자율성과 독립성을 확보하는 길이며, 궁극적으로는 그래야만 그것은 하나의 과학적 학문으로서의 자격을 갖게 된다고 믿었던 점으로 미루어 보아서는 Saussure가 Chomsky와는 다르게 언어와 정신의 문제와는 의도적으로 일정한 거리를 두려고 했다는 것은 의심할 여지가 없다. 더 구체적으로 말해서 그는 언어연구의 목적을 아주 낮게 잡았으며, 역설적으로 바로 그렇기 때문에 그의 언어이론은 머지않아서 이른바 구조주의 이론이라는 이름의 현대 언어학의 기본이론이 될 수 있었던 것이다.

그러나 결과적으로는 그가 내세운 구조주의 이론은 인간의 문제를 다루는 모든 영역에 적용될 수 있는 것이지, 유독 언어연구에서만 적용될 수 있는 것은 아니었다. 그는 그러니까 결국에는 언어연구를 통하여 인간의 본성이나 정신의 문제를 연구하는 데도 쓰일 수 있는 하나의 대이론을 개발하는 데 성공한 셈인데, 이런 판단의 근거로는 크게 다음과 같은 두 가지 사실을 들 수가 있다. 그중 첫 번째 것은 1960년대를 전후해서 구조주의 이론이 학문이나 지적인 세계 전체를 이끌어가는 이론으로 자리 잡게 되었다는 사실이다. 20세기는 구조주의 시대와 다름이 없게 되었는데, 그 이유는 바로 이 시기에 구조주의 언어학이 일종의 새로운 언어학으로 유럽과 미국에서 크게 번창하게 되었을 뿐만 아니라 이것의 철학이나 사상이 우선 Levi-Strauss가 일으킨 구조주의 인류학을 위시하여 Piaget가 주도한 인지심리학, Barthes가 이끌어간 기호론적 비평운동 등에서처럼 거의 모든 학문분야의 기본사상이 되었었기 때문이었다.

관건은 그렇다면 구조주의라는 이론이나 사상이 과연 인간의 본성에 관한 것이냐 하는 것일 텐데, 이것에 대한 대답은 당연히 그렇다는 것일 수 밖에 없다. 무엇보다도 먼저 이것의 비근한 근거가 될 수 있는 것은 이것의 사상이 스며들어간 학문들이 인류학과 심리학, 문학이론처럼 하나같이 인간의 본성과 직결되는 현상을 연구하는 학문들이라는 사실이다. 예컨대, Levi-Strauss(1949)가 그 유명한 「친척관계의 기본적 구조(Les Structures elementaires de la parente)」에서 밝혔던 것은 「다양한 친척관계와 제도적 장치들은 의사소통의 기본구조로 환원될 수 가 있으며, 따라서 그들은 표면적 다양성이 생성되는 정신작용의 기저적 유형으로 간주될 수 있다.」는 점이었다. (Blackburn 2008. p.352)

이런 긍정적 응답의 두 번째 근거로 내세울 수 있는 것은 구조주의의 학리적 본지가 바로 「사물은 겉으로 보이는 것과 다른 법이어서, 심리적이나 사회적, 정치적 현상들은 액면 그대로 받아들여서는 안 되며, 그들은 시야 밑에 숨겨져 있는 구조에 의해서 결정된다고 보아야한다.」는 것이었다는 사실이다. 예컨대 구조주의 이론의 세 가지 특징으로는 1) 한 요소의 성격은 적어도 부분적으로 구조 내에서의 그것의 위치, 즉 그것과 다른 요소들과의 상관관계에 의해서 결정된다.(전체성) 와, 2) 구조는 정적인 것이 아니어서 내부로 부터의 변화가 있을 수 있다.(역동성), 3) 구조의 특성은 외적인 요소의 참조 없이도 파악될 수 있다.(자율성) 등의 세 가지를 들 수가 있는데, 따지고 볼 것 같으면 이들은 결국에 이 이론은 인간의 본성에 관한 이론이라는 것을 보다 구체적으로 드러내주는 증거이었다. (Mautnes, 2002.p598)

그중 두 번째 사실은 Saussure가 제창한 구조주의 이론을 바탕으로 해서 언리학이라는 이름의 새로운 언어학을 발전시키는 데 성공한 Hjelm-slev의 언어사상은 굳이 따지자면 과학적인 것이라기보다는 인문학적인 것이었다는 점이다. 두말할 필요도 없이 그가 이끌었던 「코펜하겐 학파」도 Trubetzkoy가 이끌었던 「프라그 학파」와 마찬가지로 Saussure가 「일반언어학 강의」에서 내세웠던 언어이론을 더 구체적이고 더 정리된 형태로 발전시키려는 의도에서 생겨난 학파들이다. 따라서 기본적인 면에 있어서는 그의 언어이론은 Saussure의 그것과 다를 수가 없다. 한마디로 말해서 그도 Saussure처럼 언어는 철두철미하게 과학적 연구의 대상이 되어야 한다고 생각했던 것이다.

그런데 그의 언어사상의 원전이라 할 수 있는 「언어이론 서설」을 읽어보게 되면 그는 결국에 「과학적 탐구의 대상일 경우에도 언어는 그 자체가 하나의 목적이 아니라 하나의 수단일」뿐이라는 언어관을 가지고 있었다는 사실이 분명해지는데, 어떤 의미로 보아서는 이 점이 바로 그의 언어사상과 Saussure의 그것을 구별시켜주는 것이고, 또 다른 의미로 보아서는 이 점이 바로 구조주의 이론은 궁극적으로는 일종의 인간성 이론이라는 사실을 분명하게 드러내주는 것이었다. 그의 말은 「비록 그것이 언어를 통해서만 완전하게 획득될 수 있고, 또한 언어에 의해서 함의되는 것 이외의 가정을 통해서만 얻어질 수 있는 것일지라도, 언어는 그것 자체의 외부에 존재하는 것을 목적으로 하는 지식에 대한 하나의 수단이다.」처럼 이어지고 있는데, 여기에서 그가 말하는 지식이란 쉽게 말해서 인간성에 대한 지식이다. (Hjelmslev.1943.p.4)

그가 언어연구의 목적을 언어의 밖에 있는 지식, 즉 인간성에 대한 지식을 밝히는 것에 두었다는 것은 다음과 같은 그 외 두 가지 말을 통해서 익히 확인 할 수 있다. 그중 첫 번째 것은 이 책의 서두에서 그가 한 언어와 사고의 불가분성에 관한 말인데, 이런 말에 의할 것 같으면 그가 그동안에 많은 사람들의 관심을 끓었던 Humboldt의 세계관과 유사한 언어 우위적 언어관을 가지고 있었음이 분명해진다. 이런 말 중 대표적인 것이 바로 「언어는 인간의 사고와 감정, 태도, 야망, 의지, 행동을 형성하는 도구이고, 그 수단에 의해서 그는 영향을 주기도 하고 영향을 받기도 한다는 의미에서 인간 사회의 궁극적이고 가장 깊은 기저이다.」와 같은 말과, 「그러나 언어는 외적인 부속물이 아니다. 그것은 인간의 마음 안에 깊게 자리하고 있어서, 개인과 종족에 의해서 유전되는 기억들의 보고이기도 하고, 회상시키고 경고를 주는 주의 깊은 양심이기도 하다.」와 같은 말이다. 그에게 Sapir-Whorf의 언어적 상대성의 가설이 무색해질 정도의 이런 극단적인 언어 우위적 언어관이 있는 한 그가 언어연구는 인간성 탐구의 수단에 불과하다고 보는 것은 너무나 당연한 일이었다. (Ibid. p.3)

그중 두 번째 것은 그가 이 책의 말미에서 일종의 자기 언어이론의 결론으로서 한 말이다. 「언어이론은 이 때에 이르러서 인간성과 보편성이라는 그의 규약된 목표에 다다르게 된다.」라는 말이 바로 그것인데, 여기에서 그는 언어연구의 목적은 결국에는 인간성, 즉 인간의 본성을 밝히는 것이라는 점을 분명히 명시하고 있다. 물론 여기에서 그는「이 때」란 바로「내재성과 초월성이 내재성을 바탕으로 한 보다 높은 통일체내에서 결합되는 때」라는 것을 밝히고 있는데, 이런 말로 미루어 보아서 그는 이때 이미 Chomsky의 것에 못지않은 강력한 이성주의적 언어관을 가지고 있었다고 볼 수 도 있다. (Ibid. p.128)

그의 이성주의적 언어관과 관련하여 빼놓을 수 없는 사실이 바로 언어연구의 두 가지 목표중 하나로 보편성을 내세웠다는 점이다. 그는 여기에서 언어연구를 통해서 얻을 수 있는 지식의 총체를 인간성과 보편성의 두 가지로 본 것인데, 우선 용어 자체로 보아서는 인간성과는 다르게 보편성이라는 말은 언어적 보편성을 가리킬 수도 있고 아니면 인성적 내지는 인지적 보편성을 가리킬 수 도 있다는 것이 하나의 문제점이 될 수 있다. 앞뒤의 문맥으로 보아서는 물론 그의 의도는 전자가 아니라 후자일 것임이 분명하다. 그러나 굳이 보편성의 위계성을 따지자면 언어적인 것보다 한 차원 위에 있는 것이 인성적 내지는 人智的인 것일 것이며, 따라서 인간의 능력이나 지식의 내재성을 앞세우는 면에 있어서는 그가 Chomsky에 못지않았다는 것을 우리는 여기에서 익히 알 수 가 있다. 다시 말해서 그는 비록 보편문법이라는 술어는 쓰지 않았지만 Chomsky의 것보다 어느 의미에서는 한 수준 높은 이성주의적 인간관을 가지고 있었음이 확실한 것이다.

그런데 언어관에 있어서의 그와 Chomsky간의 유사성은 그들의 언어기술관을 비교해보면 더욱 뚜렷해진다. 한 마디로 말해서 그들의 언어관은 다분히 이성주의적인 것임에도 불구하고, 그들의 언어기술관은 철저하게 경험주의적이라는 점이 공통점이다. 예컨대 Fudge(2006)의 설명에 따르자면, 언리학의 기본적 철학은 논리적 실증주의로서, 그것의 특징에는 1)

형이상학적 문장은 회피한다는 점을 위시하여, 2) 과학은 논리적 연역법에 의하여 최대한의 경험적 사실들을 설명해야 한다. 3) 구조적 서술이 내용적 서술보다 선호된다. 4) 과학적 언어는 일종의 대수학이어서 모든 술어는 투명하게 정의되어야 한다는 등의 네 가지가 있었다는 것인데, 이중 특히 Chomsky의 언어기술관을 직접적으로 연상시키는 것이 바로 과학적 언어는 대수학이어야 한다는 네 번째 것이다. 이런 점으로 미루어 보았을 때 그의 언어연구관은 그 후의 Chomsky의 것의 일종의 선행자이었다고 해도 결코 잘못된 말이 아니다. (Fudge. 2006. p.89)

2) Chomsky의 생성주의

그의 최신형 문법이론을 최소주의 이론으로 치자면 그의 최신형 언어이론은 생물언어학적 언어이론으로 부를 수 있을 만큼 최근에 이르러서의 그의 관심은 언어능력이나 언어지식의 생물학적 기저를 밝히는 데 집중되었다. 그런데 따지고 볼 것 같은 그가 자기의 언어이론에 대한 토의를 이렇게 생물학적인 차원에서 하기 시작한 것은 1986년에 낸 「언어지식(Knowledge of Language : its nature, origin, and use)」이라는 책에서였다, 그러니까 최소주의 이론이 정식으로 제안되기 10년 전 쯤에 이미 그는 자기의 언어이론을 새로운 차원의 것으로 격상시키기 시작한 것이다.

이 책에서 예컨대 그는 처음으로 「정신/두뇌(mind/brain)」라는 하나의 복합어를 사용해서 「H(인간)에게 있어서 L이라는 언어를 안다는 것은 그의 정신/두뇌가 일정한 상태에 있다는 것을 의미한다.…그렇다면 뇌 과학의 한 과제는 SL이라는 상태의 물리적 실현체인 그 기구를 찾아내는 것이다」와 같은 말을 한 다음에, 현재로서 이것에 대한 해답을 제시할 수 있는 학문은 생물학이 아니라 언어학이라는 주장을 「앞에서 살펴보았듯이 이것(보편문법)은 생물체계의 명시적 자질이 아니다. 실제로 그것은 많은 면에 있어서 대단히 놀라운 자질이다. 그럼에도 불구하고 그것을 뒷받침하고 있는 증거는 다분히 실질적인 것이며, 따라서 이 결론은 지난날에 잠정적으로 제안 되었던 보편문법 체계에 대한 불가결한 수정작업들을 익히 견뎌낼 것이다.」와 같은 말로써 하고 있다. (Chomsky 1986. p.22. p.204)

너무나 당연한 일이겠지만 그의 이런 보편문법 이론 중심의 언어 내지는 언어연구관은 바로 그의 최소주의 이론의 철학적 기저가 되었다. 우선「최소주의 이론」의 서두에서는 그는 언어학의 과제를「인간 언어라는 체계가 어떻게 정신/두뇌에서 태어날 수 있느냐」를 구명하는 것으로 잡았을 때「이런 관심은 적절한 것이지만 그들의 현장이 잘못 선택되었다. 그들은 기본적으로 생물학과 두뇌 과학적 문제인데, 지금의 현황이 잘 보여주듯이, 이들은 언어에 대하여 꽤 정확히 설정된 결론들에 대하여 아무런 기저를 제공하지 못하고 있다.」와 같은 말을 하고 있다. (Chomsky 1995. p.2)

그 다음으로 최근의 그의 언어사상이 잘 요약되어 있다고 볼 수 있는 2005년에 발표한 논문에서는「생물언어학적 전망에서는 개인의 언어를 정신의 어떤 요소의 상태로 보게 되는데, 여기에서의 "정신"의 의미는 뉴턴이 유일한 응집적 신체관을 파기시킨 이후에는 "정신"으로 이름 붙여진 세계의 양상들은 두뇌의 것과 같은 일종의 유기적 구조체의 결과물로 볼 수밖에 없다는 사실을 인정했던 18세기의 과학자들이 사용했던 것과 같은 것이 된다. (Joseph Priestley) 언어와 관련된 것으로 넓게 생각할 수 있는 다양한 현상 가운데서 생물언어학적 접근법은 언어라는 용어를 어떤 식으로 해석하든지 간에 그것의 사용과 습득에 개입하게 되는 생물학적 요소에 주의를 집중시키게 된다.」와 같은 말을 하고 있다. (Chomsky 2005. p.2)

이상의 몇 가지 주장들을 분석해 볼 것 같으면 그에게는 일단 아래와 같은 그만의 특이한 언어우위적 인간관이 있다는 것을 알 수가 있다. 첫 번째로 우리는 그는 언어를 다른 인지체계와 같이 작동되는 하나의 신체적 기관으로 보려는, 일종의 생물언어학적 언어관을 가지고 있음을 알 수가 있다. 쉽게 말해서 그는 정신이 그렇듯이 언어도 결국에 인간의 생물학적 내지는 두뇌적 구조나 능력에 의해서 만들어진 것이라고 생각하는 것이다. 두 번째로 우리는 그는 다행히도 이런 접근법을 현재 꿈꿀 수 있게 된 것은 자기가 그동안에 보편문법이론과 같은 탁월한 언어이론을 만들어냈기 때문이라는, 일종의 언어학 중심의 학문관을 가지고 있음을 알 수가 있다. 놀랍게도 그는 지금의 생물학이나 뇌과학의 수준은 언어학을 지도 하기는 커녕 오히려 그것의 지도를 받아야 마땅할 만큼 낮다고 생각한다.

세 번째로 우리는 그는 언어연구의 과제를 I—언어가 어떻게 습득되고, 어떻게 쓰이게 되는가를 밝히는 것으로 보려는, 일종의 이성주의적 언어관을 가지고 있음을 알 수가 있다. 그의 이런 견해는 물론 그의 보편문법이론의 일부이어서, 그는 결국에 20세기 이후에 유행하던 경험주의적 언어관의 오류성을 지적하는 일이 곧 자기의 언어학의 첫 번째 과제라고 생각한다. 네 번째로 우리는 그는 언어 연구는 「이 세상에 대한 연구」의 일부이어야 된다고 생각하는, 일종의 언어학 우위적인 학문관을 가지고 있음을 알 수가 있다. 그는 예컨대 「언어의 결정적인 양상들은 자연의 세계의 일부로서」 연구되어야 한다고 믿는다. 다시 말해서 그는 언어는 인간의 정신이나 두뇌를 제대로 연구할 수 있는 창문이 될 수 있을 뿐만 아니라 인간의 진화과정을 설명할 수 있는 창문도 될 수 있다고 생각한다. 그는 놀랍게도 인간의 창조력과 상징력이 언제 어떻게 진화되어 나왔는지를 지금의 진화론 보다 더 잘 설명할 수 있는 것이 바로 언어이론이라고 생각한다. (Ibid. p.3)

그런데 누구라도 일단 지난 5,60년간에 걸친 그의 언어이론의 변천과정을 자세히 살펴보게 되면 그의 이런 특이한 언어우위적 인간관에는 크게 다음과 같은 두 가지의 중요한 특징이 있다는 사실을 바로 알아차리게 된다. 그중 첫 번째 것은 끈질긴 일관성이다. 물론 겉으로 보았을 때는 처음에는 이성주의적 언어습득 이론으로 출발했다가 나중에는 생물언어학적 언어이론으로 귀착되는 식으로 그의 언어사상은 그 동안에 적지 않게 바뀌어 왔다고 볼 수가 있다. 그렇지만 지금의 그것의 실체를 심층적으로 분석해볼 것 같으면 그것은 좋은 의미에서든지 나쁜 의미에서든지 일관성이 잘 유지된 언어사상이라는 것을 바로 발견하게 된다. 이런 특징은 물론 그동안에 여러 모형으로 발전된 그의 문법모형에서도 똑같이 발견될 수가 있는데, 이런 의미에서 볼 때 한 학자가 일반적으로 드러내는 학문적 고집성을 그도 가지고 있었던 셈이다.

이런 특징을 익히 증거할 수 있는 사실로는 그가 자기의 표준이론의 일부로서 1968년에 내놓은 「언어와 정신(Language and Mind)」에서 언어와 정신의 관계에 대해서 다음과 같은 주장을 했었다는 것을 들 수가 있다. 여기에서의 몇 가지의 그의 주장을 살펴보게 되면 왜 1965년의 책을 표준이론의 문법모형을 제시한 것으로 보자면, 이 책은 그의 언어철학을 밝힌 것으로 볼 수가 있는지가 당장 드러난다. 이런 의미에서 여기에서 제일 먼저 살펴볼 부분은 그가 언어연구의 목적과 관련해서 언어학은 결국에 심리학, 즉 인간학의 한 가지라고 선언한 대목이다.

어느 개인을 언어연구로 이끌어가게 하는 질문에는 많은 것이 있다. 개인적으로 나는 언어연구를 통해서 인간의 정신의 내재적 자질을 밝히게 될 무언가를 배울 수 있을 것이라는 생각에 자극을 받았다. 현재로서는 우리는 언어 자체의 정상적이며 창조적인 사용에 관해서 어떤 특별히 유용한 말도 할 수가 없다. 그렇지만 우리는 서서히 언어의 창조적 사용, 즉 자유로운 사고와 표현의 도구로서의 언어의 사용을 가능하게 하는 기구를 이해하기 시작했다고 나는 생각한다. 개인적인 견해로 다시 말할 것 같으면 나에게 있어서 문법에 관한 지금의 연구 중 가장 흥미 있는 양상은 정신의 자질의 보편적 반영체로 제안되고 있는 언어조직의 원리들을 형식화하려는 시도이다. 이렇게 보자면 언어학은 단순히 인간심리학의 일부일 따름이다. (Chomsky 1968. p.103)

여기에서 우리가 그 다음으로 살펴볼 부분은, 언어나 지식 획득의 절차에 대해서 그 동안에 이성주의자와 경험주의자 사이에 치열한 논쟁이 있어왔다는 것은 누구도 부인할 수 없는 엄연한 사실이지만, 그가 보기에는 역시 이성주의적 설명법만이 합리적인 것이며, 그런 것 중 최선의 것으로 볼 수 있는 것이 바로 자기가 내세우는 언어습득 장치 이론이라는 것을 주장하는 대목이다. 특히 그는 이 자리에서 보편 문법을 「모든 인간 언어의 문법이 충족시켜야 할 조건에 대한 연구」라고 정의하면서, 이런 지식이 구체적으로 어떤 것이고 어떻게 생겨나게 되었는가에 대해서 적절한 설명을 하지 못하고 있는 한 그 유명한 Goodman이나 Putnam의 이론도 맞는 이론으로 받아들여질 수 없다고 주장하고 있다.

나에게는 이렇게 정의된 「자력적 경험주의」라는 개념은 아무런 관심거리가 되지 못한다. 나의 관심을 끄는 과제는 다분히 제약적이고 조직적인 방식으로 습득된 지식의 형식을 결정짓게 되는 다양한 개념과 원리가 있느냐, 아니면 그 대신에 습득 장치의 구조가 일정한 주변적 처리 기구와 일정한 분석적 자료처리의 기구나 귀납적 원리에 제한되어 있느냐 하는 것이다. 물론 이들을 어느 개인의 업적에 있어서 명석하게 구분한다는 것은 어려운 일일지라도, 지식습득의 문제에 있어서 이들 두 상이한 접근법을 구별한다는 것은 역사적으로 맞고 직관적으로 가치 있는 일이라는 주장을 나는 해왔다. (Ibid. p.193)

여기에서 우리가 세 번째로 살펴볼 부분은 한편으로는 언어와 정신의 관계에 대한 문제는 아직도 미해결의 문제로 남아있을 수밖에 없다는 점을 인정하면서도, 다른 한편으로는 자기의 언어이론이야말로 그것에 대한 최신이며 최선의 해답일 수 있다고 크게 자랑하는 대목이다. 이런 식의 이율배반적이거나 편의주의적 표현법은 그의 서술의 「표지」로 기능하게 될 만큼 많은 곳에서 쓰이고 있어서, 이것도 결국에는 그중의 한 가지인 셈이다. 그러나 이것을 통해서 우리가 분명히 알 수 있는 것은 그는 처음부터 언어학을 인간학의 일종으로 보고 있었다는 점이다.

> 확실히 언어와 정신에 관한 고전적 질문들은 오늘날 활발하게 추구되고 있는 작업으로부터는 궁극적인 해결책이나 심지어는 궁극적인 해결책에 관한 암시마저도 얻지 못했다. 그렇지만 이런 문제들은 새로운 방법으로 형성되고 새로운 시각에서 검토될 수가 있다. 내가 보기로는 수년 내 최초로 지각작용에의 정신의 기여와 지식습득의 내재적 기저 등을 연구하는데 실질적인 발전을 이룩할 수 있는 기회가 있었다.…이제 실행 가능하게 된 연구들을 추진하고, 이제 접근할 수 있는 문제들에 주의를 집중함으로써, 우리는 꽤 자세하게 지각의 본성과 습득할 수 있는 지식의 성격을 결정짓게 되는 정교하면서도 추상적인 연산체계를 밝혀낼 수 있을지도 모른다. 다시 말해서 이것은 인간 특유의 것이면서도 대부분 우리의 의식과 통제를 넘어서고 있는 현상들을 해석할 수 있는 고도로 특수한 방법이 될 것이다. (Ibid. p.99)

그의 특이한 언어우위적 인간관이 가지고 있는 두 번째 특징은 허구성이다. 간단히 말할 것 같으면 그의 이성주의적 인간관의 기저가 되는 것은 바로 보편문법 이론인데, 앞에서 이미 살펴보았듯이 이 이론에 대한 그의 태도가 최근에 와서는 발전이라는 이름 밑에서 이중적인 것으로 바뀌었으니까 결국에는 그가 1960년대에 꿈꾸었던 원대한 꿈, 즉 언어연구를 통해서 인간의 정신구조를 구명하려는 꿈은 지금도 한낱 꿈으로 남아있게 된 것이다. 1968년의 책에서 그는 「실제로 어떤 절차로 인간의 정신이 지금과 같은 복잡한 상태의 것으로 되고 내재적 조직의 특수한 형태로 되었는가 하는 것은 완전한 신비로 남아있다.」와 같은 말을 했었는데, 안

타깝게도 5,60년이 지난 오늘날에도 이 말의 진실성은 옛날 그대로인 것이다. (Ibid, p.97)

특히 놀라운 것은 최근에 이르러 그가 마치 지난날의 보편문법이론의 기저가 되는 여러 가지 가설이나 원리들을 송두리째 포기 하려는 듯 한 태도를 보이기 시작한 사실이다. 예컨대, 그는 2005년의 논문에서 「만약에 그것이 보편적이라면 기본적인 작동은 최대로 간단한 것일 것인데, 하나의 세트를 이루고 있으면서도 구조화 되어있지 않은 병합이 바로 그것이다.」나, 「언어기능에 관한 기본적인 사실은 그것은 분리적 무한정의 체계라는 것이다. 그런 체계는 이미 구조되어 있는 n개의 대상을 가지고서 하나의 새로운 대상을 만드는, 가장 단순한 경우에는 이들 n개의 대상의 세트를 만드는 일종의 원초적 작동에 기저하고 있다. 그 작동을 병합이라고 부르자. 병합이나 그것과 대등한 것이 최소의 요구사항인 것이다. 인간의 진화에 있어서의 「대비약에 대한 가장 단순한 설명은 아마도 가벼운 돌연변이에 의해서 두뇌가 병합이라는 작동을 할 수 있게 재연결 되어서, 최소한 원리상으로는 인간의 진화과정상의 그 극적인 순간에 발견되게 되는 것들에 대한 핵심적 기저가 생겨났다는 것이다. 점들을 연결한다는 것은 사소한 문제가 아니다」와 같은 말을 함으로써, 첫 번째로는 인간 언어는 병합이라는 가장 단순한 문법적 절차의 결과물이라는 것과, 두 번째로는 인간의 진화과정상 그의 제일 중요한 능력의 진화는 바로 크게는 그의 언어이고 작게는 그의 병합이라는 절차에 의해서 이루어졌다는 점을 밝히고 있다. (Chomsky 2005. p.11, p15)

액면 그대로 받아들이자면 병합에 관한 그의 이런 견해는 그의 최수주의 이론의 백미임이 분명하다. 그러나 병합에 대한 그의 정의를 자세히 살펴보게 되면 그가 여기에서 내세우는 문법이론은 1980년대의 원리와 매개 변인의 이론에서 내세우던 그것과 대동소이하다는 사실을 발견하게 된다. 우선 그가 말하는 병합이라는 절차는 병합과 이동을 하나로 합친 것이다. 그의 정의에 따르자면 병합에는 외적인 것과 내적인 것의 두 가지가 있는데, 후자가 바로 종전에 말하던 이동에 해당하는 것이다. 또한 여기에서는 옛날의 흔적이론 대신에 복사이론을 내세우고 있는데, 이것 역시 그가 아직도 이동의 기능을 대단히 중요시 한다는 결정적인 증거이다.

그 다음으로 그가 병합을 궁극적이며 유일한 문법적 조작으로 삼게 된 것은 언어연구의 결과에 의해서가 아니라, 연산적 효율성에 관한 컴퓨터 공학적 원리를 원용한 결과이다. 예컨대 그는 2005년의 논문에서 「언어 외적인 일반성을 고려했을 때 효율적인 연산의 자연적인 자질은 복잡한 표현을 형성해내는 작동은 그것이 적용되는 대상들을 새로운 요소의 삭제나 삽입에 의해서 내적으로 수정하지 않고서 그저 재배열하는 것 이상이어서는 안 된다는 것이다. 유지될 수만 있다면 이런 조작은 연산적 부하를 크게 줄여줄 것이다. 일단 구성된 것은 다음 연산에서는 완전히 망각되게 되어서, 결국에는 아무런 수정을 받지 않게 된다. 그것이 순환적 연산이라는 개념 뒤에 자리하고 있는 기본적 직관의 한 가지이다.」와 같은 말을 하고 있는데, 이런 주장이야말로 오로지 언어적 자료나 현상에 대한 분석을 통해서만 어떤 문법모형이 최선의 것인가가 결정되게 되어 있다는 지금까지의 그의 주장과는 정반대의 것이다. 하향적인 연구법이 상향적인 것 보다 더 낫다는 데 까지는 누구나 쉽게 동의할 수 있을지 모르지만, 과연 컴퓨터 공학적 모형을 언어연구의 모형으로 삼아야 하느냐의 문제를 놓고서는 그렇지 않을 것이다. (Ibid. p.11)

세 번째로 그는 아직까지 병합의 조작 한가지로 보다 효율적인 문장의 생성이 가능하다는 것을 실증해보인 적이 없다. 그의 말을 그대로 빌리자면 아직까지는 원리적 설명을 뒷받침할 수 있는 경험적 사실들을 제시하지 못하고 있는 것이다. 예컨대 1968년의 책에서는 그가 언어적 원리는 곧 정신의 보편적 반영체라는 주장을 할 수 있는 근거로 「I persuaded the doctor to examine John.」과 「I expected the doctor to examine John.」의 차이점을 변형의 원리에 의해서 밝힐 수 있게 되었다는 사실을 들었었는데, 그가 이제 와서 병합의 원리의 타당성을 내세울 수 있으려면 이런 작업 정도의 근거는 제시할 수 있어야 할 것이다. (Chomsky 1968. p.251)

네 번째로 그가 내세우는 병합의 조작이 언어적 작업에서만 배타적으로 쓰이는 것이라는 아무런 근거가 없다. 논리적으로 따졌을 때 만약에 이것이 언어 이외의 지적 잡업에서도 널리 쓰이는 것이라면 이 이론은 그가 그동안에 힘주어 내세워오던 언어능력이나 지식의 특수성의 이론과 맞지 않게 된다. 예컨대 Jackendoff와 Pinker는 (2005) 그가 Fitch와 Hauser와 같이 쓴 논문에 대한 반론문에서 언어적 절차에는 오직 반복의 절차만이 있다는 그의 주장을 완전히 잘못된 것으로 치부하였다. 이들은 이 절차는 시각작용에서도 쓰이고 있다는 사실로 미루어 보아서 다른 인지능력이 재조정된 것으로 볼 수 있다고 주장하였다.

이렇게 볼 것 같으면 그의 지금까지의 언어학을 인간학의 길잡이로 보려는 노력은 한 낱 야심찬 꿈에 불과하다고 볼 수가 있다. 더 구체적으로 말해서 그동안에 그는 최소주의 이론이니 생물언어학적 접근법이니 하면서 그럴싸한 가설만 잔뜩 내세우고 있지, 보편문법의 실체를 파악하는 데는 성공하지 못했던 것이다. 그러나 지난날의 철학자나 언어학자들의 언어연구의 역사로 보았을 때 그가 언어연구의 목적을 이렇게 높게 잡은 것은 결코 잘못된 것이 아님이 분명하다. 그러니까 철학자나 언어학자들이 예전에 가졌던 꿈을 그도 가지고 있을 따름이었다.

제3장
Saussure의 언어이론

아마도 언어학사를 공부한 사람 가운데서 지난 100년 동안에 언어학이 지금의 것과 같은 막강한 학문으로 자라나는 데 결정적인 역할을 한 언어학자가 바로 Saussure와 Chomsky라는 주장에 정면으로 이의를 제기할 사람은 없을 것이다. 다시 말해서 언어학자라면 누구나가 이들 둘이 만약에 두 번의 서로 다른 시기에 언어학에 일종의 코페르닉스적인 혁명을 가져오지 않았더라면 그것이 오늘날에 이르러 다른 학문을 이끌어나갈 수 있을 만한 학문으로 발전되지 못했을 것이라는 추리는 어렵지 않게 할 수가 있을 것이다.

그런데 이들 중 누구를 제일 큰 공로자로 내세울 수 있느냐라는 질문 앞에서는 사람들 의견이 둘로 갈라질 수가 있는데, 그 이유는 물론 이들의 업적을 일정한 기준에 의해서 평가하는 일은 결코 쉬운 일이 아니기 때문이다. 예컨대 연구업적의 양으로 보았을 때는 백여 권의 저서를 낸 Chomsky와 한 두 권의 저서를 낸 Saussure를 비교한다는 것 자체가 무의미하다. 또한 연구 업적의 질로 보았을 때도 문법조직의 자율성과 체계성을 밝히는 데 있어서는 분명히 Chomsky의 것 만한 것이 없다. 그리고 무엇보다도 중요한 사실은 누구라도 일단 Chomsky의 비판을 그대로 믿었다가는 Saussure가 내세웠던 구조주의 이론은 더 이상 최상의 과학적 언어이론으로서의 자격을 유지할 수 없는 것이라는 생각을 갖게 된다는 점이다.

3.1 확고한 위상

지금의 언어학의 발달에 Saussure가 Chomsky보다 더 큰 기여를 했다는 것을 단적으로 실증하는 사실은 바로 오늘날 누구나가 그를 「현대 언어학의 아버지」로 부르고 있다는 사실이다. 그러니까 이렇게 보자면 Chomsky는 기껏 했자 그의 언어학의 계승자가 될 따름인데, 이치상 아무리 계승자의 기여한 바가 크다고 해도 창안자의 공로가 감축되지는 않는 법이다. 그런데 너무나 당연한 말이 되겠지만 그가 내세운 언어이론이 만약에 학리적 능력상 새로운 언어학을 태동시키기에 충분한 것이 못되었더라면 그가 오늘날에 이르러 그런 이름으로 불리게 될 리가 없다. 훗날에 구조주의라는 이름이 따로 붙여질 정도로 그의 언어이론은 참신하면서도 심오한 것이었다. 구체적으로는 우리는 다음과 같은 네 가지 사실을 근거로 해서 그의 공로가 Chomsky의 것보다 더 크다는 주장을 할 수가 있다.

1) 여섯 가지의 쟁점

그 중 첫 번째 것은 그의 공로로 구조주의라는 이름의 새로운 언어연구의 패러다임이 만들어 졌다는 사실이다. 쉽게 말해서 그는 최초의 현대적 언어이론가로 나설 수 있을 만큼의 다양한 반전통적이면서도 과학적인 언어이론이나 언어연구이론을 내세울 수 있었던 것인데, 그도 원래는 19세기 때부터 언어연구를 주도해오던 비교 내지는 역사언어학을 전공한 학자였다는 사실을 감안한다면 그의 이런 대변신은 경이로운 일임이 분명하다. 그가 내세운 언어원리들은 하나같이 새로운 언어학의 요강이 익히 될 수 있을 만큼 근본적이고 핵심적이며 일반적인 것들이었다. 그래서 그는 자기의 언어학을 일반언어학이라고 명명했다.

그가 언어학(linguistique)이라는 말을 새롭게 만든 것은 자기가 생각하는 언어연구는 그전 까지 어학(philology)이라는 이름 밑에서 해오던 것과는 전혀 다른 것이라는 것을 명시하기 위해서였다. 따라서 그가 내세운 새로운 패러다임을 일단 언어학적 패러다임이라고 이름 붙이고 보면, 이것의 특징은 그전까지의 어학적 패러다임과는 완전히 대립적인 관계에 있는 것이라는 점일 것이다. 한 마디로 19세기까지 어학이라는 이름으로 언어연구를 해오면서 생겨난 고정관념이나 논쟁거리들을 새롭게 정리한 것이 바로 그의 언어이론이었던 것인데, 크게 보았을 때 그가 새롭게 정리한 논쟁거리는 다음과 같은 여섯 가지였다.

그중 첫 번째 것은 문헌에서 쓰이는 문자언어와 일상적인 언어에서 쓰이는 음성언어 중 어느 것을 언어연구의 대상으로 삼을 것인가 이었는데, 그는 단호하게 「언어는 원래 소리로 이루어져 있으며」 따라서 문자언어는 어디까지나 일종의 2차적 언어일 따름이어서 언어학의 연구대상이 될 수 없다는 입장을 취했다. 어떻게 보자면 지극히 상식적인 문제가 하나의 논쟁거리가 되어왔던 것은 희랍이나 로마시대 때부터 모든 학문은 문헌 중심적인 것이었기 때문이었다. 특히 이런 인문학 중심의 시대에는 어학은 문학의 보조학문으로 간주되어서 그것에는 으레 고전적 문학작품을 분석하는 일도 포함되어 있었다.

그런데 19세기에 비교언어학이 학세를 잡게 되면서 이런 문자언어 우위적 전통에 금이 가기 시작했다. 그리고 무엇보다도 중요한 사실은 이때에 이르러서는 고전중심의 학문적 분위기가 차츰 인간이나 현실중심의 낭만적인 것으로 바뀌기 시작했다는 점이다. 이런 변화의 결과로 나타난 것이 바로 각 지방의 방언을 수집하고 비교하는 방언 연구이었고, 이렇게 되면서 자연스럽게 음성언어의 중요성이 강조되게 되었다. 그러니까 Saussure가 새로운 언어학을 구상하던 시기는 두 가지 언어의 우위성을 놓고서 두 가지의 서로 다른 의견이 맞서있던 시기였다고 볼 수가 있는데, 이런 혼돈의 시기에 그는 이 문제에 대한 자기의 확고한 입장, 즉 언어연구에 있어서의 하나의 대원리를 내세웠던 것이다.

그중 두 번째 것은 언어는 원래가 한 언어 사회의 공통적 체계나 규약임과 동시에 한 개인의 발화행위이기에 이들 중 어느 것이 언어연구의 정당한 대상이 될 수 있느냐의 문제이었는데, 그는 그것은 마땅히 첫 번째 것이어야 된다는 입장을 취했다. 이 문제에 관한 그의 입장을 설명하기 위하여 우선 그는 「랑가지」는 크게 「랑그」와 「빠롤」로 구성되어 있다는 식으로 언어를 가리키는 말을 세 가지로 나누었다. 물론 이런 구분은 언어를 하나의 기호체계이며 사회적 규범으로 보려는 그의 언어관에서 나온 것이었다. 한 마디로 말해서 그는 구체적인 음성적 현상이 아니라 추상적인 음운체계로 분석했을 때만 언어의 본질은 파악될 수 있다고 본 것이다. 이런 의미로 보아서도 그가 생각하는 음성언어는 문자언어와 대립적인 것이었다.

그중 세 번째 것은 언어를 연구하는 방법 중 최선의 것은 여러 언어들의 파생 내지는 분화과정을 연구하는 역사 언어학적 방법이어야 하느냐의 문제 있었는데, 그 당시만 해도 이것이 일종의 학문적 대세였음에도 불구하고 그는 이것에 반기를 들고 나섰다. 진화론의 대두로 이 무렵에는 언어학이 진화언어학과 정태언어학의 두 흐름으로 나뉘어질 정도까지 전자가 학세를 크게 얻고 있었는데, 그는 통시적 언어연구와 공시적 언어연구 중 오직 후자만이 새로운 언어학의 정당한 연구영역이 될 수 있다고 선언했다. 그가 보기에는 지금 쓰이고 있는 언어의 실체를 구명하는 일이 먼저 이루어진 다음에야 그것의 진화과정이나 여러 언어 간의 친족관계도 제대로 밝혀질 수 있었다.

그중 네 번째 것은 언어가 원래부터 가지고 있는 두 가지 면, 즉 표현체라는 면과 의미의 수용체라는 면 중 어느 면에 대한 것을 언어연구의 주된 과제로 삼아야 하느냐의 문제였는데, 그는 이에 대하여 언어를 하나의 음성적 표현체로 보려는 형식주의자적인 입장을 취했다. 이 문제를 다룸에 있어서도 그는 그 특유의 양항적 대립성의 설명법을 사용했다. 언어를 하나의 기호로 본다는 것이 그의 기본적인 발상법이었기에, 기호라는 기본어로부터 한 쌍의 파생어를 만들어내게 되면 이 문제는 명석하게 해결이 된다고 그는 생각했다. 「시니피앙(signifiant)(기표)」과 「시니피에 (signifie)(기의)」가 바로 그 한 쌍의 단어였는데, 전자는 기호의 표현적인 면을 담당하는 것이고, 후자는 그것의 개념적인 면을 담당하는 것이었다. 예컨대 프랑스어의 「arbor」라는 단어는 「arbor」라는 표현체와 「나무」라는 개념의 두 부분으로 이루어져 있는데, 언어연구의 정당한 대상이 되는 것은 첫 번째 것이지 두 번째 것은 아니라는 것이 그의 입장이었다.

그런데 사실은 그는 이렇게 함으로써 그 당시에 역사언어학적 흐름에 이어서 언어연구의 제 2의 학세로 자리 잡았던 심리언어학적 흐름에도 쐐기를 박을 수 있다고 생각했다. 18세기에 언어연구를 언어와 사고나 문화의 관계를 중심으로 한 학문으로 발전시킨 사람이 바로 Humboldt였는데, 19세기에는 Steinthal과 Wundt와 같은 그의 뒤를 따르려는 사람들의 움직임이 활발해지면서 많은 사람들이 언어를 개념이나 의미의 수용체로 보아야 한다고 생각하게 되었다. 그도 물론 언어적 기호가 청각적 영상과 개념으로 구성된 일종의 심리적 실체라는 사실을 인정했다. 그러나 그는 언어학이 과학적인 학문이 되려면 우선 이들 두 부분 중 첫 번째 것만을 대상으로 삼아야 되고, 그 다음으로는 청각적 영상이 음운적 표현체로 추상화된 것을 대상으로 삼아야 된다고 생각했다. 이런 의미에서도 그는 분명히 철저한 형식주의자였다.

그중 다섯 번째 것은 언어체계의 조직성에 관한 문제였는데, 그는 이와 관련하여 언어는 하나의 구조체라는 말로써 그의 입장을 표명했다. 엄밀히 따지자면 그 자신이 구조나 구조주의라는 술어를 직접적으로 사용한 적은 없다. 그러나 훗날 그의 후계자들이 그의 언어이론에 이 이름을 붙인 점으로 보아서 이 다섯 번째 특징이 나머지 특징들을 모두 망라할 수 있을 만큼 가장 기본적인 것임이 분명하다. 너무나 당연한 말이 되겠지만 그전까지는 그 누구도 「언어는 하나의 실질이 아니라 하나의 형석이다.」나 「언어상태에 있어서는 모든 것은 관련성에 기저 되어있다.」와 같은 말을 하지 못했는데, 그 이유는 그 누구도 미처 언어체계의 생명은 바로 그것의 조직성이라는 생각을 하지 못했기 때문이었다. 따라서 후계자들이 보기에는 이 점이야 말로 어학과 언어학을 가장 확실하게 구별 지을 수 있는 구별점 이었다. (Saussure 1916, <1959>, p.122)

그런데 이런 발상법과 관련하여 가장 놀라운 점은 통합적 관계와 연합적 관계라는 두 개의 구조적 축은 일종의 형식적 축이라기보다는 일종의 심리적 축이라고 생각했다는 사실이다. 물론 그도 「언어조직에 있어서 가장 두드러진 점은 통합적 견고성이다. 거의 모든 언어단위들은 발화의 연쇄나 그들에 후속하는 부분 등에 있어서 무엇이 그들을 애워 싸느냐에 의해서 결정된다.」와 같은 말을 함으로써 실제에 있어서는 통합적 관계성이 연합적 관계성보다 더 중요한 기능을 하고 있다고 보았다. 또한 언어에 있어서의 통합적 관계성의 중요성을 강조하기 위하여 그는 「언어에 있어서는 모든 것은 차이성으로 귀결이 되지만 집단화로도 귀결이 된다.」같은 말을 하기도 했다.(Ibid, p128)

그러나 그는 이들 두 집단화 절차 간에는 상호의존적 연결성, 즉 그들은 서로를 조건화 시키고 있다는 사실을 특별히 강조하고 있는데, 그의 이런 견해는 결국에 일종의 기술적 사실에서가 아니라 언어 사용시의 심리적 사실에 기저하고 있다는 것은 더 말할 필요가 없다. 예컨대 그는 프랑스어의 「de-faire(원상태로 돌리다)」라는 복합어가 생성되는 과정에서는 「decollor, deplacer, decoudre 등」의 연상적 연속체와 「faire, refaire, contrafaire 등」의 통합적 연속체가 같이 작동된다고 보았다. 결국 그는 언어를 일종의 심리적 절차의 실현체로 본 것이다. (Ibid. p.129)

그중 여섯 번째 것은 언어연구의 독립성이나 자율성에 관한 문제였는데, 이것에 대한 최선의 해결책은 바로 언어학을 기호학의 일부로 보는 것이라고 그는 생각했다. 그는 언어란 개인적으로 볼 것 같으면 일종의 심리적 현상이면서 전체적으로 볼 것 같으면 일종의 사회적 현상이기 때문에 언어학을 으레 심리학을 위시하여 사회학, 인류학, 역사학, 민족학 등과 같은 관련학문으로부터 많은 도움을 얻게 되어있다는 것은 틀림이 없는 사실이지만, 그렇다고 해서 궁극적으로 그것의 독립성과 자율성이 훼손되는 일은 없어야 하는데, 그동안에는 안타깝게도 그렇지를 못했다고 보았다. 그가 보기에는 이 문제는 언어를 일종의 기호로 보고서 언어학을 기호학(semiology)의 일종으로 보게 되면 해결되게 되어있었다. 바로 이런 주장으로 인하여 훗날에 가서 그의 언어이론은 기호이론으로 불리게 되었다.

그런데 이 문제와 관련하여 특별히 그가 강조한 점은 다음과 같은 두 가지였다. 첫 번째로 그의 견해로는 일단 기호학을 「사회에 있어서의 기호의 생애를 연구하는 과학」으로 정의하고 보자면, 인간적 제도나 사실을 제대로 밝혀내기 위해서는 응당 이런 학문이 존재했어야 함에도 불구하고 아직까지는 그렇지가 못하다는 것이 안타까운 사실이었다. 기호학을 설정하는 일은 우선 심리학자의 역할처럼 보이기 쉬운데, 그 이유는 개인을 통하여 기호를 사용하는 심리적 절차를 밝히는 것이 그것의 첫 번째 과제일 수 있기 때문이다. 그러나 기호는 사회적 의지의 표현체이기도 하기 때문에, 그것은 사회적 입장으로부터도 연구되어야 마땅한데, 이런 식의 연구는 결국에 사회학자의 몫이었다. 그의 결론은 따라서 「기호학이 어떤 모양의 학문일는지는 아직은 아무도 말할 수 없다.」는 것이었다. (Ibid, p.16)

두 번째로 그는 언어학은 단지 기호학의 일부라는 사실이 아니라 그것을 학리적으로 이끌어 나갈 수 있는 학문이라는 사실이 중요하다는 점을 강조했다. 쉽게 말해서 그는 언어학의 발달이 기호학의 출현을 촉진할 수 있다고 본 것인데, 그것의 근거로 언어는 문자 체계나 귀머거리의 문자, 상징적 의식, 예의적 절차, 군사적 신호등과 같은 신호체계 중에서 「가장 중요한 체계」라는 사실을 들었다. 더 나아가서 그는 지금으로서 여타의 제도들과 기호체계가 어떻게 구별 될 수 있는가 하는 것은 오로지 언어를 통해서만 알 수 있다는 사실 하나만으로도 언어가 가장 잘 발달된 기호체계라는 것을 익히 확인할 수 있다고 주장하고 있다. (Ibid. pp.16~7)

2) 이론적 적합성

그중 두 번째 것은 구조주의 이론의 패러다임이나 기호 이론의 패러다임으로 이름 붙여지기에 하등 손색이 없을 만큼 이상과 같은 여섯 가지의 입장들이 유기적이면서도 전방위적인 이론적 정합성을 이루고 있다는 사실이다. 한 마디로 말해서 그가 내세운 입장들은 과학적 언어연구의 여섯 가지 원리였던 셈인데, 이런 주장을 익히 뒷받침할 수 있는 가장 확실한 사실은 물론 그의 언어이론이 나온 이후 전 세계의 언어 학계가 이른바 음운론의 시대나 기술언어학의 시대라는 이름의 일종의 언어학 전성기를 맞이하게 되었다는 사실이었다.

우선 그는 자기가 지향하는 언어 이론의 제일 큰 특징으로 일반성을 내세웠는데, 이것은 곧 Chomsky가 말하는 설명력의 확보를 그가 궁극적인 목표로 삼고 있었다는 말이나 같은 말이 된다. 그가 내세운 여섯 가지의 입장들은 하나같이 언어적 사실이나 실체에 관한 보편적인 진리나 다름이 없다. 예컨대 「랑그」와 「빠롤」중 연구의 정당한 대상이 되어야 하는 것은 「랑그」라는 원리나, 언어체계는 통합적인 축과 연합적인 축에 의하여 구조성이 유지된다는 원리, 언어는 일종의 사회적 제도로 보아야 한다는 원리 등은 이 세상 어떤 언어를 연구하는 데도 공통적으로 쓰일 수 있는 것들이다.

그 다음으로 그의 언어이론은 모두가 철두철미하게 형식주의적인 특색을 띠고 있었는데, 이로써 그는 자기의 언어이론의 과학성을 가장 쉬운 방법으로 확보할 수 있었다. 원래가 언어는 형식과 내용이 「종이의 앞뒷면」처럼 붙어있는데다가 형식보다는 내용을 기준으로 한 기술이 더 용이한 대상이기에 자칫 잘못하면 옛날의 문법학자들처럼 기술에 있어서 형식과 내용을 뒤섞는 잘못을 저지르기가 쉬운 학문이 바로 언어학이라는 사실을 그는 잘 알고 있었다. 따라서 그가 보기에는 언어학을 일종의 과학적인 학문으로 다시 태어나게 하기 위해서 언어학자가 제일 먼저 해야 할 일은 의미나 내용의 문제를 그것에서 배제시키는 것, 다시 말해서 엄격하게 언어의 형식적 특징만을 그것의 정당한 대상으로 삼는 것이었다.

이런 의도를 구체화한 것이 우선 그의 기호이론이었다. 그의 생각으로는 언어를 일단 하나의 기호체계로 보게 되면 「실질」에 대한 특별한 고려

없이 오직 「형식」의 문제에만 매달릴 수가 있는 합리성과 정당성을 언어학자들이 갖게 되는 것인데, 그 이유는 기호 체계하면 으레 일정한 기호를 단위로 한 형식적 조직체를 가리키게 되어있기 때문이었다. 다시 말해서 그는 기호는 개념과 음성적 심상의 결합체임에도 불구하고 일반적으로는 그것이 음성적 심상만을 가리키는 말로 쓰이고 있다는 사실을 잘 알고 있었던 것인데, 그게 그렇다는 것은 언어적 기호체계를 연구하는 데 지켜져야 할 원리에는 기호의 자의성에 관한 원리와 기호의 선형성에 관한 원리의 두 가지가 있다고 주장하는 사실로써 익히 알 수가 있다.(Ibid. pp.67~70)

그의 이런 의도는 그 다음으로 그의 음운이론에 의해서도 구체화 될 수 있었다. 예컨대 그는 언어는 기본적으로 하나의 음운체계라는 입장을 내세우면서 「언어는 공동체의 각 구성원의 두뇌에 저장되어있는 인상의 합산체의 형식으로 존재해서, 그것은 동일한 복사체들이 각 개인에 분배되어있는 일종의 사전과 같은 것」이니까 그것의 존재양식은 「1+1+1+1⋯ = I (집단적 유형)」처럼 표현될 수 있다고 주장했었는데, 여기에서 그가 말하는 「공통적 인상」이나 「집단적 유형」은 모두가 소리에 관한 것이었다. (Ibid. p.19)

그는 음운론 중심의 언어이론을 펴는 데 있어서 두 가지 점을 강조했는데, 그중 첫 번째 것은 소리의 우선성에 관한 것 이었다. 그는 여기에서 하나의 기호를 구성하는 것은 개념과 형식, 즉 기의와 기표의 두 가지이지만 굳이 따지자면 이들 중 더 기본적인 것은 형식, 즉 기표라는 점을 분명히 밝히고 있다. 그는 이런 입장을 「만약에 화자가 말하는 행위와 먼저 관련짓지 않는다면 어떻게 어떤 개념을 어떤 낱말의 심상과 연결 지을 수 있겠는가?」와 같은 단순한 말로써 나타내고 있다. 그는 또한 「우리는 모국어를 다른 사람들의 말을 들음으로써 배우게 된다는」 사실과 「말하기가 바로 언어진화의 원인이 된다.」는 사실 등을 자기 주장의 근거로 내세기기도 했다. (Ibid, p.19)

그중 두 번째 것은 언어와 말의 구분에 관한 것이었는데, 이것은 우선은 이른바 「랑그」와 「빠롤」의 관계에 대한 것이고, 그 다음으로는 음운론과 음성학의 관계에 대한 것인 만큼 그의 언어이론의 핵심을 이루고 있는 것임이 분명했다. 그가 그의 책의 첫 부분에서처럼 여기에서도 언어와 말 중 오직 언어만이 언어연구의 대상이 될 수 있고, 또한 음운론과 음성학중 오직 음운론만이 언어학의 한 분야가 될 수 있다고 주장하고 있는 것은 하등 놀라운 일이 아니다. 그의 이런 입장은 「정말로 필요하다면 언어학이라는 술어를 두 분야에 똑같이 적용해서 말에 관한 언어학과 같은 말을 만들어 낼 수도 있을 것이다. 그렇지만 그런 과학은 언어를 유일한 목표로 삼는 본연의 언어학과 혼돈되어서는 안 된다.」라는 말 안에 익히 밝혀져 있다. (Ibid. p. 19)

그런데 그가 여기에서 또 한 가지 강조하고 있는 점은 바로 보기에 따라서는 첫 번째 주장과는 이율배반적인 것으로 볼 수도 있는 언어와 말의 상호의존성이었다. 좁게는 음운론이 기본적으로는 음성학적 지식에 기저하고 있어야하고, 또한 넓게는 언어연구의 기본이 되는 것은 역시 말에 대한 연구이어야 한다는 그의 주장은 그가 생각하는 최선의 언어연구의 방법이란 결국에 사실적 현상이나 자료를 수집하고 분석하는 것이라는 사실을 잘 드러내주고 있다. 그런데 사실은 이런 과학관을 일단 경험주의적인 과학관으로 치자면 그의 과학관은 그것을 한 단계 초월하는 것이라는 데 그 특징이 있다. 그는 간단히 말해서 언어와 말은 원래가 상호의존적인 관계를 유지하고 있는 이상 말을 연구하는 데는 응당 일정한 언어에 대한 지식의 도움이 필요하게 되어있다고 생각한다.

3) 언어적 가치의 기준

그중 세 번째 것은 언어적 단위나 가치를 설정하는 데 쓰이게 되는 하나의 과학적인 기준을 마련할 수 있었다는 점이다. 언어학을 하나의 과학으로 보게 되면 그것에서 하는 일은 크게 언어적 단위나 가치를 설정하는 일과 그들 간의 관계를 구명하는 일의 두 가지가 된다는 것을 그는 익히 알고 있었다. 그런데 그의 언어이론의 특징은 이들 두 가지 일은 원래가 따로따로 하게 되어있는 것이 아니라 같이 하게 되었다는 것과, 굳이 따지자면 이들 두 가지 일중 더 기본이 되는 것은 첫 번째 일이라는 것을 웅변적으로 보여주고 있다는 점이다. 한 마디로 말해서 그는 여기에서 자기 특유의 언어적 단위의 설정 기준을 제시함으로써 구조주의의 진수를 보여주고 있는 것이다.

그가 여기에서 내세우고 있는 기준은 예컨대 「부정적 기준」이나 「차이성의 기준」으로 명명할 수가 있는데, 이런 사실은 우선 이것과 정반대적인 기준, 즉 긍정적 기준을 다른 학문에서는 보통 내세우고 있다는 사실과 대조가 된다. 이런 의미에서 이 부분이야 말로 그의 과학관의 탁월함을 새삼 드러내주고 있는 부분임이 분명하다. 그의 기준이 그의 구조주의의 진수에 해당하는 것이라는 것은 다음과 같은 세 가지 말의 내용을 음미해 보면 당장 알 수가 있다.

> (1) 언어에는 오로지 차이만이 있다. 더 중요한 것은 일반적으로 차이는 긍정적인 술어로써 표현이 되는 데 반하여, 언어에서는 아무런 긍정적인 술어 없이 아직 차이만이 있게 된다는 점이다. 우리가 기표의 면을 논의하게 되든지 기의의 면을 논의하게 되든지 간에, 언어적 체계 이전에는 언어에는 상념도 없었고 소리도 없었으며, 오직 그 체계에서 드러나는 개념적 및 음성적 차이만이 있게 된다. (Ibid. p.120)
>
> (2) 기호를 긍정적 술어로 비교하게 되면 우리는 더 이상 차이를 말할 수 없게

된다. 이런 식의 표현은 적절한 것이 되지 못하는데, 그 이유는 그것은 「father」와 「mother」라는 두 가지 음성적 심상이나 또는 「father」의 의미와 「mother」의 의미라는 두 가지 개념들을 비교하는 경우에만 적용될 수 있기 때문이다. 각각 하나의 기표와 기의를 가지고 있는 이들 두 기호는 서로 차이가 나는 것이 아니라 서로 구별이 되고 있다. 이들 간에는 오로지 대립성만이 있는 것이다.

(3) 언어를 구성하는 음성과 개념의 차이의 세트는 두 가지 형태의 비교로부터 나오게 된다. 이들 관계는 어떤 때는 연합적이고 어떤 때는 통합적이다. 두 가지 부류에 있어서의 집단화는 대부분 언어에 의해서 고정되어 있다. 공통된 관계의 이런 세트가 언어를 구성하게 되고 또한 그것의 기능을 지배하게 된다. (Ibid. P.127)

이상의 세 가지 말들을 분석해보면 결국에는 언어적 단위에 대한 설명은 언어의 구조성, 즉 문법적 기구에 대한 설명이 될 수밖에 없다는 사실을 알 수 있게 된다. 그러니까 이들 말들의 내용을 종합해보면 그가 말하는 구조주의가 어떤 것인가를 알 수 있게 될 뿐만 아니라 그 이론에 걸맞은 언어연구법이 어떤 것인가 까지도 알 수 있게 되어있는 것이니까, 이들은 그의 책 전체를 가장 간단하게 요약한 것이라고 볼 수도 있다. 한 마디로 말해서 이들은 그의 언어이론, 즉 구조주의의 진수를 드러내주는 말들이다.

그런데 무엇보다도 중요한 사실은 이들을 통해서 우리는 그의 언어 연구법은 그 유례를 다시 찾아볼 수 없을 만큼 과학적인 것이라는 것을 깨닫게 된다는 점이다. 흔히들 사람들은 가장 과학적인 연구법은 세분화나 분류화와 같은 상향적 연구법이어야 된다고 생각하는데, 여기에서의 그의 언어연구법은 이런 상식적인 고정 관념을 완전히 깨트린 것이다. 간단히 말해서 그가 제시하는 연구법은 부분에서 전체로 가는 상향적인 방법과 전체에서 부분으로 가는 하향적인 방법을 동시에 사용하게 되는 일종의 양방적 연구법이다. 최근에 인지심리학에서 내세우는 「통합적 분석법」이라는 인지절차가 바로 언어분석에서 최고의 효율로 적용될 수 있는 절차라는 것을 그는 일찍이 알아낸 것이다.

그러나 솔직히 말하자면 그의 언어연구법은 너무나 파격적이고 이상적인 것이어서 언어연구자가 실제로 사용하기에는 부적절한 것이라는 인상을 떨칠 수가 없다는 점이 그것의 결정적인 문제점이다. 우선 음운론 하나만을 놓고 보아도 여러 언어들의 음성에 대한 방대한 양의 자료 분석과 분류작업이 없이는 음운적 체계나 조직을 논할 수가 없다. 그러니까 예컨대 한 음소의 정의를 과거처럼 긍정적인 술어 대신에 부정적인 술어를 써서 내리는 일부터가 대단한 양의 자료 분석과 작업을 필요로 하게 되어 있다. 결국에는 이래서 실제에 있어서는 그의 언어연구법도 부분에서 전체로 나아가는 상향적인 방법으로 남아있을 가능성이 크다.

더욱 놀라운 것은 그는 자기가 제안하는 언어연구법은 이른바 일반언어학을 위한 것이기에 첫 번째로는 이것은 언어의 어느 면이나 조직을 연구하든지간에 공통적으로 쓰이게 되어있고, 두 번째로는 이 세상의 어느 언어를 연구하든지간에 동일하게 쓰이게 되어있다고 생각했다는 사실이다. 예컨대 그는 통합적 분석법과 연합적 분석법은 문법조직을 연구하는 데만 쓰이는 것이 아니라 응당 음운조직을 연구하는 데도 쓰이는 것이라고 생각했고, 더 나아가서는 개념조직을 연구하는 데도 같은 방법이 쓰일 수밖에 없다고 생각했다. 그러나 그는 「하나의 언어 상태에 있어서는 모든 것이 관계에 기저하고 있다.」는 자기의 발상법은 사고나 개념조직을 연구하는 데도 그대로 적용될 수 있다는 연구결과를 구체적으로 제시하지는 못했다. (Ibid. p.122)

4) 그의 언어이론의 영향력

그중 네 번째 것은 그의 언어이론은 언어학과 기호학이라는 두 가지 현대적 학문의 탄생에 산파적 역할을 했을 뿐만 아니라 그 뒤에는 이들의 지속적인 발전에 결정적인 영향을 끼쳐왔다는 점이다. 먼저 현대언어학이나 일반언어학, 구조언어학, 기술언어학, 언어학 등의 새로운 이름과 함께 20세기에 이르러 언어를 과학적으로 연구하는 바람을 일으킨 것이 바로 그의 언어이론이었다. 물론 그 동안에 언어학은 학문적 질과 양의 양면에 있어서 전례 없는 발전을 이룩할 수 있었다. 그런데 적어도 구조나 음소, 음운론, 언어학 등의 용어는 오늘날 까지 그 후 내내 쓰이고 있다. 그러니까 이런 점만으로 미루어 보아서도 지금의 언어학은 그의 언어이론의 영향력 밑에서 성장해왔다고 보아도 결코 과장된 말이 아니다. 더 구체적으로 말할 것 같으면 미국에서 20세기 중반에 구조언어학을 유행시킨 Bloomfield는 더 말할 필요도 없고, 그 후에 그것의 대안이론으로 변형문법이론을 내세워 전 언어학계를 지배했던 Chomsky도 그의 언어이론의 영향을 받았던 것이다.

거시적으로 보았을 때와는 다르게 미시적으로 보았을 때의 그의 공로는 역시 음소론이나 음운론의 기초를 다진 데 있었다. 과학적으로 언어를 연구한다는 입장에서 볼 것 같으면 언어는 곧 형식이고, 그 형식은 곧 음운 체계라는 그의 이론은 결국에 새로 출발하는 언어학의 모습과 과제를 결정짓고 만 것이다. 그의 언어이론의 위력이 얼마나 컸는가 하는 것은 물론 음운론 중심의 언어학이 삽시간에 전 세계로 퍼져나간 사실이 익히 실증하고 있었다. 우선 유럽을 휩쓴 「프라그」학파와 「코펜하겐」학파, 「프랑스」학파 등이 바로 그의 언어이론의 발전을 도모하려는 학파들이었다. 그 다음으로 영국에서 일어난 「런던학파」도 넓은 의미에서는 이런 대륙에서의 큰 흐름과 동조하는 학파이었다. 그리고 미국에서 큰 학세를 얻은 구조언어학도 그의 언어이론의 영향 하에서 일어난 언어학이었다. 학세가 이렇게 전 세계적으로 퍼져나갔다는 사실보다 더 중요한 것이 바로 20세기 동안에 음운론이라는 언어학의 한 하위영역이 정립되었다는 사실이다. 특히 음운론의 정립에 결정적인 기여를 하게 된 것은 미국의 구조언어학자들이었다. 이른바 현장연구라는 이름 밑에서 그들은 세계 여러 나라의 언어의 음운조직을 분석하였을 뿐만 아니라 수집된 자료를 근거로 한 서로간의 치열한 토의와 논쟁을 통해서 음소론이나 음운론의 이론적 틀을 세우고 기초를 다지는 일도 일단 마무리를 지을 수 있었다. 흥미롭게도 그러니까 유럽에서 시작된 음운론 중심의 언어연구는 미국에서 큰 결과를 얻게 된 것이다. 그리고 무엇보다도 중요한 사실은 언어학의 한 정통영역으로서 음운론, 즉 언어의 음운조직에 관한 연구는 그 후에도 쉬지 않고 이어져 오고 있다는 사실이다. 예컨대 1950년대에 Chomsky와 Halle가 그 학파를 만든 이래 생성음운론은 오늘날에도 변함없이 주된 음운론의 위상을 유지하고 있다.

그의 언어이론이 언어학의 발전에 기여한 것에 못지않게 기호학의 발전에도 기여하게 되었다는 것은 오늘날 그의 언어이론을 기호이론으로 부르는 사람이 있다는 사실이 잘 실증하고 있다. 「언어학자의 과제는 기호학적 자료의 덩치 안에서 무엇이 언어를 하나의 특별한 체계로 만드는가를 찾아내는 것」이라는 말이 익히 드러내주고 있듯이 그는 언어는 일종의 기호이기에 언어학은 으레 기호학적 틀 안에서만 제대로 발전하게 되어있다고 보았다. 특히 그는 기호학이 하나의 어엿한 과학으로 인정받지 못하고 있는 현실을 안타까워하면서 「언어는 다른 어느 것보다도 더 좋은 기호학적 문제를 이해하는 데 필요한 기저를 마련하게 된다.」는 점을 강조했다. (Ibid. p.16)

그런데 지금까지의 기호학의 역사가 잘 말해주고 있듯이 그동안에 그것과 언어학의 발전 사이에는 감히 비교도 할 수 없을 만큼 큰 간격이 생겨버렸으며, 따라서 지금쯤에는 대부분 사람들이 그가 가졌던 꿈은 결코 이루어질 수 없는 것이라는 사실을 확인할 수 있게 되었다. 한 마디로 말해서 많은 사람들은 드디어 한 사회의 기호체계를 연구하는 일은 그 사회의 언어를 연구하는 일과 거의 아무런 관계가 없는 것이며, 따라서 기호학은 그 나름대로의 독립된 학문으로 발전하는 것이 바람직한 일이라는 것을 깨닫게 된 것이다. Duerot와 Todorov (1979)의 비평을 그대로 빌리자면 「거의 1세기에 걸친 발전의 역사에도 불구하고 기호학은 확립된 과학이라기보다는 하나의 연구과제로 남아있고, 소쉬르의 예언은 고대로 그의 소망사항으로 남아있는 것이다.」(p.86)

그리고 굳이 따지자면 그가 기호학의 탄생과 발전에 크게 기여했다는 말은 유럽의 기호학을 논할 때만 할 수 있을 뿐이고, 미국의 기호학을 논하는 경우에는 해당하지 않는다고 생각할 수도 있다. 예컨대 그의 책이 나오기 조금 전에 미국에서는 실용주의 철학자인 Peirce가 그 유명한 기호와 대상, 해석소 등간의 「순수 삼각관계」에 대한 이론을 중심으로 해서 그 나름의 독자적인 기호학을 창안하는 데 성공했다. 그리고 조금 뒤에는 Morris(1938)가 언어를 포함한 상징체계에 대한 연구를 통사론과 의미론, 화용론 등의 세 영역으로 나눌 것을 제안 했었다.

(가) 직접적인 영향

그러나 유럽에서의 기호학의 발달은 그의 언어이론이 주도해왔다고 볼 수가 있는데, 그 근거로는 다음과 같은 두 가지 사실을 내세울 수가 있다. 그중 첫 번째 것은 그의 언어이론이 발표된 이래 오늘날에 이르기까지 그가 내세운 기호학적 이론은 꾸준히 전승 내지는 발전되어 왔다는 사실이다. 간단히 말할 것 같으면 그가 창안한 구조주의 기호학은 지난 한 세기에 걸쳐서 하나의 독립된 학문으로 성장해온 것인데, 이 일의 주역으로 활동한 사람은 Hjelmslev와 Benveniste, Barthes 등의 세 사람 이었다.

먼저 「코펜하겐 학파」의 수장으로 알려진 Hjelmslev는 언리학이라는 독자적인 언어학을 개발하는 데 성공하리만큼 Saussure의 언어이론을 누구보다도 충실하게 전수하고 확대발전 시킨 사람이었다. 그가 으뜸으로 신봉한 언어적 내지는 기호적 원리는 역시 언어는 실질이 아니라 형식이라는 Saussure의 이론 이었는데, 그는 초기에는 언어연구를 형식의 실체를 변별적 자질에 의해서 파악하는 일로 보았다가 뒤에 가서는 그것을 구조의 체계성이나 위계성을 파악하는 식으로 구조주의를 기능주의적으로 바꾸는 데 크게 기여했다. 다시 말해서 그는 언어를 하나의 기호체계로 본다는 것은 곧 언어적 요소들을 위계적 체계 내에서의 기능적 작동자로 본다는 것이라고 생각했다. 그러니까 그가 창안한 언리학은 곧 기능주의적 기호이론의 한 표본이었던 것이다.

흔히 「표현행위의 이론」의 창안자로 알려진 Benveniste는 다음과 같은 세 가지 면에서 Saussure의 기호이론을 수정 발전시켰으며, 그런 의미에서는 그는 가장 두드러진 「후기 구조주의자」임이 분명했다. Hjelmslev와는 다르게 그는 우선 기호학을 Saussure의 이론을 받아들이는 입장에서가 아니라 그것을 비판하는 입장에서 발전시키는 전통을 세웠다. 다시 말해서 그는 Saussure의 언어이론의 첫 번째 면인 기호의 체계성이나 구조성에가 아니라 그것의 두 번째 면인 그것의 기능성에 연구의 초점을 맞춘 최초의 학자였던 셈이다. 아마도 그의 논문집(1966)의 서명이 「일반언어학의 문제점(Problems de linguistique)」으로 되어있는 것도 바로 이런 이유에서일 것이다.

그는 놀랍게도 먼저 Saussure의 언어이론 중 가장 핵심적인 것의 하나인 「자의성의 이론」에 정면으로 반기를 들었다. 원래는 Saussure는 기표 즉 소리와 기의, 즉 의미 간에는 아무런 필연이나 논리적인 관계가 없는 점이 바로 언어체계의 가장 특이한 특징이라고 보았던 것인데, 그는 이런 견해는 바로 인간의 언어학습 절차와 언어 사용 시의 그의 주관적 심리 등을 무시한 채 오로지 언어를 일종의 객관적이고 자율적인 표현체로 본 데서 비롯된 것이라고 비판했다. 그는 어릴 때 배운 단어의 소리와 의미는 그의 마음 안에 하나의 불가분적인 통일체를 이루고 있으며, 이런 의미에서 볼 것 같으면 소리와 의미간의 관계는 자의적인 것이 아니라 자연적인 것으로 보아야 한다고 주장했다.

그 다음으로 그는 언어는 원래 「표현체(enonce)」로서 연구할 수도 있고 「표현행위(enonciation)」로서 연구할 수도 있는데, 이중 두 번째가 언어의 본연의 모습을 제대로 파악 할 수 있는 방법이라는 주장을 하고 나섰다. 그는 그러니까 통사론과 화용론은 서로 별개의 영역인데, 이중 더 중요한 것은 통사론이 아니라 화용론이라는 것을 주장하고 나선 첫 번째 언어학자였던 것이다. 그의 이런 언어관은 Morris의 그것과 유사한 것이었다. 그리고 이런 발상법은 「말」이 아니라 오로지 「언어」만이 언어연구의 대상이 될 수 있다는 Saussure의 2분법과 배치가 되는 것이었다.

세 번째로 그는 언어적 의미나 기능은 객관적인 것이 아니라 주관적인 것이라는 견해를 피력했다. 그가 보기에는 언어적 체계의 특징은 인칭이나 지시적 관계를 나타내는 대명사들이 폭넓게 쓰이고 있다는 점인데, 이런 대명사들은 으레 일정한 언어사용의 현장에서, 특정한 개인에 의해서 쓰이고 있다는 의미에서 이들의 의미나 기능은 다분히 주관적인 것임이 분명했다. 이런 의미에서 우선 오직 언어를 통해서만 다시 말해서 「나」라는 대명사를 통해서만 한 개인은 자기의 실체를 인식하고 느낄 수 있으며, 그 다음으로는 「나」라는 대명사의 의미나 기능은 오직 「너」나 「그」와 같은 다른 대명사와의 관계 속에서만 파악될 수 있었다. 그는 그러니까 대명사에 대한 연구를 통해서 기호학이 왜 문학이나 철학은 더 말한 나위가 없고, 그 밖의 여러 예술이나 문화에 대한 연구의 기초가 될 수 있는 학문이라는 것을 실증한 것이었다.

Barthes가 Saussure의 직접적인 후계자라는 것은 1964년에 낸 책의 이름이 「기호학의 요소(Elements de semiologie)」라는 사실 하나로써 익히 알 수가 있다. 현재로 보았을 때 기호학의 영어 학명은 「semiotics」와 「semiology」의 두 가지라고 볼 수가 있는데, 이중 두 번째 것은 바로 Saussure가 희랍어의 「semeion(기호)」를 활용해서 만들어낸 것이다. 따라서 그가 Peirce가 만든 첫 번째 것이 일반적인 학명으로 쓰이고 있는 현실을 무시하고서 굳이 두 번째 것을 택한 것은 다분히 의도적이었음이 분명하다. 이로써 그는 우선 기호학의 창설자는 Saussure라는 사실을 알릴 수 있었다. 그리고 이로써 그는 자기가 그의 직접적인 후계자라는 사실도 알릴 수 있었다.

그의 책의 이름이 익히 말해주고 있듯이 큰 의미로 보았을 때는 그의 기호이론은 Saussure의 기호이론의 복사판이라고 볼 수가 있다. 그러나 그의 공로는 Saussure가 일찍이 내렸던 기호학에 대한 정의에 맞게 기호체계의 영역을 전 사회 및 문화적인 면으로 확대한 데 있었다. Saussure의 기표 대 기의 간의 관련이론은 주로 언어체계만을 대상으로 한 것 이었다. 그러나 언어체계에서 찾아낸 이론이나 원리를 문학이나 사진, 영화, 광고, 의상과 같은 여러 사회나 문화적 현상을 분석 하는 데 사용한 사람은 그가 처음이었다. 기호학의 기본적인 개념과 이론을 설명한 사람은 Saussure였지만 그것을 하나의 종합과학이나 문화과학으로 발전시키는 데 기초를 닦은 사람은 그였다는 의미에서, 그의 기여는 구조주의의 위상을 지금의 것처럼 격상 시킨 데 있다고 말할 수가 있다.

다양한 사회 및 문화적 활동이나 제도를 모두 기호적 현상으로 보다 보니까 Saussure의 정의나 이론 등은 비록 부분적이긴 하지만 적지 않게 수정되지 않을 수 없었다. 그가 수정한 이론 중 제일 중요한 것은 역시 기표와 기의간의 관계에 관한 것이었다. 일찍이 Benveniste와 Martinet가 그랬듯이 그도 이른바 자의성의 이론은 잘못된 것으로 보아야 한다고 주장하고 나섰다. 예컨대 어떤 프랑스 사람도 어떤 프랑스어의 명사를 마음대로 바꿀 수 없다는 사실로 미루어 보아서 기표와 기의 간의 관계는 관행적이고 필연적인 것임이 분명하다고 그는 내세웠다.

더 나아가서 그는 그 관계는 천편일률적이지 않고서 동기의 정도에 따라서 달라진다고 보았다. 그의 정의에 의할 것 같으면 동기적 체계는 언어처럼 사용자 전체의 규약에 의해서 만들어진 것인데 반하여, 비동기적 체계는 의상의 유행처럼 일부 집단의 일방적 결정에 의해서 만들어진 것이었다. 그는 특히 그림의 기호체계처럼 기표와 기의가 유사성에 의해서 연합되었을 경우에는 그들은 으레 최고로 동기화된 체계를 이루게 된다는 점을 강조했다.

이렇게 기표와 기의간의 관계를 고정적인 것이 아니라 가변적인 것으로 본다는 것은 결국에 기호학의 궁극적인 연구과제는 기표, 즉 형식의 실체를 밝히는 것이라기보다는 오히려 기의, 즉 의미의 실체를 밝히는 것이라고 본다는 의미였다. 이런 견해는 물론 어떻게 볼 것 같으면 Saussure의 견해와 정반대적인 입장의 것이고, 또 다르게 볼 것 같으면 Saussure가 미처 손대지 못한 문제까지 다루려는 것이어서 결과적으로는 보다 발전된 입장의 것이라고 볼 수가 있다. 이런 의미에서도 그는 가장 공로가 큰 후기 구조주의자였다.

그의 기호 이론의 장점은 새로운 견해를 내세울 때마다 실례에 대한 분석을 곁들였다는 점이었다. 이것의 가장 좋은 예가 바로 그의 책의 서두에 나와 있는 Balzac의 「사라신(Sarasine)」이라는 단편에 대한 분석이다. 그는 여기에서 이것을 여러 부분으로 나누어 보면 이들 하나하나가 실제로는 그가 설정한 다섯 가지의 기호 중 한 가지를 반영하고 있는 것이라는 사실을 밝혔다. 그의 의도는 그러니까 원래 문학적 텍스트에는 독자가 으레 일종의 기호의 피동적 소비자가 되게 되어있는 「독자다운 것」과, 그와는 반대로 독자가 으레 일종의 기호의 재생산자가 되게 되어있는 「작자다운 것」의 두 가지가 있을 수 있는데, 이 작품이야 말로 가장 대표적인 「작자다운 것」이라는 점을 드러내려는 것이었다. 다시 말해서 구체적으로는 이것을 그전까지 「단순한 사실주의적 서술」로 분석한 것은 잘못된 것이라는 것과, 추상적으로는 한 기호의 의미는 단순한 것이 아니라 복합적인 것이라는 것을 그는 이 예를 통해서 주장 했던 것이다. 이렇게 보자면 그가 뒷날에 하나의 기호학자가 아니라 하나의 문학이론가나 철학자로 불리게 된 것이 하등 이상한 일이 아니었다. (Cobley 2006. p.764)

(나) 간접적인 영향

그 중 두 번째 것은 20세기에 유럽에서 새롭게 일어난 철학적 사고 가운데는 그의 기호이론을 학리적 기저나 일부로 삼은 것들이 적지 않게 있다는 사실이다. 물론 엄밀하게 따지자면 이런 현상을 기호학 자체의 발달과 직접적으로 관련된 것이라고 보기보다는 오히려 기호이론이 철학이나 문학과 같은 다른 학문의 발달에 간접적으로 영향을 준 것으로 보는 것이 맞는 일일 것이다. 그리고 더 중요한 사실은 이런 철학적 이론가들은 으레 자기의 이론이 구조주의의 영향을 받은 것이라는 사실을 인정하지 않는다는 점이다. 그렇지만 학문의 역사상 최초로 기호의 개념의 설정과 함께 우리의 사회문화적 제도나 활동을 기호학적 시각에서 분석할 것을 제안한 것은 분명히 Saussure였다. 따라서 그가 일찍이 내세운 기호학적 발상법은 그 후에 철학이나 문학 등과 같은 다른 학문을 통해서도 계속 발전되게 되었다고 말할 수 있다.

이런 사례 중 가장 대표적인 것으로 내세울 수 있는 것은 Husserl의 현상학이다. (Husserl. 1968) 그는 전통적인 2원론의 대안으로 「의도성의 이론」을 제안했는데, 우리의 진리획득의 절차, 즉 의식에 대한 연구에는 크게 의식적 경험에 대한 것과 대상의 양상에 대한 것의 두 가지가 있을 수 있다는 것이 그것의 요지였다. 그런데 그는 이런 식으로 의식과 대상간의 관계를 밝히기 위해서는 먼저 의도성과 기호, 기저라는 세 가지 개념이 설정되어야 한다고 주장했다. 특히 그는 여기에서 기호에는 대상의 존재를 알리는 「지시」와 대상의 인식을 알리는 「표현」의 두 가지가 있다고 내세웠다. 그는 그러니까 기호와 대상간의 관계는 인식자의 의도성에 의해서 생겨나게 된다고 본 것이다.

그리고 그가 말하는 기저란 일종의 논리적 문법을 가리키는 말로서, 이 개념의 설정으로 결국에 기호들은 으레 하나의 관계적 구조체를 이루게 되어있다는 점을 부각시킬 수 있었던 것이다. 그런데 Larsen(1994)은 그의 기호체계의 구조성에 대한 발상법은 바로 「프라그 학파」로부터 원용한 것이라고 보았다. 그러니까 Husserl은 프라그 학파에서 쓰던 구조라는 술어를 기저라는 술어로 바꾸었다고 그는 본 것인데, 그렇다면 그의 의도성의 이론은 Saussure의 구조주의 이론을 약간 수정내지는 확대한 것이라는 의미가 된다. 그래서인지 그는 Husserl의 철학을 「현상학적 기호이론」이라고 부르고 있다.

이런 사례 중 그 다음으로 내세울 수 있는 것은 Jakobson의 문학이론이다. 앞에서 이미 말이 나왔듯이 그는 일찍이 Trubetzkoy와 함께 「프라그 학파」를 이끌면서 Saussure의 언어이론을 전파하고 발전시키는 데 누구보다도 큰 공로를 세운 사람이다. 예컨대, 그는 변별적 자질이나 유표성, 2항 대립성, 보편성 등의 개념을 도입하여 음운론을 하나의 과학적 언어이론으로 발전시킬 수 있었다. 그러니까 일차적으로는 그는 분명히 Saussure의 언어학적 후계자였다. 놀랍게도 그의 언어학적 관심은 기술언어학의 영역이외에 언어습득의 문제나 실어증과 같은 심리언어학적인 영역에게까지 뻗쳐있었다.

그러나 그보다 더 놀라운 사실은 그의 언어학적 관심은 마침내 문학의 영역에 까지 뻗친 나머지 이른바 「형식주의적 문학이론」을 내세우게 되었다는 점이다. 문학작품의 분석에 언어학적 기법을 도입함으로써 그동안까지의 문학과 언어학간의 벽을 허물 수 있다고 생각한 것인데 이런 발상법은 따지고 볼 것 같으면 기호의 두 요소, 즉 기표와 기의 중 기본이 되는 것은 역시 기표라는 Saussure의 언어이론에서 비롯되었다고 볼 수가 있다. 문학에서 쓰이는 여러 가지 형식적 장치, 예컨대 운율적 구조성이나 서술적 전개성 등을 시나 소설의 분석의 주안점으로 삼는 다는 것은 주제나 의미 등을 분석의 주된 대상으로 삼아왔던 그 동안까지의 문학 비평의 풍토에 하나의 커다란 역풍임이 분명했다.

그러나 그의 문학이론이 Saussure의 언어이론에 근거하고 있다는 것은 Saussure가 원래 내세웠던 두 가지의 구조형성의 절차, 즉 통합적 절차와 연합적 절차를 근접성(연결성)의 절차와 유사성(선택성)의 절차로 바꾸었다는 사실에 의해서 더 확실하게 알 수가 있다. 누구나 이름은 각각 다르지만 그 개념은 같거나 비슷한 것들이라는 사실을 당장 알아차릴 수 있다. 그러니까 한 마디로 말해서 그는 일단 이렇게 함으로써 Saussure의 언어이론은 그대로 문학작품의 분석의 경우에도 적용될 수 있다는 것을 보여준 것인데, 이런 의미에서 볼 때 이 점이 그의 문학이론의 진짜 특징인 셈이다.

그의 문학이론의 장점은 물론 그것이 문학작품의 장르나 형식을 분류하는 데 적절하게 쓰일 수 있다는 사례를 보여준 데 있다. 예컨대 이 이분법에 의하여 그는 은유와 환유간의 차이점은 전자는 유사성의 원리에 의해서 만들어진 것인데 반하여 후자는 근접성의 원리에 의해서 만들어진

데 있다고 설명할 수 있었다. 더 나아가서 그는 크게는 시와 산문의 구분도 이런 기준에 의해서 이루어질 수 있다고 보았다. 그리고 이로써 그는 Saussure의 기표 우선의 이론의 한계성도 익히 지적할 수 있었다. 다시 말해서 그가 보기에는 문학작품에 있어서 가장 중요한 것은 어떤 표현의 의미는 그 자체로부터 나오는 것이 아니라 그것이 쓰이고 있는 상황이나 문맥에서 나오게 되어 있다는 것이었다. 따라서 문학에 있어서는 반드시 하나의 기호는 적어도 기표와 기의가 같은 비중으로 다루어지던지, 아니면 기의를 오히려 더 중요시하는 입장에서 다루어져야만 했다.

그의 문학이론과는 일종의 간접적인 관계만을 가지고 있다고 볼 수 있을지 모르지만 크게는 Saussure의 기호 또는 언어이론을 근본적으로 바꿨다고 볼 수 있는 것이 그의 언어이론이다. 한 마디로 말해서 Saussure는 언어를 의사소통의 도구로 본데 반하여 그는 언어의 기능 중 가장 중요한 것의 하나는 바로 시적 기능으로 보았다. 그는 언어의 기능에는 정서적인 것을 비롯하여 의지적인 것, 지시적인 것 등의 여섯 가지가 있어서, 언어사용자의 의도에 따라서 이 가운데 어느 하나가 주된 기능으로 부상하게 된다고 보았다. 그는 그러니까 작가는 언어로써 시나 소설을 쓰게 되고 또한 일반인들은 그것을 으레 감상하게 된다는 사실도 기호나 언어이론에서 마땅히 다루어져야 할 주제중의 한 가지라고 생각한 것이다.(Jakobson 1971.)

20세기에 이르러 유럽의 인문학적 연구에서 큰 부위를 차지하게 된 것이 Levi-Strauss의 인류학적 이론인데, 따지고 볼 것 같으면 Saussure와 Jakobson의 언어 또는 기호이론을 인류학이나 역사의 영역에 그대로 적용시킨 것이 바로 그의 이론이다. 그는 대담하게도 자기의 학문을 「구성주의적 인류학」이라고 이름 붙였다. 구체적으로 그는 먼저 혈연관계의 구조성을 밝혀낸 다음에, 구조주의적 기법에 의해서 사회적 활동이나 더 나아가 「야만인의 정신」의 원형을 신화의 분석을 통해서 구명하는 데 매달렸다. 예컨대 그는 Saussure가 내세운 「음소」의 개념을 그대로 모방한 「신화소(mytheme)」라는 개념을 설정하여, 인류의 모든 신화의 구조는 결국에 혈연관계의 과잉평가와 혈연관계의 과소평가, 악마의 살육, 균형성 유지의 어려움 등의 네 가지 기준에 의해서 분류가 될 수 있다고 보았다. 이런 분석을 통해서 그는 모든 신화의 공통적 주제는 인간의 기원에 대한 해명이라는 결론을 얻을 수 있었다. (Levi-Strauss. 1977)

20세기의 후반에 들어서자 「포스트모더니즘」적이거나 반구조주의적인 사조도 철학이나 심리학 등의 분야에서 나타나게 되는데, 우선 여기에서 문제가 될 수 있는 것이 과연 이런 흐름 까지도 그의 언어나 기호이론의 영향이라고 볼 수 있느냐 하는 것일 텐데, 이런 흐름을 주도했던 Derrida와 Lacan이 모두다 일찍이 그가 제안했던 기표와 기의의 관계, 즉 언어적 표현과 의미의 문제를 자기네들의 이론의 핵심부에 위치시켰다는 사실 하나로써 이것에 대한 대답은 결국에 긍정적인 것일 수밖에 없다고 볼 수가 있다. 쉽게 말해서 이들의 이론들은 그의 正値적 이론에 대한 하나의 負値적 이론이었던 것이다.

우선 이 시기에 「탈구성주의(Deconstructionism)」라는 특이한 철학이론을 내세웠던 Derrida의 경우를 살펴볼 것 같으면, 크게 다음과 같은 두 가지 사실들이 그의 사상의 뿌리는 멀리 Saussure의 기호이론으로까지 거슬러 올라간다는 점을 분명히 드러내주고 있다. 그중 첫 번째 것은 그가 「탈구성주의」 개념과 실체를 처음으로 드러낸 것은 Husserl의 현상학적 기호이론에 대한 공격을 통해서 였다는 사실이다. 앞에서 이미 살펴보았듯이 Husserl은 Saussure의 기표우선의 기호관을 정면으로 거부하면서 언어적 의미는 으레 겉으로 드러난 언어적 특성에 의해서가 아니라 개인의 의도성이나 의식의 상태에 의해서 결정되게 되어있다고 주장했었다. 그는 이에 대해서 모든 의미는 궁극적으로 기호체계나 텍스트에 의해서 표현되게 되어 있으며, 따라서 의미 파악의 문제는 으레 기호체계나 텍스트를 어떻게 분석하느냐의 문제로 귀결되어야 된다고 반박했다. 다시 말해서 그는 문학의 경우에는 텍스트를 분해내지는 탈구성해서 저자의 숨겨진 메시지를 찾아내는 것이 바로 그것의 의미를 파악하는 길이라고 주장했다.

그중 두 번째 것은 「그라마토로지에 대하여(De la grammatologie)」(1967)라는 저서에서 Saussure의 언어관과는 크게 다른 언어이론을 내세웠다는 사실이다. 우선 그가 보기에는 Saussure가 음성언어를 문자언어보다 더 기본적인 것으로 본 것은 멀리는 Plato에 의해서 내세워졌던 전통적 언어중심주의적 사고방식의 일부에 불과했다. 그는 특히 우리의 문화나 정신적 능력의 발달에 있어서 문자언어가 음성언어보다 더 큰 역할을 했었을 수 있다는 점을 강조했다. 그는 또한 언어는 원래는 명제적 표현체가 아니라 은유적 표현체라는 사실도 강조했다. 이런 의미에서 볼 것 같으면 그가 만든 탈구성주의라는 말은 탈구조주의라는 말의 한 변형체라고 볼 수도 있다.

그 다음으로 「상징적 관계성」의 이론을 내세운 정신분석학자인 Lacan의 경우를 살펴 볼 것 같으면, 그의 이론은 결국에 Freud의 무의식의 개념과 Saussure의 구조주의의 개념을 하나로 접합시킨 것이라는 의미에서 그가 Saussure로부터 받은 영향은 거의 결정적인 것이라고 볼 수가 있다. 그는 우선 Freud의 정신분석이론의 결정적인 문제점은 바로 모든 의식적 활동의 원천지가 되는 무의식의 세계에 대한 명확한 설명이 없는 것이기에, 그의 것을 포함한 모든 정신분석학을 한 단계 격상 시킬 수 있는 방법 중 가장 빠른 것은 무의식의 세계의 실상을 밝히는 것이라고 생각했다.

그런데 흥미롭게도 그는 이때 이미 유럽에서 새로운 철학적 사조로 자리 잡는 데 성공한 Saussure의 구조주의 이론이야 말로 이 문제에 대한 가장 그럴싸한 해결책이 될 수 있다고 판단한 나머지, 상징적 관련성의 이론으로 불릴 수 있는 최초의 언어이론 기반적 정신분석이론을 제안하기에 이르렀다. 그는 한 마디로 말해서 무의식의 세계는 언어처럼 구조화되어있어서 은유와 환유적 기구가 그것을 움직이는 주된 기구라고 생각했으며, 심지어는 따라서 Freud가 문제시했던 실언이나 기억상실, 꿈 등의 현상을 「실패한 의사소통의 절차」로 보기까지 했다. (Mautner 2002. p.335)

그의 이론에서는 언어가 정신세계에 미치는 영향을 거의 절대적인 것으로 보는 탓으로 어린이가 언어를 갖기 이전의 시기와 그 이후의 시기는 두 개의 상호대립적인 시기로 설정된다. 예컨대 어린이가 말을 배우기 이전의 시기를 그는 상상적 자아의 시기라고 이름 붙였는데, 이 시기의 특징은 타인을 거울에 비춰진 자아로 인식한 나머지 타인간의 관계가 한편으로는 공격적 경쟁의 관계이기도 하면서 다른 한편으로는 애정적 결합의 관계이기도 하는 식으로 이중적이라는 점이었다. 한마디로 말해서 이 시기는 통일된 자아의식이 아직 확립되지 못한 시기였다.

그에 반하여 어린이가 말을 할 수 있는 시기는 자아와 타인과의 관계가 확실하게 설정되는 시기였다. 그는 이런 정신구조의 변화는 결국에 언어라는 상징체계를 갖게 되는데서 비롯된다고 보기 때문에 이 시기를 상징적 관계성의 시기라고 이름 붙였다. 특히 여기에서 주목할 것은 그가 Saussure의 기표와 기의의 이론을 그대로 원용하였다는 점이다. 우선 그는 이때 정신세계에 자리 잡게 되는 것은 언어가 아니라 말이라고 보았다. 그 다음으로 그는 이때 자리 잡은 말의 체계는 기의의 체계가 아니라 기표의 세계라고 보았다. 그는 그러니까 Freud가 말하는 무의식의 세계에는 이 시기에 하나의 상징의 체계, 즉 Saussure가 내세운 기표의 체계가 자리 잡게 된다고 본 것이다. (Ibid, p.336)

이렇게 볼 것 같으면 오늘날 그가 왜 언어이론가로 불리지 않고서 기호이론가로 불리고 있는 가에 대한 대답이 이미 나와 있다고 볼 수가 있다. 한마디로 말해서 그동안의 기호학과 언어학의 발전과정을 살펴보게 되면 그의 기호이론이 기호학 발전에 기여한 공로가 언어학의 발전에 기여한 그것보다도 훨씬 크다는 사실이 확실하게 드러나게 되어있는 이상, 그를 언어이론가가 아니라 기호이론가로 부르는 것은 너무나 마땅한 일인 것이다. 물론 만약에 이론상으로는 언어학이 기호학의 일부이면서도 현실적으로는 이것의 발전이 기호학의 발전을 이끌고 갈 수밖에 없다고 본 그의 견해가 제대로 적중했더라면 사태는 달라졌을지도 모른다. 그렇지만 그 후에 기호학과 언어학은 두 개의 서로 다른 학문으로 성장했고, 그 결과 기호학의 영역은 철학을 비롯하여 문학이론, 인류학, 예술학, 건축, 대중매체, 영화 및 연극, 심리분석, 대중문화 등을 두루 어우르는 일종의 범인간적이고 전사회적인 것이라는 사실과, 또한 각 분야나 영역의 기호체계는 궁극적으로는 보편성 보다는 특이성의 구명을 목적으로 하는 독자적 연구를 필요로 할 만큼 복잡하고 심오하다는 사실 등이 밝혀졌다. 따라서 그를 이런 거대한 학문의 초석을 놓은 사람으로 보는 것이 본래의 직업인 언어학자로 보는 것 보다 제대로 된 평가일 것이다.

3.2 그의 책의 분석

여기에서 그의 책이라 함은 두 말할 필요도 업이 1916년에 나온 「일반언어학 강의」를 가리키는 것인데, 그의 언어이론의 전거인 이 책에는 원래 애매하고 난해한 표현들이 많이 들어있는데다가 그 후에 각 학문적 영역에서 저마다 그들을 그럴듯하게 어울리도록 원용 내지는 해석하는 경향도 적지 않게 나타나게 되어서, 결과적으로는 그의 언어이론은 이미 충분히 밝혀진 것이 아니라 앞으로 계속해서 연구해야할 대상이 되고 말았다. 이런 의미에서 누구나 첫 번째로는 앞에서 소개한 바의 타당성 여부를 재점검하고, 두 번째로는 그것의 허구성이나 문제점을 드러내기 위해서는 그의 책의 내용을 심층적으로 분석할 수밖에 없다는 결론에 도달하게 된다.

그의 책이 실제에 있어서는 얼마나 일종의 문젯거리의 책인가 하는 것은 Cobley가 Saussure의 기호이론에 대한 상세한 소개의 마무리 말로서 한 다음과 같은 말이 가장 잘 드러내주고 있다. 한 마디로 말해서 그는 그의 책의 내용을 제대로 읽어내는 일은 불가능한 일인데, 그것의 주된 이유로는 그것은 그가 죽은 뒤에 두 명의 제자가 그들의 강의록을 책의 형태로 고쳐 쓴 것이라는 사실을 들었다. 그러나 누구라도 일단 그의 책의 내용을 심층적으로 분석해보게 되면 그것의 진짜 이유는 이 책의 신뢰성에 있는 것이 아니라 그 내용의 난해성에 있다는 것을 당장 알게 된다. (Cobley, 2006, p.767)

> 의심할 여지가 없는 것은 Saussure의 기호이론은 그 동안에 놀랄 만큼 영향력이 강했으며, 그 결과 비록 약간의 괴물들을 만들어 내기도 했지만 일정한 양의 생산적 업적을 산출해냈다는 사실이다. 아마도 우리는 「강의」에 대한 사후의 출처검증을 통해서 진정한 Saussure의 기호이론은 결코 밝혀질 수가 없을 것임을 알게 되었을 것이다. 그러나 이것에는 두 가지 점을 추가해야 한다. 원래 제네바에서 실시되었던 일반언어학 과정에 관한 새로운 사실들이 발견됨에 따라서 Saussure의 「강의」에 나와 있는 기호이론은 아직도 그 실상이 조금씩 드러나고 있는 중이다. 그리고 비록 이것이 Saussure가 자신의 말은 아닐는지 몰라도 그의 「강의」는 현재도 불충분하게 이해되고 있을 따름이다.

1) 이중적 기능의 2분법

그의 책을 깊게 읽어보게 되면 누구나 우선 그의 언어이론은 좋게 말하자면 유례를 쉽게 찾아 볼 수 없을 만큼 매우 심오한 것이고 나쁘게 말하자면 매우 모호한 것이라는 사실을 어렵지 않게 발견할 수가 있는데, 그는 그 다음으로는 그의 언어이론에 이런 특성이 있게 된 이유는 바로 2분법이 이중적으로 쓰이고 있기 때문이라는 사실도 발견하게 된다. 일반적으로 2분법은 흑백논리를 이용하여 正論이나 正値를 보다 뚜렷하게 부각시키려는 일종의 대조법으로 쓰이고 있다. 그래서 그동안에는 그의 기호이론도 2분법의 일반적인 관행대로 일종의 대조법의 형식에 맞추어 파악이 되고 소개가 되어왔다. 그러나 이것은 따지고 보자면 그의 언어이론의 진의를 제대로 파악하지 못하는 근본적인 원인이 되고 말았다. 다시 말해서 Saussure는 분명히 2분법을 양자택일의 방법으로 뿐만 아니라 양자통합의 방법으로도 썼던 것인데, 그 동안에는 누구나가 이런 이중성을 인정하려 하지 않았다. 그 이유는 그렇게 되면 그의 언어이론에 더 이상 구조주의라는 고유의 이름을 붙일 수가 없게 되기 때문이었다.

지금으로서는 그 동안의 이런 관행이 애당초 누구에 의해서 시작이 되었는지 알 길이 없다. 그러나 무엇보다도 중요한 사실은 그의 책이 출판된 이래 어느 누구도 그는 사실은 2분법을 두 가지 목적으로 쓰고 있다는 점을 지적한 적이 없으며, 따라서 그동안 내내 그의 언어이론을 소개하는 글이나 책들은 틀에 박힌 듯이 그것을 일종의 대조법으로 보아서 얻어진 결과들을 그것의 특징으로 열거하고 있다는 사실이다. 예컨대 Koners(2006) 같은 사람도 다른 사람들과 똑같이 Saussure의 언어이론의 특징으로 언어기술의 대상은 글이 아니라 말이라는 점을 위시하여 「빠롤」이 아니라 「랑그」가 언어기술의 대상이 된다는 점, 통시적인 것이 아니라 공시적인 것이 기본적인 언어연구라는 점, 기표와 기의라는 기호의 두 가지 구성성분 중 오직 기표만

이 기술의 대상이 된다는 점, 언어적 구조체는 통합적인 절차와 연합적인 절차에 의해서 형성된다는 점 등을 내세우고 있다. 논쟁의 여지도 없이 마지막 예는 그 앞의 예들과는 2분법의 기능상으로 정반대의 것임이 확실한데, 이런 지적마저 없다. (p.756)

그러나 그의 책을 자세히 읽어보게 되면 누구나 그가 내세우고 있는바 중 상당한 부분은 그렇게 이분법이 강조라는 단 한 가지 기능으로 쓰이고 있지 않다는 것을 익히 알아차릴 수가 있다. 우선 첫 번째 예로 들 수 있는 것이 바로 기표와 기의간의 관계이다. 그는 이들 중 오직 기표만을 언어기술의 대상으로 삼아온 데 대하여 아래와 같은 도표를 곁들어 「나는 개념과 소리의 영상의 결합체를 기호라고 부르는데, 현재의 용법에서는 이 술어는 으레 「arbor 등」과 같은 소리의 영상, 즉 단어만을 가리키고 있다. 사람들은 「arbor」가 「나무」라는 개념을 나타내기 때문에 하나의 기호로 불리게 된다는 사실을 잊게 되며, 그 결과 감각적 부분의 생각이 곧 전체의 생각을 대신하게 된다.」와 같은 말로써 그 잘못을 지적하고 있다. 특히 이 도표에서 주목할 것은 방향이 서로 다른 두 개의 화살표가 그려져 있다는 점이다. 추측컨대 그는 「이들 두 요소는 밀접하게 통합되어 있어서 어느 한 쪽은 으레 다른 한 쪽을 연상시키게 되어있다.」는 자기 주장을 이런 식으로 표현했을 것이다. (Saussure 1916, <1959>. pp66~7)

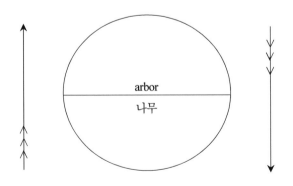

그 다음으로 들 수 있는 예는 바로 공시적 연구와 통시적 연구 간의 관계에 대한 그의 견해이다. 누구나 익히 알고 있듯이 원래가 그의 언어이론은 그전까지의 비교나 역사언어학적 흐름에 대한 일종의 안티테제로서 제안된 것이기에, 이 점에 대한 그의 견해는 다른 어느 이분법적 논의에 있어서의 그것보다 강력하고 단호하다. 한 마디로 말해서 그는 그 전까지의 언어연구는 으레 공시적인 것과 통시적인 것을 혼돈 하는 잘못을 저질러 왔기에 그것을 바로잡는 일이 새로운 언어학에서 해야 할 첫 번째 과제라고 주장하고 나선 것이다. 그의 이런 견해는 「언어적 사실들을 연구하면서 제일 먼저 우리가 부딪치게 되는 것은 화자에 관한 한 그들의 시간적 연계성은 존재하지 않는 다는 것이다. 그는 하나의 상태에만 직면하게 된다. 그것이 바로 하나의 상태를 이해하려는 언어학자는 왜 그것을 가져오게 한 모든 것에 대한 지식을 방기하면서, 통시성을 무시해야 하는가에 대한 이유이다.」와 같은 말에 잘 드러나 있다. (Ibid, p.81)

그러나 이 말을 하기 바로 앞에서의 「가치를 연구하는 과학에 있어서는 그 구별은 일종의 실제적인 필요이고 가끔에는 일종의 절대적인 필요이다. 이런 분야에 있어서는 학자들은 두 가지의 대등치를 고루 고려해서, 해당 가치체계와 시간과 관련된 동일가치를 제대로 구별하지 않는 한 줄기찬 연구를 펼쳐나갈 수가 없다.」와 같은 그의 말은 그가 여기에서 이런 식의 이분법을 내세우는 진짜 의도는 공시적 연구가 아무리 우선이라고 해도 그것이 제대로 이루어지려면 통시적 연구로부터의 일정한 도움이 으레 있어야 된다는 점을 강조하려는 것이라는 것을 익히 드러내고 있다.

다시 말해서 그는 언어학을 크게 공시적 언어학과 통시적 언어학으로 나눌 만큼 통시적 언어학의 가치도 중요시했다. 예컨대 그는 언어학의 세계는 아래의 도표처럼 「AB」라는 공시성의 축과 「CD」라는 연계성의 축으로 이루어져 있어서, 첫 번째 축에서는 「시간의 개입은 배제된 채

공존하는 실체들의 관계만」을 연구하게 되는데 반하여, 두 번째 축에서는
「한 번에 단 하나의 실체만을 연구하되, 이것에서는 그들의 변화와 함께
첫 번째 축에서의 모든 실체들이 검토되고 있다.」고 보았다. 그러니까 그
는 궁극적으로는 공시적 언어연구만으로는 언어의 실체를 밝힐 수 없다
고 본 것이다. (Ibid, p.80)

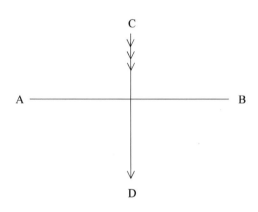

　세 번째로 들 수 있는 예는 「랑그」와 「빠롤」사이의 관계에 관한 그의
설명이다. 두말할 필요도 없이 언어학의 대상은 마땅히 「랑그」이지 「빠
롤」이 아니라는 것이 이 문제에 관한 그의 확고한 입장이다. 그런데 그는
바로 이 자리에서 이와 같은 간단한 양자택일의 방법은 결코 사실적으로
가능하지도 않고 또한 꼭 이론적으로 바람직한 것도 아니라는 고민을 실
토하고 있다. 예컨대 그는 이 책의 제 2장에서 언어학의 중핵적이고 구체
적인 대상을 정하는 일이 생각처럼 간단한 일이 아니라는 사실을 지적하
면서 「더구나 우리가 어떤 입장을 채택하느냐에 관계없이 언어적 현상은
언제나 두 개의 상호 연관된 측면을 가지고 있어서 한 쪽은 으레 다른
쪽으로부터 그의 가치를 도출해내게 되어있다.」와 같은 말을 하고 있다.

그는 또한 이와 같은 언어적 현상의 이원성의 예로서 다음과 같은 네 가지를 들고 있는데, 이런 점으로 미루어 보았을 때 바로 이 이원성의 원리야말로 이 책 전체에 흐르고 있는 그의 언어적 핵심 사상임이 분명하다. 그들 네 가지는 첫 번째로 「n」라는 소리는 음향적 인상과 발성기관이라는 두 가지 측면간의 관계에 의해서만 존재한다는 것과, 두 번째로 설사 소리가 단순한 것이라고 할지라도 결국에는 그것은 개념이나 사고의 도구일 따름이어서 그것만으로는 존재할 수 없다는 것, 세 번째로 말에는 개인적인 면과 함께 사회적인 면도 있어서 다른 면에 대한 고려없이 한쪽 면만을 파악할 수는 없다는 것, 네 번째로 말은 언제나 하나의 설정된 체계와 하나의 진화절차를 함의하고 있는데, 이들 두 가지는 결코 따로따로 다루어질 수가 없게 되어있다는 것 등이다.

그의 학문적 고민의 압권이라 할 수 있는 것은 역시 「어느 방향으로부터 질문을 접근하든지 간에 우리는 어느 곳에서나 언어학의 중핵적 대상을 찾아내지 못한다. 모든 곳에서 우리는 딜레마에 직면하게 된다. 즉 각 문제의 어느 한 쪽 면에만 주의를 고정시키면 앞에서 지적한 이원성을 인식하지 못하게 되고, 또한 말을 여러 입장에서 동시에 연구하게 되면 언어학의 대상은 이질적이고 상호 무관한 것들의 혼돈된 덩어리로 보이게 된다.」와 같은 그 다음 말이다. 물론 그는 이 자리에서 이런 현황을 배경으로 해서 「내가 보기에는 이상의 모든 어려움에 대한 유일한 해결책은 바로 시작 때부터 두 다리로 언어의 땅을 짚고서 언어를 말의 여타 표현체들에 대한 기준으로 이용하는 것이다.」와 같은 혁명적 선언을 한다. (Ibid, pp.8~9)

그러나 우리가 여기에서 응당 던져야 할 질문은 과연 그의 주장대로 언어를 연구의 대상으로 삼게 되면 그가 제기한 이원성의 문제가 완전무결하게 해결될 수 있게 되느냐 하는 것일 텐데, 일단 이것에 대한 우리의 대답이 그렇게 긍정적일 수는 없는 것은 이 책 전체를 통해서 앞에서 든 네 가지의 이원성의 현상은 모두가 생각처럼 간단하게 다룰 수가 없는 것이라는 점이 이미 드러나 있는 것이나 다름이 없기 때문이다. 다시 말해서 역설적으로 이원성의 현상에 대한 그의 장황한 설명들은 생각대로의 일원적 언어연구는 실제로는 있을 수 없다는 점만을 뚜렷하게 부각시키고 말은 것이다.

2) 비체계성과 난해성

그의 책을 심도 있게 정독했건 아니면 피상적으로 일별했건 간에 그것의 독자가 첫 번째로 갖게 되는 의문은 아마도 어떻게 이렇게 중요한 책이 이렇게 비체계적이고 난해한 것일 수가 있느냐 하는 것일 텐데, 이것에 대한 대답은 물론 이것은 원래가 일종의 비정상적인 방법에 의해서 쓰인 것이라는 사실에서 찾게 되어있다. 그러나 우리에게 의미 있는 것은 그 원인이나 책임이 어디나 아니면 누구에 있건 간에 이 점이 바로 이 책의 가장 특이한 특징으로 확고하게 자리 잡고 있다는 사실이다. 그리고 무엇보다도 중요한 사실은 누구에게나 바로 이 책의 이런 특징은 그의 언어이론 자체의 난해성의 근본적인 원인이 되고 있다는 점이다. 이런 의미에서 볼 때, 그의 언어이론을 제대로 이해한다는 것은 곧 이 책의 비체계적이고 난해한 설명으로부터 체계적이고 명료한 내용을 도출해내는 것이라는 의미가 된다.

이 문제에 관한 논의에는 크게 세 가지가 있을 수 있는데, 그 중 첫 번째 것은 Bally와 Sechehaye라는 두 저자가 제 1판의 서문에서 밝혀놓은 사실들의 내용을 재평가 해보는 것이다. 이들은 여기에서 크게 두 가지 의미 있는 사실을 밝혀놓았다고 볼 수가 있는데 그 중 첫 번째 것은 「그가 (제네바 대학에서) 1906년~1097년과 1908~1909년, 1910~1911년에 걸쳐서 일반언어학에 대한 세 번의 과정을 가르쳤지만, 그의 계획 때문에 그는 각 과정의 절반을 인구언어들의 역사와 기술에 바칠 수밖에 없게 되었고, 그 결과 그의 과목의 기분부분이 당연한 것보다 현저하게 적은 양의 주의를 받게 되었다.」와 같은 말 안에 드러나 있는 사실이다. (Ibid, p. Xiii)

이 말에서 특별히 주목할 것은 우선 실제에 있어서는 각 과정의 절반 밖에 구조주의적 언어 이론에 대한 설명을 하는 데는 쓰이지 않았다는 점이다. 나머지 절반은 인구어에 대한 역사언어학적 설명을 하는 데 쓰였는데, 이렇게 된 연유는 바로 그에게는 부득이한 계획이 있었기 때문이라고만 말하고 있지, 구체적으로 그것이 어떤 것인지는 말하지 않고 있다. 아무튼 결국에는 이 책의 절반만이 그의 언어이론에 관한 것이라는 것을 그들은 미리 밝힌 것이다. 그 다음으로 그러다 보니까 자연히 그의 자기 언어이론에 대한 설명은 「당연한 것보다 현저하게적은 양」의 것이 될 수밖에 없었다는 점이다. 결국 이들은 여기에서 이 책이 왜 극도로 난해한 책이될 수밖에 없는 가에 대한 그들 나름의 첫 번째 해명을 내놓은 것이다.

그 중 두 번째 것은 이 책이 왜 그렇게 난해한 책이 될 수밖에 없는가에 대한 그들 나름의 두 번째 해명에 해당하는 것으로서, 간단히 말해서 「모든 것을 원래의 모습대로 출판하는 것은 불가능한 일」이기에 「세 번째 과정을 출발점으로 삼고 나머지 자료들은 보조물로 사용함으로서 일종의 재구성, 즉 통합화의 절차」를 밟게 되었는데, 그래도 그의 의도가 분명하지 않은 경우에는 추리를 해야만 했기에 「Saussure의 생각을 재창조하는 문제는 더욱더 어려운 일이었다.」는 것이 그 요지이다. 여기에서 특기할 사항은 그 세 번째 강의는 저자들이 직접적으로 듣지 못한 탓으로 다른 학생들의 기록에 의지하지 않을 수 없었다는 점이다. (Ibid, pp. XIV~XV)

저자들은 이 자리에서 자기네들이 편집해 낸 책이 객관적이고 충실한 책을 만들려는 이상과 같은 노력에도 불구하고, 첫 번째로는 「전체」를 완전하게 망라하지 못했다는 문제점과, 두 번째로는 Saussure가 아니라 그의 전임자들에 의해서 개발된 사실들을 적지 않게 다시 다루고 있다는 문제점을 고백하고 있다. 기본적으로는 물론 이런 고백은 이 책의 난해성은 자료상의 문제성이나 저자들의 편집 능력상의 한계성에서 비롯된다는 점을 드러낸 것이라고 볼 수가 있다. 그렇지만 더 깊게 생각해볼 것 같으면 이런 고백은 결국에 이 책의 난해성은 Saussure 자신의 강의요령이나 언어관에서 연유되고 있다는 점을 시사하고 있다고 볼 수가 있다.

그 중 두 번째 것은 편의상 목차의 분석만으로 책 전체의 비체계성이나 난해성을 확인해보는 것이다. 이 책은 크게 소개부와 제1부에서 제5부까지의 총 여섯 개의 부분으로 이루어져 있는데, 저자들의 서문에서의 지적대로 이것은 다시 공시적 현상을 다룬 앞의 세 부분과 통시적 현상을 다룬 뒤의 세 부분으로 양분 될 수 있다. 이것은 곧 제목은 각각 달라도 앞뒤의 세 부분에서는 각각 동일하거나 유사한 주제들이 다루어져 있다는 말인데, 큰 의미에서 볼 때 이것은 아마도 저자들의 의도적인 체계화의 노력의 결과일 것이다. 더욱 놀라운 것은 쪽수로 보아서 앞의 세 부분의 길이와 뒤의 세 부분의 그것이 거의 같게 되어있다는 점이다. 이들 여섯 부분들은 아래처럼 저마다 네 개로부터 여덟 개까지의 장으로 구성되어 있어서, 그들의 제목을 통해서 각 부분의 내용을 짐작할 수가 있다.

소개부
제1장 간단한 언어학의 역사, 제2장 언어학의 대상과 범위
제3장 언어학의 목적, 제4장 언어의 언어학과 말의 언어학
제5장 언어의 내적 및 외적 요소, 제6장 언어의 도형적 표현
제7장 음운론
  부록 : 음운론의 원리
제1장 음운적 종, 제2장 말의 연쇄에서의 음소
제1부 : 일반원리

제1장 언어적 기호의 성격, 제2장 기호의 불가변성과 가변성

제3장 정태적 및 진화적 언어학

제2부 : 공시적 언어학

제1장 개론 제2장 언어의 구체적 실체

제3장 정체, 실상, 가치 제4장 언어적 가치

제5장 통합적 및 연합적 관계, 제6장 언어의 기구

제7장 문법과 하위조직, 제8장 문법에서의 추상체의 역할

제3부 : 통시적 언어학

제1장 개론, 제2장 음성적 변화

제3장 음성적 진화의 문법적 결과 제4장 유추

제5장 유추와 진화, 제6장 통속어원설

제7장 교착, 제8장 통시적 단위와 정체, 실상

제4부 : 지리언어학

제1장 언어의 다양성, 제2장 지리적 다양성의 복잡성

제3장 지리적 다양성의 원인, 제4장 언어적 파도의 확장

제5부 : 회고적 언어학

제1장 통시적 언어학의 두 전망, 제2장 最古語와 원조어

제3장 재구작업, 제4장 인류학과 상고사에의 언어의 기여

제5장 어족과 언어유형

그 중 세 번째 것은 그의 구조주의적 언어이론에 관한 모든 것이 밝혀져 있는 이 책의 전반부, 즉 이 책의 소개부와 제1부, 제2부 등에 어느 정도의 내실성이 유지되고 있는가를 살펴보는 것이다. 간단히 말할 것 같으면 바로 이 부분의 분석이야말로 이 책 전체의 가치를 판단할 수가 있는 척도가 되는 분석인 것인데, 이것의 결과는 다행히도 우리에게 이 부분은 겉으로 보는 것보다 훨씬 더 긍정적인 가치를 부여받기에 족할 부분이라는 것을 확인 시켜 줄 수 있다. 물론 이것에서는 표현이나 술어만 바뀌었지 동일한 이론이 두 번 세 번 되풀이 되는 문제점도 발견되었고, 또한 제대로 개념이나 진의를 파악하기가 쉽지 않은 표현들이 쓰이고 있

다는 문제점도 발견 되었다. 그러나 어디까지나 이런 단점은 부분적인 하자이지 전체적인 하자는 아니었다. 이 부분은 그러니까 주의 깊게 읽는다면 누구라도 그의 구조주의적 언어이론의 기본 개념과 원리가 어떤 것인가를 충분히 알 수가 있을 만큼 체계적이고 명석한 부분이었다.

이런 주장을 뒷받침 할 수 있는 근거로는 다음과 같은 두 가지 사실을 들 수가 있다. 첫 번째로, 이 부분에서는 그의 기호나 언어이론에 관한 중핵적인 개념과 원리들이 모두 다루어져있다. 앞에서 이미 논의되었던 구조주의의 핵심적 발상법, 예컨대 언어 대 말의 관계, 말과 글의 관계, 기호에서의 기표와 기의의 관계, 단위 대 구조체의 관계, 통합적 관계 대 연상적 관계, 공시적 언어학과 통시적 언어학의 관계 등이 그 특유의 창의적이고 이원적 접근법에 의해서 자세히 논의되고 있다. 구체적으로는 언어조직에 관한 두 개의 중요한 원리, 즉 기호의 자의성의 원리와 기표의 선형성의 원리도 모두 여기에서 제시되고 있다.

두 번째로 이 부분에서는 음성학과의 차이점을 중심으로 한 음운론에 관한 설명을 맨 앞에 내세움으로써, 현대언어학을 음운론이 연구주제가 되는 학문으로 만드는 바탕을 마련해주었다. 여기에서의 그의 음소나 음운론에 대한 설명은 우선 구체적인 예와 기술방법 등이 곁들어져 있는 것이기에 앞으로의 음운론 연구에 대한 하나의 안내서와 같은 역할을 익히 할 수 있는 것이었다. 특히 소리의 산출, 즉 발성의 기본 요소로서 배기와 구두적 분절, 후두의 진동, 코의 공명 등을 내세운다든지, 아니면 음소의 분류기준으로 0부터 4까지의 입의 열림의 정도를 내세운 점 등은 분명히 그의 창의적인 발상법의 일부이었기에, 훗날 음운론자들이 중요한 논쟁거리로 삼기에 충분한 것이었다. (Ibid. pp.43~49)

그러나 이 부분의 가치는 여기에서의 언어학의 역사와 언어학의 대상, 랑그와 빠롤의 관계, 문자언어의 기능 등에 대한 논의는 궁극적으로 왜 그가 생각하는 언어과학은 음소와 음운조직에 대한 연구이어야 되는가에 대한 논리정연한 해명이라는 데 있다. 다시 말해서 그 특유의 2원성의 원리에 의한 언어현상에 대한 많은 토의는 결국에 작게는 왜 음운론이 모든 언어연구의 기본이 되어야 하는가에 대한 자기 나름의 해명에 불과한 것이었고, 크게는 구조주의의 실체를 가장 확실하게 확인할 수 있는 영역은 바로 음운론이라는 것을 드러낸 것에 불과한 것이었다.

그러나 이 부분을 자세히 읽어보게 되면 여기에 제시되어있는 정의나 이론이라고 해서 비체계성이나 난해성과 같은 이 책 전체가 지니고 있는 약점에서 완전히 자유로운 것은 아니라는 사실을 어렵지 않게 발견할 수가 있다. 먼저 비체계성의 예로서는 언어학의 대상, 즉 랑그와 빠롤의 관계를 논하는 자리에서의 2분법이 아니라 3분법적인 접근법을 쓰고 있는 사례이다. 그의 언어이론의 출발점이고 귀착점이 되는 이 문제가 사실에 있어서는 명석하고 논리정연하게 정리되지 못한 채 하나의 논쟁거리로 남아있게 되었다는 것은 어떤 의미에서는 그의 언어이론의 재평가를 필요로 할 만큼 중대한 사항이다. 그러나 다행히도 이런 상황이 아직까지 벌어지지는 않았는데, 그 이유는 그의 표현에 나타나 있는 비체계성이나 불분명성이 그의 의도나 진의를 파악하는 데 지장을 줄 정도로 심각한 것은 아니었기 때문이다.

예컨대 그는 우선 말의 모든 표현체중 기준으로 삼아야 할 것은 마땅히 「언어활동」즉 「랑가쥐(language)」이어야 한다고 하면서, 「그 많은 이원성의 현상 중 「랑가쥐」만이 독립적인 정의를 가능케 하고, 정신을 만족시킬만한 지렛대가 될 수 있다.」라는 말을 통해서 그것에 대한 개념적 애매성은 절대로 있을 수 없다는 점을 분명히 하고 있다. 그런데 문제는 바로 그 뒤에 「그러나 언어[랑그]는 무엇인가? 그것은 인간의 언어활동[랑가쥐]와 혼돈되어서는 안 된다. 그것은 확실히 본질적인 부분이기는 하지만 단지 하나의 정해진 부분일 따름이다.」와 같은 극도로 아리송한 말을 하고 있다는 데 있다.

　이런 정의는 물론「랑그」와「빠롤」을 하나로 합친 것이 바로「랑가쥐」일 것이라는 일반적인 추측과 전혀 맞지 않는다. 그러니까 그의 언어에 대한 개념은「랑가쥐」—「랑그」—「빠롤」과 같은 3분법적인 것도 아니었던 것이다. 한 마디로 말해서 그는 이 자리에서「랑가쥐」와「랑그」를 혼용하는 잘못을 저지르고 있는 것이다. 그것의 근거로는 여기에서의 결론을「그와는 반대로 언어는 하나의 자족적인 전체이며 분류의 원리이다. 언어활동의 사실 가운데서 언어에 첫 번째 자리를 내주는 순간 우리는 다른 어떤 분류도 할 수가 없게 되어있는 덩치에 자연적 질서를 부여하게 된다.」와 같은 말을 하고 있다는 사실을 들 수가 있다. 간단히 말해서 그가 염두에 두고 있는 언어는 곧「랑그」였던 것이다. (Ibid, p.9)

　그 다음으로 난해성의 예로는 이 부분의 맨 마지막 장들, 즉 제2부의 제7장과 제8장에 제시되어 있는 문법에 관한 그의 의견을 들 수가 있다. 흔히들 그의 언어이론의 창의성은 음운론에만 드러나 있다고 생각한다. 그러나 그가 내세운 음운론은 무에서 유를 창조 해낸 데 그 가치가 있는데 반하여, 그가 내세운 문법론은 전통적인 것을 개혁한 데 그 가치가 있다고 볼 수가 있는데다가, 그동안의 언어연구의 관례상 문법론은 으레 음운론보다 한 단계 위에 있는 영역으로 인정되어 왔다는 사실 등을 감안한다면 이런 생각은 크게 잘못된 고정관념에 지나지 않는다.

　그런데 이 책을 자세히 읽어보게 되면 그의 언어이론에 대한 평가가 이렇게 편향적인 것으로 된 이유 중 핵심적인 것은 평가자들의 탓으로 돌리기보다는 피평가자의 탓으로 돌려야 하는 것이라는 사실을 어렵지 않게 발견하게 된다. 그것의 근거로는 우선 음운론에 대한 논의에 비하여 문법론에 대한 것은 비교도 되지 않을 정도로 짧다는 사실과, 그 다음으로 그가 제시한 문법이론은 전통적인 것을 크게 개현한 것인데다가, 그것에 대한 그의 설명이 지극히 난해하게 되어 있다는 사실을 들 수가 있다. 특히 음운론과 비교했을 때 문법론에서는 구체적인 예들이 거의 제시되지 않고 있기 때문에 그의 설명은 더욱 추상적인 것이 될 수밖에 없다.

우선 그도 문법의 정의를 「공존의 가치들의 상호교섭의 현상을 지배하는 복잡하고 체계적인 객체」나, 「언어를 표현 수단의 체계로 연구하는 학문」 등으로 내림으로써 궁극적으로는 문법론이 음운론 보다 한 단계 상위의 영역이라는 사실을 인정하고 있다. 그런데 문제는 문법적 체계를 어떤 것으로 보아야 하느냐와, 그것의 연구방법은 어떤 식이어야 하느냐와 같은 구체적인 문제에 대한 그의 발상법이 너무나 기발하고 독창적인 것이라는 데 있다. 한 마디로 말해서 그의 문법이론은 지나치게 반 전통적이고 파격적인 것이기에, 대부분 사람들은 으레 그것의 진의를 파악하는 데 무척 애를 먹게 될 뿐만 아니라 결국에는 그래서 그것의 실용가능성마저 의심하게 된다는 데 문제점이 있는 것이다. (Ibid. p.134)

그의 문법이론의 파격성은 크게 다음과 같은 두 가지 점으로 요약될 수 있다. 첫 번째로 그는 전통적으로 문법론에는 으레 어형론과 통사론만을 포함시키고 어휘론은 제외시켜온 관행을 비판하고 나섰다. 우선 그가 보기에는 어형론과 통사론을 구별시키려고 하는 것은 하나의 환상에 지나지 않았다. 「언어학적으로 어형론에는 진정한 의미의 자율적 대상이 없으며, 그것은 통사론과 구별되는 영역을 구축할 수 없었다.」 그 다음으로 문법으로부터 어휘론을 배제시키는 것은 논리적이지 못한 일이었다. 그 근거로 그는 「우리는 즉각 문법에 의한 것과 똑같이 효율적으로 어휘에 의해서 무수한 관계들이 표현되고 있음을 알아차리게 되는」 사실을 들었다. 결론적으로 이 문제에 관해서 「모든 공시적 사실은 동일한 것이기에 어형론과 통사론, 어휘론은 상호 침투하게 되어있다.」와 같은 아주

난해한 말을 하고 있다. (Ibid, pp135~6)

두 번째로 그는 언어적 기구에는 통합적인 것과 연합적인 것의 두 가지가 있다는 원리는 음운론 연구에서만 적용되는 것이 아니라 문법론 연구에서도 적용된다고 보았다. 간단히 말해서 그는 문법연구란 결국에「하나의 언어 상태를 구성하고 있는 모든 사실들을 수집한 다음에, 이것을 통합성의 이론과 연합성의 이론 안에 맞추어 넣는 것」이라고 주장하고 나섰다. 그 밖에 그는 굳이 따지자면 언어조직의 제일 큰 특징은 통합적 견고성이라는 의미에서 통합적 기구가 연합적 기구보다 더 중요한 기능을 수행하고 있다는 말이나, 문법적 사실들은 모두가 추상적 실체로 존재하지만,「그것은 마지막 분석에 있어서는 으레 구체적인 실체에 근거하고 있어야 한다.」와 같은 말을 하였다. (Ibid, p.138)

두 말할 필요도 없이 하나의 동일한 원리가 언어의 모든 조직에 작용하고 있다는 발상법은 그가 처음으로 내세운 것이다. 그리고 그것이 바로 통합성의 기구와 연합성의 기구가 상보적으로 작동하는 것이라는 것도 물론 그의 독창적인 것이다. 그러나 이것은 하나의 이상적인 가설일 가능성이 큰데, 그 이유는 그 자신은 물론 다른 사람도 아직까지 어느 언어의 문법조직을 이런 식으로 분석한 실적을 보이지 못했기 때문이다. 통사론과 어형론, 어휘론을 하나로 합친다는 것은 결국에 일종의 어휘문법론을 만든다는 의미일 텐데, 이것에 대한 실적도 아직까지는 없다. 이래서 결국에는 그의 문법론은 다분히 이상적이긴 하지만 지극히 난해한 것으로 치부될 수밖에 없다.

3) 총괄성

그의 책의 독자가 이것을 일단 그가 말하는 공시적 언어학, 즉 구조주의나 기술 언어학의 원전으로 받아들이고 보면, 실제에 있어서는 그것은 이것의 절반만을 평가한 결과일 따름이며, 따라서 이것의 나머지 절반은 평가의 가치가 없는 일종의 잉여부분으로 남게 된다는 사실에 직면하게 된다. 그가 택할 수 있는 방책은 크게 두 가지일 텐데, 그 중 첫 번째 것은 그 동안의 관례대로 나머지 잉여부분을 자기도 완전히 무시해버리는 것이고, 그 중 두 번째 것은 지금까지의 관례를 깨고서 이 부분에 대한 적절한 평가를 시도해 보는 것일 것이다. 다시 말해서 그는 그동안까지 무시되어온 후반부도 정당한 평가의 대상에 포함시킴으로써 그의 언어관이나 언어연구관의 기본이 되는 것은 역시 공시적 언어학만이 합당한 언어학이 될 수 있는 것은 아니며, 따라서 통시적 언어학과 그것이 하나로 합쳐졌을 때만 언어연구는 소기의 목적을 달성할 수 있게 된다는 생각이었다는 것을 밝혀낼 수가 있을 것이다.

우선 그의 책의 전반부만을 평가할 가치가 있는 부분으로 간주하려는 입장에서 보자면 주로 역사나 비교 언어학적인 연구의 실상이나 문제점 등을 다루는 후반부가 전반부 바로 뒤에 붙어있다는 점은 그것의 제일 큰 결점이 될 수밖에 없다. 이런 입장에서 보자면 그의 책의 후반부는 일종의 무용지물이거나 아니면 방해물일 따름이다. 그러나 그의 책을 통째로 평가할 가치가 있는 것으로 보려는 입장에서 볼 것 같으면 그 점은 그것의 제일 큰 장점이 될 수가 있다. 이런 입장에서 보자면 단지 앞부분만이 아니라 첫 장으로부터 마지막 장에 이르기까지 빼놓은 부분 없이 평가했을 때만 그의 구조주의적 언어이론의 실체는 제대로 드러나게 되어있는 것이다.

이런 장점을 일단 총괄성이라는 이름으로 부르자면 이것에는 크게 영역적인 것과 역사적인 것의 두 가지가 있다는 것을 알 수가 있다. 먼저 그의 책이 영역적 총괄성의 시각에서 보았을 때 얼마나 탁월한 것인가를 살펴볼 것 같으면 그 점을 단적으로 드러내주는 것은 틀림없이 그것이

거의 같은 분량의 두 부분으로 나뉘어져서 앞부분에서는 공시언어학적 현상에 관한 논의가 이루어지고 뒷부분에서는 통시언어학적 현상에 관한 논의가 이루어지고 있다는 사실일 것이다.

더 구체적으로 말하자면 이런 식으로 논의가 진행되다 보니까 그가 그 당시에 그나 다른 언어학자들이 가지고 있던 언어에 대한 지식을 모두 제시할 수가 있었던 것인데, 우선 앞부분에서는 언어의 구조성에 관한 지식, 즉 음성학을 위시하여 음운론, 어휘론, 어형론, 통사론에 대한 지식이 소개되었고, 그 다음으로 뒷부분에서는 언어의 역사성이나 다양성에 관한 지식, 즉 음성적 변화에 관한 것을 비롯하여 이른바 지리언어학이나 원조어의 재구성, 언어학과 인류학의 관계 등에 관한 지식이 다루어졌다.

그런데 무엇보다도 놀라운 사실은 이런 언어에 관한 전방위적인 지식들이 하나같이 과학기반적인 것이라는 점이다. 이 책에서 언급되는 학리적 이론들은 모두가 그 당시에 새로운 첨단과학으로 등장했던 학문들에서 개발된 것들이어서, 이것의 독자라면 누구나가 그가 하나의 언어학자이기 이전에, 누구보다도 유식한 과학주의자이었다는 사실을 당장 알아차릴 수 있다. 예컨대 이 책의 전반부에서는 Broca의 언어영역 발견에 관한 사실로부터 시작하여 심리학과 생리학, 사회학 등에서 다루어질 만한 문제들이 논의되고 있고, 이 책의 후반부에서는 진화이론을 위시하여 역사학, 고생물학, 인류학, 지리학 등에서 개발시킨 이론들이 원용되고 있다.

또한 어떤 의미에서는 이 보다도 더 중요한 사실은 이 책 전체에 흐르고 있는 정신은 바로 철두철미한 과학주의라는 사실이다. 그는 우선 모든 관찰과 기술은 으레 주관적인 방법이 아니라 객관적인 방법에 의해서 이루어져야 한다고 주장했다. 그 다음으로 그는 이 책 전체를 통해서 모든 설명이나 논의는 반드시 구체적인 자료나 사례를 기반으로 한 것이어야 한다는 원칙을 지켰다. 세 번째로 그는 연역주의적 절차 보다는 귀납주의적 절차가 훨씬 더 과학적이라고 믿고서 모든 현상에서 일정한 이론이나 원리 등을 찾아내는 데 최선을 다했다. 예컨대 음운론을 논하는 자리에서는 그 동안까지의 분절점에 의한 소리의 분류법의 대안으로 0부터 6까지로 나누어질 수 있는 입의 열림의 크기에 의한 소리의 분류법을 제안했고, 언어적 확산을 논하는 자리에서는 언어는 으레 지역주의와 상호교섭이라는 서로 상반된 두 개의 힘에 의해서 퍼져나간다는 견해를 내놓았다. (Saussure. 1916, 1959. p44, p.205)

그 다음으로 그의 책에서는 역사적 총괄성이라는 또 한 가지의 특성도 익히 발견 될 수가 있는데, 이것의 가장 확실한 근거는 물론 비록 최대로 줄인 형태이기는 하지만 소개부의 제1장에서 언어학의 발달의 역사를 다루고 있다는 사실이다. 그의 견해에 따르자면 언어연구의 역사는 크게 전통문법의 시대와 어학의 시대, 비교어학의 시대, 역사언어학의 시대 등으로 나누어질 수가 있는데, 이들 중 특별히 관심을 보여야 할 시기가 바로 네 번째인 역사언어학의 시기였다. 그 이유는 물론 그가 보기에는 「일반언어학」이라는 이름의 새로운 언어학은 이 시기에 성행하던 역사언어학적 학풍을 전면적으로 거부함으로써 태어나게 되어있기 때문이었다. 다시 말해서 그는 이렇게 함으로써 일반언어학의 역사적 서순성, 즉 그것이 언어연구의 역사상 다섯 번째 학풍의 것이라는 사실이 확실해진다고 본 것이다.

그래서 그의 비교나 역사언어학의 발달 과정에 대한 설명은 이것에 앞섰던 두 가지 언어연구에 대한 그것보다 훨씬 구체적이고 길다. 예컨대 이 자리에서 그는 1816년에 나온 Bopp의 「산스크리트어의 어형체계 (Uber das conjugationsystem der Sanskritsprache)」라는 논문으로 일종의 인구어학으로 비교어학은 시작되었는데, 그 후 이것은 1822에서 1836년

사이에 나온 Grimm의 「독일어 문법(Deutsche Grammatik)」에 의해서 일조의 게르만 어학으로 변모하게 되었으며, 그 후에도 이것은 Max Müller와 Curtis, Schleieher와 같은 쟁쟁한 비교어학자들에 의해서 계속적으로 발전해갔다는 사실을 밝히고 있다. 특히 그는 여기에서 Schleieher가 1861년과 1862년에 낸 「인도 게르만어의 문법체계 개요(Compendium der vergleichen Grammatik der indogermanischen Sprachen)」야 말로 일찍이 Bopp에 의해서 기초가 세워진 비교어학이라는 학문을 일단 완성시킨 업적이라고 볼 수 있다고 말하고 있다. (Ibid, pp.2~3)

그러나 그의 견해로는 Schleicher 등이 추구해온 언어연구는 하나의 언어과학으로서의 자격을 얻기에는 크게 부족한 것이어서, 결국에는 그 뒤를 이은 로망스 어학자들과 게르만 어학자들의 공로로 그것은 드디어 그 위상이 격상될 수 있었다. 그의 말을 그대로 빌리자면 그전까지 언어연구를 한 사람들은 「그들의 비교연구의 의미나 그들이 발견한 관계들의 의의를 물어본 적이 없으며, 그들의 방법은 전적으로 비교적이기만 하고 역사적이지 않았던」것인데, 이런 결점을 보완한 사람들이 바로 Diez와 같은 로망스 어학자와 Brugmann과 같은 게르만 어학자이었다. 이들 중 특히 독일의 「신문법학자들」은 「언어의 생명을 지배하는 원리를 찾기 시작함으로써 비교어학을 하나의 어엿한 언어과학으로 탈바꿈시키는 데 결정적인 기여를 했다」.

이와 같이 총괄성을 그의 책의 한 중요한 특징으로 잡고 보면 그 전까지는 잘 보이지 않았던 그의 언어 이론의 특이성이 드러나게 된다. 그런 특이성에는 크게 세 가지가 있다고 볼 수 있는데, 그 중 첫 번째 것은 완전한 역발상성이다. 우선 그의 책의 구조가 새로운 일반 언어학에 관한 설명과 옛것인 역사언어학에 관한 설명이 반반씩 균형을 이루고 있는 식으로 되어있는 것은 두 말할 필요도 없이 그가 하나의 탁월한 역사언어학자였기 때문이었다. 이 책의 독자가 갖게 되는 첫 번째 놀라움은 아마도 그의 라틴어와 희랍어와 같은 고전어에 대한 지식과 역사언어학적 이론에 관한 지식의 양과 질에 관한 것일 텐데, 그가 21세의 젊은 나이에 처음으로 낸 논문이 「인구어의 원시 모음체계에 대한 각서(Memoire sur le susteme primitiv des voyelles dans les langues indo - européennes)」라는 제목의 것이었다는 사실을 알게 되면 그의 놀라움은 바로 사라지게 마련이다.

그런데 아마도 그가 만약에 다음과 같은 세 가지 사실까지 알게 되면 그의 놀라움은 즉각 궁금증으로 바뀌게 될 것이다. 그 중 첫 번째 것은 그의 첫 논문은 그냥 흔히 볼 수 있는 논문이 아니라 그를 당장에 저명한 역사언어학자로 만든 기념비적인 논문이었다는 사실이다. 이 논문에서는 원시 인구어에는 원래 그것으로부터의 파생 언어에서는 자취를 감춰버린 두 개의 유성음 계수들이 있었으며, 이로 인하여 그 후 여러 인구어의 모음 체계에는 불규칙성이 발생하게 되었다는 하나의 가설이 내세워졌었는데, 50년 뒤에 가서 히타이트어에는 그의 주장대로의 유성음 계수의 영향을 증거 할 수 있는 「H」음이 있음이 확인 되게 되면서 그것의 타당성이 실증되었다. 그 중 두 번째 것은 그 후 3년 뒤에는 그가 산스크리트어의 절대 소유격에 대한 논문으로 박사학위를 획득했다는 것이며, 그 중 세 번째 것은 그 후에도 그는 계속적으로 역사언어학에 관한 논문들을 써왔다는 것이다. (Joseph. 1994. p3664)

그가 갖게 되는 궁금증은 틀림없이 이렇게 이미 대역사언어학자의 반열에 오른 그가 어째서 말년에 이르러 그것과는 모든 점에 있어서 거의 정반대적인 일반 언어학의 출현을 역설하게 되었는가 하는 것일 것이다. 물론 이것에 대한 해답을 제대로 할 수 있는 사람은 그 자신 밖에 없으며, 따라서 다른 사람들이 할 수 있는 일은 그의 일반언어학으로의 전향은

문자 그대로 코페르닉스적인 것이었다는 사실을 확인하면서, 그의 천재
성도 바로 다른 대학자들의 그것과 마찬가지로 완전한 역발상성에서 찾
을 수 있다는 결론을 내리는 것뿐이다. 신기하게도 그는 역사언어학을
연구하면서 그것의 한계성을 꿰뚫어보게 되었으며, 그것의 해결책은 오
직 언어연구의 「패러다임」을 완전히 뒤집는 것뿐이라는 사실까지도 깨닫
게 된 것이다. 비유적으로 말하자면 그의 언어이론의 출현방식은 「청출어
람」이 아니라 「백출어혹」인 것이다.

그 중 두 번째 것은 역사적 연계성인데, 우선 그의 언어이론관과 언어
연구관의 특이성을 이것만큼 잘 드러내는 것도 없다. 상식적으로 보았을
때는 이 특이성은 앞에서 살펴본 완전한 역설성의 특이성과 모순되는 것
임이 분명하다. 완전한 역설성이란 결국 역사적 단절성을 의미하는 것이
기에 역사적 연계성을 그것 뒤에 또 한 가지의 특성으로 후속시키는 것은
누가 보아도 앞뒤가 안 맞는 일이다. 그러나 그의 언어이론과 언어연구관
의 위대성은 바로 그런 일반적인 상식을 초월한 데 있다. 다시 말해서
그는 언어연구에 관한 한 이들 두 특이성은 익히 양자택일적으로 상호
배타적인 것이 아니라 상보적이고 병존적인 것일 수 있다고 본 것이다.

그는 크게 두 가지 의미에서 언어연구는 마땅히 역사적으로 연계되어
야 한다고 생각했다. 첫 번째로 그는 언어연구는 일찍이 희랍시대 때 시작
된 이래 그 때 그 때 일정한 획을 그어가면서 꾸준히 발전의 역사를 밟아
왔으며, 따라서 이런 누적의 전통은 앞으로도 변함없이 유지되어야 한다
고 생각했다. 다시 말하자면 그가 보기에는 모든 새로운 연구는 으레 옛
연구의 단점이나 한계성을 극복하려는 동기에서나, 아니면 옛 연구와는
전혀 다른 목적이나 시각에서 시작되었기 때문에 지금까지의 모든 연구
결과를 누적시켜서 평가해보는 것이 어느 한 시기의 그것을 독립적으로
파악하는 것보다 낫게 되어 있었다.

그의 이런 누진적 언어연구관은 언어학의 역사를 일별하는 자리에서 잘 드러나 있다. 그는 자기가 제안하는 일반언어학은 언어연구의 역사상 전통문법학과 어학, 비교어학, 역사언어학 등에 이은 다섯 번째 언어학이며, 따라서 그것은 마땅히 과거의 언어학들의 문제점이나 한계성을 극복할 수 있는 언어학이어야 한다고 생각했다. 예컨대 그는 그동안의 언어학의 발전사를 「그들(신문법학자들)의 기여는 비교연구의 결과들을 역사적 전망 내에 위치시켜서 그 사실들을 자연적 순서대로 연결시킨 데 있다. 그들 덕분에 언어는 더 이상 독립적으로 발달하는 유기체가 아니라 언어적 집단의 집합적 정신의 산물로 보게 되었다. 그와 동시에 학자들은 어학과 비교어학의 생각들이 얼마나 잘못되고 불충분한 것이었는가를 깨닫게 되었다. 그렇지만 이런 봉사에도 불구하고 신분법학자들은 질문 전체를 조명하지는 않았으며, 그래서 일반언어학의 기본적인 문제들은 아직도 해답을 기다리는 상태에 머물게 되었다.」와 같은 말로써 마무리를 함으로써, 그가 이제 새로운 언어학을 제안하게 된 동기를 분명히 밝히고 있다. (Ibid, p.5)

두 번째로 그는 언어이론을 일단 연구자가 일정한 언어관에 입각해서 언어연구의 방향과 방법을 제시해준 것으로 정의하고 볼 것 같으면 그것의 정당한 평가는 오로지 언어연구의 발전과정 내에서 시행되었을 때만 이루어질 수 있다고 생각했다. 그는 언어이론이라는 말은 쓰지 않으면서도 그것이 없는 언어연구는 결국에 과학적인 것이 될 수 없다고 생각했다. 더 구체적으로 말할 것 같으면 그가 보기에는 비록 18세기에 성행하던 어학이나 19세기의 초기에 유행하던 비교어학, 19세기의 후기에 성행하던 역사언어학 등 에서도 과학적 언어연구를 표방하지 않은 것은 아니지만, 진정한 의미에서의 과학적 언어연구는 그 동안까지 한 번도 시행된 적이 없었는데, 그 이유는 바로 이들은 모두가 일정한 언어이론 없이 시작된 것들이기 때문이었다.

그가 보기에는 이와 같은 언어연구의 발전과정을 배경으로 삼게 되면 자기가 제안하는 언어학이야말로 역사상 최초의 언어이론을 바탕으로 한 언어학이라는 사실이 저절로 드러나게 마련이었다. 즉, 이렇게 하면 자기가 왜 이 시기를 마땅히 하나의 새로운 언어학이 출범해야할 시기로 보았는가와 그것의 이름을 왜 일반언어학으로 정했는가 등에 관한 설명이 이미 된 것이나 다름이 없었다. 우선 그는 이 때는 이미 과학이 옛날의 인문학의 자리를 빼앗은 시기이기에 언어연구도 마땅히 과학적인 모습을 갖추어야만 한다고 생각했다. 무엇보다도 놀라운 것은 물론 언어도 자연현상과 마찬가지로 과학적 연구의 대상이 되어야 한다고 본 점이다.

그 다음으로 그는 자기가 내세우는 언어학을 일반언어학으로 부르게 되면 일차적으로는 그가 추구하는 연구방법은 그전 까지 유행하던 역사적인 접근법이나 심리학적인 접근법이 아니라는 사실이 분명해지고, 이차적으로는 이것이 과학에서 일반적으로 목적으로 내세우는 것, 즉 연구대상의 일반적인 특성과 조직, 작동원리 등을 목적으로 삼는 언어학이라는 사실이 분명해진다고 보았다. 특히 그는 과학의 생명은 정당한 대상의 선정과 분석과 기술의 준엄성, 일반적 이론과 원리의 설정 등에 있음을 잘 알고 있어서, 앞에서 이미 논의한 바와 같이 몇 가지의 대원리를 자기 언어학의 기본 축으로 삼았다. 결국은 이들이 그의 언어이론이었던 셈인데, 이 가운데서 하나의 과학자로서의 그의 입장을 가장 잘 드러낸 것은 역시 공시언어학과 통시 언어학의 엄격한 구분에 관한 것이었다.

그 중 세 번째 것은 언어연구의 兩軸性인데, 이것 역시 오직 그의 언어이론에서만 찾아 볼 수 있는 유별난 특이성이다, 간단히 말하자면 그는 앞으로의 언어연구는 공시언어학적인 것과 통시언어학적인 것을 두 개의 기본 축으로 해서 이루어져야 한다고 생각했던 것인데, 이런 발상법은 우선 역사적으로 선례가 없었을 뿐만 아니라 상식적으로 보아서도 그 의도가 잘 이해가 되지 않는 것이기에 누구에게나 궁금증의 대상이 되게 마련이다. 이 특이성과 관련해서 먼저 누구나 가질 수 있는 궁금증은 왜 그가 일반언어학과 역사언어학을 언어연구를 이끌어갈 두 개의 견인차로 보았을까 하는 점인데, 아마도 이것에 대한 대답은 그의 특이한 경력에서 찾을 수 있을 것이다.

앞에서 이미 살펴보았듯이 굳이 따지자면 그는 하나의 저명한 역사언어학자였다. 비교나 역사언어학은 20세기 초까지 30여년에 걸쳐서 언어연구의 주도적 학문으로 군림해왔었기에 그가 그것에 관한 하나의 전문학자일 수 있었던 것은 하등 예외적인 일이 아니었다. 역사언어학자로서의 그의 생애에 예외적인 점이 있다면 바로 역사언어학적 문제들을 누구보다도 넓고 깊게 천착했던 사람이 마지막에 가서는 일반언어학이라는 이름의 하나의 반역사언어학적인 언어학을 창안했다는 점이다. 간단히 말해서 그는 언어의 본질에 대한 거시적인 안목을 역사언어학을 통해서 갖게 되었던 것이다. 그는 역사언어학을 통해서 그것으로는 결국에 언어의 실체에 관한 어떤 점을 파악할 수가 있고 어떤 점은 파악할 수가 없는지를 식별할 수가 있게 된 것이다.

그리고 그가 역사언어학에 대한 광범위한 섭렵을 통해서 터득하게 된 지식가운데서 무엇보다도 중요한 것은 역시 그것을 하나의 과학적 학문으로 만드는 일은 아직은 하나의 이상일 수밖에 없다는 사실이었다. 그가 보기에 그는 우선 이 영역에서 다루어지는 문제들을 제대로 토의하기 위해서는 먼저 현대적 언어에 대한 지식을 가지고 있어야 하는데 현실은 그렇지를 못했다. 그 다음으로 역사언어학적 연구에는 으레 여러 언어 간의 비교와 정확한 재구성 작업, 계보적 발전과정의 설정 등이 포함되는데, 이들은 엄청난 시간과 노력을 필요로 하는 일이었다. 마지막으로 그

동안에 발견된 몇 가지 원리나 법칙들은 역사언어학적 현상들을 제대로 설명하기에는 턱없이 부족하고 미약한 것들이었다.

이렇게 볼 것 같으면 그가 일반언어학을 역사언어학의 대안으로 내세우게 된 것은 과학적 언어학에 대한 그의 소원이 유난히 강했기 때문이라고 볼 수가 있다. 그는 틀림없이 역사언어학에 비하여 일반언어학에는 연구의 대상을 일정하게 제한하고, 그 목적을 분명하게 설정할 수 있으며, 귀납주의에 입각한 과학적 연구방법을 일관되게 적용할 수 있다는 이점 등이 있다고 판단했을 것이다. 아마도 그는 또한 연구에 소요되는 시간과 노력면에 있어서도 일반언어학 쪽이 훨씬 더 유리한 조건을 갖고 있다고 보았을 것이다. 물론 그에게는 언어를 하나의 구조체로 보는 특출한 혜안이 있었으며, 이것을 실증하려는 노력이야 말로 충분히 과학적인 노력이 될 수 있다는 신념도 있었던 것이다.

이 특이성과 관련해서 누구나 두 번째로 가질 수 있는 궁금증은 그가 과연 두 가지 언어학을 차등적인 것이 아니라 등가적인 것으로 보았을까 하는 점인데, 이것에 대한 대답은 아마도 정태적 및 진화적 언어학이라는 제목 밑에서의 두 가지 언어학의 차이성에 대한 설명이 「언어를 어느 방법으로 연구하든 간에 우리는 각 사실을 그 자체의 체계 내에 집어넣어야 하며, 두 방법을 혼동해서는 안 된다.」와 같은 말로써 마무리 되고 있다는 사실에서 찾을 수 있을 것이다. 한 마디로 말해서 그는 지난날의 과오는 절대로 섞어서는 안 될 두 가지 언어적 사실들을 함부로 섰었던데 있으므로 앞으로 그것을 바로 잡기만 하면 두 가지 언어학의 존재가치는 저절로 유지되게 되어있다고 본 것이다. (Ibid. p.99)

그러나 사람에 따라서는 그의 두 언어학에 대한 등가적 견해, 즉 이른바 언어의 「내적 이중성」에 대한 올바른 이해를 위해서는 두 언어학은 평행적으로 발달되어야 한다는 견해는 일종의 이론적인 것에 불과하고,

실제에 있어서는 그가 공시나 일반언어학을 통시나 역사언어학보다 앞세우려는 의도를 가지고 있었음이 분명하다고 말할 수도 있다. 이런 주장의 근거로는 우선 이 책에서 이들에 관한 설명의 분량 자체는 비슷한지 몰라도 그들의 서순성에는 전자가 후자보다 앞서는 식으로 차이를 보이고 있다는 사실을 들 수 있다. 그 다음으로는 언어학의 발달과정을 논하는 자리에서 일반언어학을 역사언어학을 대신하는 언어학으로 내세운 사실도 들수가 있다. 그리고 세 번째로는 그가 언어의 특성에는 일반언어학을 통해서 파악될 수 있는 구조성과, 역사언어학을 통해서 파악될 수 있는 변화성과 다양성, 보편성 등이 있다고 보았을 때 이 중에서 가장 중요한 것은 역시 구조성이라고 본 사실이다.

3.3 언리학

Saussure가 죽은 뒤에 그 언어이론이 전 세계의 언어 학계에 미친 영향은 구조주의 시대가 새로 열리게 될 정도로 전무후무한 것이었다. 예컨대 1950년대까지에는 유럽을 비롯하여 영국과 미국 등에서는 그의 언어사상을 이어받은 수많은 구조주의자들이 탄생되게 되었다. 그렇지만 그의 언어이론을 독자적이면서도 보다 발전된 형태의 것으로 발전시키는 데 성공한 사람은 오직 Hjelmslev뿐이었다. 1920년대로부터 1950년대 사이에 그와 그의 동료인 Uldall에 의해서 정립된 언리학은 오늘날에 있어서까지 Saussure의 언어이론의 한 발전된 판으로 인정되고 있다는 사실이 그런 사실을 익히 뒷받침하고 있다. 따라서 여기에서 언리학의 실체를 살펴본다는 것은 우선 Saussure의 언어사상의 위대함을 다시 확인할 수 있는 길이 될 수가 있고, 그 다음으로는 구조주의 언어학의 본질을 파악할 수 있는 길이 될 수가 있다.

원래 언리학은 1930년대에 덴마크에서 코펜하겐 학파를 이끌어가던 Hjelmslev의 원대한 구상, 즉 Saussure가 내세운 구조주의적 언어이론을 한 차원 높게 발전시키겠다는 야심의 소산이었기에, 이것의 제일 큰 특징은 한 마디로 「Saussure의 언어이론을 창조적으로 계승한 언어학이라는 점이라」고 말할 수가 있다. 그러니까 이 언어학의 특징에 크게 Saussure의 언어이론을 그대로 계승했다는 점과 그것을 창조적으로 발전시켰다는 점의 두 가지가 있는 셈이다. 이런 의미에서 볼 때 이것은 Saussure의 언어학의 후계 언어학으로 익히 자처할 수 있는 것이다.

1) 두 가지 특징

순서에 따라 먼저 이것에 있어서의 Saussure의 언어이론의 계승성에 대해서 살펴 볼 것 같으면, 이 점에 관한 Hjelmelev의 구체적인 입장과 언급들이 그의 언어학의 원전격인 「언어이론 서설」안에서 쉽게 발견될 수 있다는 사실만큼 명시적으로 이 특성을 증거하고 있는 것은 없다. 예컨대 우선 그는 이 책의 서두에서 자기의 신언어학에 대한 생각은 근본적으로 Saussure의 것과 동일하다는 말을 여러 형태로 하고 있다. 그의 「하나의 단순한 보조적 내지는 파생적 과학이 아닌 진정한 언어학을 설정하기 위해서는 뭔가 다른 일이 이루어져야 한다. 언어학은 언어를 (물리적, 생리적, 심리학적, 논리적, 사회학적 등의) 비언어적 현상의 집성체로서가 아니라 하나의 자족적 전체, 즉 하나의 독자적 구조체로서 파악하려고 해야 한다. 오직 이런 방법에 의해서만이 언어 자체는 과학적 연구의 대상이 될 수 있다.」와 같은 말은 누가 보아도 Saussure가 일찍이 그의 책에서 한 말의 복사품임이 확실하다. 이 자리에서 그는 이런 의미에서 볼 때 지금까지 있었던 많은 언어연구자중 언어이론가로 불릴 수 있는 사람은 오직

Saussure뿐이라는 말도 덧붙이고 있다. 다시 말해서 그는 여기에서 자기가 Saussure의 정통적 훈계자임을 만천하에 선언한 것이다. (Hjelmslev 1943,1961. p.6)

그 다음으로 그는 이 책에서 Saussure가 일찍이 내세웠던 정의나 이론들을 되풀이 하고 있다. 이들 중 가장 대표적인 것은 언어는 표현체와 내용의 두 부분으로 이루어진 기호인데, 이들 가운데서 언어기술의 대상으로 삼아야 할 것은 내용이 아니라 표현체라는 기호론이다. 그 다음 예로 들 수 있는 것은 언어적 단위나 구조체는 으레 절대적인 기준에 의해서가 아니고 다른 것들과의 상관성에 의해서 결정된다는 이론으로서, 「하나의 전체성은 개체로서가 아니라 관계로서 구성되어 있다는 것과, 실질이 아니라 내적 및 외적 관계성만이 과학적으로 기술 될 수 있다는 사실을 인식하는 것은 물론 과학에 있어서 새로운 것이 아니라 아마도 언어과학에 있어서 새로운 것일 것이다. 대상을 관계성에 관한 술어와 전혀 다른 것으로 가정한다는 것은 잉여적 공리와 형이상학적 가설만을 산출하는데, 언어과학은 이런 것들로부터 빨리 자유로워져야 한다.」와 같은 그의 말은 Saussure의 이 문제와 관련된 주장과 거의 동일하다. (Ibid, p.23)

세 번째 예로 들 수 있는 것은 구조체 내에서의 단위간의 상관관계에는 크게 통합적인 것과 연합적인 것의 두 가지가 있다는 이론으로서, 통합적인 것을 「둘 다의 기능」이라고 부르고, 연합적인 것을 「또는 의 기능」이라고 부르는 식으로 절차 중심의 개념을 기능 중심의 개념으로 바꾸기는 했지만, 구조성에 관한 기본적인 발상법은 Saussure의 것과 조금도 달라지지 않았다. 여러 가지 언어 체계 중 어느 것을 대상으로 하든 간에 언제나 이들 두 가지의 상관성의 기준에 의해서 분석해야 한다는 원칙도 물론 Saussure가 이미 제안했던 것이었다. 이런 의미에서 보자면 그가 창안한 언리학도 일종의 구조언어학일 따름이었다. (Ibid, p.65)

세 번째로 그는 이 책에서 Saussure가 일찍이 제안했던 것과 대동소이한 연구방법을 소개하고 있다. Saussure가 그랬듯이 그도 새로운 언어학의 성패는 결국에 과학적인 언어연구 방법을 쓰느냐 쓰지 않느냐에 의해서 결정된다는 사실을 강조하면서, 크게 보았을 때는 새로운 언어학에서는 연역적인 방법과 귀납적인 방법을 균형 있게 사용하는 것이 바람직한 일이라는 견해를 내놓았다. 그러나 Saussure와 진짜로 닮은 점은 이들 중더 의존해야 할 방법은 귀납법이라는 생각이었다. 예컨대 그도 Saussure처럼 음소의 개념과 발견철차에 대해서 많은 설명을 하게 되었는데, 이자리에서 그는 경험주의적 원리는 「분석은 으레 철저하면서도 단순해야한다는 것」이니까 이것에 적용되는 원칙에는 「경제성의 원칙」과 「일반화의 원칙」등의 두 가지가 있을 수 있다고 주장했다. 그의 음소이론이프라그 학파의 Trubetzkoy의 것과도 다르고 런던학파의 Daniel Jones의것과도 다른 이유는 바로 그의 것만이 이런 원리를 잘 지키고 있기 때문이었다. (Ibid. p.60)

네 번째로 그는 이 책에서 Saussure가 일찍이 그랬듯이 새로운 언어학의 목적은 마땅히 언어의 본질적 특성, 즉 구조성을 밝히는 것이기에 언어연구의 대상을 공시적인 현상으로 제한해야 한다고 주장했다. 물론 그도Saussure처럼 언어학자들은 당연히 여러 가지 통시적 현상에 대한 연구를통해서 언어에는 변화성이나 다양성, 보편성과 같은 특성도 있다는 것을확인해야 한다고 생각했다. 예컨대 그도 「제일 작은 체계는 일종의 자족적 전체이다. 그러나 어떤 전체도 고립되어있지는 않다.」와 같은 말과 함께 결국에는 어느 한 언어가 아니라 「언어의 전 부류」가 언어연구의 대상이 되어야 한다는 점을 강조했다.

그렇지만 그도 Saussure와 마찬가지로 그렇다고 해서 공시적인 연구가통시적인 연구보다 선행될 뿐만 아니라 공시적인 연구를 통해서 얻어진 지식이 언어지식의 핵심부가 되고 통시적인 연구를 통해서 얻어진 지식은 그것의 주변부가 된다는 근본원칙이 무너지는 것은 아니라고 생각했다. 이 책에서 그는 이런 지식들을 「내재성」의 지식과 「초월성」의 지식으로 부르면서, 이들 간의 관계를 아래처럼 설정하였다. 이 말로써 자기 책을 마무리하고 있는 점으로 미루어 보아서, 그도 틀림없이 Saussure처럼 언어학을 궁극적으로는 인간과 사회를 이해하는 도구로 보려는 원대한 꿈을 가지고 있었던 것이다. (Ibid, pp.111~112)

> 지금까지의 언어학에서 보다 한 차원 높은 의미에서 언어는 다시 지식에 있어서 중핵적 위치를 차지하게 되었다. 초월성을 방해하는 대신에 내재성은 그것에 새롭고 더 좋은 기저를 제공해준 것이다. 즉, 내재성과 초월성은 내재성을 기저로 해서 보다 높은 통일체를 이루게 된 것이다. 언어이론은 그것의 구도와 용법에서와 그것의 전체성과 개별성에서 드러나게 되는 언어체계 뿐만 아니라, 언어 뒤에 있는 인간 및 인간 사회와 언어를 통해서 얻은 인간의 모든 지식 세계까지도 파악하려는 내적 필요성에 의해서 유도되게 되는 것이다.

그 다음으로 이것과 Saussure의 언어학과의 차이성, 즉 이것에 드러나 있는 창조성에 대해서 살펴볼 것 같으면, 이 특성은 크게 두 가지 사실을 통해서 익히 확인될 수가 있다. 따지고 볼 것 같으면 Uldall의 제안으로 그들의 언어학을 「언리학」으로 명명하고, 음소론을 「음소학(phonematics)」으로 명명한 사실보다도 그들의 의도가 Saussure의 것과 다르면서 결국에는 그것보다 나은 언어학을 만들겠다는 것이었다는 것을 더 잘 실증하고 있는 것도 없다. 이런 명백한 사실을 제외하고 보자면 이들의 창조성을 실증하고 있는 사실 중 첫 번째 것은 역시 이들은 처음부터 가장 과학적인 언어학의 창안을 목표로 삼았다는 점이다. 이들은 역사상 최초로 과학적인 언어학을 만들어내겠다던 Saussure의 의도는 아직도 제대로 실현되지 못했으며, 따라서 그 미완의 작업을 완성시키는 것이 바로 자기네들의 임무라고 생각한 것이다.

그런데 1920년대는 Carnap과 Feigl등이 중심이 된 「비엔나 학파」가 철학계에 논리적 실증주의라는 이름의 신 학풍을 불러일으킨 시대였다. 간단히 말해서 이 철학적 사조는 그전까지 철학자들 사이에서 소모적인 논쟁거리였던 형이상학적 문제 대신에 과학의 통일화와 과학적 연구방법의 발견을 주된 연구과제로 삼자는 움직임이었는데, Hjelmslev와 Uldall이 보기에는 이런 움직임이야말로 그들이 앞으로 과학적 언어학을 구상하고 발전시키는 데 결정적인 도움을 줄 수 있는 것 이었다. 예컨대 이 움직임에 참여한 학자들은 경험주의적 과학에서 쓰이는 연구방법들의 장단점을 정확히 파악하며, 보다 발전된 형식 논리적 서술기법을 사용해서 추상화와 추리의 절차의 기능을 극대화 하는 것이 곧 앞으로의 철학을 과학주의라는 새로운 시대정신에 어울리는 것으로 바꾸는 지름길이라고 생각했었는데, 이들이 보기에는 바로 이 길이 자기네가 꿈꾸는 새로운 언어학이 걸어가야 할 길이었다.

실제로 이 움직임의 영향이 얼마나 컸느냐 하는 것은 우선 Hjelmslev가 그의 책의 여러 곳에서 과학적 기술법에 대해서 설명하고 있다는 사실에 의해서 익히 헤아려 볼 수가 있다. 예컨대 그는 「이론은 다른 여러 특징 중에서도 가정의 체계일 수가 있다. 가정은 검증의 절차에 의해서 참 또는 거짓일 수가 있다.」나, 「언어기술이 비형이상학적이기 위해서는 정의의 체계가 세워져야 한다.」, 「우리는 기능이라는 술어를 논리수학적인 의미와 어원학적 의미간의 중간쯤에 있는 의미에서 채택했다.」와 같은 말을 쉽게 찾아 볼 수가 있다. (Ibid, p.20, p.15)

또 한 가지 이런 영향을 실증할 수 있는 사실로는 Uldall이 특히 「언리학 개요, 제1부: 일반이론(An outline of Glossmatics, Part 1. General Theory.)」에서 언어기술에 쓸 수 있는 기호 논리학적 기법 중 가장 극단적이라고 볼 수 있는 「대수학적 모형」을 소개하면서, 이 언어학이 「대수언어학」으로 불리게 되었다는 사실을 들 수가 있다. 그는 이렇게 하면 결국에는 모든 서술이 일종의 대수학적 양식을 띠게 되며, 따라서 과학성의 준엄성에 있어서 언어학도 자연과학과 같아질 수 있다고 생각한 것이다. 한 가지 흥미로운 것은 기술법에 관한 그의 이런 견해에 동의할 수가 없어서 Hjelmslev는 예정했던 제2부의 집필을 거부 했다는 사실이다.

이 언어학의 창조성은 그 다음으로, 이것에서는 언어분석에 필요한 술어나 기법 등을 모두 다 새롭게 만들어 쓰고 있다는 사실에 의해서 익히 확인 될 수가 있다. 한 마디로 말해서 넓은 의미에서는 Saussure의 구조주의적 원리를 그대로 언어기술의 원리로 삼고 있지만, 구체적인 면에 있어서는 완전한 독창성을 띠고 있는 것이 바로 이 언어학인 것이다. 그런데 이것의 창안자들은 처음부터 역사상 최초로 가장 과학적인 언어학을 고안해보겠다는 생각을 가지고 있었다. 그러니까 결국에 이 언어학은 그들 스스로가 과학성에 대한 굳은 신념과 원대한 야심을 가지고서 만들어낸 하나의 창작품인 셈이다.

이 언어학에서는 과학성이 크게 세 가지 방책에 의해서 제고 되었다고 볼 수가 있는데, 그 중 첫 번째 것은 언어를 하나의 유기적 체계로 보고서 그것의 구성단위를 새롭게 설정한 것이었다. 예컨대 Hjelmslev는 기호를 구성소로 하는 체계에는 원래 체스와 같이 표현의 국면만을 가지고 있는 「상징적 체계」와 언어와 같이 내용과 표현의 두 국면으로 이루어진 「기호체계」의 두 가지가 있으니까, 내용과 표현간의 기능적 상호교섭 관계를 고려하지 않고서 오직 어느 한 국면만을 분석할 수 없는 것이 바로 언어분석의 제일 큰 특징이라고 주장했다. 언어기술에 관해서 그는 언어적 기호가 형식과 실질로 이루어져 있지만 실제로 분석의 대상이 되는 것은 형식뿐이라는 Saussure의 발상법과 적지 않게 다른 발상법을 가지고 있었던 것이다. 형식적 기술이 우선이되 내용적 기술과 그것이 같이 이루어지기 위해서는 체계의 구조와 그것의 구성단위도 같은 기준에 의해서 설정되어야만 했다. 언어체계를 구성하는 최소 단위를 「택심(taxeme)」이라고 하자면, 그것은 다시 아래의 도표에서처럼 표현과 내용의 두 국면 내에서 모두 여덟 가지로 나눠질 수 있었다. 이들 중 특히 눈에 띄는 것은 「표현소(ceneme)」와 「내용소(plereme)」와 같이 새로 설정된 단위들이다. 그리고 「어형소(morpheme)」를 내용 국면의 한 요소로 본 것도 특이한 점이다.

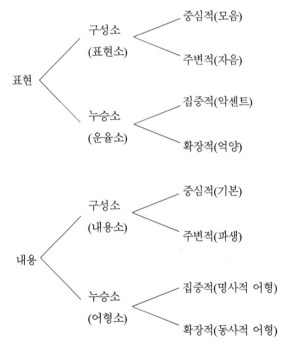

(Fischer-Jorgensen 2010, p.222)

이 언어학에서 과학성을 제고시키기 위해서 쓰인 두 번째 방책은 단위간의 관계성을 체계화한 것이었다. 물론 이 체계화 작업의 기본이 된 것은 Sausure가 일찍이 내세운 구조성의 원리, 즉 구조적 관계성에는 통합적인 것과 연합적인 것의 두 가지가 있다는 이론이었다. 그런데 이것에서는 우선 이런 두 가지 단위간의 관계들을 의존성의 체계로 통합시켰다. 그 다음으로 이것에서는 이런 통합적 체계를 언어체계의 어느 하위체계에서 나 작동하는 공통된 체계로 삼았다. 이들은 언어체계는 어느 국면이나 하위체계에 있어서나 동일한 구조 원리를 드러내고 있다고 보는 것이 과학주의에 어울리는 견해라고 생각한 것이다. 원래 구조주의의 중핵적 발상법은 언어조직에 있어서는 기본 단위의 실체보다 단위간의 관계가 더 중요한 역할을 한다는 것이었으니까, 이 언어학을 하나의 과학적인 언어학으로 만드는 데 있어서는 이 두 번째 방책이 첫 번째 방책보다 더 결정적인 기여를 한 셈이다.

　이 언어학에서는 단위간의 관계, 즉 의존성에는 크게 상호의존적인 것과 결정적인 것, 星座的인 것 등의 세 가지가 있다고 보았다. 먼저 상호의존적인 관계는 a와 b가 동시에 나타날 수는 있지만 그 중 어느 하나만이 나타날 수는 없는 관계를 가리키는 것이고, 그 다음으로 결정적인 관계는 a와 b가 같이 나타날 수는 있는데, 독자적으로는 오직 b만이 나타나게 되는 관계를 말하는 것이며, (이런 경우 a는 변수가 되고 b는 상수가 된다.) 세 번째로 성좌적인 관계는 a와 b가 같이 나타날 수 있을 뿐만 아니라 각각이 따로따로 나타날 수도 있는 관계를 가리키는 것이다. 이렇게 볼 것 같으면 이 언어학에서 설정한 의존성의 종류들과 통합성과 연합성이라는 원래의 관련성의 개념들 간에는 아래와 같은 관계가 성립될 수 있었다. (Fudge, 1994, p.1442)

의존성	통합성(둘 다)	연합성(또는)
결정적인 것	선택	명시성
상호의존적인 것	견고	상보성
성좌적인 것	조립	자율성

　이 언어학에서 과학성을 높이기 위해서 쓰인 세 번째 방책은 언어 분석 시에 철저하게 귀납적인 절차를 사용하는 것이었다. 앞에서 살펴본 제1과 제2의 방책들은 연역적 원리, 즉 논리성의 원리에 따르는 것들 이었다. 그러나 이들이 보기에는 연역법과 귀납법이 모두 쓰이기는 하되 이들로써 최대의 효과를 거둘 수 있으려면 역시 연역법보다는 귀납법이 더 많이 쓰여만 했다. 다시 말해서 이들의 생각으로는 관찰과 분석, 검증과 같은 경험주의적 절차들을 최대로 많이 쓰는 것만이 자기네 언어학의 과학화를 담보 할 수 있는 유일한 방책일 수 있었다.

　이것에서의 언어분석 절차와 관련하여 한 가지 특기할 점은 언어는 형식과 내용이라는 두 개의 국면으로 구성되어 있는 체계인 이상 언어분석은 이들을 따로 따로 분석하는 것을 원칙으로 하되, 이들 간의 상호교섭의 현상을 주요 고려사항으로 삼은 상태에서 이루어져야 한다고 본 점이다. Hjelmslev는 이런 분석법을 기능적 접근법이라고 부르고서, 이것의 가장 대표적인 예로 음운조직을 분석하는 경우를 들었다. 간단히 말해서 그는 이 점이 바로 언어분석의 절차가 논리 체계를 분석하는 절차와 다른 점이라고 본 것이다.

　이런 의미에서 볼 때 그가 이른바 「교환성 시험」이라는 형식적 절차를 음운 조직을 분석하는 데 하나의 주된 기법으로 쓰일 것을 주장하고 나선 것은 너무나 당연한 일이었다. 이 절차는 음소라는 음운조직의 최소단위를 발견하는 데 가장 편리하게 쓰일 수 있는 것으로서, 예컨대 우선 어휘

수준에 있어서 「ram」과 「ewe」가 서로 다른 단어라는 것은 이들이 각각 「숫양」과 「암양」이라는 서로 다른 의미를 나타내는 것들이라는 사실에 의해서 익히 확인 될 수가 있었고, 그 다음으로 음운적 형태의 최소 구성소, 즉 음소의 수준에 있어서 /ae/와 /i/가 서로 다른 음소라는 것은 「ram」과 「rim」이 서로 다른 의미를 나타내는 단어라는 사실에 의해서 익히 확인될 수가 있었다. 미국의 구조언어학에서도 이 절차가 「최소짝 기법」이라는 이름으로 아주 널리 쓰였다. (예: light: right, rich: reach), (Fischer-Jorgensen 2010, p.218)

이것에서의 언어분석 절차와 관련하여 또 한 가지 특기할 점은 이상적인 표기법의 개발로 결국에는 보편적인 언어분석이 가능하도록 했다는 점이다. 이것에서는 물론 모순성 불용의 원칙과 철저성의 원칙, 단순성의 원칙이라는 세 가지의 경험주의적 기본원칙 중 마지막 것을 분석 작업의 최고 원리로 삼았다. 간단히 말하자면 Hjelmslev는 가장 단순하면서도 가장 일반성이 높은 기술이 곧 이상적인 기술이라고 생각했던 것인데, 문제는 언어현상 가운데는 지극히 복잡하고 애매한 것들이 대단히 많다는 점이었다. 이런 가운데서도 최소단위의 수를 가장 적게 잡으면서 철저성의 원칙을 지키기 위해서는 일반성이 높은 표기법을 개발할 수밖에 없었다.

이런 이상적인 표기법을 개발하려는 그의 노력은 우선 음운조직의 표기법을 개발 할 때 크게 경주되었다. 예컨대 그는 먼저 교환성의 시험에 의해서 불변적인 요소와 가변적인 요소를 구별하여 불변적인 요소만을 음소, 즉 기본단위로 삼는 책략을 사용했다. 그 다음으로 그는 「융합」의 현상을 단일음소로 기술하는 기법을 고안해냈다. 독일어의 경우 어미에 있어서는 무성음인 /p, t, k/와 유성음인 /b, d, g/가 중성화가 되는데, 이때는 /p, t, k/가 대표 음소로 쓰였다. 또한 그는 이 현상에 하나의 음소가 완전히 제거되는 현상, 즉 「잠복」의 현상도 포함시켰다. 이때는 /ø/이라는 기호를 쓸 수 있었다. 더 나아가서 그는 이 현상에 두 음소가 하나로 합쳐지는 현상, 즉 「통합의 현상」도 포함시켰다. 이때는 일종의 제 3의 기호를 쓸 수 있었다.

세 번째로 그는 음소를 변별적 자질로까지 세분하는 일은 할 필요가 없지만 그것의 수를 최소의 것으로 한정시켜서 그들을 두 개의 대립적인 차원으로 묶는 방책을 개발했다. 예컨대 /p, t, k/와 /b, d, g/라는 여섯 개의 음소는 유성성을 기준으로 각각 세 개씩의 두 개의 차원으로 배열될 수가 있었다. 그러니까 그가 생각하는 보편적 분석의 모형은 차원의 종류와 수에 의해서 결정되게 되어있었는데, 기본적으로 이런 결정은 여러 언어의 음운조직에 대한 분석 작업의 결과들을 체계적으로 종합함으로써 내려질 수 있었다. 이때에도 그런데 차원의 수를 최소의 것으로 제약한다는 원칙은 지켜야만 했다. 결국 그가 구상하는 보편적 언어분석의 절차란 미리 정해진 일정한 수의 기준적 차원 하나하나에 언어에 따라서 어떤 및 몇 개의 음소가 들어가 있는가를 밝혀내는 것이었다. (Fischer-Jorgensen 2010. p.222)

2) 실례

Hjelmslev와 Uldall이 창안한 언어학이 과연 그들이 의도했던 것처럼 역사상 유례가 없는 과학적인 언어학인가 하는 것을 궁극적으로 심판할 수 있는 것은 오직 구체적인 기술 작업의 결과뿐인데, 아쉽게도 이들의 생전이나 사후에 발표된 이런 결과의 가짓수는 몇 가지 되지 않았다. 그 이유는 우선 그 많은 술어나 정의가 대단히 난해한 것들인데다가, 그 다음으로 분석의 절차 자체도 지극히 생소한 것이었기 때문이었다. 특히 이것에서의 형식의 국면에서 뿐만 아니라 내용의 국면에서도 동일한 구조주의적 분석법이 적용되어야 한다는 원리는 누구에게나 큰 도전적 과제가 될 수밖에 없었다.

그러나 Fischer-Jorgensen의 견해에 의할 것 같으면 역설적으로 바로 이런 난해성과 참신성이 앞으로 언어학계에서 이 언어학에 대한 연구와 이것의 적용을 활성화 시키는 원인으로 작용하고 있다고 볼 수도 있다. 이것의 근거로 그는 1960년대에 프랑스에서 이 언어학의 언어이론을 기저로 한 새로운 의미론과 성층문법이론 등이 발전된 사실을 들고 있다. 물론 그보다 더 확실한 근거는 아마도 이 시기에 미국에서는 Lamb과 Gleason등이 이 언어학의 발상법을 더욱 발전시켜서 「성층문법」을 만들었다가, 최근에는 그것을 다시 일종의 첨단 언어학인 「신경인지 언어학」으로 발전시키려고 하고 있다는 사실일 것이다. 그가 결국에 「언리학은 아직도 언어학자와 의미론자, 철학자들에게 하나의 고무의 원천이 되고 있다.」와 같은 말을 할 수 있는 것도 결코 무리가 아닌 것이다. (Ibid, p.224)

그렇다고 해서 그동안에 언리학적 분석모형을 실제로 언어기술에 사용한 예가 전혀 없는 것은 아니어서, 1951년에 Llorach가 스페인어를 분석한 것을 비롯하여 1959년에 Andersen이 덴마크어를 분석한 것, 1969년에 Canger가 맴(Mam)어를 분석한 것 등이 그 예들이다. 그런데 이들보다 언리학의 언어이론과 분석절차를 명석하게 파악하는 데 도움을 줄 수 있는 예는 바로 1951년에 Togeby가 실시한 프랑스어의 분석이다. 그 이름이 우선 「프랑스어의 내재적 구조(Structure immanente de la langue francaise)」라는 사실이 이것이 언리학적 분석의 한 실례라는 것을 익히 증거 하고 있다. 내재적 구조성의 발견을 언어기술의 궁극적인 목표로 내세운 사람은 바로 Hjelmsleve이었다.

그렇지만 이 사례의 진짜 가치는 Hjelmsleve가 일찍이 내세웠던 이상적인 분석이론과 원리들이 기술과 분석에 있어서 그대로 지켜지고 있다는 데 있다. 이런 원리 중 첫 번째 것은 동일한 분석절차가 표현과 내용이라는 두 국면에서 적용되어야 한다는 것이고, 그 중 두 번째 것은 분석의 대상인 「텍스트」에는 문장 수준의 것뿐만 아니라 그것을 넘어선 것, 즉 담화 수준의 것도 들어가야 한다는 것이며, 그 중 세 번째 것은 연역적인 절차에 의한 보편적 사실이나 모형의 발견을 궁극적 기술의 목적으로 설정해야 한다는 것이었다. 한 마디로 말해서 이것에서는 음운론뿐만 아니라 통사론에서도 동일한 분석의 개념과 원리가 적용될 수 있다는 것을 보여주었다.

이 분석에서는 언어적 기술이나 분석은 으레 공통의 생성적 작동절차에 의해서 이루어진다고 보았다. 이런 작동절차는 크게 언어 전체, 즉 표현과 내용의 양 국면에 병렬적으로 적용되는 것과, 음운조직, 즉 표현의 국면에서만 적용되는 것, 문법조직, 즉 내용의 국면에서만 적용되는 것 등의 세 가지로 나누어질 수가 있는데, 결국에 「X : Y+Z」로 표현되는 통합적인 절차와 「X : Y, Z, W」로 표현되는 연합적인 절차의 두 종류에 속하는 것이었다. 흥미롭게도 그런데 Fudge는 Togeby가 여기에서 이처럼 통합적 절차와 연합적 절차를 대수학적 표기법으로 표현하기 시작한 사실을 대단히 의미 있는 것으로 보는데, 그 이유는 「X : Y+Z」와 같은 통합적 절차의 표기법은 그 후에 Chomsky의 변형문법에서도 「X→ Y+Z」처럼 쓰이게 되었기 때문이다. 따지고 보자면 그러나 하나의 구조체를 두 개의 구성소로 나누는 절차, 즉 구 구조분석 절차는 그 이전에 미국의 구조 언어학에서 쓰기 시작했었다. 이 점 하나만 보아서도 크게는 구조주의 언어학의 발상법이고 작게는 언리학의 발상법이 그 후의 언어학의 발전에 적지 않은 영향을 주었음이 확실하다. (Fudge, 1994, p.1443)

그런데 실제로 그가 프랑스어의 분석을 세 가지 종류나 수준으로 나누어 한 결과를 살펴볼 것 같으면, 첫 번째로는 두 번째와 세 번째 수준의 것과는 다르게 첫 번째 수준의 분석은 다분히 무의미한 것이 아닌가 하는 의아심을 갖게 하고, 두 번째로는 역시 그가 내세우는 두 가지 분석 절차들은 언어단위를 설정하는 데는 상당히 유용할지 몰라도 언어적 구조의 위계성을 밝히는 데는 별로 쓸모가 없는 것이라는 사실을 알 수 있게 된다. 이런 문제점들은 역시 언리학의 기본 원리를 충실히 지키려다 보니까, 즉 동일한 분석절차들을 가지고서 표현과 내용의 두 국면을 동시에 분석하려다 보니까 생긴 것 들이다.

먼저 첫 번째 수준의 기술의 내용을 살펴볼 것 같으면 이것은 크게 통합적 조작의 원리를 기반으로 하는 「통합론」과, 연합적 조작의 원리를 기반으로 하는 「체계론」의 두 부분으로 이루어져 있다. 우선 통합론에서는 최대의 언어단위인 「텍스트」를 크게 네 단계에 걸쳐서 최소단위인 「음조」단위로 세분한다. 예컨대 첫 번째 단계에서는 텍스트를 표현선과 내용선 으로 나누게 되고, 두 번째 단계에서는 그들 두 선들을 운율과 문장의 두 부분으로 다시 나누게 되며, 세 번째 단계에서는 그들을 문장 길이의 억양과 문장으로 다시 나누고, 네 번째 단계에서는 그들을 다시 여러 개의 음조로 분할하게 된다. 그 다음으로 체계론에서는 언어를 구성하는 기본 단위를 먼저 표현의 국면과 관련되는 기본 단위로는 음소를 설정하고, 그 다음으로 내용의 국면과 관련되는 기본단위로는 형태소를 설정하며, 세 번째로 두 국면에 다 관련되는 기본단위로는 형태음소를 설정하며, 네 번째로 어느 국면과도 관련되지 않는 기본 단위로는 의성소를 설정하는 식으로 모두 네 가지 종류의 것으로 체계화하게 된다. 여기에서 말하는 형태음소란 결국 「통합론」에서의 문장의 억양에 강조의 뜻을 나타내는 강세가 보태진 것이었다.

그 다음으로 두 번째 수준의 기술의 내용을 살펴볼 것 같으면, 이것 역시 크게는 통합적 원리를 기반으로 한 부분과 연합적 원리를 기반으로 한 부분으로 나누어져 있는데, 전자는 「운율론」으로 불리고 있고, 후자는

「음운론」으로 불리고 있다. 먼저 여기에서의 운율론을 Fudge는 지금의 「음소 배열론」에 해당하는 것으로 보는데, 그 이유는 이것에서의 분석 작업은 문장을 음절 집단으로 나누는 절차로부터 시작하여, 음절 집단을 어강세와 음절집단으로 나누는 절차와, 음절 집단을 음절로 세분하는 절차, 음절을 강세와 음절 기저로 나누는 절차, 음절 기저를 핵음과 주변음으로 양분하는 절차, 주변음을 자음으로 세분하는 절차, 핵음을 주변적 모음 + 중심모음 + 주변적 모음 식으로 분해하는 절차에 이르는 식으로 진행되기 때문이다.

그 다음으로 음운론에서는 음운조직의 기본 단위인 음소를 가려내는 작업을 하게 되는데, 운율론에서와 같이 이것에서의 작업도 으레 큰 단위를 작은 단위로 단계별로 세분해가는 절차를 따르고 있다. 예컨대 첫 번째 단계에서는 음운조직을 강세와 모음, 자음 등의 기본 단위로 나누고, 그 다음 단계에서는 강세를 강세와 약세로 양분하며, 세 번째 단계에서는 자음을 모두 17가지의 것들로 세분하고, 네 번째 단계에서는 모음을 모두 10가지의 것들로 세분하게 된다. 물론 Togeby가 여기에서 분석한 것은 프랑스어인데, 이 언어에서는 강세가 영어에서처럼 음소적 기능을 수행하지 않음에도 불구하고, 그는 굳이 이것을 독립된 음운적 요소로 설정하고 있다. (Fudge, 1994. p1443)

세 번째로 세 번째 수준의 기술의 내용을 살펴 볼 것 같으면, 이것 역시 통합적 원리를 기반으로 한 부분과 연합적 원리를 기반으로 한 부분으로 나누어져 있는데, 전자는 「통사론」으로 불리는데 반하여 후자는 「형태론」으로 불리는 사실로 미루어 보았을 때, 여기에서는 이것을 내용의 국면에 대한 기술이라고 말하고 있지만, 실제로는 이것이 광의의 「문법론」에 해당하는 것임을 알 수가 있다. 그러니까 이 이론에서는 표현과 내용을 각각 음운과 문법을 가리키는 말로 쓰고 있는 것이다. 그리고 첫 번째 수준의 기술을 넓은 의미에서 일종의 음운론적 기술로 보게 되면 이것에서는 음운론적 기술의 분량이 문법적 기술의 분량의 두 배나 된다는 결론도 나온다.

먼저 통사론에서 이루어지는 작업은 최대의 문법적 단위인 문장으로부터 시작하여 구와 어휘의 단계를 거쳐서 최소의 문법적 단위인 형태소에 이르기까지 2분법의 절차를 되풀이 하는 것이다. Fudge는 이런 절차는 바로 생성문법에서 구구조의 규칙이라는 이름으로 다시 쓰이게 되었다고 보고 있다. 예컨대 그 절차의 개요는 먼저 절은 정황적 보어 + 절핵으로 양분되고, 그 다음에는 정황적 보어가 전치사 + 목적어나 종위접속사 + 절로 양분되며, 세 번째에는 절핵이 주어 + 술어로 양분되고, 네 번째에는 주어가 동격어 + 명사구로 양분되며, 다섯 번째에는 술어가 목적어나 한정어 + 동사구로 양분되고, 여섯 번째에는 어휘가 어간 + 굴절로 양분되며, 일곱 번째에는 어간이 어근 + 파생적 표지로 양분되는 식이다. (Ibid, p.1443)

그 다음으로 형태론에서 이루어지는 작업은 일종의 분류적인 작업으로서, 그것은 크게 다음과 같은 다섯 가지의 위계적인 순서에 따른 분석 절차로 이루어져 있다.

(1) 형태소 : 굴절, 어근 파생적 표지, 불변화사
(2) 굴절 : 동사절 : 태, 상, 시제
　　　　　동사 및 명사적 : 인칭, 수
　　　　　명사적 격 : 비교, 성
(3) 어근 : 동사 : 조동사, 정상동사
　　　　　명사 : 고유명사, 대명사, 수사, 실질사, 형용사
(4) 파생적 표지 : 접두사, 접미사, 비정형동사
(5) 불변화사 : 부사, 연계어, 감탄사
　　　　　연계어 : 종위접속사, 전치사, 등위접속사

(Ibid, p. 1444)

3.4 구조주의의 장래

돌이켜보자면 Saussure의 구조주의가 20세기 초에 새로운 인문학적 패러다임으로 등장한지 어언 한 세기가 흘렀다. 따라서 이제는 이것을 더 이상 하나의 신사상으로 보지 않고서 하나의 구사상으로 보는 것이 마땅한 일일는지도 모른다. 그런데 이것의 특이함은 학문적 생명력이 시간이 흐름에 따라서 점점 체감되어가거나 완전히 소진되지 않고서, 오히려 그와는 반대로 최소한 처음처럼 그대로 유지되어 가거나 아니면 더 왕성해졌는 데 있다. 한마디로 말해서 그의 사상은 아직까지도 살아있는 사상인 것이다. 약간 과장해서 말할 것 같으면 가령 고전을 만고불변의 진리를 간파한 것으로 치자면 이제는 이것이 일종의 고전적 위상을 차지하게 된 것이다.

일찍이 런던학파의 수장이던 Firth는 Saussure의 언어이론의 획기성을 부각시키려다 보니까 「오늘날의 언어학자들은 크게 소쉬르 학파와 반소쉬르 학파, 후기 소쉬르 학파, 비소쉬르학파 등으로 분류될 수 있다.」와 같은 말을 했었는데, 따지고 볼 것 같으면 이제는 이것이 하나의 고전으로 자리매김하게 되었다는 것을 이 말처럼 명시적으로 진술하고 있는 것도 없다. 또한 지금의 언어학을 주도하고 있는 변형문법이론이 큰 의미로 보아서는 구조주의적 언어사상을 이어나가고 있는 것이라는 사실만큼 이것의 고전성을 뚜렷이 증거하고 있는 것도 없다.

1) 고전적 이론으로의 승화

그런데 사실은 한 세기라는 세월은 하나의 신사상이 고전적 사상으로 승화되기에는 크게 부족한 기간이다. 그럼에도 불구하고 이것은 이미 고전적 이론이 갖추고 있어야할 긍정적 특성과 부정적 특성들을 다 가지고 있기 때문에 그런 승화작업이 자연스럽게 이루어진 것이다. 우선 긍정적 특성 중 첫 번째 것은 역시 초월성인데, 「언어는 하나의 구조체이다.」라는 그의 선언은 분명히 회고적으로 보자면 언어의 본질에 대한 새로운 각성이면서 예견적으로 보자면 그것에 관한 초월적 진리나 비전의 제시였다. Hjelmsleve는 일찍이 언어적 지식을 크게 그것의 내재적 특성에 관한 것과 그것의 초월적 특성에 관한 것의 두 가지로 나누고 보면 내재적 특성에 관한 지식이 궁극적으로는 초월적 특성에 관한 지식을 포섭하기 마련이라고 주장해서, 마치 내재적 진리가 초월적 진리보다 우선적인 것일 뿐만 아니라 그들이 결국에는 서로 별개의 것인 듯한 인상을 주려고 노력했었다. 그러나 고전적 이론의 진리성이 검증되는 데 쓰이는 매체는 으레 시간이라는 점을 감안한다면 초월성을 그 안에 내재성까지 포섭하는 큰 개념으로 잡는 것이 옳은 일이다. 가령 그가 말하는 내재성을 보편성으로 바꾸어 놓고 보아도 이런 견해에 모순성이 없음을 알 수가 있다.

그 중 두 번째 것은 참신성인데, 예컨대, 그의 「구조적 실체는 오직 다른 것들과의 관계 속에 존재한다.」나 또는 「공시적 연구가 언제나 통시적 연구보다 앞서고, 그것의 기저가 되어야 한다.」, 「글이 아니라 말이 언어이다.」, 「과학은 결국에 추상화의 작업이다.」, 「언어는 일종의 기호체계이다.」, 「기호체계에 있어서는 실질이 아니라 형식이 연구의 대상이 된다.」와 같은 말들은 분명히 그가 처음으로 한 말들이다. 이와 관련하여 무엇보다도 중요한 사실은 이런 류의 참신한 진리들은 어느 이론가의 특출한 통찰력이나 연역력에 의해서 발견이 된다는 것인데, Saussure의 언어 이론의 경우에서도 이런 사실이 익히 확인 될 수가 있다. 쉽게 말해서 고전적 이론은 언제나 천재성을 지닌 사람에 의해서 만들어지게 되어있는 것이다.

그 중 세 번째 것은 일반성인데, 일단 이것을 범학문성으로 정의하고 보자면 이 점에 있어서는 그의 언어이론은 분명히 최고의 철학적 고전이라 할 수 있는 Plato나 Aristotle의 학설과 많이 닮았다고 볼 수가 있다. 철학은 원래가 상위의 학문이기 때문에 철학적 고전에 높은 일반성이 있는 것은 너무나 당연한 일이다. 예컨대 오늘날 「플라톤주의」라는 용어는 개념을 사실적이고 불변화적이며 객관적 실체를 가리키는 것으로 보려는 사상의 대명사처럼 되어버려서, 철학이나 법학에서 뿐만 아니라 수학이나 예술학에서도 쓰이고 있다. (Blackburn 1994. p.278) 그러나 엄격히 따지자면 Saussure의 구조주의는 하나의 하위학문인 언어학에 관한 이론에 지나지 않는다. 그러나 놀랍게도 그의 언어이론은 등장과 동시에 하나의 범학문적 이론으로 발전되어나갔다. 이런 의미에서 볼 때 그가 창안한 구조주의는 하나의 언어이론이 아니라 하나의 철학적 이론이었던 것이다.

물론 이 이론의 높은 일반성은 이것의 본거지인 언어학 자체 내에서 우선 발휘가 되었다. 그는 분명히 언어의 모든 조직들은 동일한 원리에 의해서 만들어져 있기 때문에 예컨대 통합적 절차와 연합적 절차라는 동일한 분석절차에 의해서 그들은 분석되어야 한다고 생각했다. 다시 말하자면 그는 자기가 내세우는 구조주의적 분석법은 음운론에서 뿐만 아니라 형태론이나 통사론에서도 똑같이 적용되어야 한다고 본 것이다. 그가 실제로는 의미론의 영역으로까지 그것의 적용을 확대하지는 않았지만, 그의 자기 언어 분석법의 보편성에 대한 믿음에는 아무런 동요도 없었다.

그런데 사실은 그의 언어이론의 높은 일반성은 언어를 기호체계의 한 가지로 봄으로써 익히 발현이 되었다고 볼 수가 있다. 어떤 의미에서는 기호학은 분명히 언어학보다 학문적 차원이 더 높고 영역이 더 넓은 학문이다. 더구나 언어학과 달리 기호학은 그가 처음으로 창안한 것이다. 따라서 그의 언어이론을 연구하는 사람 중 일부가 그를 하나의 언어이론가로 보는 대신에 하나의 기호학자로 보아야 한다고 생각하는 것은 너무나 당연한 일이다. 그런데 여기에서 무엇보다도 중요한 사실은 그의 이런 언어관으로 인하여 그의 언어이론은 언어학이라는 울타리를 이미 넘어서 버렸다는 사실이다. 다시 말해서 그는 의도적이든 그렇지 않든 간에 스스로가 자기의 구조사상은 범학문적인 일반성을 지니고 있는 것임을 실증한 것이다.

물론 기호학은 원래가 일종의 종합학문적인 성격을 띠고 있는 탓으로 일단 그의 구조사상을 기호학의 기본사상으로 받아들인다는 것은 곧 그것이 기호학의 여러 대상 학문들에 퍼져나간다는 의미가 된다. 인간의 문화적 활동이나 삶 자체가 거의 다 기호나 상징의 특성을 최대로 활용하고 있는 것이니까, 인간을 연구하는 학문치고서 그의 구조주의적 접근법이 적용되지 않는 것이 없다. 실제로 그 동안에는 이것의 적용 대상이 몸짓과 같은 비언어적 의사소통체계를 위시하여 건축학, 영화학, 의상학, 대중매체학 등으로 까지 확대되었다. Mautner의 주장에 의하자면 이것의 적용대상에는 「해석이 가능한 분야라면 어떤 분야」라도 포함될 수 있는 것이다.(Mautner, 2002. p.566)

또한 그동안의 구체적 적용 실적은 구조주의가 더 이상 언어학이나 기호학과 같은 모체 학문만을 위한 사상이 아니라는 것을 익히 드러내주고 있었다. 이것의 범학문성은 철학적 고전이 그렇듯이 크게 수평적 축과 수직적 축에 의해서 실증이 되었다. 우선 수평적 축에 따를 것 같으면 인류학이나 문학이론, 정치이론, 심리분석, 심리학 등과 같은 인문학적 학문뿐만 아니라 생물학이나 수학과 같은 자연과학적 학문에 이 사상이 전이되어 나갔다. 예컨대 생물학에 이것을 적용한 사람으로는 Bentalanffy 와 Waddington을 들 수가 있고, 수학에 이것을 적용시킨 사람으로는 프랑스의 Bourbaki학파를 들 수가 있다. (Joseph, 1994. p3669)

그 다음으로 수직적 축에 의할 것 같으면 20세기 후반에 이르러 후기구조주의적 내지는 반구조주의적 움직임이 프랑스의 철학계에서 일어났다. 이런 움직임을 이끈 철학자로는 먼저 Foucault를 들 수가 있는데, 한 마디로 말해서 그는 그동안 까지 구조주의와 같은 정형적 사상이 역사를 비롯하여 철학, 심리분석, 언어학 등을 이끌어 온 것을 잘못된 것으로 보고서, 이제는 인간의 특성을 역사적 맥락에서 파악한 이른바 「인간과학」이 그런 역할을 해야 된다고 생각했다. 그 다음으로 Derrida도 이 무렵에 큰 영향을 준 철학자였는데, 그의 사상을 「해체주의」라고 부른 사실만으로 익히 알 수 있듯이 그는 구조주의를 위시한 기존의 사상들을 지나치게 이성주의적인 것으로 보고서, 그들 자리에 이제는 새로운 「언어중심」사상이 자리해야 한다고 생각했다. 특히 그는 이 당시에 철학계에 영향을 크게 주고 있던 Husserl의 의미관을 신랄하게 비판했다. Husserl은 원래부터 Saussure의 언어관이나 기호관을 자기의 현상학의 기본 사상의 일부로 받아들였다는 점을 고려한다면, 반구조주의를 새로운 철학운동의 기치로 내걸었던 그가 제일 먼저 Husserl의 철학을 비판하고 나선 것은 너무나 당연한 일이었다.

그런데 Derrida의 철학적 사상의 진짜 특징은 그것의 반구조성이 Foucault의 그것 보다 한 층 더 극단적인 것 이었다는 점이다. 간단히 말해서 그는 진리는 구조적인 것이 아니라 비구조적인 것이기에 그것의 탐구는 마땅히 구조주의자들이 그동안에 내세웠던 것과는 정반대적인 접근법으로 이루어져야 한다고 생각했다. Foucault의 관심은 크게 의미나 지식의 문제에 가있었는 데 반하여 그의 관심은 언어자료, 즉 텍스트의 분석법에 가 있었다. 그는 우선 언어는 말이지 글이 아니라는 Saussure의 발상법을 크게 잘못된 것으로 보았다. 그 다음으로 그는 언어에 있어서는 은유를 비롯한 수사적 원리가 문법적 원리보다 더 중요하게 작용하고 있다고 보았다. 예컨대 그는 Roussau의 자연주의적 언어기원론을 모든 철학적 논의의 시발점으로 삼아야한다고 주장했다. 그가 1967년에 낸 「그라마토로지(De la grammatologie)」, 즉 「문자학」 안에 그의 이런 반전통주의적이고 반구조주의적인 언어관은 익히 집약 되어있었다.

이 무렵에 등장한 세 번째의 반구조주의적 철학자로는 Ricoeur를 들수가 있는데, 그는 먼저 Freud의 심리분석적 이론을 언어와 같은 상징체계를 해석하는 데 활용했던 철학자이고, 그 다음으로는 1975년에 은유이론에 관한 최선의 백과사전으로 받아들여졌던 「살아있는 은유(La Metaphor vive)」(영문번역판에서는 제목이 「은유의 규칙(The Rule of Metaphor)」로 바뀜)를 낼 만큼 수사학의 이론에 밝았던 철학자로 유명했었다. 그러니까 그의 기호내지는 언어관은 철두철미하게 반구조주의적인 것이었던 것으로서, 언어는 하나의 객관적 기호체계라기 보다는 개인의 심리적 표현체라는 것과, 문법적 절차보다 은유적 절차가 언어를 움직이는 기본원리로 보아야 한다는 것 등이 그 요점이었다. 언어에 관한 그의 궁극적인 지론은 으레 문장이 아니라 담화를 분석의 대상으로 삼아야하는데, 그것의 의미는 문법적 분석 이상의 제대로 된 해석 절차를 적용 했을 때만 파악될 수 있다는 것이었으니까 그는 결국에 작게는 하나의 담화적 언어 이론가이기도 하고 크게는 하나의 해석학자이기도 했다.

이상과 같이 그의 언어이론의 긍정적 특성을 세 가지로 잡고 보면 그것의 부정적 특성으로도 세 가지를 잡을 수가 있다. 이들 중 첫 번째 것은 난해성인데, 그의 언어이론의 내용은 Millet와 같은 수제자도 완전하게는 이해하지는 못했을 정도로 난해한 것이라는 것은 그동안에 그것을 계승한 학파와 그것을 반대한 학파가 똑같이 인정했던 사실이다. 만약에 그의 언어이론이 누구나 단번에 그 의미를 이해할 수 있을 만큼 단순하고 용이한 것 이었다 라면 그것의 올바른 해석의 문제가 그것에 대한 연구의 첫 번째 과제로 떠오르지는 안했을 것이다. 역설적으로 말하자면 그러니까 그것에 대한 논쟁이 학자들 간에 지난 한 세기 동안에 쉬지 않고 이어져 오는 것은 우선 그것의 내용이 지극히 어렵기 때문이다. 물론 그것에 대한 논쟁은 앞으로도 계속될 것이다. 이런 의미에서 보자면 난해성이야말로 그의 언어이론의 제일 큰 역설적 특성인 셈이다.

그런데 따지고 볼 것 같으면 Plato나 Aristotle과 같은 대철학자들의 철학이론들의 첫 번째 특성도 바로 난해성이다. 간단히 말해서 Plato는 이성주의적 지식관을 최초로 이론화한 철학자이고, Aristotle은 경험주의적 지식관을 최초로 이론화한 철학자이다. 그러나 이런 평가는 뒷날에 일부 철학자들에 의해서 내려진 일종의 편의주의적인 평가일 뿐으로서, 이들의 사상이나 주장을 제대로 해석하는 일은 오늘날 까지도 난제중의 난제로 남아있다. 결국 이들의 철학적 이론의 첫 번째 특징은 난해성인 것이다. 가령 이들의 이론이 아무나 쉽게 해석할 수 있는 것이었더라면 그 후 수천 년에 걸쳐서 그들이 형이상학은 더 말할 것이 없고 자연과학의 원천적 이론의 역할을 하지 못했을 것이다.

예컨대 Plato의 철학적 사상은 이른바 「형상 이론(Theory of Forms)」에 집약되어있다고 볼 수가 있는데, 이것에서의 형상의 개념은 Blackburn이 「형상들은 독립적이고 사실적이며 신성하고 눈에 보이지 않으며 변화가 없다. 그들은 형상을 구성하고 있을 뿐만 아니라 그것의 원인이 되는 자질들을 공유하고 있다. 따라서 그들은 단순한 공통 내지는 보편적 특성들이 아니다.」와 같이 정의하고 있는 사실 하나만으로도 우리는 이 이론이 결국에는 얼마나 난해한 이론인가 하는 것을 익히 알 수가 있다. 다시 말해서 이것에서의 「형상을 이해하는 것은 지식(neosis)이지만 이 세상에서 매일매일 바뀌는 것에 대한 신념은 기껏 해서 의견(doxa)일 뿐이다. 지식은 불멸의 영혼이 육체에 갇히기 전에 우리가 가지고 있던 그것에 대한 알음을 회상한 것이다.」와 같은 그의 주장을 제대로 이해한 다는 것은 거의 불가능한 일인 것이다. (Blackburn, 2008. p.278)

Aristotle은 얼마 뒤에 Plato의 이론의 태생적 한계성을 지적하면서 그것의 대안으로 「본질 이론(Theory of substance (ousia))」을 내놓았다. 철학적 과제는 마땅히 눈에 보이지도 않고 알 수도 없는 형상이나 원자가 아니라 구체적이고 궁극적인 사실, 즉 「일차적 본질」을 알아내려고 하는 것이어야 된다고 그는 생각했던 것으로서, 그의 철학적 접근법 자체가 결국에는 「본질적인 것들이 존재하지 않는다면 다른 어떤 것도 존재할 수 없다.」는 식으로 Plato의 것과는 정반대적인 것이었다. 그는 더 나아가서 귀납법과 같은 최초로 이 세상을 과학적으로 이해하고 연구하는 방법까지를 소개했다. 그는 과학을 논리적 구조를 지닌 지식의 집합체로 규정했다. 그러나 궁극적인 의미에서 볼 것 같으면 그가 새로 설정한 개념들부터가 지극히 난해한 것들이었다. 예컨대 그가 내세운 범주나 특질 대 보편소, 본질, 실체, 자질, 우유성, 물질 대 형식, 잠재성 대 현실성 등의 개념들은 누구에게나 대단히 이해하기 어려운 것들이었다. 그러니까 그가 내세운 여러 가지 형이상학적 및 과학적 이론들이 이해하기 어려운 것들이 되는 것은 너무나 당연한 일이었다. (Mautner 2002. p.47)

Plato와 Aristotle의 고전적 사상이 익히 말해주고 있듯이 위대한 사상의 난해성은 으레 개별적 개념이나 정의의 난해함과 일반적 원리나 이론의 난해함으로부터 비롯되게 마련인데, Sausure의 언어이론의 경우라고 해서 예외일 리가 없다. 먼저 이런 사상가들은 인간이나 자연을 새로운 측면에서 새로운 접근법으로 고찰한 사람들이기에, 이들이 사용하는 개념과 그것에 대한 정의는 새로운 것일 수밖에 없다. 물론 모든 논의나 설명은 개별적 개념이나 용어에 대한 정확한 정의로부터 시작한다는 것을 잘 알고 있기에 이들은 이 일을 제대로 하기에 최선을 다한다. 그렇지만 이들이 새로 만들어낸 개념이나 정의들은 거의다가 일반 사람들의 상식의 수준에서 크게 벗어나 있을 만큼 생경하고 난해한 것들이다.

그 다음으로 이들이 그런 개념이나 정의를 기초로 해서 만들어낸 일반적 원리나 이론들은 으레 지극히 추상적이고 집약적인 서술의 양태를 띠게 되어서, 결과적으로는 제대로 그것의 내용이나 의미를 파악하는 일을 어렵게 한다. 예컨대 Plato가 한 「형상들은 독립적이고 사실적이며 신성하고 눈에 보이지 않으며 변화가 없다.」와 같은 말이나, 아니면 Aristotle이 한 「본질적인 것이 존재하지 않는다면 다른 어떤 것도 존재하지 않는다.」와 같은 말의 의미를 정확히 파악한다는 것은 누구에게 있어서나 여간 어려운 일이 아니다. 결국에는 그들의 철학이나 사상을 완전히 이해하지 않는 한 이런 일은 불가능한 일인 것이다.

Saussure의 언어이론에도 이런 특성이 있다는 것은 그의 책 전체를 통해서 쉽게 확인 될 수가 있는데, 이것의 가장 좋은 예가 바로 소개부의 제 3장에서의 언어에 대한 정의이다. 흔히들 그의 언어이론의 기본원리 중의 첫 번째 것으로 「언어」와 「말」을 구분하는 것을 내세우는데, 이 장에서 그가 주장하고 있는 바에 의할 것 같으면 그런 구분이 그렇게 간단한 일이 아님이 분명해진다. 우선 그는 여기에서 언어(langue)는 언어활동(language)과 완전히 별개의 것이라고 주장한다. 한 마디로 말해서 그는 언어를 언어 대 말과 같이 2분법식으로 나누는 것이 아니라 언어활동 대 언어 대 말과 같이 3분법식으로 나눈다는 점을 분명히 한 것이다.

그런데 여기에서의 첫 번째 문제점은 이런 3분법식 언어분류법은 그의 모국어인 프랑스어를 기준으로 했을 때만 가능할 수 있고, 다른 언어를 기준으로 했을 때는 그렇지 못하다는 점이다. 그 자신도 이 점을 잘 알고 있어서인지 독일어와 라틴어의 경우를 예로 들고 있다. 예컨대 그는 독일어에서의 「sprach」는 프랑스어에서의 「langue」와 「language」를 모두 의미하는 말인데 반하여, 라틴어에서의 「sermo」는 프랑스어에서의 「language」와 「parole」을 의미하는 말이어서 프랑스어에서의 「langue」에 해당하는 말로는 「lingua」라는 것이 따로 있다고 설명하고 있다. 참고로 여기에 영어의 경우를 추가해보자면, 프랑스어의 「parole」과 「language」에 해당하는 영어로는 각각 「speech」와 「language」를 들 수 있지만 프랑스어의 「langue」에 해당하는 영어의 어휘는 없다.

위의 예들로 익히 알 수 있는 사실은 그가 내세운 3분법식 분류법에는 아무런 공통성이나 보편성도 없기 때문에, 누구에게 있어서나 그것의 기본 개념과 의도를 파악하는 일이 결코 만만한 일이 아닐 것이라는 점이다. 이런 판단의 근거로는 영어 번역판에서의 「langue」를 「language」로 번역하는 예와, 우리말에서 프랑스어의 「language」를 「언어활동」이라는 복합어로 번역하는 예 등을 들 수가 있다. 물론 언어의 속성상 이런 번역어들은 정확한 것들일 수가 없어서, 그의 분류법의 기본 개념과 의도를 제대로 이해하기 위해서는 결국에 프랑스어로 된 원본을 읽을 수밖에 없다는 결론에 이르게 된다. 극단적으로 말할 것 같으면 안타깝게도 그의 분류법은 오직 자기만의 목적과 의도를 위한 자기만의 것이라는 결론에 도달하게 된다.

여기에서의 두 번째 문제점은 그가 주장하는 것처럼 세 가지 종류의 언어들 같이 상호관계가 논리정연하고 명백한 것이 아니라는 사실이다. 우선 이 장의 서두가 「언어학의 완전하고 구체적인 대상은 무엇인가? 이것은 특별히 어려운 문제이다.」라는 말로 되어있는 점으로 미루어 보아서 언어적 현상이나 실체는 생각보다 훨씬 다면적이고 복잡한 것이라는 사실을 드러내는 것이 이 장의 궁극적 목적이며, 따라서 굳이 「언어활동」이라는 새로운 개념을 설정한 것도 이 목적 때문이라는 것을 알 수가 있다. 토의적 편의상 일단 우리가 일상적으로 사용하는 말의 전체적인 모습을

「언어활동」으로 볼 것 같으면, 그가 이것의 특성으로 다음과 같은 네 가지를 들고 있는 것은 그가 결국에는 언어에 대한 천재적 통찰력을 가지고 있음을 잘 드러내주는 사실이라는 것을 익히 알 수가 있다. 다시 말해서 그는 그 특유의 천재성을 발휘해서 한 낱 「혼합물의 집합체」처럼 보이는 언어가 실제에 있어서는 2원성에 기저만 형식적 원리와 기능적 원리에 의해서 작동되는 통합적 조직체라는 것을 알게 된 것이다.

이들 중 첫 번째 것은 언어활동의 음성적 실체에 관한 것으로서, 이것은 크게 조음 운동적 측면과 청각 인상적 측면의 두 부분으로 이루어져 있다는 것이 그 요지였다. 그는 여기에서 언어의 음운 조직은 조음음성학적인 접근법과 청각음성학적인 접근법이 같이 쓰였을 때만 제대로 파악될 수 있다는 점을 분명히 한 것이다. 그 중 두 번째 것은 언어활동의 기능성에 관한 것으로, 이것은 형식상으로 보았을 때는 일종의 생리적 및 정신적 복합단위체이지만 기능상으로 보았을 때는 하나의 사고의 도구라는 것이 그 요점이었다. 그는 여기에서 언어는 결국에 일종의 의미적 표현체라는 사실을 강조한 것이다.

그 중 세 번째 것은 언어활동의 사회성에 관한 것으로서, 이것에는 크게 개인적인 측면과 사회적 측면이 있다는 것이 그 요지였다. 그가 여기에서 말하는 개인적인 측면은 바로 개인적인 말, 즉 「빠롤」로서의 측면이고, 사회적 측면은 바로 사회적 규약, 즉 「랑그」로서의 측면이었다. 이렇게 볼 것 같으면 이 세 번째 것이 그가 언어활동의 네 가지 특성 중 제일 중요하게 생각하는 것이었다. 그 중 네 번째 것은 언어활동의 순환성에 관한 것으로서, 이것은 하나의 기성체계에 진화적 현상이 합쳐진 것으로 보았을 때만 제대로 파악될 수 있다는 것이 그 요점이었다. 그는 그러니까 여기에서 공시적 언어학과 통시적 언어학이 서로 별개의 것이라는 것은 부동의 사실이지만, 그렇다고 해서 공시적 언어학만으로 언어의 실체가 밝혀질 수는 없는 일이라는 것을 분명히 한 것이다.

이 네 번째 특성을 논하는 자리에서 그는 언어 습득의 문제에 대해서 자기 나름의 견해를 개진하고 있는데, 이때만 해도 이 문제를 놓고서 아직 이성주의자와 경험주의자간에 치열한 논쟁이 벌어지지 않아서 인지, 아니면 언어를 하나의 사회적 규약으로 보려는 그의 언어관에 충실하려는 의도에서인지, 그것은 분명히 경험주의적인 것이었다. 그러나 그가 「언어활동은 생득적 능력에 기저하지 않으며, 따라서 언어는 습득된 것이고 제약적인 것이어서 생득적 본능의 하위에 있지 상위에 있지 않다.」와 같은 말을 한 사실로 미루어 보아서는 그가 이때 이미 언어능력의 생득성을 주장하는 사람이 있을 수 있다는 것을 익히 알고 있었음이 확실하다. 물론 Chomsky는 후에 그의 이런 경험주의적 언어습득관을 Bloomfield의 것과 함께 크게 잘못된 것으로 보았다. (Saussure 1916,1959. p.11)

그런데 그는 곧 이어서 「언어」에 대한 정의와 함께 이것과 「언어활동」 간의 차이점을 강조함으로써 자기가 왜 굳이 언어활동이라는 옥상옥과 같은 개념을 따로 설정하여 그것의 특성으로 이상과 같은 네 가지 점을 들고 있는지에 대한 해답을 하고 있다. 한 마디로 말해서 그가 이렇게 한 것은 그에게는 인간의 언어는 이처럼 다면적이고 복합적인 실체인 이상, 이것을 통째로 과학적 연구의 대상으로 삼을 수는 없는 일이며, 따라서 앞으로 일종의 과학으로서의 언어학이 태어날 수 있으려면 맨 먼저 그것의 본질적인 부분인 「언어」를 이것으로부터 가려내야 한다는 점을 설파하려는 의도가 있었기 때문이었다. 다시 말하자면 그는 이렇게 하는 것이 곧 자기가 말하는 「언어」가 어떤 것인가를 보여주는 데 최선의 방법이라고 생각한 것이다.

그러나 결과는 꼭 그렇게 될 수 없는 데에 문제점이 있다. 예컨대 이 장의 끝부분에서 「언어」에 대하여 그는 그만의 특이한 정의를 여러 가지로 내리고 있는데, 「언어는 언어활동과 별개의 것이다.」와 「언어는 언어활동의 본질적 부분으로서 언어능력의 사회적 소산이다.」, 「언어는 관념을 표현하는 기호체계이다.」, 「언어는 하나의 사회제도이다.」, 「기호학의 정밀한 위치를 결정하는 일은 심리학자의 임무이다.」 등이 바로 그들이다. 그렇지만 엄밀히 따지자면 이들 중 언어활동과 언어의 관계를 직접적으로 밝히고 있는 것은 「언어는 언어활동의 본질적 부분」이라는 것뿐인데, 그 나마도 「본질적」이라는 말이 무슨 뜻인지에 대해서 아무런 언급이 없기 때문에 이것 역시 큰 도움이 되지 못한다.

　이것보다도 더 큰 문제는 「언어」의 대립체격인 「말」에 대해서 아무런 말이 없다는 점이다. 우선 상식적으로 판단했을 때는 「말」은 실제로 언어 사용자가 일상 시에 사용하는 것이니까 「언어활동」과 일종의 동의어가 될 수도 있다. 그가 이 장의 서두에서 「언어활동」의 예로서 프랑스어의 「nu」를 듣게 되면 사람들은 으레 그것은 「소리 + 관념 + 라틴어의 「nūdum」에 관한 지식」으로 이루어졌다고 생각할 것이라고 말하고 있는 사실로 미루어 보아서 이런 추측이 충분히 가능한 것이라는 것을 알 수가 있다. 더구나 그는 이 장의 바로 뒷장에서 「언어의 언어학」과 「말의 언어학」이라는 제목 하에서 「언어」는 「말」과 대립시켰을 때만 그 실체가 드러나게 되어있다는 점을 강조하고 있다. 그는 그러니까 「언어」를 정의함에 있어서 제3장에서는 「언어활동」을 기준으로 사용하고, 제4장에서는 「말」을 기준으로 사용하는 식으로 두 개의 기준을 사용한 것이다. 다시 말해서 그는 「언어」를 정의하는 데 두 개의 틀, 즉 언어활동 대 언어라는 틀과 언어 대 말이라는 틀을 따로 따로 사용한 것이지, 언어활동 대 언어 대 말과 같은 단일화된 틀을 사용하지는 않았던 것이다.

　그런데 이 책만으로 보아서는 누구도 왜 그가 이런 2중 비교법을 사용했는지를 알 길이 없다. 그래서 대부분의 학자들은 그의 언어현상에 관한 견해를 언어활동은 언어와 말의 두 부분으로 구성되어 있다는 식으로 알기 쉽게 요약해버린다. 그렇지만 이런 해석은 Chomsky가 문법을 심층구조와 표층구조로 이루어진 것으로 보는 것과 유사한 발상법일는지는 모르지만, Saussure 자신의 의도와는 아주 먼 해석이다. 결국에는 이런 2중 비교법은 그에게는 원래부터 두 개의 언어관, 즉 거시적 언어관과 미시적 언어관이 있었다는 것을 말해주고 있을 따름이다. 물론 언어연구의 역사상 이렇게 2중적 언어관을 가지고 있던 언어학자는 오직 그 뿐이었다. 이 점이 바로 그의 언어이론 전체를 난해하게 만드는 근본적인 이유이다. 예컨대 누구라도 그의 이런 언어관의 2중성을 제대로 이해하지 않는 한 그의 책의 19쪽에서의 「말에는 어떤 집단성도 없다.」와 같은 말의 의미를 정확히 파악할 리가 없다.

그의 언어이론의 부정적 특성 중 두 번째 것은 애매성이다. 우선 애매성과 난해성은 피상적으로 보았을 때는 서로 붙어있는 듯한 인상을 주기에 알맞은 특성 같지만 심층적으로 보았을 대는 서로 별개의 것들이다. 애매성이란 한 마디로 말해서 어떤 서술이 과도한 추상성과 논리적 비약성으로 인하여 그것이 의미하는 바를 정확히 파악하기 힘들 때 쓰이는 말이다. 그런데 그의 책에 나오는 서술 가운데는 의외로 애매한 것들이 많다. 실제로 그의 서술 가운데는 난해성과 애매성이 서로 엉켜있어서 내용이나 의미를 제대로 파악하는 것에 자체가 결국에는 불가능할 수밖에 없는 것들도 있다.

이런 서술 중 가장 대표적인 것이 바로 공시언어학의 여러 특징들을 논의하는 제2부의 제4장에 나오는 다음과 같은 말이다. 우선 이 장의 제목으로 쓰인 언어적 가치라는 술어부터가 그가 여기에서 처음으로 선보이는 것이기에 그 의미가 대단히 애매모호할 수밖에 없다. 그러나 진짜 애매한 것은 「소리와 연결되어 있는 조직된 사상으로서의 언어」라는 제목을 가진 제1절에서의 「언어는 겉면은 사상이고 뒷면은 소리인 한 장의 종이와 같은 것이어서, 소리를 사상으로부터 절단하는 것도, 사상을 소리로부터 절단하는 것도 불가능한 일이다. 만약에 가능했다면 그것은 추상작용에 의할 수밖에 없다. 그 결과는 순수 심리학이나 순수 음성학일 것이다. 따라서 언어학의 작업장은 두 개의 질서의 요소들이 결합하는 경계지역이다. 이 결합은 형태를 낳지 실체를 낳지는 않는다.」와 같은 말이다.

그런데 문제는 그가 이 말을 하기 바로 앞에서 사상은 일단 어휘적 표현이 있기 이전에는 무정형적이고 불분명한 것이듯이, 소리의 실체도 고정적이지도 않고 견고하지도 않다는 말과 함께 「사상은 형태를 취하게 되는 주형이 아니라 조형의 자료이다.」와 같은 말을 하고 있다는 점이다. 굳이 따지자면 그가 여기에서 주장하는 바는 결국에 기호로서의 언어는 언제나 형식과 내용이 하나로 합쳐진, 하나의 통일체의 모습을 띠게 되어 있다는 점일 것이라는 것을 알아차릴 수 없는 것은 아니다.

그러나 이 말은 바로 사상과 소리라는 두 개의 질서들이 일종의 중간지역에서 결합되게 되면 결국에는 실체를 제외한 형태만이 생겨나게 된다는 말과 상치가 된다. 물론 그가 여기에서 언어학은 심리학과 음성학과 다른 일종의 추상화의 학문이며, 따라서 이것의 제일 기본적인 특징은 내용이나 실체가 아니라 형식을 연구의 주된 대상으로 삼는 점이라는 것을 궁극적인 결론으로 끌어내려고 하고 있다는 것을 추리할 수 없는 것은 아니다. 그렇지만 이런 추리는 그의 언어이론에 대한 전체적인 지식이 갖추어지기 이전까지는 불가능하다. 다시 말해서 적어도 이 부분에서는 누구라도 어떻게 중간지역에서는 사상과 소리라는 두 개의 언어적 가치를 가진 언어가 형태라는 하나의 언어적 가치를 가진 것으로 바뀌게 되는지에 대해서 알 수가 없다. (Saussure 1916,1959 pp.111~120)

그의 언어이론의 두 번째 부정적 특성으로 애매성을 잡고 보면 반드시 짚고 넘어가야할 문제가 바로 번역성의 문제이다. 한마디로 말해서 그의 책은 원래가 다른 언어로 정확히 번역 될 수 있을 만큼 쉬운 책이 아닌 탓으로 현재까지 출판된 번역본 중 정통성의 문제가 제기되지 않은 것이 없다. 그런데 그의 언어이론을 연구하는 학자 중 프랑스 학자들은 프랑스어로 된 원본을 읽겠지만 다른 나라 학자들은 영어로 된 번역본을 읽게 마련이다. 그래서 결국에는 영어로 된 번역본을 근거로 한 학자들의 주장이 논의의 대상이 되었을 경우에는, 쟁점은 으레 번역의 정확성의 문제로까지 거슬러 올라가게 되어있다.

그의 언어이론의 이런 특이한 문제점을 정확히 지적한 사람이 바로 Cobley이다. 그는 「소쉬르 : 기호이론」이라는 논문의 끝 부분에서 Saussure의 기호이론이 오늘날 잘못 이해되고 있는 것은 1959년에 나온 Baskin의 번역본에 「signifiant」와 「signifié」, 「signe」이 각각 「signifier」와 「signified」, 「sign」으로 잘못 번역이 되어있기 때문이라고 주장했다. 예컨대 그는 이렇게 이들 술어들이 번역이 됨으로써 Saussure의 기호이론은 그 자신이 여러 곳에서 우려를 나타냈던 단순화의 함정에 빠지게 되었다고 보았다. 다시 말해서 그는 이런 편의주의적 번역으로 인하여 결국에는 「기호에 대한 소쉬르의 심리적 개념은 상실이 되었으며, 그 결과 기호학의 여러 학파들에게는 마치 그것이 signifié/signifiant적 관계를 구현하고 있는 듯이 문화적 인공물의 전 위용을 바라볼 수 있는 자유를 주고 말았다.」라고 주장했다. (Cobley 2006. p.767)

그런데 번역의 문제의 까다로움은 그의 이런 식의 문제제기는 결국에 자승자박적인 결과 밖에 낳지 못한 데서 익히 확인할 수가 있다. 먼저 그는 Baskin의 잘못을 바로잡기 위하여 Harris는 1983년에 낸 번역본에서 「signifiant」와 「signifié」를 각각 「signal」과 「signification」으로 번역하였는데, 어찌된 일인지 이들 술어들은 아직까지도 널리 받아들여지지 못하고 있다고 실토하였다. 그 다음으로 그는 굳이 따지자면 자기는 Harris의 술어를 선호하는 편이지만 이상과 같은 이유로 자기의 논문에서는 프랑스어의 원술어를 쓰게 되었다고 실토하였다. 한마디로 말해서 그는 여기에서 「번역은 반역이다.」라는 속설의 진리를 다시 한 번 깨달은 것이다.

그렇지만 무엇보다도 중요한 사실은 우리 주변의 현실은 그의 고집과는 정반대적인 모습을 띠고 있다는 점이다. 솔직히 말해서 영어로 된 그의 언어이론에 관한 논문이나 저서에서 일종의 확립된 술어로 쓰이고 있는 것은 Baskin의 것이지 Harris의 것은 아니다. 그리고 굳이 따지자면 Harris의 「signal」(신호)과 「signification」(어의)라는 술어에 Saussure가 의도했던 심리적 요소가 가미되어 있는 것도 아니다. 또한 이런 술어의 번역상의 혼란성은 그 밖의 나라 말로 번역하는 경우에도 똑같이 일어나고 있다. 예컨대 우리말로 된 글의 경우, 최용호의 책에서는 그들이 각각 「기표」와 「기의」로 번역되어있는가 하면, 김혜니의 논문에서는 그들을 각각 「기호표현」과 「기호의미」로 번역되어있는 식으로 통일되어 있지 않다. 그리고 1940년에 나온 일본어판의 「일반언어학 강의」에서는 그들이 각각 「능기」와 「소기」로 번역되어 있다.

그의 언어이론의 부정적 특성 중 세 번째 것은 의미론을 언어연구의 분야에서 제외시켰다는 점이다. 일찍이 그의 책의 편집자들이 서론에서 지적했듯이 그의 언어이론의 가장 결정적인 한계성은 의미론의 문제를 아예 논의의 대상에서 제외시켰다는 점이다. 그러니까 그는 말로는 「언어는 소리와 연결되어있는 조직된 사상」이나, 아니면 「기호는 기표와 기의로 이루어져있다.」, 「언어는 형식과 실질로 이루어져 있다.」라고 하면서 실제에 있어서는 그중 오직 한 가지, 즉 소리나 형식에 관한 논의만을 한 것이다.

그런데 편집자들의 서문에 따를 것 같으면, 그의 의미론 회피의 현상은 다분히 의도적이기까지 했다. 그가 이 강의를 구상했을 때의 기본적인 생각은 일반언어학의 궁극적인 목표는 마땅히 언어는 하나의 유기적 통합체라는 사실이 드러나도록 하는 것이어야 한다는 것이었다. 그러나 그에게는 또 한 가지의 생각이 있었는데 그것은 바로 자기의 언어기술상의 근본원리는 언어의 모든 조직이나 영역의 분석 시에 똑같이 적용되어야 하며, 따라서 만약에 이런 원칙이 제대로 지켜질 수 있는지가 아직 확실하지 않은 조직이나 영역이 있다면 그것은 논의의 대상에서 제외시키는 것이 최선의 방책이라는 것이었다. 간단히 말하자면 그는 그의 구조주의적 언어이론의 일관성을 유지하기 위해서는 지금으로서는 의미론을 논의의 대상에서 완전히 제외시킬 수밖에 없다고 생각한 것이다.

그러나 이렇게 하다보니까 결국에는 그의 설명에서 기표와 기의의 정의를 내리면서 「arbor」와 「equos」라는 기표의 짝으로 나무와 말의 그림을 제시하거나, 아니면 말로는 통합적 절차와 연합적 절차에 의해서 모든 언어조직은 구조화 되어있다면서, 그것의 실례로는 오직 음운조직과 문법조직만을 드는 식의 논리적 불완전성이 드러나게 되었다. 더욱 흥미로운 것은 그의 이런 편의주의적 발상법은 그대로 언리학에서도 이어져갔다는 점이다. 앞에서 이미 살펴보았듯이 Togeby는 프랑스의 형식에 해당하는 것은 그것의 음운조직이고, 프랑스어의 내용에 해당하는 것은 그것의 문법조직이라고 생각했다.

그러나 이런 편의주의적 양태가 일단은 그동안까지의 형식주의적 전통에 편승하고 있기는 하지만, 궁극적으로는 언어연구의 정당한 모습은 아니라는 것은 최근에 이르러, Lamb이 개발한 「성층문법」이라는 문법모형에는 분명히 의미를 다루는 부위가 설정되어 있다는 사실만 가지고도 익히 알 수가 있다. 한 마디로 말해서 그는 인간의 언어는 상호간에 정보전달이나 교환을 위해서 쓰이는 도구이기 때문에 의미조직을 완전히 배제시킨 문법모형은 결국에 일종의 허구이거나 아니면 부분적인 것에 불과하다고 본 것이다. 이 문법모형은 그런데 문법이론의 발전상 다음과 같은 세 가지 특징을 갖고 있다. 따라서 그것에서는 의미부가 핵심적인 부위의 한 가지로 설정되어 있다는 사실은 많은 사람들의 주목을 끌게 마련이다.

그 중 첫 번째 것은 Hjelmslev의 언리학의 후계이론이라는 점이다. Hjelmslev의 언리학은 원래가 Saussure의 구조주의 이론을 계승발전 시킨 것이라는 점을 상기한다면, 이 모형을 구조주의적 문법모형의 한 최신형으로 보아도 무방할 것이다. 그런데 사실은 그는 미국인 학자이어서 그런지 당시에 거기에서 제일 큰 학세를 이루고 있던 신 Bloomfield주의의 영향을 적지 않게 받기도 했다. 그래서 Benett은 이 모형은 미국의 대표적인 구조주의자였던 Hockett으로 부터는 문법은 형태소와 음소의 조립체를 다루는 「배열부」와 그들이 하나로 합쳐진 형태음소체계를 다루는 「실현부」로 구성되어 있다는 발상법을 전수 받았고, Hjelmslev로 부터는 ⅰ) 언어는 내용과 표현체로 이루어져 있으며, ⅱ) 개별적 문장이 아니라 그보다 큰 단위인 텍스트를 분석의 대상으로 삼아야 하고, ⅲ) 언어학은 기호학의 한 가지로 보아야 하며, ⅳ) 언어는 관계의 조직망으로 보아야한다는 등의 발상법을 이어받았다고 보고 있다. (Benett 2003. p. 166)

그 중 두 번째 것은 최근에와서는 Lamb 자신이 자기의 문법에 성층문법이라는 이름 대신에 「신경인지적 조직망 문법(Neurocognitive Network Grammar)라는 이름을 붙이는 사실로써 익히 알 수 있듯이 인지 언어학적이나 신경언어학적 문법모형의 한 대표적인 예로서 변신하게 되었다는 점이다. 20세기 후반에 이르러 언어학자들은 뇌 과학과 컴퓨터 공학의 발달에 힘입어서, 옛날에는 생각하지도 못했던 꿈을 언젠가에는 이룰 수 있다고 생각하게 되었는데, 인간의 뇌 안에서 실제로 작동하고 있는 그것과 동일한 모형을 개발하려는 것이 바로 그 꿈이었다. 그는 1999년에 낸

「두뇌의 통로 : 언어의 신경인지적 기저(Pathways of the brain : The neurocognitive basis of language)」라는 책에서 이런 꿈이 실현될 날이 멀지 않았다고 보았다.

그 중 세 번째 것은 그 동안에 미국에서 언어학의 대세를 잡아온 Chomsky의 변형문법이론에 대한 하나의 강력한 대안 이론으로 부상하게 되었다는 점이다. 물론 이것은 변형절차를 일체 인정하지 않는다는 점에 있어서는 이른바 비변형적 문법이론들과 같은 범주에 넣을 수도 있다. 그러나 그의 문법이론에 맞섬에 있어서 다른 문법이론들은 언어기술의 경제성이나 과학성을 주된 기준으로 내세운 데 반하여, 이것은 그것보다는 오히려 뇌과학적 타당성을 그런 기준으로 내세웠다. 이와 관련하여 문제가 되는 것은 응당 언어습득 이론인데, Chomsky의 그 유명한 내재이론을 이것에서는 일종의 극단적 이성주의적 이론으로 폄훼해버렸다. 예컨대 Chomsky는 언어습득과정을 심층구조와 표층구조 및 이들을 잇는 변형부로 구성되어 있는 생득적 보편문법에 약간의 후천적 경험이 가해지는 과정으로 보았다. 그러나 이것에서는 그런 보편문법의 존재를 아예 인정하지 않았다.

사실은 언어습득 모형을 놓고서 Chomsky의 것과의 대립성을 보다 명확하게 보여주고 있는 이론은 바로 「연결주의」이론이다. 그의 언어습득 모형을 「LAD」, 즉 「언어습득장치」모형으로 부르자면, 그것의 출현이래 기본적인 원리나 심리적 절차면에 있어서 그것과 정반대적인 위치에 서 왔던 것이 「PDP(parallel distributed processing), 즉 「병렬분배 처리」모형이다. Chomsky의 모형에서는 우선 언어습득의 절차를 일정한 수의 생득적인 문법적 규칙과 상징적 기호들의 상호작동과정으로 보는데 반하여, 이 모형에서는 그것을 언어적 자극에 대한 동시다발적인 신경세포의 반응으로 단계별로 일정한 절점과 신경망 구조를 형성해가는 과정으로 보았다.

그러니까 결국에는 극단적인 이성주의적 언어습득이론과 극단적인 경험주의적 언어습득이론 중 어느 것이 뇌 과학이나 신경언어학적으로 타당성이 있느냐를 가려야할 판국에 이르게 되었는데, 바로 이 시기에 하나의 도전장처럼 제시된 것이 Remelhart와 McClelland에 의한 「영어 동사의 과거시제 학습에 대하여(On learning the past tense of English verbs)」라는 논문이었다. 이들은 여기에서 영어의 규칙동사와 불규칙 동사들이 병렬분배처리 모형에 의해서 제대로 학습될 수 있다는 사실을 실증하였다. 또한 얼마 뒤에는 Elman 같은 사람이 문장의 구조들도 이런 식으로 학습될 수 있음을 실증하였다.

물론 Chomsky와 그의 학파들은 이런 도전에 일제히 반격을 가하기 시작했다. 이들의 주장은 이 모형은 언어학에서 이미 밝혀진 사실, 즉 내재적 언어지식의 존재를 완전히 무시한 것이기에 비인간적인 모형과 동시에 비과학적인 모형일 수밖에 없다는 것이었다. 그런데 이들이 말하는 내재적 언어지식이란 다름 아닌 통사적 지식이었다. 그에 비하여 성층문법에서는 우선 이런 지식의 내재성을 문제시하지 않을 뿐 더러 그 내용도 형태음소적 체계와 어휘의미적 체계에 관한 것으로 보았다. PDP모형에서의 신경조직망은 언어구조와 완전히 무관한 것이었는데 반하여 이 모형에서의 그것은 다분히 언어구조적이었던 것이다. 이런 의미에서 보자면 이것은 LAD적 모형과 PDP적 모형의 중간쯤에 위치하는 모형이었던 것이다. 그리고 무엇보다 특이한 점은 LAD적 모형과 PDP적 모형 모두에게서 배제시켰던 의미적 체계를 기본적인 체계중 하나로 잡았다는 점이다. 아래에 제시되어있는 것은 이것의 가장 기본적인 것으로 간주되고 있는 「4층 모형」인데, 여기에서는 분명히 어휘와 의미를 다루는 부위가 따로 설정되어있다.

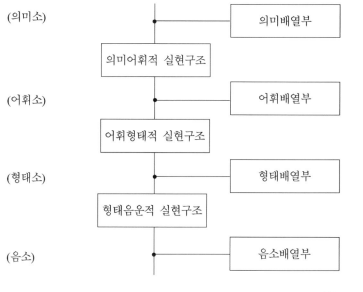

(Ibid, p.167)

2) Barthes와 Harris의 기호이론

이상과 같은 여섯 가지의 본질적 특징들을 구조주의의 장래가 밝다는 것을 학문적 원리의 차원에서 보증하는 것으로 치자면, 그것을 구체적으로 실증하는 것은 바로 저명한 학자들에 의한 연구 실적이다. 이 이론이 나온 지 거의 한 세기가 지난 20세기 후반에 이르러서도 이것이 아직도 하나의 살아있는 학문적 원리라는 것을 가장 쉽게 확인 할 수 있는 방법은 최근에 나온 이것에 대한 연구 업적 중 특별한 의미와 가치를 지니고 있는 것이 있는가 하는 것을 알아보는 것인데, 최소한 Barthes의 것과 Harris의 것이 그런 것에 해당한다고 볼 수가 있다. 특히 이와 관련하여 주목할 것은 이들의 연구 업적은 하나 같이 언어학이 아니라 기호학에 관한 것이라는 사실이다. 그러니까 구조주의의 생명력은 결국에 언어학 쪽에서 보다는 기호학 쪽에서 끈질기게 이어지고 있는 것이다.

(가) Barthes의 기호이론

Barthes는 으레 프랑스의 작가나, 아니면 문학이론가 겸 문화비평가로 알려져 있는데, 따지고 보자면 그가 이렇게 여러 이름의 전문인으로 불린다는 사실 자체가 그의 활동내지는 연구 분야가 광범위했다는 사실과, 그는 따라서 대단히 많은 연구업적을 남길 수 있었다는 사실을 익히 드러내주고 있다. 그런데 그가 이렇게 특출한 문필가가 될 수 있었던 것은 크게 두 가지 이유 때문이었다고 볼 수가 있는데, 그 중 첫 번째 것은 그는 하나의 프랑스 학자였다는 것이었고, 그 중 두 번째 것은 그는 Saussure의 기호이론과 같은 문화적 대이론의 위상이 이미 확립된 시기에 태어났다는 것이었다. 한 마디로 말해서 그는 20세기의 후반에 이르러 Saussure로부터 Hjemslev로 이어진 구조주의적 사상의 명맥을 다시 이어간 대표적인 프랑스 학자였던 것이다.

이렇게 볼 것 같으면 그의 유난히 많고도 다양한 연구업적을 체계적으로 정리할 수 있는 방법은 결국 단 한 가지 밖에 있을 수 없다는 결론에 이르게 되는데, 그것은 바로 그가 1964년에 낸 「기호학의 요소(Elments de semiologie)」에서 내세웠던 여러 가지 주장과 이론들의 어디까지가 Saussure적인 것이고 어디서부터는 그것과 다른 것들인가를 살펴보는 것이다. 바로 이 무렵에 Derrida나 Lacan같은 사람들은 프랑스의 철학계에서 반구조주의라는 새로운 사조를 시발시켰었다. 그러니까 Benveniste의 것과 마찬가지로 그의 기호론적 사상도 일단 후기 구조주의적인 것으로 보자면 20세기 후반의 프랑스의 철학은 결국에 Saussure의 구조주의 이론을 중심으로 해서 발달되었던 것이다.

그의 문학이론이나 문화사상의 근원적 발상법은 바로 문학작품과 같은 언어적 텍스트의 세계는 더 말할 나위가 없고 의상이나 건물과 같은 문화의 세계도 결국에는 그것을 하나의 기호적 세계로 보았을 때만 제대로 파악될 수 있다는 것인데, 이런 발상법을 제일 먼저 가졌던 사람은 바로 Sasussure였다. 물론 그의 발상법은 언어적 현상에 대한 것으로 제한되어 있었다. 그러나 「언어는 사회적 제도의 한 가지」이며, 따라서 「사회적 제도 가운데서 기호적 체계로서의 특성이 가장 두드러져 있는 것이 언어」라는 그의 말에는 이미 기호학은 엄밀히 따졌을 때 언어학보다 상위적인 학문이어야 한다는 의미가 내포 되어있었다고 볼 수가 있다. 큰 의미에서 보자면 그러니까 우선 그를 하나의 대표적인 후기 구조주의자로 부르는 것보다는 하나의 대표적인 소쉬르주의자로 부르는 것이 더 마땅한 일이다.

다시 말해서 큰 의미에서 보자면 그의 철학적 사상은 Saussure의 것의 한 복사품이나 다름이 없었던 것이다. 그러나 구체적인 면에 있어서도 그가 결국에는 하나의 충실한 소쉬르주의자임을 드러내고 있는데, 그 중 첫 번째 것은 역시 기호를 기표, 즉 「시니피앙」과 기의, 즉 「시니에」의 두 요소로 이루어진 것으로 본 점이다. 실제로 그는 시니피앙은 일종의 청각적 영상이고, 시니에는 일종의 정신적 개념이라는 Saussure의 정의를 맞는 것으로 보았다. 그는 프랑스인만이 누릴 수 있는 혜택, 즉 기호에 관한 이런 술어들은 원래의 것대로 원용할 수 있는 혜택을 충분히 누리고 있었다.

그 중 두 번째 것은 언어를 「랑그」와 「빠롤」로 나눈 다음에 이들 중 오직 「랑그」만을 기호체계로서의 연구의 대상으로 삼은 점이다. 쉽게 말해서 그도 언어를 일단 추상적인 체계로 보았을 때만 그것은 하나의 기호체계일 수가 있다고 본 것인데, 틀림없이 그의 학문적 배경으로 보아서 이런 언어관을 자기 스스로 계발한다는 것은 상상도 할 수 없는 일이었을 것이다. 군이 따지자면 그는 모방이나 답습이라는 가장 쉬운 절차에 의해서 Saussure에게서 「언어중심주의」로 불릴 수 있는 하나의 통일된 관조법을 물려받을 수 있었다고 볼 수가 있다,. 그는 물론 Saussure처럼 「언어활동」 즉, 「랑가지」와 「랑그」간의 관계에 대한 고민이나 아니면 「랑그」와 「빠롤」간의 관계에 대한 고민도 아예 할 필요가 없었다. 그에게 있어서는 「랑그」가 곧 「랑가지」의 전부였다.

그 중 세 번째 것은 하나의 기호체계로서의 언어는 으레 위계적 구조체를 이루고 있는데, 이런 구조체가 만들어지는 절차에는 통합적인 것과 연합적인 것의 두 가지가 있다고 생각한 점이다. 언어를 포함한 모든 기호체계를 하나의 잘 짜인 구조체로 본다는 것은 그에게 있어서는 Saussure의 기호에 대한 기본적 발상법 중 적어도 두 가지를 더 받아들인다는 의미나 다름이 없었다. 그 중 첫 번째 것은 기호의 가치는 절대적인 것이 아니라 상대적인 것이어서, 오직 다른 것들과의 차이에 의해서만 그것은 파악될 수 있다는 것이고, 그 중 두 번째 것은 기호체계의 실체는 피상적이고 전체적인 관찰에 의해서가 아니라 심층적이고, 부분적인 분석에 의해서 파악되어야 한다는 것이었다. 한 마디로 말해서 그는 기호적 현상을 과학적으로 연구할 수 있는 기법도 Saussure로부터 물려받은 것이다.

그러나 이름부터가 Saussure의 기호이론을 연상하게 하는 이 책안에는 그가 훗날에 하나의 후기 구조주의자로 불리게 된 근거가 충분히 제공되어있었다. 한 마디로 말해서 Saussure의 기호이론을 더 확대하거나 재해석한 것이 바로 이 책의 주요 내용이었던 것인데, 이런 의미에서 보자면 그는 일찍이 Saussure가 던져준 과제, 즉 기호학을 「사회생활의 일부로서의 기호의 역살을 연구하는 과학」으로 보았을 때 이 학문은 마땅히 누군가에 의해서 하루 빨리 제대로 개발되어야 한다는 그의 주장을 실천에 옮긴 사람이었던 것이다. (Saussure 1916, 1959. p.15)

이 책에서 최초로 제안되었다가 그 뒤에 「신화(Mythologies)」나 「S/Z」 등에서 더욱 발전시켰던 그의 기호이론은 크게 보았을 때 기호의 모든 면, 즉 기호의 형태적 면뿐만 아니라 그것의 내용면에 있어서도 Saussure 의 것과 차이가 났다. 첫 번째로 그는 기호학의 대상을 언어로부터 거의 모든 사회문화적 제도로 확대하였다. 그는 그러니까 기호학을 언어연구 의 도구로 사용하려던 Saussure와는 다르게 문화나 사회연구의 도구로 사 용하려고 했던 것이다. 그는 기호학적 이론과 원리는 언어적 의사소통체 계를 연구하는 데 뿐만 아니라 비언어적 의사소통체계를 연구하는 데도 똑같이 쓰일 수 있으며, 따라서 그것의 가치나 타당성은 마땅히 그것이 두 체계 모두에 있어서 검증되었을 때만 제대로 확인될 수 있다고 본 것이 다. 예컨대 그는 유행하는 의상을 비롯하여 건물, 광고, 대중매체등과 같 은 여러 사회 문화적 현상을 분석하고 비평하는 데 기호학적 이론과 원리 를 사용했다. 간단히 말해서 그는 우리 주변의 거의 모든 사회문화적 현상 을 「언어적 기호, 도형적 기호, 영상적 기호, 신체적 기호」등이 작용하는 다양한 기호적 현상으로 본 것이다. (Barthes, 1964. p.47)

두 번째로 그는 기호의 두 구성요소의 우선순위를 놓고서 의미나 내용 을 형태보다 더 중요시 하는 식으로 Saussure의 것과는 정반대의 견해를 내놓았다. Saussure는 언어학의 대상은 어디까지나 형태이지 실질이 아니 라고 말함으로써 결국에는 의도적으로 의미의 문제를 회피했는데 반하여, 그는 의미의 문제야 말로 기호이론의 전부나 다름이 없다고 보았다. 그는 특히 현대의 프랑스 문화의 왜곡성을 파헤치는 데 최선의 방법은 기호학 적 방법에 의해서 그런 현상은 바로 각 제도에 쓰이고 있는 기호의 의미가 잘못 해석된데서 비롯되었다는 것을 드러내는 것이라고 생각했다.

이 문제와 관련하여 특히 그가 강조한 점은 지금의 많은 기호체계들은 일종의 문화적 소산물이기 때문에 기호의 실체나 의미를 제대로 파악하는 일은 생각처럼 쉽지가 않다는 것이었다. 예컨대 그는 지금의 프랑스 문화가 직면하고 있는 제일 큰 문제는 사람들로 하여금 신화 아닌 것을 신화인양 잘못 인식시키고 있는 것이기에 탈신화화의 작업이야 말로 올바른 문화운동의 첫 과제가 되어야 한다고 보았다. 다시 말해서 그는 「문화가 자연인 것처럼」 잘못 표현되어 있는 현상을 자연은 자연이고 문화는 문화인식으로 바로 잡는 것이 바로 왜곡된 문화가 바로 서는 길이라고 본 것이다. (Carvalho. 2006. p.481)

세 번째로 그는 Saussure가 기호의 양대 특징 중 첫 번째 것으로 내세웠던 자의성은 결국에는 필연성으로 바뀌어야 된다고 생각했다. 물론 그도 이런 주장의 첫 번째 근거로 프랑스어의 어휘의 경우를 들었다. 예컨대 그는 프랑스인들이 마음대로 「소」를 가리키는 단어로 「boeuf」이외의 것을 쓸 수 없다는 것은 그것에는 이미 자의성이 아니라 필연성이 있다는 것을 익히 말해주고 있다고 보았다. 그러나 그가 보기에는 기호의 필연성은 비언어적 기호체계에서 더욱 뚜렷하게 드러나 있었다. 언어적 기호는 모든 사람들의 규약에 의해서 만들어지는 데 반하여 비언어적 기호는 일부 사람들의 일방적인 결정에 의해서 만들어지는 점으로 미루어 보아서, 전자는 일종의 비동기적 체계로 볼 수가 있고, 후자는 일종의 동기적 체계로 볼 수가 있었다. 간단히 말해서 그는 Saussure와는 다르게 기호체계는 원래가 인간의 필요성이나 의지에 의해서 만들어진 것이기에 기표와 기의 중 어느 한 가지만을 독립적으로 연구하는 것이 아니라 이들을 하나의 묶음으로 같이 연구하는 것이 바로 기호학의 정당한 연구방법이라고 생각한 것이다.

네 번째로 그는 기호체계의 단위는 마땅히 구나 문장으로부터 담화로 바뀌어야 된다고 생각했다. 예컨대 Saussure가 말하는 「랑그」란 일정한 길이의 기호의 연쇄체로 되어있는 개별적 문장을 두고 하는 말이었다.

그렇지만 그가 보기에는 기호체계의 참 모습은 실제로 그것이 쓰이고 있는 단위, 즉 언어로 말하자면 독립적인 문장이 아니라 담화나 이야기 안에서만 드러나게 되어있었다. 이런 사실은 특히 의상이나 그림과 같은 비언어적 기호체계에서 쉽게 확인 될 수 있었는데, 그 이유는 이런 기호체계에서는 으레 일정한 조직 원리에 의해서 전체적 체계가 만들어져 있고, 따라서 각 기호의 의미도 그 안에서만 생성되게 되어있다는 것이 보다 분명하게 드러날 수 있기 때문이었다. 이렇게 함으로써 결국에는 Saussure가 무시했던 의미론과 화용론의 영역 등이 언어학의 정당한 영역으로 자리 잡을 수 있었다.

기호학의 연구단위를 이렇게 확대하다 보니까 그는 자연스럽게 서술학이나 화법학의 필요성을 강조하게 되었다, 그가 1966년에 쓴 「서술의 구조적 분석개론(Introduction to the structural analysis of narratives)」은 문화학자나 문학이론가들 사이에서 서술학의 탄생을 알리는 각서처럼 받아드려지게 되어서 문학작품이나 문화적 사실들을 「플랏」이나 「이야기거리」, 「서술구조」 등의 개념을 써서 그것의 의미적 구조체를 찾아내는 작업이 성행하게 되었다. 한 마디로 말해서 그는 기호학적 이론을 가지고서 의미나 내용중심의 문학이나 문화연구의 방법을 개발하는 데 성공한 것이다.

이 무렵에 이와 같은 서술학의 탄생이 인문학 발전에 기여한 바는 대단히 컸다고 볼 수 있는데, 그것의 가장 비근한 근거로 들 수 있는 사실이 바로 Levi-Strauss가 인류학이나 역사학의 역사상 최초로 하나의 신화이론을 개발하게 되었다는 사실이다. 그는 서술학적 분석법에 의해서 희랍의 「오이디푸스 신화」와 같은 여러 나라의 신화들은 결국에 보편적인 신화소와 구조체로 이루어져 있다는 사실을 밝혀냈다. 또 하나의 이런 근거로는 러시아의 한 대표적인 형식주의자였던 Propp이 총 100개의 러시아

민요들을 이런 식으로 분석하여, 이들에게는 공통적 요소들과 서술적 구조성이 있다는 것을 알아낸 사실을 들 수가 있다.

이 시기에는 물론 서술학적 원리를 직접적으로 기호학의 발전에 활용한 기호학자도 나왔는데, 1966년에 「구조적 의미론 : 방법적 시도(Structural semantics : an attempt at method)」라는 책을 낸 Greirnas가 바로 그이다. 이 책의 제목이 익히 말해주고 있듯이 그는 최초로 이야기들은 의미나 내용 기반적 기호체계로 볼 수가 있으니까, 구조주의적 원리는 의미론의 영역에서도 익히 적용시킬 수 있다고 보았다. 그는 Propp의 역할이나 기능이라는 개념을 더욱 발전시켜서 자기 특유의 「기호적 광장」이론을 개발하였다. 서술물의 구조는 긍정적 기능과 부정적 기능간의 수용이나 저지와 같은 상호교섭적 관계성에 의해서 기술될 수 있다는 것이 이것의 요지였다. (Cobley 2006. p.766)

다섯 번째이며 마지막으로 그는 기호체계에 있어서의 기표와 기의의 관계는 Saussure가 일찍이 내세웠던 것처럼 1대1적으로 단순한 것이 아니고 1대 복수적으로 복잡한 것이라고 보았다. 그가 보기에는 기호체계의 이런 특성으로 말미암아 문학의 세계에서 뿐만 아니라 기타 문화의 세계에서도 궁극적으로는 모든 문제가 기표에 관한 것이 아니라 기의에 관한 것으로 귀결되게 되어있었는데, 이런 사실을 가장 뚜렷하게 확인할 수 있는 분야는 역시 문학의 세계, 즉 텍스트의 세계이었다. 그는 그러니까 이로써 Saussure처럼 언어를 일단 기호체계 중 가장 중요한 것으로 보기는 하되, 그의 것과는 사뭇 다른 언어관을 내세울 수가 있게 된 것이다.

그런데 그가 이런 기호내지는 언어관을 집중적으로 적용시킨 곳은 바로 문학비평의 영역이었다. 다시 말해서 그는 이런 언어관을 근거로 해서 자기 특유의 텍스트 중심적 문학이론을 개발 할 수가 있었던 것인데, 이로써 그는 그 무렵의 문학 세계에 가장 강력한 영향을 주는 문학이론가가 될 수 있었던 것이다. 그의 이론은 문학작품의 분석이나 비평작업을 주로 텍스트 이외의 것에 초점을 맞추던 오랜 전통에서 벗어나게 하는 데 결정적인 역할을 하게 되었으니까, 그는 이제 하나의 신기호학자로서가 아니라 하나의 신문학이론가로서 더 널리 알려지게 된 것이다.

그가 개발한 텍스트 중심적 문학이론이란 간단히 말해서 문학작품의 분석방법에는 크게 「독자」의 입장에서 하는 것과 「작자」의 입장에서 하는 것의 두 가지가 있는데, 이들 중 첫 번째 것을 주로 사용하던 것이 그 동안의 전통이었는데 이제부터는 그것이 마땅히 이들 중 두 번째 것을 주로 사용하는 식으로 바뀌어야 한다는 이론이다. 물론 엄밀하게 따지자면, 일단은 문학작품 자체가 「독자다운 것」과 「작자다운 것」것으로 나누어질 수도 있었다. 그러나 지금까지는 문학 비평가들이 저지른 잘못, 즉 작자다운 것을 독자다운 것으로 해석해버리는 잘못이 더 컸었기에, 그 잘못을 바로잡는 것이 바로 앞으로 그들이 해야 할 일이었다. 그 방법은 텍스트를 하나의 단순한 의미 표현체로서가 아니라 복합적 의미표현체로서의 기호체계로 보는 것이었다.

그의 이런 기호론적 문학관은 「저자의 죽음(The Death of the author)」과 「작업으로부터 텍스트로(From work to text)」와 같은 논문에서 잘 밝혀져 있었다. 뒤에 가서 다른 논문과 함께 「심상 —음악 —텍스트(Image — Music — Text)」라는 책으로 묶여진 이들 논문에서 그는 「언어가 비모호적인 의사소통의 도구일 수 없듯이 글로 쓰인 것은 저자의 권위로 축소시킬 수 없다.」고 주장하고 나섰다. (Barthes, 1977. p.145) 그는 특히 이런 주장의 근거를 제시한다는 의미에서 자기 스스로가 Balzac이나 Joyce, Mallarme와 같은 대표적인 현대작가들의 작품들을 분석해보이기도 했다. 그는 또한 이와 관련해서 이제 「구시대의 저자」는 죽은 이상 현대적 텍스트는 기호적 의미작용에 더 이상 일정한 한계성을 부과하지 않는 작자,

즉 「새로운 작자」에 의해서 쓰여야 되며, 따라서 현대적 독자의 과제도 「쓰인 텍스트를 구성하고 있는 모든 흔적들을 하나의 구도로 결합시키는 것」으로 바뀌어야 된다는 말도 하였다. Risser의 말을 그대로 빌리자면 이렇게 되면 자연히 독자는 텍스트를 「소모의 대상이 아니라 생산적 활동의 장으로」보게 되는 것이었다. (Risser 1998. p.657)

(나) Harris의 기호이론

Harris는 Saussure의 기호이론에 대한 지금의 중구난방적인 해석의 현상은 우선 프랑스의 기표와 기의라는 말을 각각 영어의 「signifier」와 「signified」로 잘못 번역된 데서 비롯되었다고 본 나머지, 1983년에 독자적인 번역본을 출간할 정도로 오늘날 Saussure의 기호이론을 재해석 하는 데 앞장서고 있는 사람이다. 그러니까 하나의 기호이론가로서의 그의 특이성은 일단 오늘날 프랑스인이 아닌 영국인으로서 Saussure의 기호이론을 집중적으로 연구하고 있는 사람 중 가장 대표적인 사람이라는 점일 것이다. 이런 판단의 근거가 될 수 있는 사실은 현재 Saussure의 기호이론에 대한 한 권위자로 알려져 있는 Cobley가 그것을 소개하는 글에서 1983년에 그가 낸 영역본을 그것의 원전으로 삼고 있다는 점이다.

그러나 두 말할 필요 없이 그의 외양상의 특이성 보다 더 중요한 것이 바로 그의 기호이론 상의 특이성일 텐데, 크게 보았을 때 이것에는 다음과 같은 네 가지 점이 있다고 볼 수가 있다. 그 중 첫 번째로 꼽을 수 있는 것은 그는 그의 기호이론에 관한 한 Saussure의 정통적인 후계자임을 자처해 왔다는 점이다, 그의 이런 노력은 그 동안에 크게 두 가지 방향으로 펼쳐져 왔다. 먼저 눈에 띄는 점은 그는 역시 지금까지 그의 기호이론을 중심으로 해서 Saussure에 대한 모든 것을 소개하고 전파하는 데 누구보다도 많은 업적을 남겼다는 사실이다.

물론 이런 업적 중 가장 기념비적인 것으로 볼 수 있는 것은 1983년에 낸 영역본이다. 그의 말대로 본문의 내용이 1959년에 나온 Baskin의 것과 적지 않게 다를 뿐만 아니라, 새롭게 주석을 많이 달아서 독자들이 이해하는 데 도움이 되도록 한 것이 이 책의 특징이다. 한 마디로 말해서 그는 이것에서 Saussure의 원전에 담긴 내용을 조금의 훼손도 없이 재생시키기에 최선을 다했으니까, 결국에 그는 이것만으로써 Saussure의 기호이론에 대한 최고의 전도사가 된 셈이다. 그런데 이 시기에 그는 「소쉬르 읽기 : 일반언어학 강의에 대한 비판적 견해(Reading Saussure : a critical commentary on the Course de liguistique generale」라는 그의 언어이론에 관한 하나의 해설서도 발간했다. 그는 Saussure의 「강의」가 일반인에게는 너무 난해한 책이라는 것이 익히 알려져 있는 이상, 거기에 담겨있는 내용을 보다 쉬운 말로 수개해주는 것이 바로 자기와 같은 전도사가 해야 할 임무라고 생각한 것이다.

그 중 두 번째로 꼽을 수 있는 것은 그 동안 까지를 반구조주의자나 후기 구조주의자들에 의해서 부당하게 그의 기호이론이 왜곡 내지는 훼손되었던 시기로 보고서, 그들의 일탈성을 지적하는 것이 바로 그것의 원래의 모습을 되살리는 길이라고 본 점이다. 다시 말할 것 같으면 그는 처음 20여년에 걸친 연구 활동 끝에 전도사로서의 자기의 노력이 제대로 성과를 거둘 수 있으려면 그것은 마땅히 그 동안에 학계를 주도해오던 반구조주의적이거나 후기 구조주의적 이론들의 오도성이나 일탈성을 들춰내는 일과 같이 이루어져야 한다는 것을 깨닫게 된 것이다.

물론 그도 이런 혼돈 현상이 일어나게 된 원인에는 크게 비의도적인 것과 의도적인 것의 두 가지가 있다는 것을 잘 알고 있었다. 우선 그가 보기에는 그의 「강의」가 원래 지극히 난해하고 애매성이 심한 책이기에, 본인의 의도와는 전혀 다르게 누구나 그것의 내용을 잘못 파악하는 실수를 저지르게 되는 현상이 일어나게 되는 것이었다. 다시 말해서 이런 혼돈 현상은 독자가 원래 의도했던 것이 아니라 그의 해석 능력의 한계성이 빚어낸 결과일 따름이었다.

실제로 그는 이런 비의도적인 원인에 의한 혼돈 현상은 현재도 일어나고 있다고 보았다. 예컨대 그가 2003년에 낸 책에 「소쉬르와 그의 해석자들(Saussure and his interpreters)」이라는 이름을 붙인 이유는 바로 그는 Saussure의 「강의」가 나온 이래 그 안에 개진되어 있는 그의 기호나 언어 이론에 대한 이해나 해석은 十人十色식으로 이루어져 왔기에, 그 사실을 제대로 밝히는 것이 곧 구조주의의 실체와 영향을 정확히 알아볼 수 있는 최선의 방법이 되겠다고 판단했기 때문이었다. 이런 비교적 방법은 물론 이 이론은 그 동안에도 언어학과 철학의 발달에 다른 어느 이론보다도 중요한 영향을 끼쳤을 정도로 특출한 이론이라는 사실을 알리는 데도 최선의 방법일 수 있었다.

그런데 무엇보다도 놀라운 사실은 그가 이 책에서 「그의 해석자들」로 내세우고 있는 사람 가운데는 우선 그의 이론의 직계적 후계자와 그것에 반기를 든 반구조주의자, 그것을 다른 분야에 응용시킨 확대 구조주의자와 같은 사실적 인물들만 있는 것이 아니라, 일종의 가상적 인물들도 들어 있다는 점이다. 그러니까 그가 이 책을 이런 식으로 구성한 진짜 이유는 그는 오직 이런 방법으로만이 첫 번째로는 그의 이론의 특이성은 바로 난해성과 애매성이라는 사실과, 두 번째로는 그의 이론은 하나의 고전이론으로서 과거처럼 앞으로도 끊임없이 연구의 대상이 될 것이라는 사실을 알릴 수 있다고 보았기 때문인 것이다. 이런 의미에서 볼 때 그는 이 책을 그의 이론에 대한 일종의 수준 높은 소개서로 썼다고 볼 수가 있다.

그의 의도가 이런 것이었다는 것은 이 책이 구체적으로 어떤 제목의 장들로 이루어져있는가를 살펴보게 되면 당장 드러나게 된다. 우선 그는 그의 언어이론의 직접적 후계이론으로 Hjelmslev의 언리학과 Jakobson의 변별적 자질이론 등을 본 나머지, 이들 이름의 「소쉬르」라는 장을 설정했다. 그 다음으로 그는 그것의 간접적 후계이론으로 Bloomfield의 구조언어학과 Chomsky의 변형이론 등을 본 나머지 이들 이름의 「소쉬르」라는 장을 설정했다, 세 번째로 그는 Derrida의 해체이론을 그것을 전적으로 거부한데서 나온 것으로 본 나머지 그의 이름의 「소쉬르」라는 장을 설정했다. 네 번째로 Barthes의 문학이론과 Levi-Strauss의 신화이론을 그것을 확대해서 응용한 것으로 본 나머지 이들 이름의 「소쉬르」라는 장을 설정했다.

이상과 같은 사실적인 인물들의 이름으로 된 장들에 더해서 그는 가상적 인물들의 이름으로 된 장들도 몇 개 설정했는데, 학생을 비롯하여 편집자, 역사 등이 바로 그들이었다. 물론 그는 이런 식의 다각적인 검토가 필요할 정도로 지금가지의 그의 「강의」에 대한 해석과 이해는 구구각각이었다는 점을 부각 시키는 것이 그 동안까지의 그의 이론에 대한 연구의 역사의 실상을 파악하는 데 있어서 제일 먼저 해야 할 일이라고 판단했던 것이다. 그러나 아무리 난해성과 애매성이 그의 이론의 제일 큰 특징이라고 한들 이런 식으로 가상적 인물까지 등장시켜서 그것을 토의하는 것은 약간 지나친 일이라고 생각했는지, Cobley는 여기에는 마땅히 「번역자의 소쉬르」라는 이름의 장도 있어야 되지 않겠느냐고 반문하고 있다. (Cobley 2006. p.767)

지금까지의 이런 혼돈 현상은 어느 개인이 그의 특이한 견해나 의도에 따라서 그의 「강의」에 나와 있는 내용과는 전혀 다르게 그의 이론을 재해석 내지는 수정함으로써도 나타나게 되었는데, 이런 개인 중 대표적인 사람들이 Derrida나 Lacan, Foucault, Ricour 등 이었다. 이들은 모두가 이 무렵에 철학이나 정신분석학 분야에서 영향력이 매우 큰 이론을 내세운 사람들인데, 군이 이들 간에 공통점이 있다면, Saussure의 기호나 언어이론을 정면으로 거부하는 것을 사상적 바탕으로 삼고 있다는 사실이다. 한 마디로 말해서 이들은 모두가 의도적 반구조주의자였던 것이다.

물론 학문 발전의 순환성이라는 일반적 이치로 보았을 때는 구조주의 시대가 기울 무렵에는 으레 반 구조주의가 득세를 하게 되어있다고 볼 수도 있다. 결국에는 테제에 대해서 안티 테제가 도전하는 식으로 구조주의도 발전해왔던 것인데, 근본적으로 따져볼 것 같으면 Saussure의 언어 사상도 예컨대 이성주의나 경험주의와 마찬가지로 완전무결한 것은 될 수 없기에 이런 현상이 일어나게 되는 것이었다. 그의 언어사상이 지니고 있는 태생적 문제점들은 역시 형식성과 의미성 중 오직 형식성만을 언어의 전부인 것처럼 내세운 점과, 음성 언어와 문자 언어 중 오직 음성언어만을 언어의 실체로 본 점, 구조성과 은유성 중 오직 구조성만이 언어가 도구적 기능을 수행하는 데 의존하게 되는 특성이라고 본 점 등이다. 그러니까 그가 내세운 구조주의에는 원래부터 반구조주의의 씨앗이 잉태되어 있었던 것이다.

그런데 Harris가 보기에는 이런 반구조주의자들의 의도적 역행에는 으레 일정한 비의도적 몰이해나 오해의 현상도 끼어있었다. 다시 말해서 그가 보기에는 분명히 많은 반구조주의자나 후기 구조주의자들은 Saussure의 이론을 제대로 이해하지 못한 상태에서 저마다의 신 이론이나 수정된 이론을 만들어 내고 있었다. 그는 이런 사람 중 가장 대표적인 사람으로 Barthes를 꼽았다. 그의 기호이론은 겉으로 보기에는 기표보다는 기의를 중요시하는, 일종의 반 Saussure적인 것 같지만 실제에 있어서는 그것은 Saussure의 기호이론을 제대로 이해 못한데서 출발한 것에 지나지 않았다. 그의 2003년 책에서 Harris는 「Barthes는 언어적 구조에 관한 Saussure의 설명의 가장 원래적인 이론적 특징을 놓치고 있을 뿐만 아니라, 고통스럽게 Saussure가 거부하던 개념, 즉 기호를 미리 주어진 항목들(형식적인 것과 의미적인 것) 간의 단순한 상관관계로 보려는 개념을 복원시켜 놓았다.」와 같은 말을 하고 있는데, 이런 점으로 미루어 보아서 그가 Barthes의 기호이론을 하나의 혼돈적 현상에서 일어난 것에 지나지 않는다고 보고 있음이 분명하다. (Harris 2003. p.141)

그 중 세 번째로 꼽을 수 있는 것은 지난 20여년에 걸쳐서 Saussure의 기호이론의 고전성을 부각시키는 데 누구보다도 앞장서 왔다는 점이다. 그가 보기에는 지난 100년은 Saussure의 기호이론이 하나의 고전적 이론으로 정착되는 데 충분한 기간이었다. 그의 생각으로는 그것은 분명히 Saussure의 기호이론은 우선 하나의 고전적 이론이 지니고 있어야 할 학리적 특성들을 모두 지니고 있다는 사실과, 그로 인하여 기호학이 하나의 최첨단적 인문과학으로 발전하게 되었다는 사실을 드러내는데 충분한 기간이었다. 물론 학문의 세계에서 이런 현상은 결코 자주 일어날 수 있는 것이 아니었다.

이렇게 그것의 고전성이 확인된 이상, 이제부터 그것을 연구하는 사람들이 할 일중 제일 중요한 것은 그의 「강의」를 충실히 읽고서 그것에 나와 있는 그의 발상법이나 이론들을 그대로 받아들이는 것이었다. 한 마디로 말해서 그동안 까지는 많은 사람들이 그것을 더욱 발전시킨다는 미명 하에서 그것의 내용을 지나치게 확대하거나, 아니면 역발상적인 방향으로 그것을 끌고 가는 일등을 해왔던 것인데, 그가 보기에는 이런 것은 부질없는 혼돈과 오해만을 빚어내는 잘못된 역사일 뿐이었다. 예컨대 그는 2001년에 쓴 「소쉬르 이후의 언어학(Linguistics after Saussure)」이라는 논문에서 Spence가 일찍이 「이제 우리는 모두가 소쉬르주의자이다.」라고 선언한 사실을 「과연 그들이 모두 그랬는지 나, 만약 그렇다면 어느 범위까지 그랬는지 등은 아주 까다로운 질문이다.」처럼 평가절하하고 있

다. (Harris 2001, p.118)

　그는 예컨대 그의 「강의」에 나와 있는 기호이론 중 반드시 원래의 모습
대로 지켜져야 할 것으로 우선 언어체계를 기호체계 중 가장 기본적이고
대표적인 것으로 보려는 발상법을 꼽았다. 이와 관련하여 그는 Barthes가
언어적 기호와 비언어적 기호를 대등한 것으로 보려고 한 것은 결국에
Sasssure의 기호이론을 비의도적으로 잘못 이해했거나 아니면 의도적으
로 왜곡한데서 비롯된 것에 지나지 않는다고 보았다. Saussure는 원래 자
기의 기호이론의 기본적 원리로 언어적 기호는 소리와 의미라는 두 개의
면을 가진 하나의 심리적 실체로 본다와 소리와 의미 간에는 자의적인
관계만이 있다, 두 개 이상의 기호의 출현은 으레 선형적이어야 한다 등의
세 가지를 내세웠었는데, 그는 이들을 모두 무시해버렸다. 이들은 예컨대
건축이나 광상물을 분석하는 데는 오히려 방해물이 되었다. 따라서 그를
후기 소쉬르주의자로 보는 것은 위험하기 짝이 없는 일이었다.

　그는 또한 Saussure의 기호이론의 핵심에 자리하고 있는 것이 바로 하
나의 기호체계는 여러 기호들의 무질서한 집합체가 아니라 조직적인 구
조체로서 그것이 만들어지는 절차에는 통합적인 것과 연합적인 것의 두
가지가 있다는 발상법인데, Barthes의 기호이론에서는 이 점이 부당하게
무시되고 있었다. Saussure는 이들 두 절차야 말로 언어체계의 구조성을
가장 정확하게 실증할 수 있는 방편이라고 보았던 것인데, 그의 기호이론
에서는 이들의 가치가 제대로 들어나지 않고 있었다. 그 이유는 틀림없이
언어적 기호체계보다는 오히려 비언어적 기호체계의 분석에 더 많은 관
심을 보인데다가, 설사 언어적 기호체계를 다룬다고 해도 주된 관심은
소리가 아니라 의미 쪽에 가 있었기 때문이었다. 결국에 그림이나 필름과
같은 것의 구조성이 언어의 그것처럼 쉽게 밝혀지기를 바랄 수는 없었던
것이다. 이런 의미에서 볼 때 앞으로 있을 Saussure의 구조주의에 대한

연구의 주안점은 그의 이론의 고전성을 시급히 회복하는 데 두어야 했다.

그 중 네 번째로 꼽을 수 있는 것은 그동안에 Saussure의 구조주의 이론과 다른 주요 철학적 사상들을 비교함으로써 그것의 하나의 고전이론으로서의 가치를 확인시키는 일에 앞장서 왔다는 점이다. 이것의 가장 확실한 근거가 될 수 있는 것이 바로 1988년에 그가 「언어와 소쉬르, 비트겐슈타인 : 낱말로 게임놀이 하기(Language, Saussure and Wittgenstein : how to play game with words)」라는 흥미로운 책을 냈다는 사실이다. 우선 이들 두 사람을 한 사람은 언어학자이고 다른 사람은 철학자인 식으로 서로 다른 학문분야의 학자들임에도 불구하고 20세기에 들어서서 언어연구가 새로운 방향을 잡게 되는 데 공통으로 결정적인 역할을 한 사람으로 본 것부터가 분명히 그처럼 언어학의 반전과정에 대해서 해박한 지식과 탁견이 있는 사람만이 할 수 있는 일이다.

또한 이 책의 부재가 익히 말해주고 있듯이 언어를 일종의 게임으로 보았다는 점에 있어서 이들 두 사람의 언어사상은 기본적으로는 같다고 볼 수 있다고 생각한 것도 그만의 독창적인 착안임이 분명하다. 그러나 이 책의 내용을 보다 심층적으로 분석해보면 그의 끈질긴 의도에도 불구하고 이들 두 사람의 언어사상 사이에는 공통점보다 차이점이 더 크다는 사실이 당장 드러난다. 그 스스로가 인정하고 있듯이 우선 프랑스어로 표현된 것(예: langue, parole, language)과 독일어로 표현된 것(예: sprache, satz)을 영어로 번역하는 일부터가 적지 않은 무리를 수반하게 마련이었고, 그 다음으로는 논점이 서로 다른 서술들을 마치 하나의 동일한 논점에서의 서술처럼 다루려다 보니까, 자연적으로 왜곡된 해석이 나오게 마련이었다.

이 책의 특이성은 그러니까 저자가 열심히 기술한 것이 결국에는 그가 원래의 의도했던 것과 전혀 다른 결과를 가져왔다는 점일 것이다. 그런데 이런 예기치 않은 부조리한 현상은 궁극적인 의미에서 볼 때 이들 두 사람의 게임이론을 게임이라는 용어가 같다고 해서 같은 것이라고 본 데서 비롯되었다고 볼 수가 있다. 그는 예컨대 Wittgenstein이 「철학적 탐구」의 108쪽에서 한 말, 즉 「우리는 언어의 시간적 현상과 공간적 현상에 관해서 이야기하고 있지, 비시간적, 비공간적 허깨비에 관해서 이야기하고 있지 않다. 그러나 우리는 마치 우리가 놀이의 규칙을 진술할 때 체스의 말들에 대해서 이야기하지 그것들의 물리적 속성을 기술하는 것이 아니듯이 언어에 대해서 이야기한다.」라는 말과, Saussure가 「일반언어학 강의」의 43쪽에서 한 말, 즉 「상아로 만든 말이 나무로 만든 말로 대체되어도 그 변화는 체계에 아무런 영향을 주지 않는다. 그러나 말의 수를 줄이거나 늘린다면 그것은 놀이의 문법에 막대한 영향을 주는 변화이다.」라는 말을 대조시켜서, 이들 두 사람의 크게는 언어사상이고 작게는 게임이론은 결국에는 동일한 것이라고 주장한다. (Harris, 1988. pp.63~4)

그러나 그는 여기에서 이들이 똑같이 언어를 체스 게임에 비유했다고 해서 그것의 동기까지가 같은 것은 아니었다는 사실을 간과했다. 먼저 Saussure의 경우를 살펴볼 것 같으면 그는 언어의 구조성이나 사회적 규약성을 부각시키려다보니까 이런 비유를 하게 된 것이다. 간단히 말해서 그는 이제는 언어학도 일종의 과학으로 다시 태어나야하는데, 이렇게 되기 위해서는 우선 언어적 실체를 구성하고 있는 두 가지의 구성체, 즉 형식적인 것과 개념적인 것 중 오직 형식적인 것만을 연구 대상으로 삼아야 한다고 생각한 것이다. 그리고 이와 관련하여 그가 특별히 강조한 점은 언어의 음운조직이나 문법조직은 저마다 조밀하고 자율절인 구조성을 가지고 있으므로 이런 현상과 그에 따르는 원리 등을 구명하는 일만으로도 언어학은 충분히 과학적인 학문으로 탈바꿈할 수 있다는 것이었다. 또한 그는 언어의 구조성을 통해서 그것의 사회적 규약성은 익히 밝혀질 수 있다고 생각했다. 이런 의미에서 볼 때 언어는 한 사회에서 쓰이는 다양한 기호체계 중의 한 가지였다. 그래서 결국에 그는 언어를 체스 게임과 유사하다고 본 것이다.

이에 반하여 Wittgenstein의 언어에 관한 관심은 처음부터 그것의 형식 쪽이 아니라 의미 쪽에 가 있었다. 그가 1921년에 낸 「논리철학 논고 (Tractatus Logico-Philosophicus)」는 이 당시에 언어철학의 주류를 형성하고 있던 Frege나 Russell의 논리적 실증주의의 이론 및 기법상의 타당성을 실증한 것이었다. 이때만 해도 그는 논리적으로 완전무결한 한 명제의 의미는 으레 그것의 형식적 내지는 문법적 완전성에 의해서 보장될 수 있다고 생각했었다. 이런 의미에서 볼 때 그의 언어연구의 전반부는 형식과 의미 간의 완전한 대응관계를 믿으려는 전통적인 언어철학의 흐름을 그대로 이어가려고 했던 시기였다고 볼 수가 있다.

그러나 1953년에 「철학적 탐구(Philosophical Investigation)」라는 책을 내면서 그는 이른바 「일상적 언어학파」의 창시자로 군림하게 되었다. 이름 그대로 그는 특별히 철학적 탐구를 할 때 쓰이는 형식적 언어가 아니라 일상적으로 쓰이고 있는 언어를 대상으로 해서 의미의 문제를 검토되어야 한다고 생각한 것이니까, 이것은 곧 언어철학의 신 패러다임을 제안한 것이나 다름이 없었다. 이런 신 패러다임의 원리로 제안된 것이 바로 「언어 게임」의 이론이었는데, 어떤 의미로 보아서나 이것은 그의 첫 번째 책에서 제안되었던 「그림」의 이론과는 대조적인 것이었다.

예컨대 「논고」에서는 그는 언어적 의미를 파악하는 일은 어휘적 의미를 바탕으로 해서 문장의 명제적 의미를 파악하는 일로 집약될 수 있다고 보았다. 한 마디로 말해서 그는 이때까지만 해도 언어적 표현의 전체성과 고정성을 신봉하는 논리적 실증주의자였고, 또한 언어적 구조의 보편성과 불변성을 신봉하는 전통적 언어철학자였다. 그러나 「탐구」에서의 그의 언어관은 언어를 「그림」같이 명시적이고 정태적인 것으로부터 「체스게임」같이 암시적이고 동태적인 것으로 보는 식으로 180도 바뀌어있었다. 그는 여기에서 언어사용이나 언어행위가 곧 언어의미라는 파격적인 언어이론을 내세웠다. 그의 말을 그대로 빌리자면 「문장의 의미는 그것의 「용법(Gebrauch)」이거나, 「사용(Verwendung)」이거나 또는 「적용(Anwendung)」이었다. 특히 그는 여기에서 문장을 만드는 데 쓰이는 문법적 규칙은 사회적 규약에 지나지 않는다는 점을 강조했다. (Malcolm, 2006. p.811)

이렇게 보자면 둘이 똑같이 일종의 「게임」이론을 주장했다고 해서 이들이 내세우는 언어이론 간에는 상이성보다는 공통성이 더 있을 것이라고 판단한 것 자체가 잘못된 것이었다는 사실이 당장 드러난다. 간단히 말해서 안타깝게도 그는 아무리 자세히 비교해보았자 역시 서로의 학문적 성향이 다르기 때문에 언어이론들도 서로 다를 수밖에 없다는 결론 이외에는 얻을 수가 없는 일에 손을 댄 것이다. 이러다 보니까 그는 이 책의 마지막 장인 「언어와 과학」에서 그는 「소쉬르와 비트겐슈타인은 그들 자신의 분야에서 널리 통용되고 있던 학문적 관례에 대해서 똑같이 심한 불만을 가지고 있었다. 각자에게서 이것은 부분적으로 그들이 그것의 지위를 자연과학과 마주한 것으로 간주했다는 것에 기인한다.」와 같은 기껏 해봤자 절반 밖에 맞지 않는 말까지 하게 된 것이다. (Harris, 1998. p.213)

그러나 따지고 보자면 이런 비교작업이 이루어낸 바가 전혀 없다고 말할 수는 없는 일인데 그 이유는 이것을 통해서 Saussure의 기호이론은 이미 고전이론으로서의 위상을 확보했다는 사실을 실증적으로 알릴 수가 있게 되었기 때문이다. 간단히 말해서 그는 이 작업을 통해서 언어적 사상에 관한 한 Saussure는 Wittgenstein과 같은 반열의 석학으로 볼 수 있다는 점을 분명히 할 수 있었던 것이다. 사실은 그에게 이런 감추어진 의도가 있었다는 것은 크게 다음과 같은 두 가지 사실에 의해서 확인될 수가 있는데, 그 중 첫 번째 것은 이 책에서 비교의 항목으로 선정한 것이 바로 텍스트와 맥락을 위시하여 이름과 유명론, 언어단위, 언어와 사고, 체계와 사용자, 자의성, 문법, 변이와 변화, 의사소통, 언어와 과학 등의 열 가지라는 점이다. 이들은 고전시대 때부터 언어철학이나 언어학에서 으레 핵심적 논쟁거리가 되어왔던 낯익은 제목들인 것이다.

그 중 두 번째 것은 겉으로는 두 사람의 의견들을 같은 비중으로 다루는 척 하면서도, 실제에 있어서는 그 비중이 Saussure의 것에 많이 가 있다는 점이다. 한 마디로 말해서 이 책은 Wittgenstein의 언어이론을 배경으로 삼다보니까 Saussure의 구조주의 이론을 보다 알기 쉽게 설명할 수 있게 되었다는 점을 실증한 책이 되고 만 것이다. 이것의 가장 좋은 근거가 바로 그는 자의성이나 문법, 변이와 변화 같은 핵심적 문제를 토의하는 자리에서 일관되게 Saussure의 기호이론의 이론들을 소개하고 있다는 사실이다. 예컨대 그는 거의 모든 주제의 토의에 있어서 「랑그」와 「빠롤」을 구분하는 것을 비롯하여 기표와 기의 간의 심리적 관계를 제대로 밝히는 것, 기호를 결합시키는 과정에 있어서의 연합적 절차와 통합적 절차를 구별하는 일 등의 중요성을 강조하고 있다.

더욱 흥미로운 것은 연구업적으로 보아서 언어에 대해서 이미 일가견을 이루었다고 자부할 수 있는 그가 최근에 낸 「이성과 문자적 정신(Rationality and the Literate mind)」에서 Saussure의 기호이론이 아니라 Wittgenstein의 언어게임 이론을 대표적인 반전통적 언어이론으로 내세우고 있다는 사실이다. 예컨대 그는 서구에 있어서는 일찍이 Aristotle 때부터 오늘날에 이르기까지 논리력 기반적인 규칙 중심의 문법관이 언어연구를 이끌어오고 있는 사실을 이 책 전체의 주제로 삼고 있으면서도, 끝 부분인 제9장에 가서는 Wittgenstein이 「철학적 탐구」에서 내세웠던 언어게임 이론을 그것의 한 대안이론으로 소개하고 있다. 그가 「철학적 탐구」의 제2장에서 설정했던 가장 간단한 원시적 언어의 작동법, 즉 건축가 A와 조수 B가 「block」과 「pillar」, 「slab」, 「beam」 등의 네 단어를 가지고서 의사소통을 해 가는 절차를 전통적 문법이론에 대한 하나의 파격적인 대안이론으로 제시하고 있다. (Harris, 2003. p.125)

그렇지만 그는 결국에 크게는 하나의 전통적 언어학자이고 적게는 하나의 소쉬르학자라는 사실이 바뀌지는 않는다. 우선 이 책 전체를 통해서 보았을 때는 Saussure의 기호이론에 관련된 인용과 토의의 양이 Wittgenstein의 게임이론에 관한 그것의 두 배 정도나 된다. 예컨대 「이성과 원시언어」라는 제목의 제4장에서는 「언어적 상대성과 소쉬르의 구조주의」라는 소제목 밑에서 그의 언어와 사고에 대한 견해를 「언어는 국민적 심리를 반영한다는 견해에 대한 소쉬르의 거부는 음성 변화는 기계적이고 맹목적으로 작동을 한 나머지 영향을 받은 형태의 의미나 기능에 아무런 변화를 가져오지 않는다라는 전제에 기저하고 있다. (신문법학자의 견해를 따라서)」처럼 설명하고 있다. (Ibid. p.59) 이런 의미에서 볼 때 이 책을 통해서도 그는 소쉬르의 구조주의 이론을 전파한 것이다.

제4장
Chomsky의 언어이론

Chomsky는 간단히 말해서 20세기 후반에 언어학계에 이른바 「촘스키의 혁명」을 일으킨 장본인이다. Walmsley의 말을 그대로 빌리자면 「Chomsky의 업적은 다른 어느 언어학자의 업적과는 다르게 20세기 후반의 언어학을 지배했다. 분류적이고 귀납적이며 기술적인 접근법으로부터 생성적이고, 가설 연역적이며 설명적인 접근법으로의 전환은 오늘날 통사론과 어형론, 음운론을 연구하는 데 있어서 지을 수 없는 흔적을 남겼다.」 물론 그의 혁명의 충격은 심리학이나 철학, 뇌과학, 생물학, 인지과학과 같은 언어학 이외의 학문에까지 넓고 깊게 퍼져나갔다. 이런 의미에서 볼 때 그는 언어학이 주요 학문의 하나로 자리매김하는 데 주도적 역할을 수행한 사람이 분명하다. (Walmsley, 2006. p.384)

그런데 사실은 그가 20세기 후반에 이르러 언어학의 위상을 이렇게 달라지게 할 수 있었던 것은 20세기 전반에 Saussure가 그것의 기틀을 마련했기 때문이다. 다시 말해서 현대언어학의 시조는 분명히 Saussure이다. 따라서 그것의 역사는 Saussure가 주도했던 1950년대까지의 구조주의의 역사에 그 후 Chomsky가 주도했던 변형주의의 역사가 합쳐진 것이지 이들 중 어느 한 기간의 역사일 수가 없다. 이렇게 보자면 오늘날 일부 언어학자들은 부지부식 간에 마치 변형주의는 구조주의와는 아무런 관련이 없는 언어이론일 뿐만 아니라 언어학을 지금의 것으로 만드는 데 주역의 역할을 한 언어이론인 것처럼 잘못 인식하는 오류를 범하고 있다고 볼 수가 있으며, 따라서 정확한 역사적 사실을 근거로 해서 이런 오류를 바로 잡는 일이야말로 이 학문의 지금의 위상을 제대로 평가하며, 그것의 미래의 발전상을 전망하는 일의 기초 작업이 된다는 것은 더 이상 의심할 여지가 없다.

특히 이와 관련하여 유념할 점은 따지고 보자면 언어학의 사태가 이렇게 되는 데 주로 책임을 져야 할 사람은 바로 Chomsky라는 사실이다. 그 특유의 과장적이고 극단적인 표현법을 써서, 그는 처음부터 구조주의는 더 이상 고려나 참조의 대상이 될 수 없는 언어이론이라는 점을 강조해 왔는데, 이러다보니까 자연히 많은 사람들에게 마치 언어학의 역사는 자기 때부터 시작된 것 같은 인상을 주고 말았다. 사실은 과거를 부정하는 것도 역사의 일부인 것인데, 그들에게는 그런 혜안이 없었던 것이다. 다시 말해서 그의 교묘한 자기선전술은 많은 독자로 하여금 언어학의 역사도 다른 역사와 다를 바 없이 일종의 계승의 역사라는 사실마저도 잊게 만든 것이다.

이런 의미에서 보자면 여기에서는 Chomsky의 언어이론이 어떤 식으로 소개되고 분석되어야 하는가에 대한 해답이 이미 나와 있는 것이나 다름이 없다. 간단히 말해서 그의 언어이론에 대한 분석 작업은 Saussure의 언어이론과 비교하는 형식으로 이루어지는 것이 바람직한 일이다. 이렇게 하게 되면 이 작업은 크게는 일종의 역사적 작업, 즉 지난 100년에 걸친 현대언어학의 발전과정을 살펴보는 일이 될 수 있을 것이고, 작게는 일종의 평가적 작업, 즉 오늘날 언어학계에서 주도적 언어이론으로 받아들이고 있는 변형주의의 장단점에 대한 심층적 분석 작업이 될 수 있을 것이다.

4.1 패러다임 전환에 대한 상반된 견해

1950년대에 있어서의 Chomsky의 변형주의의 출현은 분명히 언어학의 학풍이 혁명적으로 바뀌는 계기, 즉 언어연구의 이론적 틀이 구 패러다임 으로부터 신 패러다임으로 바뀌는 전기를 마련했는데, 마치 이런 계기에 으레 대두되는 문제는 바로 계승이냐 아니면 새 출발이냐의 문제라는 사실을 다시 회상시키려고 하듯이, 이번에도 이것이 언어학계의 주요 쟁점 거리의 하나로 등장하게 되었다. 사실 엄밀한 의미에서 볼 것 같으면 지금 까지의 모든 학문의 발전은 계승과 누적의 절차에 의해서 이루어져왔다 는 사실을 인정하지 않으려는 학자는 있을 수가 없다. 그럼에도 불구하고 어느 학문에 있어서나 이따금씩 이런 문제가 제기될 수 있는 것은 때로는 패러다임의 전환의 폭이나 질이 혁명적일 수 있기 때문이다.

그러니까 결국에는 이번의 언어학의 경우가 바로 이런 경우에 해당한 다고 볼 수가 있는데, 특히 이런 경우와 관련하여 한 가지 특이한 점이 있다면 그것은 신 패러다임을 창안한 사람의 개인적 기질이 이런 사태의 한 원인으로 작용했다는 점이다. 더 정확하게 말하자면 Chomsky도 예컨 대 멀리는 Einstein이 일찍이 특수적 상대성의 이론을 내세우면서 Newton 의 보편적 중력의 이론에 대해서 취했던 자세나, 가깝게는 바로 몇 십 년 전에 Saussure가 언어연구 분야에 있어서의 패러다임의 전환을 시도하 면서 역사언어학자들에 대한 자세를 보일 수 있었을 텐데, 아쉽게도 그 특유의 자기우월적인 기질로 인하여 그렇게 하지 못한 것이 구 이론가와 신 이론가 간에 불화의 싸움의 싹을 키우는 결과는 가져오게 된 것이다.

그는 무슨 이유에서인지 처음부터 구 이론의 한계성을 노출시키는 일이 신 이론의 강점을 제시하는 일보다 더 중요하다는 사고방식을 가지고 있었다. 어떤 의미에서는 그보다 더 중요한 사실은 구 이론에는 마치 오로지 문제점만이 있는 것처럼 보이게 하려는 의도에서 그것의 장점에 대해서는 아무런 언급도 하지 않았다는 점이다. 한 마디로 말해서 최소한 1970년대까지의 그의 논법은 흑과 백이나 선과 악을 구별하는 식의 이분법적인 논법이었던 것인데, 안타깝게도 이 기간 동안에 그는 이런 논법은 결국에는 과학적인 것이 되지 못하고 감정적인 것 밖에 되지 못한다는 사실마저도 깨닫지 못했다. 굳이 그의 이런 자세를 정당화해 볼 것 같으면 일찍이 패러다임의 전환이라는 개념을 도입한 Kuhn이 이 문제와 관련하여 예측했던 문제점의 핵심을 그는 너무 잘 알고 있었다고 볼 수가 있다. 예컨대 그는 1962년의 책의 94쪽에서 「정치적 혁명에 있어서 그렇듯이 패러다임의 선택에 있어서도 그렇다. 즉, 관련된 공동체의 동의보다 더 높은 기준은 없는 것이다.」와 같은 말을 하였는데, 이런 말을 통해서 그는 대중적 설득의 기술이 곧 경쟁적 패러다임 간의 싸움의 승패를 좌우한다는 사실을 잘 알게 되었던 것이다. (Kuhn, 1962. p.94)

적어도 1970년대까지에는 그의 이런 경쟁지향적인 사고방식이 얼마나 지배적인 것이었는가를 익히 드러내주는 사실이 일찍이 프랑스의 언어학자인 Ronat와의 대화 가운데서 구조주의에 대한 부정적 평가를 자기가 내세우는 생성문법의 실체에 대한 소개의 출발점으로 삼고 있다는 점이다. 놀랍게도 구조주의에 대한 부당한 견해는 Ronat부터 가지고 있어서인지, 그는 Chomsky에게 「생성문법은 구조주의로부터의 이탈과 그것에 대한 반발로부터 탄생되었다. 일반적으로 보아서 후자는 언어학을 하나의 분류적 활동으로 인식했었다. 당신은 이 학문에 일종의 논리적 구조, 즉 과학적 구조를 마련해주었다.」와 같은 말로써 그의 대답을 유도했다.

그러자 그는 일곱 쪽이 넘는 긴 답변 가운데서 「주로 사실의 배열에만 관심이 있는 구조주의나 기술언어학의 이런 종류들에 대해서는 의심할 필요 없이 내 자신의 목표는 반드시 그들의 목표와 양립될 수 없다는 것이 아니라 우리는 서로 다른 지적인 일을 다루고 있다고 말해줄 수 있다. 나의 박사학위 논문이 들어있는 「언어이론의 논리적 구조(Logical Structure of Linguistic Theory)」에서 이들 질문을 토의하려고 했는데, 이 자리에서 나는 언어이론의 목적을 위해서는 우리는 그 기간 동안의 기술언어학으로부터 거의 배제되었던 현상들에 관심을 가져야 한다고 제안하였다. 이들은 정상적인 언어사용으로 인식되고 있는 언어의 창조적 사용과 관련된 사실들이다.」와 같은 말을 하였다. (Chomsky, 1979. p.108)

이 말에 이어서 그는 자기 문법의 목표를 첫 번째로는 언어의 기본 원리를 발견하는 것, 즉 토박이 화자의 직감적이고 무의식적인 지식의 실체를 밝히는 일이고, 두 번째로는 일종의 설명적 이론을 구축해 내는 것, 즉 일반적인 원리로부터 일정한 현상을 도출해낼 수 있다는 사실을 보여주는 것이며, 세 번째로는 언어습득이 후천적 경험 내지는 학습에 의해서가 아니라 생물학적 기구에 기저한 내재적 지식에 의하여 이루어진다는 사실을 보여주는 것이라는 식으로 설정했다. 이들 세 가지 목표는 기본적으로 관찰이나 분류, 유추, 일반화 같은 경험주의적 기법으로는 성취될 수 없는 것들이었다. 그러니까 그는 여기에서 구조주의나 기술언어학의 한계성은 모두가 경험주의적 언어관에서 비롯된 것이니까 그것을 극복하는 길은 오직 이성주의적 언어관을 갖는 것뿐이라는 점을 강조한 것이다.

그런데 그는 구조주의의 뿌리가 되었던 경험주의는 그 당시에 철학이나 심리학을 위시한 대부분의 인문학을 주도하고 있던 사상이라는 사실을 익히 알고 있었다. 그래서 그의 공격의 화살은 당연히 Quine이나 Putnam,

Kripke와 같은 철학자와 Skinner와 같은 심리학자, Grice나 Searle과 같은 화용론자에 향하게 마련이었으며, 결과적으로 그의 논쟁은 언어학인 것으로부터 철학적인 것으로 바뀌게 되었다. 그의 의도로 보아서 너무나 당연한 일이었겠지만 그의 이런 철학적 논쟁은 이 무렵에 나온 그의 거의 모든 저서의 주제가 되었는데, 그 중 하나가 바로 1975년에 나온 「언어에 대한 숙려(Reflections on Language)」였다.

그런데 무엇보다도 중요한 사실은 이 때에 이미 그는 「보편문법(UG: Universal Grammar)이론」을 「내재이론」과 한 짝으로 묶어서 내세우기 시작했다는 점이다. 논리적으로 보아서도 이들 두 이론을 하나로 합쳤을 때만 경험주의적 언어학습이론에 대한 정당한 대안이론이 만들어질 수 있을테니까 그로서는 여기에서 경험주의적 언어습득이론을 무력화할 수 있는 최선의 책략을 쓴 셈이었다. 그의 이런 논법이 얼마나 논리정연한가 하는 것은 누구나가 일단 인간의 언어습득 체계를 「LT(H, L)」처럼 표기했을 때 그것의 대상은 마땅히 모든 언어의 공통된 본질이면서 선험적으로 내재되어있는 「보편문법」이 될 수밖에 없다는 식의 그의 설명법에서 어떤 모순점도 발견할 수 없다는 사실로써 익히 알 수가 있다. 이 표기법에서의 LT와 H, L은 각각 「학습이론(language theory)」, 「인간(human)」, 「언어(language)」라는 말을 줄인 것인데, 따지고 보자면 경험주의 대 이성주의 간의 논쟁은 결국에 이들 세 가지 개념에 대한 정의를 놓고서의 논쟁인 것이다.

그런데 바로 이 자리에서 그는 자기의 논리에 의할 것 같으면 언어습득이론은 곧 보편문법이론임과 동시에 언어이론이 될 수밖에 없다는 중대한 선언을 하게 된다. 예컨대 그는 이 책의 34쪽에서 「아주 합리적으로 우리는 LT(H, L)을 이런 식으로 해석할 수 있는 "언어이론(theory of language)"을 만들어 낼 수 있을 것이다. 하나의 이론이란 일정한 개념들로써 표현된 원리들의 한 체계이다.」와, 「그렇다면 "내재성의 가설"은 다음과 같이 설명될 수 있다. 언어적 이론, 즉 바로 지금까지 살펴 본 대로의 보편문법이론은 인간의 정신의 내재적 자질이다. 원칙상 우리는 그것을 인간의 생물학에 대한 개념으로써 설명할 수 있어야 한다.」와 같은 말을 하고 있다.

물론 이런 식의 통합적 이론 전개법은 그가 처음으로 사용한 것이다. 따라서 사람에 따라서는 일단 그것의 발상법적 창의성에 놀라움을 나타낼 수도 있고, 그것의 논리적 비약성에 놀라움을 나타낼 수도 있다. 그렇지만 그동안의 언어연구의 역사를 균형있는 원근법으로 투시해 본 사람이라면 언어학을 하나의 언어철학으로 승화시키려는 그의 야망 앞에는 적지 않은 장애물이 놓여있다는 것을 당장 알아차릴 수가 있다. 그것이 넘어야 할 장애물들을 일단 그것이 해결해야 할 문제점으로 잡고 보면 그것에는 대략 다음과 같은 것들이 있을 수 있다고 볼 수가 있다. 1970년대에 내세워진 그의 「언어이론=LT(H, L)」이라는 좌표는 그 후 변함없이 3, 40여 년에 걸친 그의 언어학적 연구의 궁극적 목적지가 되어왔음에도 불구하고, 이들 문제점은 여전히 미해결의 상태로 남아있다는 사실로 미루어보아서, 이들은 결국에 그의 언어이론의 본성적 내지는 태생적 한계성인 셈이다.

1) 경험주의의 폄훼

(가) 역사적 사실

그 중 첫 번째 것은 역시 그가 언어이론을 제창하기 이전까지 철학을 위시하여, 언어학, 심리학 등의 주도적 학리로 작동했던 경험주의적 이론이 과연 그의 평가처럼 전적으로 잘못된 것으로 볼 수 있느냐하는 것인데,

이 점에 관해서는 그는 적어도 다음과 같은 두 가지 반박을 면할 수가 없다. 첫 번째로 그가 경험주의를 나쁘게 폄훼하는 태도는 분명히 너무나 극단적이다. 그는 이 책 전체를 통해서 마치 경험이나 학습이 언어 습득 시에 하게 되는 역할은 완전히 무시해도 될 정도로 미미한 것이라고 주장하고 있는데, 내재성과 학습성을 이렇게 선 대 악 식으로 구분한다는 것은 철학의 역사에서도 쉽게 찾아볼 수가 없는 일이고 또한 심리학의 역사에서도 쉽게 찾아볼 수 없는 일이다.

심지어 그는 마치 자기가 내세우는 언어적 내재이론은 학문의 역사상 최초의 위대한 발견인 것처럼 자랑하는데, 따지고 볼 것 같으면 이런 허구적인 자랑이야말로 위대한 과학자라면 절대로 해서는 안 되는 일이다. 우선 그는 여기에서 자기가 제시하는 보편문법의 모습은 이미 검토나 수정의 단계를 지난 확고부동한 것이라고 주장하고 있는데, 이런 주장은 그 후 5년도 안되어서 일종의 강변이나 억지에 지나지 않는다는 것이 드러나고 만다. 예컨대 이때에 그가 제시한 보편문법의 모형은 일종의 표준이론적인 것이거나 확대표준이론적인 것인데, 1980년대에 이르러서 이런 모형은 지배와 결속이론의 모형으로 대치가 된다. 물론 오늘날에 이르기까지 그의 보편문법의 모형을 개조하려는 노력은 쉬지 않고 계속되어오고 있다.

그 다음으로 그는 이 자리에서 자기의 목적을 위하여 Descartes와 Leibnitz와 같은 이성주의자들의 언어관을 부당하게 폄훼하기까지 했다. 이들은 분명히 그가 말하는 보편문법 같은 것을 설정하지는 않았다. 그렇지만 넓은 의미에서 보자면 이들도 그 옛날에 언어능력의 특이성과 인간의 지능의 내재성을 자기네 인간관의 기본으로 삼았다. 예컨대 Descartes는 「경쟁적 가설 간의 선택 작업에 있어서는 으레 관찰과 실험이 중요한 기법으로 쓰여야 하지만, 새로운 과학의 기본적 공리들은 인간의 지성의 내재적 능력에 의해서 발견되게 되어있다.」라고 생각했다. 또한 그는 Chomsky 스스로가 몇 번이고 되풀이해서 강조해왔듯이 인간 언어의 제일 중요한 특성으로 창조성을 내세웠다. (Mautner, 2002. p.151)

그리고 Leibnitz는 언어문제에 대해서 한 수준 더 구체적인 생각을 가지고 있었다. 그는 「언어철학(Philosophy of Language)」라는 책을 쓸 정도로 언어문제에 대해서 깊은 관심을 가지고 있었는데, 그는 여기에서 「과학자와 철학자의 과제는 인간 언어의 보편적 특성, 즉 논리와 문법을 어우르는 기호체계와 그것에 관한 일반적 이론을 개발하는 것인데, 이런 체계는 크게 통사적 및 의미적, 화용적 부위로 이루어져있다.」고 주장했다. 그는 간단히 말해서 기호와 개념 간에 1대 1적인 관계가 있는 문법을 만들려고 했던 것인데, 이런 발상법은 그 후 Pierce나 Husserl, Frege, Wittgenstein 등의 언어이론에 커다란 영향을 끼치게 되었다. (Ibid. p.344)

그런데 더 근본적으로 보았을 때는 그의 문제는 바로 역사를 통해서 이성주의 대 경험주의 간의 논쟁에는 일방적인 승자가 있을 수 없다는 교훈을 배우지 못한 데 있다. 1975년의 그의 책의 내용이 익히 증거하고 있듯이 학문의 역사상 이들 두 사상이 가장 치열하게 격돌했던 시기는 17세기에서 18세기 사이인데, 이 싸움의 결과가 후세에게 가르쳐 준 바는 이들은 궁극적으로 일종의 상보적 관계 속에서 병존할 수밖에 없는 것들이라는 것이었다. 이런 결론의 한 증거일 수 있는 것이 Locke를 일반적으로는 지식의 내재성을 인정하지 않는 하나의 경험주의자로 분류하지만 그의 사상은 그렇게 일도양단적으로 재단할 수 있을 만큼 단순한 것이 아니었다는 사실이다.

예컨대 Blackburn의 철학사전에서는 그의 사상의 양면성을 「Locke의 위대한 특징은 정신생활의 실제적 현상에 대하여 치밀하게 주의를 기울인 데 있다. 그러나 그의 철학은 실제로는 Berkeley와 Hume과 같은 추종자들의 과격한 경험주의와, 그가 사는 풍도를 형성하고 있는 기독교의 구출을 담보하게 되는 이성에 대한 의존의 세계 사이에서 정교하게 균형을 잡고 있다.」처럼 설명하고 있다.(p.212) 이렇게 보자면 그러니까 만약에 그가 이런 역사적 교훈을 제대로 배웠더라면, 그렇게 극단적으로 경험주의의 문제점을 노출시키는 일에만 매몰되는 사태는 일어나지 않았을 것이다.

(나) 심리학의 동향

두 번째로 현재 언어습득의 문제를 전문적으로 연구하고 있는 심리학자 중에는 이성주의자보다는 경험주의자나 아니면 일종의 경험주의 편향적인 절충주의자가 훨씬 많다. 우선 엄격히 따졌을 때 언어습득론은 언어학의 영역이 아니라 심리학의 영역이라는 사실을 감안한다면 이 사실이 갖는 의미는 대단히 클 수밖에 없다. 1970년대에 촘스키의 혁명의 충격으로 심리언어학이나 언어습득론이 탄생되었을 때만해도 그의 언어학적 언어습득이론의 타당성을 실증하는 일에 열을 올리는 심리학자들이 꽤 많았는데, 그 후 상황은 점점 정 반대쪽으로 발전되게 된 것이다.

한 마디로 말해서 심리학이나 심리언어학계에서는 그는 고군분투하는 형편에 처하게 된 것인데, 이렇게 된 이유에는 크게 두 가지가 있다고 볼 수가 있다. 첫 번째로 지금의 심리학은 근본적으로 관찰이나 실험, 자료수집 및 분석 등을 주요 연구기법으로 삼는 학문인 탓으로 언어습득의 문제도 으레 이런 식으로 접근하게 되어있는데, 이런 식의 연구를 통해서 얻게 되는 중요한 결론 중 한 가지는 경험이나 학습의 역할이 대단히 크다는 것이다. 다시 말해서 지금의 학풍이 그대로 지속되는 한 대부분의 심리학자들에게는 자연히 내재적 지식의 역할을 중요시하는 그의 하향적 언어습득이론보다는 경험이나 학습의 역할을 중요시하는 경험주의자들의 상향적 언어습득이론이 더 타당성 있게 보이게 되어있는 것이다.

두 번째로 그의 언어습득이론은 오직 문법적 지식만을 언어습득의 과제로 본 상태에서 만들어진 것인데 반하여, 심리학자들은 그것은 언어 전체를 그렇게 본 상태에서 만들어진 것이기에, 그의 이론의 제약성이 바로 드러남과 동시에 심리학적 이론의 타당성이 저절로 실증되게 되어 있다. 물론 언어학적 이론과 심리학적 이론 간의 이런 근본적인 견해 차이는 어휘 습득의 문제에서 제일 뚜렷하게 드러난다. 예컨대 그의 언어습득 이론에서는 어린이들이 어휘를 배워가는 절차는 학구적 연구의 대상이 아니다. 이것에서는 어휘는 문법적 지식이 획득되면서 자동적이고 부차적으로 배워지는 것으로 본다. 그러나 Clark와 같은 심리언어학자가 보기에는 어린이들의 언어습득은 어휘습득 과정을 중심으로 해서 이루어지고 있다.

Clark의 언어습득이론이 Chomsky의 그것의 대척점에 서 있다는 것은 그가 최근에 낸 「제1어 습득론(First Language Acquisition)」의 제1장에서 다음과 같은 두 가지 말을 하고 있는 사실로써 익히 알 수가 있다. 첫 번째로 그는 Chomsky의 이성주의적 언어습득이론의 허구성과 관련해서 「이들 논의의 대부분의 문제점은 경험주의적 발견과 검증 가능한 가설이 거의 전무하다는 데 있다. 명제들은 자주 사실로 받아들여졌으며 모든 논쟁은 바로 그것으로부터 시발이 되었다. 필요한 것은 검증 가능한 가설과 이것을 내세우는 연구자에 의한 관련된 자료의 분석이다. 이상적으로 그들의 질문은 으레 언어습득의 현장에서 얻은 자료로부터 대답을 얻게 되어있다.」와 같은 말을 하고 있다. (Clark, 2003. p.18)

그 다음으로 그는 Chomsky의 언어습득이론에 대한 하나의 대안, 즉 자기 자신의 언어습득이론과 관련해서 「내 자신은 어린이가 언어를 구축해 갈 수 있는 인지적 기저와 습득의 사회적 배경을 중요시한다. 그래서

나는 사회적 발달과 인지적 발달을 언어습득의 결정적 요소로 간주한다. 언어의 얼마만큼이 내재적인 것이며 그것을 작동하게 하는 특수한 학습 기구가 있는가의 문제가 아직도 불분명한 상태로 남아있기 때문에 이것에 대한 나의 입장은 일종의 보수적인 것이다. 나는 먼저 보다 일반적인 근거에 의해서 얼마나 설명할 수 있는지를 알아 볼 것이다. 따라서 여기에서의 강조는 어떻게 (그리고 얼마나) 어린이들이 특별히 조정된 어린이 지향적 언어를 포함한 성인의 말로부터 배우는가에 주어지게 될 것이다. 나는 또한 특수한 동사와 여타 어휘에 의한 구문의 습득에 있어서 초기의 부분적 습득은 일반화 과정으로 이어진다는 증거를 찾도록 노력할 것이다. 나는 첫 단어들로부터 출발하여 그 뒤에 이어져가는 언어학습 과정에 필요하게 되는 발달적 절차에 특별한 관심을 보일 뿐이지. 출발 당시에 (거의) 모든 것을 어린이들이 알고 있는지에 대한 논의에는 아무런 관심을 보이지 않을 것이다.」와 같은 말을 하고 있다. (Ibid. p.19)

구체적으로 그는 「낱말과 의미」라는 제목을 붙인 제6장에서 어린이들은 어휘습득 시 규약성의 원리와 대조성의 원리라는 두 가지 화용적 원리를 사용하게 된다고 주장하고 있다. 먼저 규약성의 원리란 「언어 사용자는 어떤 의미를 위해서는 하나의 규약적 형태가 언어사회에서 쓰이게 되어 있다고 가정한다.」는 원리이고, 그 다음으로 대조성의 원리는 「언어사용자는 형태상의 차이는 어떤 것이든지 간에 의미상의 차이를 신호한다고 가정한다.」는 원리이다. 이런 원리들이 초기부터 어린이들의 어휘습득 절차를 지배하고 있다는 말은 곧 어린이들이 언어습득 시 사용하게 되는 핵심적 능력은 추리력이라는 것과, 이들의 언어습득은 적어도 의미와 형식을 같이 묶는 방식이거나 아니면 형식보다는 의미를 기본 축으로 삼는 방식으로 이루어진다는 것과 같은 말이다.

Clark의 언어습득이론과 큰 의미에서는 같은 류의 것으로 볼 수 있으면서 심리언어학계에서의 영향이 그의 것만큼 큰 것이 바로 Tomasello의 언어습득이론이다. Clark의 이론은 흔히 어휘 기반적 이론으로 불리는데 반하여, 그의 이론은 용법 기반적 이론으로 불리는 점만으로도 익히 짐작할 수 있듯이, 일단은 둘 다 Chomsky의 내재적 언어습득이론에 대한 어엿한 대안임을 자처하고 있으면서도, 그 접근법에 있어서는 Clark의 것은 어휘 중심적이고, Tomasello의 것은 문법 중심적인 것인 식으로 차이를 보이고 있다. 쉽게 말하자면 이들 간에는 Chomsky의 이론을 간접적으로 무력화하느냐 아니면 직재적으로 무력화하느냐의 차이가 있는 것이다. 물론 직접적인 방식이 간접적인 방식보다 더 강력한 것이라는 것은 더 말할 나위가 없다.

따지고 볼 것 같으면 최근에 낸 책의 이름을 「언어의 구성작업(Constructing a Language)」로 정했다는 사실보다 Tomasello는 원래가 Chomsky의 이론을 직접적인 방법으로 무력화 시키겠다는 것을 자기의 이론의 목표로 삼았다는 것을 직접적으로 말해주고 있는 것은 없다. 간단히 말해서 이 책은 어린이들은 어떻게 문장생성의 능력, 즉 문법을 배우게 되는가에 논의의 초점을 맞춘 책이어서 Chomsky의 내재적 언어습득이론의 허구성을 들춰내는 데는 이론적으로나 사실적으로나 이만한 것이 없다. 그게 그렇다는 것은 우선 이 책이 제1장 용법 기반적 언어학을 위시하여, 제2장 언어의 기원, 제3정 어휘, 제4장 초기 통사적 구조, 제5장 추상적 통사적 구조, 제6장 명사 및 절 구조, 제7장 복합적 구조와 대화, 제8장 생물학적, 문화적, 발생론적 절차, 제9장 언어습득의 심리학을 지향하여 등의 장들로 구성되어있다는 사실로써 익히 알 수가 있다. 한 마디로 말해서 그는 이 책에서 Chomsky가 그 동안에 언어이론이라는 이름 밑에서 다루어 온 모든 문제를 다루고 있는 점이다.

그게 그렇다는 것은 그 다음으로 그가 제4장에서 어린이들이 문법을 배워나가는 순서를 완전구를 사용하는 제1단계와 축 구도를 사용하는 제2단계, 항목 기저적 구성체를 사용하는 제3단계, 추상적 구성체를 사용하는 제4단계처럼 잡은 사실로써 익히 알 수가 있다. 그런데 성장과정으로 보았을 때는 제1단계는 생후 만12개월 경의 하나의 표현체를 통째로 쓰는 단계이고, 제2단계는 생후 18개월경의 하나의 표현체를 축부와 주변부와 같은 두 부분으로 나눈 구성체로 보면서 사용하는 단계이며, 제3단계는 생후 24개월경의 그것을 이루고 있는 어휘 간의 통사적 관계가 어순이나 어형적 장치로써 나타나게 되는 표현체를 사용하는 단계이며, 제4단계는 생후 36개월 이후의 성인들이 쓰는 것과 같은 추상적이고 복합적인 동사 구성체를 표현체로 사용하는 단계이다. 그는 그러니까 어린이들의 문법 습득과정을 그들의 생리적 성숙과정에 맞추어서, 성인의 언어를 바탕으로 해서 그들과의 의사소통의 능력을 신장시켜가는 과정으로 본 것이다. 특히 이 책의 마지막 말이 「특별히 중요한 것은 우리의 어린이들의 언어 습득이론을 일반적인 인지적 및 사회 인지적, 의사소통적 발달에 대한 연구와 통합시키는 것이다. 어떻게 어린이들이 자연언어의 유능한 사용자가 되느냐하는 것은 논리적 문제가 아니라 경험주의적 문제이다.」처럼 되어 있다는 것은 크게 보았을 때는 그의 이론이 Clark의 것과 대동소이 하다는 것을 의미한다. (Ibid. p.139, p.328)

2) 언어이론의 신개념

(가) 상징성

그가 이때 내세운 언어이론= LT(H, L)이라는 등식이 제기시키는 문제 중 두 번째 것은 이것의 주어부 격인 언어이론이라는 술어에 관한 것인데, 이런 문제 중 첫 번째 것은 이것의 높은 상징성이다. Saussure와는 정반대로 그는 처음부터 이 술어를 자기의 모든 언어학적 논의를 이끌어가는 가장 핵심적인 술어로 사용하기 시작했다. 다시 말할 것 같으면 그에게 있어서는 처음부터 언어학은 곧 언어이론학이었던 것인데, 두 말할 필요도 없이 이런 발상법이 나온 것은 그에게는 처음부터 자기의 언어학을 본질적으로 구조주의를 위시한 과거의 것들과 차별화시키려는 의도가 있었기 때문이었다. 단도직입적으로 말해서 그는 이렇게 해서만이 오직 자기의 언어학만이 수준 높은 과학성을 지니고 있는 것이라는 사실을 확실하게 표현할 수 있겠다고 생각했던 것이다.

그가 이 술어를 처음부터 자기 언어학의 한 표지어처럼 사용하기 시작했다는 것은 1956년에 낸 그의 첫 번째 책의 이름이 「언어이론의 논리적 구조」처럼 되어있다는 사실로써 익히 알 수가 있다. 이것은 자기의 새 문법이론의 핵심사상, 즉 예컨대 「N x VN y ↔N y is Ved by N x」라는 표기법으로 요약될 수 있는, 언어기술에 있어서의 변형절차의 높은 과학성을 설명한 책이다. 그러니까 그는 「변형문법의 논리적 구조」라고 할 것을 이렇게 고쳐 불렀던 것이다. 다시 말해서 이 때 그의 생각으로는 변형문법은 곧 언어이론이었던 셈이다.

그런데 이 술어에 높은 상징성을 부여하다보니까 그것은 우선 단순한 「이론」으로 축약이 되기도 하고, 그 다음으로는 그것이 하위적 원리 등에도 자주 쓰이게 되는 현상이 일어나게 되었다. 간단히 말해서 그의 언어연구의 역사는 크고 작은 이론들을 새로 산출하는 역사처럼 되어버렸던 것인데, 이것의 가장 좋은 예가 아마도 그의 표준이론의 원전 격인 책의 이름이 「통사이론의 양상(Aspects of Theory of Syntax)」으로 되어있다는 사실과, 그의 최소주의 이론의 원전 격인 「최소주의 이론(The Minimalist Program)」의 제1장의 제목이 「원리와 매개변인의 이론(The Theory of Principles and parameters)」으로 되어 있다는 사실일 것이다.

그는 그런데 그 동안에 이론이라는 말을 반드시 「언어이론」이나 「문법이론」을 줄인 말로서만 쓰기 시작한 것이 아니라, 그것의 하위조건이나 원리에도 그것을 붙이기 시작했다. 그것의 가장 좋은 예가 바로 X—바이론이나 흔적이론, 복사이론, 결속이론, Θ이론, 격이론, 한계이론, 장벽이론, 통제이론 같은 것들이다. 결국 이렇게 되니까 그의 논의에서는 대이론과 소 이론 간의 구분이 모호해지게 될 뿐만 아니라, 과학에서 요구하는 가설과 이론 간의 구별도 애매해지게 마련이었다. 한 마디로 말해서 그의 논의에서는 이론이라는 말은 규칙의 현상을 포괄적으로 설명하는데 으레 설정하게 되는 일종의 차상위격 개념을 나타내는 말이 되고 말았다.

(나) 메타이론적 탐구

그가 언어이론= LT(H, L)이라는 등식을 내세우면서 언어이론이나 이론이라는 말을 일종의 만능어처럼 쓰게 된 데는 크게 두 가지 이유가 있었던 것인데, 그 중 첫 번째 것은 그에게는 처음부터 언어학을 최고수준의 과학으로 만들려는 야망이 있었다는 사실이다. 물론 그렇다고 해서 언어학은 궁극적으로 인간학을 지향하는 학문이라는 의미에서 물리학이나 수학과 같은 자연과학과 다르다는 것을 인정하지 않으려는 것은 아니었다. 그러나 적어도 그에게는 언어이론에도 다양한 언어적 현상들을 통합적으로 설명할 수 있는 대 이론이 있을 수 있다는 소신과, 이런 대 이론을 찾아낼 수 있으려면 우선 자연과학에서 쓰이는 것과 똑같은 연구방법이 언어학에서도 쓰여야 된다는 소신이 있었다. 그게 그렇다는 것은 Ronat와의 대화 안에서나 그 후에 있어서 그는 Copernicus의 지동설과 Galileo의 과학적 세계관에 대한 이야기를 즐겨 하고 있다는 사실로써 익히 알 수가 있다.

예컨대 그는 여기에서 「물리학의 위대한 성공은 부분적으로 물리이론과 관련이 없어 보일 때는 명백한 사실마저도 고려에 넣지 않으면서, 특수한 수준의 이해에 결정적인 것 같은 사실에만 주의를 기울이거나. 이론에 결정적일 듯한 희귀한 사실을 찾아내려는 의지에 기인한다.」와 같은 말을 하고 있는데, 이것은 곧 물리학에서의 연구방법을 언어학에서도 사용해야 한다는 말이나 같은 말이다. 물론 이것은 Saussure의 구조주의가 그가 생각하는 차원의 과학적 언어이론이 될 수 없는 것은 바로 그것에서는 경험주의적 연구방법이 주로 쓰였기 때문이라는 그의 주장에 대한 일조의 보충설명이었다. 몇 년 뒤에 가서는 그가 선호하는 연구방법은 「가설형성법」이라는 말도 하게 된다. (Chomsky, 1977. p.108)

그 중 두 번째 것은 처음부터 그는 어차피 언어학에서 역사상 초유의 의미 있는 패러다임의 추이가 일어날 수 있으려면 모든 논의가 메타이론적인 성격을 띨 수밖에 없다고 생각했다는 사실이다. 간단히 말해서 20세기에 이르러 학자들 간에는 학문의 발전을 위해서는 마땅히 어느 이론의 체계 자체를 분석하고 평가하는 이론, 즉 메타이론(Meta theory)이 있어야 한다는 움직임이 일어나게 되었는데, 그도 이런 움직임에 동참하게 된 것이다. 그는 예컨대 처음부터 학문의 과학성은 기술력이 아니라 설명력에 의해서 판단되어야 한다든지, 아니면 최고의 연구방법은 '분석적인 것이 아니라 직관적인 것이어야 한다는 주장을 해 왔는데, 따지고 보자면 이런 자세는 모두가 메타이론적인 것이었다. 또한 그는 처음부터 많은 철학자들의 이론을 예로 들면서 폭 넓게 지식론이나 과학론도 펴 나가기 시작했는데, 이런 논의도 물론 다분히 메타이론적인 것이었다. 큰 의미에서 보자면 그가 즐겨 한 이성주의 대 경험주의의 논쟁도 이런 성격의 것이었다.

(다) 특이성

그가 내세운 언어이론= LT(H, L)이라는 등식은 한 마디로 말해서 자기의 언어사상을 단적으로 집약시킨 그의 학문적 야심의 포현체이다. 따라서 누구라도 일단 이 등식이 의미하는 바를 제대로 파악하려고 하게 되면 먼저 그것의 깊고 넓음에 놀라지 않을 수가 없게 되어있다. 앞에서 이미 인용이 되었듯이, 그는 자기의 언어사상의 핵심적 이론들, 예컨대 보편문법이론이나 내재이론과 같은 기축적인 이론을 비롯하여 언어학은 결국에 인간 정신학이어야 하는데, 그러기 위해서는 마땅히 생물학적 접근법을 그것에 적용시켜야 한다는 원대한 발상 등을 이 등식 하나로써 설명하려고 했다.

돌이켜보자면 학문의 역사상 이런 식으로 언어학의 자리를 인문학의 최상위의 위치로까지 격상시킨 사람은 없었다. 그러니까 누구나 우선은 이 등식을 통해서 그의 발상법의 당돌함과 새로움에 압도되게 되어있다. 간단히 말해서 그의 야심은 언어학의 과제에 종전의 철학이나 심리학에서 다루던 문제까지도 포함시키겠다는 것이니까. 일종의 인문학적 통일체 이론의 구축을 꿈꾸었다고 볼 수도 있다. 일찍이 Neurath와 같은 논리적 실증주의자들은 연구방법에 통일성을 이루게 되면 궁극에 가서는 모든 과학은 동일한 방법에 의해서 거대한 위계 구조체로 묶여질 수 있다고 생각한 나머지, 「과학의 통일체(unity of science)」를 구축하는 일이 과학자의 이상이 되어야 한다고 주장한 적이 있는데, 그의 언어학적 발상법은 바로 그것을 방불케 한다. 특히 이들은 이런 통일체 내에는 원자물리학이나 화학, 생물학과 같은 자연과학뿐만 아니라 경제학이나 인류학과 같은 인문학도 포함될 수 있다고 생각했었기에, 우리는 이런 주장을 쉽게 할 수가 있다. (Mautner, 2002. p.633)

그런데 사실은 이런 류의 기발한 발상법은 으레 긍정적인 반응보다는 부정적인 반응을 더 많이 불러일으키게 마련인데 그 이유는 새로 제안된 패러다임의 개념과 실체에 대한 완전한 이해가 거의 불가능한 탓으로 그것의 성공에 대해서 확실한 신뢰감을 갖기 힘들기 때문이다. 한 마디로 말해서 많은 사람들은 구 패러다임으로부터 과도하게 비약한 신 패러다임을 일종의 이상형으로 치부하고 마는 것이다. 우선 그는 여기에서 언어이론은 곧 문법이라는 기존의 사고방식의 틀을 완전히 깨버렸다.

그의 여기에서의 언어습득이론이 바로 언어이론이라는 견해는 분명히 파격적인 것으로서, 따지고 볼 것 같으면 일찍이 Kuhn이 생각했던 패러다임의 추이의 성격도 이런 종류의 것은 아니었다. 예컨대 그는 이때 학문간의 이월이나 융합의 경우까지를 생각하지는 않았다. 그 다음으로 언어학을 인간 정신학의 일부로 보아야 한다는 생각이나, 이러기 위해서는 생물학적 접근법이 언어연구에 사용되어야 한다는 생각 등도 현실과는 너무나 동떨어진 발상법이었다. 대부분의 언어학자들이 보기에는 그의 발상법들은 언어의 구조적 실체를 과학적으로 밝히는 일도 버거운 자기네들과는 아무런 관계가 없는 것들이었다.

3) 계승성

Chomsky는 처음부터 애써 그것의 구조주의적인 것과의 단절성을 자기의 변형문법이론의 제일 큰 특징으로 부각시켰다. 언필층 구조주의의 문법이론은 언어적 사실을 기술하는 데 목적을 두고 있는 데 반하여, 자기의 것은 그것의 근저에 깔려있는 이론이나 원리를 찾아내는 데 목적을 두고 있으므로 궁극적으로 보아서는 이들 두 이론 간에는 아무런 연계성도 있을 수 없다는 것이었다. 다시 말해서 그는 자기의 변형문법이론을 마치 완전히 독창적인 것으로 선전했었는데, 사실은 능동문에서 수동문을 만들거나 두 개의 단문을 합쳐서 하나의 중문이나 복문을 만들어내는 절차, 즉 변형의 개념은 전통문법에서 오래 전부터 사용해오던 것이었다.

그럼에도 불구하고 그는 Jespersen이 하던 전통문법의 한계성도 지적하고, Saussure나 Bloomfield가 하던 구조주의 문법의 한계성도 지적함으로써, 결과적으로는 독자들에게 자기의 변형문법이 하늘에서 갑자기 떨어진 것과 같은, 하나의 창조물이라는 인상을 주고 말았다. 사실은 그런데 그렇지가 않다. 이런 주장의 근거로는 크게 두 가지를 들 수가 있는데, 그 중 첫 번째 것은 그는 처음부터 「구조」라는 술어와 개념을 자기의 문법 이론의 핵심적인 것으로 사용했다는 점이다. 의미와 형식 중 오직 후자만을 기술의 대상으로 삼아야 한다는 생각에서 Saussure가 최초로 사용하기 시작한 것이 바로 구조라는 개념이다. 아마도 이런 형식 위주의 발상법은 Chomsky도 똑같이 가지고 있었을 것이며, 그래서 이 술어를 그가 처음부터 즐겨 사용하게 되었을 것이다.

그가 처음부터 구조라는 술어를 대단히 긴요하게 사용했다는 것을 실증하고 있는 사실은 바로 표준이론의 문법모형은 크게 심층구조와 변형규칙부, 표층구조 등의 세 부분으로 이루어진 것으로 보았다는 점이다. 뒷날 원리와 매개변인의 이론에 이르러서는 심층구조와 표층구조의 명칭을 각각 D—구조와 S—구조로 바꾸게 되었는데, 이때에도 구조라는 술어만은 버리려 하지 않은 점으로 미루어서 그가 얼마나 이 술어를 중요시했는지를 익히 짐작할 수 있다. 그런데 그가 이 술어를 문법이라는 일반적인 술어보다 더 중요시한 것은 바로 이것을 자기의 통사이론의 핵심적 발상법, 즉 문장은 하나의 위계적 구조체라는 점을 가장 잘 나타내는 말로 보았기 때문이다. 물론 이런 발상법을 제일 먼저 가졌던 사람은 Saussure 였다.

이 술어와 관련하여 더욱 놀라운 것은 의미와 어휘의 문제를 다루는데 있어서도 의미구조와 어휘구조와 같은 말을 쓰기 시작했다는 점이다. 쉽게 말해서 그는 비단 통사조직뿐만 아니라 언어의 구성부위는 어느 것이든 하나의 구조체를 이루고 있다고 본 것인데, 이런 사고방식은 크게는 서구에서의 언어연구의 형식주의적 전통을 그대로 이어가는 것이라고 볼수가 있고, 작게는 Saussure가 제창한 구조주의 이론을 그보다 더 확대해서 적용한 것이라고 볼 수가 있다. 특히 그의 1965년의 책에서는 어휘에 관한 논의가 「어휘부의 구조(The structure of the lexicon)」라는 제목 밑에서 집중적으로 이루어지고 있다. 그는 여기에서 통사적 구조와 마찬가지로 어휘의 자질도 아래처럼 위계적 서순성에 의해서 형식화시킬 수 있다고 보았던 것인데, 엄밀하게 말하자면 이 정도가 어휘부가 구조체를 이루고 있다는 완전한 증거는 될 수는 없다. 그렇지만 이것만으로도 그의 구조에 대한 신념이 대단히 강했다는 것은 알 수가 있다. (Chomsky, 1965. p.165)

(ⅰ) ([+Animate], [±Human])
(ⅱ) ([+N], [+Common], [—Count], [±Abstract])
(ⅲ) ([+N], [±Common])

그 중 두 번째 것은 그의 문법모형에서 이루어지는 문법적 조작에는 크게 어휘부에 구구조 규칙을 적용해서 심층구조를 만들어내는 것과, 그렇게 만들어진 심층구조에 변형규칙을 적용해서 표층구조를 만들어내는 것의 두 가지가 있다고 볼 수 있는데, 이들 중 첫 번째 것의 기본적 발상법이 바로 기술 언어학에서 개발된 것이라는 점이다. 그는 우선 1962년의 책이나 1965년의 책에서 변형문법이라는 새로운 문법을 자기가 제안하게 된 직접적인 이유는 기술 언어학에서 개발한 직접구성소 분석법이 자연언어를 분석하기에 부적절한 것이라는 사실이라는 점을 누누이 강조했었다.

예컨대 1965년의 책의 67쪽에서 그는 먼저 그 전까지 기술언어학에서 쓰이던 문법을 「구성소 구조문법(Constituent Structure Grammar)」이나

「구구조 문법(Phrase Structure Grammar)」이라고 부르면서, 이것의 결점은 여기에서는 다시쓰기 규칙들이 무순의 묶음을 이루고 있어서, 결국에는 일종의 자유문맥적인 문법이 될 수밖에 없다는 점이라고 주장하였다. 그리고서 그는 「순수이든 응용이든 간에 현대언어학에서 개발된 비변형적 통사이론들은 거의 모두가 이 틀 안에 들어가게 되는 것들」이라는 점을 지적하면서, 「자연언어를 위한 문법으로서의 이런 체계의 부적절성은 더 이상 합리적으로 의심할 여지없이 이미 확고부동해진 것 같아서, 이 자리에서는 이 문제를 토의하지 않겠다.」와 같은 말을 했다.

그러나 한편으로는 혹독하게 이런 식으로 구구조 문법을 폄훼하면서 다른 한 편으로는 그것을 자기 문법의 일부로 포함시키고 있다는 데 문제가 있다. 더 구체적으로 말할 것 같으면 그의 문법은 옛날의 구구조문법에 그것의 단점을 보완할 수 있는 부분을 더 해준 것에 지나지 않은 것인데, 그는 이런 사실을 솔직히 인정하려 하지 않는 것이다. 물론 그는 자기 문법에서 쓰이는 구구조 문법은 기술언어학에서 쓰이던 것과 기호나 규칙의 성격 등에 있어서 많이 다르다고 내세울 것이다. 그러나 이런 수정사항은 어디까지나 주변적인 사실일 뿐, 그것의 기본적인 발상법은 기술언어학에서 개발한 것의 그것과 똑같다. 다시 말해서 그가 수형도 도출이라고 이름 붙인 문장의 구조적 분석방법은 신 Bloomfield학파에서 이미 개발해 놓은 것이었다.

신 Bloomfield학파에서 개발한 문법이론은 간단히 말해서 문장의 위계적 구조성을 분석하는 것이 곧 문법이라는 발상법에서 만들어진 것인데, 이들의 이런 발상법은 크게 직접구성소 분석법과 내심구조 대 외심구조의 이론으로 집약되어있었다. 우선 직접구성소 분석법이란 하나의 문장을 더 이상 분해가 될 수 없을 때까지 단계별로 두 개의 구성소로 나누어가는 방법을 말하는 것이었고, 그 다음으로 내심구조 대 외심구조의 이론이란 하나의 문장이나 구는 으레 내심구조와 외심구조 중 한 가지의 구조로 이루어져있는데, 전자는 「The pretty girl」처럼 하나의 핵어를 확대 내지는 수식한 구조를 가리키는 데 반하여, 후자는 「He cried.」처럼 핵어가 없는 상태로 두 개의 어휘가 결합되어 있는 구조를 가리키는 것으로 보는 이론이다.

이렇게 볼 것 같으면 이들 두 이론의 기본이 되고 있는 것은 바로 하나의 구조체는 으레 두 개의 직접적인 구성소로 이루어져있으니까, 이른바 2분지법에 의해서 그것을 차례대로 분지해 나가는 것이 그것의 구조성을 기술할 수 있는 최선의 방법이라는 발상법이다. 이런 발상법의 타당성은 최근까지도 이항분지의 가설이라는 이름 밑에서 논의되고 있지만, 따지고 볼 것 같으면 이것은 전통문법 때부터 내려오던 형식주의적 발상법의 핵심 부분이었다. 물론 기술언어학에서는 이것의 표기법도 여러 가지로 개발했는데, 뒷날 변형문법에서 주로 쓰게 된 수형도의 표기법을 사용하자면 「A young man with a paper followed the girl with a blue dress.」라는 문장은 아래처럼 분석될 수가 있었다. (Malmkjar, 2010. p.264)

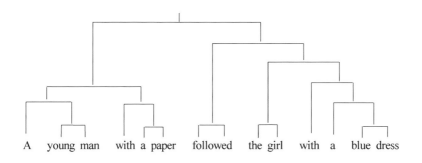

A   young man   with a paper   followed   the girl   with a   blue dress

물론 머지않아서 그는 이 직접구성소 분석법의 문제점을 정확히 지적해내면서, 이것의 개선안으로서 X-바 이론을 제안했다. 그가 보기에는 모든 구는 궁극적으로 핵을 중심으로 한 일종의 내심구조를 가지고 있어야 한다든지, 핵에 부가되는 범주는 모두 최대투사 범주여야 한다는 등의 기본적인 사실들이 드러날 수 없게 되어 있기에 이것은 결국에 자연언어를 기술하기에는 부적절한 분석법임이 분명했다. 그래서 그는 명사와 동사, 전치사, 형용사 등을 핵으로 삼고, COMP(보문소), INFL(굴절소), DET(정관사) 등의 기능범주를 쓰면서 이들이 투사한 최대투사체를 분석해내면 된다는 발상법을 갖게 되었던 것이다.

원리와 매개변인의 이론에서는 이것을 보편문법의 구성원리 중 가장 중요한 것으로 내세우기까지 했다. 그러나 크게 보았을 때는 X—바 이론의 기본이 되고 있는 것은 역시 2분지법적인 사고방식이다. 아래의 도식이 익히 말해주고 있듯이 X—바 이론은 하나의 구조체는 두 개의 직접적 구성소로 이루어져있다는 사고방식을 확대한 것에 지나지 않는다. (Chomsky, 1986. p.3)

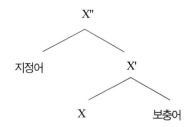

4.2 보편문법 이론

그의 언어이론의 대명사처럼 쓰이고 있는 것이 바로 그의 보편문법이론이다. 따라서 그의 언어이론의 실체를 파악하는 데는 언어이론=LT(H, L)이라는 등식보다는 언어이론=보편문법 이론이라는 등식이 더 적절할 수가 있다. 물론 그의 언어연구는 처음부터 철학이나 심리학의 문제까지를 한데 어우르려는 자못 야심찬 구상과 목표를 가지고 출발했다. 비유적으로 말할 것 같으면 그의 언어연구는 최초부터 문법모형의 개발을 목표로 하는 내심원과 그것을 바탕으로 해서 모든 철학이나 심리학의 과제들을 해결하는 것을 목표로 하는 외심원으로 된, 2중의 원의 모습을 띠고있었던 것이다. 그런데 역시 두 개의 원 중 기본이 되는 것은 내심원이라는 사실을 그는 익히 알고 있었다. 이런 의미에서 볼 때 그의 언어이론이나 언어사상의 뿌리는 역시 보편문법 이론이라는 그의 문법이론이었던 것이다.

1) 중핵적 언어기구로서의 문법

이렇게 등식을 고쳐 쓰고 보면 Saussure의 그것과 비교했을 때 그의 언어이론의 첫 번째 특징이 어떤 것인가가 저절로 드러나게 되어있는데, 문법을 언어기구 중 중핵적인 것으로 본다는 점이 바로 그것이다. Saussure 때는 공시언어학과 통시언어학의 구별이나 랑그와 빠롤의 구별, 음성언어와 문자언어의 구별 등을 강조하다 보니까 자연히 음운조직을 언어기구 중 가장 기본적인 것으로 보게 되었으며, 그래서 결국에는 언어연구의 역사상 최초로 음운론이 언어학을 주도하는 현상이 일어나게 되었다. 구조언어학자들은 이런 현상을 과학적 언어연구에서는 마땅히 음운론, 어휘 및 어형론, 통사론, 의미론, 화용론 등의 순서가 엄격히 지켜져야 한다는 말로써 합리화하려고까지 했다. 이들의 주장과는 관계없이 전통문법이나 어학의 시대 때 거의 무시되어 오던 음운론에 대한 연구가 활발해지면서, 이 점이 결과적으로는 구조주의라는 새로운 언어학의 시대의 제일 큰 특징으로 부각되게 되었다. 그리고 이러다 보니까 이 언어학에서는 오직 음운론 연구에만 주력을 기울이게 되었고, 따라서 다음에 마땅히 이어져야 할 문법이나 의미와 같은 과제들에게는 제대로 관심을 쏟지 못하게 되는 한계성을 드러내기도 했다.

그러나 그가 보기에는 구조주의자들의 이런 음운론 우선의 주장은 인간언어의 본질을 정확하게 보기 못한 데서 비롯된 하나의 강변에 불과했다. 예컨대 음운조직에 관한 충분한 지식이 곧 통사론에 대한 연구의 선행조건이 된다는 그들의 말은 자기 정당화를 위한 한낱 억지일 따름이었다. 그래서 그는 이 문제와 관련하여 크게 두 가지의 혁명적 발상법을 발휘하기에 이르렀는데, 그 중 첫 번째 것은 문법 또는 통사 기구의 중핵성에 관한 것이었다. 물론 겉으로 보았을 때는 이런 움직임은 구조주의 때 잠시 이탈했던 언어연구를 다시 전통문법 시대로 회귀시키려는 움직임이었다. 그러나 그의 이런 발상법은 근본적으로 보았을 때 그의 이성주의적 언어관으로부터 나온 것이었다.

간단히 말해서 그는 인간 언어의 가장 놀라운 특이함은 바로 유한한 규칙으로써 무한한 문장을 만들어 낼 수 있는 기구라는 점, 즉 문장 생성의 창조력이라고 보았다. 그런데 이런 창조력은 으레 음운이나 의미적 기구에서 발휘되는 것이 아니라 통사적 기구에서 발휘되게 되어 있었다. 따라서 인간 언어의 실체를 파악하려면 제일 먼저 해야 할 일이 그것에서 쓰이고 있는 통사적 기구가 어떤 것인가를 알아보는 일이라는 것은 더 이상 재론의 여지가 없는 문제였다. 이런 의미에서 볼 때 그가 자기의 문법을 생성문법(Generative Grammar)이라고 명명한 것은 결코 단순한 용어상의 문제만은 아니었던 것이다.

　그런데 처음부터 그는 이처럼 문법 우선의 사상의 당위성을 창조성이라는 언어의 특성에서 찾으려는 발상법은 자기가 이제 와서 독창적으로 창안한 것이 아니라 현대언어학이 시작되기 몇 세기 전인 17세기에 Humbolt나 Herder, Descartes와 같은 이성주의 철학자들에 의해서 이미 제안되었던 것이라는 점을 강조하고 나섰다. 그는 틀림없이 이렇게 함으로써 언어연구의 역사적 정통성은 경험주의적인 구조언어학 측에 있는 것이 아니라 이성주의적인 자기 언어학 측에 있다는 사실을 밝히고 싶었을 것이다. 그 스스로가 인정하고 있듯이 사실은 그 무렵에 프랑스에서 언어연구를 주도하고 있던 「포르 르와이알(Port-Royal)문법」의 문법이론의 영향에 대한 검토 없이 이들 철학자들의 언어사상을 논의한다는 것 자체가 언어학자로서는 정상적인 것은 아니다. 예컨대 바로 이 문법에서 처음으로 언어적 구조를 심층적인 것과 표층적인 것으로 나누는 발상법이 제안되었었다. 그러나 그는 이 문법이론에 대한 언급을 「심층과 표층구조」의 문제를 논의하는 자리에서 약간 하는 식으로 최소화하고 있다. 추측컨대 이 당시의 그의 주된 관심은 자기의 언어학이야말로 바로 이성주의자와 경험주의자 간의 싸움의 승자 측의 언어사상을 이어받은 것이라는 점을 부각시키려는 데 가 있었을 것이다.

　이런 추측의 가장 비근한 근거가 될 수 있는 것은 물론 그가 표준이론을 발표할 무렵에 낸 「데카르트 언어학」이라는 책의 부재를 「이성주의 사상사의 한 장(A Chapter in the History of Rationalist Thought)」로 정한 사실이다. 이 책의 뒷부분에서는 그가 1965년의 책에서 제안한 의견들, 예컨대 심층구조와 표층구조 간의 구조적 관계나 내재주의적 언어습득론과 같은 논제들이 그대로 반복되고 있다. 특히 그는 이 자리에서 「포르 르와이얄」 문법이야말로 「Dieu qui est invisible a créé le monde qui est visible.」이라는 문장을 「Dieu invisible a créé le monde visible.」이라는 문장의 심층구조문으로 보는 식으로 문법구조의 2중성이나 변형, 구구조, 보편문법 등의 개념을 문법이론의 기본으로 삼은 최초의 문법이라는 점을 밝히고 있다. 다음과 같은 그의 말로 보아서는 그는 이 문법을 자기 문법뿐만 아니라 그 전의 구조언어학의 원조로 보고 있음이 분명하다. (Chomsky, 1966. p.42)

> 포르 로와이얄 문법은 명백히 구구조의 개념을 비교적 분명한 방법으로 발전시킨 최초의 문법이다. 따라서 이것에서는 우선 통사적 구조의 표현을 위해서는 구구조적 기술은 부적절하다는 점이 확실하게 밝혀져 있고, 또한 오늘날 활발하게 연구되고 있는 것과 많은 면에서 유사한 변형문법의 형태가 암시되어 있다는 사실은 특별히 주목할 가치가 있다.

그러나 이 책의 네 가지 주제 중 첫 번째 것인 「언어사용의 창조적 양상」에서 그가 하고 있는 말의 내용을 일단 살펴보게 되면 이 책의 주된 목적은 역시 자기의 문법이론은 몇 백년간 이어져 온 이성주의적 언어철학의 전통을 계승하고 있는 것이라는 점을 분명히 하려는 것이라는 사실을 익히 확인할 수가 있다. 간단히 말해서 그는 여기에서 이미 17세기나 18세기에 많은 언어철학자들은 인간언어의 제일 큰 특징은 새로운 표현을 마음대로 만들어 낼 수 있다는 점인데, 이런 능력은 으레 그것의 특이한 문법적 기구로부터 나오게 되어있다는 점을 익히 간파하고 있었다는 사실을 밝히고 싶었던 것이다.

다른 책에서와 마찬가지로 그는 여기에서도 경험주의적 언어관을 가졌던 구조나 기술언어학자들의 문법 이론의 부당함을 지적하는 일을 배경적 과제로 삼았다. 예컨대 이 책의 12쪽에서 그는 「대단히 심각한 방식으로 현대 언어학은 인간 언어에 대한 데카르트적인 관찰을 다루는 데 실패했다. 예컨대 Bloomfield는 자연언어에 있어서는 조립의 가능성은 거의 무한정한 것이기에 반복이나 목록 작성을 기준으로 해서 언어사용을 설명할 수가 없다고 주장하면서, 이 문제와 관련하여 화자는 자기가 이미 들었던 유사한 형태를 유추해서 새로운 형태를 말하게 된다는 말 밖에 하지 않는다. 비슷하게 Hockett은 창조성을 완전히 유추작용에 귀인 시킨다. 유사한 설명은 Paul과 Saussure, Jespersen 그 밖에 많은 사람들의 말에서도 발견된다. 언어사용의 창조적 양상을 유추작용이나 문형에 귀인 시킨다는 것은 이런 술어들을 언어이론의 기술적 용법에 대한 분명한 지식도 없고 그것과의 관련성도 전혀 없이 완전히 은유적인 방법으로 사용하는 것이다.」와 같은 말을 하였다.

물론 경험주의자들의 문법이론에 관한 이런 배경적 비판 바로 뒤에는 이성주의자들이 문법이론에 관한 전경적 소개들이 후속되었는데, 흥미롭게도 그는 이 소개에 Descartes를 위시하여 Herder, Humboldt, Rousseau, Schlegel, James Harris, Cordemoy와 같은 언어철학자들의 견해뿐만 아니라 Coleridge와 Geothe와 같은 시인들의 견해도 포함시켰다. 그의 의도는 두 말할 필요도 없이 이때에는 언어학자뿐만 아니라 언어를 다루는 모든 지성인들은 언어의 위대성은 형식적 창조성에 있다는 것을 익히 알고 있었다는 사실을 밝히려는 것이었다. 또한 그는 이렇게 함으로써 17세기나 18세기의 학문적 주도권은 이성주의자에게 가 있었다는 사실이 저절로 드러나게 되어 있었다고 생각한 것이다.

그러나 굳이 따지자면 그의 이런 전경적 소개의 가운데에 자리하고 있었던 것은 역시 Descartes의 언어사상이었다. 그는 Descartes야말로 인간 언어의 제일 중요한 특성은 창조성인데, 이런 능력은 결국에 문법적 능력이며, 그것은 후천적인 경험에 의해서 얻어진 것이 아니라 선험적으로 내제되어 있는 것이라는 점을 누구보다도 강력하게 설파한 철학자라고 생각한 것이다. 그가 보기에는 Descartes의 이런 언어사상은 자기의 것과 똑같은 것이었다. 다시 말해서 그는 여기에서 자기의 문법이론의 사상적 뿌리는 바로 Descartes의 언어사상이라는 점을 분명히 하고 싶었던 것이다.

그가 Descartes의 언어사상을 자기의 문법이론의 사상적 뿌리로 보게 된 것은 그의 말을 통해서 그가 다음과 같은 세 가지 점을 인간언어의 특징으로 보았었다는 사실을 확인할 수 있기 때문이었다. 그가 보기에는 Descartes는 먼저 언어를 인간과 동물 또는 기계와 구별시켜주는 종 특이적인 능력으로 보았다. 예컨대 그는 「동물의 행위의 모든 양상은 동물은 하나의 자동조작적인 기계라는 가정으로 설명」될 수 있는데 반하여 인간의 언어, 특히 「새로운 생각을 나타내고 새로운 상황에 적절한 새로운 서술을 할 수 있는 인간의 능력」은 그렇게 할 수가 없다고 생각했다. 그는 그러니까 인간과 동물을 본질적으로 구별시키는 것은 바로 언어의 유무라고 생각한 것이다. 그가 보기에는 Descartes의 아래와 같은 말은 정곡을 찌른 말이었다. (Ibid. p.4)

> 바보를 제외시키지 않더라도 서로 다른 낱말을 배열해서 자기의 생각을 알릴 수 있는 서술을 그들로써 만들어 낼 수 없을 만큼 저열하고 우둔한 사람은 하나도 없다. 그에 반하여 아무리 완전하며 또한 좋은 환경에 놓인 것일지라도 똑같은 일을 할 수 있는 동물은 없다.

그가 보기에는 Descartes는 그 다음으로 창조성을 인간언어의 특성 중 제일 중요한 것으로 보았다. 그의 설명에 따르자면 창조적 언어사용이란 「생각의 자유로운 표현이나 새로운 상황에서의 적절한 반응」을 위해서 언어를 사용하는 것, 즉 「범위에 제한이 없고 외적인 자극이나 생리적 상태와 아무런 관련이 없게」 언어를 사용하는 것이었다. 다시 말해서 동물의 신호체계는「기계적인 원리」에 의해서 설명이 될 수 있는 데 반하여, 인간의 언어체계는「창조성의 원리」에 의해서 설명이 될 수 있으니까 바로 창조성의 원리야말로 인간언어의 본질적 원리인 것이었다. 그의 말을 그대로 빌리자면「까치와 앵무새는 우리처럼 낱말을 발화할 수 있지만 우리처럼 말은 할 수 없는데」이것은 곧 그런 것들은 말한 바대로 생각을 하고 있지는 않다는 증거였다. 그런 것들은 그러니까 창조성을 제일 큰 특징으로 하는 인간의 언어 같은 것은 갖고 있지 못한 것이다. (Ibid. p.4)

그가 보기에는 Descartes는 세 번째로, 인간언어의 창조성은 그의 이성으로부터 나오게 되어있다고 생각했다. 이 점과 관련해서 그는 세 가지 특이한 견해를 내놓았는데, 그 중 첫 번째 것은 육체적 기능을 설명하는 데 필요한「기계적 원리」와 함께, 언어적 기능을 설명하는 데 필요한「창조성의 원리」를 설정해야 하는데 이렇게 하기 위해서는 이것의 원천지로 사고의 본령인「정신」을 설정해야 한다고 본 점이었다. 그 중 두 번째 것은 다른 사람들도 자기와 마찬가지로 육체와 정신을 가지고 있는 점으로도 미루어서「인간의 이성은 모든 우발사태에 대비할 수 있는 일종의 보편적 도구」임이 분명하다고 본 점이었다. 그 중 세 번째 것은 이런 창조성은「주변적 기관들에 귀인 될 수도 없고, 일반적 지능과 관련지을 수도 없는, 유일한 형태의 지적 조직」으로 본 점이었다. (Ibid. p.5)

2) 표준이론의 수립

어느 언어학자가 자기의 언어이론이나 문법이론을 문장 분석의 체계도로 집약시킨 것을 문법모형으로 볼 것 같으면, 그의 경우에 있어서는 1965년에 첫 번째 모형으로 제안된 표준문법모형만큼 검토할 가치가 있는 것도 없다. 그의 문법이론의 특징은 첫 번째 것이 제안된 이래 4 ,50년이라는 긴 기간에 걸쳐서 한 시도 쉬지 않고 좋게 말하자면 발전되어 왔고 나쁘게 말하자면 변용되어 왔다는 점일텐데, 우선 이런 특이성으로 보아서도 이 이론이나 모형에 대한 자세한 검토는 대단히 중요한 의미를 가지고 있다고 볼 수가 있다. 쉽게 말해서 이 이론은 그 뒤에 가서 이름이나 내용은 자주 바뀌게 되었음에도 불구하고 그의 언어이론이나 문법이론의 최초의 집약체라는 그것의 본질성에는 아무런 변화도 없었던 것이다. 이름 그대로 이것을 표준형, 즉 일종의 기저형으로 삼아서 그의 문법모형은 발전이나 개선을 도모할 수 있었던 것이다.

앞에서 이미 설명이 있었듯이 그가 자기의 표준이론을 만들어 낼 무렵에 이 일과 함께 추진한 일이 바로 자기의 이성주의적 언어철학은 역사적 정당성을 지닌 것이라는 점을 밝히는 것이었는데, 흥미롭게도 그는 이 일의 가장 손쉬운 방법으로 Descartes의 언어사상을 긍정적으로 재평가하는 것을 택했었다. 물론 그가 이렇게 한 보다 근본적인 이유는 그로서는 당연히 자기의 문법이론은 단순히 문법적 분석이나 기술법의 개혁만을 노린 것이 아니라 경험주의적인 것으로부터 이성주의적인 것으로의 언어학 자체의 변혁을 기도한 것이라는 점을 분명히 해야만 했기 때문이다. 그게 그렇다는 것은 표준이론의 원전 격인 1965년의 책에 다음과 같은 말들이 나와 있다는 사실로써 익히 확인할 수가 있다.

그 중 첫 번째 것은 그가 자기의 생성문법의 우월성을 설명하는 자리에서 한 말로서, 「전통문법의 이런 부적격성에 대한 기본적인 이유는 보다 기술적인 것이다. 비록 언어적 절차들은 어떤 면에 있어서 "창조적"이라는 사실은 익히 알려져 있었지만 최근까지 순환적 절차체계를 표현할 수 있는 기술적 장치들은 개발되지 못했다. 사실상 (Humboldt의 말대로) 어떻게 언어가 유한한 수단을 무한한 용도로 쓰게 되는가에 대한 진정한 이해는 수학적 원리에 대한 연구를 통해서 지난 30년 내에 이루어지게 되었다.」와 같은 말이 바로 그것이다. (Chomsky, 1965. p.8)

그 중 두 번째 것은 그가 언어이론은 왜 결국에는 언어습득이론이어야 하는가를 설명하는 자리에서 Descartes의 이성주의적 언어사상의 타당성을 강조하면서 한 말로서「지식습득의 문제에 대한 전혀 다른 접근법은 정신적 절차에 관한 이성주의자들의 사고방식의 특징이 되어왔다. 이성주의자들의 접근법에 따르자면 주변적 처리 기구를 넘어서서 제약적이면서도 고도로 조직적인 방식으로 습득된 지식의 형태를 결정짓게 되는 여러 종류의 내재적 개념과 원리가 있다는 것이었다. 내재적 기구를 활성화시키는 조건은 적절한 자극작용을 일으키는 것이다. 이처럼 Descartes에 있어서는 내재적 개념들은 외부적 대상으로부터가 아니라 사고의 기능으로부터 나오는 것이었다.」라는 말이 바로 그것이다. (Ibid. p.48)

그러나 피상적인 관찰의 수준을 넘어서 일단 심층적인 분석을 해보게 되면 그가 표준이론의 기저나 배경으로 사용한 언어사상은 Descartes의 것과 똑같지 않다는 사실이 당장 드러난다. 좋게 말하자면 그는 이때에 이미 자기 나름의 독자적인 언어사상을 정립하는 데 성공한 것이고, 나쁘게 말하자면 그는 그 전까지의 Descartes를 위시한 여러 언어철학자들의 이성주의적 언어사상을 자기 용도에 맞게 이용한 것인데, 두 말할 필요도 없이 여기에서 무엇보다도 중요한 사실은 이때에 이미 그에게는 이렇게 할 수 있을만한 능력이 있었다는 사실이다. 엄밀한 의미에서 보자면 그러니까 1960년대에 그가 만들어 낸 표준이론은 그의 독자적 창작품이었던 것이다.

(가) 문법의 자율성

이 시기에 그가 정립한 언어사상은 문법을 중핵적 언어기구로 보는 입장에서 한 걸음 더 문법지상주의 쪽으로 나아간 입장의 것, 즉 한 마디로 말해서「문법의 자율성」의 사상이었다. 물론 이 원리는 그가 독자적으로 만든 것이었다. 그리고 그는 이 원리 하나로써 자기의 표준이론의 기저적 언어사상은 다 밝혀질 수 있다고 생각한 것이니까, 그의 언어사상이 Descartes의 것과 어떻게 다른 것인가를 쉽게 알아낼 방법 중 최선의 것은 그것의 내용이나 방계적 이론들을 자세히 파악해 보는 것일 것이다.

이 원리의 기저가 되는 첫 번째 발상법은 문법적 능력은 일반적 지력이나 기능의 일부가 아니라 독자적으로 존재하는 것이라는 생각이다. 이런 발상법은 따지고 볼 것 같으면 일찍이 Descartes도 가지고 있었다. 예컨대 앞에서 이미 인용이 되었듯이 그는 창조성을 「주변적 기관들에 귀인 될 수도 없고 일반적 지능과 관련지을 수도 없는, 유일한 형태의 지적 조직」으로 보았었다. 그러니까 창조성이라는 말을 문법적 능력으로 바꾼 것이 그가 새롭게 보탠 점이다. 또한 Descartes는 이런 창조성은 인간과 동물을 구별시켜 주는 능력이라는 점과 일종의 내재적이고 보편적인 능력이라는 점도 강조했는데, 여기에서도 창조성이라는 말 대신에 문법적 능력이라는 말만 쓰게 되면 곧 그의 발상법이 되는 것이었다.

Descartes와는 달리 그는 이런 의미에서의 문법의 자율성의 원리를 구조주의를 포함한 모든 경험주의적 언어습득이론의 부당성을 지적하는 데 일종의 「보도」처럼 사용했다. 경험주의자들은 으레 문법적 지식은 경험이나 학습행위에 의해서 얻어지는데 이때 그것이 기저로 동원되는 것이 바로 일반적인 지력이나 지능이라고 보았었다. 그가 보기에는 문법적 지식이 이런 식으로 획득된다는 것은 결국에 그것이 일반적인 지식의 일부로 굳어진다는 의미가 되는데, 이런 견해는 문법의 자율성의 원리와 정면으로 배치되는 것이었다.

이 원리의 기저적 발상법 중 두 번째 것은 언어학의 과제는 문법적 능력, 즉 「화자와 청자의 자기언어에 대한 지식」을 파악하는 것이지, 수행적 현상, 즉 「구체적인 상황에서의 실제적인 언어사용」의 현상을 파악하는 것이 아니라는 생각이었다. 그는 지난날의 전통문법과 현대언어학에서는 으레 수행적 현상을 기술하는 일을 주된 과제로 여겨왔기에 이 점은 바로 그들과 자기의 언어학을 구별 짓는 제일 큰 차이점이 될 수 있다고 보았다. 그래서 그는 1965년의 책의 제1장, 제1절의 제목을 「언어적 능력의 이론으로서의 생성문법(Generative Grammars as Theories of Linguistic Competence)」으로 정했다. (Ibid. p.3)

이런식의 2분법적 사고방식의 중요성은 이것이 1980년대에 이르러서 언어를 일단 「I-언어(internalized language)」와 「E-언어(externalized language)」로 대별하고 본다면 언어연구의 정당한 대상은 마땅히 후자가 아니라 전자라는 언어이론으로 발전한 사실 하나만으로 익히 헤아려볼 수가 있다. 그러니까 결국에 그는 자기 언어학의 특징은 「내재화 된 언어」, 즉 문법적 지식의 실체를 파악하는 것이지, 「외재화 된 언어」 즉 수행적 현상을 파악하는 것이 아니라는 점을 끈질기게 주장해 온 것이다. 이런 의미로 보아서도 그는 처음부터 「문법의 자율성」의 원리를 자기의 언어사상의 정수로 삼아왔다는 것은 의심할 여지가 없다.

이 원리의 기저적 발상법 중 세 번째 것은 앞으로 발달시킬 과학적 언어학의 가치는 기술적 적절성이 아니라 설명적 적절성이 얼마나 확보되어 있느냐에 의해서 판단되어야 한다는 생각, 즉 「설명적 적절성의 이론」에 관한 발상법이었다. 그의 1965년의 책의 상당한 부분이 바로 이 2분법의 중요성에 관한 설명으로 채워진 것을 보면, 그가 이것을 자기의 문법과 종전의 문법들 간의 궁극적인 차별의 기준으로 삼았다는 것이 분명하다. 예컨대 제1장의 제7절에서 그는 그동안까지는 문법에 대한 평가를 주로 단순성이나 우아성과 같은 기술적 적절성과 관련된 것을 기준으로 해서 하는 잘못을 저질러왔기에, 이제부터는 그 기준을 설명적 적절성과 관련된 것으로 바꾸어야 한다고 주장하면서 「요컨대 오늘날의 언어이론은 어느 것이든지 간에 아주 제한된 영역을 넘어서는 설명적 적절성을 이루어낼 수가 없다. 다시 말해서 우리는 언어의 형식 및 실질적 보편적 자질에 관한 체계를 언어학습에 관한 사실들을 충분하고 상세하게 설명할 수 있을만한 것으로 만들기에는 아주 먼 거리에 떨어져있다.」와 같은 말을 하였다. (Ibid. p.46)

이 원리의 기저적 발상법 중 네 번째 것은 언어학의 목표를 설명적 적절성을 확보하는 것으로 잡고 보면, 그것의 궁극적인 과제는 응당 보편문법의 실체를 찾는 일이어야 된다는 생각, 즉 「보편문법의 이론」에 관한 발상법이었다. 그가 정식으로 「보편문법」이라는 용어를 자기의 문법이론의 핵심적 개념을 나타내는 말로 사용하기 시작한 것은 1980년대에 이르러 「지배와 결속이론」의 대용어로 「보편문법의 이론」이라는 말을 쓰게 되면서부터였다. 그러나 제1장, 제5절에서의 그의 다음과 같은 말로 미루어 보아서는 그가 이때에 이미 자기의 언어연구의 목표는 바로 모든 어린이에게 내재되어있는 인간언어의 공통적 자질이나 구조, 즉 보편문법의 지식을 밝히는 일이라는 점을 분명히 했다는 사실은 의심할 여지가 없다. 「설명적 적절성을 목표로 하는 언어구조의 이론은 언어의 보편적 자질에 대한 설명을 하게 마련이며, 그것은 으레 이런 자질들에 관한 암묵적 지식이 어린이에게 있다는 사실을 지적하게 된다.」 (Ibid. p.27)

이 원리의 기저적 발상법 중 다섯 번째 것은 문법적 기구나 능력은 독립적이면서도 자율적인 것인 이상 그것을 기술하는 일은 의미의 문제에 대한 고려 없이 이루어지는 것이 마땅한 것이라는 발상법이었다. 우선 문법적 능력은 언어수행의 능력과 전혀 별개의 것이라는 이 원리의 두 번째 발상법으로써 그는 문법의 개념을 최대로 축소함과 동시에 문법연구의 대상과 과제도 최대로 줄일 수 있었다. 그렇지만 근본적인 의미에서 보자면 문법연구의 대상을 최대로 제한할 수 있을 뿐만 아니라 그것의 과학성을 최고로 제고하는 데 그가 사용한 방책은 바로 의미론 배제의 방책이었다.

돌이켜볼 것 같으면 문법연구에 있어서는 으레 의미의 문제가 가장 큰 논쟁거리였으며, 그래서인지 Saussure가 현대언어학을 구상할 때도 가장 중요한 기준의 한 가지로 내세웠던 것이 내용은 완전히 대상에서 배제한 채 오직 형식만을 기술하는 것이었다. 물론 더 넓게 보자면 이런 형식주의의 전통은 그동안 내내 서구의 문법학이나 언어학의 큰 기둥이나 다름이 없었다. 그러니까 그는 형식이냐 의미냐의 문제에 다시 말려드는 대신에 전통적 형식주의의 틀 안에 안주하는 것이 자기의 문법이론을 세우는 데 도움이 된다고 생각한 것이다. 아마도 그것이 바로 그가 구조주의 자체는 극단적으로 폄훼하면서도 그것에서 문법이론의 핵심적 개념으로 사용했던 구조라는 개념만은 그대로 사용하게 된 이유 중의 하나였을 것이다.

그런데 따지고 볼 것 같으면 이런 식의 편의주의로 인하여 그의 문법이나 언어관은 결국 일찍이 Descartes나 Humboldt와 같은 이성주의자들의 그것을 자기 목적에 맞게 수정한 것이라는 비판을 면치 못하게 되었다. 앞에서 이미 설명이 있었듯이 Descartes는 분명히 언어로써 인간은 「새로운 생각을 나타낼 수 있고, 새로운 상황에 어울리는 새로운 서술을 할 수 있다.」고 봄으로써, 의미나 용법의 문제를 완전히 배제한 상태에서 「창조성의 원리」를 파악한다는 것은 지극히 부자연스럽거나 다분히 조작적인 일이라는 사실을 암시했었다. 그러나 그는 의미나 용법의 문제를 고려한 것은 진정한 의미에서의 통사론이 될 수 없다는 자기 정당화의 변명만을 늘어놓기에 이르렀다. 나쁘게 말하자면 그는 Descartes의 창조성이라는 말을 자기 용도에 맞게 이용한 것이다.

이와 관련하여 한 가지 지적할 것은 그는 어휘적 의미나 용법의 문제를 이른바 하위범주화의 자질과 선택적 자질이 자기 문법에서는 으레 명시되게 되어 있으니까 회피한 것이 아니라 정공법으로 다루고 있다고 주장했다는 점이다. 예컨대 1965년의 책의 마지막 장에서는 「몇 가지 잉여적 문제들(Some residual problems)」이라는 제목 밑에서 통사론과 의미론의 경계성의 문제를 집중적으로 논의하면서 통사론에서는 하위범주화의 규칙을 어긴 「John found sad.」나 선택적 규칙을 어긴 「Colorless green ideas sleep furiously.」와 같은 비문을 다루는 것이 아니라 「Revolutionary new ideas appear infrequently.」나 「John plays golf.」와 같은 정문만을 다루게 되어 있다고 주장했다. (Ibid. p.149)

그러나 어디까지나 이런 식의 의미문제의 처리방식은 자기 합리화의 방편일 따름이지 일반적인 것은 아니다. 간단히 말해서 그는 이런 문제를 통사론과 의미론의 경계선상에 있는 문제로 보았는지 몰라도, 일반적으로 보았을 때는 이것은 분명히 하나의 통사론적인 문제일 따름이다. 예컨대 앞에 든 두 비문 중, 우선 첫 번째 것은 「find」라는 타동사 뒤에 목적어가 될 명사가 아니라 형용사가 나타나 있으니까 의미적 규칙과는 아무런 관계가 없는 하나의 문법적 규칙을 어긴 문장임이 확실하다. 그 중 두 번째 것은 「sleep」와 같은 행동동사의 주어 자리에는 마땅히 사람이나 짐승과 같은 생물을 가리키는 명사가 나와야 함에도 불구하고 그렇지를 못했으니까 결국에는 의미상 부조리한 문장이 되고 만 것인데, 일반적으로는 이런 류의 문제점을 의미론적인 문제점으로 보지는 않는 탓으로 이런 것 역시 통사론적 문제점의 범주 내에 포함시킬 수밖에 없다.

이런 사실을 익히 알고 있어서인지 그 자신도 이 자리에서 「이런 부분적이고 단편적인 토의를 통해서 분명해진 것은 의미적 규칙과 통사적 규칙 간의 상호 연관 관계는 결코 해결된 문젯거리가 아니며, 이것에는 신중하게 검토할 가치가 있는 폭넓은 가능성들이 있다.」와 같은 말을 하고 있다. 그러나 실제로 그가 보이고 있는 방안은 역시 통사론의 영역 내에 의미의 문제를 부분적으로나마 흡수시키는 방안이었다. 다시 말해서 그의 문법이론에서는 원래 언어에는 형식과 내용의 두 면이 있는 법인데, 내용이나 사고, 즉 무엇을 말할 것인가가 형식, 즉 그것을 어떻게 말할 것인가를 결정짓게 되어 있다고 보는 것과, 문장의 산출이라는 형식적 조작에는 그런 개념적 선행조건은 아예 필요없다고 보는 것 중 과연 어느 것을 맞다고 보아야 하는지에 관한 심각한 고민이 없다. 하기야 그의 문법이론에 있어서는 자기 책의 마지막 장에서 다루는 이 정도의 의미에 관한 문제마저도 언어의 본질과는 거리가 먼 한낱 「잉여적 문제」일 따름이었던 것이다.

이 원리의 기저적 발상법 중 마지막이며 여섯 번째 것은 문법적 구조는 으레 심층구조와 표층구조로 나누어서 보아야 한다는 발상법이었다. 조금 뒤에 가서 그의 문법모형에 대한 자세한 설명이 있게 되겠지만, 그것은 바로 거의 혁명적이라 할 수 있는 이런 2구조적 발상법을 실질적으로 체계화한 것이라는 사실은 더 이상 논의할 여지가 없다. 그런데 이런 발상법의 제일 큰 중요성은 이로써 통사적 부위와 음운적 부위, 의미적 부위라는 생성문법의 세 구성부위 간의 관계가 저절로 정해지게 되어있다는 점이었다. 다시 말해서 그는 이 발상법으로써 이들 세 부위 중 언어조직의 기본이나 근간이 되는 것은 바로 통사적 부위이고 나머지 두 부위들은 모두 그것을 바탕으로 한 해석적 부위에 불과하다는 점을 제시할 수 있었던 것이다. 이런 의미에서 보자면 이 발상법이야말로 그의 「문법의 자율성」 원리를 뒷받침하고 있는 총 여섯 가지의 발상법 중 제일 중요하면서도 그들을 하나로 집약시킨 것이라 할 수 있다.

물론 이런 2구조적 발상법의 방계적 발상법이라 할 수 있는 것이 바로 심층구조로부터 표층구조가 도축되는 데는 으레 일정한 변형절차가 작동하게 되어있다는, 「변형부 설정」에 대한 견해이다. 우선 우리는 문법의 이름으로 생성문법보다는 오히려 변형문법이 더 많이 쓰이는 사실만으로도 이 발상법이 곧 그의 언어이론이나 문법이론의 진수이며 전부라는 것을 익히 알 수가 있다. 이렇게 볼 것 같으면 1965년 책의 16쪽에 나오는 아래와 같은 말은 그가 자기 문법의 출범을 알리는 일종의 「선언문」이나 다름이 없는 것이었다.

이제 언어능력과 그것을 기술하는 것을 목표로 하는 생성문법의 문제로 되돌아 가다보면 우리는 다시 한 번 언어의 지식은 무한히 많은 문장들을 이해할 수 있는 암묵적 능력을 가리키게 된다는 사실을 강조하게 된다. 따라서 생성문법은 무한히 많은 수의 구조를 생성하는 데 반복적으로 쓰이게 되는 규칙의 한 체계여야 한다. 이 규칙체계는 생성문법의 통사적 부위와 음운적 부위, 의미적 부의 등의 3주요부위로 분석될 수 있다. 통사적 부위에는 추상적인 형식적 대상의 무한정한 묶음이 명시되게 되는데, 이들 하나하나에는 어느 문장의 단일해석에 관련되는 모든 정보가 포함되어있다.…… 결과적으로 문법의 통사적 부위는 매 문장마다 의미적 해석을 결정짓는 심층구조와 음성적 해석을 결정짓는 표층 구조를 명시해야 한다.…… 변형문법의 중심적 개념은 일반적으로 심층구조와 표층구조는 서로 다르며, 표층구조는 보다 기초적인 종류의 대상에 「문법적 변형」이라는 형식적 조작을 반복적으로 함으로써 결정된다는 것이다. (Ibid. p.16)

(나) 초기 이론

이상과 같은 발상법을 문장생성의 절차에 따라 체계화한 것이 바로 표준이론의 문법모형이다. 그런데 사실은 이 모형이 나오기 몇 년 전에 초기이론의 문법모형이 발표되었다. 따라서 이것의 가치나 의미를 제대로 음미할 수 있으려면 먼저 초기이론의 것의 내용을 알아보는 것이 순리이다. 초기 이론의 문법모형은 1956 / 1962년에 나온 「통사적 구조」에 제시되어 있는데, 이것의 특징은 한 마디로 말해서 핵문에 변형규칙을 적용해서 변형문을 만드는 체계를 문법모형으로 보는 식으로, 변형의 개념을 문법의 핵심적 개념으로 보는 모형이라는 점이었다. 그러니까 바로 이 책에 그의 문법이 변형문법으로 불리게 되는 이유가 밝혀져 있는 셈이었다. 또 한 가지 중요한 사실은 이 책의 내용은 그의 박사학위 논문의 복사본이나 다름없으면서 바로 일 년 전에 나온 「언어이론의 논리적 구조」의 내용과 대동소이하다는 사실이다. 이런 점으로 미루어보아서 그의 문법이론의 중심에 자리 잡고 있는 개념은 대수학으로부터 원용해 온 변형의 개념임이 분명하다.

그의 초기이론은 쉽게 말해서 일종의 변형이론이었다는 사실은 그것의 문법모형과 이것에 의한 문장 분석 절차를 살펴보게 되면 쉽게 알 수가 있다. 우선 그는 기술언어학에서 가장 과학적인 문법분석의 기법으로 제안되었던 구구조 분석법의 한계성을 극복할 수 있는 방법은 변형부를 문법체계의 중심에 위치시키는 것이라는 생각에서 새로 받아들어야 할 문법모형은 아래와 같이 크게 세 부위로 이루어진 것이어야 한다고 주장했다. (Chomsky, 1962. p.46)

그 다음으로 그는 「변형적 분석이 본질적으로는 구구조 분석보다 더 강력하다.」는 점을 부각시키기 위해서 변형절차의 종류를 최대로 다양화시켰다. 먼저 그는 단순, 능동, 서술, 긍정문과 같이 오직 의무적 변형규칙

에 의해서만 산출되는 문장을 핵문이라 이름 붙이고, 그것에 적용될 수 있는 수의적 변형 절차를 단일문에 적용되는 기초 내지는 단순변형과 복문이나 중문을 만드는 데 적용되는 일반화 변형으로 대별했다. 그는 또한 단순 변형의 종류에는 어느 요소의 결합이나 이동, 삭제, 복사와 같은 여러 형태가 있다고 보았다.

그는 특히 변형절차는 오직 정문만을 산출하게 되는 절차일 뿐만 아니라 자연언어에서 쓰이고 있는 많은 문장들의 구조적 상관관계를 가장 명쾌하게 기술할 수 있는 절차라는 사실을 강조했다. 예컨대 그는 수동문 변형의 절차를 가장 대표적인 예로 들면서 「만약에 S_1이 NP_1—Aux—V—NP_2의 형식을 가진 문법적인 문장일 경우에는 NP_2—Aux + be + en —V—by + NP_1의 형식을 가진 대응문도 역시 하나의 문법적인 문장이라」고 설명을 했다. 그는 그러니까 변형절차의 첫 번째 특성으로 가장 강력한 정문 생성력을 가진 절차라는 점을 내세웠던 것이다.

변형적 분석법과 관련하여 그가 추가적으로 강조한 점은 이런 분석의 결과는 으레 문법에 관한 토박이들의 직관적 지식과 일치하게 되어 있다는 점이었다. 예컨대 그들은 직관적으로 「John ate an apple.」이라는 문장과 「Did John eat an apple?」과 「What did John eat?」, 「Who ate an apple?」이라는 문장은 문법적으로 상호 관련되어 있는 것들이라는 사실은 익히 알고 있는데, 이런 분류법이 맞다는 사실은 변형적 분석법에 의해서 바로 증거될 수 있다는 것이었다. 다시 말해서 그들은 직관적으로 「John ate an apple.」이라는 핵문에서 여러 가지 의문문들이 만들어질 수 있다는 것을 익히 알고 있는데, 변형분석법은 바로 그들의 이런 직관적 지식과 일치하는 분석법이었다. (Ibid. p.43, p.90)

변형적 분석법의 또 한 가지 특성으로 그가 내세운 것은 이 분석법을 사용하게 되면 그 동안에 논쟁거리가 되어 오던 중의문의 문제가 명석하게 해결될 수 있다는 점이었다. 예컨대 그 동안에는 「The shooting of the hunters.」라는 구는 「hunters」를 주어로 볼 수도 있고, 목적어로 볼 수도 있는 탓으로 의미가 중의적인 구로 간주되었었다. 다시 말해서 구구조의 수준에 있어서는 이 구는 「The growling of lions.」와 같은 구조를 가지고 있다고 볼 수도 있고, 아니면 「the raising of flowers.」와 같은 구조를 가지고 있다고 볼 수도 있는 것이었다. 이런 중의성의 현상을 해결할 수 있는 유일한 방법은 이들을 일정한 핵문으로부터 변형적으로 도출된 것으로 보는 것이었다. 즉, 「the growling of lions」는 「NP—C—V」와 같은 문장의 구조가 「the—V + ing—of + NP」와 같은 구의 구조로 변형된 것이라고 보면 되고, 「the raising of flowers.」는 「NP1—C—V—NP2」와 같은 문장의 구조가 「the—V + ing—of + NP2」와 같은 구의 구조로 변형된 것으로 보면 되는 것이었다. 또한 표층적 구조가 동일한 두 개의 문장, 예컨대 「The picture was painted by a new technique.」와 「The picture was painted by a real artist.」간의 의미적 차이의 문제도 변형적 분석법에 의해서 쉽게 해결될 수 있었다. (Ibid. pp.88~9)

그런데 어떤 의미에서는 그의 초기이론의 진짜 중요성은 최초로 변형주의적 문법모형이나 언어기술법을 제안한 데 있는 것이 아니라 뒷날에 가서 그가 더욱 발전시키게 될 기본적인 문법이론의 대강이 밝혀져 있다는 점일는지도 모른다. 그렇다고 해서 특별히 여기에서만은 표준이론을 그의 문법이론의 기본 내지는 표준형으로 보려는 일반적인 관행을 따르지 않겠다는 것은 아니다. 분명히 이때까지만 해도 언어이론=LT(H, L)과 같은 등식으로 요약될 수 있는 그의 언어사상은 완성되지 못했다. 그렇지만 일단 그의 언어사상을 「문법의 자율성」의 원리를 구현하게 된 여섯 가지의 발상법에 반영된 것으로 보게 되면 그는 이미 이때에 그의 언어사상의 요점을 명시했었다는 사실이 당장 드러난다.

무엇보다도 먼저 눈에 띄는 점은 이 책의 전개법이나 각 장의 제목 등이 1965년의 책의 그것과 많이 닮았다는 사실이다. 그러니까 그의 1965년의 책은 간단히 말해서 그가 10년 전쯤에 냈던 최초의 논문이나 책이 모형이 되어서 만들어진 것이었다. 예컨대 1965년의 책과 마찬가지로 이 책의 기본구조도 제일 먼저 자기의 언어이론이나 문법이론의 특이성을 깊이있게 설명하고서 그 다음에는 구구조적 기술의 한계성과 변형절차의 위력성을 제시하고, 마지막에 가서는 미해결의 과제로 여겨지는 통사론과 의미론의 관계를 논의하는 식으로 되어 있었다. 이런 의미에서 보자면 그의 1965년의 책은 그가 10년쯤에 냈던 박사학위 논문을 확대하고 보완한 것이라고 볼 수도 있다.

이 책에서 최초로 제안된 이래, 그 후 4,50년간에 걸쳐서 변함없이 그의 언어이론의 기본 축의 역할을 해 온 원리에는 크게 세 가지가 있다고 볼 수가 있는데, 그 중 첫 번째 것은 문법연구의 궁극적인 목표를 으레 문법성의 실체를 밝히는 것으로 보아야한다는 원리이다. 「문법의 독립성(The Independence of Grammar)」으로 제목을 붙인 제2장에서 그는 「언어 L의 언어적 분석의 기본적인 목표는 L의 문장인 문법적 연쇄체를 L의 문장이 아닌 비문법적 연쇄체와 분리시켜서 문법적 연쇄체의 구조를 연구하는 것이다.」와 같은 말과 함께, 문법적이라는 개념은 「의미가 있는」이라는 개념과 같을 수 없다는 점과 문법성의 개념은 통계적 근사치의 서열과 아무런 관계가 없다는 점, 문법적 문장은 실제로 언어사용의 현장에서 관찰된 문장과 똑같을 필요가 없다는 점 등을 강조하였다. 결국에 그는 여기에서 언어학자가 어떤 언어자료를 기술하느냐 하는 것은 미리 정해진 언어이론에 의해서 정해지게 되어 있다는 점을 강조하고 싶었던 것이다. (Ibid. p.13~5)

그 중 두 번째 것은 언어이론이란 궁극적으로 최선의 문법을 찾을 수 있는 기준을 설정해 주는 이론인데, 지금으로서는 가장 강력한 발견절차에 관한 기준과 그보다 약한 결정 절차에 관한 기준, 가장 약한 평가절차에 관한 기준 등의 세 가지 중 마지막 것을 실제로 사용 가능한 기준으로 볼 수밖에 없다는 원리이다. 물론 그는 이 자리에서 이런 기준에 의할 것 같으면 자기가 제안하는 변형문법만한 문법이 없다는 점을 크게 부각시키려했다. 특히 그는 문법 평가의 중요한 기준이 바로 단순성인데, 이와 관련해서 「한 부류의 문장에 관한 가장 단순한 변형적 분석법은 자주 다른 부류에 대한 더 단순한 분석법의 길잡이가 된다.」는 점을 강조했다. 또한 그는 여기에서 통사이론의 발달은 음운과 어형적 문제의 해결과는 아무런 관계가 있을 수 없다는 점도 강조했다. (Ibid. p.60)

그 중 세 번째 것은 언어이론이나 문법이론은 의미나 언어사용의 문제를 개입시키지 않고도 만들어질 수 있다는 원리이다. 그는 「통사론과 의미론(Syntax and Semantics)」이라고 제목을 붙인 제9장에서 「아직까지 나는 부분적으로 의미적 기준을 사용해서 문법구조에 대한 이론을 개발하려고 시도했다거나, 아니면 문법을 만들거나 평가함에 있어서 의미적 정보를 사용할 것을 강력히 제안했다는 말을 들은 적이 없다.」는 말이나, 「그러나 이런 제안에 관한 검토는 일률적으로 오로지 완전한 형식적 기저만이 문법이론의 구축을 위한 건실하고 생산적인 기초를 마련하게 된다.」는 말로써, 문법에 관한 자기의 변형주의적 입장을 합리화했다. 의미의 문제와 관련하여 그가 이때 얼마나 극단적으로 형식주의를 믿고 있었나 하는 것은 바로 「Colorless green ideas sleep furiously.」와 같은 무의미 문도 문법적인 문장으로 보아야 한다고 주장했다는 사실로써 익히 알 수가 있다.(Ibid. p.101~2)

(다) 문법모형과 문장분석법

그의 표준이론은 크게 보았을 때 언어철학의 면과 문법모형의 면 모두에 있어서 초기이론과 겹치는 부분도 있고 그렇지 않은 부분도 있다. 쉽게 말해서 그러니까 그의 문법이론은 약 10년 동안에 일종의 시안적인 것으로부터 하나의 완성된 것으로 발전하게 되었던 것이다. 우선 언어철학의 면에 있어서는 이때에 이르러 크게 세 가지 생각이 새로 추가되었다고 볼 수가 있는데, 그 중 첫 번째 것은 언어이론은 곧 언어습득이론이어야 한다는 사상이고, 그 중 두 번째 것은 언어사상사적으로 보았을 때 경험주의적 언어관보다는 이성주의적 언어관 쪽에 정통성이 있다고 보는 것이 맞는 일이라는 사상이며, 그 중 세 번째 것은 어린이들의 몸 안에 내재되어있는 보편문법의 실체를 파악하는 것이 곧 언어연구의 궁극적인 과제여야 된다는 사상이다. 기타 문법의 자율성이나, 문법 평가의 기준, 완전한 형식주의의 추구, 의미 문제의 배제, 변형절차의 가치 등에 관한 그의 초기 이론 때의 발상법은 그대로 표준이론으로 이어져갔다.

그 다음으로 문법모형의 면에 있어서는 아래와 같은 것이 제안되게 되었으니까, 결국 초기 이론 때의 모형은 이때에 이르러 엄청나게 달라진 모형으로 바뀌게 된 셈이다. 이 모형의 특징 중 제일 중요한 것은 문장의 구조를 심층구조와 표층구조의 두 가지로 나누고서, 이들을 연결시키는 부위가 변형부라고 본 점이다. 이 모형의 특징 중 그 다음으로 중요한 것은 의미조직과 음운조직을 중추적 통사조직에 부속된 일종의 해석부위로 보았다는 점이다. 이것에서는 의미적 해석은 심층구조에서 이루어지게 되어있고, 음운적 해석은 표층구조에서 이루어지게 되어있다.

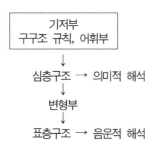

기저부
구구조 규칙, 어휘부
↓
심층구조 → 의미적 해석
↓
변형부
↓
표층구조 → 음운적 해석

　두 말할 필요도 없이 이 문법모형의 특징을 알아보는 데 최선의 방법은 역시 이것에 의한 문장 분석의 예를 살펴보는 것일텐데, 이 자리에서는 1965년의 책의 제3장에서 그가 보란 듯이 그것의 모범으로 제시했던 것을 다시 살펴보기로 한다. 문법모형은 새로 설정되었지만 자기의 문법이론의 핵심개념은 변형이라는 점에는 아무런 변화가 없어서인지, 그가 여기에서 분석의 대상으로 삼은 것은 변형절차의 복합체라 할 수 있는 「The man who persuaded John to be examined by a specialist was fired.」와 같은 복문이었다. 그는 틀림없이 이 실례 하나만으로 그의 변형주의적 문법이론으로는 지난날에 전통문법이나 기술언어학에서는 감히 분석할 생각도 하지 못했던 문장을 분석할 수 있다는 사실을 충분히 보여줄 수 있다고 생각했을 것이다.

　이 문장이 생성되는 절차 중 첫 번째 부분은 기저부에 들어있는 구구조 규칙과 어휘부에 의해서 생성되는 (1), (2), (3)과 같은 세 가지의 구구조체가 만들어지는 절차이다. 그러니까 그는 이 문장을 크게 세 개의 작은 문장이 하나의 큰 문장으로 합성된 것으로 본 것이다. 이들 중 (1)은 이것의 모문에 해당하는 「The man was fired.」의 구구조체이고, (2)는 (1)에서의 「man」의 수식절, 즉 S'자리에 들어서게 될 「The man persuaded John of NP」의 구구조체이며, (3)은 (2)에서의 NP, 즉 NS'자리에 들어서게 될 「A specialist examines John」의 구구조체이다. (Chomsky, 1965. pp.129~131)

(1) # — S — #

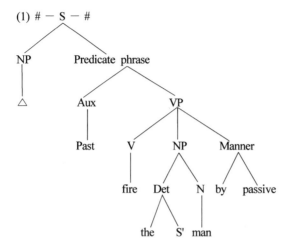

(2) # — S — #

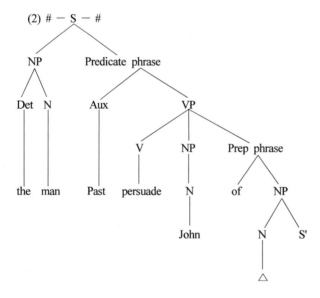

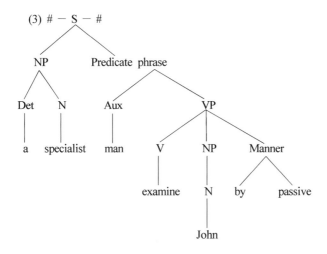

(3) # — S — #

이상과 같은 세 개의 구구조체에 적절한 변형규칙을 일정한 순서에 따라서 적용시키는 절차가 바로 이 문장이 생성되는 절차 중 두 번째 부분에 해당하는 것인데, 그는 이런 변형 절차의 적용체계에 「변형적 역사」라는 이름을 붙이면서, 다음과 같은 변형적 역사가 이 경우에는 드러나 있다고 보았다. 한 마디로 말해서 그는 이 문장이 만들어지는 데는 모두 여덟 번에 걸쳐서 변형 절차가 적용되게 된다고 본 것이다.

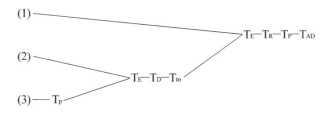

이상과 같은 변형적 역사가 실제에 있어서는 어떻게 구체화되고 있는

가를 살펴보게 되면 이런 계보도는 결국에 그의 변형주의적 문법이론의 진수나 다름이 없다는 사실이 당장 드러난다. 이것에 따를 것 같으면 이 문장 도출의 절차 중 첫 번째 것은 (3)의 구구조체에 수동변형(T$_D$)을 적용시키는 것이고, 두 번째 것은 그 결과를 (2)의 구구조체 내에 있는 S′자리에 일종의 일반화 대치 변형(T$_E$)으로 삽입시켜서 「The man persuaded John of △ John nom be examined by a specialist.」와 같은 표현체를 얻게 되는 것이며, 세 번째 것은 먼저 삭제변항(T$_D$)에 의해서 반복되는 명사구 「John」을 삭제한 다음에, 「to」 대치변형(T$_{to}$)에 의해서 「of △nom」을 「to」로 대치해서 「The man persuaded John to be examined by a specialist.」라는 표현체를 얻게 되는 것이고, 네 번째 것은 이것을 (1)의 구구조체 내에 있는 S′자리에 삽입변형에 의해서 삽입시키는 것이며, 다섯 번째 것은 관계사변형(T$_R$)에 의하여 먼저 그 삽입문이 후속되는 N과 자리바꿈을 한 다음에 반복되는 「The man」을 「who」로 대치시켜서 「△ fired the man who persuaded John to be examined by a specialist by passive.」와 같은 표현체를 얻게 되는 것이며, 마지막이며 다섯 번째 것은 이것에 먼저 수동변형을 적용시킨 다음에 행위자 삭제변형(T$_{AD}$)을 적용시켜 목표로 하는 문장을 얻게 되는 것이었다. (Ibid. p.131)

이렇게 보자면 표준이론 때에 이르러 변형에 대한 그의 초기이론 때의 생각이 적지 않게 바뀐 셈인데, 그의 이런 바뀐 생각에는 크게 세 가지가 있었다고 볼 수가 있다. 첫 번째로 그는 이때에 이르러서는 의무적 변형 대 선택적 변형이라는 2분법적 발상법을 버리고서, 변형에는 오직 의무적인 것만 있는 것으로 원칙을 바꾸었다. 그러니까 이제는 그는 문장생성 과정에 있어서의 변형절차의 역할을 거의 절대적인 것으로 보게 된 것이다. 이와 동시에 그는 변형절차와 의미해석의 무관성, 즉 그것으로 인하여 구구조체를 통해서 이미 얻어진 의미내용에 변화가 있어서는 안 된다는 점도 강조했다.

그 다음으로 그는 앞에 든 예에서처럼 여러 변형규칙들이 적용되는 경우에는 반드시 일정한 순서에 따라야한다고 생각하게 되었다. 모든 변형규칙들은 으레 일종의 「교통규칙」을 지키게 되어 있는 것으로 보게 되면, 초기이론 때 내세웠던 단순변형 대 일반화 변형 간의 구분의 필요성이 필요 없게 되는 것이었다. 다시 말하자면 일반화 변형은 모문의 S'자리에 다른 구구조체를 대입시키는 삽입변형이 되기 때문에 더 이상 다른 단순변형들과 구별되는 것이 아니었으며, 따라서 문장 도출의 절차는 「기저에서의 다시쓰기 규칙들이 선형적 순서에 따라서 순환적으로 적용」되는 식으로 체계화될 수 있었다. 물론 단순변형 한 가지로 변형의 종류를 단순화한 것도 변형절차의 위력에 대한 그의 강한 신념으로부터 나온 것이었다. (Ibid. p.134)

세 번째로 그는 이상과 같이 변형규칙의 종류와 적용 요령 등을 단순화시킴으로써 문법을 심층구조와 표층구조의 두 개의 층으로 이루어진 체계로 보는, 표준이론 식 문법모형을 제시할 수가 있게 되었다. 물론 이 모형은 얼핏 보기에는 초기이론 때의 그것의 확대형과 같으면서도 실제에 있어서는 그것과 본질적으로 다른 것이었다. 예컨대 그의 말을 그대로 인용하자면 「이렇게 우리가 심층구조를 기저부에서 생성된 구조로 정의하게 되면, 실제로는 한 문장의 의미적 해석은 오직 어휘적 항목과, 그들이 나타나는 기저적 구조에 표현되어 있는 문법적 기능과 관계에만 의존하게 된다는 전제를 하게 되는」식으로 이번에는 의미의 문제를 문법적 분석 작업의 일부로 간주하게 된 것이다. 이것에서는 또한 변형부의 기능을 심층구조를 표층구조로 사상시키는 것으로 보았다. (Ibid. p.136)

이렇게 볼 것 같으면 1960년대에 그가 최초의 문법이론으로 내세웠던 표준이론은 결국에 문법을 다시쓰기와 변형과 같은 문법적 규칙의 집합체로 본 이론이라는 사실이 분명해진다. 이들 두 가지 문법적 규칙 중 그가 중요하게 생각한 것은 물론 변형절차에 관한 것이었으며, 따라서 이것은 알기 쉽게 변형의 이론이라고 불릴 수가 있었다. 그는 특히 이 무렵까지만 해도 문법규칙의 조작절차 중 최선의 것은 대수학과 같은 수학에서 개발한 것들을 그대로 원용한 것이어야 한다는 생각을 가지고 있었는데, 그것의 가장 좋은 예가 바로 규칙의 순환성에 관한 개념의 도입이었다. 다시 말해서 그는 유한한 규칙으로 무한한 문장을 생성할 수 있게 하려면 예컨대 문장삽입의 규칙의 경우처럼 동일한 규칙이 여러 번 적용될 수 있게 하면 된다고 본 것이다.

3) 원리와 매개변인의 이론으로의 전환

그렇게 보란 듯이 제안했던 표준이론은 그가 1982년에 「지배와 결속에 관한 강의(Lectures on Government and Binding)」라는 제2의 이정표적인 책을 출판하게 되면서 결국에 고작 10여 년의 짧은 수명밖에 누리지 못하게 되었다. 그런데 이번 이론 전환의 특징은 바로 그의 언어이론이나 문법이론의 발전 양상의 제일 큰 특징이라 할 수 있는 혁신성을 드러낸 점이었다. 한 마디로 말해서 훗날 「원리와 매개변인(Principles and Parameters.: PP)의 이론」이라는 이름으로 불리게 되었다는 사실 하나만으로써 익히 알 수 있듯이 이것은 표준이론과는 판이하게 다른 이론이었다.

그런데 사실은 바로 이때부터 그의 언어이론이나 문법이론은 겉으로 보기에는 신 이론은 구 이론과는 차원이 완전히 다른 신개념적인 이론인 듯하면서도 실제에 있어서는 그것은 구 이론의 연장선상에 있을 수밖에 없는, 태생적 양면성을 드러내기 시작했다. 예컨대 이 두 번째 이론을 「원리와 매개변인의 이론」으로 부르기 시작한 사실로 보아서 그 자신부터가 이것의 본질적 특징은 혁신성에 있다고 보았음이 분명하다. 그러나 궁극적으로 이런 평가는 그의 자기미화적 내지는 원망적 평가일 따름이다. 이것의 내용을 살펴보게 되면 이것에는 연속성의 특징도 있다는 것이 쉽게 드러난다.

(가) 격상된 언어이론

표준이론 때 그가 채택했던 양 궤도적 연구방법에는 이 이론 때에 와서도 아무런 달라짐이 없었다. 이 이론 때에도 언어연구의 과제는 크게 언어이론은 곧 언어습득이론이라는 명제의 타당성을 실증하는 일과, 최선의 문법모형과 언어기술법을 개발하는 일의 두 가지라는 표준이론 때의 발상법을 그대로 가지고 있었다. 그런데 이들 중 첫 번째 것을 그는 자기가 내세우는 「보편문법(Universal Grammar: UG)」의 이론의 타당성을 밝히는 일로 보기도 했다. 그래서 그의 이 두 번째 언어이론은 때로는 보편문법의 이론이라고 불리기도 했다.

물론 엄밀한 의미에서 보자면 표준이론 때라고 해서 그가 보편문법이라는 개념을 그것의 핵심적 개념으로 내세우지 않은 것은 아니었다. 간단히 말하자면 그 당시에는 그는 자기가 제시한 변형주의적 문법모형과 그것의 작동요령을 하나의 보편문법으로 생각했었다. 그런데 그가 보기에는 규칙을 지배하는 것이 원리이기 때문에 보편문법을 더 이상 규칙의 집합체로 보지 않고서, 원리의 집합체로 보는 것이 그의 언어이론의 차원을 격상시킬 수 있는 최선의 방법이었다. 궁극적으로는 그러니까 그 동안에 그의 과학관이 한 차원 높아진 것이다. 예컨대 1982년의 책의 2쪽에서 그는 「우리는 성공적인 문법과 성공적인 이론으로부터 그들의 성공의 원인이 되는 일반적인 자질들을 추출해 내는 일과, 보편문법을 다양한 방법으로 실현될 수 있는 이들 추상적 자질들에 관한 하나의 이론으로서 개발하는 일에 관심을 가져야 한다.」와 같은 말을 하고 있다. (Chomsky, 1982. p.2)

물론 보편문법의 이론이라는 이름과 원리와 매개변인의 이론이라는 두 이름 중 이때에 그가 내세웠던 언어이론의 특징을 직접적으로 나타내고 있는 것은 두 번째 것이다. 이름 그대로 우선 이 이론에서는 어린이들의 몸 안에 내재되어있는 보편문법은 X―바 이론과 한계이론, 지배이론, Θ이론, 결속이론, 격이론, 통제이론 등의 일곱 가지 원리로 이루어져있다고 보았다. 앞에서 이미 설명이 있었듯이 X―바 이론은 이때에 이르러 표준이론에서 쓰이던 구구조규칙의 한계성을 극복하기 위해서 그것의 대안으로 개발된 것이다. 따라서 그 자신은 이것을 이때에 이르러 그가 개발한 가장 독창적인 이론으로 치고 있지만, 보기에 따라서는 표준이론 때나 더 나아가서는 기술언어학 때의 이론을 약간 수정 내지는 발전시킨 것이라고 볼 수도 있다.

그렇지만 나머지 여섯 이론들은 이때에 와서 처음으로 제안된 것들이다. 예컨대 먼저 한계이론은 이른바 하위 인접조건의 기본이 되는 이론으로서, 이동변형은 관련된 두 요소 간에 일정한 거리적 제약이 있을 때만 적용되게 되어있다는 이론이다. 그 다음으로 지배이론은 한 구조체 내에서 수어와 그것에 의존하는 범주 간의 관계를 규정하는 이론이며, 세 번째로 Θ이론은 술어와 논항 간의 기능적 내지는 의미적 관계를 규정하는 이론이고, 네 번째로 결속이론은 대용사와 선행사 간의 관계를 규정하는 이론이며, 다섯 번째로 격이론은 동사와 전치사의 목적어나 시제문의 주어에 적절한 격을 부여하는 절차를 다루는 이론이고, 마지막으로 통제이론은 공범주, 즉 PRO와 그것의 선행사 간의 관계를 규정하는 이론이다. 결국 이들 이론들은 D―구조, 즉 심층구조에서 만들어진 구구조체에 변형규칙을 적용하는 데 쓰이는 제약들을 규제한 것들이었다. (Ibid. p.5)

그런데 여기에서 특별히 주목할 사실은 이 당시에 그는 이들 여섯 이론 가운데서 가장 핵심적인 것은 지배이론과 결속이론의 두 이론이라고 생각했다는 점이다. 그래서 그는 자기의 이 두 번째 언어이론의 원전격인 1982년의 책에 그런 이름을 붙인 것이다. 우선 하나의 구조체의 문법적 특성은 결국에 수어 즉, 지배자와 그것의 지배를 받는 범주 간의 관계에 의해서 드러나게 되어있기 때문에, 지배관계의 종류와 제약 등은 응당 변형규칙의 적용이나 의미 해석 절차 등에 기본적 원리로 작용하게 되어 있으며, 따라서 그 동안의 그의 연구도 주로 지배의 개념과 이론을 개발하는 데 집중되어 왔다. 예컨대 그는 그 동안에 이동변형시의 흔적의 분배를 규제하는 공범주 원리와, 흔적과 지배자 사이의 최소 거리의 조건 등을 제안할 수 있었고, 이 개념을 확대하여 장벽이론을 개발할 수도 있었다. 그러니까 그가 보기에는 지배이론은 격이론이나 Θ이론, 결속이론 등의 일종의 모이론에 해당하는 것이었던 것이다.

그 다음으로 결속이론은 한 구조체 내에서 두 개의 명사구들이 공지시적 관계를 가지고 있는지나 그렇지 않은지를 밝히는 이론이기에, 변형규칙 적용 시나 의미해석 시에는 으레 대단히 중요한 기능을 수행하게 되어 있으며, 따라서 그동안의 그의 연구는 이 이론을 개발하는 데도 집중되어 왔다. 특히 문법에서 중요한 역할을 수행하는 것이 바로 대용사와 대명사류 등이기에 이들이 어떤 영역에서 어떤 선행사를 가지고 있어야 하느냐 나 아니면 자유로울 수 있느냐를 밝히는 것은 문법 전체의 작동원리를 밝히는 일의 핵심사항이 될 수밖에 없었다. 이 이론의 중요성은 결속관계에 있어서 언어마다 적지 않은 차이점을 드러내고 있기에, 결국에 원리와 매개변인의 이론의 타당성을 실증하기 위해서는 이 이론의 타당성이 먼저 실증되어야 한다는 데 있었다.

그의 이 두 번째 이론이 「원리와 매개변인의 이론」으로 불리게 되었다는 사실은 곧 원리라는 개념과 더불어 매개변인이라는 개념도 그것의 핵심적 발상법이라는 사실을 잘 드러내주고 있다. 표준이론에서는 문법의 보편성, 즉 보편문법의 개념만 강조했지, 그것의 개별성의 문제에 대해서는 아무런 의견도 나타내지 않았었다. 그러나 이제는 그도 각 언어의 개별성에 대한 적절한 설명이 없는 한 보편문법의 이론은 기껏 해봤자 반쪽짜리 이론밖에 되지 않는다는 사실을 깨닫게 되었으며, 그래서 그가 새롭게 개발한 것이 바로 매개변인의 개념이었다. 이렇게 되면 언어 습득 시 어린이들이 갖게 되는 경험이나 학습의 기능을 매개변인의 값을 고정시키는 것으로 볼 수 있게 되니까, 왜 자기의 내재주의적 이론이 경험주의적 이론보다 더 합리적인 것인가가 저절로 밝혀질 뿐만 아니라, 더 나아가서는 언어학계에서 오래 논의되고 있는 언어의 보편성과 그것의 다양성 간의 관계도 명쾌히 설명이 될 수 있다고 그는 본 것이다. 자기의 보편문법의 이론에 있어서의 원리와 매개변인이라는 두 개념의 상보성에 대해서 그는 이 책의 서두에서 아래와 같은 말을 하고 있다.

> 그렇다면 우리가 발견하기를 기대하는 것은 획득 가능한 문법의 부류를 예리하게 제약하면서 그들의 형식을 좁게 제한하게 되는 몇 개의 기본적 원리와 경험에 의해서 고정되어야 하는 매개변인들로 이루어진, 일종의 고도로 구조화된 보편문법이론이다. 구조상 충분히 풍족한 보편문법이론 내에 이들 매개변인들이 삽입되게 되면 이런 저런 방식으로 그 값이 고정됨으로써 결정되는 언어들은 대단히 다양한 모습을 띠게 될 것인데, 그 이유는 어느 한 조의 선택의 결과는 다른 조의 결과와 대단히 다를 수가 있기 때문이다. 그러나 그와 동시에 보편문법의 매개변인을 고정시키기에 충분할 만큼의 한정된 증거는 아주 정교한 문법을 결정하게 될 것이고, 따라서 일반적으로 귀납적 의미에서의 경험적 기저를 가질 필요가 없게 된 것이다. (Ibid. p.4)

이렇게 보자면 그의 이 두 번째 언어이론의 생명은 결국에 이상과 같은 일곱 가지의 원리의 실체를 밝히는 일에 못지않게 그들 하나하나가 구체적인 규칙으로 바뀌는 데 결정적인 역할을 하게 되어 있는 매개변인의 종류를 찾아내는 일에 달려있다고 볼 수가 있는데, 안타깝게도 그 동안에는 이 일이 생각만큼 쉬운 일이 아니라는 사실만을 확인할 수 있었다. 예컨대 이 책에서 그가 매개변인의 발상법의 타당성을 실증하기 위하여 보란듯이 사용한 실례는 바로 이른바 「pro-탈락 매개변인」에 관한 것이었는데, 그 이유는 똑같은 서양어이면서도 영어와 프랑스어에서는 주어가 대명사인 경우 그것이 반드시 자리하고 있어야 되는 데 반하여, 스페인어와 이태리어에서는 그것이 으레 탈락 내지는 생략되는 식으로 문장의 기본요소의 표현방식에 있어서 언어 간에 커다란 차이를 드러내고 있기 때문이었다. 다시 말해서 그가 보기에는 스페인어와 이태리어의 제일 큰 특징은 이들이 대명사 주어 생략언어, 즉 무주어 언어라는 점이기에 이 점에 대한 보편문법적 이론에 의한 설명은 바로 매개변인의 개념의 타당성을 실증할 수 있는 최선의 실례일 수 있었다.

그런데 그가 이 실례를 검토하게 된 계제는 다름 아닌 「PRO(대명사적 대용사)」의 개념을 중심으로 해서 지배이론과 결속이론의 중요성을 드러내는 경우였다. 이들 두 이론이 바로 여섯 가지의 보편문법 원리 중 가장 핵심적인 것이라는 점을 설명하려다보니까 첫 번째 문제점으로 등장한 것이 주어의 출현이 필수적이지 않은 언어에 있어서는 이들 이론들이 어떻게 적용될 수 있느냐 하는 것이었다. 그가 이 문제의 해결책으로 내놓은 방안이 매개변인의 개념의 도입이었다. 간단히 말해서 이런 문제는 영미나 프랑스 어린이들은 경험이나 학습에 의해서 문장에는 으레 주어가 있게 되어 있다는 규칙을 배우는데 반하여, 스페인이나 이태리 어린이들은 문장에는 주어가 있을 필요가 없다는 규칙을 배운다고 설명하면 해결되는 것이었다.

그는 우선 주어의 유무에 관한 이들 두 부류의 언어 간의 차이는 일단 문장에 대한 기저규칙을 한 쪽에서는 S→NP INFL VP로 잡는데 반하여

다른 쪽에서는 S→(NP) INFL VP로 잡으면 설명이 익히 될 수 있다고
보았다. 다시 말해서 무주어 언어에서는 문장의 구성에 대한 규칙이 주어
로 쓰이는 NP가 있어도 되고 없어도 되는 식으로 되어있다고 보면 되는
것이었다. 여기에서 그는 먼저 영어에 있어서의 주어의 필수성을 드러내
주는 예로서 다음과 같은 여섯 가지의 예문을 제시했다. 이들은 영어에서
자주 쓰이는 이른바「잉여적」내지는 형식적 요소인「there」와「it」의 용
법에 관한 것인 데다가 영어에서는 심지어 부정사와 동명사도 반드시 일
정한 주어를 가지고 있어야 한다는 사실을 잘 보여주는 것들이기에, 결국
에는 이들을 통해서 영어에서는 분명히 S→NP INFL VP와 같은 기저규
칙이 쓰이고 있음을 익히 확인할 수 있었다.

(i) <u>There</u> is a good reason for his refusal.
(ii) I believe <u>there</u> to be a good reason for his refusal.
(iii) I'd prefer for <u>there</u> to be a better reason for his refusal.
(iv) I'd prefer <u>there</u> being a better reason for his refusal.
(v) I believe <u>it</u> to have rained. (<u>it</u> to be clear who won)
(vi) I'd prefer <u>its</u> raining in September (<u>its</u> being clear who won)

(Ibid. p.26)

그러나 곧 이어 그는 스페인어와 이탈리아어에서는「pro—탈락」이라는
매개변인적 현상이 일어나고 있음을 지적하면서, 이런 언어에서 쓰이는
기저규칙은 S→(NP) INFL VP와 같은 것일 것이라고 주장했다. 예컨대
그는 이런 현상에 대해서「이런 언어에서는「rain」과 같은 기후 동사뿐만
아니라 분명한 θ—역할을 지닌 주어를 가지고 있는 동사들마저도 표층구
조에서는 명사구 주어가 없는 모습을 띠게 된다.」와 같은 말을 하면서,
이런 현상에 대한 설명법으로서「이런 경우 논리형식에는 분명히 하나의
주어가 있게 되어 있고, 표면구조에 어떤 주어를 가지고 있지 않은 경우에

도 S—구조에는 명사구 주어가 있게 되어있다.」와 같은 말도 하고 있다. (Ibid. p.28)

그 동안에 거둔 연구 업적 중 가장 중요한 것을 「하위인접 조건」에 관한 것으로 보아서 그런지, 그의 책의 뒷부분에서는 그는 그것의 일부분이라 할 수 있는 「wh—섬 조건」의 매개변인성에 대해서도 언급을 하고 있다. 이것은 한계이론의 중심적 원리로서, 이동변형 시 그 요소가 한 번에 하나 이상의 한계 교점을 넘어서는 안 된다는 것이 그 요지이다. 그런데 모든 언어에서 같은 교점이 한계 교점이 되고 있는 것이 아니어서, 예컨대 영어에서는 NP와 S(IP)가 한계교점이 되고 있는데 반하여, 이탈리아어에서는 NP와 S'가 한계교점이 되고 있다. 그러니까 한계교점은 결국에 매개변인적 개념의 한 가지인 셈이다.

그는 여기에서 「wh—섬 조건」도 일종의 매개변인적 개념으로 파악해야 한다고 보았다. 다시 말해서 내포문 내에서 어떤 요소가 추출되어서 모문의 의문사가 되는 경우에는 하나 이상의 한계교점을 넘어서는 안 된다는 것이 바로 「wh—섬 조건」인데, 이런 경우 어떤 것이 한계교점이 되느냐 하는 것은 언어에 따라 다르다는 것이었다. 예컨대 영어에서는 「*John$_i$ is clear [$\bar{S}$ to whom [S it seems [S t$_i$ to like ice cream]]]」은 비문이지만, 「What does John know [$\bar{S}$ to whom [S Bill gave t t']]」은 정문이었다. 결국 의문사어가 쓰이고 있지 않은 「*John seems [$\bar{S}$ that [S it is certain [S t to like ice cream]]]」이 비문인 사실로 미루어서 영어에서는 S가 한계 교점으로 작용하고 있음이 분명했다. (Ibid. p.306)

그런데 문제는 이들 두 실례만 가지고는 그 누구도 매개변인의 종류와 그것의 양태에 대해서 권위 있는 말을 할 수가 없다는 데 있다. 엄밀하게 살펴보자면 이 책 전체가 마치 이 책의 목적은 지배와 결속이론을 위시한 여러 가지 원리들의 타당성을 설명하고 실증하는 것이 아니라 이들의 문제성이나 예외성을 들춰내는 것이기라도 하듯이, 매개변인의 개념이나 그것에 의한 변이성의 현상에 대한 설명으로 가득 차있다. 그러니까 자기의 본의와는 다르게 그는 여기에서 그의 제2의 문법이론에 대한 평가는 앞으로 얼마만큼 매개변인적 변이성에 대한 연구가 진첩되느냐에 달려있다는 점을 드러내고 만 것이다.

다시 이 책으로부터 이런 결론을 뒷받침할만한 근거를 찾아볼 것 같으면 우선 122쪽에서의 이태리어의 수동문 특이성에 대한 설명을 들 수가 있다. 영어와는 달리 이탈리아어에서는 수동문이 수동적 어형현상을 수반하는 통사적 수동문과, 「si」라는 접어가 쓰이는 비인칭적 수동문의 두 가지로 나누어져있는데, 무엇보다도 눈에 띄는 점은 이동변형이 수의적이라는 점과 여러 성분 간의 어순이 고정되어 있지 않다는 점이라고 주장하면서, 결국 이런 사실로 미루어보아서 수동화 변형에 관한 연구는 아직 종료된 것이 아님이 분명하다고 말하고 있다. 다시 말해서 이탈리아어에서는 영어의 「The apples are eaten.」이라는 말을 「si mangia le mele」와 「le mele si mangiano」, 「si mangiano le mele」 등의 세 가지로 말하고 있는데, 이런 현상에 대한 종합적인 설명법이 아직까지는 개발되지 못했다.

그 다음으로는 128쪽에서의 일본어의 수동문의 특이성에 관한 설명을 들 수가 있다. 마치 경우에 따라서는 두 언어 간의 구조적 차이가 자기가 내세우는 보편문법 이론의 타당성을 비교적으로 검토할 수 있는 한계를 넘어설 수도 있다는 사실을 인정하기라도 하듯이 그는 우선 일찍이 Hale(1978)이 이 세상의 언어들을 일단 형상적 언어와 비형상적 언어로 대별한 다음에, 후자의 특성으로 「비형상적 언어(W*—언어)에는 여러 정도로 통사적 형상성의 완전한 양태가 없으며, 따라서 구성소들의 어순이 비록 선호적 규칙은 있지만 거의 자유스럽다.」는 점 등을 들은 사실을 지적하였다.

그렇다고 해서 그가 수동문을 놓고서 영어와 일본어를 비교하는 일도 궁극에는 자기의 문법이론의 타당성을 설득하는 일의 일부분이라는 사실을 망각할 리가 없었다. 그는 예컨대 먼저 영어의 「eat」와 일본어의 「tabe」라는 타동사는 각각 「s NP₁, [vp eat NP₂]]」와 「s NP₁ NP₂ tabe] (i= 1이고 j= 2, 또는 i= 2이고 j= 1)과 같은 D—구조를 가지고 있다고 보았다. 그런데 일본어에서는 「rare」라는 수동화 접사가 쓰이기에 수동문의 D—구조는 각각 「s[NPe][vp was $\overline{[+v]}$ eaten NP]]]」와 「s NP tabe - rare]」처럼 된다고 보았다. 따라서 그는 D—구조가 S—구조로 바뀌기 위해서는 영어에서는 「α —이동」의 규칙이 적용되어야 하는데 반하여, 일본어에서는 「하나의 문법적 기능을 상정하라」는 이른바 문법기능이 규칙이 적용되면 되었다.

한 걸음 더 나아가서 그는 일본어에서는 「sase」라는 사역화 접사를 써서 사역문이 만들어지기 때문에 사역 수동문의 구조의 경우에는 문법기능이나 의미역 부여의 현상이 더 복잡해진다는 사실을 지적했다. 예컨대 일본어에서는 「NP₁ NP₂ NP₃ [v tabe-sase] (NP₁ causes NP₂ to eat NP₃)」와 「NP₂ NP₃ [v tabe-sase-rare](NP₂ is caused to eat NP₃)」와 같은 두 가지 사역문이 쓰일 수 있는데, 우선 능동사역문인 첫 번째 것에 대한 설명은 먼저 편의상 (1)로 표시되는 「[S₁ NP₂, [VP₁ NP₃, [V₁ tabe]]]」와 같은 구조가 만들어진 다음에, 그것을 VP₂의 후속 요소로 삽입시켜서 「[S₂ NP₁, [VP₂(1), [V₂ sase]]]」와 같은 구조가 만들어진 것이라는 식으로 했다.

그 다음으로 수동사역문인 두 번째 것에 대한 설명은 「sase」라는 사역화 접사에 수동화 접사인 「rare」가 보태어진 것을 두 번째 동사인 V₂로 볼 것 같으면 S₂와 S₁이라는 두 개의 문구조로 이루어진 구조, 즉 「S₂ [VP₂ [S₁ NP₂, [VP₁ NP₃, [V₁ tabe]]] [V₂ sase-rare]]]」와 같은 구조가 만들어지는 것이라는 식으로 했다. 그런데 그는 자가당착적으로 이런 설명법을 제안한 즉후에 이것이 정당한 것이 되지 못하다는 것은 결국에 이 구조에서는 「절의 구조는 주어를 가지고 있어야 한다.」는 규칙이 지켜지지 않고 있다는 사실 하나로써 익히 알 수 있다고 주장하고 있다. 놀랍게도 그는 마지막으로 이상과 같은 그의 모든 설명법이 한낱 허구적인 것에 불과할지도 모른다는 말까지 하고 있다.

예컨대 그는 131쪽에서는 「우리는 비형상적 언어의 경우에는 이런 규칙은 마땅히 완화되어야 한다고 추정해야 될지도 모르고, 아니면 일종의 공주어가 존재한다고 추정해야 될지도 모른다. PRO의 지위와 pro—탈락과 명사적 격 부여의 현상과 지금 검토 중인 이런 유형의 언어의 구조와 관련된 그 외의 질문들은 모두 논쟁거리가 되고 있는 것이다. 이 모든 질문들을 나는 단지 열린 상태로 남겨둘 따름이다.」와 같은 말을 하고 있고, 그 다음 쪽에서는 「요약하자면 일본어는 비형상적인데 반하여 영어는 형상적이다. 따라서 일본어에서는 형식적 구조의 표현법으로 D—와 S—구조에 문법기능이 표현되어 있지 않고서, D—구조에서는 그것이 자의적으로 부여받게 되게 되고 S—구조에서는 「하나의 문법적 기능을 상정하라」는 규칙에 의해서 부여받게 되어 있다.」와 같은 말을 하고 있다. 한마디로 말해서 그는 여기에서 역설적으로 그의 보편문법의 이론은 오직 형상적 언어에만 해당하는 것이라는 점만을 노출시키고 말았다.

그의 이 두 번째 언어이론의 세 번째 특징으로 간주할 수 있는 것은 표준이론에서 최대로 다양화되고 세분화되었던 변형규칙들이 「α—이동」한 가지로 최대로 단순화되었다는 점이다. 어떤 의미에서는 이것은 자기 문법의 기술력과 설명력을 한 단계 높일 수 있는 최선의 방책이었던 셈인데, 그 이유는 이렇게 함으로써 다양하고 복잡한 문장생성의 절차를 기술하는 대신에 이 규칙 하나의 적용에 필요한 원리나 제약 등을 설정하는 식으로 문법체계의 구도가 크게 바뀌게 되기 때문이었다. 그는 이런 변화의 의미, 다시 말해서 그의 문법모형에 있어서의 α —이동의 기능의 절대성을 「D—구조는 α —이동규칙에 의해서 S—구조로 사상되는데, 이때에 선행사와 동일 표시가 된 흔적이 생겨나게 된다. 이 규칙은 변형부를 구성하게 되며, 더 나아가서는 음성형식과 논리형식에서도 나타날 수가 있다.」와 같은 말로써 설명하고 있다. (Ibid. p.5)

그의 말대로 과거에는 수동화 변형이나 관계사 변형, 의문문 변형 등으로 최대로 다양화되었던 것이 이제는 α —이동 한 가지로 단순화된 것이니까, 얼핏 보기에는 변형의 종류가 최소한으로 줄어든 것이 변화의 전부인 것처럼 착각할 수가 있다. 그러나 사실은 그는 그 동안의 연구를 통해서 대부분의 변형절차들의 구성절차는 바로 이동이라는 점을 발견하게된 것이다. 그러니까 쉽게 말해서 그는 이제 「α —이동」이라는 개념으로 지난날의 변형적 현상들을 통합할 수 있게 된 것이다. 그의 말을 그대로 빌리자면 α —이동이라는 규칙 하나로 「수동이나 관계사화 등의 개념들은 문법에 있어서 일정한 기능의 역할을 담당하게 되는 보다 일반적인 성격의 절차들로 재구성할 수 있게 된」 것이다. (Ibid. p.7)

이런 의미에서 볼 때 이런 변화로 문법의 기술력이나 설명력이 한 차원 높아졌다고 말할 수는 있지만 그것의 과제나 작업량이 줄어들었다고 말할 수는 없다. 여러 가지 변형적 현상들을 일반화 규칙 하나로 설명하려면, 당연히 이것이 작동할 때 으레 지배를 받는 원리나 제약 등에 대한 설명이 있어야 한다. 그런데 그런 원리나 제약은 생각만큼 단순하지가 않다. 그러니까 한 마디로 말해서 이제부터의 그의 문법의 핵심적 과제는 α —이동에 적용되는 원리나 제약 등을 밝히는 것이 된 것이다. 더 직접적으로 말할 것 같으면 그가 보편문법의 구성원리로 내세운 여섯 가지 원리들이 모두 이 규칙의 운용과 관련된 것들인 것이다.

그래서 결과적으로 이 두 번째 이론 때 새로 등장한 주요 이론들이 모두 이 규칙과 관련된 것들이다. 우선 이런 이론 중 가장 대표적인 것이 바로 「흔적이론(trace theory)」인데, 이 책에서 가장 많이 논의되고 있는 것 중 한 가지가 이 이론과 관련된 현상이라는 사실 하나만으로써, 그가 이것을 자기가 이 시기에 개발한 언어이론 중 가장 자랑스러운 것으로 생각하고 있다는 것을 익히 알 수가 있다. 간단히 말하자면 이 이론은 α —이동이라는 만능적 변형 규칙의 기본이 되는 것으로서, 한 문장의 어느 요소가 다른 자리로 이동을 할 때는 으레 원래의 위치에 동일한 지표를 가진 하나의 공범주, 즉 흔적(t)이 남겨지게 된다는 것이 그 요지이다.

이 이론의 근거가 되는 원리에는 크게 투사원리와 의미역 준거의 원리의 두 가지가 있는데, 전자는 「논리형식과 D— 및 S—구조와 같은 각 통사적 층위에 있는 표현체들은 어휘항목의 하위범주화적 자질들을 그대로 유지하고 있다는 의미에서 어휘부로부터 투사되어있다.」고 볼 수가 있다는 원리이고, 후자는 동사의 논항들과 의미역 사이에는 으레 일대일적인 대응관계가 유지되고 있어야 한다는 원리이다. 물론 이들 원리들은 모두 지배이론과 결속이론의 기저가 되는 것들이다. 따라서 궁극적으로는 흔적이론의 근거가 되는 것은 지배와 결속이론이라고 볼 수가 있다.

그는 흔적의 개념을 사용하게 되면 α —이동규칙이 얼마나 강력하면서도 통합적인 기술력을 갖게 되는가를 실증할 수 있는 예로서 다음과 같은 세 가지의 변형 현상들을 들고 있다. 그 중 (1)은 「명사구 이동」이라고 불리던 변형절차를 나타내는 것으로서, 이것에서는 원래 「ti」의 자리에 있던 「John」이 문두로 이동되었음을 보여주고 있고, 그 중 (2)는 「보문소(COMP)자리로의 이동」이라고 불리던 변형절차로서, 이것에서는 원래 내포문의 목적어 자리에 있던 「what」이 보문소 자리로 이동되었음을 보여주고 있으며, 그 중 (3)은 「외치」라고 불리던 변형절차로서, 이것에서는 원래는 주어인 「man」의 수식절이었던 것이 동사구의 일부로 이동되었음

을 보여주고 있다. (Ibid. p.56)

(1) John₁ seems (to us) [t₁ to like ice cream]
(2) John knows [what₁ we like t₁]
(3) [NP a man t₁] was here [₁ who John knows]

흔적이론과 함께 α −이동 규칙의 기저가 되고 있는 또 한 가지 이론은
바로 「PRO」, 즉 대명사적 대용사에 관한 이론이다. 간단히 말하자면
PRO는 똑같이 공범주이면서도 영어의 경우 이동의 현상과 아무런 관계
가 없이 으레 부정사나 동명사의 주어의 자리에 나타나게 되어 있다는
의미에서 흔적과 전혀 다른 것이다. 엄밀한 의미에서 볼 것 같으면 PRO
이론은 α −이동규칙을 직접적으로 뒷받침하게 되는 흔적이론과는 다르
게 그것과는 정반대적인 현상, 즉 일종의 대용사 현상에 대한 이론임이
분명하다. 그럼에도 불구하고 그것을 흔적이론과 같은 반열에 넣으려는
것은 바로 α −이동 규칙의 기저가 되는 것은 흔적이론인데, 그것과 대치
적인 것인 PRO이론과 연립을 시키지 않는 한 그것은 존립가치를 잃게
되기 때문이다.

흔적과 PRO가 다 같이 공범주이면서도 그들의 통사적 특성은 정반대
적이라는 점을, 그는 전자에는 첫 번째로는 그것은 언제나 지배를 받게
되어있었고, 두 번째로는 그것의 선행사는 θ위치에 있지 않으며, 세 번째
로는 그것과 선행사 간의 관계는 하위인접조건을 만족시켜야 된다는 등
의 특성들이 있는데 반하여 후자에는 없다는 식으로 설명했다. 이들 간의
이런 차이를 익히 확인할 수 있는 예로서 그는 「It is unclear [what PRO
to do t]」라는 S−구조를 들고서 여기에서는 우선 흔적 「t」는 동사인 「do」의
지배를 받고 있는데 반하여 PRO는 아무런 지배를 받고 있지 않고, 그 다음
으로 흔적의 선행사인 「what」에는 아무런 θ−역할도 부여되어 있지 않는

데 반하여, PRO는 아무런 선행사도 가지고 있지 않기에 독립적인 Θ—역할을 가지고 있으며, 세 번째로 선행사와 흔적 간의 관계, 즉 「what—t」사이에서는 하위인접의 조건이 충족되고 있다는 사실을 지적했다. 그러니까 PRO의 개념을 이용한 이런 기술법이 정확하다는 점을 그는 이런 식으로 밝힌 것인데, 결과적으로는 이렇게 해서 이 S—구조가 앞에서 제했던 「Johnᵢ seems (to us) [tᵢ to like ice cream]」이라는 S—구조와는 전혀 다른 것임이 분명하게 드러나게 되어있었다. (Ibid. p.56)

이렇게 보자면 우선 그가 보편문법적 원리 중 가장 핵심적인 것으로 간주하는 지배이론 및 결속이론과 직접적으로 관련되어 있는 현상이 바로 흔적과 PRO의 현상이다. 그뿐만 아니라 PRO의 선행사를 찾는 데는 으레 통제이론이 동원되게 되어 있다. 예컨대 통제이론에 의해서만 「I told you [what PRO to feed yourself (*myself)t]」와 「I asked you [what PRO to feed myself (*yourself)t]」간의 차이점이 설명될 수 있다. 그러니까 그는 흔적과 PRO의 현상을 자기가 내세우는 여섯 가지의 보편문법적 원리의 타당성을 검토하는 데 최선의 현상으로 본 것이다. 실제로 그는 그 동안에 이들 두 공범주의 성격을 구명하는 일을 문법연구의 주된 과제로 삼아왔던 이유로 첫 번째로는 이들에 대한 연구는 「통사적 및 의미적 표현체의 자질과 그들을 형성하는 규칙을 밝히는 데 탁월한 효과를 발휘하는 연구」라는 사실이 증명되었다는 것과, 두 번째로는 「만약에 우리의 목적이 경험의 효과로부터의 추상화 절차를 통해서 인간 언어의 능력의 성격을 발견하는 일이라면 이들 요소야말로 특별히 가치 있는 통찰력을 제공하는 것이라는 것」을 들었다. 그런데 이들 두 현상의 중심에 자리하고 있는 것이 바로 α—이동 규칙이다. 이런 의미에서 보자면 그의 이 두 번째 언어이론의 바로 중핵에 위치하고 있는 것이 α—이동의 규칙인 셈이다. (Ibid. pp.55~6)

그의 이 두 번째 언어이론의 네 번째 특징으로 볼 수 있는 것은 원리와 매개변인의 이론에 걸맞도록 언어습득이론을 격상시켰다는 점이다. 물론 그의 이 두 번째 언어이론의 별명이 보편문법이론이라는 사실은 이때에 와서도 그가 표준이론의 기축으로 삼았던 「언어이론 = 언어습득이론」이라는 발상법에는 아무런 변화가 없었다는 점을 웅변적으로 말해주고 있다. 이때에 이르러 그는 보편문법의 실체를 더 확실히 파악할 수 있게 된 이상 그의 내재주의적 언어습득관은 이미 증명된 진리나 다름이 없다고 생각하게 되었다. 그래도 그는 그것을 이론적으로 한 차원 격상시키는 데 최선을 다했다고 볼 수가 있는데, 이런 작업은 크게 두 가지 이론에 의해서 이루어졌다.

첫 번째로 그는 이제 이른바 「유표성의 이론(theory of markedness)」을 내세우게 되었다. 간단히 말하자면 그는 이번에 자기가 처음부터 내세워 오던 언어능력 대 언어수행이나 I—언어 대 E—언어 식의 2분법적 언어관을 그대로 내세우게 된 것인데, 한 가지 달라진 점이 있다면 그것은 바로 2분법적 개념으로 핵심문법과 주변부나 아니면 무표구조와 유표구조를 쓰게 된 점이다. 나쁘게 말할 것 같으면 옛 이론을 술어만을 바꾸어서 다시 내세우는 그 특유의 현학적 이론 전개법이 이번에도 다시 되풀이되고 있는 것이다.

마치 그 전의 것과는 전혀 다른 새로운 언어이론을 내세우고 있기라도 하듯이 그는 제목을 「핵문법이론의 개요(Outline of the theory of core grammer)」라고 붙인 이 책의 제1장에서 왜 자기는 오직 핵문법에 대한 연구만이 연구할 가치가 있는 연구일 수 있다고 생각하는가에 대해서 장황하게 설명을 하였다. 그가 말하는 핵문법이란 문자 그대로 개별문법의 핵을 이루고 있는 부분으로서 이것을 밖에서 에워싸고 있는 부분이 주변부이다. 쉽게 말해서 그동안까지 보편문법이라고 부르던 것에 또 하나의 이름을 이번에 붙이게 된 것으로서, 구체적으로는 어휘부와 통사부(범주부와 변형부), 음성형식부, 논리형식부 등의 네 가지 부분으로 구성되어 있는 것이다.

그는 이번에도 핵문법의 제일 큰 특징으로 이것이 일종의 이상화된 문법이라는 점을 내세우면서, 이것과 주변부를 제대로 구별해서 하나의 정당한 핵문법이론을 세울 수 있는 방법은 심리언어학적 연구나 언어사용에 대한 연구가 아니라 「문법 내적」고려와 비교적 증거에 의존하는 것뿐이라고 강조했다. 다시 말하자면 그는 여기에서 문법내적 방법에 의해서 그것의 구성부분이 앞에서 제시한 것과 같은 네 가지 하위 체계라는 사실을 실증하는 일이 곧 핵문법이론을 수립하는 것이라고 주장했던 것이다. 그러니까 그는 이제 핵문법이라는 개념을 보편문법이라는 개념과 같은 것으로 쓰게 된 것이다.

그런데 이런 식의 2분법적 발상법과 관련하여 특별히 주목할 점은 이제는 이것이 그의 내재주의적 언어습득론의 기본틀로 쓰이게 되었다는 점이다. 예컨대 언어를 일단 핵심문법과 주변부로 나누게 되면, 언어습득시 학습이나 경험이 수행하는 기능에는 크게 매개변인의 값을 정해서 핵심문법을 완성시키게 하는 일과 주변부에 속하는 문법규칙들을 배우게 하는 일의 두 가지가 있게 된다. 한 마디로 말해서 이런 설명법에서는 경험의 역할이 「원리와 매개변인의 이론」에서의 그것보다 더 중요하게 되는 것이다. 그뿐만 아니라 이런 설명법에서는 원리와 매개변인의 이론에서보다 언어 간의 차이성이 더 부각되는 결과를 가져오기도 한다. 물론 이런 결과는 경험은 결국에 내재된 보편문법적 원리들이 개별문법으로 실현되는 데 쓰이는 촉발자의 기능밖에 수행하지 않는다는 그의 본래의 견해와는 맞지 않는 것이다.

그의 설명법에 도사리고 있는 이런 논리적 모순성은 이런 식의 2문법적 틀을 무표적 구조 대 유표적 구조의 것으로 바꾸게 되면 더욱 분명해 진다. 이런 식의 틀을 유표성의 이론으로 재해석 해볼 것 같으면 이것에서는 마땅히 어린이들의 언어습득의 순서는 무표적인 구조를 먼저 배우고 유표적인 것은 그 뒤에 배우는 식이 되게 되어있다는 주장이 나올 것이다. 그런데 문제는 이들 두 가지 작업 모두에 있어서 경험이 일정한 기능을 담당하게 되어 있어서 그들 간의 순서가 반드시 고정되어 있는 것은 아니라는 데 있었다.

한 마디로 말해서 그는 무표적인 구조를 습득하는 데 있어서는 경험이 매개변인의 값을 정하게 하는 기능을 수행하게 된다는 말만 반복하고 있지, 그것이 유표적 구조를 배우는 데는 어떤 기능을 수행하게 되는지에 대해서는 아무런 말도 하지 않고 있다. 결국에 그는 자기의 유표성의 이론의 한계성을 솔직히 인정하는 말, 즉 「우리는 익히 언어습득 시의 문법적 구조의 출현 순서는 어느 면에 있어서는 유표성의 구조를 반영하리라 기대할 수 있을 것이다. 그러나 거기에는 많은 복잡한 요소들이 개입된다. 즉, 성숙절차는 언어습득 시 무표적 구조들이 상대적으로 늦게 실현되도록 할 수도 있고, 또한 빈도의 효과도 여기에서 개입될 수도 있다.」와 같은 말을 하고 만다. 결국 이런 새로운 이론의 제안으로 그의 내재주의적 언어습득이론에 대한 설명은 더 명석해진 것이 아니라 더 복잡해지는 결과를 가져오고 만 것이다. (Ibid. p.9)

두 번째로 그는 이제 이른바 「학습가능성의 이론(theory of learnability)」을 내세우게 되었다. 우선 이 이론으로써 그는 자기의 언어습득이론에 있어서는 언어습득자가 가용할 수 있는 핵심문법의 종류는 일정하게 제한되어 있다는 사실만큼 주요한 사실이 없다는 점을 명시할 수 있었다. 간단히 말할 것 같으면 만약에 이 조건이 지켜질 수 없다면 그가 내세우는 보편문법의 이론은 더 이상 보편문법의 내재성이나 언어습득절차의 보편성 등을 전제로 한 것이 되지 못하기에, 이 이론은 그의 보편문법의 이론을 다른 말로 표현한 것이라고 볼 수가 있다. 자기가 설정한 보편문법의 모형이 학습가능성의 조건을 만족시키고 있는 것이라는 사실을 그는 「올바른 보편문법이론에서는 실제로 유한한 숫자의 핵문법만을 허용하게 되는가 하는 질문은 질문해볼만한 가치가 있는 것이다. 여기에서 토의하고 있는 문제들과 관련해서 연구되고 있는 이론들은 그런 자질을 가지고 있으며, 내 생각으로는 그것은 맞는 자질인 듯하다.」와 같은 말로써 설명하고 있다. (Ibid. p.13)

그 다음으로 그는 이 이론으로써 자기가 제안한 문법모형이 언어습득의 사실적인 증거와 부합할 뿐만 아니라 고도의 설명적 적절성도 가지고 있는 것이라는 사실을 뒷받침 할 수 있었다. 물론 그도 수리언어학적으로 보자면 핵심문법의 종류가 일정하게 한정되어 있다기보다는 오히려 무한정하다고 생각하는 것이 맞는 일이라고 생각할 수 있었다. 그렇지만 그의 관심은 그런 이론적 가능성이 아니라 언어습득절차의 사실성을 밝히는 데 있었다. 그가 보기에는 현재까지의 언어습득 절차에 관한 연구결과는 분명히 어린이들이 익히 배울 수 있는 핵심문법의 종류는 일정하게 한정되어 있다는 전제가 틀린 것이 아니라는 사실을 증거하고 있었다. 물론 현재로서 그런 핵심문법 중 최선의 것으로 볼 수 있는 것은 바로 자기가 내세우는 보편문법이었다.

그러나 그도 궁극적으로는 학습가능성의 문제에 대한 해답은 언어습득의 현장에서 수집된 사실적인 근거에 의해서 얻어질 수밖에 없기에, 이것을 기준으로 해서 최선의 문법모형 여부를 판단하는 것은 그렇게 간단한 일이 아니라는 점은 인정했다. 다시 말할 것 같으면 그는 자기가 이번에 내세우게 된 보편문법의 모형을 최종적인 것으로 볼 수는 없다고 생각한 것이다. 그는 학습가능성의 이론의 심오성에 대한 견해를 아래와 같이

피력하고 있다. (Ibid. p.12)

그러나 비록 맞다고 치더라도 보편문법에 대한 유한성의 가정은 수리언어학이나 학습 가능서의 이론에서의 문법의 무한성에 대한 탐구를 무의미한 것으로 만들지는 않는다. 도리어 그것이 시사하는 바는 그런 탐구는 핵심문법체계의 유한성을 보장하는 보편문법의 자질들을 고려대상에서 배제한 상태에서의 일정한 이상화의 수준에서 진행된다는 것이다. 사람들은 아마도 보편문법으로 부터의 이런 제거작업 끝에 남겨지게 된 핵심문법의 무한한 세트가 기술적인 의미에서 학습 가능성이 있는 것인지나, 또는 생성된 언어부류의 자질이 어떤 것인지에 대해서 의문을 던지게 될 것이다. 이런 수준의 이상화 밑에서 이루어진 연구는 간접적이지만 아주 의미 있는 방식의 경험적 결과를 가져올지도 모른다.

(나) 문법모형과 기술법

i) 문법모형

그의 이 두 번째 문법이론이 그의 첫 번째 것과 얼마나 다른 것인가를 가장 쉽게 알 수 있는 방법은 바로 이것의 문법모형과 이것에서의 문장기술법을 살펴보는 것이다. 그런데 사실은 이때부터 그 특유의 양면성의 특징이 드러나기 시작한 탓으로 이 일이 생각만큼 간단한 일은 아니다. 그렇지만 크게 보자면 이 시기에 이르러 표준이론 때의 것과는 판이하게 다른 새로운 문법모형과 문장기술법이 제안되게 되었다는 것은 부인할 수 없는 사실이다. 이 점을 한 눈으로 확인시켜 주는 것이 바로 이 책의 제2장에 제시되어 있는 아래와 같은 문법모형도이다. (Ibid. p.21)

누구에게나 첫눈에 보아도 이 모형이 표준이론에서의 그것과 크게 달라진 것으로 보이는 것은 첫 번째로는 심층구조라는 표현수준이 더 이상 존재하지 않기 때문이고, 두 번째로는 음성형식과 논리형식이라는 표현수준이 새로 설정되었기 때문이다. 그의 설명에 따르자면 이 모형이야말로「형식의 표현과 의미의 표현을 연합시킨다.」는 궁극적인 문법의 목적을 제대로 구현시킨 것이니까, 일단 이것은 표준이론에서 제안했던 것을 송두리째 바꾸어서 만들어 낸 가장 과학적인 것이라고 볼 수가 있다. 특히 이것의 중요한 특징의 하나는 그 동안에 제일 큰 논쟁거리였던 의미의 문제를 논리형식이라는 표현수준을 설정하는 식으로 해결하게 되었다는 점이었다. 한 마디로 말해서 그는 이제 자기의 문법이론에 딱 맞는 문법모형을 만드는 데 성공했다고 자부하게 된 것이다.

그렇지만 이 모형의 근본적인 문제점은 이것을 액면 그대로 받아들일 수 없다는 데 있다. 예컨대 이 모형도가 제시된지 몇 쪽 뒤부터는 D—구조라는 술어가 보란 듯이 쓰이고 있다. 그러니까 옛적에 기저부와 심층구조로 나누었던 것을「통사부」라는 이름 안에 통합시켜버린 것이다. 더 구체적으로는 투사원리를 설명하는 자리에서 그는 통사적 표현수준에는 논리형식과 D—구조, S—구조 등의 세 가지가 있다고 말하고 있다. 그리고 흔적이론의 위력을 설명하는 자리에서는「M—who Bill saw」라는 구조의 S—구조는「M—[$\overline{S}$ who$_i$ [s Bill [+ Tense][VP see ti]]]」이고 그것의 D—구조는 M—[$\overline{S}$ COMP[s Bill [+ Tense][VP see who]]]」이라고 말하고 있다. (Ibid. p.22~3)

이렇게 볼 것 같으면 왜 그가 D—구조라는 표현수준을 적어도 겉으로는 드러내려고 하지 않았는가라는 질문에 대한 대답 안에 그의 이 두 번째 문법모형과 첫 번째 문법모형 간의 차이점은 밝혀져 있다고 볼 수가 있다. 간단히 말해서 우선 그 전에는 심층구조를 중심구조로 삼았었는데 반하여 이제는 표층구조를 그런 것으로 삼는 식으로, 문장생성의 기본 절차들의 기능적 비중이 달라졌다. 그 다음으로 이번에는 의미형식이라는 표현수준을 따로 설정함으로써 그 전에는 부차적인 것으로 간주했던 의미의 문제를 통사적 작업의 일부로 포함시키게 되었다. 세 번째로 이제는 심층구조와 표층구조의 이름을 각각 「D—구조」와 「S—구조」로 바꿈으로써, 옛 이론에서처럼 이들 두 구조 간의 차이점을 부각시키는 것을 무의미한 일로 만들고 말았다. 네 번째로 이번에는 옛 이론에서는 심층구조와 표층구조 간의 연결부였던 변형부를 따로 설정하지 않음으로써 변형절차의 역할을 크게 축소시켰다.

그렇지만 이 모형에서도 α—이동이라는 절차가 D—구조에서 S—구조를 도출하는 것과 같은 중요한 기능을 수행하게 되어 있었다. 또한 이 절차는 이때뿐만 아니라 S—구조로부터 논리형식과 음성형식을 도출하는 데도 쓰일 수 있었다. 이렇게 볼 것 같으면 결국에 이 두 번째 것을 구상하는 데 있어서 가장 결정적인 요소로 작용한 것이 바로 이것을 첫 번째 것보다 단순한 것으로 보이게 하려는 의도였다고 볼 수가 있다. 이상과 같은 그의 의도에 따르는 위장성을 일단 정리해 볼 것 같으면, 아래와 같은 모형이 그가 제시한 것보다 정확한 것임이 분명해진다.

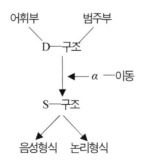

ii) 기술법

그의 이 두 번째 문법이론에서는 앞에서 이미 설명이 있었듯이 여러
가지 문법적 개념이나 원리들이 그것의 핵심이 되고 있기에, 이제는 문장
을 분석하는 기법상에도 커다란 변화가 있게 되었다. 이때에 우선 달라진
것은 문장 분석 시「COMP」나「PRO」,「t」와 같은 새로운 기호가 쓰이게
되었다는 점이었다. 이와 관련하여 특별히 주목할 사실은 분석의 단위가
「S」로부터 「CP(complementizer phrase: 보문소구)」나 「IP(inflectional
phrase: 굴절소구)」로 바뀌었다는 점이었다. 엄밀하게 따지자면 그가
1982년의 책에서 실제로 분석의 단위로 삼은 것은 「S」와 이것의 한 차원
상위구조인 「S̄」이었으며, 얼마 뒤에 가서야 「S̄」와 「S」 대신에 각각 「CP」
와 「IP」라는 술어가 쓰이게 되었다. 그렇지만 무엇보다 중요한 것은 1982
년의 책에서 처음으로 그의 구조의 단위에 대한 새로운 발상법이 제안되
었다는 사실이었다.

이때에 이르러 그 다음으로 달라지게 된 것은 구조체의 구조성을 나타
내는 데 괄호법을 사용하게 되었다는 점이었다. 이런 괄호법은 과거의
다시쓰기 규칙이나 수형도적 분석법 등을 대신할 수 있는 것이기에, 결과
적으로는 여러 표현수준 간의 관계나 어느 표현체의 구조성이 보다 명석
하게 드러나게 되었다. 이렇게 분석의 단위도 달라지고 구조성의 표기법
도 달라지게 되었으니까, 전체적인 문법적 기술법은 옛날의 것과는 비교
도 할 수 없을 만큼 새로운 모습을 띠게 되었다. 물론 무엇보다도 중요한
사실은 형식성의 원리상 이런 기술법은 그 전의 것과는 비교도 할 수 없을
만큼 크게 발달된 것이라는 사실이다.

이 새로운 표기법이 기술의 과학성과 경제성을 획기적으로 제고하고
있는 것이라는 사실은 실제적인 예를 살펴봄으로써 가장 쉽게 확인될 수
가 있다. 아래에 든 예는 그가 새롭게 제안한 공범주의 개념을 설명하는

자리에서 「It is unclear who to see.」라는 문장의 도출과정을 밝힌 것인데 무슨 이유에서인지 여기에서는 S—구조와 D—구조, 논리형식 등의 세 가지의 기준적인 표현체 외에 표면구조라는 이름의 네 번째 표현체 (i)을 덤으로 상정시키고 있다. 그가 이 네 번째 표현체는 S—구조에서 도출되게 되어 있다고 설명하는 사실로 미루어 보아서는 음성형식을 염두에 두고 만들어지는 것 같기도 한데, 사실은 이것은 구조성의 추상성을 단계적으로 높여가다보니까 생겨난 것에 불과하다. 그가 또한 이왕 그의 문법모형대로 S—구조 (ii)는 D—구조 (iii)에 α —이동규칙을 적용해서 나온 것이라는 점과, 논리형식 (iv)는 S—구조로부터 도출된 것이라는 점을 명시할 바에야 D—구조를 S—구조보다 앞세우는 것이 바람직한 일인데, 실제로는 그 순서가 전도되어 있다. 물론 기술의 초점을 각 표현체의 구조성의 추상성에 맞추다 보니까 이렇게 되었을 것이다.

(i) It is unclear [$\bar{S}$ who [S to see]]

(ii) It is unclear [$\bar{S}$ who$_i$ [S PRO to see t$_i$]]

(iii) It is unclear [$\bar{S}$ COMP [S PRO to see who]]

(iv) It is unclear [$\bar{S}$ for which person x [s PRO to see x]]

(Ibid. p.33)

상세한 논쟁거리를 일단 덮어놓고 볼 것 같으면 이 예는 원리와 매개변인의 이론이라는 그의 두 번째 문법이론의 실체를 파악하는 데 둘도 없이 적절한 것이라는 것은 의심할 여지가 없다. 우선 이 예를 보면 똑같이 변형생성문법이라는 이름 밑에서 연구하면서도 연구의 주제가 거의 서로 간에 아무런 관계가 없을 정도로 달라졌음을 알 수가 있다. 극단적으로 말하자면 이 이론은 표준이론과 아무런 관계가 없는 것이다. 그 다음으로 이를 보게 되면 표기법에 있어서도 이들 두 이론 간에는 별 관계가 없다는 사실을 익히 확인할 수가 있다. 한 마디로 말해서 이 예를 보면 그가 표준이론 때도 표기의 명료성과 정교성을 대수학의 수준까지 높이려고 했음에도 불구하고 그때의 것은 이번의 것만 못하다는 것이 바로 드러난다. 그동안에 그러니까 그는 보다 과학적인 표기법을 개발하는 데도 대단한 노력을 기울여 온 것이다.

대비삼아 표준이론에서 쓰이던 표기법의 예를 한 가지 들어볼 것 같으면 이런 사실이 분명해진다. 이미 앞에서 표준이론적 문장분석법의 특징을 가장 잘 드러내주는 예로서 「The man who persuaded John to be examined by a specialist was fired.」라는 복문의 도출법을 검토한 바가 있기에, 이것에 대한 그의 설명의 일부를 여기에서 다시 살펴보기로 한다. 「한 문장의 심층구조는 완전히 그것의 변형표지에 의해서 표현되게 되어 있다.」는 그의 이론에 따라서, 이것의 도출과정에 대한 설명을 먼저 (1)과 (2), (3) 등의 세 가지의 수형도를 설정한 다음에 이들에 적용되는 모두 여덟 가지의 변형 절차의 역사를 제시하는 식으로 하였었다.

그런데 그는 마치 자기의 이런 설명이 형식주의적으로 완벽하다는 사실을 재강조하기라도 하듯이, 여섯 번째로 적용되는 관계절 변형의 특성과 문경계의 표지인 「#」의 중요성에 대해서 추가적인 설명을 하고 있다. 먼저 그는 「△ fired the man (# the man persuaded John to be examined by a specialist #) by passive」와 같은 연쇄체는 합당한 것인데 반하여, 관계절의 주어가 「the boy」로 바뀐 「△ fired the man (# the boy persuaded John to be examined by a specialist #) by passive」와 같은 연쇄체는 그렇지 못한 것인가에 대한 설명을 두 명사의 동일성의 조건, 즉 회복 불가능한 삭제의 원리로 하고 있다. 첫 번째 것과는 다르게 두 번째 것에서는 두 개의 명사가 서로 다른 것이기에 「the boy」를 삭제하는 삭제의 변형절차가 적요될 수가 없다는 것이었다.

그는 그 다음으로 왜 관계절의 앞뒤에 「#」와 같은 문경계의 표지를 하여야 되는지를 설명하였다. 여기에서 두 번째 연쇄체의 경우에서처럼 변형절차가 일단 차단되게 되면 그것의 경계를 나타내는 표지는 그대로 존속되어야 하는데 반하여, 첫 번째 연쇄체의 경우에서처럼 변형절차가 성공적으로 적용되게 되면 그것이 사라지게 되는 사실로 보아서 「정형적 표면구조 내에서는 「#」라는 기호가 남아있어서는 안 된다는 규약을 설정할 수 있다고 주장했다. 그러니까 이 당시의 표기법에 있어서는 문경계의 표지가 중요한 역할을 하게 되어 있었던 것이다.」(Chomsky, 1965. p.137)

이렇게 볼 때 그의 첫 번째 문법이론과 두 번째 문법이론 사이에 얼마나 큰 차이점이 있는가 하는 것을 한눈에 확인해 줄 수 있는 것이 바로 표기법인 셈이다. 물론 밝히려는 주제를 놓고 보아서 한쪽의 것은 변형절차의 위력인데 반하여 다른 쪽의 것은 공범주를 중심으로 한 표현체의 도출 경위니까 두 이론 간의 차이성은 당장 드러나게 되어 있지만, 그것을 더 압축적이며 명시적으로 드러내고 있는 것이 표기법이다. 한 마디로 말해서 첫 번째 이론 때의 것은 초보적인 수준의 형식주의적 표현법이라고 한다면 두 번째 이론 때의 것은 그런 표현법 중 최고 수준의 것이라고 볼 수가 있다. 과학적 논의의 수준은 결국에 그것에서 쓰이고 있는 표현법의 수준에 의해서 결정되게 되어 있다는 사실로 미루어 보아서, 누구나 그동안에 그의 문법이론은 장족의 발전을 이룩했다고 말할 수 있을 것이다.

4) 최소주의 이론으로의 낙착

1995년에 「최소주의 이론(The Minimalist Program)」이라는 책을 냄으로써 그는 자기의 문법연구의 긴 과정이 세 번째 단계에 들어서게 되었음을 알렸다. 드디어 원리와 매개변인의 이론이라는 두 번째 문법이론이 나온지 10여년 만에 최소주의 이론이라는 세 번째 문법이론이 나온 것인데, 이것에 관한 첫 번째 문제는 대단히 매력적이고 두 번째 것과의 차별성을 뚜렷이 드러내고 있는 그 이름처럼 그 내용도 과연 그런가에 대해서는 사람들의 의견이 긍정적인 것과 부정적인 것으로 나누어질 수 있다는데 있다. 또한 어떤 의미로 보아서는 이 이론의 더 큰 문제점은 여러 가지 조건상 이것이 그의 문법이론의 마지막 것이 될 가능성이 큰데도 이런 문제점을 지니고 있다는 점일는지도 모른다. 다시 말하자면 앞으로 그의 문법이론 하면 당연히 최신의 것인 이 세 번째 이론을 가리키게 마련일텐데, 안타깝게도 그것의 내용은 누구나 제대로 파악하기가 어려울만큼 유동적이고 불분명하다.

(가) 이론적 특징들

이 세 번째 이론의 첫 번째 특징은 인간의 언어능력을 그의 생물학적 조건 하에서 파악하려는 시도에서 만들어진 것이라는 점이다. 그는 우선 인간의 언어능력에 적용되는 생물학적 조건 중 첫 번째 것은 경제성의 조건이라고 보았다. 다시 말해서 그는 최소주의라는 이름 자체가 익히 말해주고 있듯이, 다른 인지적 내지는 행동적 활동이 모두 그렇듯이 언어능력도 으레 최소의 노력으로써 최대의 효과를 거두려는 경제성의 원리의 지배를 받게 되어 있다고 생각했던 것이다. 이제 그는 언어학은 결국에 생물학이어야 한다는 발상법을 갖게 되었으며 그래서 결국에는 그렇게 파격적인 이름을 자기의 문법이론에 붙이게 된 것이다.

물론 엄밀하게 따질 것 같으면 그가 이런 발상법을 갖게 된 것은 표준이론 때부터였다고 볼 수도 있다. 그는 그러니까 어차피 보편문법의 발견을 언어연구의 궁극적인 목표로 삼는 이상, 언어학에 언어학적인 접근법을 적용시키는 단계 다음에는 심리학적인 접근법이 아니라 생물학적 접근법을 적용시키는 단계가 와야 한다는 생각을 했던 것인데, 문제는 이 일이 생각만큼 쉽지 않은 데 있었다. 그는 지금의 생물학의 학문적 수준과 능력으로 보아서 그것이 이 일을 가능하게 할 만큼 가까운 장래에 신장되는 것을 기대하는 것은 무모한 일이며, 따라서 이 일을 일단은 언어학에서 주도해가는 것이 순리라고 보았다. 그런데 이제 그는 자기의 언어학이 드디어 자기가 일찍이 품었던 꿈이 한낱 꿈으로 끝날 꿈이 아니었다는 것을 증명할 수 있는 단계에 와 있다고 판단하게 된 것이다. 이런 의미로 보아서도 그의 이 세 번째 언어이론은 5,60년에 걸친 그의 긴 언어연구를 총결산한 것으로 볼 수가 있다.

그는 새로운 언어이론을 내세울 적마다 그것에 의한 새로운 문법모형을 제시하는 일과, 그것이 자기의 원래의 이성주의적 언어관의 한 구현책이라는 사실을 적시하는 일의 두 가지를 병렬적으로 추진했는데, 이번 경우에 있어서의 두 번째 일은 「정신/ 두뇌」라는 융합적 개념의 도입에 의해서 진행되었다고 볼 수가 있다. 그 자신은 물론 이 술어를 일종의 고정적인 것으로 쓰려고 했지, 그것을 예컨대 「언어/ 정신/ 두뇌」와 같은 것으로 확대하려고 하지 않았다. 그렇지만 그가 이 술어를 도입한 원래의 동기, 즉 언어는 인간의 정신과 두뇌의 소산물이라는 점을 분명히 하려는 의도로 미루어 보아서는 「정신/ 두뇌」라는 술어보다는 「언어/ 정신/ 두뇌」라는 술어가 더 적합한 용어라는 데 반론을 펼 여지가 없다. 다시 말해서 이렇게 확대된 술어에 의해서만 지금으로서는 언어를 정신과 두뇌를 들여다 볼 수 있는 유일한 창구로 볼 수밖에 없다는 그의 언어 우위적 인간관이 보다 직설적으로 표현될 수가 있는 것이다.

「정신/ 두뇌」라는 이 기발한 술어가 처음으로 쓰인 것은 1986년에 나온 「언어의 지식: 성격과 기원, 용도 (Knowledge of Language: Its Nature, Origin, and Use)」라는 책에서였다. 그는 이 책의 앞부분에서 생성문법의 목적은 크게 무엇이 언어의 지식을 구축하는가와 그 지식은 어떻게 획득하는가, 그것이 어떻게 사용 되는가 등의 세 가지 질문에 대한 올바른 해답을 찾는 데 있다는 말과 함께 「인간, 즉 H가 L이라는 언어를 안다는 것은 H의 정신/ 두뇌가 일정한 상태에 있게 된다는 것을 의미한다. … 그렇다면 뇌과학의 한 과제는 S_L이라는 그 상태의 물리적 실현체인 기구들을 발견하는 것이다.」와 같은 말을 하였다. 두말할 필요도 없이 이렇게 정신과 두뇌를 일종의 동의어로 간주한다는 것은 정신의 문제를 전문적으로 연구하는 철학자들로서도 그렇게 용이하게 할 수 있는 일이 아니었다. (Chomsky, 1986. p.22)

그는 그런데 이 술어를 1995년의 책의 서두에서 자기가 내세우는 신언어이론의 표지어로서 쓰게 되었다. 예컨대 이 책의 첫 번째 쪽에서 그는 인간의 언어능력의 조건으로 크게 1) 정신/ 두뇌의 인지적 체계 내에 그것이 위치하게 된다는 것과, 2) 이른바 단순성과 경제성, 대칭성, 비잉여성 등과 같이 어느 정도 독립적인 타당성을 지니고 있는 개념적 자연성을 지니고 있어야 한다는 것의 두 가지로 잡고 볼 것 같으면, 언어학은 결국에 일종의 생물학이 되게 되어 있으며, 그것의 과제는 「어떻게 인간언어와 같은 체계가 정신/ 두뇌 내에서 생겨날 수 있는가」를 밝히는 것으로 귀결이 된다고 주장했다.

이 문제와 관련하여 그는 바로 그 다음 쪽에서 이 과제는 원래가 생물학과 뇌과학의 문제인데, 안타깝게도 현재로서는 이들 학문은 「언어에 대해서 거의 정립된 결론처럼 보이는 사실들에 대한 어떤 기저도 마련해 주지 못하고 있다.」와 같은 말을 하였다. 생물학이나 뇌과학이 오늘날 최첨단 학문으로 간주되고 있는 학문이라는 사실을 감안한다면 일단 그는 이렇게 해서 자기의 언어이론을 시대정신에 어울리는 최첨단적 언어이론으로 격상시키는 데 성공했다고 볼 수가 있다. 그렇지만 그는 여기에서 자승자박의 우를 범하고 있다고 볼 수도 있는데, 그 이유는 생물학과 뇌과학의 학문적 수준이 지금과 같이 미흡한 수준에 머물러 있는 한 그가 말하는 「거의 정립된 결론처럼 보이는 언어적 사실들」, 즉 더 구체적으로는 최소주의 이론에서 논의된 사실들은 앞으로도 미검증적 내지는 비과학적 사실로 남아 있을 수밖에 없기 때문이다. (Chomsky, 1995. pp.1~2)

이 세 번째 이론의 두 번째 특징으로는 오직 필수적인 기구와 절차로만 이루어진 가장 단순한 형태의 것, 즉 최소주의적인 것을 새로운 문법모형으로 제시하고 있다는 점을 들 수가 있다. 앞에서 살펴본 것과 같은 생물언어학적 견해를 그의 이 세 번째 이론의 언어철학적 부분으로 볼 것 같으면 이것의 언어 기술적 부분에 해당하는 것이 바로 새로운 문법모형이다. 한 마디로 말해서 전자는 그의 이론의 일종의 장식에 불과하지만 후자는 그것의 실체나 다름이 없는 것인데, 후자 역시 그의 생물학적 언어관에서 비롯된 것이라는 점으로 보아서, 이들 두 특징은 서로 불가분적으로 연관된 것들임이 분명하다.

그의 새 문법모형이 최대로 경제적 내지는 최소주의적인 것이라는 것을 단적으로 드러내주는 사실은 바로 어휘부로부터 얻어진 배번집합이 문자화 절차에 의해서 논리형식과 음성형식을 도출하게 되는 식으로 문법모형이 단순화되었다는 점이다. 표준이론 때부터 그의 문법모형의 두 가지 기본 표현체였던 D—구조와 S—구조가 다 사라지게 되었으니까, 이것보다 더 경제적이고 최소주의적인 문법모형은 없는 셈이 된 것이다. 물론 이런 변화는 그가 자기의 두 번째 이론에서 적어도 이론상으로는 D—구조를 없애면서 오직 S—구조만 남기면 된다고 생각했던 것과 대비가 된다. 이런 면으로 볼 것 같으면 그의 최소주의를 향한 노력은 오래 전부터 꾸준히 이어져오고 있었다고 볼 수가 있다.

그러나 이런 모양의 문법모형과 관련하여 두 가지 문제점이 제기될 수가 있는데, 그 중 첫 번째 것은 적어도 1995년의 책에서는 이 문제를 놓고서도 그 특유의 양면성을 발견할 수가 있다는 점이다. 예컨대 이 책의 뒷부분인 189쪽과 191쪽에서 그는 X—바 이론을 만족시키면서 「한 구구조 표지에 새로운 구구절 표지를 삽입시키면서 어휘선택을 하게 되면 D—구조 없이 문자화 작업이 가능하다.」는 말이나, 「α—이동 규칙에 의해서 K를 K*로 사상시키는 식의 단순대치 절차를 사용하게 되면 S—구조도 필요 없게 된다.」는 말을 하고 있다. 그러니까 그는 자기가 생각하는 최선의 문법모형은 배번집합을 막바로 문자화하는 모형이라는 사실을 분명히 한 것이다.

그러나 이 책 전체를 통해서 논의되고 있는 문법적 논쟁들은 모두가 한 마디로 말해서 D—구조와 S—구조가 떳떳이 살아있는 모형, 즉 그가 두 번째 언어이론에서 설정했던 모형을 그대로 문장 도출의 기본구도로 삼은 상태에서 이루어지고 있다. 그런데 굳이 따지자면 그가 두 번째 이론에서 내세웠던 문법모형은 일찍이 의미해석의 문제를 해결하기 위하여 표준이론을 표층구조 중시의 방향으로 약간 수정했던 이론, 즉 이른바 「확대표준이론」에서 제시되었던 모형과 똑같다. 이렇게 볼 것 같으면 이 때에 이르러서 그의 문법이론은 전혀 딴 것으로 바뀌게 되었다고 보기보다는 표준이론 때의 것이 이때까지도 그대로 이어져 오고 있다고 보는 것이 맞는 일이다.

그의 문법이론의 연속성에 관한 이런 견해가 잘못된 것이 아니라는 사실은 이 책의 제1장에 나오는 그의 말을 통해서 익히 확인할 수가 있다. 먼저 이 장은 그가 Lasnik과 같이 쓴 것인데다가, 제목이 「원리와 매개변인의 이론」으로 되어있다는 점이 특이하다. 그 다음으로 그는 여러 표현체 간의 관계에 대해서 23쪽에서 「우리는 잠정적으로 실제로 그 관계는 D—구조는 S—구조로 사상되며, 그것은 다시 독립적으로 음성형식과 논리형식으로 사상되는 식으로 일방향적인 것이다라는 가정 하에서 논의를 시작할 것이다.」와 같은 말을 하고 있다. 더 구체적으로는 바로 앞쪽에서 하나의 도표에 의해서 I—언어의 협의통사부의 구도는 어휘부에서 D—구조가 얻어지면 이것에서 S—구조를 도출해서 음성형식과 논리형식의 모구조로 삼는 식으로 되어 있다는 것을 명시하고 있기도 하다. 그렇다면 결국에 그가 이 책의 거의 끝부분인 189와 191쪽에서 내세운 모형은 기껏 해봤자 그가 실제로 사용하고 있는 것과는 거리가 먼, 한낱 희망적 모형일 뿐이라는 결론이 나온다.

그 중 두 번째 것은 그의 설명으로 보아서는 문자화의 절차가 예컨대 D—구조를 어휘부에서 만들어내는 절차처럼 단 한 번의 절차인지, 아니면 그것과는 다르게 여러 차례에 걸친 다중적 절차인지가 분명히 밝혀져 있지 않다는 점이다. 우선 만약에 그것을 단 한 번의 절차로 본다면 전체적인 문법모형은 최소주의라는 그의 의도대로 비교적 단순한 것이 될 것이 분명하다. 그렇지만 그것을 다중적인 절차로 보게 되면 전체적인 문법모형의 모습은 생각같이 단순한 것이 될 리가 없다. 그러니까 만약에 이것이 그의 진의라면 왜 그의 이 세 번째 문법모형을 그의 두 번째 것보다 최소주의적인 것으로 볼 수 있는가에 대한 설명이 더 추가되어야 마땅하다.

그런데 이 문제와 관련하여 가장 중요한 사실은 그의 동료들은 이 모형에 있어서의 문자화의 절차는 응당 다중적인 것일 수밖에 없다고 생각하고 있다는 점이다. 예컨대 최소주의 통사론이 제안된 이래 그것의 완성을 위해서 그와 공동으로 노력해왔던 Lasnik과 Uriagreka 등은 이 문법모형의 특징은 바로 문자화 절차가 단순히 기본적 절차로 쓰이게 된 데 있는 것이 아니라 그것이 일종의 다중적인 절차라는 데 있다고 보았다. Boskovic와 함께 편집한 「최소주의 통사론(Minimalist Syntax) (2007)」의 서문에서 Lasnik은 「각 사이클(또는 국면)의 끝에 그간에 만들어진 통사적 구조는 캡슐에 담겨져 음운적 및 의미적 해석을 위하여 인터페이스 부위에 송부된다.」와 같은 말을 하면서, 이 모형이 결국에 최소주의적인 것일 수 있는 것은 이것에서는 으레 일종의 분배적 접근법이 쓰이고 있기 때문이라는 사실을 실증하기 위하여 「John criticized himself.」의 도치문인 「Himself, John criticized.」는 정문일수 있지만 「*Himself criticized John.」은 그렇지 못한 이유를 밝히고 있다. 이 모형에서는 이동변형이 적용되기 전에 대용사 해석을 할 수 있으니까 앞의 문장과 같은 정문이 도출될 수 있다는 것이었다. 그런데 사실은 이보다 앞선 1999년에 Uriagreka가 Epstein과 Harnstein이 편집한 「최소주의 실무(In Working Minimalism)」에 실린 「다중적 문자화 (Multiple Spell-out)」라는 논문에서 문자화 절차의 다중성이 이 문법모형의 생명임을 강조했었다. (Boskovic and Lasnik, 2007. Epstein and Hornstein, 1999)

무엇보다도 중요한 사실은 물론 이 문제에 대한 그 자신의 견해인데, 2005년에 발표한 「언어구도의 세 요소(Three Factors in Language Design)」라는 논문에 의할 것 같으면, 크게는 그것은 문자화를 다중적 절차로 보아야 한다는 것이면서도, 작게는 그것은 때로는 그 절차가 단일적 절차일 수도 있다고 보아야 한다는 식으로 그의 견해가 양분되어 있다. 예컨대 이것의 17쪽에서는 그는 「어떤 대상이 국면을 구축하는가? 연산적 부하를 최소화하기 위하여 그들은 마땅히 최대로 작아야 한다. 앞에서 언급한 이유로 인하여 적어도 그들은 명사로 분리된 일치자질과 명사의 구조적 격과 같은 해석이 불가능한 자질들이 평가되는 영역은 포함하고 있어야 한다.」는 말과 함께, 지금으로서는 절의 핵구조에는 CP(보문소 구)와 VP(동사구)의 두 가지 영역만이 있게 된다고 보는 것이 맞는 일이라고 내세우고 있다. 여기에서 주목할 사실은 일반적인 상식과는 다르게 그는 문자화 절차를 다중화하는 것을 문법적 도출작업의 부하를 최소화하는 방편으로 보았다는 점이다.

그런데 국면과 영역에 관해서 이런 설명을 하기 바로 전에 그는 수준과 사이클에 대해서 「이런 발상법이 맞다면 우리에게는 단지 인터페이스 수준만이 남겨지게 되고, 확대표준이론의 모형에서의 다섯 사이클은 병합에 기저한 단 하나의 것으로 축소가 된다.」와 같은 말을 하였고, 이 말을 이어받아서 18쪽에서는 「지탱할 수 있다면 이런 연산적 기구가 최선의 것인 듯하다. S—구조와 논리형식은 더 이상 수준으로 남아있지 않게 되면서 D—구조와 함께 사라지게 되고, 결과적으로 연산은 단 하나의 사이클로 축소될 것이다.」와 같은 말을 하고 있다. 여기에서 주목할 사실은 우선 Lasnik이나 Uriagreka와는 다르게 그는 국면과 사이클을 예컨대 하나의 사이클 안에서 여러 개의 문자화작업이 이루어질 수 있는 식으로 별개의 개념으로 보았다는 점과, 그 다음으로는 그가 생각하는 최선의 최소주의 모형은 그 안에 병합 절차를 수행하게 되는 수준 하나만이 존재하는 것이라는 점이다.

그의 이 세 번째 문법이론의 세 번째 특징으로는 이상과 같이 최소화된 문법모형을 운용하는 데 필요한 문법적 기술법이나 이론들을 새로 개발했다는 점을 들 수가 있다. 그러니까 이때에 이르러서의 그의 최소주의적 문법이론을 만들어내려는 노력은 크게 문법모형을 바꾸는 일과 문법적 기술법을 개발하는 일의 두 가지에 집중되었던 것이다. 문법적 기술법이나 이론의 수준을 격상시키는 작업은 크게 신 기법이나 이론을 제안하는 일과, 기존의 것들을 수정 내지는 보완하는 일로 나누어졌다고 볼 수가 있는데, 두 말할 필요도 없이 굳이 따지자면 첫 번째 일이 두 번째 일보다 그의 문법이론에 더 중요한 영향을 미치게 되었다.

이 시기에 제안된 신 이론 중 가장 대표적인 것은 역시 자질이론이다. 1995년의 책에 나오는 그의 말을 그대로 빌릴 것 같으면 「표현체의 각 기호는 자질들의 한 세트」이니까, 완전해석의 원리에 따라서 논리형식에 이르러서는 처리되지 않은 자질이 하나도 남겨져 있지 않도록 문자화절차 때마다 각 어휘나 기호의 자질들의 적합성을 확인해 가는 과정이 바로 문장 도출의 과정이라는 것이 이 이론의 요지이다. 이렇게 볼 것 같으면 결국에 최소주의 이론을 기저에서 뒷받침하고 있는 이론이 바로 이 이론인 셈이다. 문자화 절차는 바로 자질점검의 절차이기 때문에 D—구조나 S—구조를 따로 설정할 필요 없이 배번집합으로부터 막바로 논리형식을 도출할 수가 있는 것이다.

그게 그렇다는 것은 1995년의 책의 제4장에서 그가 자질점검의 절차를 실질적인 문장 도출의 절차로 간주하고 있다는 사실로써 익히 확인할 수가 있다. 여기에서 우선 그는 적절하게 문법적 구조가 도출되느냐, 그렇지 못하느냐의 구분을 「합치」와 「파탄」이라는 두 자질 점검적 개념에 의해서 설명했다. 한 문장의 구성어휘들의 통사적 및 의미적 자질들이 서로 합치를 이루고 있으면 그것은 적법한 문장일 수 있지만 그들이 서로 파탄을 일으키고 있으면 그렇지가 못하다고 본 것이다.

그 다음으로 그는 자질점검 시 유인자의 역할을 하게 되는 기능적 범주에는 D와 I(또는 T), C, v등의 네 가지가 있고, 또한 이들에 의해서 점검을 받게 되는 자질에는 범주적 자질과 ∅—자질, 격자질, 강자질 등의 네 가지가 있다고 보았다. 특히 그는 이와 관련해서 자질을 해석 가능한 것과 그렇지 못하기 때문에 결국 합치를 위해서는 제거되어야 할 것으로 양분하고서 전자에는 범주적 자질과 명사류의 ∅—자질 등이 들어가 있다고 보았다. 예컨대 「We build airplanes.」라는 문장의 도출과정의 마지막 단계, 즉 논리형식이 인터페이스에서 그것을 해석하게 되는 단계에서는 「build」는 하나의 동사라는 것과 「airplanes」는 [복수]와 [-인간], [3인칭] 등의 ∅—자질을 가진 하나의 명사라는 것 등은 알려져 있게 되는데 반하여, 「airplane」의 격이나 「build」의 일치자질 등은 해석될 수 있는 것들이 아니기에 합치를 위해서는 마땅히 제거되어야 한다고 보았다. 그는 여기에서 이상과 같은 점검절차들을 일반화해서 아래와 같은 「점검이론」을 내세우기도 했다. (Ibid. pp.277~8)

(1) 논리형식에서 가시성이 있는 자질들은 점검되었든지 되지 않았든지 간에, CHL라는 연산과정 전체에 접근 될 수 있다.
(2) 논리형식에서 가시성이 없는 자질들은 일단 점검을 받지 않게 되면 CHL과정에 접근 될 수 없다.

이 시기에 제안된 신 이론 중 그 다음으로 주목할 만한 것으로는 「복사이론」도 꼽을 수가 있는데, 그 이유는 이것은 그 동안에 그의 문법이론에서 핵심의 자리를 차지하고 있던 「흔적이론」의 대안으로 제안되었기 때문이다. 흔적이론은 간단히 말해서 어떤 요소가 이동을 하게 되면 그 자리에 「t」라는 흔적이 남겨지게 된다는 이론이었는데, 그는 이런 절차가 최소성이나 경제성의 원리에 맞지 않을 수도 있겠기에, 이런 발상법 대신에 이번에 어떤 요소가 이동시에는 그것의 복사체가 그 자리에 남겨지게 되었다가 의미해석 후 제거된다는 새로운 발상법을 제안하게 되었다. 그는 결국에 최선의 문법적 표현체는 지각운동 체계나 사고체계에서 가장 쉽게 해석될 수 있는 것일 것이라는 생물학적 언어관에서 이런 의견을 내놓게 되었다고 볼 수가 있다.

예컨대 1995년의 책에서 그는 「흔적의 복사이론」이라는 주제 하에서 어떤 어휘나 표현체가 이동을 하게 되는 경우 원위치에 남겨지게 되는 것은 흔적이 아니라 그것의 복사체일 가능성이 크다는 견해를 제시하면서, 그 증거로서 「John wondered [which picture of himself] [Bill saw t]」라는 구조체가 일종의 중의적 구조체라는 것은 그것을 「John wondered [wh which picture of himself] [Bill saw [wh which picture of himself]]」와 같은 복사이론적인 것으로 바꾸게 되면 보다 확실해진다는 사실을 들었다. 이렇게 그것을 고쳐 써놓고 보면 「himself」의 선행사가 「John」일수도 있고 「Bill」일수도 있다는 사실이 보다 분명해진다는 것이었다. (Ibid. p.206)

바로 이어서 그는 「복사 억양의 현상으로 보아서 그의 이런 발상법은 틀린 것이 아니라는 것을 알 수 있다.」고 주장했다. 우리의 언어생활에서는 으레 경제성의 원리에 맞게 한번 표현된 어휘나 표현을 다시 쓰는 대신에 일정한 관용적 표현만 남기고 그것을 생략해버리는 현상이 많이 일어나고 있는데, 그가 보기에는 이런 생략의 현상은 앞에서 쓰인 억양이 뒤에 다시 복사되는 현상이라는 것이었다. 예컨대 그의 견해로는 원래는 「John said that he was looking for a cat, and so did Bill [say that he was looking for a cat]」이었던 것이 문자화 절차 이전에 일정한 삭제과정을 거치면서 생략문으로 바뀌게 된 것이었다. 그는 그러니까 이동 시 복사되는 것은 어떤 표현체의 개념이나 의미가 아니라 그것의 전체, 즉 음운적 실체라고 생각한 것이다. (Ibid. p.252)

그 후 2002에 나온 「자연과 언어에 대하여(On Nature and Language)」라는 책에서는 이 이론의 타당성과 관련하여 「재구성 효과」라는 설명법을 제시하기도 했다. 그의 생각으로는 「이동된 구는 어떤 면에서는 마치 그것이 흔적의 자리에 그대로 있는 것처럼 행동하고」 있어서, 결과적으로는 이래서 문법체계는 재구성의 효과를 최대로 누리고 있는 셈이라는 것이었다. 그는 흔적이론이야말로 「언어는 표현체들이 지각운동과 사고체계에서 쉽게 다루어질 수 있게 연결되어 있는, 일종의 최적으로 설계된 체계일 수 있는가?」에 대한 해답일 수 있다고 보았다.

이것의 증거로서 그는 「*This picture of himself demonstrates that John is really sick.」은 하나의 비문인데 반하여, 「This picture of John demonstrates that he is really sick.」은 하나의 정문인 사실을 들었다. 이런 사실은 대명사는

언제나 하나의 고유명사에 의하여 성분통어가 되어야 한다는, 일종의 기본적인 사고방식을 그대로 반영하고 있었다. 그는 복사현상으로써 자기가 내세우는 결속이론이 경험적으로 바른 결과의 것이라는 사실이 더욱 분명해진다고 주장하면서, 구체적으로는 「이 현상에 대해서 복사된 부분은 발음이 안 된 상태로 남겨져 있어서, 추상적인 연산 작동을 하는 데는 보이게 되어 있다.」는 식의 설명을 하기도 했다. (Chomsky, 2002. pp.41~2)

이 시기에 제안된 신 이론 중 세 번째로 주목할 만한 것으로는 「병합이론」도 들 수가 있는데, 간단히 말해서 이 이론은 경우에 따라서는 문장 도출 시 두 개의 구조를 하나로 합치는 절차, 즉 병합이 이동보다 더 중요한 기능을 할 수 있다는 것이니까, 이로써 그는 결국에 이동이론 중심의 그동안까지의 그의 문법이론이 뿌리부터 바뀔 수 있는 가능성을 열어 놓은 셈이나 마찬가지이다. 그런데 어떤 의미에서 보자면 최근에 이르러 이 이론이 특별한 관심의 대상이 된 진짜 이유는 지난 몇 년 동안의 이것에 대한 그의 입장의 변화를 살펴보게 되면, 최소주의 이론이란 결국에 아직도 발달과정을 밟고 있는 일종의 프로그램에 불과하다는 사실이 분명해지기 때문이다.

그가 최초로 병합의 기능과 중요성에 대해서 견해를 밝힌 것은 1995년의 책에서였다. 이 책의 226쪽에서 그는 이 절차와 관련하여 논리형식의 인터페이스에서는 「∑가 단 하나의 통사적 대상으로 구성되어 있을 때만 해석이 될 수 있기」 때문에 일종의 제2의 절차가 필요하게 되는데, 이런 조작 중 가장 단순한 것은 「SO_i와 SO_j라는 한 짝의 통사적 대상들을 SO_{ij}라는 새로 조립된 하나의 통사적 대상으로 대치하는 것인데, 이것을 병합(merge)이라고 부르기로 하자.」라는 말과, 배번집합을 만드는 데 쓰이는 어휘의 「선택」과 이 병합은 이동과 비교했을 때 특별한 「비용이 들지 않는다.」는 장점이 있다는 말을 하였다.

더 나아가서 그는 병합의 특징과 관련해서 246쪽에서는 X-바 이론에 의해서 구구조가 형성될 때만 쓰인다는 의미에서 「병합은 근저에서만 적용된다.」고 볼 수가 있다는 말과, 「병합(α , β)은 비대칭적이어서 α 나 β 를 투사하게 되는데, 투사된 대상의 수어가 새로 형성된 복합체의 표지가 된다.」는 말을 하기도 했다. 또한 329쪽에서 그는 부사의 첨가과정과 관련하여 「*John reads often (books, to his children)」은 비문인데 반하여

「John [v [vp often [vp reads $\left\{ \begin{array}{l} \text{books} \\ \text{to his children} \end{array} \right\}$]]]」은 정문이라는 사실을 제대로 설명할 수 있으려면 그 부사가 상승이 아니라 병합에 의해서 첨가되었다고 보아야 한다는 말과 함께, 자질점검은 결국에 상승이나 부가/대치에 의해서가 아니라 병합에 의해서 이루어졌을 때, 문장 도출 과정이 더 경제적일 수 있다는 말을 하였다.

그러나 크게 보았을 때는 이 당시만 해도 이동과 병합의 대립적 관계에 대한 그의 기본적인 입장은 분명히 이동을 더 중요시해야 한다는 것이었다. 다시 말해서 그는 역시 자기의 문법이론은 이동이라는 변형절차를 중심으로 한 것이라는 사실에 아무런 변함이 없음을 알림으로써 그 동안에 반변형주의자들에 의해서 끈질기게 제기되어 온 이동 불필요성에 대해서 불굴의 반대 의사를 표명할 수 있었던 것이다. 이런 주장의 근거로는 이 책의 마지막 부분에서 그가 한 다음과 같은 말을 들 수가 있다. 여기에서 그는 분명히 이동은 선택과 병합보다 한 수준 높은 제3의 문법적 절차임을 밝히고 있다. 「단 하나의 질문은 전위의 기구는 어떻게 생겼으며, 왜 그것이 존재하는가이다. 최소주의적 가정 하에서는 그것의 성격을 파악하는 데 논리형식에는 전위된 항목이 해석을 받게 되는 위치가 있게 된다는 사실을 알기만 하면 된다. 즉, 논리형식에서는 연쇄는 적법적 대상인 것이다. 연쇄는 어휘부로부터 선택이나 아니면 병합에 의해서 소개되지 않기 때문에, 그것을 형성하기 위해서는 유인/ 이동이라는 또 한 가지

의 작동이 있어야 한다.」(Ibid. p.316)

그런데 사실은 이 무렵의 그의 이동 중심적 발상법은 최소주의이론이 초기의 단계를 벗어났을 때까지도 그대로 유지가 되고 있었다. 이런 사실을 뒷받침 할 수 있는 가장 확실한 근거는 물론 그는 2002년의 책에서도 1995년의 책에서처럼 이동과 관련된 원리나 이론들을 집중적으로 논의하고 있다는 사실이다. 그런데 이에 못지않은 근거로 볼 수 있는 것은 바로 그의 둘도 없는 동료인 Lasnik이 최근에 최소주이이론을 소개하는 글에서 「The woman will see the man.」이라는 문장의 도출과정을 병합과 이동의 연속적 작용 과정으로 소개하고 있다는 사실일 것이다. 이로써 그는 최소주의이론의 특징은 바로 「부분적으로 1965년 이전의 변형이론의 기술적 장치로 회귀한 점」이라는 것을 분명히 드러낼 수 있었던 것이다. (Lasnik, 2006. pp.149~150)

그는 이 문장의 도출절차는 X-바 이론에 따라서 아래와 같은 여러 번에 걸친 작은 병합이나 이동의 절차를 밟게 되어 있다고 보았다. 그 중 첫 번째 것은 명사인 「man」이 한정사인 「the」와 결합하여 「the man」이라는 한정사구(DP)를 만들어내는 절차였다. 그 다음 절차는 이 한정사구가 동사인 「see」와 결합하여 「V'」로 표기되는 중간 투사체를 형성해 내는 절차였다. 세 번째 절차는 첫 번째 절차에 의해서 「the man」이 만들어진 것처럼 「the woman」이라는 한정사구를 만들어내는 것이었고, 네 번째 절차는 그것을 「V'」와 결합해서 동사구(VP)를 형성해내는 것이었다. 다섯 번째 절차는 이 동사구가 시제나 굴절의 요소인 「will」과 병합하여 「I'」를 만들어 내는 것이었고, 마지막 여섯 번째 절차는 동사구 내에 있던 「the woman」이 「I」의 지정어의 자리로 이동되면서 전 도출과정을 마치는 것이었다. 그는 이 문장의 수형도로 아래와 같은 것을 제시했다.

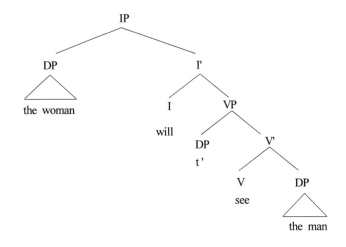

　그런데 문제는 바로 2002년의 책이 나오기 1년 전인 2001년에 「국면에 의한 도출(Derivation by phase)」이라는 논문에서 그는 문법적 조작에는 병합 한 가지뿐인 것 같다와 같은 희망적 견해를 나타냈었다는 데 있다. 극단적으로 말하자면 그는 내심적으로는 2000년경부터 드디어 그동안까지의 이동 중심적인 발상법을 병합 중심적인 발상법으로 바꾸고 있었으면서도, 외양상으로는 그동안까지의 이동 중심적인 기술법을 그대로 고수해 가는 양면적인 모습을 보여 온 것이다. 이런 양면성을 그는 최소주의 이론에는 유연적인 것과 강경적인 것의 두 가지가 있을 수 있다는 식이나 아니면 언어는 일종의 이상적인 체계로 볼 수도 있고 하나의 불완전한 체계로 볼 수도 있다는 식으로 정당화했다. 그가 이 논문에서 한 말은 다음과 같다. (Chomsky, 2001. p.13)

　　완전한 최적의 해결책은 이들 규칙들을 전부 제거해서, 두 개의 이미 형성된 대상들을 서로 접합시키는, 더 이상 축소될 수 없는 작동만을 남기는 것이다. 이것을 우리는 병합이라 부르는데, 이것은 가장 단순하면서도 가장 작은 언어적 절차이다.

2005년에 발표된 「언어구도의 세 요소」에서는 병합을 유일하면서도 기본적인 문법적 조작으로 보려는 그의 발상법은 드디어 단순히 최소주의이론의 기저가 될 뿐만 아니라 생물언어학적 언어이론 전체의 핵심사상이 될 정도로까지 그 위력이 신장되어 있었다. 여기에서 그는 먼저 최소주의이론이 최소주의라는 이름에 어울리는 문법이론이 될 수 있는 것은 결국에 문장을 도출하는 데 오직 병합이라는 조작만이 쓰이고 있기 때문이라고 보았다. 다시 말해서 그는 지난날의 확대표준이론이나 원리나 매개변인의 이론의 한계성은 바로 연산상 다분히 고비용적인 이동의 기능은 지나치게 중요시하면서, 고효율적인 병합의 기능을 제대로 인정하지 못한 데 있다고 본 것이다. 11쪽에서의 그의 「효율적 연산의 한 가지 자연적 특성은 언어 외적 일반성을 고려한다고 하더라도 복잡한 표현을 형성해내는 작동들은 마땅히 그들이 적용되는 대상들의 재배열 이상의 것이 되어서는 안 되며, 따라서 삭제나 새 요소의 삽입에 의한 내적인 수정작업은 없어야 된다는 것이다.」와 같은 말이 병합에 대한 그의 신념이 얼마나 확고부동한가를 익히 드러내주고 있다.

그 다음으로 그는 여기에서 병합을 언어기원의 원동력으로 보았다. 그동안에 그는 언어기원에 관한 한 Darwin주의나 신 Darwin주의적 이론은 아무런 타당성을 지니고 있지 못하며, 따라서 현재로서는 일종의 언어학적 내지는 생물학적 「돌연변이설」을 맞는 이론으로 내세울 수밖에 없다고 주장해왔는데, 그것의 내용을 드디어 여기에서 밝히게 된 것이다. 한 마디로 말해서 그는 여기에서 「병합설」이라고 명명할 수 있는 자기 나름의 언어기원설을 내세우게 된 것이다. 물론 엄밀하게 따지자면 병합절차는 두뇌가 약간의 돌연변이에 의해서 재연결되면서 생겨나게 되었다고 보았을 때, 바로 그 약간의 돌연변이의 원인이 무엇인가에 대해서는 자기가 아무런 설명을 하고 있지 않다는 것을 그도 잘 알고 있었다. 그렇지만 그가 여기에서 가정하는 바를 단순히 「대도약으로 인하여 병합이 생겨났다.」로 본다고 해도, 이것은 분명히 하나의 새로운 언어기원설의 자격을 지니고 있었다. 병합설에 대한 그의 이런 소신은 11쪽에서의 아래와 같은 말에 잘 나타나 있다. (Chomsky, 2002. pp.11~12)

> 언어기능에 관한 기초적인 사실은 그것은 개별적 무한의 체계라는 것이다. 그런 체계는 이미 형성되어 있는 n개의 대상을 가지고서 가장 단순한 경우 이들 n개의 대상으로써 하나의 세트를 만들어내는 것과 같이, 새로운 대상을 형성해내는, 일종의 원초적 조작에 기저하고 있다. 그런 조작을 병합이라고 하자. 병합이나 그것과 대등한 것이 최소의 요구조건이다. 병합을 사용할 수 있게 되면서 우리는 즉시 위계적으로 구조된 표현들의 무한정한 체계를 갖게 된다. 「인간의 진화 과정에 있어서의 「대도약」에 대한 가장 간단한 설명은 아마도 어느 약간의 돌연변이에 의해서 두뇌가 재연결되면서 병합의 조작이 생겨났으며, 이것은 즉시 적어도 원리상 인간 진화의 그 극적인 순간에 발견되게 되는 것의 기저적 핵심을 마련하게 되었다.」일 것이다. 점들을 연결하는 일은 결코 사소한 문제가 아닌 것이다.

그런데 문제는 곧 이어서 그가 이상과 같은 병합 유일성의 견해가 자기의 본심은 아니라는 사실을 밝히고 있다는 데 있다. 그는 여기에서 병합 안에 이동을 포함시키는 식으로 그 개념을 확대하는 의견을 내놓고 있는데, 이렇게 되면 결국에 병합이 아무리 우선적이고 기본적인 절차라 할지라도 그것이 이동의 기능까지를 수행할 수는 없다는 종전의 견해에는 아무런 변화도 없다는 말이나 같은 말이 되는 셈이었다. 아마도 그가 이동에 대하여 이렇게 끈질기게 집착하는 것은 그것이야말로 변형의 유일하면서도 기본적 절차인 탓으로 그것의 필요성이 사라지는 순간, 지난 5,60년간에 걸친 그의 문법이론 구축을 위한 모든 노력이 한꺼번에 수포로 돌아가고 만다고 생각했기 때문이었을 것이다. 결과적으로 이 문제를 놓고서도 그는 그의 특이한 양면성을 드러내고 만 것이다. 이동의 필요성에 대한 아래와 같은 그의 자기합리화적 설명의 진의를 제대로 파악한다는 것은 누구에게나 결코 쉬운 일이 아니다. 누구나 여기에서는 그가 궁극적으로 병합주의자가 아니라 이동주의자라는 인상을 받게 마련이다. (Ibid. pp.12~13)

> 어떤 규정이 가해지지 않는 한 병합의 조작에는 두 가지의 하위조작이 있다. A가 주어졌을 경우 우리는 B를 A밖에서나 A안에서 그것과 병합할 수가 있다. 이들은 각각 외적과 내적 병합인데, 후자는 「이동」이라고 불리게 된다. 이 조작은 또한 「무경비로」 이루어지게 되며 유명한 언어의 전위의 특성을 드러내게 된다. 특히 나는 오랜 기간에 걸쳐서 그 특성은 언어의 「불완전성」을 보여주는 증거이기에 어떻게든지 설명되어야 한다고 생각해왔지만, 실제에 있어서는 그것은 일종의 사실상의 개념적인 필요성이었다. 변형문법의 어떤 판은 영의 가설인 듯하고, 또한 내적인 병합 이상의 다른 기구들은 모두 증거를 대야 하는 부담을 안고 있다.

이 시기에 제안된 신 이론 중 네 번째로 주목할 만한 것으로는 인지적 「연산이론」을 들 수가 있는데, 이름 그대로 이것은 문장 도출의 절차를 컴퓨터에서와 같은 인지적 처리 절차로 본다는 것이 이것의 요지이다. 그는 예컨대 1995년의 책의 서론에서 「언어는 연산체계와 어휘부」로 구성되어 있다는 말을 함으로써, 그가 생각하는 최소주의 문법이론은 바로 언어의 연산체계의 조직과 운용요령에 대한 이론이라는 점을 분명히 했고, 또한 2005년의 논문에서는 「효율적 연산에 대해서 매우 약한 가정을 취하는 경우라면, 인터페이스 조건에 의해서 부과되는 것 이상의 수준, 즉 인터페이스 수준 자체 이상의 수준은 있어서는 안 된다. 사실은 이런 것들마저 존재하는지가 명백하지가 않다.」와 같은 말을 함으로써, 최소주의 문법모형이 문자화 절차만이 남고, D—나 S—구조의 표현체가 사라지는 식으로 되어야 할 근본적인 이유는 바로 그래야만 그것은 연산의 효율성으로 보아서 우리 몸 안에 내재되어 있는 보편문법과 근사해질 수 있기 때문이라는 점을 분명히 했다. (Chomsky, 2005. p.16)

이 이론의 하위이론에는 크게 두 가지가 있다고 볼 수가 있는데, 그 중 첫 번째 것은 문법적 기구를 인지적 작업을 수행하는 기구, 즉 일종의 인지체계로 본다는 것이다. 간단히 말해서 그는 이것으로써 인간의 두뇌를 하나의 고효율의 컴퓨터로 봄과 동시에 문법을 하나의 완전한 인지체계로 본다는 견해를 나타내게 된 것이니까, 결국에는 이것은 그의 생물언어학적 언어관이 단적으로 요약된 것이라고 볼 수가 있다. 그가 최소주의 프로그램이라는 술어를 처음으로 사용한 것은 1995의 책이 나오기 2년 전인 1993년에 발표된 「언어이론을 위한 최소주의 프로그램(A Minimalist Program for Linguistic Theory)」이라는 논문에서였는데, 바로 여기에서 그는 문법체계를 일종의 인지체계로 보아야 한다는 의견을 내놓았었다.

그가 여기에서 제안한 것은 오로지 배번집합과 문자화 절차만으로 이루어진 최소주의의 문법모형이었다. 그는 우선 인간의 언어능력은 크게 인지체계와 수행체계의 두 체계로 나누어질 수가 있는데, 언어학에서 연구의 대상으로 삼게 되는 것은 그 중 첫 번째 것이라고 보았다. 그 다음으로 그는 인지체계를 최소주의적 문법모형의 체계, 즉 어휘부에서 배번집합이 만들어진 다음에 그것에 문자화 절차를 적용시켜서 음성형태와 논리형태를 도출해 내는 체계로 정의했다. 세 번째로 그는 수행체계를 음성형태와 논리형태가 각각 조음청취 체계와 개념의도 체계와의 인터페이스적 절차를 통해서 소리와 의미를 얻어내는 체계로 정의했다. 수행체계를 처음으로 언어능력의 일부로 인정했다는 점으로 보아서는 이런 견해는 분명히 과거의 것으로부터 생물언어학 쪽으로 진일보한 것이다. 그렇지만 언어학의 정당한 과제 안에 수행체계에 대한 연구까지를 포함시킬 수 없다는 그의 입장에는 아무런 변화가 없었다.

이렇게 볼 것 같으면 문법체계를 인지체계로 본다는 것은 곧 이때에 와서도 외적 언어, 즉 E—언어는 배제한 채 내적 언어, 즉 I—언어만을 언어연구의 정당한 대상으로 삼는다는 그동안의 그의 언어연구관에는 아무런 달라짐이 없다는 말이나 같은 말이 된다. 물론 그가 최초부터 언어능력 대 언어수행이나, 핵심체계 대 주변부, I—언어 대 E—언어 간의 구분의 중요성을 강조하고 나선 것은 결국에 그는 자기가 궁극적으로 기술하고자 하는 보편문법은 개념상 바로 언어능력이나 I—언어와 겹쳐지는 것으로 보기 때문이었다. 이렇게 따지자면 그가 언어나 문법을 하나의 인지체계로 보고 있다는 것은 우리 몸 안에 내재되어 있는 보편문법을 인지체계로 보고 있다는 말이나 같은 말이었다. 그는 하나의 철저한 내재주의자임과 동시에 하나의 철저한 인지주의자였던 것이다.

그 중 두 번째 것은 고도의 연산적 효율성, 다시 말해서 문장도출 절차의 경제성이나 최소성을 언제나 문법이론이나 모형의 우열성을 가늠하는 최고의 기준으로 삼아야 한다는 것이다. 따지고 보자면 우선 그가 찾고자 하는 최선의 문법이론에 최소주의라는 한정사를 붙였다는 사실만큼 결국에 그가 생각하는 최고의 문법은 고효율성의 컴퓨터처럼 작동되는 문법이라는 것을 단적으로 드러내 주고 있는 것은 없다. 그래서 그는 그동안 내내 이른바 강성의 최소주의이론을 구축한다는 미명 하에 이런 궁극적 목표를 달성시키는 데 기여하는 이론을 개발하는 데 최선을 다해왔다. 예컨대 1995년의 책의 제2장에서 「완전해석의 조건」이나 「최후수단의 조건」 등을 보편문법의 기본원리로 간주해야 한다고 주장하고 나선 것은 모두 이런 노력의 일환이었다.

물론 엄밀히 따지자면 이런 조건이나 원리들이 이때에 이르러 갑자기 개발된 것은 아니다. 예컨대 그가 1995년의 책에서 가장 중요한 이론의 하나로 내세우고 있는 「최후수단의 원리」 같은 것은 1986년에 나온 「언어의 지식」에서 변형이론의 핵심원리로 제안했던 것이며, 또한 이 무렵에 그가 그것에 못지않게 중요하게 생각해 온 「완전해석의 원리」라는 것도 「최소노력의 원리」의 일부로서 「도출과 표현의 경제성에 관한 의견(Some Notes on Economy of Derivation and representation)」라는 1989년의 논문에서 이미 소개된 것이었다. 이런 의미에서 보아서도 1995년의 책에서 제안된 이론 중 많은 것들은 이때에 새롭게 개발된 것들이 아니라 그전부터 논의되어 오던 것을 재정리한 것들이라고 볼 수 있다. 한 가지 특기할 사질은 이들이 모두 이동절차의 남용을 막기 위해서 마련된 것이라는 점이다. (Chomsky, 1986, 1989)

그가 1995년의 책에서 연산적 효율성을 제고하기 위하여 제안한 이론이나 원리 가운데는 「최소연결의 원리」나 「순환적 이동의 원리」 등도 있는데, 따지고 볼 것 같으면 이들도 모두 이동절차와 관련된 것들이다. 예컨대 이 책의 45쪽에서는 「α 이동은 연산의 불변의 원리」라는 말과 함께 이것의 특징은 「John seems [t' to have been expected [t to leave]].」의 경우처럼 다중적 내지는 순환적으로 작동된다는 점임을 강조하고 있고, 또한 90쪽에서는 「α 이동은 언제나 연쇄의 연결을 최소화하도록 해야 한다.」고 주장하고 있다.

너무나 당연한 말이 되겠지만 그는 보편문법의 원리들이야말로 언어적 조작의 연산적 효율성을 높이게 되는 최고의 요소들이라고 생각한다. 한마디로 말해서 그는 보편문법의 원리들은 이미 우리의 몸 안에 「설치되어」 있어서, 비용이 많이 드는 습득된 언어요소와 구분이 되게 마련이라고 본 것이다. 그는 예컨대 1995년의 책의 61쪽에서 「보편적 기저의 가설」의 중요성을 특별히 강조하고 있는데, 이것의 기간이 되는 발상법은 바로 「절은 X—바 이론에 의하여 보문소 C가 핵이 되는 구조체」라는 것이니까, 결국에는 그는 X—바 이론을 문장 도출의 연산적 효율성을 보장하는 최고의 장치로 보고 있는 것이다. 더 구체적으로 말해서 「John met Bill」의 D—구조는 어느 언어에 있어서나 아래와 같은 수형도를 가지고 있기 때문에, 이 문장이 도출되는 데는 어디에서나 일부 매개변인적인 차이를 빼놓고는 동일하게 연산적 고효율성을 지니고 있는 절차를 밟게 되어 있다고 본다. 그는 29쪽에서 「보편문법은 일종의 직관성과 넓은 일반성을 가지고 있는 기본적 원리들로 이루어진, 하나의 단순하면서도 우아한 이론이다.」와 같은 말을 하고 있는데, 결국에는 이런 정의에 가장 잘 어울리는 이론이 바로 X—바 이론인 셈이다. (Ibid. p.66, p.26)

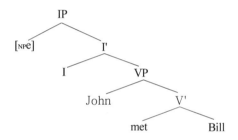

자기가 내세우는 최소주의이론이 하나의 최선의 문법이론일 수 있는 것은 궁극적으로 문법체계가 고도의 연산적 효율성을 지니고 있는 것이기 때문이라는 그의 생각이 얼마나 확고한 것인가 하는 것은 다음과 같은 두 가지 사실에 의해서 익히 헤아려 볼 수가 있다. 그 중 첫 번째 것은 언어유형적 사실에 대한 그의 매개변인적 설명법이다. 바로 앞에서 말이 나왔듯이 그는 우선 여러 언어사이의 상이성은 그들 간의 공통성을 부각시키는 일종의 부차적이거나 사소한 현상일 따름이라고 생각했다. 그는 실제로 여러 언어들의 D—구조와 논리형식은 동일한 것이어서, 그들 간의 다름은 오직 S—구조에서만 드러나게 되어 있다고 보았다. 예컨대 그는 이 책의 61쪽에서 「만약에 그들이 (문법적 도출 절차) 제대로 된 것이라

면 유형적 변이성은 어순적 매개변인과 기능적 요소의 속성으로 축약되게 되어 있다.」라는 말을 한 다음에, 68쪽에 가서 의문사 이동에 있어서의 영어와 중국어 간의 차이를 그 예로 들고 있다. 그는 영어에서는 의문사 이동이 「What do you want [John to give t to Bill].」에서처럼 S—구조에서 일어나는데 반하여, 중국에서는 S—구조에서는 의문사가 원위치에 그대로 있다가 LF에 가서 이동을 하여 영어와 같아진다고 보았다. 다시 말해서 영어에서의 의문사 이동은 외현적 이동인데 반하여, 중국어에서의 그것은 내현적 이동이라는 것이었다.

그 중 두 번째 것은 131쪽에서의 매개변인은 연산체계와는 아무런 관련 없이 오직 어휘부와 관련된 것으로 볼 수도 있다는 견해이다. 이런 견해는 물론 언어 간의 변이성을 어순적이거나 기능적 요소의 현상으로 보려는 것과 전혀 다를 뿐만 아니라 그것보다 한층 더 과격한 것이다. 그러니까 여기에서 우선 문제가 될 수 있는 것이 61쪽에서의 의견과 전혀 다른 의견을 새삼스럽게 개진하게 된 이유가 무엇인가 하는 것이다. 추측컨대 이런 현상은 그가 자기의 보편문법이론의 타당성을 보증할 수 있는 최선의 사실은 문법체계, 즉 연산체계가 보편적인 것이라는 논리에 휘말린 결과 나타나게 되었을 것이다. 다시 말해서 그는 여러 언어 간의 상이성의 근거지로 어휘부를 잡게 되면 결국에는 문법이나 연산체계는 그 전체가 공통적이고 보편적인 것이라는 결론이 나오게 마련이라고 생각한 것이다.

그 다음으로 여기에서 문제가 될 수 있는 것은 매개변인적 현상에 대한 이런 두 가지 견해 중 과연 어느 것을 그의 진심으로 보아야 하느냐 하는 것인데, 이것에 대한 대답은 당연히 61쪽에서의 견해를 그렇게 보아야 한다는 것이다. 61쪽에서의 의견에 따르는 실례적 분석은 책 전체를 통해서 여러 곳에서 이루어지고 있는데 반하여, 131쪽에서의 의견에는 이런 실례적 분석작업이 뒷받침되고 있지 않다. 더 나아가서 그는 이런 의견

가운데서 어휘적 자질마저도 사실은 보편문법에 의해서 엄격히 제한되어 있다는 단서를 달고 있다. 그의 어휘부에 대한 아래와 같은 의견은 자기가 둘도 없이 극단적인 내재주의자나 보편문법주의자라는 사실만을 더욱 부각시킨 셈이다.

> 그 동안에 보편문법의 매개변인은 연산체계가 아니라 단지 어휘부와만 연관되어 있다는 제안이 있어왔다. 우리는 이것을 각 매개변인은 어휘의 특정요소의 자질이나 예컨대 규범적 지배와 같은 어휘항목의 범주와 관련되어 있다는 의미로 받아들일 수 있다. 만약에 이런 제안이 자연스런 형태로 유지될 수 있으려면 어휘부 이외에는 단 한 가지의 인간언어만이 존재할 수 있게 되고, 언어습득은 본질적으로 어휘적 개별성을 결정짓는 일이 된다. 어휘적 자질 역시 보편문법이나 여타의 정신/두뇌 체계에 의해서 엄격히 제한되어 있다. (Ibid. p.131)

(나) 문법모형과 기술법

그의 이 세 번째 문법이론이 그의 두 번째 것과 얼마나 다른 것인가를 한눈으로 알 수 있는 방법은 바로 이것에서 제안되고 있는 문법체계의 구도, 즉 문법모형을 살펴보는 것인데, 앞에서 이미 약간의 논의가 있었듯이 사실은 이 일이 생각만큼 쉬운 일이 아니다. 그 이유는 그 특유의 양면성이 이때에 이르러 그의 두 번째 이론에서 보다 더 강력하게 작용하게 되었기 때문이다. 예컨대 1995년의 책에서 그는 실제로 시종일관 사용하고 있는 문법모형은 확대표준이론의 것이면서도, 말로는 앞으로 모색되어야 할 문법모형은 오직 문자화 절차만이 있게 되는 최소주의적인 것이어야 된다고 주장했었다. 간단히 말해서 문법모형의 설정의 문제 하나만 가지고도 누구나 그가 애초부터 최소주의 이론을 하나의 이론이라고 부르지 않고서 일종의 프로그램으로 불렀던 이유를 익히 알 수가 있다. 이것을 곧 최소주의이론의 문법모형도 그 이전의 이론의 그것처럼 단 하나의 도형으로 기술될 수 있다고 생각하는 것부터가 잘못된 것이라는 것을 의미하게 된다.

i) 문법모형

그래도 그동안의 관행에 따라서 거의 모든 논의자들이 이번에도 이런 무모한 시도를 해 온 것이 사실인데, 이런 식의 모형은 실제에 있어서는 최소주의이론을 이해하는 데 도움을 주기보다는 오히려 방해가 될 가능성이 있다는 사실을 단 하나의 보기를 살펴봄으로써도 익히 알 수가 있다. 여기에서 검토할 모형은 K. Brown이 「루트리지 언어학 사전」에 실린 「생성문법(Generative Grammar)」에 대한 소개문에서 제시한 것인데, 이것은 일단 원리와 매개변인의 이론에서의 그것과 대비점을 부각시키는 데는 성공했는지 몰라도, Chomsky의 원래의 구상이 지나치게 단순화된 결과 그것을 제대로 이해하는 데는 아무런 도움을 주지 못하는 것이 되고 말았다. (Brown, 2010. p.107)

추측컨대 이 모형은 Chomsky가 1993년의 논문에서 제안했던 언어능력의 체계도중 문법체계, 즉 인지체계 부분을 근거로 한 것일 텐데, 이렇게 본다고 하면 이것은 먼저 배번집합이라는 층위가 따로 없다는 문제점을 안고 있다. Chomsky의 인지체계에서는 배번집합은 어휘부로부터 선택된 어휘에 의해서 이것이 만들어지는 절차가 문장의 도출절차의 첫 번

째 절차일 뿐만 아니라, 이것이 없이는 문자화 절차가 이루어질 수 없기 때문에 하나의 기본적 층위로 간주되고 있다. 그런데 이 모형에서는 이것이 생략되어 있다. 아마도 이 이론의 모형에서는 D—구조와 S—구조가 필요 없게 되었다는 점을 강조하려다 보니까, 그것의 대안마저 생략하는 잘못을 저지르게 되었을 것이다.

그 다음으로 이것으로는 Chomsky가 최소주의적 문장도출의 기본적 조작으로 내세우는 병합 절차가 실제로 어디에서 있게 되는지에 대해서 알수가 없게 되어있다. 우선 그의 이론에 따르자면 이런 문법적 조작이 있게 되는 곳으로 어휘부와 문자화 사이와 문자화와 논리형식이나 음성형식 사시의 두 곳을 명시해야만 하는데, 그렇지를 못하고 있다. 그 다음으로 이동을 병합의 일종으로 보아야 한다는 것이 Chomsky의 의견이니까, 병합 절차 한 가지만을 내세울 수도 있고, 아니면 그것과 이동절차를 같이 내세울 수도 있을 텐데, 아무런 견해도 나타나 있지 않다.

세 번째로 이것에 따를 것 같으면 누구나 문자화 절차는 단 한 번의 절차라는 인상을 받기가 쉬운데, 이렇게 되면 이것은 Chomsky가 구상하는 문법모형과는 거리가 아주 먼 모형이 되고 만다. 한 마디로 말해서 그가 구상하는 최소주의적 문법모형의 본질적 발상법은 문자화 절차가 단 한 번이 아니라 다중적으로 일어난다는 점이라는 사실을 상기한다면, 이것은 그의 문법이론을 이해하는 데 도움이 되기는커녕, 오히려 그것을 제멋대로 오해하도록 유도하기 쉬운 모형이라고 볼 수가 있다. 물론 문자화가 다중적 절차라는 사실을 도표로 나타내기가 생각만큼 쉬운 일은 아니었을 것이다. 그렇지만 결과적으로 이것은 종전의 문법모형과의 대비성만을 편의주의적으로 부각시키다보면, 그것과의 진짜 차이성을 제대로 드러내지 못하는 잘못을 저지르게 마련이라는 것을 익히 보여주고 있다.

이런 의미에서 볼 때 Boeckx가 2006년에 낸 「언어적 최소주의(Linguistic

Minimalism)」에서 Chomsky 자신이 「1995년의 책에서 현재로서는 외적인 체계가 인터페이스에서 어떤 조건 하에서 작동하게 되는지를 잘 모르고 있다」는 점을 인정하고 있는 이상, 최소주의의 문법모형이 이른바 「단일출력 통사모형」 (1)과 「도출적 통사모형」 (2)중 어느 것일 것이라고 추리할 수밖에 없다고 주장하고 나선 것은 결코 무리한 일이 아니라고 볼 수가 있다. 물론 만약에 Chomsky에게 고르게 한다면 그는 틀림없이 두 번째 것을 고를 것이다. 그렇지만 그도 왜 그런데 첫 번째 것과 같은 것도 제안되게 되었는지에 대한 설명은 해야 할 것이다. 그리고 여기에 제시되어 있는 두 가지 모형들은 (1)은 Brody와 Pesetsky등의 견해에 따른 것이고, (2)는 Epstein 등의 견해에 따른 것인 식으로 원래는 그의 가까운 동료들에 의해서 제안된 것들이다. 이런 사실로 미루어 보아서 최소주의의 문법모형에 대해서 그의 학파 내에서도 의견이 아직 통일되어 있지 않다는 것은 의심할 여지가 없다. (Boeckx, 2006. pp222~3)

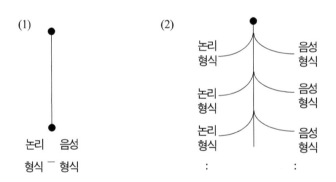

그런데 엄밀한 의미에서 보았을 때는 이들 모형은 Brown이 제시한 것만도 못하다고 볼 수가 있다. 그 이유는 문장 도출의 단계가 하나냐 여럿이냐의 문제에만 초점을 맞추다 보니까 모형 전체의 구도로서는 생략된

부분이 너무 많기 때문이다. 예컨대 이들에서는 배변집합에 해당하는 곳이 하나의 점으로 표시되어 있을 뿐만 아니라 문자화 절차는 아예 하나의 직선으로만 표시되어 있다. 이렇게 볼 것 같으면 Chomsky 자신은 그동안에 왜 단 한 번도 최소주의의 문법모형을 도형화하려 하지 않았는가에 대한 대답을 이들 두 모형들이 대주고 있다고 볼 수가 있다.

이런 추론이 잘못된 것이 아니라는 사실은 그가 2005년의 논문에서 토의하고 있는 문법모형에 대한 의견들은 앞의 두 모형으로도 제대로 설명될 수 없는 것들이라는 점이다. 한 마디로 말해서 그가 여기에서 제안하고 있는 견해들은 여러 판의 최소주의이론 중 가장 강력한 것을 염두에 두고 한 것들이어서, 그 자신도 확언보다는 문제제기의 형식을 따르고 있다. 예컨대 다음과 같은 두 가지 의견에 따를 것 같으면 앞의 두 모형은 모두 다 제대로 된 최소주의적 문법모형이 아님이 분명해지게 마련이다.

그 중 첫 번째 것은 11쪽에서의 문장 도출의 절차를 구조화되지 않은 병합절차의 한 세트로 볼 수 있다는 견해이다. 그는 우선 문장 도출의 절차를 크게 음성형식을 만들어내는 것과 논리형식을 만들어내는 것의 두 가지로 나누고 볼 것 같으면, 전자에서는 여러 절차들이 선형적 순서성을 지키게 되어 있는데 반하여, 후자에서는 그렇지 않은 사실로 미루어 보아서 그것의 제일 중요한 특징은 바로 비대칭성임이 분명한 이상, 그것을 결국은 「가장 단순한 조작인 병합의 하나의 세트」로 보는 것이 가장 합리적인 일이라고 주장하고 있다. 그는 한 마디로 말해서 그가 생각하는 궁극적인 최소주의적 문법모형에서는 표현체의 층위뿐만 아니라 배변집합도 필요 없게 된다고 본 것인데, 그가 실제로 한 말은 아래와 같은 것이다.

만약에 선형적 순서가 음성적 인터페이스에 사상하는 경우로 제한된다면, 기초적 조작인 병합이 가장 단순한 형태로부터 출발해야 할 필요가 없어진다. 앞에서 보았듯이 많은 비대칭성의 현상들이 형상과 어휘항목의 자질, 독립적으로 필요해진 표지의 원리 등으로부터 나타날 수 있기 때문에, 그것이 형상을 구성하는 기본적인 절차에 의해서 명시될 필요도 없고, 그래서 그렇게 해서도 안 되는 것이다. 만약에 그것이 보편적이라면 기초적 조작은 가능한 한 최대로 단순한 것, 즉 하나의 세트를 이루고 있는 구조화되어 있지 않은 병합인 것이다.

그 중 두 번째 것은 위에서 말하는 병합에는 마땅히 내적인 병합, 즉 이동도 포함되어야 한다는 점과, 위에서와 같이 문법모형이 단순화되게 되면 문장 도출의 조작들은 단 하나의 사이클에서 이루어지게 된다는 점, 이들 조작들은 으레 C와 v가 수어가 되는 국면의 지정된 요소들에 의해서 추진된다는 점 등을 밝힌 18쪽에서의 말이다. 특히 그의 말 가운데서 「오래 지탱할 수 있으려면 이런 식의 연산적 구도가 최대로 이상적인 것인 듯하다. S—구조와 논리형식은 더 이상 형식화될 수 없으며, 따라서 D—구조와 함께 사라지게 마련이며 전 연산절차는 하나의 단일 사이클로 축약되게 된다.」와 같은 부분은 그가 생각하는 최선의 최소주의적 문법모형은 결국에 Boeckx가 예로 든 두 가지 모형보다 더 최소화 된 것이라는 사실을 익히 시사하고 있다.

ii) 기술법

최소주의이론의 문법모형을 하나의 체계도로 도형화하는 것은 어려운 일일는지 몰라도, 그것에서 쓰이고 있는 기술법의 특징을 알아보는 일은 그렇지가 않은데, 그 이유는 이때에 쓰인 기술법은 크게 보았을 때 원리와 매개변인의 이론 때 정립된 것과 거의 같기 때문이다. 다시 말하자면 이때에 쓰인 기술법의 기본이 되는 부분은 이미 원리와 매개변인의 이론 때 만들어진 것이며, 따라서 몇 가지 새로 내세워진 개념들을 위해서 새로운 용어나 기호를 만들어내서 그것에 추가하는 정도가 이때에 와서 달라진 점이었다. 예컨대 절의 표시로 S̄와 S가 쓰이던 것이 각각 Cp와 Ip로 바꿔

게 된 점은 달라졌지만 그들의 수형도적 구조성을 괄호법으로 표시한다
든지, 또는 공범주 현상과 이동절차를 설명하는 데 PRO와 t와 같은 기호
를 사용한다는 등의 기본 틀에는 아무런 변화가 없었다.

그런데 그의 1995년의 책의 내용을 살펴 볼 것 같으면 그의 두 번째
문법이론과 세 번째 문법이론 간의 밀접한 연관성은 기술법상으로만 있
는 것이 아니라 이론 자체에도 있다는 사실이 당장 드러난다. 간단히 말해
서 이 책에서 다루어지고 있는 주제들의 대부분은 1980년대 때부터 논의
된 것들인데, 이런 의미에서 볼 때 최소주의이론의 초기판은 원리와 매개
변인의 이론의 연장판이라고 볼 수도 있다. 물론 이 책의 뒷부분에서 주로
발견되는 자질점검에 관한 논의마저 그렇게 볼 수는 없다. 그렇지만 이런
논의에서는 기껏 해봤자 X—바 수형도 정도의 기술법만 쓰이지, 여타의
문장분석에 관한 기술법은 쓰이지 않게 되어있기에, 이 부분이 기술법의
변화에 주는 영향은 없었다고 볼 수가 있다. 결국 논의의 주제가 같아지니
까 기술법도 당연히 같아지게 된 것이나 다름이 없다.

이런 사실은 몇 가지 구체적인 사례를 통해서 쉽게 확인할 수 있다.
그 중 첫 번째 것은 185쪽에서의 「John seems to be likely to win.」이라는
문장에 대한 분석법인데, 이것에서 눈에 띄는 점은 연쇄(Chain: CH)라는
개념을 설정하여 이동의 역사를 표시하게 되었다는 점이다. 그 밖에 일종
의 빈자리라는 의미로 「e」를 사용한 것이나 흔적의 개념으로 「t」를 사용
한 것, 부정사의 구조성을 괄호로 나타내는 기법 등은 그 전부터 사용해오
던 것이다. a는 이 문장의 D—구조이고, b는 그것의 S—구조이다.

CH = (H … t)
a. e seems [e to be likely [John to win]]
b. John seems [t' to be likely [t to win]]
c. CH = (John, t', t)

그 중 두 번째 것은 「there—문」에 대해서 새로운 견해를 내세우면서 사용한 기술법으로서, 따지고 보자면 과거에는 이 문장이 「there 삽입」의 절차에 의해서 도출되는 것으로 설명해 오던 것을, 이제는 그것이 「융합적 허사 (amalgamated expletive: EA)」의 설정에 의해서 도출되는 것으로 바꾸게 되었으니까, 응당 새로운 기술법이 필요하게 된 것이다. 「there—문」에 대해서 그가 새로운 기술법을 제시하게 된 이유는 바로 그가 허사들은 「θ 표지가 되어 있지 않으면서도 격을 배당할 수 있는 위치에서만 나타나기」에 그들은 θ표지의 가시성의 원리를 위반하고 있는 것처럼 보이고 있다는 사실을 포착했기 때문이었다.

그의 생각으로는 이런 문제를 해결하기 위한 최선의 방법은 허사가 제휴어와 합쳐서서 하나의 복합체를 형성해내는 절차, 즉 융합적 허사를 설정하는 절차를 도입하는 것이었다. 제휴어가 「a man」인 경우를 예로 들자면 「[EA there, a man]」과 같은 복합체가 만들어진다고 보는 것이었다. 이 절차의 필요성에 대한 66쪽에서의 그의 설명법은 「There is a man in the room」이라는 문장의 논리형식은 「[there, a man] is t in the room」처럼 되어야 하는데, 그 이유는 「there」를 삭제하는 일이 불가능하기 때문이라는 것이었다. 물론 여기에서의 t는 「a man」의 흔적이니까 결국에는 이동의 절차가 이것에서도 도출의 기본이 되고 있다고 볼 수 있다.

67쪽에서는 그는 이런 현상을 융합에 의해서 A—연쇄가 형성되는 현상, 즉 A—이동의 현상으로 볼 수 있다고 주장하면서 그 예로서 다음과 같은 복합문의 기술법을 제시했다. 먼저 그는 「I believe [there is a man here]」와 「I believe [there to be a man here]」, 「*I tried [there to be a man here]」와 같은 문장에서, 첫 번째에서는 「there」가 주격을 부여받고 있고 두 번째 것에서는 그것이 목적격을 부여받고 있는데 반하여, 세 번째 것에서는 그것이 어떤 격부여도 받지 못하기에 그것이 비문이 될 수밖에 없다는 사실을 지적하였다.

그 다음으로 이런 사실이 제대로 설명되기 위해서는 위의 세 문장의 논리형식은 각각 「I believe [[EA there, a man] is t here]」와 「I believe [[EA there, a man] to be t here]」, 「*I tried [[EA there, a man] to be t here]」처럼 되어있다고 보아야 한다고 주장했다. 범주와 변형이라는 제목을 가진 이 책의 마지막 장에서는 자질점검의 절차와 원리에 대해서 집중적으로 논의를 하고 있는데, 여기에서도 그는 「there—문」에 대한 제대로 된 분석은 오직 융합의 개념을 도입했을 때만 이루어질 수 있다고 주장했다.

여기에서는 그런 문장을 기술하는 데 [EA there, a man]과 같은 특이한 표기법이 쓰이고 있지는 않다. 그렇지만 「허사는 격을 가지고 있지 않으므로 그것에 격을 부여하는 것은 제휴어이다.」라는 그의 말은 결국에 허사문에 관한 한 자질점검에 있어서도 융합의 개념이 핵심적 개념이 되게 되어 있다는 점을 잘 드러내주고 있다. 특히 여기에서 그는 허사에는 「it」처럼 격과 ∅−자질을 가지고 있는 것과, 「there」처럼 이런 것이 전혀 없는 「순수 허사」의 두 가지가 있다고 보고서, 「D(한정사)」라는 범주 외에는 형식적 자질과 의미적 자질을 가지고 있는 후자에 격을 부여하게 되는 것은 결국에 제휴어라는 의견을 내놓았다. 이것에 대한 부가적 설명으로서 그는 「There is a book on the shelf.」에서 허사에 주격을 부여하는 것은 「a book」이라는 제휴어이고, 「There arrived yesterday a visitor from England.」에서 허사에 주격을 부여하는 것은 「a visitor」라는 제휴어이며, 「I expected [there to be a book on the shelf]」에서 허사에 목적격을 부여하는 것은 「a book」이라는 제휴어라는 말을 했다. (Ibid. p.288)

그 중 세 번째 것은 제1장의 제4절에서 「장벽(Barrier)」이라는 개념을 중심으로 해서 지배이론의 중요성을 내세우면서 사용한 기술법으로서, 이것을 통해서 누구나 지난 이론 때 쓰이던 기술법이 그대로 이 이론에서도 기본적 기술법이 되고 있다는 사실을 익히 확인할 수가 있다. 우선 장벽이론은 그가 1986년에 「장벽(Barriers)」이라는 책에서 내세웠던 것으로서, 간단히 말해서 원리와 매개변인의 이론의 중심적 이론이었던 지배이론과 이동과 관련한 하위 인접성의 조건 등을 하나로 합친 것이었다. 이런 사실 역시 먼저 최소주의 이론은 결국에 지난날의 이론의 연장선상에 있는 것이라는 점을 여실히 보여주고 있다.

그런데 그는 이 자리에서 지정어와 보어는 장벽이 되지 않지만 그 밖의 요소들은 그렇지 않다는 사실을 설명하면서 지배이론에 위반되어 결국에 비문이 되는 예로서 아래와 같은 세 가지 경우를 들었다. 이들 문장에서 장애가 되고 있는 것은 밑줄 친 단어들로서, a.는 수어이동 제약의 조건을 위반한 사례이고, b.는 초상승의 조건을 위반한 사례이며, c.는 의문사 섬 제약의 조건을 위반한 사례이다. 이들에 추가해서 그는 d.를 더 제시하고 있는데, 그 목적은 논항 추출의 경우가 부가어 추출의 경우보다 비문성이 적다는 사실을 보여주려는 것이었다. 다시 말해서 d.도 결국은 c처럼 의문사 섬 제약의 조건을 어기고 있는 문장이니까 하나의 정문이 아닌 것은 사실이지만, 경우에 따라서는 이것이 정문처럼 쓰일 가능성도 있는데, 그 이유는 바로 이동된 「what」이 「fix」 동사의 목적어에 해당하는 것이기 때문이었다.

    a. *How fix [John <u>will</u> [t the car]].
    b. *John seems [that [IP <u>it</u> is certain [t to fix the car]]]
    c. *Guess [cp how [John wondered [<u>why</u> [we fixed the car t]]]]
    d. $^{??}$ Guess [cp what [John wondered [<u>why</u> [we fixed t]]]]

(Ibid. p.82)

제5장
언어이론 연구의 발전 방향 (I): 수평적 확장

5.1 언어이론의 두 가지 개념

지금까지 살펴보았듯이 Chomsky의 특이함은 처음부터 자기야말로 역사상 최초로 하나의 과학으로서의 언어학의 모양을 규정해내려고 한 사람이라고 자부하고 있었다는 점이다. 그는 예컨대 자기가 하고 있는 일을 언어이론학이나 문법이론학이라고 주장할 만큼 언제나 언어연구 방법이나 언어학 자체의 과학성을 확보하는 일을 언어자료를 분석하거나 문법이론을 구축하는 일보다 앞세웠다. 그는 한 마디로 말해서 자기가 내세우는 변형생성문법은 바로 역사상 처음으로 언어이론학이나 문법이론학의 기저 위에 세워진 것이기에 응당 가장 우수하고 과학적인 문법이 되게 마련이라고 생각해왔던 것이다.

처음부터 이런 언어연구관을 가지고 있었기 때문이어서 그런지, 지금까지의 언어학자중 그만큼 이론이라는 말을 거의 모든 설명법에 붙일 정도로 흔하게 사용한 사람은 없다. 알기 쉽게 말해서 오늘날까지의 5,60년에 걸친 그의 언어연구의 역사는 문법이나 문법기술에 관한 이론들을 양산해 온 역사나 다름이 없는데, 더욱 혼란스러운 사실은 실제로는 이론이라는 말과 원리나 가설, 조건, 규칙, 법칙이라는 말이 서로 맞바꾸어져도 아무 이상이 없을 정도로 유사어나 동의어처럼 쓰여 왔다는 점이다. 이미 혼란스러워진 상황을 더욱 혼란스럽게 하는 원인으로는 물론 그의 문법 이론을 연구하거나 소개하는 사람들이 이들 말들을 무분별하게 사용하게 되었다는 사실을 들 수가 있다.

추측컨대 이런 현상이 일어나게 된 것은 우선 이것은 다른 사람들이 그 자신의 이 문제에 대한 느슨한 태도를 그대로 모방한 결과일 수도 있고, 그 다음으로는 그들은 이미 과학적 논의에 있어서는 예컨대 가설과 이론 간의 차이를 종이 한 장 정도의 것으로 볼 수도 있다는 것을 익히 알고 있기 때문이었을 것이다. 아마도 이런 사실의 가장 비근한 증거로 내세울 수 있는 것은 바로 그의 세 가지 문법이론의 원전격인 책들의 서명에 이론이라는 말이 일관되게 쓰이고 있지 않다는 사실일 것이다. 예컨대 표준이론의 원전격인 책의 이름은 「Aspects of the Theory of Syntax」처럼 되어있지만, 원리와 매개변인의 이론의 원전격인 책의 이름은 「Lectures on Government and Binding」처럼 되어 있고, 최소주의이론의 원전격인 책의 이름은 「The Minimalist Program」처럼 되어있다. 그는 틀림없이 그가 책 안에서 내세우고 있는 것은 하나의 문법적 이론이라는 사실을 누구나가 익히 알고 있을 테니까, 새삼스럽게 그 단어를 서명에 집어넣을 필요는 없다고 생각했을 것이다. 다시 말해서 그는 사람들은 단순히 지배와 결속이라고만 말해도 결국은 그것이 지배이론과 결속이론을 가리키고 있다는 것을 잘 알고 있다고 생각했던 것이다.

그런데 따지고 볼 것 같으면 그가 이론이라는 말을 이렇게 함부로 사용하게 된 근원적인 원인은 그동안에 학문이나 과학의 세계에 이런 전통이 있어왔기 때문이다. 크게 보자면 학자나 과학자의 개인적 성향에 따라서 이 말을 비교적 느슨하게 사용하기도 했고, 보다 엄격하게 사용하기도 했지만, 여기에 일정한 규칙이 있었던 것은 아니다. 그러니까 그에게는 결국에 이 말을 유난히 즐겨 쓰려는 경향이 있었던 것이다. 아니면 이런 현상은 그가 처음부터 자기의 문법이론은 하나의 과학적 이론이라는 사실을 부각시키려는 강력한 의도를 가지고 있었기 때문에 일어나게 되었다고 볼 수도 있다.

그러나 이런 현상에 관한 한 학계에서는 여전히 이론에 대한 정의가 최대로 광의적으로 내려지고 있다는 사실만큼 설명력을 가지고 있는 것은 없다고 볼 수가 있다. 예컨대 「루트리지 철학사전 (The Routledge Dictionary of Philosophy)」에서는 현재 통용되고 있는 이론에 대한 정의를 ⅰ) 하나나 그 이상의 가설이나 법칙과 같은 서술로서 보통 추론적인 것으로 간주된다. 와, ⅱ) 이따금씩 전자나 진화와 같이 관찰할 수 없는 것에 대한 법칙이 이론이라고 불리기도 하는데, 그 이유는 관찰할 수 없는 것에 대한 증거는 불가피하게 미확정적인 것으로 느껴지기 때문이다., ⅲ) 법칙이나 가설의 한 통합적 체계로서 일정한 설명력을 지니고 있는 것이 이론이라고 불린다. , ⅳ) 지식의 이론이나 논리적 이론과 같은 하나의 학문적 영역이 이론이라고 불리기도 한다는 등의 네 가지로 잡고 있다.

이상과 같은 네 가지의 정의를 통해서 우리가 알 수 있는 사실은 크게 세 가지인데, 그 중 첫 번째 것은 역시 이론이라는 말은 가설이나 법칙, 원리와 같은 말과 거의 유사어나 동의어처럼 쓰이고 있다는 사실이고, 그 중 두 번째 것은 이 말은 하나의 개별적 현상에 대한 설명법을 가리킬 수도 있고, 아니면 이것이 여러 법칙이나 가설들의 한 통합적 체계를 가리킬 수도 있으며, 더 나아가서는 이것이 하나의 학문적 분야나 영역을 지칭하는 말로 쓰일 수도 있는 식으로 가리키는 대상의 크기가 한 가지로 고정되어 있지 않다는 사실이며, 그중 세 번째 것은 이 말은 원래가 연역적 방법을 사용하면서 주로 인간의 문제를 연구하던 인문학에서가 아니라 귀납적 방법을 사용하면서 주로 자연의 현상을 연구하던 자연과학에서 많이 쓰여 왔던 말이라는 사실이다.

그런데 우리로 하여금 그의 이 말에 대한 자유분방한 태도를 굳이 개인적인 특성으로 볼 필요는 없다는 결론을 내리게 하는 것은 이들 네 가지 정의에 후속해서 나오는 「이러한 의미들은 이따금씩 서로 섞이게 된다. 하나의 원리는 높은 수준의 법칙일 수가 있는데, 이것은 때로는 많은 현상을 가리킬 수도 있고, 아니면 하나의 규칙 같은 것일 수도 있다. 모든 과학적 법칙들을 원리로 부른다는 것은 곧 그들은 규칙일 수도 있거나 아니면 이상화 된 기술일수도 있다는 의미를 내포하게 된다.」와 같은 말이다. 이 후속문에 따를 것 같으면 우선 이론이란 말을 일정하게 정의하려고 애쓰는 것 자체가 무의미한 일이 되게 마련이고, 그 다음으로는 이 말은 현실적 현상을 기술하는 데 쓰일 수도 있고 아니면 이상화된 세계를 기술하는 데 쓰일 수도 있게 되어 있다. 이렇게 보자면 그는 이 말을 자유분방하게 쓰는 것이야말로 수준 높은 과학자가 지니고 있어야 할 제일 중요한 자질이라고 생각하고 있었다고 볼 수도 있다. (Proudfoot and Lacey, 2010, p.217)

그런데 문제는 이론이라는 말을 이렇게 광의적이거나 중층적인 의미로 쓰다보면 그것의 의미가 자연히 언어이론이라는 술어에서의 그것의 의미와 달라지게 되어서, 결과적으로는 언어이론 연구라는 학문분야의 실체를 설정하는 일 자체가 어려워진다는 데 있다. 그가 만약에 자기야말로 역사상 최초로 언어이론 연구를 언어학의 기본분야로 내세운 사람이라는 자부심을 가지고 있었다면, 그는 마땅히 그동안처럼 이론이라는 말을 자유분방하게 사용해서는 안 되었던 것이다. 다시 말할 것 같으면 우선 이론이라는 말은 상위적인 것과 하위적인 것(이런 구분은 물론 협의적 이론

대 광의적 이론의 구분으로 바뀌어 불릴 수도 있다.)의 두 개념으로 구분되어 쓰일 수가 있는데다가, 엄밀하게 따지자면 언어이론 연구에서의 그것의 개념은 그 중 첫 번째 것임이 분명한데, 이런 구분을 의도적이든지 무의식적이든지 간에 완전히 무시하다보니까 언어이론 연구를 제대로 진척시키는 데 적지 않은 지장을 초래하게 된 것이다. 이 점이 바로 그의 경우를 예로 삼아서 수행하게 되는 언어이론 연구의 첫 번째 문제점이다.

이렇게 볼 것 같으면 결국 그의 경우를 대상으로 삼는 언어이론 연구에서 제일 먼저 해야 할 일은 언어이론에 해당하는 이론과 그렇지 않은 이론을 구별하는 것이다. 이 일이 그런데 생각만큼 쉬운 일은 아닌데, 그 이유는 그 자신은 이 일과 관련해서 어떤 기준도 내세운 적이 없기 때문이다. 따라서 일단은 어느 이론을 언어체계 전체의 특성이나 자질에 관한 것이냐, 아니면 그것의 한 하위조직의 특성이나 자질에 관한 것이냐에 따라서 대별하는 식의 다분히 상식적인 구분법을 사용할 수밖에 없다.

구체적인 예들을 몇 가지 들어보면 실제에 있어서는 이런 상식적인 구분법이 대단히 편리하면서도 가치 있는 것일 수 있다는 것을 잘 알게 된다. 그의 문법이론의 발달순서에 따라서 이런 구분법을 적용해 볼 것 같으면 우선 그가 초기이론에서 내세운 「변형이론」에서의 이론은 분명히 상위적인 차원의 이론이다. 그게 그렇다는 것은 그가 「통사적 구조」의 서문의 말부에서 「조심스럽게 변형이론을 체계화해서 자유롭게 영어에 적용해 보게 되면 우리는 그것은 특별히 구상된 현상 이상의 광범위한 현상에 대한 통찰력을 많이 제공해주게 된다는 사실을 알게 된다.」와 같은 말을 한 사실 한 가지만으로써 익히 알 수가 있다. 이 서문의 서두에서 쓰인 「이 연구는 광의와(의미론의 반대) 협의의(음운론과 어형론의 반대) 두 의미에서 통사적 구조를 다룬다. 그것은 언어적 구조에 대한 형식화된 일반이론을 만들고, 그런 이론의 기저를 탐사해보려는 시도의 일부분이다.」와·같은 말에서의 이론이라는 말도 협의적인 의미의 이론이다. (Chomsky, 1962. pp.5~6)

그 다음으로 그가 표준이론에서 사용하기 시작한 「생성문법이론」이라는 이론명에서의 이론도 마찬가지로 상위적인 차원의 것이다. 예컨대 「통사이론의 양상」의 제1장의 제1절의 명칭이 「언어능력이론으로서의 생성문법」처럼 되어 있고, 그 안에서 「한 언어의 문법은 이상적인 화자 및 청자의 내재적 능력을 기술하는 것을 목적으로 한다. 더 나아가 문법이 완전히 명시적인 것이라면 그것은 이해력 있는 독자의 지능에 의존하지 않고서 그의 기여에 대해서 명시적 분석을 제공하게 될 것이다. 우리는 약간 잉여적으로 그것을 하나의 생성문법이라고 부른다.」와 같은 말을 하고 있다. 그는 이 자리에서 자기가 내세우는 언어이론은 결국에 일종의 통사이론인데 그것은 곧 언어능력의 내재성을 밝힐 수 있으면서 고도로 형식주의적인 것이어야 된다는 점을 분명히 한 것이다. 물론 그는 여기에서 이런 의미로 보아서 언어이론은 일종의 언어습득이론이어야 된다는 점도 강조했다. (Chomsky, 1965. pp.3~4)

그의 문법이론의 발달상 일종의 필연적인 현상이었겠지만 1980년대에 원리와 매개변인의 이론이 등장하면서 그의 이론이라는 말에 대한 태도가 그 전과는 다르게 다분히 느슨한 것으로 바뀌게 된다. 좋게 말할 것 같으면 이때에 이르러 그의 변형생성주의적 문법이론이 최대로 정교해졌으니까, 때로는 원리나 가설, 조건, 규칙 등과 같은 말과 이론이라는 말을 뒤섞는 현상이 나타나게 되었다고 볼 수도 있다. 그렇지만 이로 인하여 그의 책의 독자에게는 그가 사용하는 이론이라는 말을 협의적인 의미의 것과 광의적인 의미의 것으로 구분해야 하는 부담이 생기게 되었다. 다시 말해서 그의 책의 독자들은 이때부터 으레 예컨대 그가 말하는 「지배이론」을 하나의 언어이론으로 받아들여야 될는지, 아니면 그것의 하나의 하위이론으로 받아들어야 될는지를 놓고서 고민을 하게 된 것이다.

그게 그렇다는 것은 일단 그가 애당초 자기 책의 서명을 「지배와 결속에 대한 강의」로 한 저의를 추리해 본 다음에, 그가 「핵심문법이론의 개요(Outline of the theory of core grammar)」라는 제목을 내걸고서 그것의 제1장에서 어떤 말을 하고 있는가를 살펴보게 되면 당장 알 수가 있다. 앞에서 이미 설명이 있었듯이 그의 책의 서명에 관해서는 이것에서는 일단 이론이라는 말이 함의되어 있다고 보는 것이 대부분의 사람들의 추리의 첫 번째 부분이다. 그렇다면 응당 그들의 추리의 그 다음 부분은 그가 서명으로 내세운 「지배와 결속이론」이라는 말은 상위적 언어이론과 하위적 구성이론 중에 어느 것을 가리키는 것이냐를 결정짓는 일인데, 이 일이 생각만큼 쉬운 일이 아니다. 이런 의미에서 볼 것 같으면 그가 서명에 이론이라는 말을 넣지 않은 것은 다분히 의도적인 것이었다고 볼 수도 있다.

그런데 그의 책의 제1장의 내용을 살펴보게 되면 그가 이때부터 크게 달라지게 된 것은 이론이라는 말을 광의적으로 사용하기 시작했다는 점이라는 사실을 알게 된다. 우선 이 장에서 논의하고 있는 것은 한 마디로 말해서 일반적으로 「원리와 매개변인의 이론」으로 불리기도 하는 「보편문법의 이론」인데, 여기에서의 이론은 그가 「우리는 성공적인 문법과 성공적인 이론으로부터 그들의 성공의 요인이 되는 일반적인 자질들을 추출해내서 이런 자질들의 이론으로서의 보편문법을 개발하는 일에 관심을 가져야 한다」라는 말을 한 점으로 미루어 보아서 언어이론으로서의 이론이라는 것은 더 말할 나위가 없다. 그는 또한 여기에서 「보편문법의 매개변인이 허락된 방법에 의해서 고정되게 되면 핵심문법이라는 어느 특정한 문법이 결정되게 된다.」와 같은 말을 하는 사실로 미루어 보아서 핵심문법이론이라는 술어를 그것의 한 별명처럼 쓰고 있음이 분명하다. (Chomsky, 1981. p.2)

그런데 바로 이 대목에서 이론이라는 말을 그가 이때부터는 하위적 구성이론을 가리키는 말로도 쓰기 시작했다는 사실을 확인할 수가 있는데, 보편문법을 구성하는 하위적 원리로 한계 이론을 비롯하여 지배이론, θ―이론, 결속이론, 격이론, 통제이론 등의 여섯 이론을 내세운 것이 바로 그중 가장 대표적인 것이다. 여기에서는 이들 외에 X―바 이론도 그런 것으로 내세워졌는데, 이것에서도 이론이라는 말이 똑같이 쓰이고 있다. 이런 설명을 통해서 우리가 특별히 알 수 있는 것은 크게 두 가지인데, 그중 첫 번째 것은 여섯 가지의 이론들을 여섯 가지의 하위적 원리로 보는 식으로 이때부터는 이론이라는 말과 하위원리라는 말을 일종의 동의어로 쓰기 시작했다는 것이고, 그중 두 번째 것은 그의 보편문법이론에서는 여섯 이론 중 가장 핵심적인 위치를 차지하고 있는 것이 바로 지배이론과 결속이론이라는 것이다. 자기 책의 서명으로 이들을 내세우고 있는 것을 보면 그는 보편문법이론과 이들을 상하관계가 아니라 동격으로 보고 있는지도 모른다. (Ibid. p.5)

이 책 전체를 통해서 보면 바로 이것이 향후 그의 문법이론에서 그것의 핵심적 원리나 개념으로 자리 잡게 될 발상법들이 소개 내지는 토의되고 있는 책이라는 것이 당장 드러나는데, 문제는 이런 과정에서 그가 보인 이론이라는 말에 대한 태도는 독자들에게 혼돈감을 주기에 족한 것이라는 점이다. 예컨대 이 책의 제4장에서는 「공범주 원리」를 중심으로 해서 흔적과 PRO에 관한 현상들이 논의되고 있는데, 이 원리는 원래가 지배이론의 중심적 원리로 제안된 것이니까, 그것을 하나의 원리로 부르는 것까지는 다분히 합리적인 일인데, 문제는 때로는 「흔적이론」이나 「PRO이론」이라는 말이 쓰이는 데 있다. 이렇게 되면 결국에는 원리가 이론보다 상위적인 개념으로 쓰이는 결과가 나타나는 것이다.

또한 이 책에서는 「조건」이라는 말도 원리와 일종의 동의어처럼 쓰이고 있는데, 이것 역시 그의 언어이론을 토의하는 데 있어서 특별히 유의해야 할 점의 한 가지이다. 이런 것 중 대표적인 것이 「하위인접성의 조건」
이나 「wh—섬 조건」, 「명제적 섬 조건」, 「국부성 조건」, 「시제적 문장조
건」, 「특정주어 조건」 같은 것들이다. 더 나아가서 그는 때로는 「제약」이
라는 말을 조건이라는 말과 같은 의미로 쓰고 있다. 예컨대 그는 「특정주
어 조건」을 「특정성의 제약」이라고 부르기도 하고, 「하위인접성의 조
건」을 「하위인접성의 제약」이라고 부르기도 한다.

문법적 이론과 문장 기술법에 관한 한 「원리와 매개변인의 이론」의 연
장선상에 있는 것이 「최소주의 이론」이어서 그런지, 이 이론 때에 이르러
서의 이론이라는 말의 사용에 대한 그의 자세는 그 전의 이론 때의 그것과
똑같았다. 예컨대 「지배와 결속에 대한 강의」에서 마찬가지로 「최소주의
이론」에서도 그는 모든 논의를 언어이론에 대한 정의로부터 시작했다.
물론 이 책의 서문에 잘 나타나있듯이 이때에 이르러서의 그의 언어이론
에 대한 견해는 이제부터는 마땅히 인지과학이나 생물언어학적인 접근법,
즉 인간의 「정신/ 두뇌」를 구명하게 되는 접근법을 언어연구에 적용시켜
야 된다고 주장하리만큼 달라져 있었다. 그렇지만 제대로 된 언어이론
밑에서만 제대로 된 언어연구가 이루어질 수 있다는 그의 지론은 이때라
고 해서 달라질 수가 없었다.

그게 그렇다는 것은 우선 1995년의 책의 서문에서 쓰이고 있는 이론이
라는 말은 분명히 상위적 차원의 것이었다는 사실로써 익히 알 수가 있다.
예컨대 그는 서문의 첫 부분에서 언어학자에게 던져진 궁극적인 질문을
「인간의 언어기능이 충족시켜야 할 일반적인 조건은 무엇인가」와 「이들
조건에 의해서 언어기능은 어느 범위까지 결정 되는가」의 두 가지로 보았
을 때 두 번째 질문에 대한 대답이 긍정적일 수 있으려면 「언어는 합리적
인 방법으로 외적인 제약을 최선의 상태로 충족시키고 있는 일종의 완전
한 체계」로 간주되어야 하는데, 「언어이론을 위한 최소주의 프로그램은

이런 가능성을 탐구하려고 하고 있다.」와 같은 말을 하고 있다. 그러니까 그는 여기에서도 예전과 마찬가지로 제대로 된 언어이론을 구축하는 것을 자기가 언어연구를 하는 최종적인 목표로 내세운 것이다.

그러나 일단 본론에 들어간 자리에서는 거의 예외 없이 그 말은 전혀 다른 의미를 나타내게 되었다. 물론 제1장과 제3장의 제목이 각각 「원리와 매개변인의 이론」과 「언어이론을 위한 최소주의 프로그램」으로 되어 있는 사실로써 익히 짐작할 수 있듯이, 서문에서의 언어이론에 대한 견해가 본문 내에서도 부분적으로 반복되고 있다는 것은 부인할 수 없는 사실이다. 그러나 엄밀히 말하자면 이런 반복문은 일종의 장 내에서의 서문의 역할을 하고 있을 뿐, 그 뒤를 잇는 본문에서는 으레 구체적인 문법적 이론이나 문장기술법 등에 대한 논의만이 있었는데, 이런 논의에서는 이론이라는 말은 거의다가 하위적 구성이론으로서의 이론이라는 말의 뜻으로 쓰였다.

요약해서 말할 것 같으면 이 책의 본론의 내용을 살펴보게 되면 이때에 이르러서의 이 말의 사용에 대한 그의 자세가 1980년대에 그가 보였던 것과 똑같다보니까, 결과적으로는 그간에 있었던 연구결과의 증가와 새로운 발상법의 추가의 여파로 이 말을 원리나 제약, 조건 등과 같은 말과 제대로 구분하는 일은 더욱 더 어려워졌다는 사실을 알게 된다. 특히 이번의 그의 문법이론은 초기이론으로부터 최소주의이론까지의 여러 이론들과 기법들의 한 집합체의 성격을 띠게 되면서 자연히 여기에서 거론되는 이론이나 원리 등의 종류의 수는 최대로 증가되게 되었으며, 그래서 결국은 이들 말들을 정확히 구별하는 일은 무의미한 일이 되고 말았다.

예컨대 이 책에서 언급되고 있는 원리의 종류를 살펴보자면, 이들에는 공범주 원리를 위시하여 투사원리, 최후 수단의 원리, 지연원리, 경제성의 원리, 완전해석의 원리, α —이동의 원리 등이 있으며, 또한 이론의 종류에는 X−바 이론을 비롯하여 지배이론, 결속이론, 한계이론, 격이론, 분배적 어형이론 등이 있고, 가설의 종류에는 보편적 기저부의 가설을 위시하여 구조보존의 가설, 완전체계의 가설 등이 있으며, 조건의 종류에는 장벽의 조건을 위시하여 최소노력의 조건, 인가조건, 국부성 조건, 최소연결 조건, 최소성 조건 등이 있다.

이런 혼란성을 단적으로 보여주는 예가 바로 이때에 이르러 그의 문법이론의 기축적 발상법으로 제안된 점검이론과 복사이론에 대한 그의 설명요령이다. 먼저 이들 중 첫 번째 것에 대하여 살펴볼 것 같으면 우선 누구나가 왜 그가 이것을 하나의 이론으로 부르게 되었는가를 충분히 이해할 수가 있다고 볼 수가 있는데, 그 이유는 이것은 그동안에 그가 내세워 온 여러 원리나 이론들의 한 종합판이나 다름없기 때문이다. 예컨대 이것에서는 X−바 이론을 위시하여, α−이동 이론, 최소성의 원리, 완전해석의 원리, 연산체계로서의 언어이론, 자질적 집합체의 원리 등이 모두 반영되게 되어 있으니까, 그는 익히 이것을 자기가 그동안에 내세워 온 상위차원적인 언어이론과 같은 위상의 것이라고 생각할 수도 있었을 것이다.

결국에 이것이 그동안에 그가 제시해 온 여러 원리나 이론들의 종합적 작동요령이라는 것은 이것에 관한 현상들을 여기에서 다시 논의하게 된 동기로 그가 「점검된 자질은 연산체계에 참여할 수 있지만 논리형식에서의 해석에는 참여하지 않는」 것으로 되어 있는 기존의 주장이 반드시 맞다고 볼 수는 없다는 점을 드러내는 것으로 잡은 사실로써 알 수가 있다. 예컨대 이 문제와 관련하여 그는 크게 논리형식에서의 해석성의 현상과 삭제와 제거의 관계, X−바 이론에 의한 이동절차 등의 세 가지를 논의하고 있는데, 그 중 첫 번째 것에 관해서는 a) 논리형식에서 가시적인 자질은 점검되었든지 점검 안 되었든지 간에 연산의 전 절차에 접근할 수 있지만, b) 논리형식에서 비가시적인 자질은 일단 점검되고 나면 연산에 접근할 수 없다는 두 가지 원리를 내세웠다.

그 중 두 번째 것에 대해서는 a) 점검된 자질은 가능하다면 삭제된다와 b) 삭제된 α는 가능하다면 제거된다는 두 가지 원리를 제안함으로써, 기본적으로 자질점검의 절차는 각 요소 간에 있어야 할 문법적 조화성을 확보하는 수단일 뿐만 아니라 제거보다 더 강력한 삭제의 절차를 최대로 활용함으로써 문장 도출의 비용을 최소화시키는 수단이기도 하다는 사실을 명시하였다. 여기에서 예외적으로 다루어져야 할 것은 허사라는 사실도 밝혀졌다. 다시 말해서 그는 허사의 경우에는 점검된 자질이 논리형식에서의 해석에도 참여하게 된다고 본 것이다. (Ibid. pp.279~280)

그 중 세 번째 것에 대해서는 그는 모든 자질점검의 절차는 으레 아래의 그림과 같이 두 개의 지정어를 가진 X—바 수형도에 의해서 이루어지는데, 여기에서의 두 개의 이동거리는 서로 같을 뿐만 아니라 그들은 곧 최소영역이 된다는 점이 중요한 사실임을 특별히 강조하였다. 이 자리에서 그는 자질이동은 언제나 최후수단으로서만 수행되어야 한다는 점도 「F 자질이 K의 하위표찰과 점검관계에 들어가도 되는 경우에만 F이동은 그것을 목표 K에 인상시킨다.」라는 원리를 내세움으로써 명시했다. (Ibid. p.286)

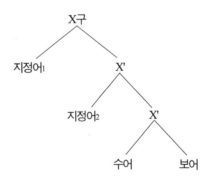

이렇게 보자면 결국에 일단 누구나가 자질점검의 절차는 문장 도출의 절차의 기본부위가 되게 되어있으니까, 그것에 관한 이론을 예컨대 X-바 이론이나 분배적 어형이론과 동일한 차원의 것으로 본다는 것은 일종의 불합리한 일이라는 생각을 가질 수 있다. 다시 말해서 우리는 아마도 바로 이런 이유에 의해서 그는 이것을 이 책의 서문에서 논의했던 언어이론과 동일 수준의 것으로 보았는지도 모른다고 생각할 수도 있다. 그러나 어디까지나 자질점검 이론은 언어를 외적인 제약의 규제를 받고 있는 하나의 완전한 체계로 보는 식의 상위적 언어이론을 정당화하는 데 쓰일 수 있는 일종의 하위적 구성 이론일 따름이다. 그러니까 이것은 그가 이론이라는 말을 무분별하게 쓰고 있다는 한 사례일 뿐인데, 그게 그렇다는 것은 또 하나의 주요 이론인 복사이론에 대해서는 다음과 같이 간단한 원리 하나만을 제시하고 있다는 사실로써 익히 알 수가 있다.

이 책에서 그가 제시하고 있는 복사이론에 관한 원리는 「이동의 복사이론에서는 두 요소의 연쇄는 $<\alpha, \beta>$와 같은 하나의 짝인데 여기에는 $\alpha = \beta$라는 조건이 따른다.」와 같은 비교적 간단한 것 한 가지 뿐이다. 그전 까지는 흔적이론이 이동이론의 핵심적 이론이었으니까, 이 이론이 제안됨으로써 그의 문법이론 전체에는 그것이 차지하던 위치를 새로운 이론이 차지하게 되는 식의 대변혁이 일어나게 되어있음에도 불구하고 그는 이것에 대한 설명을 최소한의 것으로 제한하고 있다. 그 앞부분에서 이렇게 하게 되면 결국에는 논리형식에서의 해석 절차가 최소화되는 이점이 있게 된다는 말은 했었다. 그러나 그는 이 이론에 따르게 되면 그 동안에 통용되어오던 언어기술법은 대폭 수정 절차를 밟아야 한다는 점은 무시해 버렸다. 물론 무엇보다도 중요한 점은 이런 종류의 이론에도 그는 이론이라는 말을 붙이는 데 조금도 주저하지 않았다는 사실이다. (Ibid. p.251)

5.2 태생적 한계성

언어이론에 관한 논의가 시작된 시기를 Saussure때로 보든지 Chomsky 때로 보든지 간에 오늘날에 이르러 한 가지 분명해진 것은 그것은 결국에 문법 내지는 통사론 중심의 것이었다는 점이다. 이런 사실은 우선 그 동안 의 언어이론에 대한 연구는 오직 언어를 문법적 내지는 통사적 조직체로 보는 입장에서 이루어진 것이기에, 일단 이런 고정된 틀에서 벗어나는 것이 이 연구의 영역을 최대로 확대할 수 있을 뿐만 아니라 그것의 편향된 태세를 바로 잡을 수 있는 첫 번째 길이 될 수 있다는 것을 암시하고 있다. 그 이유는 물론 아무리 통사적 조직이 언어의 핵심적 조직이라고 하더라 도 그것 이외에 언어에는 어휘조직이나 음운조직, 의미조직 등이 있는 탓으로 앞으로는 지금까지의 것과 전혀 다른 언어이론, 예컨대 어휘론 중 심의 언어이론이나 의미론 중심의 언어이론 등이 나올 수 있기 때문이다.

현재까지의 언어학의 발달 양상으로 보아서도 우리는 이런 가능성을 익히 상정할 수가 있다. 오늘날 언어연구는 음운론과 어형론, 어휘론, 통 사론, 의미론, 화용론, 역사언어학 등의 몇 가지 기본영역으로 나누어진 상태에서 이루어지고 있으며, 따라서 만약에 의미론이나 화용론이 지금 의 통사론의 위치를 차지하는 시기가 온다면 틀림없이 의미론적이거나 화용론적 언어이론이 나오게 될 것이다. 그리고 무엇보다도 중요한 사실 은 지금까지의 각 영역에 관한 연구 업적만으로도 언어는 결국에 일종의 다면적 실체이기에 그것을 어느 한 측면으로만 파악하려고 한다는 것은 태생적 한계성의 설정을 언어연구의 기본조건으로 이미 받아들였다는 것 이나 같은 말이 된다는 점이다.

또한 앞으로는 언어이론 연구의 지평선이 언어의 기본구조에 대한 연 구, 즉 전단 언어학의 영역을 넘어서 언어와 다른 능력이나 활동의 관계에 대한 연구, 즉 후단 언어학의 영역으로까지 확대될 가능성도 있다. 두말할 필요도 없이 20세기에 이르러 이른바 순수언어학과 함께 응용언어학이 크게 발달하게 된 것은 Chomsky의 변형주의적 문법이론이 원래 심리학이나 인지과학, 철학, 생물학 등과 같은 언어능력의 파악을 목적으로 하는 학문들에 새로운 언어적 지식을 공급해주었기 때문이었다. 다시 말해서 그의 특이한 문법이론의 등장으로 20세기가 「언어학적 전향의 시대」로 불리게 되었는데, 이것은 곧 이때에 이르러서는 순수언어학과 응용언어학의 관계가 주종적인 것으로부터 등위적인 관계로 바뀌게 되었다는 말이나 같은 의미였다.

어떤 의미에서는 적어도 1980년대쯤에는 언어학에 있어서의 순수이론 대 응용이론 간의 관계가 드디어 주객이 전도되는 데 까지 진전되게 되었다고 볼 수도 있는데, 이런 판단의 한 근거로 내세울 수 있는 것이 바로 1988년에 Newmeyer가 편집해낸 「언어학 : 캠브리 서베이(Linguistics : The Cambridge Survey)」의 내용이다. 이것은 모두 네 권으로 이루어져있는 일종의 개관서로서 그 하나하나에는 15개정도의 각 분야의 전문가들에 의한 논문이 실려 있으니까, 그 당시의 언어학의 현황에 대한 일종의 보고서와 같은 성격을 가진 책이다. 그런데 이 개관서의 특이함은 순수이론 대 응용이론의 비율이 1대 3이 되도록 네 권의 책이 분배되어있다는 점이다. 이것은 물론 편집주간 개인의 의도라기보다는 오히려 모두 10명으로 된 편집위원회 전체의 의도라고 보아야 하는데, 이런 의미에서 볼 때 이 특이성은 바로 이것을 발간하게 된 주된 목적이나 다름이 없는 것이라고 볼 수도 있다.

이 개관서의 이런 파격성은 우선 간단하게 이들 네 권의 서명을 살펴보기만 해도 익히 확인될 수가 있다. 예컨대 제 1권의 서명은 「언어이론 : 기저(Linguistic theory : foundation)」처럼 되어있고, 제 2권의 그것은

「언어이론 : 확장과 함의(Linguistic theory: extensions and implications)」으로 되어있으며, 제 3권의 그것은 「언어 : 심리학적 및 생물학적 양상(Language : psychological and biological aspects)」처럼 되어있고, 제 4권의 그것은 「언어 : 사회문화적 문맥(Language : the socio-cultural context)」으로 되어있으니까, 순수이론 대 응용이론의 비율이 1대 3으로 되어있다는 것을 누구나 쉽게 알 수가 있다. 지금까지의 통념으로는 그 비율이 3대 1이나 2대 2이어야 하니까, 그 파격성은 가히 혁명적인 것이라고 말할 수가 있다. 그리고 또 한 가지 주목할 사실은 언어이론이라는 말을 제 1권의 서명으로서만 아니라 제 2권의 서명으로도 쓰고 있다는 점이다. 아무튼 여기에서는 이제는 언어이론이 크게 순수언어학적인 것과 응용언어학적인 것의 두 가지로 나누어질 수 있다는 점만은 분명히 밝히고 있는 것이다.

1) 응용언어학

그런데 사실은 사람에 따라서는 응당 순수언어학적 언어이론도 아직은 통사론적 편향성이라는 태생적 한계성을 극복하지 못하고 있는 형편에 응용언어학적 언어이론까지를 그 대상으로 삼는다는 것은 이 연구를 하나의 독립된 학문으로 발전시키는 데 도움을 주는 것이 아니라 오히려 해를 끼치는 일이라고 생각할 수도 있다. 우선 사람들이 이런 염려를 하게 되는 제일 큰 이유는 이론 언어학에서 개발된 이론이나 지식이 응용될 수 있는 분야나 영역이 생각보다 훨씬 넓고 다양한 탓으로 어느 것을 일정한 수준에 도달한 응용언어학적 언어이론으로 받아들여야 하는 지를 결정짓기가 쉽지 않기 때문이다.

이 개관서의 제2권은 모두 16가지의 응용언어학적 논문들로 이루어져 있는데, 이들의 내용을 살펴보면 크게 보아서는 이들에 의해서 대표된 영역들이 모두 Chomsky가 내세운 문법이론의 타당성을 심리학이나 생물학적으로 검증하는 일에 참여하고 있다고 볼 수가 있겠지만, 실제로는 아직은 이들 모두를 대안적이거나 독자적인 언어이론을 내세울 수 있을 만큼 발달된 영역으로 볼 수는 없다는 것을 당장 알 수가 있다. 이 책의 서문에서 편집인이 익히 명시해 놓았듯이, 1970년대에 급부상한 응용언어학은 언어처리론을 비롯하여 언어습득론, 제2어 습득론, 신경언어학 등의 네 가지였기에 이들 분야에 대한 소개문들이 이 책의 핵심부가 되고 있다. 그렇지만 이들 분야에서 마저 아직은 그의 문법이론에 대한 하나의 대안이 제시되지는 못하고 있다.

이들 논문들은 이상의 네 분야뿐만 아니라 크레올이나 컴퓨터언어학, 손짓언어학, 언어오류, 화행론, 운율론, 담화분석 등과 같은 주변적 분야까지도 망라하고 있는데, 시작된지가 얼마 되지 않아서 아직은 이런 분야들이 독자적 언어이론을 개발시킬 만큼 발달되지 못한 것은 당연한 일이었다. 아래와 같이 되어있는 그들의 목록을 살펴보게 되면 이 책의 주된 목적은 오늘날 그의 문법 이론이 얼마나 다양한 분야에서 응용되고 있는가나, 아니면 그것이 관련학문에 얼마나 큰 영향을 주게 되었는가를 보여주는 것이지, 그런 영향으로 인하여 이들 분야가 이미 독자적인 이론을 내세울 수 있을 만큼 발달하게 되어있다는 것을 드러내려는 것이 아님을 쉽게 알 수가 있다.

1. 문법과 언어처리
2. 제1어 습득의 문법적 원리: 이론과 증거
3. 제2어 습득과 문법이론
4. 두뇌구조와 언어능력
5. 비정상적 언어습득과 언어의 모듈성
6. 언어오류의 문법적 양상
7. 문법과 회화원리

그런데 일단 그들의 내용들을 살펴보면 사실은 오늘날 이 모든 분야들이 동일한 발달 수준에 머물러 있는 것은 아니어서 그들 중 어느 것들은 이미 그의 문법이론의 결정적인 약점을 드러내거나 아니면 그것에 대한 하나의 대안을 내세울 수 있을 만큼 성장해있다는 사실을 발견하게 된다. 예컨대 일곱 번째인 「문법과 회화원리」를 읽어보게 되면 그런 분야 중 첫 번째로 내세울 수 있는 것이 바로 화용론의 분야라는 사실이 당장 드러난다. 먼저 누구에게나 왜 여기에서는 화용론이 순수언어학의 일부가 아니라 응용언어학의 일부로 분류되어있는지가 의문점이 될 수가 있는데, 이 논문의 내용을 자세히 살펴보게 되면, 결국은 언어능력과 언어사용을 엄격히 구별하려는 그의 문법이론에 따르려다 보니까 이런 현상이 나타나게 되었다는 결론에 도달할 수 있게 된다. 다시 말하자면 이 개관서의 편집인은 언어연구를 문법적 능력에 관한 것과 그 외에 관한 것으로 양분하는 편의책을 채택했던 것이다.

그러나 이 논문의 필자인 Kempson은 이 문제에 대해서 화용론은 마땅히 의미론과 마찬가지로 순수언어학의 한 영역으로 보아야 한다는 전통적 의견을 가지고 있었으며, 따라서 그는 이 논문의 목적을 바로 그런 전통적 언어연구관의 정당성을 밝히려는 데 두었다. 이해의 편의상 결론부터 말할 것 같으면, 화용론의 역사는 통사론의 그것과는 비교도 할 수 없을 만큼 짧아서인지, 아니면 형식주의적 패러다임에 의하자면 분명히 회화적 원리나 규칙에 대한 연구는 통사론에 대한 그것보다 어려워서인지 아직까지는 언어연구의 주도권을 잡을 수 있을 만큼 그것의 역량과 업적이 크지 못한 것은 사실이지만, 다행히도 최근에는 Sperber와 Wilson에 의한 「관련성의 이론」이 등장하면서 자기와 같은 화용자들이 문법적 능력과 화용적 능력은 최소한 대등한 능력으로 보아야 한다는 주장까지 할 수 있게 되었다는 것이다.

그가 여기에서 첫 번째로 내세우고 있는 것은 크게는 통사론 중심의 언어연구의 한계성이고 작게는 그동안에 자리를 잡아온 것과 같은 통사론 기저적 의미론의 한계성이었다. 바꾸어 말하자면 아무리 정교하게 문법체계나 규칙들을 기술하는 데 성공했다고 해도 의미의 문제를 배제시킨 상태에서의 통사론은 으레 불완전한 것일 수밖에 없기에 통사론자들도 그 동안에 의미론에 대한 관심을 일정하게 보여 온 것이 사실인데, 그것에서는 한 문장의 명제적 의미 즉 그것의 구조적 의미와 어휘적 의미를 하나로 합친 것을 그것의 의미의 전부로 보았었다. 이런 의미론을 그는 「진리조건적 의미론」이라고 이름 붙였다.

20세기에 이르러 이런 전통적 의미론에 반기를 들고 나온 사람이 바로 Grice 였다. 실제로 그는 「협력의 원리」라는 화용적 원리를 제안함으로써 화용론의 개척자의 역할을 담당하게 되었는데, 그의 의견에 따르자면 한 문장의 의미는 그것이 명제적 의미에 그것의 화용적 의미가 합쳐졌을 때만 얻어질 수 있는데, 「한 문장이 함의적 내지는 화용적 의미를 지니게 되는 것은 화자와 청자 간의 회화는 으레 몇 가지 격률로 표현될 수 있는 협력의 원리」에 맞추어서 이루어지고 있기 때문이었다. 이 말은 곧 모든 문장의 의미는 반드시 그것이 실제로 쓰이고 있는 상황이나 문맥 안에 들어가 있을 때만 제대로 파악될 수 있다는 말이나 같은 말인데, Kempson의 견해로는 이런 사실의 가장 비근한 근거가 될 수 있는 것이 바로 통사적 방법에 의했을 때의 대명사와 같은 대용어의 의미파악의 어려움이었다. 예컨대 「After his bath, Johnny goes to bed.」에서는 「he = Johnny」이지만, 「Mark thinks he is clever.」의 경우에는 [he≠Mark]일 수도 있고 [he = Mark]일 수도 있었다. (Kempson. p.142)

그런데 머지않아서 Grice가 제안한 협력의 원리는 완전한 것이 되지 못한다는 견해가 나타나게 되었는데, 실제에 있어서는 그가 내세운 질의 격률과 양의 격률, 관계의 격률, 태도의 격률 등이 서로 조화롭게 쓰이는 대신에 서로 상충되는 경우가 적지 않게 있다는 사실이 바로 그것의 근거이었다. 다시 말해서 이들 네 격률간의 우선순위를 결정짓는 것이 무엇인지가 제시되지 않는 한 그가 말하는 협력의 원리는 죽은 원리나 마찬가지였던 것이다. 이런 비평에 대해서 그는 「격률은 문장에 의해 전달되는 간접적 접보를 결정짓는 데만 작용하지, 표현된 직접적 내용을 결정짓는 데는 작용하지 않는다.」와 같은 말로써 대응할 뿐이었다. (Ibid, p.150)

그의 원리의 이런 근원적 문제점을 해결 할 수 있는 방안은 간단히 말해서 그것의 네 기둥격인 네 가지 격률들을 하나로 통합하는 것뿐이었는데, 이런 사실을 제대로 포착하고 나선 사람이 바로 Sperber와 Wilson이었다. Kempson의 말에 의할 것 같으면 이들은 협력의 원리의 네 가지 격률 중 세 번째 것인 관련성의 격률(관련성이 있게 하라) 만을 화용적 격률로 삼게 되는 「관련성의 이론(1986)」을 내세움으로써 「의미론 = 진리론 이고 화용론 = 남겨진 부분」이라는 그 동안의 견해가 가지고 있는 문제점을 한꺼번에 해결할 수 있게 되었다. 결국 이 이론의 등장으로 「의미론 > 화용론」의 시대에서 「의미론 < 화용론」의 시대나 아니면 의미론과 화용론이 하나로 합쳐진 시대로 바뀌게 된 것이다.

이들의 주장에 따르자면 문장해석의 절차는 그것의 명시적 내용과 묵시적 내용을 같이 파악하는 절차인데 이것을 주도하는 기구는 바로 인지체계이고, 이 과정에서 이 체계가 활용하는 원리가 바로 관련성의 원리이었다. 대화 시 우선 화자가 하는 일은 「최소의 인지적 노력으로 최대의 정보를 얻을 수 있는 입력, 즉 관련성이 극대화된 입력」을 청자에게 제공하는 것이고, 반면에 청자가 하는 일은 주어진 입력을 근거로 「화자의 의도」를 제대로 유추하는 것이었다. 이런 의미에서 볼 때 문장해석의 절차는 일종의 가정 설정의 절차라고 볼 수가 있는데, 바로 이런 인지적 특성 때문에, 예컨대 A가 「What's the new Pizza House like?」라고 물었을 때 B는 「The cooks are all Italian.」과 같이 대답할 수가 있는 것이었다. (Ibid, p.152)

그런데 이들이 보기에는 이처럼 주어진 정보의 관련성을 극대화시키려는 성향은 인간의 인지체계가 가지고 있는 고유의 특성이었다. 그러니까 이들의 이론에서는 응당 언어사용의 능력 즉, 화용적 능력은 Chomsky가 말하는 문법적 능력보다 상위의 것일 수밖에 없고, 따라서 언어학도 언젠가에는 통사론 중심의 것에서 화용론 중심의 것으로 바뀌기 마련이었다. 또한 이 이론의 특징은 Fodor가 일찍이 제안했던 인지체계에는 들어있지 않던 부위를 인간의 인지체계의 주요부로 설정했다는 점이다. 이른바 「중앙인지처리부」가 바로 그것인데 이런 의미에서 보자면 인지심리학의 발전에도 이 이론은 일정한 기여를 했다고 볼 수가 있다. 물론 무엇보다도 중요한 사실은 이 이론은 Chosmky의 통사론 중심의 언어이론의 대안이 될 수 있을만한 화용론 중심의 언어이론이 나올 수 있다는 가능성을 열어놓았다는 점이다.

Kempson의 논문에 이어서 또 한 가지 여기에서 자세히 살펴볼만한 가치가 있는 논문은 Roeper의 「제1어 습득의 문법적 원리 : 이론과 증거」인데, 그 이유는 원래 Chomsky는 자기의 언어이론은 곧 언어습득 이론인데, 여러 가지 언어습득에 관한 이론 중 맞는 것은 오직 자기가 설정해놓은, 보편문법적 언어습득이론 밖에 없다는 주장을 펴왔기 때문이다. 한마디로 말해서 지금의 언어습득론자를 크게 Chomsky파와 반 Chomsky파로 나누었을 때, Roeper는 전자에 속하며, 따라서 이 글의 주지도 일단은 그의 지배와 결속이론의 내재성을 드러내려는 것이라고 볼 수가 있다. 그러나 이 글의 내용을 자세히 분석해보게 되면 언어학에서 주관하는 언어이론과 언어습득론에서 주관하는 습득이론 사이의 관계가 그렇게 일방적인 것이 아니라는 사실이 당장 드러나게 된다. 그가 서두에서 한 말을 인용할 것 같으면 「흥미로운 습득에 관한 자료 중 많은 것이 아직도 제대로 된 언어이론적 설명을 받지 못하고」 있는 것이 바로 양자 간의 관계인 것이다. (Roeper 1988. p.35)

우선 그는 자기가 Chomsky의 보편문법적 언어이론을 가장 타당성이 높은 습득이론으로 받아들이게 된 근거로 다음과 같은 두 가지 사실을 들고 있다. 그 중 첫 번째 것은 어린이들이 언어습득 시 예컨대 「What did you buy a Ford?」와 같이 흔적이론에 위배되는 오류문을 산출하지 않는 점으로 미루어 보아서, 「문법을 일조의 일반적 원리의 지배를 받는 일조의 모듈」로 보려는 Chomsky의 언어이론은 더 이상 논쟁거리가 될 수 없다는 것이었다. 다시 말해서 언어 간에 매개변인적 차이가 있다고 해서 모든 어린이들의 몸 안에는 일종의 공통적인 보편문법이 내재되어 있다는 사실을 부인할 수는 없다는 것이었다.

그 중 두 번째 것은 어린이들이 일찍부터 성분통어의 원리와 같은 중요한 문법적 원리를 지키는 사실로 미루어 보아서 이들의 습득은 다분히 통사론 중심적이라는 것이었다. 예컨대 Solan의 실험에 의할 것 같으면 4~6세의 어린이들은 「The sheep hit him$_i$ after the dog$_j$ ran around.」라는 문장에서는 대명사와 지시어간의 지시 관계를 쉽게 인정해도, 「*The horse told him$_i$ that the sheep$_i$ would run around.」라는 문장에서는 그렇지가 않는데, 이것은 곧 이 나이 때 이미 성분통어의 원리를 잘 알고 있다는 증거이었다. (Ibid, p.44)

그러나 그는 곧이어 아직은 Chomsky의 언어이론을 그대로 습득 이론으로 받아들기에는 시기상조라는 사실도 분명히 밝히고 있다. 먼저 그는 이른바 「보편문법과 성장」의 관계에 대한 논쟁이 현재 적어도 다음과 같은 네 가지 가설이 존재하리만큼 아직도 마무리 되고 있지 않다는 사실을 들었다. 이들 중 첫 번째 것은 「계속성의 가설」로서 필요할 때마다 즉각 보편적 원리를 사용할 수 있다는 것이 그 요지였고, 이들 중 두 번째 것은 「생물학적 성숙성의 가설」로서, 언어적 원리들은 생물학적 성숙의 단계에 맞추어서 적용되게 되어있다는 것이 그 요지이며, 이들 중 세 번째 것은 「인지적 요소의 가설」로서, 일반적인 인지력의 신장과 지식의 양의 증가가 으레 문법적 규칙의 학습에 선행된다는 것이 그 요지이며, 이들 중 네 번째 것은 「비언어적 표현의 가설」로서, 어린이들은 문법체계를 배우기 전에 일정하게 비언어적 표현법을 사용한다는 것이 그 요지이다. 그는 지금으로서는 이들 중 어느 것이 맞는 것인지는 아무도 확언할 수 없다고 보았다. 그 이유는 결국 Chomsky가 내세우는 보편문법의 이론에 대한 본격적인 심리학이나 생물학적 검토는 이제 겨우 시작된 것이나 다름이 없기 때문이었다. (Ibid. p.43)

그 다음으로 그는 보편문법의 이론에서 내세우는 것과는 다르게, 언어 습득학에서는 오늘날 매개변인의 값을 고정시키는 작업이 여러 값 간의 상호교섭에 의해서나 아니면 일정한 순서에 의해서 이루어지고 있는지도 모른다는 가설, 즉 이른바 「상호교섭적 매개변인」의 가설이 제기되고 있다는 사실을 들었다. 이 말은 곧 언어습득 시에 매개변인의 값을 정하는 일에는 으레 경험에 의한 가정설정의 절차와 같은 비언어적 능력들이 개입되게 되어있다는 말이나 다름이 없는데, 그는 이런 가설이 결코 가공적인 것만은 아니라는 주장을 결속이론의 값을 고정시키는 일이 단 한 번에 이루어지지 않는다는 사실로써 익히 할 수 있다고 보았다.

이것에 대한 예로서 그는 어린이들이 결속이론을 배우는 과정을 들었다. 그 동안의 연구에 의할 것 같으면 그것은 크게 허사의 존재를 결정짓는 첫 단계와, 대용어 탈락의 매개 변인의 값을 고정시키는 두 번째 단계, 결속이론을 배우는 세 번째 단계로 이루어져 있다는 것이었다. 예컨대 3~4세경의 어린이들은 아직 「They think it is a good idea for each other to drink.」라는 문장의 의미를 제대로 이해하지 못하는데, 그 이유는 그들은 우선 「it」이 아무런 지시물을 가리키지 않는 하나의 허사라는 사실을 배우지 못했고, 그 다음으로는 「each other」가 이 문장 밖에 있는 사람을 가리키고 있는 것으로 잘못 가정하고 있기 때문이었다. 한 마디로 말해서 그들의 문법습득 과정은 아직 제대로 된 결속이론을 배우지 못한 상태에 머물러 있었던 것이다. (Ibid, p.47)

그가 이 논문의 끝부분에서 내세우고 있는 결론은 결국에 Chomsky의 보편문법이론은 일종의 가설적 언어습득 이론에 불과하기에 오늘날 언어습득학자에게는 그것의 타당성을 검증해야할 과제가 주어져 있는 셈인데, 안타깝게도 아직도 이 연구는 「단 하나의 언어의 기본적인 습득과정마저도 미답 상태로 남겨놓을」 정도로 초기단계에서 벗어나지 못하고 있다는 것이었다. 예컨대 영어에는 최소한 20가지의 서로 다른 의문사 이동문들이 있는데, 누구도 이들의 습득순서에 대해서 제대로 연구한 적이 없었다. 그가 보기에는 앞으로는 「언어이론과 습득연구는 조화」를 이루고 있어야 하는데 그 이유는 바로 「언어이론의 원리들이 더 정교해지게 되면 언어성장의 유형을 제시해줄 수 있게 될 것이고, 그렇게 되면 이번에는

그것이 유전적 구조에 대한 하나의 접근법을 마련해줄 수 있을 것」이기 때문이었다. (Ibid. p.50)

2) 관련 학문

그동안의 그의 연구업적을 살펴보게 되면 그는 앞으로의 언어이론의 발전방향에는 응용언어학적인 것뿐만 아니라 관련 학문적인 것도 있다는 것을 이미 밝혀 놓은 것이나 다름이 없다. 그런데 그의 언어이론과 관련되는 학문들은 하나같이 학문적 역사성이나 중요성으로 보아서 언어학보다 더 상위적이면 상위적이지 결코 하위적일 수 없는 것들이다. 예컨대 그런 학문의 대표적인 것으로는 진화론을 비롯하여 인지과학, 생물학, 철학 등을 들 수가 있는데, 어떤 기준에 의해서나 이들의 학문적 위상은 언어학의 그것보다 위에 있거나 아니면 그것과 동격의 것이라고 볼 수밖에 없다. 이 점이 바로 언어이론과 응용언어학의 관계와 다른 점이다.

두 말할 필요도 없이 그의 언어이론이 이런 식으로 발전하게 된 것은 그는 처음부터 언어연구의 목적을 인간의 종특이성이나 그의 내재적 능력을 분석하는 일과 같은 다분히 근원적인 문제들을 해결하는 데 두었기 때문이다. 구체적으로 그는 자기가 내세우는 보편문법의 이론을 가지고는 그동안에 여러 학문분야에서 가장 궁극적인 숙제로 남겨져 있던 문제들을 익히 해결할 수 있다고 주장하면서 그 예로서 플라톤의 문제와 데카르트의 문제, 언어기원의 문제 등을 들었다. 그러니까 그는 자기의 언어이론은 이미 철학이나 진화론의 영역 내에 깊이 침투해 있다는 것을 공언한 것이다.

그뿐만 아니라 그는 직접간접으로 자기가 하는 언어학은 인지과학이나 생물학과 같은 최첨단 학문들과 같은 위열에 서있는 학문임을 강조했다. 예컨대 그는 최근에 이르러 자기가 하는 언어학은 궁극적으로 하나의 생물학이라는 주장이나, 아니면 문법은 결국에 일종의 최적이며 완전한 연산체계이기에 최소주의 이론만이 제일 과학적인 언어이론이 될 수밖에 없다는 주장을 거리낌 없이 하게 되었다. 그의 언어연구는 드디어 학문들 간의 경계선을 뛰어 넘어 하나의 통합적 인간관을 내울 수 있는 경지에 까지 이르게 되었는데, 이것의 가장 비근한 증거가 바로 그가 요새 「언어/정신/두뇌」와 같은 신조어를 쓰기 시작했다는 사실이다. 인간의 언어를 그의 정신뿐만 아니라 그의 두뇌와 같은 것으로 본다는 것은 분명히 철학자나 생물학자에게는 더 말한 나위가 없고 거의 모든 관련 학문의 학자들에게 그동안의 고정관념을 무의미하게 만드는 일종의 신 발상법이었다.

그런데 문제는 인간의 본질적 능력에 대한 그의 이런 신 발상법은 어디까지나 하나의 가설에 불과한 것이어서, 인간의 정신이나 능력의 문제들을 그동안에 전문적으로 다루어온 분야에서는 그것의 타당성을 검토할 생각마저도 아직 안하고 있다는 데 있다. 간단히 말해서 그들이 보기에는 그의 이런 신 이론은 어느 비전문가나 문외한으로부터의 하나의 도전에 불과한 것이어서, 지금으로서는 그들은 그것의 허구성이나 비과학성을 지적하기만 하면 되는 것이었다. 그러나 그의 이런 여러 학문을 하나로 통섭하려는 야망은 언어이론에 대한 토의의 지평선을 최대로 확대시키는 결과를 가져오는 일종의 긍정적 기여도 하게 되었다. 다시 말해서 그는 자기 나름의 신발상법을 제안함으로써 제대로 된 언어이론을 수립 하는 데는 언어학 하나만의 단독적 공헌이 아니라 철학이나 생물학과 같은 관련학문들이 같이 참여하는, 일종의 학제적 공헌이 필요하다는 사실을 널리 알리게 된 것이다.

그런데 사실은 언어학계에서는 이미 그가 최근에 제안한 「언어/정신/두뇌」론에 대한 학제적 논쟁이 얼마나 시간 소모적이면서도 결국에는 결론 없는 것일 것이라는 것을 익히 짐작할 수 있게 하는 사건이 하나 벌어졌었는데, 언어기원의 문제를 놓고서의 Chomsky와 Jackendoff 및 Pinker 간의 서로 양보 없는 싸움이 바로 그것이다. 우선 아무리 언어기원론이 학문적 난이도상 최상위급의 쟁점거리라 할지라도 「언어/정신/두뇌」론 보다는 적지 않게 낮은 수위의 것이라는 것은 의심할 여지가 없다. 그러나 언어기원론에 대한 논쟁의 양상이 궁극적인 의미에서는 「언어/정신/두뇌」론에 대한 그것의 한 축도일 수가 있는데, 그 이유는 이것에서도 인간의 본성이나 능력에 관한 여러 학계의 의견들이 다 논의되게 되어있기 때문이다.

돌이켜 볼 것 같으면 Chomsky의 언어기원의 문제에 대한 관심은 그의 언어습득의 문제에 대한 것만큼 전력투구적인 것은 아니었는지 몰라도 그것에 못지않게 오래된 것인데, 아마도 그 이유는 그가 그 문제의 학문적 중요성은 결코 두 번째 문제의 그것에 떨어지지 않다는 사실을 익히 알고 있었기 때문이었을 것이다. 구체적으로 말해서 그는 두 번째 문제에 대한 논쟁을 통해서는 경험주의적 철학과 심리학의 허구성을 들춰내는 데 성공할 수 있다면, 첫 번째 문제에 대한 논쟁을 통해서는 진화론의 한계성을 노출시키는 데 성공할 수 있다고 생각한 것이다. 결국에 언어학으로 학문의 세계를 천하통일 하겠다는 그의 야심은 이런 식으로 표출이 된 셈이다.

그의 이 문제에 대한 관심은 먼저 진화론적 설명법의 부당성을 지적하는 일로부터 시작되었다가, 그 다음에는 두뇌의 신경조직상의 변화가 언어출현의 원인이라는 주장을 내놓는 식으로 진전이 되었다. 예컨대 일찍이 1975년에 낸 「언어에 대한 숙려」에서는 그는 「과학과 수 체계를 형성하게 되면서 언어가 탄생되었다.」고 볼 수 있기에, 「진화과정을 어느 구조의 모든 혹은 주목할 만한 자질들의 자연적 선택이라는 말로서 설명될 수 있다고 가정하는 것은 심각한 오류이다.」와 같은 말을 했었다. (Chomsky 1975, p.58)

그 후 1982년에 낸 「생성적 기획」에서는 그는 언어능력이 생겨날 수 있으려면 「개념적 능력이 연산적 능력과 합쳐져야 되는데」, 「서로 별도의 진화과정을 밟기 시작한 두 체계가 어느 날 우연히 환상적일 만큼 효과적으로 상호교섭을 하기 시작했다.」와 같은 말을 했고, 또한 2002년에 낸 「자연과 언어에 대하여」에서는 이 문제와 관련하여 진화론에서 말하는 돌연변이가 언어 탄생의 원인일 수 없다는 점, 약 10~15만 년 전에 두뇌 조직에 커다란 변화가 있게 된 결과 언어가 생겨났다는 점, 언어가 탄생되는 데는 언어외적 조건의 영향을 최소로 받았다는 점 등을 주장했었다.

그러나 그가 가칭 「대도약설」이라고 명명할 수 있는 자기 나름의 언어 기원설을 최초로 내세운 것은 2005년에 쓴 「언어구도에 있어서의 세 요소」에서였다. 한 마디로 말해서 바로 여기에서 그는 지난 30여 년간에 걸쳐서 구상해온 것을 총 정리한 셈인데, 그 요지는 대략 첫 번째로 언어는 인류의 대도약기에 생겨난 것인데, 이때의 변화는 「가벼운 돌연변이로 볼 수 있는 두뇌의 재연결」의 결과였다는 점과, 두 번째로 이때의 변화로 두뇌는 「개별적 점들을 연결시키는 작동」, 즉 병합의 작동을 할 수 있게 되었다는 점, 세 번째로 이런 병합의 능력은 단계적인 과정을 밟지 않고서 단 번에 생겨났다는 점, 네 번째로 이런 변화는 지적으로 우수한 어느 개인에게 먼저 일어났다가 그 후 그것이 후손을 거치면서 모두에게 퍼져 나가게 되었다는 점 등 이었다. 그러니까 그의 학설의 이름을 「대도약으로 병합이 생겨났다.」로 하는 것이 더 바람직한 일인 것 같다. (Chomsky 2005, p.12)

여기에서 그는 자기 설명의 마무리를 「이런 주장은 어느 것이나 기껏 했자 일종의 이치에 맞는 추리일 따름이어서, 지금까지 그럴듯하게 추측되거나 알려진 사실과 어긋나지 않는 가장 단순한 것일 수밖에 없다.」는 말로써 하면서, 이 문제에 대해서 더 심도 있는 논의를 하고 싶은 사람에게는 2002년에 자기가 Hauser 및 Fitch와 같이 쓴 논문을 참조하기를 권하고 있다. 그런데 사실은 이 논문이야 말로 언어기원론을 놓고서는 비단 오늘날 언어학계뿐만 아니라 관련된 모든 학계가 반진화론파와 진화론파로 양분되어있음을 알리는 싸움의 도화선이 되었던 논문이다.

그가 공저의 형식으로 「Science」지에 발표한 이 논문의 제목은 「언어기능: 그것은 무엇이고, 누가 가지고 있으며, 어떻게 진화했는가(Language faculty: what is it? who has it, and how did it evolve?)」이다. 그러니까 이것은 우선 그가 정식으로 언어기원론의 최고 가치성을 내세운 글, 즉 모든 언어연구와 언어이론은 결국에 언어기원론으로 귀결되게 되어있다는 점을 공언한 글이다. 그리고 이 논문의 공저자인 Hauser와 Fitch는 그 동안에 진화론적 언어기원론을 펼쳐온 생물학자와 심리학자이다. 이렇게 보자면 이 논문의 진짜 가치는 이것은 역사상 처음으로 생물학자와 언어학자나 더 구체적으로는 진화론자와 반진화론자가 언어기원의 문제를 놓고서 일종의 절충안을 만드는 데 성공한 경우라는 데 있다고 볼 수도 있다.

그런데 사실은 이것만큼 역설적인 논문도 없다고 볼 수 있는데, 그 이유는 첫 번째로 누구라도 이것의 끝 부분에 제시되어있는 세 가지 합의사항의 내용을 살펴보게 되면 이것은 하나의 연구논문이라기 보다는 일종의 작업계획서와 같은 것이라는 사실을 쉽게 알 수 있기 때문이다. 그 세 가지 합의사항은 (1) 앞으로 언어기능 중 인간특유의 것과 동물공유적인 것을 발견하는 데 언어학자와 생물학자가 상호 협조적으로 연구를 하고, (2) 광의의 언어기능의 대부분은 다른 종들과 공유하는 것이지만, 협의의 언어기능은 인간 특유의 것이라는 가설은 앞으로 더 많은 실증적 연구를 필요로 하며, (3) 비교적 접근법을 통해서 앞으로 언어기능의 공유적 및 특유적 지질에 대한 새로운 통찰을 할 수 있게 될 뿐만 아니라 그것의 진화력에 관한 새로운 가설을 얻을 수 있을 것이다 처럼 되어있다.

이 논문의 결론격인 이들 합의사항의 요점은 크게 첫 번째로 언어기능은 마치 하나의 내심원과 그것을 에워싸고 있는 큰 원처럼, 협의의 것 (FLN)과 광의의 것 (FLB)의 두 가지로 나누어 질 수 있는데, 전자는 인간만의 것이고 후자는 동물 공유의 것이라는 것과, 두 번째로 이들 중 전자는 언어학적 연구대상이고, 후자는 생물학자의 연구 대상인 것은 분명한 사실이지만, 이 가설을 검증하는 실증적 방법은 역시 생물학적인 것, 즉 비교적 접근법뿐이라는 것, 세 번째로 이런 식의 연구가 진행되게 되면 새로운 언어진화론을 얻을 수 있게 될 것이라는 것 등의 세 가지라고 볼 수가 있는데, 그렇다면 결국 왜 그가 이 자리에서는 자기 특유의 언어기원론을 보란 듯이 내세우지 않았는가가 이 논문의 핵심 포인트가 될 수밖에 없다. 또한 이것에서는 겉으로는 서로가 많은 것을 양보한 것 같지만 실제에 있어서는 옛날과 마찬가지로 앞으로도 생물학자와 언어학자는 일종의 평행선을 그어 갈 것이라는 전망을 내고 있을 뿐이다.

이것만큼 역설적인 논문도 없다고 볼 수 있는 두 번째 이유는 이것에 대한 비평문이 곧 이어 발표되면서 크게는 생물학과 언어학의 궁극적인 존재 이유를 건 진화론자와 반진화론간의 싸움이 시작되었고, 작게는 그의 최소주의적 언어이론의 허구성과 한계성이 가차 없이 드러나게 되었기 때문이다. 이 논문에 대한 첫 번째 비평논문은 2005년에 Pinker와 Jackendoff가 「Cognition」지에 발표한 「언어기능 : 무엇이 특별한가?(The faculty of language : what's special about it?)」이었는데, 한 마디로 말해서 이것은 Chomsky 등이 쓴 논문은 역사상 처음으로 생물학과 언어학을 융합시켜서 하나의 절충적 언어이론을 만드는 데 성공한 것처럼 되어있지만 실제에 있어서는 그의 최소주의 이론과 언어기원론을 노골적으로 선전한 것에 불과한 것으로 보고서, 이들 두 가지 모두를 비과학적 추론의 극치로 몰아붙이게 되는 가혹한 비평논문이었다.

우선 Chomsky 등은 그들의 논문에서 「순환성은 인간의 언어와 다른 능력을 구별시켜줄 뿐만 아니라 동물의 능력과 그것을 구별시켜주기도 하는 기구」라는 「순환성 유일의 가설」을 내세웠었고, 그 다음으로 이런 기구는 장기간에 걸친 자연적 선택의 절차에 의해서 생겨난 것으로 볼 수 없다는 「반진화설」을 내세웠었는데, 이들이 보기에는 우선 「순환성 유일의 가설」은 언어에는 오직 통사조직만이 있다는 오류와, 순환성의 현상은 언어이외의 영역에서도 일어나고 있다는 사실을 무시한 오류를 범하고 있었고, 그 다음으로 「반진화설」은 그 근거로 내세우는 것이 (1) 언어는 의사소통용이 아니다. (2) 언어는 최적이거나 완전한 체계이다. (3) 협의의 언어기능은 언어를 위해서 선택된 것이 아니라 다른 인지적 능력에 의해서 생겨났다는 등의 비과학적 추정에 불과한 것이기에 맞는 가설로 볼 수가 없었다. (Pinker and Jackendoff 2005, p.223)

그러자 같은 해에 나온 「Cognition」지의 후속호에 Chomsky 등의 3명이 비평이나 반박의 감정성으로 보아서는 Pinker와 Jackendoff의 비평논문보다 약간 누그러졌다고 볼 수 있을지 몰라도, 기본적으로 상대방의 주장을 송두리째 부인하는 입장에서 쓰였다는 점에 있어서는 그들의 것과 조금도 다를 바가 없는 응답논문을 발표하였다. 우선 이 논문에서 한 가지 달라진 점은 제목을 「언어기능의 진화 : 해명과 함의(The evolution of language faculty: clarifications and implications)」로 정한 점으로 익히 짐작할 수 있듯이 논의의 주제가 언어기원론이라는 사실을 분명히 한 점이었다.

무려 30쪽에 달하는 이들의 긴 응답 논문은 한 마디로 말해서 자기네들의 원 논문에 대한 비평은 모두 그것의 내용을 오해내지는 몰이해한데서 비롯되었다는 사실을 입증하는 데 목표를 둔 논문이었다. 자기네들의 입장에 관한 Pinker와 Jackendoff의 오해 또는 몰이해는 크게 네 가지로 볼 수가 있는데, 그 중 첫 번째 것은 언어기능을 협의의 것과 광의의 것으로 나누게 된 근거와 그 동기에 대한 것이었다. 이런 식의 절묘한 양분법은 이제쯤에 이르러서는 언어학자에게는 언어가 「인간 특유의 능력으로서 언어기능의 핵심부나, 연산적 작동의 추상적 체계를 가리키는」 말인데 반하여, 생물학자와 심리학자에게는 그것의 「인간에게 의해서 쓰이는 의사소통체계나 그 밖의 일반적 의미를 가리키는」 말인 이상, 학계에서 하등 거부감을 일으킬 수 있는 것이 아님에도 불구하고, 유독 Pinker와 Jackendoff 만은 이것을 경계선이 지극히 애매한 일종의 비과학적인 분류법으로 공격하였다는 것이다. 그리고 그들은 이것은 결국에 언어학자와 생물학자가 언어기원의 문제를 놓고서 학제적 연구를 할 수 있게 하는 기본전제라는 사실도 무시했다. (Fitch, Hauser and Chomsky 2005. p,180)

　그 중 두 번째 것은 최소주의 이론과 자기네들의 언어기원론의 관계에 대한 것이었다. 그들은 먼저 자기네들의 언어기원론을 「반다윈주의」이론으로 보는 잘못을 저질렀는데, 예컨대 반진화론으로 해석되고 있는 자기네들의 서술들은 「사실은 현대적 신다윈주의 이론과 맞아 떨어지는 것」이라는 것을 그들은 모르고 있었다. 그 다음으로 그들은 자기네들의 원 논문의 목적은 최소주의 이론과 같은 언어학적 언어이론을 선전하려고 하는 것이었다고 생각한 듯한데, 이것은 분명히 그들의 선입견에서 비롯된 일종의 착각이었다. 자기네들은 간단히 말해서 언어기원론에 대한 새로운 연구방법을 제시하기 위하여, 즉 언어기원의 문제는 더 이상 언어학적인 과제가 아니라 생물학적이거나 심리학적인 과제이며, 따라서 앞으로는 그 문제가 추상적이고 공허한 추측의 접근법 대신에 학제적이고 경험주의적이며 비교적인 접근법에 의해서 연구되어야 한다는 점을 주장하기 위하여 그 논문을 썼다. 그러니까 Chomsky가 내세우는 최소주의 이론과 자기네들의 언어기원연구관 사이에는 간접적인 관련성은 있을지 몰라

도 직접적인 관련성은 없었다. (Ibid, p.184)

그 중 세 번째 것은 언어의 기능이나 용도에 대한 것이었다. 그들은 간단하게 반의사소통론이 자기네들의 이 문제에 대한 확고한 입장이라고 생각한 듯한데, 이것 또한 자기네들의 양분법적 언어관에 대한 몰이해에서 비롯된 결론에 지나지 않는 것이었다. 예컨대 자기네들도 분명히 두 가지 언어기능 중 광의의 언어기능은 주로 의사소통의 용도를 위하여 발달했을 것이라는 주장을 했었다. 즉, 자기네들도 「언어는 다른 사람과의 의사소통을 위하여 유용한 것이며, 따라서 의사소통이 광의의 언어기능의 진화에 영향을 준 기초적인 선택적 힘의 한 가지임이 틀림없다.」는 말을 주저 없이 하고 있었다. 그러나 문제는 협의의 언어기능의 용도도 같은 것으로 볼 수 있느냐 하는 것이었는데, 자기네들의 의견은 「순환적 작동의 지금의 용도는 의사소통에 제한되어있지 않고서, 계획이나 문제 해결, 수학적 방정식의 해석, 공간적 항해, 사회적 인지와 같은 인지적 기능도 그것에 포함된다.」는 것이었다. (Ibid, p.186)

그 중 네 번째 것은 현존하는 여러 언어기원론 중 과연 적응 이론으로 불리는 진화이론을 가장 대세적인 것으로 볼 수 있느냐에 관한 것이었다. 우선 그들은 자기네들을 완전한 반진화론자로 모는 오류를 범했다. 이런 오류 역시 근본적으로는 언어기능을 두 가지로 나누려는 입장을 거부하는데서 출발했다고 볼 수가 있는데, 그 이유는 자기네들은 원 논문에서 분명히 이제부터 이 논쟁의 차원은 진화론 대 반진화론과 같은 흑백논리적인 수준을 넘어서서 전통적인 진화이론의 미비점을 보완하는 방법을 모색하는 수준으로까지 발전해야 된다는 점을 밝혀 놓았기 때문이다. 간단히 말해서 자기네들의 이 문제에 대한 기본입장은 광의의 언어기능의 발생과정을 설명하는 데는 적응이론을 적용할 수 있지만, 협의의 언어기능의 그것을 설명하는 데는 그것은 부적절하다는 것이었다.

이렇게 볼 것 같으면 결국 이 문제에 대한 앞으로의 과제는 협의의 언어기능의 발생과정을 제대로 설명할 수 있는 이론을 개발하는 것일 텐데, 그것을 위해서는 앞으로는 생물언어학이라는 경험주의적 과학이 크게 발전해야 된다고 자기네들은 주장했었다. 다시 말해서 자기네들은 이 과제를 해결할 수 있는 유일한 길은 이제는 진화론의 타당성을 놓고서의 추상적인 갑론을박적인 논쟁을 그만두고서, 언어학과 생물학을 위시한 여러 관련 학문들이 집중적인 학제적 연구에 참여하는 것뿐이라는 점을 분명히 했다. 이 논문의 마지막 문장이 「우리는 언어의 진화와 생물학에 대한 연구가 그렇게 오래도록 이 분야를 괴롭혀 왔던 오해에 의해서 계속해서 수렁에 빠지게 되지 않기를 진심으로 바란다.」처럼 되어있는 것을 보면 Chomsky 등은 자기네들과 그들 간의 싸움을 과학자와 비과학자 간의 싸움으로 보고 있는 것 같았다. (Ibid, p.206)

Chomsky 등에 의한 이상과 같은 응답논문은 곧 바로 Jackendoff 등에 의한 재비평논문을 출현시켰는데, 같은 학술지의 같은 호수에 발표된 「언어기능의 성격 : 언어진화에 관한 그것의 함의(Fitch 와 Hauser, Chomsky 에 대한 응답) (The nature of the language faculty and its impilcations for evolution of language (Reply to Fitch, Hauser and Chomsky))」가 바로 그것이었다. 비유적으로 말하자면 이로서 이들 간의 논쟁은 2 대 2식의 공방전이 된 셈인데, 이것을 통해서 그들이 보여준 진실은 안타깝게도 언어기원론에 대한 논쟁은 아직도 승자와 패자를 가릴 수 없는 평행선의 싸움일 따름이라는 것이었다. 결국 이들 간의 긴 논쟁은 1대 1식으로 한 번이면 끝날 내용을 다시 한 번 되풀이 한 것에 지나지 않는 것이었다.

첫 번째 비평에서와 마찬가지로 이 두 번째 비평에서의 논점도 크게 네 가지였다. 그 중 첫 번째 것은 적응이론으로 불리는 진화론의 수용성에 관한 것으로서, 이들은 이번에 다시 Chomsky 등은 적응이론을 언어기능

전부의 진화과정에 적용시킬 수는 없다는 입장을 보인데 반하여, 자기네들은 그렇게 해야지만 일반성 있는 언어기원론을 만들어 낼 수 있다는 입장을 고수하는 식으로, 이 문제를 놓고서는 양자 간에는 어떤 타협이나 합의의 여지도 없다는 사실을 재확인 하였다. 한 마디로 말해서 이들은 기본적으로 Chomsky 등이 원 논문에서 주장하고 있는 바는 일찍이 그가 「자연과 언어에 대하여」에서 「적응에 관한 모든 가설은 똑같이 무의미한 것이라」고 내세웠던 것을 반복하고 있는 것에 불과한 것이기에, 자기네들의 언어기원론과 그들의 것 사이에서는 대립성만을 발견하게 되어있다고 본 것이다.

우선 Chomsky 등의 응답논문에서는 적응이론은 부분적으로 밖에 수용할 수 없다는 주장을 정당화할 목적으로 그것을 「현재적 유용성」이론과 「기능적 원천성」이론의 두 가지로 나누었었는데, 이들이 보기에는 이런 양분법이 잘못된 것이었다. 이들의 생각으로는 적응이론에는 마땅히 「현재적 적응」이론이라는 것도 들어가게 되어 있었으며, 언어의 진화과정은 바로 이 이론에 의해서 설명이 될 수 있었다. 그 다음으로 그들은 이 문제와 관련하여 언어는 의사소통의 도구로 진화한 것이 아니라는 주장을 해 왔는데, 이것에 대한 가장 좋은 반론은 Jackendoff가 2002년에 낸 「언어의 기초(Foundation of language)」에서 내세웠던 「제일 먼저 진화한 것은 아무런 통사적 연결 장치 없이 어휘만으로써 상징적으로 의사소통할 수 있는 능력일 수 있다.」와 같은 말이었다.

그 중 두 번째 것은 언어기능의 양분성에 관한 것이었는데, 그들의 이 문제에 대한 입장도 지금이라고 해서 처음과 달라질 리가 없었다. Chomsky 등은 넓은 의미의 언어기능과 좁은 의미의 그것 사이의 경계선은 절대적이고 선명한 것이라는 입장을 취해왔는데, 그들이 보기에는 그 경계선은 오로지 「단계적 술어에 의해서만」 규정이 가능한 것이었다. 다시 말해서 그들의 생각으로는 「진화론적으로 말할 것 같으면 하나의 선행자 없이 어떤 것도 갑자기 튀어나올 수 없으며, 따라서 만약 협의의 언어기능을 절대적인 의미에서의 「인간 특유」의 것으로 해석한다면, 유용한 구별법에 쓰일 수 있는 어떤 것이 있었다는 전제를 할 수 없게 된다.」는 결론밖에 나올 수 없었다. (Jackendoff and Pinker 2005, p.214)

그 중 세 번째 것은 순환성 유일의 가설에 관한 것이었는데, 그들이 보기에는 이것의 허구성은 다음과 같은 두 가지 사실만으로도 익히 드러날 수 있었다. 첫 번째로는 Chomsky 등이 원 논문에서 제시한 순환성에 대한 정의는 적어도 두 가지의 서로 다른 의미로 해석될 수가 있었다. 그 정의는 「협의의 언어기능은 협의의 통사조직과 인터페이스와의 사상에서 나타나게 되는, 순환성의 핵심적 연산기구로만 구성되어있다.」처럼 되어있는데, 이 문장의 의미는 순환성의 기구가 협의의 통사조직에서만 나타난다는 것일 수도 있고, 아니면 그것은 거기뿐만 아니라 인터페이스와의 사상에서도 나타날 수 있다는 것일 수도 있었다. 첫 번째 해석을 따른다고 하면 언어기능에 특이한 것에는 순환성만이 있는 것이 아니라는 사실로써 이 가설의 비과학성은 익히 드러나게 되어있고, 두 번째 해석을 따른다고 하면 인터페이스와의 사상에는 응당 통사적인 문제 이외에 의미적인 문제와 음운적인 문제도 포합되게 되어있으니까, 자동적으로 이 가설은 비논리적인 것이 되고 만다는 것이었다.

두 번째로는 Chomsky등은 이 문제와 관련하여 「인간의 다른 인지영역에서는 순환성에 대한 애매하지 않은 사례가 한 가지도 발견되지 않고 있는데, 이것에 대한 예외는 분명히 언어에 의존하고 있는 수학적 방정식과 컴퓨터 프로그래밍 등뿐이다.」 와 같은 말을 한 바가 있었는데, 그들이 보기에는 「인간의 시각적 인지작용에서 명백한 사례를」 찾을 수 있었다. 일찍이 Chomsky는 이 규칙은 「분리된 무한성의 영역」에서 적용된다고 주장했었는데, 바로 시각적 지각도 그런 영역의 한 가지였다. 이렇게 보자면 순환성 자체는 협의의 언어기능의 일부일 수가 없었다. 즉, 그들의 생각으로는 순환적 통사론이 진화한 주된 이유는 인지작용에서의 순환적 구조들을 표현하기 위해서였다. (Ibid, p.217)

그 중 네 번째 것은 언어의 성격에 관한 것이었는데, 여기에서 그들은 Chomsky 등의 언어이론은 결국에 통사론 중심의 것이기에 언어기원론을 논의하기에는 지극히 부적절한 것으로 보고서, 그것에 대한 대안으로 어휘중심의 언어이론을 내세웠다. 예컨대 지난 50년 동안에 변함없이 생성문법이론에서 견지해온 가설 중 하나는 「어휘부에 저장되어있는 항목들은 구와 문장에서 볼 수 있는 조립적 구조는 하나도 없이 단순한 단어와 어형소로 구성되어 있으며, 따라서 구와 문장들은 으레 통사적 수형도를 만들고 연결하며 이동시키는 작동에 의해서 조립되게 되어있다」는 것이었는데, 이런 가설이야 말로 아무런 심리학적 근거도 없는 완전히 허구적인 것이었다.

또한 지난 20여 년에 걸쳐서 다양한 반변형주의적 문법모형들이 제안되었다는 사실은 언어학자들에게 이제는 보다 과학적인 「문법과 어휘론」의 구별법을 놓고서 진지하게 논의할 시기가 되었음을 알려주고 있었다. 몇 가지 대표적인 예를 들어보자면 Fillmore의 구문문법, Ginzburg와 Sag의 수어추진 구구조문법, Langacker의 인지문법, Bresnan의 어휘기능 문법, Culicover의 병렬구조/단순통사론 등이 바로 그런 문법들이었다. 이들은 모두가 간단히 말해서 문법과 어휘론의 관계를 재설정하는 것으로부터 출발한 문법들이었다.

특히 그들이 이 논문의 결론삼아 내세운 것은 이런 식의 문법모형은 통사론 기반적 문법모형과 비교했을 때 언어기원론적으로 타당성을 인정받기가 훨씬 쉽다는 사실이었다. 문법과 어휘론간의 관계를 균형 잡힌 것으로 보려는 언어관을 「구문기저적」언어관으로 보자면 그것에는 으레 가장 그럴싸한 기원론이 부수될 수 있었다. 예컨대 그런 언어이론에서는 「통사조직은 언어의 두 가지의 다른 중요한 양상에 뒤이어서 진화하게 되는데, 말을 상징적으로 사용하는 것과, 어휘의 신뢰성과 대량 확장을 위해서 낱말을 디지털화하는 수단으로서 음운조직이 진화하는 것이 바로 그 두 가지였다.」와 같은 아주 자연스런 언어기원론을 펼 수 있었다. (Ibid, p.223)

5.3 인지 언어학

언어조직의 구조성을 밝히는 것을 언어연구의 궁극적 과제로 삼았다는 의미에서 Chomsky의 언어이론은 Saussure의 그것을 뒤따른 것이라고 볼 수 있는데, 현대 언어학적 언어연구라고 이름을 붙일 수 있는 이런 주류적 언어연구의 흐름에 거의 모든 면에서 반기를 드는 움직임이 1970년대에 이르러 미국에서 일어나게 되었다. 인지 언어학(Cognitive Linguistics)의 출현이 바로 그것이었다. 그러니까 Chomsky의 변형주의가 전성기를 향하여 치닫기 시작할 무렵에 그것과 정반대적인 언어학이 탄생되어서 그것의 독주를 견제하고 있었던 것이다.

우선 일단은 일종의 반동적 언어학에 인지라는 한정사를 붙인 것 자체가 다분히 역설적인 사실이라고 볼 수가 있는데, 그 이유는 사실은 Chomsky도 문법적 작동을 인지적 연산절차로 보는 식으로 근본적인 의미에서는 자기의 언어이론이 인지주의적인 것이라는 점을 강조하고 있기 때문이다. 분명히 인지 언어학자들은 그의 언어학의 특징을 철저한 형식주의와 언어기능의 독립내지는 자율성 등으로 보고서, 자기네들이 내세우는 언어학에 인지라는 한정사를 붙이는 것이 곧 자기네들의 것은 그것과 정반대의 것이라는 점을 나타낼 수 있는 최선의 방법이라고 생각했을 것이다. 그렇지만 결과적으로는 두 가지의 서로 대립적인 언어학파들이 인지라는 말을 저마다 아전인수적으로 해석하는 현상이 일어나게 된 셈이다.

그런데 굳이 이들 두 가지 언어학 사이에서 보다 본질적인 차이를 찾아 볼 것 같으면, 한 쪽은 Chomsky라는 한 명의 주도자에 의해서 개발된 것인데 반하여, 다른 쪽은 Langacker와 Lakoff, Talmy, Taylor 등의 한 집단체에 의해서 개발된 것이라는 점일 것이다. 결국 이런 사실로 인하여 Chomsky의 언어이론은 보통 생성이나 변형주의라고 불리는 단일이론인데 반하여, 인지 언어학적 언어이론은 여러 사람들이 내세운 작은 이론들의 한 집합체라는 커다란 차이점이 생겨나게 된 것이다. 그래서 인지 언어학자들에 의해서 실제로 사용되는 학명도 인지 언어학과 같은 추상적인 것이 아니라 인지의미론이나 인지문법과 같은 구체적인 것들이다. 아마도 이런 차이점이 바로 이들의 학세가 그 동안 내내 주류 대 비주류식으로 고정되게 된 원인이었는지도 모른다.

인지 언어학적 언어이론이 길게 보아서는 반구조주의적인 것이고 가깝게 보아서는 반변형주의적인 것이라는 것은 틀림이 없는 사실이지만, 이것의 특징들을 정확히 파악하기 위해서는 그들을 그렇게 통합해서 논의하는 것 보다는 구체적으로 세분화해서 논의하는 것이 낫다. 무어니 무어니 해도 이 언어이론의 첫 번째 특징은 언어를 통사조직체로 보는 대신에 형식과 의미의 결합체로 본다는 점이다. 굳이 이들이 자기네들의 학문에 인지의미론이라는 이름을 붙인 이유를 따져 보자면 그것은 바로 자기네들의 언어이론은 Chomsky의 그것과 정반대적인 것이라는 사실, 즉 Chomsky의 그것은 결국에 의미론 중심의 것이 아니라는 결정적 약점을 안고 있는 이론이라는 사실을 드러내고 싶었기 때문이었다.

이 언어이론의 두 번째 특징으로 꼽을 수 있는 것은 문법을 문법적 규칙의 집합체로 보는 대신에 실제적인 용례의 집합체로 보려고 한다는 점이다. 이런 구문적 문법관과 Chomsky의 구조적인 것 간의 기본적 차이점은 이것에서는 문장을 개념적 구조체로 보려는데 반하여 그의 것에서는 그것을 형식적 구조체로 보려고 한다는 점이다. 문법은 인지적 개념들이 규칙에 따라서 형식화되는 절차에 불과한 것이라는 의미에서 예컨대 Langacker는 자기식의 문법을 「인지문법」이라고 불렀다. 또한 사람에 따라서는 이 이론에서 내세우는 문법을 「구문문법」이라고 부르기도 하는데, 그 이유는 이들이 보기에는 우리가 쓰는 문장 가운데는 문법적 조립의 규칙에 의해서 만들어진 것 이외에도 관용적 표현이나 독립적 구조성을 유지하고 있는 것들이 적지 않게 들어 있기 때문이었다. 다시 말해서 이들은 한 문장의 문법성은 그것이 만들어지는 규칙이 아니라 그것이 쓰이는 용법에 의해서 밝혀진다고 보았던 것이다.

이 언어이론의 세 번째 특징으로 내세울 수 있는 것은 문장을 독립적인 문법적 규칙의 조작에 의해서 만들어지는 것으로 보지 않고서 인간의 인지적 원리와 정신작용의 반영체로 보려고 한다는 점이다. 우선 여기에서는 문장을 분석하는 데 그 동안에 심리학에서 개발된 개념들을 많이 사용하고 있는데, 그 중 대표적인 것들이 전형을 위시하여 도식, 전경 대 배경, 틀, 게쉬탈트, 정신적 공간 같은 것들이다. 이 점과 관련하여 한 가지 특기할 사실은 Lakoff의 은유이론이 언어현상을 설명하는 데 주요 이론의 하나로 등장하게 되었다는 사실이다. 그의 주장에 따르자면 개별적 어휘와 문장적 표현 모두에 있어서 은유적 원리와 환유적 원리는 가장 기본적인 언어적 원리로 작용하고 있다는 것이었다.

이 언어이론의 네 번째 특징으로 내세울 수 있는 것은 Chomsky식의 분할주의적인 언어연구관 대신에 통합주의적이고 학제적인 언어연구관을 내세우게 되었다는 점이다. 앞에서 강조했듯이 우선 통사론이 의미론과 합쳐지지 않고서 그것 한 가지만이 독립적인 연구대상이 된다는 생각이 크게 잘못된 것이었다. 또한 이들이 보기에는 용법을 일단 문법으로 보게 되면 굳이 화용론을 통사론과 분리시킬 필요가 없어지는 것이고, 이런 의미에서는 음운론을 통사론과 분리시키는 것도 결코 자연스런 일이 아니었다. 그리고 이런 통합적 언어관에서는 으레 문장보다는 어휘의 중요성이 더 크고 따라서 통사론 보다는 어휘론이 앞서기 마련이었다.

이 언어이론의 다섯 번째 특징으로 꼽을 수 있는 것은 언어습득 과정을 내재적 언어능력의 발현과정으로 보지 않고서 후천적 경험 내지는 학습과정으로 본다는 점이다. 한 마디로 말해서 이들은 보편문법과 같은 언어 특유의 지식이나 능력이 인간의 일반적인 지력과 별도로 존재한다는 주장 자체를 인정하지 않으면서, 개별적 어휘는 더 말할 나위가 없고 문장 등의 더 큰 표현체도 결국에는 일종의 문화적 관습이라고 생각한다. 예컨대 한 단어의 의미나 한 문장의 기능은 의사소통의 현장에서 다른 사람과 그것을 실제로 사용하는 과정을 통해서 배우게 되는 것이었다. 이런 의미에서 볼 때 이들의 언어관은 인지주의적이라기 보다는 경험주의적인 것이었다.

1) Langacker의 인지문법론

사실은 인지 언어학적 언어이론은 이상과 같은 총괄적인 개관만으로도 익히 이해할 수 있을 만큼 단순하지 않은데, 그 이유는 우선 논리적으로 생각해보아서도 언어의 형식성이나 통사적 조직만을 배타적으로 연구하는 것보다 그것의 모든 조직을 인간의 인지작용과의 관계 속에서 연구하는 것이 몇 배 버거울 것이기 때문이고, 그 다음으로 이 언어학의 언어이론은 어느 한 개인이 아니라 한 집단에 의해서 개발된 탓으로 자연히 그것에 개인차가 있기 마련이기 때문이다. 이런 의미에서 이제부터는 이 언어학의 개발에 주도적인 역학을 한 세 사람이 제안했던 언어이론, 즉 Langacker와 Talmy, Lakoff가 제안했던 이론들을 좀 더 세밀하게 살펴보기로 한다.

Langacker의 인지문법론은 추상적인 문법관으로부터 구체적인 문장 기술법에 이르기까지 철두철미하게 반생성 내지는 반변형문법적이다. 한마디로 말해서 Chomsky의 변형문법의 태생적 한계성을 정확히 인식하고서 그것에 대한 하나의 어엿한 대안으로서 제안된 것이 바로 그의 인지문법인데, 그가 자기 언어이론을 인지 언어학이나 인지의미론이라는 이름 대신에 굳이 인지문법으로 부르는 이유가 틀림없이 그것일 것이다. 그의 문법이론이 거의 모든 면에서 반변형주의적인 것이라는 것은 크게 그의 추상적인 언어 내지는 문법관과 구체적인 문장 기술법이라는 두 가지 면을 통해서 익히 확인될 수가 있다.

우선 그의 견해에 따르자면 그동안의 언어연구는 분석적 형식주의에만 의존했다는 한계성을 지니고 있었다. 그는 2006년에 발표한 「인지문법 (Cognitive grammar)」이라는 논문에서 새로운 언어연구는 크게 다음과 같은 몇 가지의 언어 내지는 문법관으로부터 출발되어야 한다고 주장했었다. 첫 번째로 그는 공간문법으로 불리기도 하는 인지문법에서는 「언어적 구조를 궁극적으로 신경활동의 반복적 유형으로 환원되는 것」으로 보기에 여기에서 고안된 여러 가지 기호와 기술법은 「우리의 이해의 한계성 내에서 문법적 현상을 최대로 정확하게 기술하려는 의도를 반영한 것」에 지나지 않는다고 주장했다. (Langacker 2006, p.539)

두 번째로 그는 일단 언어를 일종의 인지적 실체로 보게 되면 그것을 기술하는 기준은 응당 형식이 아니라 의미가 되는데, 이런 의미에서는 인지문법론은 인지의미론으로 불리는 것이 마땅한 일이라고 내세우면서, 이런 의미론의 기본 전체로 첫 번째로 의미는 진리조건이 아니라 「정신적 경험」이나 「개념화」라는 점과, 두 번째로 언어적 범주는 전형적인 복합체이어서, 한 낱말의 의미는 「관련된 뜻들의 조직망」을 이루고 있는 식으로 다의적이라는 점, 세 번째로 언어적 의미는 「백과사전적」인 것이어서, 그것은 결국 사전적 정의가 아니라 어휘가 쓰이고 있는 표현체와 상황에 의해서 결정된다는 점, 마지막으로 한 표현체의 의미는 그것이 나타내는 개념적 내용에 의해서 뿐만 아니라 그것이 구성된 방법에 의해서도 결정된다는 점 등을 들었다. (Ibid, p.539)

세 번째로 그는 언어적 표현체가 구성되는 절차는 기본적으로 언어사용자의 시각에 따르게 되어있어서, 그것의 기준에는 구체성과 범위, 배경, 전망, 현저성 등이 있다고 주장했다. 언어적 표현체는 우선 어느 실체나 상황을 얼마만큼 정밀하거나 추상적으로 파악하느냐, 즉 구체성의 기준에 따라서 달라지게 되어있었다. 예컨대 「과일파리」를 어떻게 인식했느냐에 따라서 「thing > creature > insect > fly > fruit fly」중 어느 한 가지의 단어가 쓰이는 것이었다. 그 다음으로 언어적 표현체는 범위의 기준, 즉 한 개념의 유발로 「인지적 영역」이라는 관련 개념들이 얼마나 복잡하게 엉켜지게 되느냐에 따라서 달라지게 되어있었다. 세 번째로 언어적 표현체는 우리의 배경설정의 능력에 의해서 결정되게 되어있었다. 그것의 좋은 예가 바로 「half-empty」와 「half-full」간의 차이였다.

네 번째로 언어적 표현체는 전망의 기준, 즉 언어사용자의 관점이나 정향성, 주관성 등에 의해서 달라질 수 있었다. 예컨대 「Jack is to the left of Jill」이라는 말은 화자의 입장에서 한 것일 수도 있고, 「Jill」의 입장에서 한 것일 수도 있다. 마지막으로 언어적 표현체는 현저성의 기준 즉 그것의 어느 요소에 주의의 초점을 맞추었느냐에 따라서 달라질 수 있었다. 예컨대 「above」와 「below」라는 단어들은 두 사물간의 공간적 관계를 서로 다른 전망적 시각에 따라서 묘사하고 있었다. 다시 말해서 「X is above Y.」라는 말과 「Y is below X.」라는 말은 같은 말이 아니었다.

그의 언어이론의 진짜 특이성은 역시 그의 독특한 문장 기술법에 드러나 있다고 볼 수가 있는데, 이런 주장의 근거로 내세울 수 있는 것이 바로 이것에서는 「문법적 규칙들은 도식화된 구문의 형식을 취하며, 하나의 구문적 도식은 내적인 조직이 일조의 구문들(복합적 표현체)의 그것과 동일한, 일종의 상징적 복합구조」로 되어 있다는 사실일 것이다. (Ibid, p.541) 다시 말해서 이것에서는 문법을 단순한 상징적 구조체들을 점점 더 복잡한 상징적 구조체로 결합시켜 가는 절차로 보고 있는 것인데, 이런 의미에서 그의 문장기술법의 가장 대표적인 예로 볼 수 있는 것이 그가 2008년에 낸 「인지문법 : 기초개론 (Cognitive Grammar : A Basic introduction)」에서 제시한 것이다.

첫 번째로 살펴볼 것은 그가 절의 형태의 분류를 전통문법에서의 서술문, 의문문, 명령문으로의 분류법이 아니라, 주어(행동주)와 목적어(주제) 중 어느 것에 의미의 주안점이 맞추어져 있느냐의 기준에 의해서 분류하게 되면, 태의 현상과 같이 Chomsky의 변형이론과 같은 그 동안의 문법이론으로는 제대로 기술할 수 없거나 아니면 가장 어려운 논쟁거리로 전락한 현상들을 보다 명석하게 기술할 수 있게 된다고 내세우면서 제시한 예이다. 그는 우선 「The door opened easily.」와 같은 문장의 기술을 위하여 능동태와 수동태 이외에 중간태가 설정되어야 한다고 보았다. 그 다음으로 그는 「The door opened」와 같은 문장의 기술을 위하여 「절대적 자동사태」가 설정되어야 한다고 보았다. 결국 그는 「open」이라는 동사에 의해서 만들어지는 문장의 종류에는 아래와 같은 네 가지가 있다고 정리했다. (Langacker 2008, p.385)

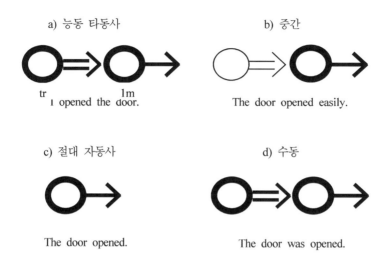

a) 능동 타동사

tr ı opened the door. 1m

b) 중간

The door opened easily.

c) 절대 자동사

The door opened.

d) 수동

The door was opened.

그 다음으로 살펴볼 것은 그가 두 개나 그 이상의 절들이 하나로 합쳐져서 복문이나 중문이 만들어지는 절차를 설명하는 자리에서 제시한 예인데, 이를 통해서 그는 정신적 공간의 개념을 도입하게 되면 그전의 분석법으로 감히 파악하려고도 하지 않았던 복문이나 중문의 함의적 의미가 쉽게 파악될 수 있다는 사실을 실증하고 있다. 우선 그의 설명에 의할 것 같으면 「Jill was sure my cat was hungry.」라는 문장의 의미는 일차적 개념화자로 「Jill」을 잡는 경우와 화자를 잡는 경우에 따라서 두 가지로 나누어질 수가 있는데, 그런 사실은 그것의 의미적 구도를 아래의 a)와 같은 정신적 공간의 형상법으로 나타내보게 되면 당장 알 수가 있다는 것이다.

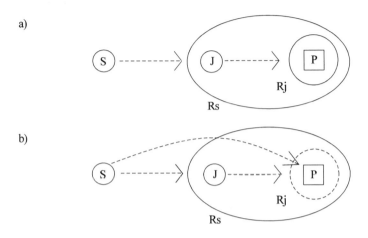

a)

b)

이 그림에서는 우선 「My cat was hungry」라는 명제, 즉 P 를 인식하는 첫 번째 주체는 「Jill」이고, 화자인 S 는 그의 그런 인식자체를 인식하는 두 번째 주체라는 사실이 명확히 드러나 있다. 그러니까 「Jill was sure my cat was hungry」라는 문장의 의미는 「Jill」의 인식내용에 관심이 가있는 경우와 화자인 「나」의 인식내용에 그것이 가 있는 경우로 나누어질 수 있다는 것이 분명해지는 것이다. 그런데 화자가 「Jill realized my cat was hungry」라고 말했다면 그 의미는 달라진다. 즉 b)의 그림으로 표현되어 있듯이, 이 문장의 의미는 「Jill」의 인식내용과 별도로 화자도 P 를 사실로 인식하고 있다는 것이 된다.

2) Talmy의 인지의미론

앞에서 열거한 몇 가지 특징으로 보았을 때는 분명히 Talmy의 인지 언어학적 언어이론은 Langacker의 그것과 크게 다르지 않음에도 불구하고 그는 자기의 것을 인지문법이라고 부르지 않고서 「인지의미론」이라고 부르고 있는데, 그것은 바로 그는 언어를 개념적 표현체로 보기 때문이다. 그의 말을 그대로 빌리자면 「의미론은 단순히 언어에 의하여 조직된 개념적 내용」에 관한 학문일 따름인 것이다. 결국 그는 인지 언어학의 본질적 특징을 드러내기 위해서는 우선 그 이름 자체에 문법이라는 용어보다는 의미라는 용어가 쓰여야 한다고 생각한 것이다. (Talmy :vol 1 2001. p.2)

그런데 사실은 이름에 있어서만 아니라 내용에 있어서도 그의 언어이론은 Langacker의 그것과 적지 않은 차이점을 보이고 있다. 그런 차이점 중 첫 번째 것은 문장을 분석하는 데 주어나 목적어와 같은 종전의 문법적 내지는 형식적 개념 대신에 공간이나, 통로, 주의의 창구, 동작과 위치, 전경 대 배경 등의 심리학적 개념들을 최대로 활용함으로써, 일차적으로는 왜 인지 언어학은 인지문법론이 아니라 인지의미론이어야 하는가에 대한 해답을 제시하고 있고, 이차적으로는 그가 내세우는 인지의미론은 전통적인 의미론과 얼마나 다른가를 드러내주고 있다는 점이다. 한 마디로 말해서 그의 언어이론은 Langacker의 그것보다 훨씬 더 심리학적인 것이다.

이런 사실은 2001년에 두 권으로 낸 「인지의미론을 향하여(Toward a Cognitive semantics)」의 제1권의 제5장에서 문장의 구조를 전경 대 배경의 개념으로 분석하고 있다는 사실로써 익히 확인될 수가 있다. 우선 그는 원래 이 개념은 Gestalt심리학에서 개발된 것이지만, 언어적 현상을 분석하는 데 그것을 쓰게 되면 전경은 「이동 중 이거나 개념적으로 표현 가능한 실체」를 가리키는데, 반하여 배경은 「고정적인 지시적 실체」를 가리키는 식으로 그 의미가 제한된다는 점을 강조하고 있다. 예컨대 「The pen lay on the table.」과 「The pen fell off the table」과 같은 문장에서 「the pen」은 전경의 기능을 하고 「the table」은 배경의 기능을 수행하고 있었다.

우선 단문의 경우를 놓고 보자면 한 문장의 관찰자나 인식자는 으레 한 공간적 장면을 전경의 대상, 배경의 대상, 지시의 틀 등의 세 가지 부분으로 나누고 있음을 알 수가 있었다. 예컨대 「The ball rolled past the lamp.」라는 문장에서는 「the ball」과 「the lamp」라는 두 개의 주 대상 이외에 「공이 움직이는 영역」이라는 세 번째 대상이 인식되는 것이었다. 전경과 배경 모두가 고정적인 단문도 물론 많은데, 이런 단문은 「John(F) is near Harry(G)」와 「Harry(F) is near John(G)」의 예처럼 두 대상이 대칭적 관계를 유지하는 부류, 즉 그들을 뒤집어 놓아도 같은 의미를 나타내는 부류와, 「The bike(F) is near the house(G)」 대 「? The house (F) is near the bike(G)」의 예처럼 그들 간에는 대칭성이 없기 때문에 그렇게 해서는 비문이 만들어지는 부류로 나누어졌다. (Ibid, p.314)

그 다음으로 복문의 경우를 놓고 보자면, 이것에서는 언어에서만 적용되는 「공간시간적 상동성」의 체계에 따라서 전경(F) 대 배경(G)의 개념이 공간적 위치에 관한 것으로부터 시간적 사건에 관한 것으로 바뀌고 있었다. 예컨대 「He exploded after he touched the button.」에서는 종위절로 표현된 사건이 배경의 역할, 즉 하나의 고정된 지시점의 역할을 하고 있고, 주절로 표현된 사건은 전경의 역할을 하고 있었다. 물론 접속사가 「after」로부터 「before」로 바뀌게 되면 「His exploding(F) occurred after his touching the button(G)」이 「His touching button(F) occurred before his exploding(G)」으로 되는 식으로 전경과 배경의 사건들이 달라지게 되어 있었다. 그 밖에 복문에 있어서는 두 사건의 인과관계나 시간적 서순성 등이 전경 대 배경의 개념으로 표현되고 있었다. (Ibid p.321)

그런 차이점 중 두 번째 것은 언어를 의사소통적 목적을 달성하려는 수단으로 보고서, 문장의 기능이나 의미를 인지적 상호교섭의 상황 하에서 파악하려고 했다는 점이다. 그의 책의 제 2권의 제 6장에서 자세히 논의되고 있듯이 언어를 일단 일종의 의사소통적 행위로 보게 되면 그것을 통사조직과 같은 형식적 구조체로만 보려던 과거의 잘못이 저절로 드러나게 되어있었다. 이렇게 되면 우선 언어연구의 양태는 Chomsky의 것과 같은 통사론적인 것으로부터 Sperber와 Wilson의 것과 같은 화행론이나 화용론적인 것으로 바뀌게 마련이고, 그 다음으로 그것은 조직별로의 분할주의적인 것으로부터 전언어적이고 통합주의적인 것으로 바뀌게 되어있으며, 세 번째로는 규칙 중심적이거나 형식주의적인 것으로부터 심리적이거나 기능주의적인 것으로 바뀌기 마련이었다.

그런데 그의 설명에 따를 것 같으면 의사소통은 일종의 전인적인 행위이어서, 엄밀하게 따지자면 그것에 대한 연구는 언어에 대한 연구와 별도의 것이었다. 다시 말해서 언어학은 결국에 의사소통학의 한 하위학문밖에 되지 않는다는 것이 그의 견해인데, 그것의 근거로 그는 다음과 같은 몇 가지 사실을 들었다. 첫 번째로 그가 보기에는 화자는 의사소통의 목적을 달성하기 위해서 어휘나 구의 나열이나 생략과 같은 의미 체계적 수단과 문장의 구조나 순서와 같은 구조 및 관계적 수단, 분절적 음소나 초분절적 음소와 같은 음향적 수단, 말의 흐름의 관리와 같은 시간적 수단, 몸짓과 같은 동작적 수단 등을 조화롭고 통합적으로 동원하고 있었다. 특히 여기에서 주목할 것은 이런 다섯 가지의 수단 중 제일 기본적인 것이 바로 어휘나 구에 의한 의미전달의 수단이라는 사실이었다. (Ibid, p.346)

두 번째로 그가 보기에는 의사소통의 목적이 하나 이상일 때도 있는데 그런 경우에는 그들이 의도대로 상호조화를 이루고 있기도 하지만 반대로 서로 부조화를 빚어내기도 하기에, 의사소통 시에는 의사소통자의 목적과 수단에 대한 선택이 대단히 중요해지는 것이었다. 예컨대 어느 거리의 사나이가 「You couldn't help us out with any part of 22 cents…」와 같은 말을 단조롭고 빠른 어조로 말했다면, 이 말의 전달내용과 그것의 표현 방법은 서로 상충하고 있어서 이 말에 대한 듣는 사람의 판단은 애매할 수밖에 없었다. 의사소통자는 결국 여러 전달 수단 간의 균형을 맞추는

데 최선의 노력을 다하게 되어있었다. (Ibid, p.347)

세 번째로 그의 의견으로는 그것의 수단에는 일정한 간격이나 한계성이 있기 때문에 의사소통자가 자기의 목적을 제대로 실현시키기 위해서는 으레 명제적 내용을 표현하는 수단인 어휘와 표현법의 선택에 최우선권을 부여해야만 했다. 일단 이 작업이 이루어지고 나면 화자의 태도나 기분이나 문장의 문법성, 표현의 유창성, 청자의 수용성 등의 문제 등은 그 다음 선택사항으로 고려되게 되는 것이었다. 이것의 한 좋은 예가 바로 화자는 자기의 의사소통적 목적에 따라서 「T=도둑」이 「V=희생자」로부터 「G=물건」을 훔친 장면을 놓고서 아래와 같은 세 가지 부류의 문장 중 하나를 선택하게 된다는 사실이었다. (Ibid, p.349)

T steal	G be stolen	V be robbed
T steal G	G be stolen by T	V be robbed by T
T steal from V	G be stolen from V	V be robbed of G
T steal G from V	G be stolen from V by T	V be robbed of G by T
T rob V		
T rob V of G		

네 번째로 그의 생각으로는 의사소통학이 제대로 정립되려면 언어비교와 언어변화의 측면에서도 그것이 연구되는 것이 바람직한 일이었다. 여러 언어사회에서 같은 의사소통의 목적을 달성시키는 데도 서로 다른 표현 수단들의 조립법이 쓰이고 있는 점으로 미루어 보아서 의사소통적 행위에는 유형적 혹은 보편적 특성만이 아니라 개별적 특성도 있다는 것을 알 수가 있었다. 또한 하나의 언어사회에서 쓰이는 의사소통법에도 핵심적인 것과 가변적인 것이 있다는 것을 알 수가 있었다. 이것의 한 좋은 예가 「Where's the pen?」이라는 물음에 대한 답변이 아래처럼 영어와 스

페인어, 노어 별로 달라진다는 사실이었다. 우선 a), b), c)의 경우처럼 위치어를 문두에 내세워서 주의를 받게 한다는 점에서는 언어 간에 아무런 차이점이 없었다. 그러나 d), e), f)의 경우처럼 소유주를 밝히는 문장은 언어마다 강세법도 다르고 구문법도 달랐다. 즉, 영어에서는 소유주를 강한 강세와 함께 문두에 내세우지만 스페인어와 노어에서는 그것을 문미에 갖다 놓았다. (Ibid, p.365)

영어	a) (It's) on the table.		d) John has it.
스페인어	b) (Esta) en la mesa.		e) Lo tiene Juan.
노어	c) (Ono) na stole.		f) (Ono) u Ivana.

여기에서 한 가지 특기할 사항은 그는 이상과 같은 의사소통행위의 언어적 다양성을 한 단계 더 높게 이론화해서 이른바 「인지적 문화체계」라는 대이론을 제안하기에 이르렀다는 사실이다. 그의 인지 언어학적 언어 이론의 결정체라 할 수 있는 이 대이론에서는 크게 세 가지 점이 강조되고 있다고 볼 수 있는데, 언어는 인지적 문화체계의 일부라는 것과, 언어를 포함한 인지적 문화체계의 획득은 후천적 학습의 절차에 의해서 이루어진다는 것, 인지적 문화체계에는 보편성과 개별성이 다 있다는 것 등이 바로 그들이다. 결국 이로써 그는 자기의 언어이론이 Chomsky의 그것과 얼마나 다른가 하는 것을 익히 드러낼 수 있었던 것이다. (Ibid, pp. 410~15)

3) Lakoff의 은유이론

그동안에 인지 언어학적 언어연구에서 Langacker 등과 함께 주도자의 역할을 해온 사람이 Lakoff인데, 그의 언어이론의 특이성은 은유적 및 환유적인 인지절차를 인간의 인지절차의 기본으로 본다는 점이었다. 우리가 일상적으로 쓰는 언어적 표현 중 큰 부분이 은유나 환유적인 것이라는 것이 바로 그의 주장이다. 그의 은유 기반적 언어이론이 최초로 소개된 것은 그가 1980년에 Johnson과 같이 낸 「우리의 삶의 도구인 은유(Metaphors We live by)」라는 책에서였고, 그가 그것을 한 층 확대하고 정리해서 발표한 것이 1987년에 나온 「여자와 불, 위험한 것들(Women, fire and Dangerous things)」이라는 책이었다. 원래 은유와 환유에 대한 연구는 언어학과 처음부터 대립적인 관계에 있던 수사학에서 이루어졌었다는 사실을 상기한다면 그의 발상법은 일단 전통문법적인 것이 아닐까하고 의심할 수도 있는데, 사실은 전혀 그렇지가 않다. 한 마디로 말해서 그것은 언어를 문장이나 구의 형식이 아니라 인지절차나 개념조직의 반영체로 보려는, 전적으로 인지주의적인 것이다.

그의 언어이론은 우선 철두철미하게 반객관주의적이고 반형식주의적인 것인데, 그것을 실증하는 첫 번째 사실은 역시 언어에 대한 논의는 형식이 아니라 의미의 문제를 중심으로 해서 이루어져야 한다고 본 점이다, 그의 언어사상은 그의 첫 번째 책의 끝 부분을 이루고 있는 제 26장에서 제29장까지에 잘 설명되어 있는데, 그것을 요약하자면, 「서양철학과 언어학에서의 객관주의의 신화」라는 제목을 가진 제 26장에서는 그 동안까지 의미론자들은 「모든 문장은 인간의 경험적 이해와는 별 관계가 없는, 객관적 의미를 지니고 있게 되어있다」는 잘못된 고정관념을 가지고 있었으며, 그래서 결국에 그들의 생각은 Chomsky의 경우처럼 「문법은 의미와 이해의 문제와 아무런 관계가 없다」는 데까지 이르게 되었다는 주장이 펼쳐져 있다.

그리고 「은유는 어떻게 객관주의의 신화의 한계성을 노출하게 되는가」라는 제목을 가진 제 27장에서는 객관주의적 은유관은 결국에 유사성이나 동질성의 원리에 의한 것인데, 이런 견해의 한계성은 「내적 체계성과 외적 체계성, 은유의 사용영역의 확대, 추상적 경험을 구축하는 데 있어서의 구체적인 경험의 사용, 음식물로써 은유적 개념화 작업을 하는 경우 「소화(digest)」라는 단어의 두 가지 의미 사이에서 유사성을 발견하는 절차」등의 현상을 제대로 설명할 수 없다는 점이라는 주장이 펼쳐져 있다.

그 뒤 「주관주의의 신화의 부적절성」이라는 제목을 가진 제28장에서는 인간의 이해와 인간언어, 인간가치, 인간의 사회 및 문화적 제도 등을 설명하는 데는 객관주의가 부적절한 것이라는 것이 드러난 이상, 그것의 유일한 대안으로 제안될 수밖에 없는 것이 바로 주관주의인데, 이것의 약점은 바로 「의미를 순전히 개인적이고, 직관적이며 아무런 자연적 구조가 없는 것으로 보는 것」이라는 주장이 전개되어있고, 「경험주의적 대안 : 옛 신화에 새로운 의미를 부여하는 것」이라는 제목을 가진 제 29장에서는 경험주의적 대안이란 바로 이들 두 가지 신화들을 하나로 통합하려는 접근법이라는 주장이 펼쳐져 있으며, 「이해」라는 제목을 가진 제30장에서는 객관주의와 주관주의를 통합함으로써 궁극적으로는 인간에 대한 올바른 이해작업이 제대로 이루어질 수 있다는 주장이 펼쳐져 있다. (Lakoff and Johnson, 1980 pp.195~230)

그가 자기의 첫 번째 책에서 제안했던 새로운 언어연구법, 즉 종전의 객관주의적인 것과 주관적인 것을 하나로 통합시킨 경험주의적 언어연구법이라는 것은 바로 언어를 은유 및 환유적 인지절차의 표현체로 보는 입장에서 연구하는 것이라는 사실을 보다 학리적이고 종합적인 방법으로 드러낸 것은 바로 그의 두 번째 책에서 였다. 그런데 이런 결론에 도달하려다 보니까, 그가 이 책에서 구체적으로 한 일은 크게 언어학은 결국에 의미론이어야 하는데 그동안에는 객관주의적 의미론으로 인하여 언어학과 언어철학 모두에 있어서 그 일이 잘못된 길을 걸어왔다는 사실을 밝히는 일과, 따라서 이제부터는 인지적 의미론이 언어연구의 주도권을 잡아야 한다는 주장을 펼치는 일 등의 두 가지였다.

이 책에서 그는 먼저 인지 언어학의 기본전제는 인간에게는 으레 일정한 「이상화된 인지모형(Idealized Cognitive Model : ICM)」이 있어서, 그것이 그대로 언어로 표현된 것이 어휘나 문장이라는 것이었는데, 현재까지 제안된 인지모형 중 대표적인 것에는 Fillmore의 틀이론과 같은 「명제적 구조형」과 Langacker의 인지문법과 같은 「심상구도적 구조형」, Lakoff와 Johnson의 것과 같은 「은유적 사상형」, 같은 사람들의 「환유적 사상형」 등의 네 가지가 있다고 보았다. 특히 그는 여기에서 크게 보아서 이상화된 인지모형은 바로 개념적 범주화 절차의 기본이 되는 것이라는 점과, 이것은 결국에 언어와 인지절차에 있어서 이른바 「전형의 효과」를 발휘하게 된다는 점을 강조하였다. (Lakoff, 1987 pp.68~9)

그는 그 다음으로 그 동안의 언어학이나 언어철학의 한계성은 「개관주의적 패러다임」을 최선의 학문적 원리로 받아들인 데서 비롯된 것으로 보고서 그것의 부적절성이나 비과학성을 조목조목 밝혔다. 그가 보기에는 고전적 패러다임의 기본적 원리는 크게 「이 세상의 실체들은 객관적으로 존재하는 범주를 만들어낸다」는 객관적 범주의 원리와, 「이 세상에는 자연적 실체의 종류가 있어서 그것이 범주의 바탕이 된다.」는 자연적 종류의 원리의 두 가지였고, 이런 기본원리들이 아무 차질 없이 적용 되도록 하는 데 결정적 역할을 한 것이 바로 「이 세상의 범주 간에는 개관적으로 논리적인 관계가 존재한다는 논리주의적 발상법」과 「모든 자질은 원자적 자질의 논리적 결합체」라는 원자주의적 발상법이었다. 이런 언어철학에서는 결국에 범주화 작업을 수행하는 것은 바로 인간이라는 사실을 완전히 무시하고 있었다.

그는 특히 이 자리에서 바로 이런 언어 철학적 배경이 Chomsky의 생성 언어학의 태생적 한계성이라는 점을 강조했다. 예컨대 그가 보기에는 생성언어학자들은 「연산적 장치의 집합체, 즉 의미나 일반적 인지능력에 의지함이 없이 상징만을 조작하는 장치의 집합체가 인간의 언어능력을 형성하게 된다.」고 생각하는 것 같은데, 「범주화와 같은 일반적 인지기구를 언어는 무시 할 수 있다」는 발상법만큼 기이한 발상법도 없었다. 다시 말해서 과거의 객관주의적 의미론자와 마찬가지로 생성주의자들도 누가 또는 무엇이 사고를 하는가에 대한 아무런 언급 없이 인지와 의미, 합리성 등의 문제들을 설명하려고 하고 있는 것이다.

그는 세 번째로 객관적 범주화 이론의 대안으로 제안된 네 가지 이상화된 인지모형 이론 중 가장 그럴싸한 것은 역시 자기가 제안하는 은유이론이라는 점을 내세우면서, 이것을 뒷받침하는 예로서 「분노(anger)」에 관한 영어의 표현들을 제시하고 있다. 그가 이 감정에 관한 표현들을 자기의 은유이론의 근거로 내세운 이유는 이것이 인간의 감정 중 가장 기본적인 것이어서 그런지, 우선 Roget의 대학어휘사전에 무려 300개의 표현법이 나와 있을 정도로 그 종류가 다양한 탓으로 「감정은 극도로 복합적인 개념구조를 가지고 있다」는 자기의 주장을 실증하기에 딱 알맞은 것이기 때문이었다.

그가 분노 표현들을 분석한 바에 의할 것 같으면 크게 다섯 가지의 은유적 사고체계가 그들의 기저에 깔려 있었는데, 그 중 첫 번째 것은 「분노는 열이다」라는 것이었다. 그런데 이 은유는 으레 「신체는 감정의 용기이다.」라는 또 하나의 은유와 결합이 되어서 「분노는 용기 안에 있는 액체의 열이다.」와 같은 것으로 발전되게 마련이었다. 이런 은유법의 예문으로는 「She got all steamed up.」이나 「I gave vent to my anger.」, 「He took out his anger on me.」 등을 들 수 있었다. (Lakoff 1987 p.388)

그 중 두 번째 것은 「분노는 불이다.」라는 것이었다. 이것은 결국에 「분노는 열이다.」라는 은유와 같은 것이기에, 분노의 원인이나 강도, 기간,

피해, 위험성 등이 문장으로 표현되어있다. 이런 표현의 대표적인 예로는 「She was doing a slow burn.」과 「Your insincere apology just added fuel to the fire.」, 「Boy, am I burned up!」 등을 들 수 있다. (Ibid, p.389) 그 중 세 번째 것은 「분노는 광기이다.」라는 것이었는데, 화가 났을 때는 누구나 「I'm mad!」라는 말을 쓰는 사실로 보아서 이런 사고방식이 인간의 인지체계의 기저에 자리 잡고 있음을 알 수 있었다. 그 밖의 예로는 「I just touched him, and he went crazy.」와 「When he gets angry, he goes bonkers.」 등을 들 수 있다. (Ibid, p.390)

그 중 네 번째 것은 「분노는 적이다」라는 것으로서, 틀림없이 분노는 으레 원치 않는 생리적 반응을 일으키기 때문에 그것은 으레 싸움의 대상이라는 이런 사고방식이 생겨나게 되었을 것이다. 이런 표현의 대표적인 예로는 「He was battling his anger.」와 「Anger took control of him.」, 「He surrendered to his anger.」 등을 들 수가 있다. (Ibid, p.391)

그 중 다섯 번째 것은 「분노는 위험한 동물이다」라는 것인데, 어떤 의미로는 이것은 「분노는 불이다」라는 사고방식의 연장선상에 있다고 볼 수도 있다. 그러나 불과는 달리 동물은 살아 움직이는 것이라는 데 이 은유법의 특이성이 있다. 이것의 예로는 「He has a monstrous temper.」와 「His anger is insatiable.」, 「He unleashed his anger.」, 「He began to bare his teeth.」 등을 들 수 있다. (Ibid, p.392)

5.4 의미론

구조언어학자들은 일찍이 인간 언어의 제일 중요한 특징으로 그것의 이원적 구조성, 즉 그것은 음운구조와 문법구조라는 두 가지 구조를 가지고 있다는 점을 들었었는데, 이런 사실만큼 따지고 볼 것 같으면 그들의 언어관은 결국에 그동안 내내 서구의 학풍을 주도 해오던 객관주의나 형식주의적 언어관의 색다른 표현에 불과하다는 사실을 단적으로 드러내주는 것도 없다. 상식적으로 판단을 한다고 해도 언어의 두 대립적 구조로는 의미구조와 문법구조를 잡아야 마땅함에도 불구하고 그들은 그렇게 하지 않은 것인데, 그 이유는 그들에게도 궁극적으로는 그들의 선배들과 마찬가지로 의미론은 과학적 언어연구의 대상이 될 수 없다는 고정관념이 있었기 때문이었다.

그런데 사실은 이들이라고 해서 자기네들의 언어관이 이처럼 일반적인 상식에 어긋난다는 사실을 모를 리가 없었다. 그래서 예컨대 Saussure는 기호이론을 내세워서 의미론의 문제를 우회하려고 했었고, 또한 Chomsky는 심층구조와 표층구조의 구분이나 논리형식과 의도 및 개념체계의 인터페이스라는 추상적인 설명법을 내세워서 그것을 회피하려고 했었다. 심지어 Chomsky는 일찍이 자기의 생성변형이론이야 말로 「She is eager to teach.」와 「She is easy to teach.」가 의미적으로 서로 다른 문장이라는 것을 밝힐 수 있는 유일한 이론이라는 의미에서 의미론의 발전에 중요한 기여를 할 수 있는 것이라고 주장하기까지 했다.

그러나 Saussure의 구조주의 이론과 마찬가지로 그의 언어이론의 태생적 한계성은 역시 의미론을 언어연구의 주된 대상에서 배제시켰다는 점이다. 따라서 그의 언어이론이 아무리 예컨대 언어기원의 문제나 인간정신의 문제 등과 같은 고차원적이고 궁극적인 문제를 다룰 수 있게 되었다고 한들, 일단 의미론자의 시각에서 보게 되면 그것의 태생적 약점이나 문제점은 그대로 사라지지 않고 남아있다는 사실이 당장 드러난다. 그러니까 작게는 그의 언어이론이 결코 완전한 것이 못 된다는 사실이고, 크게는 어떤 의미에서는 누구의 언어이론도 다면적인 언어현상 중 어느 한

면만을 조명한 것일 뿐이라는 사실을 확인하는 데는 의미론자의 언어이론을 살펴보는 것 만한 것이 없다고 볼 수가 있다.

그런데 사실은 의미론은 언어를 정보전달이나 의미 표현의 매개체로 보는 입장에서 연구하는 학문이기에, 언어체계나 언어활동의 모든 면, 즉 통사론을 위시한 언어학의 모든 분야가 그것의 대상이 될 수 있다. 구체적으로 말하자면 의미론은 통사론과 대치적 위치에 있는 학문이라기보다는 그것보다 한 차원 위에서 그것을 포함한 여러 분야들을 총괄하는 학문인 것이다. 그래서 우선 의미론적 언어이론이 한 두 가지일 수가 없다. 예컨대 어휘의미론자와 분석철학자, 화용론자 등이 내세우는 의미적 언어이론들이 같을 리가 없다. 거기에 더해서 의미론에 대한 연구의 역사는 언어연구 자체의 그것만큼 오래되었다고 볼 수가 있다. 그래서 오늘날 통사론 중심의 언어이론과 대비하는 입장에서 검토해볼 수 있는 의미적 언어이론에는 Aristotle의 「진리이론」으로부터 Lakoff의 「은유이론」에 이르기까지 수많은 것들이 있을 수 있다.

그리고 의미론적 연구에 관한 한 무엇보다도 중요한 사실은 그것의 연륜이 깊어지고 양이 많아지면서 학자들 사이에서는 과학적 학문으로서의 그것의 가치나 의의를 재고하려는 경향이 나타나게 되었다는 점이다. 한 마디로 말해서 그것의 양이 증가될수록 과연 의미론적 연구에 독자성과 체계성을 가진 과학적 탐구의 체계가 있다고 볼 수 있느냐와 같은 기본적인 질문을 더 많이 던져야만 하는 현상이 일어난 것인데, 그 이유는 물론 의미는 궁극적으로 언어사용자의 머리 안에 있는 것이어서 통사론에서 쓰는 형식주의적 분석법으로는 제대로 파악이 될 수 없는 것이기 때문이다. 그렇다고 해서 언어학자들이 언어는 결국에 의미적 표현체라는 사실을 완전히 무시할 수는 없는 일이다. 한 마디로 말해서 의미론이란 연구의 수준이 높아지고 그것의 양이 많아질수록 그것의 학문적 난해성과 역설성이 더욱 뚜렷해지는 야누스적인 분야인 것이다.

1) 어휘의 기본성

통사론적 언어이론과 의미론적인 그것 사이에서 찾아볼 수 있는 차이점 중 첫 번째 것은 어휘의 기능에 관한 것이다. 통사론에서는 당연히 어떻게 두 개나 그 이상의 낱말들이 합쳐져서 하나의 구나 문장이 만들어지느냐에 관심의 초점이 맞추어지게 되어있지, 개별적 낱말의 의미를 파악하는 일은 「사전에 이미 나와 있는 것을 활용」하는 정도로 간주한다. 예컨대 Chomsky의 최소주의 이론에서는 배번집합을 얻는 일은 통사적 작업이 시작되기 전에 자동적으로 이루어지는 것으로 보고 있다. 그는 아마도 언어학의 과학화를 위해서는 어휘론과 통사론은 두 개의 독립된 연구영역으로 분리되어 있어야 된다고 생각할 것이다.

그러나 의미론자의 입장에서 볼 것 같으면 개념이나 의미를 나타내는 최소의 단위는 어느 경우에나 어휘이며, 따라서 문장의 의미를 파악하는 경우에는 으레 그것의 문법적 의미를 파악하는 일보다 그것을 구성하는 낱말의 의미를 파악하는 일이 우선되어야 한다. 그 뿐만 아니라 그들의 견해에 따르자면 어휘의 의미는 대부분의 경우에 다의성이라는 특징을 가지고 있는데다가, 어휘조직에는 인간의 개념이나 인지구조를 그대로 반영한 듯한 나름대로의 조직성이 있다. 그리고 그들이 보기에 더욱 중요한 사실은 어휘의 의미에는 이른바 표시적인 것만 있는 것이 아니라 내포적인 것도 있다는 점과, 그것은 으레 문맥이나 상황에 따라서 달라지는 탓으로 많은 경우에 「사전에 이미 제시되어있는 것」과는 다른 것일 수도 있다는 점이다.

물론 의미론에서는 으레 어휘의 의미를 연구하는 일을 가장 기본적인 작업으로 여겨왔다는 것을 가장 단적으로 드러내주는 사실은 바로 일찍부터 어휘의미론이 발달해왔다는 사실이다. 아주 오래 전 부터 사전학의 발달과 보조를 맞추어서 어휘학이나 어휘론에서는 어휘의 목록화 작업이나 동의어나 반의어 관계를 확인하고 그것의 다의성과 변화성, 중의성 등의 구명하는 일에 전력을 쏟아왔었다. 그러나 어휘의미론이 보다 구체적으로 의미론의 본 바탕이 되어왔다는 것을 실증하고 있는 사실은 현재까지 나온 의미이론 중 많은 것들이 어휘의 의미에 관한 것들이라는 점이다. 다시 말해서 언어에 있어서는 의미의 문제가 형식의 문제보다 몇 배 다루기 힘들다는 것을 알게 된 곳이 바로 여기였던 것이다.

간단하게 지금까지 어떤 의미이론들이 제안되었었는가를 살펴볼 것 같으면 제일 먼저 제안되었던 것이 「지시이론」이다. 어느 명사나 고유명사의 의미는 다름 아닌 그것이 지시하는 실체라는 것이 이것의 요지인데, 어느 의미에서나 이것은 가장 고전적인 의미이론이었다. 그러나 이것이 나오기가 무섭게 이것에 대한 하나의 반론이나 대안으로 제안된 것이 「의미(sense) 이론」이었다. Frege는 이 무렵에 「The morning star is the evening star.」가 동의어 반복문이 아니라는 사실만으로써 의미이론의 타당성을 인정할 수 있다고 주장했었는데, 사실은 Ogden과 I. A. Richards (1948)의 술어처럼 「의미의 의미」의 문제에 대한 학자들 간의 본격적인 논쟁은 이때부터 시작된 것이나 다름이 없었다. 그 이유는 물론 의미는 객관적인 것이 아니라 예컨대 Aristotle의 의미의 3각형에 의하자면 표현과 사고, 실체 등의 세 가지 요소간의 관계에 의해서 결정되는, 다분히 심리적이고 주관적인 것이기 때문이었다.

이런 움직임에 대한 하나의 반작용적 이론으로 나온 것이 의미적 「자질이론」이었다. 어휘적 의미론을 빨리 과학화 시킬 수 있는 방법은 한 단어의 의미를 여러 개의 의미적 성분, 즉 여러 의미적 자질들의 집합체로 보고서 형식주의적으로 분석하는 것이라고 생각했었던 것인데, 문제는 바로 심리나 주관적 자질은 기술의 대상에서 제외될 수밖에 없다는 점이었다. 이 시기에 개념적 의미가 어차피 파악하기가 어려울 바에야 어휘의 용도를 그것의 의미로 보는 편이 낫다는 의견도 나왔는데, 그것이 바로 「용도이론」이었다. 이것과 유사한 이론이 문맥이 곧 어휘의 의미를 결정 짓는다는 「문맥이론」이었다. 그러나 이런 것들로도 주관적 내지는 심리적 의미는 설명할 수 없었으며, 이래서 최근에는 의미론자들은 어휘 자체보다는 그것을 인지하는 개인의 심리상태나 개념조직에 눈을 돌리게 되었다. 「심상이론」을 위시하여 「전형이론」, 「개념이론」, 「인지의미론」 등이 결국에는 그렇게 해서 등장된 이론들이었다.

2) 문장 의미론의 한계성

너무나 당연한 일이었는지 모르지만 의미론자들도 그동안에 단 한 번도 객관주의와 형식주의라는 서구의 학풍에서 이탈하기 보다는 그것에 순응하려는 자세를 버린 적이 없었다. 다만 통사론자와 그들 간의 차이점은 언어를 의미적 표현체로 보다보니까 그것의 한계성을 일찍 발견하게 되었다는 점이었다. 그런데 의미론의 이런 역설성은 바로 의미연구의 대상을 개별적 어휘로부터 명제나 문장으로 바꾸게 된 분야, 즉 문장의미론의 영역에서 보다 극명하게 드러나게 되었다. 이런 의미론은 우선 19세기 이후에 언어학자가 아니라 언어철학자들에 의해서 주도되었는데, Frege 나 Russell, Carnap, Quine 등이 이끌어간 논리적 실증주의나 분석철학이 현대철학의 주류를 이루게 되었다는 사실 하나만으로도 그 학세의 위력을 짐작할 수가 있다.

이들의 의미론은 보통 진리치 의미론이나 형식의미론으로 불리는데, 앞의 이름은 이들이 분석적이고 논리적인 방법으로 문장이나 명제의 진리치를 확인하는 것을 철학적 과제로 삼은 데서 비롯된 것이고, 뒤의 이름은 이들이 자연언어의 진리성을 분석하는 데는 논리적 기호나 형식으로 이루어져 있는 대언어를 사용하는 것이 최선의 방법이라고 생각한 데서 연유된 것이었다. 예컨대 Russell은 「Something is both uniquely F and G.」라는 문장을 「G (I x) F x ⊃ P」처럼 표기했다. (Ostertage, 2009. p.196) 이들은 이런 식의 논리형식을 이용해서 「all, each」 등과 같은 양화사의 현상이나, 서술문의 논항구조 등의 문제들을 폭넓게 다룰 수 있었다.

그러나 야릇하게도 이들의 이런 형식주의적 의미론은 궁극적으로 한 명제나 문장의 의미의 진리성은 그것 자체의 분석만으로는 확인될 수 없다는 사실만을 알려주게 되었다. 우선 그동안의 문장 의미론적 노력은 언어학자와 언어철학자 모두로 하여금 연구의 대상을 개별적 문장으로 하는 한 제대로 된 언어연구는 이루어질 수 없다는 진리를 깨닫게 했다. 그 다음으로 그런 노력은 그들로 하여금 한 문장의 의미는 그것을 구성하는 어휘들의 어휘적 의미에 그것의 문법적 의미가 더해져서 정해지는 것이 아니라 그것이 쓰이는 상황적 변수나 그것을 사용하는 사람의 심리적 요소에 의해서 정해지는 것으로 보아야 한다는 사실을 알게 했다. 한 마디로 말해서 개별적 어휘나 문장을 언어연구의 단위로 삼아왔던 그 동안까지의 학풍의 잘못됨은 주류적 통사론자들에 의해서가 아니라 비 주류적 의미론자들에 의해서 밝혀지게 된 것이다.

언어철학의 영역에서는 이런 대전환이 이상언어적 언어철학으로부터 일상언어적 언어철학으로의 변화의 형태로 나타났다. Wittgenstein 등이 주도한 이런 전환으로 언어연구의 대상이 논항구조가 전형적인 서술문으로부터 일상생활에서 쓰이는 대화문으로 바뀌게 되었고, 문장의 의미를 도출하는 데 있어서도 그것의 구조에 대한 분석보다는 그것이 쓰인 상황이나 언어사용자의 의도에 더 의존하게 되었다. 그 뿐만 아니라 언어철학의 영역에서는 이런 움직임이 드디어 화행론의 등장을 촉진하게 되었는데, 이것은 바로 언어학의 영역에서의 화용론의 출현의 원동력이 되기도 했다. 결국 이렇게 보자면 현대에 이르러 통사론의 대치영역이나 후속분야로 화용론이 자리 잡게 된 것은 언어철학자들이 언어의 실체를 의미론적으로 추구한 결과이었던 셈이다.

화용론의 등장은 물론 통사론자들이 그동안까지 내세워온 형식주의적 언어연구의 방법론에 반기를 드는 결과를 가져왔다. 무엇보다도 먼저 그들이 해오던 전통과는 다르게 언어연구의 대상이 문장으로부터 대화나 담화로 확대가 되었다. 이제는 의미전달의 목적을 위해서는 불완전한 문장이나 축약문도 얼마든지 쓰일 수 있었다. 두 번째로 그들이 내세워오던 문법적 정형성보다는 사용상의 적절성이 문장선택의 첫 번째 기준으로 설정되었다. 세 번째로 문장의 의미 중 직접적으로 표현된 것보다는 그 안에 함의된 것을 더 중요시하게 되었다. 마지막으로 문장 생성의 규칙보다는 문장사용의 원리를 더 중요시하게 되었다.

화용론자들의 입장에서 보자면 언어는 으레 의사소통의 매체에 불과하기 때문에 담화나 회화 전체에 숨겨져 있는 화자의 의도나 정보가 그것을 구성하고 있는 문장 하나하나의 의미보다 더 중요하다. 그래서 이때에 이르러서는 일찍이 형식의미론의 차원에서 Russell이나 Frege 등이 연구했던 전제와 함의의 문제가 보다 본격적으로 다루어지게 되었다. 예컨대 Sperber와 Wilson이 내세우는 「관련이론」에서는 대화를 주어진 문장을 근거로 해서 상대방의 의도나 태도에 대해서 최대한의 정보를 추리해내는 고도로 정교화 된 인지적 작업으로 간주한다. 결국 의미론적 시각에서 볼 것 같으면 통사론을 언어연구의 주요 영역으로 내세우는 것은 이치에 전혀 맞지 않는 일인 것이다.

3) 수사학의 수용

일찍이 학문이 시작된 희랍시대 때부터 문법학자나 언어학자들은 여러 가지의 수사적 현상을 형식이나 논리적 분석법으로는 분석이 안 된다는 이유로 자기네들의 연구의 대상에서 배제시키는 억지를 부려왔는데, 의미론자의 입장에서 볼 것 같으면 이런 관행은 첫 번째로는 우리의 일상적인 언어적 표현 가운데는 은유문이나 과장문과 같은 수사적 문장들이 대단히 많이 들어있다는 사실을 묵살하는 일이었고, 두 번째로는 문학에서 익히 실증되고 있듯이 예술적 감정표현의 면은 차치하고서 단순히 정보 전달이나 의사소통의 면으로 보았을 때도 수사문들이 비수사문보다 높은 질의 표현임이 분명한데도 불구하고 오로지 비수사문만을 연구의 대상으로 삼는다는 것은 언어의 기능이나 실체의 파악보다는 그것의 형식이나 구조성의 구명이 그것의 전부가 되는 식으로 언어학의 학문적 위상을 크게 떨어트리는 일일뿐만 아니라 있는 그대로의 모든 자연적 현상을 연구의 대상으로 삼는다는 과학주의의 정신에 어긋나는 일이기도 했다.

최근에 이르러 언어학자들 사이에서는 수사학을 언어학과 대립적인 관계에 있는 것으로 보지 않고서 그것의 한 부분으로 보려는 움직임이 일어나게 되었는데, 이런 것의 가장 대표적인 것이 바로 Langacker나 Lakoff와 같은 인지 언어학자들의 동향이었다. 자기네가 하는 언어학을 인지의 미론이라고 부르는 사실만으로도 익히 짐작할 수 있듯이, 이들은 우선 언어를 의미적 표현체로 보게 되면 수사문을 정당한 분석의 대상에 포함시킨다는 것은 너무나 당연한 일이라고 생각했다. 예컨대 왜 사람들은 곰이 아닌 인간을 가리켜 「He is a bear.」라고 말하게 되는 가를 설명하지 않고는 이 문장의 의미적 분석을 제대로 했다고 볼 수가 없었다. 물론 이 문장의 문법적 구조를 분석하는 것을 그것의 진리치를 밝히는 유일한 방법으로 생각하는 통사론자의 사고방식은 크게 잘못된 것이었다.

그런데 앞에서 이미 상세한 설명이 있었듯이 이들은 수사문에 대한 연구를 하다 보면 다른 어느 것에 대한 연구보다도 언어란 결국에 인간의 인지절차나 개념체계의 반영체라는 사실이 쉽게 드러나게 된다고 생각했다. 우선 크게는 이들은 일단 수사문에 대한 연구를 본격적으로 하게 되면 언어학자들은 누구나 언어학은 이제 과학화라는 미명하에서 언어의 자율성이나 독립성을 앞세우던 시대를 지나서, 그것의 사용자인 인간의 입장에서 언어적 현상을 파악하는 시대, 즉 인지 언어학이나 심리언어학의 시대를 맞이해야 된다고 생각하게 될 것이라고 믿었다. 그 다음으로 보다 작은 차원에서는 이들은 수사문을 통사론적 언어연구와 의미론적 언어연구 중 과연 어느 것이 바람직한 것인가를 명백히 가려줄 수 있는 「리트머스 시험지」로 간주했다.

이들의 판단이 결코 틀린 것이 아니라는 것을 우리는 다음과 같은 두 가지 사실로써 증거 할 수가 있다. 그 중 첫 번째 것은 바로 앞에서 예로 든 「He is a bear.」와 같은 은유문에 대한 분석은 오직 의미론적으로 맞는 절차나 방법에 의해서 분석했을 때만 의미 있는 결과를 얻을 수 있다는 사실이다. 언어학자라면 누구나가 이 문장을 통사론에서의 관행대로 하나의 독립된 문장으로 추출한 상태에서 분석한다는 것은 아무런 의미가 없다는 것을 알고 있다. 만약 그렇게 한다면 그것의 결과는 결국 이것을 하나의 모순문으로 보는 것일 텐데, 사실은 그렇지가 않다. 원래 영어에서는 「bear」라는 말이 「He is a regular bear.(그는 우락부락한 놈이다.)」에서처럼 나쁜 뜻을 나타내기도 하고, 「He is a bear at mathematics.(그는 수학을 잘하는 사람이다)」에서처럼 좋은 뜻을 나타내기도 한다. 따라서 이 문장의 의미는 그것이 하나의 담화의 일부분으로서 실 상황 안에 들어있을 때만 제대로 파악될 수 있다.

그 중 두 번째 것은 언어적 표현에서는 은유화의 원리의 방계적 내지는 하위적 원리로 볼 수 있는 원리들이 적지 않게 쓰이고 있다는 것을 발견할 수 있다는 사실이다. 이런 원리 중 대표적인 것이 바로 자연이나 사물을 인간처럼 묘사하는 의인화의 원리이다. 일찍부터 주요 수사법의 한 가지로 의인법이 설정되어있던 점으로 미루어 보아서도, 이 원리가 인간의 기본적인 사고방식의 일부라는 것을 익히 알 수가 있는데, 「Fortune smiles on us.」나 「The trees weep sap.」 등이 그런 식의 표현 중 대표적인 것들이다. 인간의 지식이나 개념 중 가장 기본적인 것은 그 자신의 신체적 특성이나 활동에 관한 것이기에 이런 식의 표현법이 발달했을 것이다.

또 한 가지의 이런 원리로 볼 수 있는 것은 추상적인 개념을 구체적인 지각적 행위로 표현하려는 구상화의 원리이다. 이 원리 역시 인간의 지식이나 개념은 원래 그의 지각적 경험을 통해서 얻어진 것이라는 사실을 실증하고 있는 것이라고 볼 수가 있는데, 따지고 보자면 바로 이 원리가 기본적인 지각이나 동작동사의 의미가 지금처럼 다양화된 원인이라고 볼 수가 있다. 예컨대 영어의 「see」의 의미 중 기본이 되는 것은 「보다」인데, 그것에서 「안다」, 「상상하다」, 「주의하다」, 「만나다」와 같은 2차적 의미가 생겨났다고 볼 수가 있고, 마찬가지로 영어의 「hungry」의 의미 중 기본이 되는 것은 「배고픈」인데, 그것에서 「동경하는」이나 「불모의」, 「경쟁심이 왕성한」 등의 2차적 의미가 생겨났다고 볼 수가 있다. 이렇게 보자면 수사문에 대한 연구가 깊어짐에 따라서 의미론자들은 언젠가에 화용적 의미론의 분야에서는 더 말할 나위가 없고 어휘의미론이나 문장의미론의 분야에서도 유용하게 쓰일 수 있는 새로운 연구방법을 찾을 수 있을는지도 모른다.

4) 언어와 사고체계의 불가분성

누구라도 언어를 일단 의미의 표현체로 보게 되면 언어란 결국 독립적이고 자율적으로 움직이는 가구가 아니라 사고나 인지체계와 밀접하게 엉킨 상태에서 움직이는 기구라는 사실을 알아차리게 된다. 우선 이런 발견은 그 동안까지의 통사론자들의 언어이론과 정면으로 배치되는 것이다. 의미란 심리학적으로 보았을 때 언어체계와 사고체계의 합작품인데 지금까지 통사론자들은 마치 그것이 언어체계 만에 의해서 만들어지는 것처럼 가정해왔던 것이다. 이거야말로 편의주의의 맹목성과 형식주의의 허구성을 그대로 드러낸 발상법이었다.

예컨대 그들은 「book」이라는 어휘의 속성이나 자질 안에는 「책」이라는 그것의 의미도 들어있다고 보았다. 그러나 이 어휘의 의미의 표출과정을 살펴보자면 이것을 듣거나 읽었을 경우 이것은 일종의 청각적 신호나 시각적 신호가 되어서 언어사용자의 사고체계를 이것에 맞는 의미나 개념을 개념조직으로부터 추출해내는 식으로 작동시키게 되는 것이다. 마찬가지로 「He speaks by the book.」이라는 문장의 의미를 언어사용자가 파악하는 과정도 크게는 그가 언어적 신호를 지각하는 부분과 자극에 의해서 그의 사고체계가 일정한 명제적 의미가 도출되는 식으로 작동되는 부분으로 이루어졌다고 볼 수가 있다. 물론 이런 작업에는 그의 이 세상에 대한 지식과 이것의 상황적 정보 등이 총동원된다.

그런데 의미론자들의 입장에서 볼 것 같으면 19세기나 20세기에 언어와 사고의 불가분성을 언어우위적인 시각에서 강조했던 언어철학자들의 언어관도 사실은 잘못된 것이었다. Humboldt의 세계관의 가설이나 Sapir-Whorf의 언어적 상대성의 가설 등이 바로 그런 언어관에 입각한 것들이었는데, 그들이 보기에는 이들은 언어가 사고를 지배한다는 식의 주객전도의 오류를 범하고 있는 이론이었다. 또한 이런 가설이 궁극적으로 노린 바는 문화나 사고방식의 다양성은 언어의 다양성에서 비롯된다는 이론을 펴는 것이었는데 이것 역시 잘못된 것이었다. 그들이 보기에는 여러 나라 사람들의 문화나 사고방식에는 서로 다른 점만 있는 것이 아니라 공통적인 점도 있었다.

의미론자들은 그 동안에 이 문제에 대해서 적극적인 것과 소극적인 것의 두 가지 견해를 가지고 있었다고 볼 수가 있는데, 먼저 적극적인 견해란 한 마디로 말해서 사고체계가 언어를 지배한다는 사고우위적인 견해이다. 이런 견해에 의한 언어이론의 대표적인 예가 Langacker의 심상구도이론과 Fauconnier(1994)의 정신적 공간이론, Lakoff의 은유 및 환유이론 등이다. Langacker는 예컨대 인간의 사고방식에는 전경과 배경으로 하나의 심상적 구도를 만드는 속성이 있어서, 이런 속성이 그대로 언어적 표현법에서도 드러나고 있다고 주장했고, 그 다음에 Fauconnier는 인간의 인지절차는 정신적 공간을 그의 머리 안에 설정하는 절차인데, 많은 경우에 두 개나 그 이상의 정신적 공간들을 하나로 사상시키는 일도 그 안에 포함된다는 것을 언어적 표현을 통해서 알 수 있다고 주장했으며, 마지막으로 Lakoff는 인간의 이상화된 인지모형은 은유 및 환유적인 것이어서, 그의 언어적 표현 가운데는 은유나 환유적인 것이 대단히 많다고 내세웠다.

그에 반하여 소극적인 견해란 언어와 사고체계는 동등한 자격으로 수평적인 상호교섭을 하게 되어있다는 것으로서, 이것에서는 그들 간의 우선순위를 따지는 것 자체를 무의미한 일로 보고 있다. 굳이 따지자면 인간의 생물학적 특성으로 보아서 응당 사고체계가 먼저 발달된 다음에 언어가 발달했다고 보아야 마땅한 일일 텐데, 이런 견해를 내세우는 측에서는 그랬다가는 특히 어린이들의 성장기에 언어가 사고체계에 미치는 영향의 막대함을 무시하는 결과가 나타날 우려가 있다고 생각한다. 이런 견해를 가진 사람 중 대표적인 사람이 바로 「개념적 구조이론」을 내세운 Jackendoff이다. 그는 1983년에 낸 「의미론과 인지(Semantics and cognition)」에서 언어적 체계는 크게 통사적 구조부와 의미적 구조부, 개념적 구조부의 세 부분으로 이루어져있다는 이론을 제안했었는데, 이것에 따르자면 의미적 구조는 통사적 구조와 개념적 구조의 중간 자리에서 이들과 항상 필요한 정보를 주고받게 되어있다. 결국 그는 언어는 하나의 의미적 표현체이니까 그것은 언제나 사고체계와 병렬적으로 작동하게 되어있다고 생각한 것이다.

그런데 의미론자들의 입장에서 볼 것 같으면 Chomsky가 그동안에 언어능력과 언어사용 간이나 아니면 I-언어와 E-언어 간에 명백한 구분선을 그을 수 있다고 생각한 것은 언어와 사고체계의 불가분성이라는 인지적 원리를 정면으로 거부하는 일이었다. 그는 여기에서 한 걸음 더 나아가 언어능력이나 I-언어는 언어연구의 정당한 대상이 될 수 있지만 언어사용이나 E-언어는 그렇지 못하다는 점을 강조했다. 그러나 의미론자들이 보기에는 그 반대가 진리였다. 즉, 그들이 보기에는 언어사용의 능력이나 E-언어적 현상을 구명하는 것이 언어학의 과제이지, 언어능력이나 I-언어적 현상이라는 특정한 이론을 위하여 인위적으로 조작된 대상을 연구하는 것은 어디까지나 일종의 허구적인 작업에 불과했다.

그들의 생각으로는 우선 언어 사용 시 작동되는 기구에는 크게 언어적인 것과 사고체계적인 것의 두 가지가 있는데, 의사소통이라는 기본적 기능수행의 면으로 보았을 때는 최소한 이들을 대등한 것으로 보든지 아니면 사고체계적인 것이 언어적인 것을 유도하고 있다고 보는 것이 맞는 견해이었다. 이런 견해를 뒷받침할 수 있는 사실에는 크게 두 가지가 있는데, 그 중 첫 번째 것은 Grice가 말하는 협조의 격률이나 Austin과 Searle이 말하는 적절성의 조건 등은 언어사용자의 언어적 능력으로부터 나왔다기 보다는 그의 사고적 능력으로부터 나왔다고 볼 수 있다는 사실이다. 특히 대화 시에는 언표적 의미 보다는 비언표적 또는 전언표적 의미가 각 문장의 주된 의미로 쓰이고 있다는 사실은 언어사용자의 사고적 능력이 그의 언어적 능력보다 더 큰 기능을 하고 있다는 것을 실증하고 있다.

문장의 문맥적 의미를 파악하는 것은 으레 언어사용자의 사고적 체계가 하는 일인 것이다.

그 중 두 번째 것은 하나의 대화나 담화내의 문장들은 응집성이나 일괄성의 원리에 맞게 서로 간에 일정한 유기성을 유지하고 있다는 사실이다. 물론 이런 기능을 수행하는 데 일차적으로는 대명사나 접속사와 같은 언어적 장치가 쓰이게 마련이다. 그렇지만 그런 표지는 언어사용자의 논리력이나 추리력 등에 의한 담화 전개 절차의 한 구현도구일 따름이다. 예컨대 「John came home because he was missing his mother.」에서는 접속사가 쓰이고 있지만 「Mr. Smith was killed the other night. The steering on the car was faulty.」에서는 그런 것이 쓰이지 않고 있다. 여러 문장들을 유기적으로 엮어가는 능력은 언어사용자의 언어적 능력이 아니라 그의 사고적 능력이다. (Stanford, 2009, p.87)

또한 의미론자들이 보기에는 언어사용자의 사고체계에는 개념이나 지식을 차출하거나 저장하는 부위도 있어서 언제나 이것에 의한 인지 작업이 그것의 논리나 추리적 작업의 기본이 되고 있었다. 그들의 생각으로는 그러니까 언어사용자가 어느 언어적 표현의 의미를 파악하는 절차란 바로 그것으로부터 얻을 수 있는 명제적 정보를 그가 가지고 있는 백과사전적 지식에 의해서 재해석하는 절차이었는데, 이때에 그것의 운영자로서 작동되는 것이 바로 논리력이나 추리력 같은 사고력이었다. 이런 의미에서 볼 때 설사 그가 어휘나 문장을 다루는 언어적 능력을 갖게 되었더라도 만약에 그에게 일정한 양이나 수준의 이 세상에 관한 지식이 갖추어져 있지 않다면 그는 일정한 상황에서 적절하게 언어를 쓸 수 있는 유능한 언어사용자가 될 수가 없는 것이었다. 결국 이들이 보기에는 언어적 행위는 언어력과 지식력, 사고력 등의 세 가지 능력의 합작품이었다.

5) 경험주의적 언어습득론

의미론자의 입장에서 볼 것 같으면 언어는 분명히 후천적 학습이나 경험의 소산물이지 선험적이거나 내재적 능력의 실현체는 아니었다. 그들의 생각으로는 이 문제야 말로 그 동안에 Chomsky가 내세워온 통사론 중심의 문법이론이 맞는 이론이 되지 못한다는 사실을 가장 직접적으로 실증할 수 있는 문제이었는데, 그 이유는 그는 일찍부터 언어이론은 곧 언어습득이론이라는 주장을 펴왔기 때문이다. 논리적으로 보아서 그의 내재이론이 허구적인 것이라는 사실이 밝혀지게 되면 자동적으로 그의 언어이론도 허구적인 것이라는 사실이 밝혀지는 셈이었다.

우선 이들이 보기에는 어릴 때 어휘가 어떻게 습득되는가를 살펴보게 되면 이성주의적 언어습득이론과 경험주의적 언어습득이론 중 어느 것이 과연 합리적인 것인가의 문제에 대한 논의는 일종의 현학적이고 가상적인 논의에 불과하다는 사실을 당장 깨닫게 마련이었다. 다시 말해서 이들이 보기에는 어린이들의 어휘습득절차 만큼 극명하게 경험주의적 언어습득이론의 타당성을 실증하고 있는 것도 없었다. 그런데 여기에서 무엇보다도 중요한 사실은 어휘습득 작업은 개념이나 지식의 획득 작업과 동시에 이루어지는데, 이것은 곧 처음부터 언어력과 지식력은 같이 발달된다는 것을 말해주는 사실이라는 점이었다.

누구라도 일단 언어습득의 현장을 관찰해 볼 것 같으면 제일 먼저 그는 어린이들은 언어를 처음부터 의사소통의 도구로서 배우고 있다는 사실을 알아차리게 된다. 예컨대 한 살 무렵에 그들이 첫 단어로 배우는 「Daddy」나 「milk」와 같은 낱말들도 으레 의사소통의 현장에서 긴요하게 쓰이고 있는 점으로 미루어 보아서 결국에는 그들이 의사소통의 도구로서 습득되었다는 것을 익히 알 수가 있다. 의사소통의 도구로서 낱말이 쓰인다는 것은 곧 어린이들은 그들 나름의 한계 내에서나마 그것의 형식, 즉 발음뿐만 아니라 그것의 의미나 개념도 알고 있다는 말이나 같은 말이다. 이런 관찰을 통해서 발음과 의미 중 어느 것이 먼저 배워지느냐의 논쟁을 해결짓는 것은 어려울지 몰라도, 이들 두 가지가 동시에 배워진다는 결론 정도는 쉽게 내려질 수 있다.

그런데 어린이들의 어휘습득 절차가 기본적으로는 경험과 학습의 절차라는 것을 뒷받침하는 사실 가운데서 제일 중요한 것은 역시 그것의 주된 방법이 모방과 연습이라는 사실이다. 어린이들이 사용하는 단어들은 그들 스스로가 만들어낸 것들이 아니다. 따라서 그들은 엄마나 주위 사람들이 제공하는 모형을 흉내 내는 일과 그것을 실 상황에서 사용하는 일을 같이 하고 있는 것이다. 또한 그들의 모방이나 연습절차의 특징 중 기본이 되는 것은 반복성이다. 완전한 학습이 이루어질 때까지 부분적이고 불완전한 모방이나 연습이 쉬지 않고 계속된다는 것은 모든 경험주의적 학습절차의 공통된 특징이다. 학습 과정에서의 지도자의 교정이나 장려행위가 큰 역할을 수행하게 된다는 것도 이미 잘 알려진 사실이다. 이런 의미에서 볼 때 어린이들의 어휘습득 과정은 그들 자신과 엄마가 긴밀한 협동작업을 이루어내는 과정인 셈이다.

그리고 어린이들의 어휘습득절차가 경험주의적인 것이라는 것은 그들이 습득하는 어휘의 종류나 성격을 분석해봄으로써도 쉽게 알 수가 있다. 우선 그들이 배우는 첫 단어들의 대부분은 명사이고 거기에 「go」나 「have」와 같은 기본적인 동작동사가 몇 개 섞여 있다. 이런 명사들은 자기 주변에 있는 사물이나 사람을 가리키는 구체적인 것들이다. 이것은 물론 그들의 사고체계의 발달이 범주화 작업으로부터 시작된다는 증거이기도 하다. 그 다음으로 그들은 일찍부터 「no」나 「more」와 같은 부사와 「this」나 「who」와 같은 대명사, 「in」이나 「out」과 같은 기능어도 배우는데, 이들은 모두가 의사소통용 필수어라는 특징을 가지고 있다. 세 번째로 그들은 「love」나 「food」과 같은 추상 또는 집합명사도 배우게 되는데, 적어도 만 3세 이후에 가서야 이런 낱말들을 배우게 되는 점으로 미루어 보아서 먼저 인지적 처리능력이 갖추어 지는 것이 이것의 선행조건이라 는 것을 알 수가 있다.

그 다음으로 의미론자가 보기에는 어린이들의 문법습득 절차도 기본적 으로는 경험주의적인 것이었다. Chomsky가 자기의 내재이론의 근거로 삼은 것이 바로 문법습득의 보편성과 자연성이었으니까 결국에 이성주의 자와 경험주의자 간의 싸움은 이 문제를 놓고서 벌어진 싸움이었던 것이 다. Chomsky는 이른바 보편문법이 모든 어린이들의 머리 안에 내재되어 있다가 경험이라는 유발자에 의해서 차차 그것의 각 언어의 문법체계로 발전되게 된다고 설명했었는데, 이들이 보기에는 후천적 경험이 단순한 유발자의 역할만을 수행하는 것이 아니라 학습절차 전체를 이끌어가는 주동적 역할을 수행하고 있었다. 간단히 말해서 이들이 보기에는 문법이 라고 해서 특별히 어휘와는 전혀 다른 것으로 생각하는 것 자체가 합리적 이지 않았다.

이런 견해에 대한 증거도 마땅히 어린이들의 언어습득의 현장에서 얻 어질 수 있는데, 이 일은 으레 문법적 규칙을 그들이 구체적으로 배우기 시작하는 시기에 사용하는 표현들, 즉 나이가 만 2세경 때 그들이 만들어 내는 「2어문」들에 대한 분석으로부터 시작된다고 본다. 그런데 「All gone.」이나 「Go away.」, 「Olga fell.」등과 같은 그들의 2어문들은 하나 같이 용도나 의미기저적 문장들이었다. 그러니까 이들은 어린이들이 문 법적 규칙을 배운 결과로 만들어진 것이 아니라, 그들의 이 세상에 대한 인지적 요령이 달라진 결과로서 만들어진 것이었다. 예컨대 「Olga fell.」이라는 문장은 그들이 「주어+동사」라는 규칙을 배운 나머지 쓰게 된 문장이 아니라, 그들이 하나가 아니라 두 개의 개념을 가지고서, 즉

「무엇이 어떻다」는 식으로 주변의 대상이나 상황을 인지하게 되면서 쓰게 된 문장인 것이다.

이런 사실은 물론 만 3세경에 그들이 쓰게 되는 「다어문」들을 통해서 더 분명하게 확인 될 수가 있었다. Saxton(2010, p.217)이 조사한 바에 의할 것 같으면 어린이들이 이 무렵에 쓰는 문장들은 「You do it」을 비롯하여 「All gone.」, 「Here you are.」, 「Go away」, 「I wanna do it.」, 「Lemme see it」, 「Where the bottle?」 등과 같이 다양한데, 이들의 분석을 통하여 알게 되는 첫 번째 사실은 이들은 분명히 문법적 규칙이나 기준에 의해서가 아니라 의사소통적 용도나 의도에 의해서 분류될 수 있다는 것이었다.

더 구체적으로 말하자면 어린이들이 이 시기에 쓰는 문장들은 기능적으로 서술문과 명령문, 의문문 등으로 분류될 수 있는 것들인데, 이것은 곧 그들은 이때부터 문장을 문법적 형식이나 규칙을 배우기 위한 수단으로서가 아니라 의사소통의 기본 단위로서 배우고 있다는 것을 의미한다. 그들은 이때 이미 문장의 종류에 따라서 서로 다른 억양을 사용하고 있었다. 이 시기에는 응당 그들이 「주어+동사」의 구조를 가진 자동사문 뿐만 아니라 「주어+동사+목적어」의 구조를 가진 타동사문도 쓰기 시작하는데, 무엇보다도 눈에 띄는 점은 그들은 거의 모든 동사들을 일종의 겸용동사로 쓰고 있다는 사실이다. 예컨대 그들은 동사에 따라서 「Ashley hit his friend.」와 같은 타동사 문장도 쓰지만 「Olga fell.」과 같은 자동사문도 썼다. 그러나 「roll」의 경우에는 그들은 「Kate rolled the ball.」이라는 타동사문과 「The ball rolled.」이라는 자동사문을 같이 사용하고 있었다. 특히 그들이 자주 쓰는 동사들의 대부분은 「roll」과 같은 동사이었다. 이런 사실은 역시 그들이 사용하는 문장의 구조는 어떤 상황이나 사태를 어떻게 인지하느냐에 따라서 달라진다는 것을 익히 말해주고 있었다. (Ibid, p.225)

제 6장
언어이론 연구의 발전방향 (II) : 수직적 연결

6.1 광의의 언어이론 연구

이론상 언어이론 연구에는 협의의 것과 광의의 것의 두 가지가 있을 수 있는데, 전자는 현대 언어학의 출발 이래의 이른바 과학적 언어이론들만을 연구하는 것이고, 후자는 희랍시대 때부터 오늘날에 이르기까지에 나온 모든 언어이론들을 연구의 대상으로 삼는 것이다. 물론 이런 가정이 가능한 것은 언어연구의 역사적 회고를 통해서 그것의 과거는 학문의 그것만큼 오래 된데다가 그것의 학풍이 시대에 따라서 다양하게 바뀌어 왔다는 것을 익히 확인할 수 있기 때문이다. 그런데 이 문제에 있어서 무엇보다도 중요한 사실은 언어이론 연구에서도 「현재는 과거로부터 나왔다」나 「과거는 현재의 거울이다」와 같은 일반적 진리가 적용될 수가 있다는 사실인지도 모른다. 그러니까 과학주의라는 미명하에서 협의의 것만을 정당한 언어연구로 본다는 것 자체가 다분히 소승적인 견해일 수가 있다.

그런데 그동안에 있었던 언어이론에 대한 토의의 양태를 살펴보게 되면 실제로는 이것에 있어서도 현재는 과거와 단절된 적이 없다는 사실을 잘 드러내주고 있다. 예컨대 Saussure는 한편으로는 현대나 일반언어학의 특징은 역사언어학으로부터의 대전환이나 그것과의 완전한 단절이라고 주장하면서, 다른 한편으로는 언어학의 목적은 「알려진 모든 언어들의 역사를 추적하여 각 어족의 조어를 재구성하는 것」이라는 말도 하고 있다. 더 구체적으로는 그의 책에서 그는 이론상으로는 현대 언어학의 원리의 한 가지로 공시성과 통시성의 엄격한 구분을 강조하면서도 실제로 그가 제시하는 설명 중 많은 부분은 통시적인 것이었다. (Saussure 1983. p.6)

그런가하면 Chomsky는 한편으로는 역사언어학적 설명에는 아예 관심이 없었기에 심지어는 기술언어학자마저도 이론언어학자로 볼 수는 없다고 주장하면서도, 다른 한편으로는 자기의 이성주의적 언어이론이 역사적 정통성을 가지고 있음을 보여주기 위하여 Descartes와 Humboldt의 이성주의적 언어철학을 자세히 소개하기도 했고, 또한 자기의 문법이론의 핵심적 발상법인 심층구조 대 표면구조식의 발상법은 사실은 17세기에 「뽀르 르와얄 문법」에서 내세워졌던 것이라는 사실을 실토하기도 했다. 더 나아가서 Lasnik (2006)같은 사람은 최근에 Chomsky의 최소주의 이론은 전통문법으로 회귀된 문법이론이라는 말도 하고 있다.

1) 문법학

그러니까 따지고 보자면 마땅히 전 역사적 맥락 내에서 언어이론에 대한 연구는 이루어져야 한다고 생각하는 것은 일종의 상식적인 발상법일 수가 있는 것인데, 최근에는 실제로 이런 의견을 제시한 사람까지 나왔다. 1994년에 나온 「후기 중세의 언어이론(Linguistic Theory in the later middle ages)」이라는 논문에서 14세기의 대표적인 양태문법학자 였으면서 「Elfurt」지방 출신인 Thomas가 쓴 「사변문법(Grammatica Speculative)」을 유럽에서의 최초의 언어이론서로 본 Bursill-Hall이 바로 그런 사람이었다. 물론 그도 중세 때 나온 이 「양태문법 이론」을 성공적인 문법이론으로는 보지 않았다. 그렇지만 그 이전까지는 적어도 문법과 사고, 현실간의 관계를 기술하는 것을 언어적 과제로 보는 식으로 깊이 있고 체계적인 통사론 중심의 문법이론이 나온 적이 없었다. 이 논문의 마무리를 「양태문법학자들은 자기네들의 것은 하나의 일관성 있는 언어이론이라고 믿었다.」나 「20세기 후반의 지적 세계가 이것으로부터 배울 바는 대단히 크다.」와 같은 말로 하고 있는 점으로 미루어 보아서, 그가 여기에서 오직 현대 언어학적인 언어이론만을 연구의 대상으로 삼는 언어이론 연구의 한계성을 예리하게 지적하고 있다는 것은 의심할 여지가 없다.

그런데 이런 논문의 진짜 가치는 우리는 오직 이런 것을 통해서만이 언어이론연구를 전역사적으로 하게 되면 지금의 것의 한계성을 보다 분명하게 파악할 수 있게 되어서 결국에는 그것의 앞으로의 발전방향에 대한 새로운 암시를 받을 수 있다는 데 있다. 이런 암시 중 첫 번째 것으로 볼 수 있는 것은 통사론 중심의 언어이론이라고 해서 아예 그것에서 어휘론이나 품사론에 대한 논의를 완전히 배제시키는 것은 바람직한 일이 아니라는 사실이다. 이 논문에 따르자면 서구의 문법학의 효시는 희랍시대 때의 것이 모형이 되어서 로마시대 때 Donatus와 Priscian에 의해서 완성된 라틴어의 「8품사론」이었으며, 따라서 그 후 Paris에 사는 30여명의 양태문법학자들에 의해서 최초의 통사론 중심의 문법학이 제안되기까지는 그들의 어휘론이나 품사론적 논문들을 분석하고 논의하는 일이 문법학의 전부나 다름이 없었다. 그러니까 양태문법학자들이 문법학을 크게 품사론과 문장론, 보편문법론의 세 부분으로 이루어진 것으로 보게 된 것은 너무나 당연한 일이었다. 무엇보다도 중요한 것은 결국 그들은 품사론을 통사론의 기초로 보았다는 점이다. 지금의 Chomsky의 문법이론은 우선

이 점에 있어서 사뭇 대조적이다. (Bursill-Hall 1994, p.2233)

이런 암시 중 두 번째 것으로 볼 수 있는 것은 Priscian의 품사론에 있어서나 Thomas의 양태문법에 있어서나 언어를 개념이나 의미의 표현체로 보았던 사실로 미루어 보았을 때, 지금의 언어이론은 오랜 기간에 걸친 전통으로부터 적지 않게 이탈된 것으로 볼 수도 있다는 점이다. 예컨대 Priscian의 품사설정의 기준은 어형과 기능의 두 가지었는데, 따지고 보자면 어형이나 굴절은 으레 기능에 의해서 달라지게 되어있으니까 결국에 그것은 기능 하나나 마찬가지였다. 그러니까 이들은 이때 이미 어느 수준의 언어적 표현체에서든지 기능과 형식은 결코 따로따로일 수 없다는 견해를 가지고 있었던 것이다.

그리고 이런 개념 기반적 사고방식은 그 후 초기의 양태문법에서 3양태 이론으로 발전이 되었다. Thomas는 예컨대 문법에서 다루어지는 양태에는 크게 「존재의 양태(modi essendi)」와 「이해의 양태(modi intelligendi)」, 「상징의 양태(modi significandi)」 등의 세 가지가 있다고 봄으로써, 어휘나 문장과 같은 언어적 표현체들은 결국에는 현실적 사물이나 상황과는 직접적인 관련성이 없는 일종의 상징적 표현체인데, 현실과 상징체적 표현 사이에서 교량적 역할을 수행하게 되는 것이 이해, 즉 사고의 양태라는 식의 특이한 문법이론을 내세울 수가 있었다. 그의 문법이론의 특징 중 첫 번째 것은 두말할 것도 없이 역사상 처음으로 언어를 상징적 표현체로 보았다는 점인데, 여기에서 검토해볼만한 것은 응당 Saussure의 기호론적 언어관과 양태문법학자들의 발상법의 관련성이다. 그것의 두 번째 특징은 언어사용자의 의미나 사고체계를 현실과 언어 간의 연결고리로 본 점인데, 이런 견해야 말로 일반적인 상식과는 달리 서구의 문법이론들은 원래가 기능중심적인 것이었다는 것을 가장 구체적으로 실증하고 있는 것이라고 볼 수가 있다. (Ibid, p.2231)

이런 암시 중 세 번째 것으로 볼 수 있는 것은 그 동안처럼 지금의 언어이론의 독창성을 밝히는 것을 연구의 주제로 삼는 학풍 외에, 그것의 단계적 발달성이나 역사적 연결성을 드러내는 것을 연구의 주제로 삼는 학풍도 있을 수 있다는 점이다. 물론 사람에 따라서는 이렇게 되면 지금의 언어이론의 본질적 가치가 떨어지게 된다고 우려할 수도 있다. 그러나 우선 궁극적으로는 어느 언어이론의 독창성은 과거의 언어이론들과의 비교작업, 즉 역사적인 배경 속에서만 밝혀질 수가 있다. 또한 설사 그것이 과거에 제안된 견해들을 다시 발전시키는 것임이 드러난다고 한들 그런 사실이 흠이 될 리가 없는데, 그 이유는 이로써 과거에는 해결 못하고 남겨두었던 문제가 이제는 해결되게 되었다는 사실이 분명히 밝혀지게 되었기 때문이다.

그리고 이와 관련하여 무엇보다도 중요한 사실은 Chomsky 본인의 의도와는 전혀 다르게 그의 문법이론을 이런 식으로 평가할 수가 있다는 점이다. 예컨대 최근에 Amsler (2006)는 Bursill-Hall이 몇 년 전에 썼던 논문과 제목이 동일한 논문을 썼는데, Bursill-Hall의 글에서는 설명의 초점이 양태문법이론이 언어이론의 효시라는 점에 맞추어져 있는데 반하여, 그의 글에서는 그것이 양태문법이론과 Chomsky의 문법이론 사이에는 적지 않은 공통점이 있다는 사실을 드러내는 데 맞추어져 있다. 물론 이 글에서 Chomsky의 이름이나 그의 문법이론이 구체적으로 언급되고 있지는 않다. 그렇지만 두 문법이론 간의 공통점이 결국에는 그의 문법이론의 특징과 맞아 떨어진다는 사실이 모든 것을 다 말해주고 있다. 다시 말해서 그는 여기에서 언어이론 연구는 단절적으로 보다는 오히려 역사적으로 하는 것이 더 낫다는 점을 실증하려고 했던 것이다.

우선 그는 양태문법 이론의 제일 큰 특징으로 보편문법의 실체를 찾는 것을 문법연구의 궁극적인 과제로 삼았다는 점을 들었다. 그의 「Thomas

와 Siger와 같은 양태문법학자들은 문법은 응당 모든 언어에 공통인 기저적 구조에 관심을 갖게 된다고 주장했었다. 보편문법은 일종의 추상적(이론적)과학으로서, 품사론을 통사론적 양상으로 다루고, 어휘들을 부분적으로는 사실성의 자연과 대응하고 있는 문법적 문장으로 결합시키는 절차(일치성, 지배)를 다룬다.」와 같은 말이 이런 사실을 익히 실증하고 있다. (Amsler 2006, p.219)

그 다음으로 그는 이 문법이론의 두 번째 특징으로 일치성(congruitus)과 지배(regimen)를 두 가지의 기본적 통사적 원리로 삼았다는 점을 들었다. 먼저 일치성의 원리란 한 문장내의 어휘들은 형식면에서 뿐만 아니라 기능이나 의미면에서 서로 조화를 이루고 있는가를 확인하는 원리였다. 구체적으로 말하자면 이것은 (1) 통사적 기능에 따라서 문장내의 어휘들은 적절한 어형(성, 수, 격 등)을 갖추고 있어야 하거나, (2) 이들은 이해 가능한 의미를 나타내고 있어야 하거나(반드시 진실이 아니어도 됨), (3) 이상의 두 가지가 모두 충족되고 있을 것을 요구하고 있었다. 그러니까 이 문법이론에서는 문장을 우선 문법적으로는 완전하지만 의미상으로는 불완전한 것과, 그 반대의 것의 두 범주로 나누었던 것이다.

그에 반하여 지배의 원리란 하나의 완전한 문장이 구성되기 위해서는 한 어휘는 으레 일정한 격이나 형식을 갖춘 다른 어휘를 지배하고 있을 것을 요구하는 원리였다. 예컨대 「Socrates accusat」라는 문장은 주어와 동사가 문법적으로 일치되어 있으니까 일치성의 원리에는 맞지만, 동사가 목적어를 지배하고 있지 않으니까 지배의 원리에는 맞지 않는 문자이었다. 그런데 이 문법이론에서는 이들 두 원리가 기본적인 통사적 원리로 내세워지고 있다는 것은 곧 이것이 결국에는 Aristotle의 언어관에 기저한 것이라는 것을 가장 확실하게 입증하고 있었다. 그의 「형이상학 제 2권」에 따르자면 문장을 만드는 일은 「구성」과 「일치성」, 「완성」 등의 3단계에 따라서

이루어지게 되어있었다. (Ibid, p.220, Bursill-Hall 1994, p.2232)

　그는 또한 이 문법이론의 세 번째 특징으로 일종의 2분법적 구구조이론을 가지고 있었다는 점을 들었다. 이 문법이론에서는 타동성과 의존성을 문장 분석의 두 가지 기준으로 삼았던 것인데, 따지고 볼 것 같으면 이런 기준은 바로 문장을 구구조로 해부해가는 절차에 관한 형식적 규정이나 같은 것들이었다. 우선 이 이론에서는 전통문법에서와는 전혀 다른 방법으로 구조체를 타동적인 것과 자동적인 것으로 나누었는데, 예컨대 「Socrates legit librum (Socrates reads a book)」이라는 문장에는 주어와 동사로 된 자동사적 구조체와 동사와 목적어로 된 타동사적 구조체가 들어있었다.

　또한 이 이론에서는 타동성을 보강하는 개념으로 의존성이라는 또 하나의 개념도 사용했었는데, 이로써 한 구조체내의 두 어휘간의 구조적 밀착성, 즉 한 문장의 문법적 완전성은 더욱 확실하게 밝혀질 수 있었다. 사실은 여기에서는 이들 두 개념을 원활하게 적용하기 위해서 세 번째 개념도 사용했는데, 구조체를 행동형과 인간형으로 양분하는 것이 바로 그것이었다. 예컨대 「Homo albus currit bene (The white man runs well)」이라는 문장에서는 형용사와 동사는 주어인 명사에 직접적으로 의존하고 있었고, 부사는 동사에 직접적으로 의존하고 있었으며, 결국에는 이것은 「homo albus」라는 「인간에 대한 자동사적 구조체」와 「homo currit」라는 「행동에 대한 자동사적 구조체」로 이루어져 있는 셈이었다. (Amsler 2006, p.220)

　그런데 사실은 그의 의도가 언어이론 연구에는 단절적인 접근법보다는 역사적인 접근법을 적용시키는 것이 바람직하다는 것을 내세우는 것이었다면, 그는 양태문법의 이상과 같은 세 가지 특징들은 바로 그것과 Chomsky의 문법 간의 공통점이라는 사실을 드러내려는 일종의 소극적인 방법보다는 이런 점들로 보아서 Chomsky의 문법이론은 분명히 Thomas

의 것보다 크게 발전된 것이라는 사실을 드러내는 일종의 적극적인 방법
을 쓸 수도 있었을 텐데 아쉽게도 그렇지를 못했다. 다시 말해서 Thomas
의 문법이론을 최초의 통사론 중심의 언어이론인 것은 사실이지만 지금
의 Chomsky의 언어이론과는 비교도 할 수 없을 정도로 관념적 내지는
추상적인 것이었다는 점을 밝혔더라면 그의 의도는 더욱 확실하게 달성
되었을 텐데 아쉽게도 그렇지를 못했다.

　그가 하지 못한 일을 여기에서 참고로 시도해볼 것 같으면, 우선 그
당시에 Thomas가 내세웠던 보편문법론과 지금의 Chomsky가 내세우는
그것 사이에는 엄청난 차이점이 있다는 것을 누구나 쉽게 인정할 수 있다.
예컨대 양태문법에서는 라틴어에서 쓰이는 「SVO」를 일종의 보편적 어
순, 즉 자연적 어순으로 보면서 그것에 대조되는 것으로 「VSO」와 같은
전도된 어순, 즉 인공적 어순을 내세웠다. 이것에서는 그러니까 언어의
기본적인 구조에는 「SV」와 같은 자동사 구조와 「VO」와 같은 타동사 구
조가 있다 본 것이다. 물론 더 크게 보자면 이것에서는 라틴어 문법자체를
그들이 추구하는 보편문법으로 간주했다. 결국에 양태문법에서의 보편문
법론은 Aristotle이나 Priscian이 내세웠던 것과 거의 같은 것이었던 것이
다. (Ibid, p.220)

　그런데 이름 이외의 거의 모든 면에서 Thomas의 것과는 정반대적인
것이 바로 Chomsky의 보편문법론이다. 앞에서 이미 상세한 논의가 있었
듯이 그의 보편문법론은 우선 그것을 X-바 이론을 위시한 몇 가지의 원리
로 구성되어 있는 것으로 볼 정도로 형식주의적이고 구체적인 것이다.
그리고 그는 그의 구성 원리들의 타당성을 밝히는 것과 그들의 원활한
작동을 보장하는 문법모형을 찾아내는 것을 통사론의 궁극적인 과제로
삼았다. 더 나아가서 그는 그것을 그의 이성주의적 언어습득이론, 즉 내재
이론의 근거로 내세웠다. 그의 문법이론은 으레 보편문법이론으로 불리

고 있는데 반하여 Thomas의 것은 그런 적이 없다.

그 다음으로 이 문법이론의 일치성과 지배의 특징에 대해서도 비슷한 지적을 할 수가 있다. 이들은 결국에 문법성에 대한 두 가지 기준이라고 볼 수가 있는데, 이 점에 있어서 Chomsky의 문법이론과 크게 차이가 나는 것은 일치성을 지배보다 더 기본적인 기준으로 보았다는 점이다. 그런데 문제는 그렇게 하다보니까 문법 모형이 엄격한 형식성이 결여된 것으로 전락되고 말았다는 점이다. Chomsky의 문법이론에서는 그러나 지배의 원리 한 가지만을 그런 기준으로 삼으니까 그런 염려를 할 필요가 없게 된다. 또한 이것에서의 지배와 Chomsky의 문법이론에서의 그것 사이에는 엄청난 상이성이 있다. 이것에서의 지배란 문장 내의 어휘들이 적법적인 격이나 굴절형을 갖추고 있을 것을 요구하는 원리인데 반하여, Chomsky의 문법이론에서의 그것은 Θ지배와 어휘지배, 선행사 지배 등의 현상을 설명하는 데 쓰이는 개념일 뿐만 아니라 공범주원리의 기본이 되는 개념이기도 하다. 한 마디로 말해서 Chomsky의 문법이론에서는 지배의 이론이 가장 핵심적인 문법 원리로 내세워지고 있다.

세 번째로 이것의 2분법적 구구조 이론에 대해서도 비슷한 지적을 할 수가 있다. 이것에서의 구구조 이론은 한 마디로 말해서 문장은 명사구와 동사구의 두 부분으로 이루어졌다거나, 구조체는 타동사적인 것과 자동사적인 것으로 나눌 수 있다는 식으로 다분히 초보적인 수주의 것인데다가, 의존성이라는 또 하나의 개념을 설정했거나, 구조체를 행동형과 인간형으로 양분하는 식의 다분히 혼돈적이고 자의적인 면도 지니고 있었다. 그에 반하여 Chomsky의 문법이론에서의 그것은 문법이론 전체의 기본이 되고 있었다. 실제로 그가 보편문법의 한 하위이론으로 개발한 X-바 이론은 그동안에 구구조이론을 적용하다 보니까 드러난 문제점들을 해결하기 위하여 만들어 낸 것이었다. 쉽게 말해서 다분히 비체계적이고 자의적인 초기의 구구조이론은 Chomsky 때에 와서 체계적이고 포괄적인 문법이론으로 발전이 된 것이다.

이렇게 보자면 Amsler는 그의 글의 결론의 일부분으로 Thomas의 양태문법을 크게 발전시킨 것이 바로 Arnauld와 Lancelot, Nicole 등의 뽀르르왈르 문법이라는 말이나, 더 나아가서는 문법이론의 발달은 그 동안에 Aristotle－Priscian－Thomas－Arnauld－Saussure－Chomsky 등에 의해서 주도되어 왔다는 말을 할만도 한데 그렇게 하지 않았다. 추측컨대 그도 기본적으로는 언어이론 연구에 역사적 접근법을 적용시킨 다는 것은 아직 각 개별 이론에 대한 심층적 분석과 같은 준비 작업이 이루어지지 않은 상태에서는 한낱 희망사항에 불과하다고 보는, 하나의 현실주의자였던 것이다.

2) 언어철학과 수사학

서구의 학문에서의 그동안의 언어에 관한 연구는 크게 언어학자와 철학자의 두 집단에 의해서 주도되어왔다고 볼 수가 있는데, 이들 두 집단에 의해서 이룩된 학문은 각각 언어학과 언어철학으로 볼 수 있기 때문에 결국에는 그것은 언어학과 언어철학이라는 두 학문에 의해서 주도 되어 왔다고 말할 수가 있다. 너무나 당연한 일이겠지만 언어학과 언어철학이 만약에 처음부터 같거나 유사한 목표를 가지고서 비슷한 학풍에서 시작되었더라면 그 동안에 이들이 두 개의 상이한 학문으로 자리 잡았을 리가 없다. 이런 현상은 곧 서구에서는 일찍부터 언어의 문제를 범학문적으로 다루어 왔다는 사실을 실증하는 증거일 수도 있고, 아니면 언어에 관한 문제는 하나 이상의 접근법으로 다루어져야할 만큼 복잡하고 난해한 문제라는 사실을 보여주는 것일 수도 있다.

그런데 흥미롭게도 그 동안에 이들 두 학문들은 서로 일종의 상보적인 관계를 유지해오기까지 했다. 그러니까 지금까지의 언어이론의 발전과정을 살피는 데 오직 언어학이나 문법학이라는 한 학문에서의 그것만을 분석한다는 것은 사실에 맞지 않을 뿐만 아니라 학문적으로 손해를 보는 일이 되고 마는 셈이다. 바꾸어 말하자면 언어이론 연구를 역사적인 접근법으로 하게 되는 경우에는 그 일을 반드시 언어학의 축과 언어철학의 축이라는 두 개의 축에 따라서 이루어져야 하는 것이다. 결국은 이들은 두 개의 별도의 축이기 때문에 결코 이것이 쉬운 일일 수가 없는데도 사실은 최근에 이런 시도를 한 사례도 나왔다. 2005년에 Chapman과 Routledge가 「언어학과 언어철학의 주요 사상가(Key thinkers in linguistics and the philosophy of language)」라는 책을 편집해낸 사실이 바로 그것이다. 이것에서는 Plato과 Aristotle로부터 Chomsky에 이르기까지의 총 80명의 주요 언어사상가들의 언어이론과 언어기술법의 발전에 기여한 바가 소개되고 있는데, 이 가운데는 언어학자와 언어철학자의 것 이외에 심리학자와 인류학자, 인지과학자, 문학비평가, 수학자의 것들도 들어있다. 그들은 언어학과 언어철학 간의 벽은 인위적인 것에 불과하다고 본 것이다.

그 동안에 언어학과 언어철학 간에 일종의 상보적 관계가 형성되게 된 것은 근본적으로 언어학은 과학의 한 가지였는데 반하여 언어철학은 철학의 일부분 이였기 때문이다. 다시 말해서 언어학에서는 언어의 형식적 구조를 밝히는 것을 궁극적인 과제로 삼았는데 반하여, 언어철학에서는 인식론과 본체론의 일부로서 언어적 의미를 규정하는 것을 그런 과제로 삼았던 것이다. 그래서 Routledge의 철학사전에서는 먼저 언어철학(philosophy of language)은 언어학적 철학(linguistic philosophy), 즉 언어학과 별개의 것임이 강조된 다음에, 그것에 대한 정의가 「하나의 별도의 학문으로서 언어철학은 논리학으로부터 근래에 분파되었으며, 이것은 또한 인식론과 형이상학, 정신철학과도 연관되어있다.」처럼 내려져 있다.

(Proudfoot and Lacey, 2010, p.212)

언어철학에서의 언어적 의미에 대한 추구는 응당 어휘적 의미가 아니라 명제적 의미에 집중되었으며, 그 결과 근래에 이르러서는 분석철학의 기본적 바탕이 되는 논리적 실증주의를 탄생시키게 되었다. 언어철학자들의 언어적 의미를 규정하려는 노력은 처음에는 서술이나 명제의 진리성을 찾아내는 진리치 중심의 논항적 분석법을 개발시켰고, 그 뒤에는 논리적 기호나 형식으로 문장의 의미성을 검증하는 실증적 분석법을 개발시켰다. 또한 이들의 노력은 문장의 객관적 분석법의 개발에 지향됨과 동시에 분석의 대상을 선택하는 일에도 지향되었는데, 이른바 Wittgenstein에 의한 일상 언어이론의 출현과 Grice와 Austin에 의한 화행론적 이론의 출현이 바로 그것이었다.

언어철학자들의 언어적 의미에 대한 추구는 결국에 그들로 하여금 언어를 의사소통의 도구로 보는 식의 기능적 언어이론을 만들어 내게 하기도 했다. 언어를 기능중심으로 분석하게 되면 문장은 구조나 형식을 기준으로 해서 분류되는 것이 아니라 용도나 기능을 기준으로 해서 분류되게 되어있었다. 그런데 이들이 보기에는 이런 기능적 언어이론의 타당성은 언어의 사실적인 현상이 익히 증거하고 있었다. 예컨대 형식상으로는 의문문일지라도 기능상으로는 명령문이 되거나, 아니면 형식상으로는 서술문일지라도 기능상으로는 의문문이 되는 경우 등이 적지 않게 있는 것이 바로 언어의 사실적인 현상이었다. 그러니까 이들이 보기에는 과거처럼 하나의 문장의 진리치를 논항적 분석법이나 논리적 분석법에 의해서 가린다는 것은 언어의 실체를 밝히는 일의 일부분에 불과했다.

물론 무엇보다도 중요한 사실은 그동안에 이미 언어철학에서 개발된 언어이론이나 언어기술법이 언어학의 발전에 상당한 영향을 주었다는 사실이다. 그 중 첫 번째 것은 역시 화행론적 이론이 화용론의 발전에 기여한 점이다. 이런 기여로 인하여 언어분석의 대상을 통사론에서처럼 인위적으로 만들어졌거나 추출된 독립된 문장으로 했을 때의 문제점이나 한계성이 보다 확실하게 노출되게 되었다. 그 중 두 번째 것은 형식주의적 문법모형을 개발하는 데 기여한 점이다. 예컨대 Frege의 논리적 기술법이나 Russell의 수학적 기술법은 Montague로 하여금 특이한 문법모형을 만드는 데 큰 도움을 주었을 것이다. 아마도 Chomsky가 변형문법이라는 특이한 문법모형을 개발하는 데도 이들은 적지 않은 영향을 주었을 것이다.

자기의 이성주의적 언어이론의 역사적 정통성을 내세우게 되는 경우, Chomsky는 으레 Descartes나 Locke, Wittgenstein 등의 언어철자자들의 이름은 거명하면서도 Cicero나 Quintillian과 같은 수사학자의 이름은 거론하지 않는 사실로써 익히 짐작할 수 있듯이, 언어학과 수사학은 그동안에 각각 하나의 독자적 학문으로서 일종의 평행선을 그어왔을 뿐, 서로가 상대방에게 영향을 주는 상호교류의 관계를 형성하지 못했다. 그러나 사실은 서구의 학문이 시작될 당시부터 언어학의 흐름과 맞서서 도도히 흘러온 것이 바로 수사학이다. 따라서 수사학적 언어이론을 배제한 상태에서 언어이론 연구를 역사적인 접근법으로 수행한다는 것은 합리적인 일이 아니다.

물론 최근에 이르러서는 이들 간에는 상호교류는 아니어도 수사학적 원리나 이론을 언어학적 언어이론의 일부로 받아들이려는 일종의 병합적 움직임이 일어나게 되었다. 인지 언어학에서 은유와 환유이론을 주요한 언어이론으로 내세우게 된 것이나 Leech나 Sperber 등이 화용론적 연구의 대상으로 은유법이나 과장법, 반어법 등과 같은 수사적 현상을 포함시킨 것 등이 바로 그런 사례들이다. 특히 Grice나 Austin 등은 자기 나름의 반전통적인 화행적 이론을 개발하면서 수사학적 원리를 적지 않게 원용했었다. 또한 따지고 보자면 Wittgenstein의 일상언어 이론도 수사학적 원리에 힘입은 바가 컸다.

그런데 수사학적 이론을 포함시킴으로써 얻게 되는 최대의 이점은 바로 언어이론 연구의 대상이 최대로 확대 되어서 결과적으로는 언어연구의 방법이 달라질 수 있다는 것이다. 한마디로 말해서 그것은 수사학은 원래가 철학이나 언어학과는 대척적 위치에 있던 학문이었기 때문인데, 구체적으로 보았을 때는 수사학적 언어이론은 다음과 같은 몇 가지 점에 있어서 언어학적 언어이론과 대조를 이루고 있기 때문이다. 첫 번째로 수사학자들은 로마시대 때 일곱 가지 학예 중 「3과목」을 문법, 논리학, 수사학으로 잡는 식으로 수사학을 언어와 관련된 학문 중 최고의 수준의 것으로 보았는데, 이들의 생각으로는 언어를 가장 효율적으로 쓰는 일은 그것을 문법적으로 맞게 쓰는 일 보다 한 차원 위의 것이었다. 그러니까 이들의 관심은 처음부터 언어의 분석과 기술에 있던 것이 아니라 언어의 사용이나 교육에 있었던 것이다.

두 번째로 수사학자들은 좋은 수사법은 언어적 표현법의 기본이 되는 것이기에 정확성과 명석성, 장식성, 적절성 등의 네 가지 문체적 기준에 맞게 사용하는 것이 곧 언어를 효율적으로 사용하는 데 지름길이 된다고 생각했다. 그들은 수사법은 크게는 은유법, 환유법, 제유법, 의성법, 반어법, 과장법과 같은 전의와 반복법, 전도법, 생략법과 같은 문체의 두 범주로 나누어진다고 생각했다. 특히 주목할 것은 그들은 한 어휘의 의미는 고정되어있는 것이 아니라 사용자의 의도나 용법에 따라서 달라질 수 있으며, 한 어구나 문장의 구조나 형식은 경우에 따라서는 파괴될 수도 있다고 보았다는 점이다. 결국 수사학에서는 문장보다도 어휘를 더 중요시했던 것이다. (Leff and Vaelasco, 2010, p.458)

세 번째로 수사학자들은 언어는 기본적으로 의사소통의 도구이기 때문에 수사학은 마땅히 일종의 설득학이나 의사소통학이 되어야 한다고 생각했다. 수사학의 원조격인 Aristotle은 수사학의 목적은 설득인데, 이것의 성공은 화자의 신뢰성인「에토스(ethos)」와 청중의 정서성인「파토스(pathos)」, 말의 배열성인「로고스(logos)」등의 세 기준에 의해서 결정된다고 보았다. 수사학에서는 설득이나 웅변의 기본적 전개과정을 소개, 배경 서술, 분할, 확인, 반론, 결론 등의 여섯 부분으로 나누었었는데, 이런 전개법은 글쓰기에서도 그대로 쓰였다. 결국 수사학에서는 담화나 논설을 연구의 대상으로 삼았던 것이다. (Murphy 2006 p.579)

네 번째로 수사학자들은 수사적 원리들은 시와 같은 문학작품을 쓰는 데도 그대로 적용될 수 있다고 생각했다. 원래 Aristotle 때부터 수사학과 시학은 같은 뿌리에서 자란 학문으로 보았던 것인데, 특히 19세기나 20세기에 이르러 I. A. Richards나 E. Burke, Blair 등에 의해서 이른바 신 수사학 운동이 일어나게 되면서 이런 관계는 더욱 공고해졌다. 예컨대 이들은 숭고성이나 우아성, 미려성 등을 훌륭한 시나 문학적 표현이 추구해야할 목표로 내세우면서, 작품의 기치는 좋은 수사적 표현들을 얼마나 썼느냐에 따라서 판단되어야 한다고 까지 주장하기에 이르렀다. 결국 수사학에서는 그들의 언어이론에는 으레 문학적 언어이론도 포함된다고 보았던 것이다.

6.2 전통문법의 위상

언어이론 연구를 통시적으로 하게 되면 그 전까지는 미처 인식하지 못했던 점들을 새삼 인식하게 되는데, 그 중 가장 대표적인 것이 바로 전통문법에 관한 것이다. 우선 누구나 이런 시도를 하기 전까지는 어떤 의미로 보아서나 전통문법은 지금의 문법이론가들이 내세우고 있는 문법과는 정반대적인 위치에 있는 것 이기엔 길게 논의할 대상이 되지 못한다고 생각해오던 터라 이런 각성의 충격은 대단히 클 수밖에 없다. 간단히 말해서 전통문법의 위상이나 가치를 재확인하는 것, 즉 전통문법에 대한 종전까지의 태도를 완전히 바꾸는 것은 통시적 언어이론연구의 주된 목적으로 삼아도 될 만큼 의미 있고 가치 있는 일인 것이다.

흔히들 문법이론가들은 지금까지의 문법발달의 역사를 전통문법의 시기와 구조문법의 시기, 변형문법의 시기 등의 세 시기로 나누거나, 아니면 규범주의적 문법의 시기와 형식주의적 문법의 시기 등의 두 시기로 나누면서, 결국에는 전통문법을 현대문법의 위상이나 발전상을 드러내는 데 일종의 배경으로 사용하기가 일쑤인데, 이런 관행은 크게 잘못된 일이다. 예컨대 일단 이런 전통을 단속적 문법발달관으로 치자면, 이제는 그것이 마땅히 역사적 문법발달관으로 대치되어야 하는데, 그 이유는 우리의 상식적인 관찰만으로도 전통문법에 대해서 다음과 같은 중요한 사실들을 발견할 수 있기 때문이다.

1) 고전적 언어사상

첫 번째로 전통문법은 서구의 고전적 언어사상을 전승한 것이라는 특징을 가지고 있다. 우선 서구의 모든 철학이나 사상은 Plato와 Aristotle에 의해서 만들어진 것이라는 사실이 언어의 경우라고 해서 예외일 리가 없어서, 앞사람은 예컨대 「Cratylus」에서 「문장은 일련의 명사들」이라는 말을 했었고, 뒷사람은 그의 말의 부당함을 지적하는 의미에서 「De Interpretation」에서 「거짓과 참은 연결과 분리와 관련된 것이다. 따라서 명사와 동사 자체는, 예컨대 더 추가된 말없이 「인간」이나 「흰」 등은, 연결과 분리가 없는 사고와 같은 것이다. 현재로서는 그들은 참도 아니요 거짓도 아니다」와 같은 말을 했었다. 그러니까 이들은 언어를 진리를 표현하는 도구로 보았던 것이다.

(Green 2010, p.28)

이들 두 철학자들의 이런 언어사상은 그 후 서구에서 발달된 세 개의 언어에 관한 학문, 즉 문법학과 언어철학, 수사학 등의 기본 사상이 되었다. 문법학의 경우를 살펴보자면 그것은 우선 문법 연구에 형식이나 구조 중심의 접근법이 아니라 기능이나 의미중심의 접근법이 사용되도록 했다. 희랍이나 로마 때 발달된 전통문법은 이래서 20세기에 등장한 현대문법과는 정반대적인 성격의 것이 되고 말았다. 그것은 그 다음으로 언어를 하나의 객관적 기호체계, 즉 언어사용자의 심리와 완전히 분리된 상태의 체계로서가 아니라 일종의 주관적 표현체계, 즉 언어사용자의 심리의 반영체로서 다루게 했다. 간단히 말해서 그것은 처음부터 언어연구자들로 하여금 언어란 형식적 기구 이상의 것이라는 것을 인식하게 한 것이다.

2) 가장 오래된 문법

두 번째로 전통문법은 오늘날에도 그대로 쓰이고 있을 만큼 가장 역사가 긴 문법일 뿐만 아니라 만들어진 과정도 오랜 기간에 걸쳐서의 누적적인 것이라는 특징을 가지고 있다. 먼저 이것과 대비되는 구조문법이나 변형문법의 역사는 기껏했자 백 년 정도인데 이것의 그것은 2천 수백 년이나 되니까, 어떤 의미에서는 이 점이 이것의 제일 큰 특징일 수도 있다. 또한 지금까지의 역사로 보아서 앞으로 이 문법이 사라질 가능성도 없다, 그러나 누구나 구조문법이나 변형문법의 앞으로의 운명을 이렇게 낙관할 수는 없다. 전통문법이야말로 문화적 기구나 제도는 역사적 산물이라는 사실을 가장 웅변적으로 실증하고 있는 것이다.

그 다음으로 이 문법이 만들어지는 데는 오랜 세월에 걸쳐서의 여러 사람들의 노력이 소요되었다. 이 작업의 시발자는 역시 Aristotle로서, 그는 처음에는 어휘에는 「명사(onoma)」와 「동사(rhema)」의 두 가지가 있다고 내세웠다가 뒤에 가서는 그들에 더해서 「형용사(epitheton)」도 있다고 주장하는 식으로, 하나의 3품사론자였다. 그러나 그 후 오늘날의 품사론의 모형이 되는 8품사론을 완성시킨 사람은 Dionysios Thrax였다. 이것은 물론 최초의 희랍어 문법이었음과 동시에 최초의 전통문법이었던 셈인데, 그 이유는 그 후 로마시대에 이르러 이것을 모형으로 해서 Donatus와 Priscian이 일종의 완벽한 라틴어 문법을 만들어낼 수 있었기 때문이었다. (Seuren, 2006 p.27)

Priscian의 라틴어 문법이 한편으로는 Thrax의 희랍어 문법을 모형으로 한 것이면서 다른 한편으로는 그 후에 생겨나는 전통문법의 모형으로 쓰이게 되었다는 사실은 그것의 두 가지 특징을 통해서 익히 알 수가 있다. 첫 번째로 그의 문법은 총 18권의 문법서 중 처음 16권에서는 어휘와 어형을 다루고 나머지 2권에서는 통사론을 다루는 식으로 어휘론 위주의 것이었다. 두 번째로 그의 품사 분류의 기준은 기본적으로 의미나 기능이었지 형식이 아니었다. 그가 설정한 8품사는 명사와 동사, 분사, 대명사, 전치사, 부사, 간투사, 접속사 등이었는데, 명사의 정의를 「그것의 주제나 실체, 사물에 공통적 내지는 적절한 자질을 배정하는 품사」처럼 내렸다. 또한 그는 명사를 「실질적 명사」와 「형용사적 명사」로 나누기도 했다. (Malmkjar, 2010 p.252)

3) 학교문법

세 번째로 전통문법은 일종의 보편문법과 학교문법의 역할을 수행해왔다는 특징을 가지고 있다. 우선 이것의 모체격인 Priscian의 문법은 로마제국에서 문법교육의 표준 교과서의 역할을 수행했었고, 그 후 유럽의 여러 신생국가들이 각각 모국어의 문법을 만들게 될 때는 그것의 모형의 역할을 수행했었다. 다시 말하자면 최초의 영어문법이나 독일어 문법 등은 모두가 라틴어 문법의 틀을 그대로 복사한 것들이었다. 이런 관행은 그 후 유럽 이외의 나라가 문법을 만들 때도 그대로 유지가 되었다. 결국은 이래서 라틴어 문법은 오랫동안 보편문법의 기능을 수행하게 된 것이다.

그런데 이 때에 만들어진 문법들은 모두가 학교에서 각 나라의 문법을 가리키는 데 쓰기 위해서 만들어진 것이었다. 그래서 이 때부터 전통문법은 학교문법이라는 이름으로 불리게 되었고, 학교문법은 머지않아서 전 세계 모든 교육받은 사람들의 공통의 문법이 되었다. 또한 당시의 학교교육은 으레 규범주의적 철학에 의해서 이루어졌던 탓으로, 학교문법은 바로 규범문법이라는 별명도 얻게 되었다. 구체적으로 말해서 정의나 규칙을 암기하고 실제로 문장을 그것으로 분석해보는 것이 문법교육의 주된 방법이었다. 무엇보다도 중요한 사실은 이렇게 해서 결국은 전통문법은 대부분 사람들이 오늘날 「문법」으로 알고 있는 문법이 되었다는 사실이다.

4) 기본 개념의 공급원

네 번째로 전통문법은 그 동안 내내 기본적인 문법적 개념이나 술어의 주 공급원이 되어왔다는 특징을 가지고 있다. 이 문법이 이런 모체적 기능을 수행할 수 있게 된 것은 물론 이것은 나름대로의 완전한 문법적 체계를 가지고 있는데다가 이것에서는 오랜 기간에 걸쳐서 거의 모든 문법적 사실들이 다루어지게 되었기 때문이다. 다시 말해서 구조문법이나 변형문법과 같은 신 문법들이 20세기에 이르러 탄생할 수 있었던 것은 전통문법이 그들의 모체적 문법의 역할을 수행하고 있었기 때문이라고 볼 수도 있다. 이런 의미에서 보자면 전통문법은 그동안 내내 일반인들에게만 일종의 공통문법이었던 것이 아니라 문법이론가나 언어학자들에게도 일종의 공통문법이었던 것이다.

우선 지금의 신 문법들에서 쓰이고 있는 기본적인 8품사의 명칭을 위시하여 구나 문장의 종류, 태와 시제의 종류, 격의 종류 등의 대부분은 일찍이 전통문법에서 만들어졌던 것이다. 예컨대 구조문법이나 변형문법에서 쓰고 있는 명사나 대명사 등의 품사적 이름은 물론이요 주어나 술어, 목적어 등의 문법적 기능어의 이름과 부정사나, 동명사, 분사, 절 등의 문법적 구조어의 이름은 모두가 전통문법에서 원용해간 것이다. 그러니까 지금의 신 문법에서는 전통문법에서 이미 다루었던 현상들을 새롭게 재구성 내지는 재해석하고 있다고 볼 수도 있다.

그뿐만 아니라 전통문법에서 일찍이 개발한 문법적 범주들은 그대로 신 문법에서도 쓰이고 있다. 예컨대 전통문법에서는 성을 남성, 여성, 중성의 세 가지로, 수는 단수와 복수의 두 가지로, 인칭은 일인칭, 이인칭, 삼인칭 등의 세 가지로, 시제는 현재, 과거, 미래 등의 세 가지로, 법은 직설법과 가정법 등의 두 가지로, 태는 능동태와 수동태 등의 두 가지로, 격은 주격, 호격, 목적격, 소유격, 여격, 사격 등의 여섯 가지로 나누었었는데, 이런 분류법은 신 문법에서도 으레 문법적 범주의 문제를 다루는 출발점으로 이용되어졌다. (Ibid, p.254)

그런데 현대에 이르러서는 전통문법에서 개발된 문법적 지식을 그대로 전수하는 것이 아니라 그것을 바탕으로 해서 새로운 문법이론을 만들어 내는 경우도 생겨나게 되었는데, Chomsky의 변형이론이 각광을 받기 시작할 무렵에 그것의 대안으로 제안된 Fillmore의 「격문법(case grammar)」이론이 바로 그런 것이다. 원래 라틴어는 하나의 완전굴절 언어이기 때문에 문법적 장치 중 제일 중요한 것이 명사의 어미에 붙는 굴절적 어형이었다. 다시 말해서 이 언어에 있어서는 각 명사의 어미에 문법적 기능을 나타내는 격표지가 표지되어 있기 때문에 문법론에서도 어순적 문제를 주로 다루는 통사론을 굳이 어형론 보다 중요시할 필요가 없었다. 그러니까 어떤 의미에서 보자면 고전적 전통문법은 일종의 격문법이었던 것이다.

그러나 1968년에 발표한 「격론(The case for case)」에 의할 것 같으면 그가 새롭게 기여한 점은 격을 제일 기본적인 통사적 장치로 보았던 고전적 문법관을 바탕으로 해서 영어와 같은 비굴절적 언어를 기술함에 있어서 쓰일 수 있는 문법모형을 개발하여 그것에 「격문법」이라는 이름을 붙인 점이다. 그의 신 발상법 중 핵심이 되는 것은 묵시적 범주에 관한 것과 심층 구조와 표면구조의 관계에 관한 것이었다. 그는 「격의 개념은 동사와 그에 따르는 명사구 사이의 기능적, 의미적, 심층 구조적 관계를 나타내는 것」이며, 「묵시적 범주는 흔히 선택적 제약과 변형적 가능성에 의해서만 관찰이 가능한 것」이라고 보았다. 특히 그는 격문법을 일종의 보편문법으로 보기도 했다. (Ibid, p.255)

그는 물론 새로운 격 분류법과 문장 분석법을 개발하기도 했다. 먼저 그는 격의 종류로는 행위자격 (A)를 위시하여 도구격(I), 여격(D), 사실격(F), 위치격(L), 목적격(O), 수혜격(B), 결과격(C) 등의 여섯 가지를 설정했다. 그 다음으로 그는 「격틀」이라는 표기법을 개발했는데, 이것은 동사가 들어설 수 있는 격의 환경을 표시함으로써 결국에는 문장의 구조가 밝혀지게 되는 기법이었다. 이 기법에 의할 것 같으면 「open」이라는 동사는 먼저 [−O]처럼 표시될 수 있는 격틀에 들어설 수도 있고(예: The door opened), 그다음에는 [−O+A]처럼 표시될 수 있는 격틀에 들어설 수도 있으며 (예: John opened the door), 세 번째로는 [−O+I]처럼 표시될 수 있는 격틀에 들어설 수도 있고, (예: The wind opened the door), 마지막에는 [−O+I+A]처럼 표시될 수 있는 격틀에 들어설 수가 있었다. (예: John opened the door with a chisel). 격틀은 틀의 자질을 표시하는 기법인 셈이어서 이것은 「틀자질」이라는 이름으로 불리기도 했다. 「open」이라는 동

사의 틀 자질은 결국에 +[−O(I)(A)]처럼 표시될 수 있었다. (Ibid, p.256)

그러나 그의 문법이론의 진수는 역시 Chomsky가 개발한 변형이라는 개념을 자기의 격이론에 맞게 수정했다는 점이었다. 그는 먼저 심층구조에서 쓰이는 기저부 규칙으로 「S→ M+P」와 「P→ V+C$_1$ +⋯C$_n$」, 「C→K+NP」등의 세 가지를 내세웠다. (M은 법 범주를 또한 P는 명제를 나타냄) 그러니까 예컨대 「open」이라는 동사가 목적어만을 가지고 있는 경우의 심층구조는 아래처럼 표기될 수도 있었다.

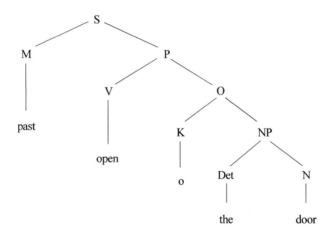

물론 그의 이론에서도 심층구조에서 표층구조를 도출해내는 데는 일정한 규칙의 적용이나 변형적 조작을 필요로 하게 되어있는데, 이것 역시 그의 격이론에 따르게 되어있다. 예컨대 주어를 도출하는 경우에는 먼저 「격의 범주가 한 개일 때는 그것이 주어가 되지만 그것이 두 개 이상일 때는 「A가 있으면 A가 주어가 되고, A가 없으면서 I가 있으면 I가 되나 그 외의 경우에는 O가 주어가 된다.」는 규칙이 적용된다. 그리고 이 때 같이 적용되는 주어화 규칙에는 주어가 되는 격을 문두에 이동시키는 규

칙과 그것에서 전치사를 삭제하는 규칙, 격범주 표지를 삭제하는 규칙 등의 세 가지가 있다. (大塚, 中島 1982. pp.156~157)

5) 과학주의의 표방

다섯 번째로 전통문법은 20세기를 전후해서 새로운 학문적 원리로 등장한 과학주의를 전통적인 인문주의와 접목시키려는 시도를 했다는 특징을 가지고 있다. 이것은 곧 20세기에 이르러서 이른바 과학적 전통문법이 탄생하게 되었다는 사실로써 실증될 수가 있는데, 이런 움직임이 가능했던 것은 두말할 필요도 없이 몇몇의 유능한 문법학자들이 주목할 만한 연구업적을 쌓았기 때문이었다. 이런 영문법학자로는 「A New English Grammar : Logical and Historical 2 vols. (1898)」을 쓴 Sweet를 비롯하여 「A New English Grammar (1916)」를 쓴 Sonnenschein, 「An Advanced English Syntax (1932)」를 쓴 Onions, 「A Handbook of English Grammar (1957)」를 쓴 Zandvoort, 「A Grammar of the English Language 3 vols. (1931)」를 쓴 Curme, 「A Modern English Grammar on historical principles 7 vols. (1949)」를 쓴 Jespersen 등을 들 수가 있다.

이들의 문법에 과학적 전통문법이라는 이름을 붙이게 된 것은 그들에게서 다음과 같은 세 가지 특징을 찾아볼 수 있기 때문이었다. 첫 번째로 이들에서는 그전과는 다르게 음성학이나 음운론을 문법의 첫 번째 부분으로 설정되게 되었다. 예컨대 이런 움직임을 선도했던 Sweet은 1890년에 「A Prime of Phonetics」라는 음성학 책을 썼었고, 또한 일곱 권으로 된 영문법 책을 쓸 정도로 최대의 업적을 남긴 Jespersen은 1912년에 「English Phonetics」라는 음성학 책을 썼었다. 누구라도 일단은 문자언어로부터 음성언어로의 전환을 과학적 언어연구의 첫 현상으로 볼 수 있을 테니까, 이런 의미에서도 이 때의 전통문법은 더 이상 고전적 전통문법이 아니었던 것이다. 사람에 따라서는 또한 이 시기에는 전통문법학자들도 새로 등장한 구조언어학의 영향을 다소간에 받았을 것이라는 추측도 익히 할 수가 있다. 그리고 이 시기는 바로 D. Jones가 「Everyman's English Pronouncing Dictionary (1917)」라는 기념비적인 사전을 낼 정도로 음성학이 새롭게 각광을 받기 시작한 때였다.

두 번째로 이들에서는 마치 문법적 백가쟁명의 시대를 구가하려고 하기라도 하듯이, 서로 경쟁적으로 정의와 분류라는 두 가지의 문법적 작업이 확대되고 심화되는 현상이 일어나게 되었다. 아마도 이 시기의 문법학자들은 새로 발견한 사실들을 근거로 해서 과거에 내려졌던 정의들을 수정함과 동시에 과거에 했던 분류를 더 세밀하게 고치는 것이 바로 문법학을 한 단계 더 발전시키는 길이라고 생각했을 것이다. 좋게 말하자면 이들도 과학주의는 곧 기술주의라는 사실을 익히 알고서, 자기네들의 학문적 패러다임 내에서 나름대로의 기술주의적 기법을 최대로 활용한 것이었다.

이것의 가장 좋은 예가 바로 8품사 중 첫 번째 것인 명사의 분류법이다. 명사의 분류는 물론 의미적 기준이 아니라 어형이나 통사적 특징에 의해서도 이루어 질수가 있는데, 전통문법가들 사이에는 그 동안에 그것에는 으레 의미적 기준 하나만이 쓰인다는 데 합의가 되어있었다. 이런 의미에서 보아도 역시 전통문법은 형식이나 구조보다도 의미나 기능을 기준으로 한 문법이라는 사실이 분명해진다. 그런데 이렇게 의미를 기준으로 하다보면 여러 가지 정의나 분류가 자연히 객관적 사실보다는 주관적 해석에 의존하게 되어서 결과적으로는 문법전체가 비과학적이고 불완전한 것으로 매도되는 문제점이 생기게 마련인데, 이런 사실을 가장 극명하게 드러내주는 것이 바로 명사의 분류법이다. 한 마디로 말해서 명사의 분류작업은 의미를 기준으로 하는 한 그것은 아무리 완전하게 하려고 해도 결국에는 불완전할 수밖에 없다는 사실을 익히 보여주고 있는 것이다.

전통문법에서 그 동안에 쓰이던 기본적 명사 분류법은 명사를 크게 보통명사와 집합명사, 물질명사, 추상명사, 고유명사 등의 다섯 가지로 나누는 것이었는데, 이것에는 아무런 체계성이나 완벽성이 없다는 결점이 있기 때문에, 머지않아서 각자가 자기 나름의 새로운 분류법을 내세우는 현상이 일어나게 되었다. 우선 Sweet은 「A New English Grammar」의 제1권에서 명사를 구상명사와 추상명사로 대별하는 식의 새로운 명사 체계도를 제안했다. 그러나 아래와 같은 그의 2분법식 체계도를 완전한 것으로 보는 사람은 별로 없었다. 결국에는 또 하나의 주관적 명사분류법이 생겨난 것뿐 이었다.

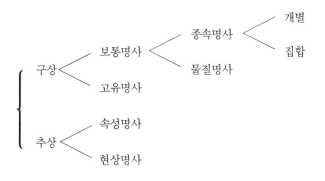

그런가 하면 Jespersen은 「A Modern English Grammar」의 제 2권에서 아래와 같은 독자적인 명사 분류법을 제안했는데, 이것의 특징은 명사를 일단 가산성을 기준으로 해서 사물어와 질량어로 대별했다는 점이다. 다시 말하자면 그는 「one」이나 「many」와 같은 한정사에 의해서 수식을 받는 것을 사물어로 보고, 「much」나 「little」과 같은 한정사의 수식을 받을 수 있는 것을 질량어로 본 것이다. 그러나 이 분류법이라고 해서 완벽성과 객관성을 가진 것으로 인정될 수는 없었다. (Ibid, p.776)

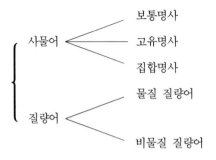

세 번째로 이들에서는 문법적 사실이나 현상을 새로운 시각에서 설명하려는 시도가 나타나게 되었다. 간단히 말해서 최근에 와서는 전통문법가 중에는 전통문법의 과학화라는 대의 하에서 전통문법이라는 틀은 그대로 유지하면서 그 전에는 미처 발견하지 못했던 문법적 사실들을 새롭게 기술해보려는 사람이 나타났는데, 그 중 가장 대표적인 사람이 바로 Jespersen이었다. 그가 총 7권으로 된 그의 문법책의 제 3권에서 제안한 「넥서스(nexus)이론」은 가히 현대적 이론이라 할 수 있을 만큼 혁신적인 것인데, 그 이유는 종전까지 구와 절의 개념으로 분석해오던 통사적 현상을 이제부터 「장크션(junction)」과 넥서스의 개념에 의해서 분석해야 한다고 주장하고 나섰기 때문이다.

지혜롭게도 그는 어군을 구와 절로 나누는 것이 비과학적이라는 사실을 발견하고서, 그들 대신에 장크션과 넥서스라는 두 개념을 도입해야된다고 주장했다. 예컨대 그가 보기에는 「a furiously barking dog」라는 구는 분명히 「The dog barks furiously.」라는 절과 의미상 일정한 관계를 지니고 있는데, 하나의 수식 명사구인 전자를 장크션으로 보고, 하나의 문장인 후자를 「넥서스」로 보게되면 그런 관계가 제대로 밝혀질 수 있었다. 특히 그의 생각으로는 어군을 구성하는 1차어와 2차어 간의 관계가 전자에 있어서는 밀착적인 것인데 반하여 후자에 있어서는 산개적인 것인 점을 부각시키기 위해서는 이런 분류법을 쓰는 수밖에 없었다.

그런데 그가 넥서스 이론을 내세우게 된 진짜 이유는 그보다 더 본질적인데 있었는데, 그것은 바로 이래야만 형식상으로는 「주어+술어」와 같은 문장의 형식을 지니고 있지 않으면서도 의미상으로는 문장의 의미를 나타내는 것들을 익히 기술할 수 있기 때문이었다. 그는 이런 넥서스적 어군으로 1) 타동사의 목적어로서의 넥서스와 (예: They judged me a happy man.), 2) 주어로서의 넥서스 (예: The difficulties overcome make the rest easy.), 3) 보어로서의 넥서스 (예: That's a great load off my mind.), 4) 전치사의 목적어로서의 넥서스 (예: I can't write with you standing there.), 5) 독립용법으로서의 넥서스 (예: Other things being equal, the simplest explanation is the best.) 등의 다섯 가지를 들었다. (Ibid, pp.705~706)

그런데 사실은 그의 넥서스 이론의 진짜 특징은 그것에서는 독자성뿐만 아니라 일종의 역사성도 발견할 수 있다는 데 있는지도 모른다. 우선 라틴어로 「결합」이라는 의미를 나타내는 이 술어는 익히 Hjelmslev가 창안한 언리학에서도 쓰인 바가 있다. 여기에서는 넥서스를 단일 통어체를 이루고 있는 「동질 넥사스」와 두 개의 통일체를 이루고 있는 「이질 넥사스」로 나누었다. 그런가하면 Bloomfield의 구조 언어학에서는 구조체를 「내심 구조체」와 「외심 구조체」의 두 가지로 나누었었는데, 전차는 대략 장크션에 해당하는 것이고, 후자는 넥서스에 해당하는 것이었다.

6.3 언어의 변화성

언어이론 연구에 통시적 접근법을 적용시키게 되면 언어의 중요한 특성 중 한 가지가 바로 변화성이라는 사실을 새삼 깨닫기 마련인데, 그 이유는 물론 적어도 20세기 이전까지는 문법학과는 별도로 비교언어학이나 역사언어학이 언어연구를 주도하는 독립적 학문으로 발전되어 왔기 때문이다. 앞에서 이미 말이 나왔듯이 Saussure의 공시성 대 통시성의 구분에는 양면성이 있었다. 즉, 그는 한편으로는 옛날식의 역사언어학적 방법으로는 언어의 실체를 밝힐 수 없다고 주장하면서, 다른 한편으로는 역사언어학적 연구의 중요성을 강조했었다.

1) 주제

굳이 따지자면 현대 언어학은 원래가 역사언어학에 대한 하나의 안티테제로서 출발한 학문인데다가 언어학의 황금기를 이룰 수 있을 만큼 삽시간에 강력한 학세를 구축하는 데 성공한 학문인 탓으로 이것이 가져온 변화 중 제일 큰 것은 역시 역사언어학을 부당하게 퇴출시킨 것이었다. 쉽게 말하자면 20세기 이전까지는 문법학과 역사언어학이 나란히 언어연구를 이끌어 왔었는데, 20세기 이후부터는 오로지 문법학 하나만이 그런 역할을 하게 된 것이다. 이런 의미에서는 현대에 이르러서는 그동안 두 곳으로 분산되었던 노력이 한 곳에 집중될 수 있었기에, 언어연구의 전성기를 맞이하게 되었다고 볼 수가 있다.

그러나 누구라도 한 번 그 동안에 언어의 변화성과 관련하여 어떤 주제들이 다루어졌었는가를 일별하게 되면, 이런 변화는 언어연구에 득과 실을 모두 가져다 준 것이라는 점이 분명해진다. 이런 변화가 가져온 실은

한 마디로 말해서 언어는 변화의 산물이라는 진리를 방기함으로써 결국
에는 언어의 참모습을 밝히는 일이 그만큼 더디어졌다는 점이다. 예컨대
Anderson 등이 쓴 글에서는 역사언어학에서 견지해온 학문적 원리로 (1)
모든 언어는 계속적으로 변화의 과정을 밟는다, (2) 언어변화는 규칙적이
고 체계적이나 화자간의 의사소통을 방해하지는 않는다, (3) 언어변화에
있어서는 언어적 및 사회적 요소들이 서로 연관되어있다, (4) 모든 언어는
같은 종류의 수정적 영향의 대상이 되는데,「가능한 인간언어」라는 개념
과 연관된 제약이나 한계 등이 여기에 포함된다 등의 네 가지가 제시되어
있는데, 이런 사실 하나만으로도 우리는 역사언어학적 연구를 포기하는
것은 곧 그만큼 언어학의 발달에 손해를 끼치는 일이라는 것을 익히 알
수가 있다. (Anderson, Dawson, and Joseph, 2010, p.229)

그런데 이런 판단의 합당함은 그동안에 실제로 다루어진 언어의 변화
성과 관련된 주제들치고서 언어의 실체를 밝히는 데 직접적으로 도움이
되지 않는 것은 하나도 없다는 사실로써 더욱 확실해진다. 이런 주제 중
첫 번째 것은 언어기원론이었다. 일찍부터 서구의 철학자들은 언어는 인
간 특유의 기구이기에 그것의 뿌리를 캐는 일이 바로 인간의 시작과 특성
을 알 수 있는 지름길이라고 생각했었는데, 이런 발상법은 Chomsky가
최근에 드러낸 것과 똑같은 것이었다. 물론 Rousseau의「정서설」이나
Herder의「이성설」이 잘 말해주고 있듯이 이 시기에 철학자들이 내세운
가설들은 하나 같이 사변적인 것이었다. 그렇지만 이 문제에 대한 관심은
Willian Jones에 의한 산스크릿어의 발견을 계기로 언어학자들에게 넘어
가게 되었으며, 이때부터는 당연히 그것은 일종의 역사 내지는 비교언어
학적인 과제로 자리 잡았다. 이들은 비교작업을 누적시키다 보면 언젠가
에는「단일 기원설(ursprache)」의 타당성이 실증된다고 생각했다.

이런 주제 가운데 두 번째 것은 인구어의 조어를 재구성하여 그것의

계보도를 작성하는 것이었다. 이 일의 주역으로 활동한 사람은 독일의 Schleicher였는데 그가 여러 언어 간의 역사적 관련성을 설명하는 데 이른 바 「Stammbaum」이라는 수형도의 개념을 도입했다는 사실을 비롯하여, 언어의 유형을 고립어형과 유착어형, 굴절어형 등의 세 가지로 잡았다는 사실, 언어의 변화과정을 설명하는 데 Darwin의 진화이론을 원용했다는 사실 등으로 보아서 역사언어학을 하나의 과학적인 학문으로 출발시키는 데 결정적인 기여를 한 사람임이 분명하다.

이런 주제 중 세 번째 것은 언어변화의 원인을 찾는 것이었다. 역사언어학자들은 예컨대 언어변화는 으레 음운적 변화에 의해서 유발되는데, 그것 이외에 어형과 관련된 유추적 변화나 다른 나라로 부터의 어휘의 차용등도 그것의 원인이 된다고 생각했었다. 이들은 더 나아가서 문법적 구조나 규칙들이 바뀌게 되는 데는 음운적 변화뿐만 아니라 언어사용자의 심리작용도 적지 않게 작용하게 된다고 생각했으며, 또한 이들은 언어사용자의 심리작용에 의해서 어휘의 의미적 변화도 생기게 된다고 생각했다. 결국 이들은 언어 변화의 원인에는 여러 가지가 있어서 그들은 항상 상호 교섭적으로 작용하게 되어있다고 본 것이다.

이런 주제 중 네 번째 것은 언어변화의 규칙성을 찾는 것이었다. 따지고 보자면 이것은 19세기 초에 역사나 비교언어학이 정식으로 출발한 이래 이 학문의 주제의 자리를 지켜 온 것인데, 아마도 그 이유는 참여자들이 학문적 이론상 규칙성은 곧 규칙이나 이론 설정의 근거가 되는 것이기에, 이렇게 함으로써 결국에는 이 학문이 하나의 과학적 학문의 자격을 갖추고 있다는 것이 알려지게 된다는 것을 익히 알고 있었기 때문이었을 것이다. 예컨대 최초의 역사언어학자로 볼 수 있는 Schlegel과 그의 형제인 Wilhelm은 산스크릿어와 고전 인구어의 비교를 통하여 굴절형에 의하여 의미를 나타내는 언어가 부가어에 의하여 의미를 나타내는 언어보다 더 우수한 언어라는, 이른바 「유기적 언어」이론을 내세웠었다. 그렇지만 그들의 뒤를 이은 Rask와 Bopp, Grimm 등은 역사언어학의 주제는 마땅히 언어변화의 규칙성을 발견하는 일이어야 되는데, 그렇게 하기 위해서는 비교의 대상이 어휘조직으로부터 음운조직으로 바뀌어야 된다고 생각했다.

우선 Rask가 이룩한 업적은 희랍어의 자음체계와 라틴어 및 아이슬란드어의 그것을 비교해서 그들 간에 일정한 대응관계가 있음을 밝힌 것이었다. 그 뒤에 가서 Bopp은 Schlegel의 유기적 언어이론의 타당성을 뒷받침할 목적으로 산스크릿어의 어형체계와 희랍어, 라틴어, 페르시아어, 게르만어 등의 그것을 대조하는 식으로 비교작업의 대상을 확대하고 방법을 개선했다. 그는 특히 이런 작업을 「비교문법」이라고 불렀다. 그런데 이들 두 선배의 업적을 이어받아서 역사나 비교 언어학의 역사상 최초로 하나의 규칙이나 법칙을 발견한 사람은 바로 Grimm이었다. 그는 게르만어의 자음과 희랍어 및 고딕어의 그것을 비교해서 그들 간에는 「T(무성파열음)」는 「A(무성, 유기 파열음)」가 되고, 그것은 다시 「M(유성 파열음)」이되며, 이것은 다시 「T」가 되는 식의 순환적 추이관계가 있었음을 밝혀냈다. 이것은 머지않아서 「Grimm의 법칙」으로 알려지게 되었다.

비교나 역사언어학이 언어뿐만 아니라 인문학 전체에 대한 연구의 주도권을 잡게 된 시기가 바로 「신문법학자 시대」였는데, 이때에 이르러서도 이 학문에서 중심적 주제로 자리 잡고 있었던 것은 언어변화의 규칙성이었다. 나이가 모두 30대 미만인 탓으로 「젊은 문법학자(Jung grammatier)」라는 이름으로 불리기도 했던 한 집단의 독일의 언어학자들은 한편으로는 여러 선배들의 이론들을 그대로 이어받으면서도 다른 한편으로는 그들의 미비점을 보완하여 새로운 대안을 내놓는 일에 매진하였는데, 이런 노력의 중심에 있던 것은 역시 언어 변화의 규칙성이라는 과제이었다.

그게 그렇다는 것은 우선 이 신 역사언어학 운동의 기폭제가 되었던 Scherer(1868)의 「독일어 문법(Zur Geschichte der deutschen Sprache)」에는 이미 음성적 법칙으로 설명이 되지 않는 사실에는 유추의 법칙이라는 제2의 법칙을 적용시켜야 한다고 내세우는 식의 하나의 수정이론이 제시되어 있었다는 사실로서 익히 알 수가 있다. 그 다음으로 그것은 이 운동의 핵심요원이었던 Brugman과 Osthoff(1878)가 「인구어의 어형적 연구 (Morphologische Untersuchungen auf dem Gebiete der Indo-Germanischen Sprachen)」라는 학술지의 서문에서 자기네 운동의 두 가지 원리로 아래와 같은 두 가지를 내세운 사실로써 확인될 수 있다.

(1) 모든 음성변화는 기계적으로 발생하며 이 법칙에서는 예외가 인정될 수가 없다.

(2) 형태적 연상, 즉 유추에 의한 새로운 언어형식의 창조가 근대 언어의 생애에 있어서 대단히 중요한 역할을 수행한다는 사실이 분명한 이상, 가장 오래된 시기를 포함하여 구시기에 있어서도 마땅히 이런 형의 언어적 개조가 인정되어야 한다. (Fox, 2006. p.324)

2) 학풍

비교나 역사언어학의 발전의 역사는 겉으로 보았을 때는 독자적 학문의 길을 걸어온 것 같지만 그 안을 들여다보았을 때는 그때그때의 시대정신이나 지배적 학풍이 반영된 것이라는 특징을 가지고 있다. 일찍이 Robins(1973)는 「언어학 사상사」에서 19세기의 역사언어학은 진화론과 물리학의 영향을 크게 받았다고 주장한 적이 있었는데, 일단 이 학문의 발전과정을 자세히 살펴보게 되면 사실은 그 이전부터 이 학문은 다른 학문적 이론의 영향을 적지 않게 받았다는 사실이 쉽게 드러난다. 그런데 이와 관련하여 무엇보다도 중요한 사실은 만약에 그렇다면 역사언어학을

Saussure가 지적한 바와는 정반대로 과학주의를 바탕으로 한 학문으로 보아야 한다는 점이다. 그 이유는 이 학문이 신문법학자에 의해서 일종의 전성기를 맞이하게 되는 19세기는 이미 과학주의가 모든 학문의 지배적 학문적 사상으로 받아들여진 시기이기 때문이다.

그런데 역사언어학이 적어도 19세기 이후에는 그 당시의 학문적 대세에 가담해 왔다는 사실은 이미 이것이 하나의 신학문으로서의 위상을 인정받았다는 것을 의미한다. 예컨대 16세기에 산스크릿어가 발견됨으로써 그 언어가 크게는 희랍어와 라틴어와 같은 어족에 속한다는 사실이 알려졌다는 것은 철학자나 역사학자들에게 커다란 충격이 아닐 수 없었고, 또한 그 후 Schleicher에 의해서 구체적으로 인구어는 크게 게르만어와 리투아니아어, 슬라빅어, 켈틱어, 이탈리아어, 알바니아어, 희랍어, 이란어, 인도어 등의 9개의 어족으로 분화되었다는 식의 계열도가 작성된 것은 다른 많은 학문에 커다란 영향을 주게 된 사건이었다. 이런 의미에서 볼 것 같으면 비교나 역사언어학의 존재 가치와 당위성은 이 때 이미 실증된 것이나 다름이 없었다.

비교나 역사언어학이 하나의 합당한 학문으로 정립된 것은 19세기이다. 여기에서는 그러나 어떤 학문이든 갑자기 어느 시기에 튀어나올 수는 없다는 견지에서 일단 이 시기를 과학주의가 이 학문을 이끌어가던 제3단계로 보면서, 그 이전에 그것을 고전주의가 이끌어가던 제1단계와 그것을 낭만주의가 이끌어가던 제2단계가 있었다고 보기로 한다. 이 학문의 발전 과정을 이렇게 길게 보게 되면 이것은 그때그때의 시대정신이나 학술적 사상의 반영체로서 성장했다는 사실이 분명해진다. 먼저 고전주의가 이 학문을 이끌던 제 1단계는 17세기나 18세기 이전까지 희랍어와 라틴어를 일종의 보편언어로 보면서 언어기원의 문제를 비롯하여 다른 나라의 언어들의 그것으로 부터의 일탈성, 여러 주변언어들의 상호관련성 등을 사변적으로 추리하던 단계였다. 한 마디로 말해서 14세기에서 16세기가지에 있었던 문예부흥 때마저도 문법학이 언어연구의 전부나 다름없었다.

학자들이 언어의 변화성이나 역사성에 정식으로 관심을 나타내게 된 것은 18세기에 이르러 전체적 학풍이 고전주의가 낭만주의로 교체되면서 부터였다. 그러니까 16세기에 산스크릿어가 발견된 뒤 상당한 세월이 흘러서야 비교나 역사언어학의 기초 작업이 시작되었던 것이다. Collinge(1994)의 설명에 따르자면 이 시기의 이런 기초 작업에는 크게 다음과 같은 두 가지가 있었다. 그 중 첫 번째 것은 앵글로 색슨어와 고딕어, 네덜란드어 등을 비교해가면서 게르만어 사전을 편찬한 것이었다. 이 일은 주로 Hickes와 Jhuyd, Ihre 등에 의해서 이루어졌다. 그 중 두 번째 것은 Humboldt에 의한 철학적 탐구이었다. 그는 이른바 언어의 「내적 정신」을 구명한다는 주제 하에 독일어와 다른 언어들을 집중적으로 비교했다. (p.1559)

그러나 Fox가 보기에는 고전어 중심의 언어연구에 맞서서 반전통적인 언어연구, 즉 일종의 낭만주의적 언어연구가 등장하게 된 것은 19세기 초이었다. 그러니까 그는 19세기 초에 이르러서 비교나 역사언어학이 정식으로 하나의 학문으로 출발함과 동시에 그 역사는 제2단계인 낭만주의 단계에 들어서게 되었다고 본 것인데, 이런 생각을 그가 하게 된 것은 바로 1808년에 Schlegel이 산스크릿어를 연구한 끝에 「인도인의 언어와 지혜에 대하여(über die sprache und weiheit der Indier)」라는 책을 출간했기 때문이었다. Fox의 말을 그대로 벌리자면 「그 후 반세기에 걸쳐서 Schlegel의 낭만적 언어관은 비교언어학자들의 언어사상의 기저가 되었다.」(Fox, 2006. p.317)

Schlegel의 언어관이 얼마나 낭만적인 것인가 하는 것은 그는 언어를 유기적인 것과 비유기적인 것으로 양분했다는 사실로써 익히 알 수가 있다. 예컨대 그는 산스크릿어와 고전적 유럽언어들은 단어 자체의 변화,

즉 굴절적 장치에 의해서 의미를 나타내기 때문에 유기적 언어로 볼 수 있는데 반하여, 중국어나 현대 유럽언어들은 다른 단어나 분사의 추가에 의해서 의미를 나타내기 때문에 비유기적 언어로 볼 수가 있다고 주장하면서, 특히 유기적 언어가 비유기적 언어보다 우수한 언어라는 점을 강조했다. 더욱 흥미로운 것은 그의 동생인 August Wilhelm은 언어를 고립어와 접사어, 굴절어 등의 세 부류로 나누었다는 사실이다. (Ibid, p.318)

이와 같이 Schlegel 형제의 발상법은 다분히 문화적이고 문학적인 것에 불과했는데, 이것을 언어학적인 것으로 격상시키는 데 결정적인 역할을 한 것이 바로 Rask와 Bopp, Grimm과 같은 「비교언어학의 시조들」의 업적이었다. 그러니까 비교나 역사언어학 발전의 제2단계인 낭만주의 시대는 Schlegel형제에 의해서 시작이 되고, 세 명의 시조들에 의해서 마무리가 된 셈이었다. Schlegel형제의 업적을 산스크릿어를 유럽의 학자들에게 소개한 것으로 치자면 이들 세 명의 시조들의 그것은 게르만어족의 발달 과정을 밝히면서 그것의 원동력으로 규칙적인 음운변화를 내세운 점을 들 수가 있다. 원래가 낭만주의는 과학적 사고방식의 기본이 되는 합리주의를 잉태하고 있었던 것인데, 이런 사상적 특징이 역사언어학의 발전과정에서도 그대로 반영이 되었던 것이다.

이들은 나름대로의 업적을 통해서 유전론과 진화론은 생물의 세계에서만 아니라 언어의 세계에서도 타당성이 인정될 수 있는 이론이라는 것을 입증했다. 우선 덴마크 사람인 Rask는 고대 스칸디나비아어와 고대 영어의 문법에 대한 최초의 체계적인 연구서에 이어서 스칸디나비아 언어들 간의 상관관계를 드러내는 비교문법서를 발간하는 업적을 쌓았다. 그 다음으로 독일인인 Bopp은 산스크릿어와 페르시아어, 라틴어, 희랍어, 독일어, 켈틱어, 알바니아어 등의 동사 변화체계를 비교해서, 역사상 최초로 이들에게 인구어족이라는 이름을 붙였다. 이런 이유에서 Anderson 등은 Bopp을 인구어 언어학의 시조로 보았다. 세 번째로 독일인인 Grimm은 앞에서 이미 말이 나왔듯이 「독일어 문법(Deutsche Grammatik)」이라는 책에서 「제1차 게르만어 음운추이」라고 불리기도 하는 「그림의 법칙」을 발표했다. 그의 업적의 또 다른 특징은 게르만어족만을 비교나 역사언어학적 연구의 주된 대상으로 삼은 점이었다. (Anderson 등 2010, pp.226~227)

19세기의 하반기에 이르러서 비교나 역사언어학의 역사는 드디어 제3단계인 과학주의의 단계에 들어서게 되었는데, Fox가 보기에는 이런 변화의 근본적인 추진력으로 작용한 것에는 크게 보다 객관적이고 실증적인 접근법을 사용하려는 학문 전체의 흐름과 Darwin의 진화이론의 영향의 두 가지가 있었다. 그렇지만 이 학문의 제3단계로의 진입을 알리는 구체적인 사실은 Schleicher가 인구어의 계보도를 작성했다는 것이었다. Fox의 의견으로는 그의 계보도는 언어연구에도 과학적인 접근법이 익히 쓰일 수 있다는 산 증거임과 동시에, 언어발달을 발전의 개념으로 보았다는 의미에서 Hegel의 사상을 언어현상에 적용시킨 한 예이었다. (Fox, 2006. p.231)

19세기 후반기와 20세기 초기 사이에 비교나 역사언어학은 크게는 그것의 역사 전체의 전성기요 작게는 그것의 과학주의의 단계의 전성기에 들어서게 되었는데, 이런 움직임을 이끈 집단은 독일의 신문법학자들이었다. 과학주의의 발달이라는 입장에서 볼 것 같으면 이 시기에는 크게 두 가지 변화가 일어났다고 볼 수가 있는데, 그 중 첫 번째 것은 옛날에 설정된 법칙에 대한 수정작업이 활발히 전개되었다는 점이었다. 과학주의의 생명은 언제라도 기존의 가설이나 이론의 미비점을 지적하고 보완할 수 있는 데 있다고 본다면, 이 학문에서의 과학주의도 이제 진일보하게 된 셈이었다.

이런 수정작업의 예 중 가장 대표적인 것으로 들 수 있는 것이 바로

Verner에 의한 그림의 법칙에 대한 수정작업이었다. 덴마크 사람인 그는 1875년에 「베르너의 법칙」을 발견했는데, 원래 그림의 법칙에서는 인구어의 「p, t, k」와 같은 무성 파열음은 게르만어에서 「f, θ, x」와 같은 무성 마찰음으로 바뀌게 되었다고 내세웠었는데, 이것에는 일부어휘나 강동사의 어형변화에서는 무성음이 아니라 유성음으로 바뀌게 되는 식의 예외가 있다는 것이 그 요지였다. 이런 예외의 원인으로 그는 인구어에서의 강세의 위치를 들었다. (Ibid, p.322)

이런 예 중 두 번째로 들 수 있는 것은 신문법운동의 지도자격이었던 Brugman에 의한 그림의 법칙에 대한 수정작업이었다. 1876년에 그는 「인구조어에서의 유성비음(Nasalis sonans in der Indogermanischen Grundsprache)」라는 논문을 발표했는데, 이것에서 그는 그림의 법칙의 예외사항을 설명하려면 체계상으로는 자음이면서도 발음상으로는 모음처럼 쓰이는 「유성비음」이라는 음성계열을 설정해야 된다고 주장했다. 이것에서는 또한 인구조어에서는 모음전환이 중요한 규칙으로 쓰이고 있다는 사실도 주장되었는데, 이것의 진짜 가치는 역사상 최초로 이른바 내적 재구성법에 의해서 인구조어를 재구성했다는 점이었다. (Ibid, p.323)

이 시기에 일어난 변화 중 두 번째 것은 언어변화의 주된 원인인 음운변화가 따지고 보자면 언어사용자의 심리작용으로부터 비롯된다는 사실을 인정하게 되면서, 심리학적 이론들을 이 학문에 접목시키려는 움직임이 일어나게 되었다는 점이다. 이런 움직임은 결국에 비교나 역사언어학의 방법론을 재평가하려는 움직임이었는데 이것을 주도한 사람은 바로 1880년에 「언어역사의 원리(Prinzipien der Sprachgeschichte)」라는 논문을 발표한 Paul이었는데, 이것에서 그가 내세운 바는 크게 두 가지였다.

첫 번째로 그는 언어학이 일종의 과학이어야 한다는 것은 맞는 말이지만, 그것은 궁극적으로 자연과학이 아니라 문화 및 역사적 과학이어야 한다는 주장을 폈다. 그는 결국에 비교나 역사언어학의 학문적 정당성을 강조한 것인데, 그 이유로 그는 「과학의 목적은 설명인데, 오로지 역사만이 언어를 설명할 수 있다」는 사실을 들었다. 두 번째로 그는 언어변화의 원인으로 개인의 심리작용을 들었다. 개인의 발음이나 청각작용 상의 변화를 중요시 하는 그의 견해는 당시에 언어변화의 원인으로 「집단적 정신」상의 변화를 내세웠던 Wundt의 이론과 크게 달랐다. 특히 그는 Brugman과 Osthoff에 의해서 음운변화와 함께 또 하나의 언어변화의 추동력으로 내세워진 유추절차도 사실은 일종의 개인적 심리작용이라고 보았다. (Ibid, p.324)

6. 4 이론 언어학의 필요성

언어이론 연구가 이 처럼 수평적으로 뿐만 아니라 수직적으로 그 영역을 확대하다 보면 그것이 하나의 어엿한 학문의 양태를 갖추게 되리라는 것을 누구나 익히 예측할 수가 있다. 그 이름을 일단 「이론언어학 (theoretical linguistics)」으로 정하고 보면, 그것의 정의는 언어학의 정방위, 즉 언어연구의 대상과 방법 중 최선의 것을 모색하려는 학문처럼 내려질 수 있을 것이다. 간단히 말하자면 이것은 언어학의 지금의 모습에 대한 분석을 바탕으로 해서 그것의 앞으로의 바람직한 발전방향을 탐색하는 것을 목적으로 하는 학문일 테니까, 언어학의 발전을 위해서는 필요불가결한 학문이라고 볼 수가 있다.

그러나 이런 학문의 필요성을 인정하는 일과 그것의 탄생을 예측하는 일은 전혀 별도의 일이다. 결론부터 말할 것 같으면 이런 학문이 적어도 가까운 장래에서는 탄생하지 않을 가능성이 그렇게 될 가능성보다도 더 크다고 볼 수도 있는데, 이런 판단의 근거로는 다음과 같이 네 가지를 들 수가 있다. 첫 번째로 지금까지의 역사로 보아서 언어연구는 앞으로도 어느 특별한 언어학자의 탁견과 선도력에 의해서 그것의 발전방향이 결정될 가능성이 크다. 분명히 다른 학문과 마찬가지로 언어학도 미리 정해진 안내도대로 발전된 것이 아니라 하나의 나무나 강물처럼 자연스럽게 성장해왔는데, 이런 흐름에 변화를 가져다줄 사람은 어느 특정한 개인일 것이다. Saussure와 Chomsky가 그것의 가장 좋은 예이다.

두 번째로 오늘날까지 언어연구의 방향을 결정지어온 것은 이것 자체에서 창안된 사상이나 이론이 아니라 일반적인 학술 전체를 이끌어온 사상이나 이론이었는데, 이런 전통은 앞으로도 그대로 이어질 공산이 크다. 다시 말해서 그 동안까지 언어학의 발전 방향은 으레 그때그때의 시대정신이나 일반적인 학술적 추세에 의해서 결정지어왔으니까, 앞으로도 이런 관행이 그대로 유지될 가능성이 크다고 볼 수가 있다. 이것은 곧 언어학이나 언어연구만을 위한 독자적인 방향모색은 과거와 마찬가지로 앞으로도 무의미하다는 말이나 같은 말이다. 그러니까 언어학의 발전방향은 앞으로도 학문전체의 대세에 잘 편승한 어느 개인의 탁견에 의해서 결정될 것이 분명하다.

세 번째로 이런 성격의 학문은 우선 방대한 양의 자료수집과 분석 작업을 필요로 하게 되어있는데, 현재로서는 아쉽게도 이런 작업을 해낼 수 있는 학자들의 집단이 형성되어있지를 않다. 엄밀하게 따지자면 오늘날 이 학문의 기초 내지는 유사학문으로 볼 수 있는 언어학 사료학(Historiography of linguistics)이나 언어과학사(History of the language sciences)를 전공하고 있는 학자의 수는 기백 명이나 된다. 예컨대 Koerner의 설명에 따르자면 영어와 프랑스어, 독일어 등의 3개 언어판으로 된 기념비적인 언어과학사가 2005년에 완성되는 데 250명 정도의 기고자가 참여했었다. (Koerner 2006 p.337)

1) 언어학 사료학과 언어학사와의 관계

언어학 사료학이나 언어학사가 아무리 1970년대 이후에 이르러 하나의 신학문으로서의 기초를 다지는 데 성공을 했다고 해도 그것과 이론 언어학 사이에는 뚜렷한 경계선이 있다는 것을 부인할 수는 없다. 언어학 사료학의 위상을 여기까지 끌어올리는 데 선도적인 역할을 한 사람은 독일인인 Koerner인데, 자기네 학문의 현황적 특징으로 다음과 같은 세 가지 사실을 들고 있다. 첫 번째로 그는 이 학문의 탄생에 기폭제의 역할을 한 것은 바로 Chomsky의 변형생성이론의 출현으로 보았다. 두 번째로 그는 1978년에 캐나다의 오타와에서 제 1회 언어과학사에 대한 국제회의가 열린 이래 쉬지 않고 세계 각국에서 이런 학회가 개최되고 있는데다가, 다양한 전문적인 학술지들이 간행되고 있는 점으로 미루어서 이 학문은 이미 하나의 성숙된 학문의 수준에 와있다고 보았다. 세 번째로 그는 지난 10년간의 큰 발전에도 불구하고 이 학문이 제도화되려면 연구방법을 더 개선하고 논문의 수준을 더 높여야 되는 과제가 남아있는데, 이 일은 앞으로의 세대가 할 수 밖에 없다고 보았다. (Ibid, p.337)

그런데 우리는 궁극적으로 이론언어학과 이 학문 사이에는 간접적인 관계 밖에 있을 수 없다는 것을 이 학문은 실제에 있어서는 대단히 광범위한 영역을 가진 학문이기에 연구 형태도 단 한 가지로 고정되어 있지 않다는 사실로써 익히 알 수가 있다. 예컨대 그는 일찍이 Robins는 이 학문의 연구형태로 다음과 같은 세 가지를 내세웠는데, 자기는 이들 세 가지를 모두 하려고 노력했다고 말하고 있다. (Ibid, p.337)

> (1) 언어학 사료학에 관한 일반적인 이론적 및 방법론적 논의. 언어학과 같은 학문의 역사를 연구한다는 것은 어떤 목표를 가지고 어떻게 출발해야 하는 가? 여기에서 문제가 될 수 있는 것이 바로 이런 학문에서도 Kuhn의 과학적

패러다임의 개념이 적용될 수 있느냐 없느냐이다.

(2) 시대와 장소 상 어느 특정한 언어사상의 동향과 언어 개념의 발달을 제한적으로 연구하는 것

(3) 언어과학의 역사에 있어서 영향력이 컸던 개인의 업적을 전기적으로 설명하는 것

그런데 Robins가 제시한 이들 세 가지 연구형태 중 앞으로 탄생되기를 바라는 이론 언어학에서 그대로 채택될만한 것은 아무것도 없다. 우선 첫 번째 것은 새로 출발하는 학문에서는 으레 우선적이며 필수적으로 수행해야할 과제이다. 그러니까 이 서술 중 언어학 사료학이 들어선 자리에 이론언어학이 들어서게 되는 경우는 있을 수 있다고 볼 수가 있지만, 그대로 원용되는 경우는 있을 수가 없다. 그리고 이런 일이 이론언어학의 과제 중 전부가 될 수는 없다. 그 다음으로 두 번째 것은 이론언어학의 일부는 될 수 있지만 그 전체는 될 수가 없다. 따지고 보자면 이런 식의 시간이나 지역상의 제한성을 제거시켜서 언어이론의 전 발달 과정을 파악할 수 있게 하려고 하는 것이 바로 앞으로 탄생될 이론 언어학의 목적인 것이다. 쉽게 말해서 앞으로 탄생될 이론 언어학은 전역사적이고 전 이론적인 것이다. 마지막으로 세 번째 것은 이론언어학에서 다루어질 과제가 아니다. 이렇게 보자면 결국에 이론언어학은 학문적 차원에 있어서 언어학 사료학 보다 한 단계 위에 있는 학문인 셈이다.

한편 언어학 사료학보다 먼저 출발한 것이 언어학사인데, 우선 지금까지의 이것의 업적이 별로 크지 않은데다가 전공학자의 수도 많지 않아서, 이것으로부터 받을 수 있는 기여나 도움도 언어학 사료학으로부터 받을 수 있는 것과 대동소이하다. 예컨대 이 분야의 대가로 알려진 사람이 바로 Robins인데, 그의 대표적인 저서에는 1967년에 나온 「언어학 소사(A short history of linguistics)」와 1973년에 나온 「언어학 사상사(Ideen und problem-geschichte der Sprachwissenschaft)」뿐이다. 두말할 필요도 없이 이들 중 우리가 구상하는 이론언어학과 직접적으로 관련성이 있을 것으로 보이는 것은 두 번째 것이다. 예컨대 이것에서(Robins 1973, p.17)는 언어학이야말로 지난 두 세기 동안에 가장 패러다임적 변화가 심했던 학문이라든지, Chomsky의 언어이론은 역사상 최초의 정신주의적 언어이론이라든지, 언어학의 역사가 시작된 것은 19세기가 아니라 고대 그리스 때였다는 등과 같이 앞으로 이론언어학을 설계하는 데 기본적 지침의 역할을 하게 될 말들을 적지 않게 발견 할 수 있다.

그러나 이것은 결국에는 또 하나의 언어학사에 불과하다. 즉, 그의 첫 번째 책에서와 마찬가지로 이것에서는 언어연구나 언어학의 발달과정을 역사적 순서에 따라서 사실 중심으로 서술하고 있지 그동안의 언어이론의 추이현상을 바탕으로 해서 앞으로의 언어학의 발달방향을 모색하고 있지는 않다. 간단히 말해서 지금까지의 언어학사에 대한 연구는 학문적 성격상 언어학 사료학에 가깝지 이론언어학과는 가깝지 않다고 볼 수가 있다. 이렇게 보자면 앞으로 탄생될 이론언어학은 하나의 창조적이며 독자적인 학문이 될 것이며, 따라서 그 일에는 대단히 많은 사람의 노력이 소요될 것이 확실하다.

2) 이 학문에서 다루어질 주제

우리가 구상하는 이론 언어학이 만들기에 대단히 힘든 학문이 될 수밖에 없다는 것은 이것에서 다루어질 학문적 주제들은 하나 같이 최첨단적이고 궁극적인 것들이라는 사실로써 익히 확인될 수가 있다. 우선 지난날의 Chomsky의 언어이론에 대한 논의가 잘 보여주고 있듯이 이것에서 다루어지는 주제 중 가장 기본이 되는 것은 과학과 과학적 방법에 대한 것일 것이다. 앞에서 이미 설명이 있었듯이 Saussure가 현대 언어학의 기본철학으로 내세운 과학이론과 Chomsky가 그것의 비과학성을 지적하면서 내세운 과학이론 사이에는 엄청난 차이가 있다. 한 마디로 말해서 Chomsky가 보기에는 관찰이나 실험을 기본으로 한 귀납주의적 방법은 제대로 된 과학적 방법이 될 수가 없으며, 그것의 대안은 이른바 「가설형성법」이라는 일종의 수정된 연역적 방법 밖에 없었는데, 문제는 그의 의견에 일부가 동의하지 않는 데 있다.

그런데 엄밀하게 따지자면 17세기에 처음으로 지배적 학문적 원리로 등장한 이래 과학의 개념이나 과학적 방법에 대한 논의는 끊임없이 이어져 왔는데 그것의 핵심적 자리에는 으레 귀납주의와 연역주의 중 어느 것을 과학적인 것으로 볼 수 있느냐의 문제가 도사리고 있었다. 따라서 Chomsky가 내세운 과학이론과 그가 실제로 언어를 기술하는 데 사용한 연역주의적 방법이 과연 최선의 것인가에 대한 논쟁은 앞으로도 계속될 것이 분명하다. 특히 그는 이런 과학적 이론에 대한 토의를 바로 언어적 이론에 대한 토의로 보았다. 이런 의미에서도 우리는 익히 언어적 이론을 제대로 분석하고 평가하는 학문, 즉 이론 언어학의 출현을 필연적인 것으로 볼 수가 있다.

우리는 앞으로 탄생될 이론언어학에서도 과학과 과학적 방법에 대한 설명이 기본적인 주제의 하나가 될 것을 쉽게 예측할 수가 있는데, 이것의 가장 비근한 근거로 내세울 수 있는 것이 바로 본인은 가장 완전한 것이라고 자랑함에도 불구하고 그의 과학이론은 다음과 같은 중요한 한계성들을 지니고 있다는 사실이다. 그 중 첫 번째 것은 그는 언어적 현상도 자연적 현상과 똑같은 것으로 보아야 한다는 입장을 취하고 있는데, 그러다 보니까 자연히 의미나 화용의 문제를 배제시키는 조치를 취하지 않을 수 없게 되었다는 점이다. 물론 그의 말대로 언어를 「규칙의 집합체」나 「추상적 형식체계」로 보았을 때는 대수학이나 논리학에서 개발된 분석기법이 언어를 기술하는 데 있어서도 그대로 쓰일 수 있을 것이다. 그러나 언어는 의미적 내지는 화용적 표현체이기도 하고, 또한 그것의 기능으로 보아서는 이 사실이 더 중요할지도 모른다. 그런데 아직까지는 그가 내세우는대로 한편으로는 철두철미하게 형식주의적이면서도 다른 한편으로는 다분히 연역주의적인 기술방법으로 언어의 의미체계나 화용적 원리가 기술된 적이 없다.

언어연구에 이런 괴리의 현상이 존속하는 한 언어학자들 사이에서는 연역법은 결국에 언어연구 전체가 아니라 통사론에서만 적용될 수 있는 연구방법이라는 말이나, 이들 두 연구방법의 과학성을 놓고서의 논쟁은 아직 끝난 것이 아니라는 등의 말이 나오게 마련인데, 그 이유는 오늘날의 의미론자 치고서 자기가 사용하는 연구방법은 과학적인 것이 아니라고 생각하는 사람은 하나도 없기 때문이다. 쉽게 말해서 그들은 오늘날 아무리 통사론보다 의미론이 뒤졌다고 해도 그것은 바로 의미론에서 쓰이는 연구방법이 통사론에서 쓰이는 그것보다 못한 것이기 때문이라고는 생각하지 않는 것이다.

Chomsky식의 2분법에 의할 것 같으면 현재 의미론에서 쓰이고 있는 연구방법은 연역주의적인 방법이 쓰일 수 있는 단계 이전에 쓰일 수 있는 방법, 즉 귀납주의적인 방법인 셈인데, 문제는 적어도 아직까지는 의미론 연구를 주도하는 연구방법으로서의 이것의 위상에 아무런 변화가 없다는 점이다. 그러니까 궁극적으로는 연역적 방법과 귀납적 방법 중 어느 것이 최선의 것이냐에 대한 대답은 그것은 어떤 영역에서의 연구냐에 따라서 달라진다고 말할 수 있는 것이다.

연구방법의 과학성의 문제를 놓고서의 이런 의미론자들의 입장을 하나의 사실로써 보여주고 있는 것이 최근에 Wierzbicka가 쓴 「의미적 원형(Semantic primitives)」이라는 논문이다. 그녀의 설명에 따르자면 일찍이

Leibnitz는 인간의 모든 사고는 아무리 복잡한 것이라고 할지라도 일조의 기본적 구조단위에 의해서 구성되어 있으며, 따라서 모든 인간은 「인간사고의 알파벳」을 내재적으로 지니고 있다고 생각했었는데, 이런 사고방식에 따라서 의미론을 연구한 최초의 언어학자는 바로 Hjelmslev였다. 그는 단어의 의미를 기본적인 성분의 조립체로 분석하는 방법, 즉 「성분 분석법」을 최초로 제안했었다.

이런 식의 의미론 연구에서 기념비적인 업적으로 볼 수 있는 것은 1972년에 이 논문의 작자가 쓴 「의미적 원형(Semantic Primitives)」라는 책이었다. 그녀는 여기에서 「someone」, 「something」, 「I」, 「you」, 「world」, 「this」, 「want」, 「don't want」, 「feel」, 「think」, 「imagine」, 「say」, 「become」, 「be a part of」 등과 같은 모두 14개의 요소로 된 역사상 최초의 「가상적 의미적 원형 목록」을 발표했다. 그 후 그녀는 호주의 언어학자인 Goddard와 함께 호주어 들을 포함한 많은 언어의 의미체계를 이런 시각에서 연구한 결과 2002년에 「의미와 보편문법 : 이론과 경험적 발견(Meaning and universal grammar : theory and empirical findings)」이라는 또 하나의 기념비적인 책을 내놓게 되었다. (Wierzbicka 2006. p.135)

이 책에서 우선 그들은 보편적 인간의 개념으로 실사적인 것을 위시하여 한정적인 것, 수식적인 것, 속성적인 것, 정신적 서술에 관한 것, 말에 관한 것, 행동이나 사건, 이동 등에 관한 것, 존재와 소유에 대한 것, 삶과 주검에 대한 것, 논리적 개념에 관한 것, 시간에 관한 것, 공간에 대한 것, 강화사적인 것, 분류적인 것, 유사성에 관한 것 등의 15가지를 제시한 다음에, 이들은 언어에 따라서 서로 다른 어휘 및 어형적 형태와 문법적 결합의 특성을 가지고 있다고 내세웠다. 여기에서 그들이 주장한 바는 결국에 여러 언어들의 문법적 구조와 어휘가 대단히 다양한 것은 분명하지만, 각 언어의 어휘적 및 문법적 핵심체는 상호 동상적인 것이다라는 것이었다. 이런 공통의 핵심체를 그들은 「자연적 의미상의 메타언어」라고 부르기도 했다. (Ibid, p.136)

이런 식의 의미론 연구는 미국의 Jackendoff와 러시아의 Zholkovsky 등에 의해서도 이루어졌다. 예컨대 Jackendoff는 내재적 기본 개념의 범주로 사물, 사건, 상태, 행동, 장소, 통로, 자산과 양등을 내세운 다음에 이들에 의해서 여러 언어들의 의미적 표현체를 기술해 보였고, Zholkovsky는 「의미적 언어」라는 메타 언어를 가지고서 하는 것이 자연언어의 의미조직을 분석하는 데 최선의 방법이라고 주장했었다. Chomsky는 물론 이런 식의 의미론의 발전을 순전히 귀납주의적인 연구법에 의한 것이기에 특별히 가치를 부여할 만한 것이 못된다고 볼지도 모른다. 그러나 Wierzbicka와 Jackendoff, Zholkovsky 등이 그런 의견에 동의할 리가 없다. 결국에 언어연구에서 어떤 연구법이 쓰이는 것이 바람직한 일이냐에 대한 논쟁은 아직 끝이 난 것이 아니다.

그의 과학이론의 한계성 중 두 번째로 내세울 수 있는 것은 언어능력 대 언어수행 간의 구분과, 이상적 언어사용자 대 사실적 언어사용자 간의 구분을 언어연구의 필수적인 조건으로 내세움으로써 마치 이런 허구적인 구분이 실제로 가능한 것 같은 가정을 세우고 있다는 점이다. Tomalin(2006)은 최근에 「언어학과 형식과학 : 생성문법의 기원(Linguistics and the formal sciences : the origins of generative grammar)」에서 Chomsky의 문법이론은 19세기 이후의 논리학이나 수학과 같은 형식과학의 발달이 가져다준 하나의 부산물이라고 보고 있는데, 그의 견해가 맞다면 결국에 Chomsky는 언어학을 일종의 형식과학으로 만들려다 보니까 언어를 우선 이런 식으로 일종의 기호적 추상체로 변형시키게 된 것이다.

그런데 귀납주의자의 입장에서 볼 것 같으면 일정한 공리를 설정한 다음에 연역적 절차로 분석을 해나가는 방법이 과연 언어와 같이 하나의 사실이나 현상으로 드러나게 되어있는 대상을 연구하는 데도 최선의 방법이 될 수 있겠느냐에 대해서 회의를 느끼지 않을 수가 없을 것이다. 먼저 그들은 실제로는 관찰이나 실험과 같은 방법에 의해서 일정한 자료가 수집되지 않고서는 어떤 가설이나 공리도 설정될 수 없다는 점을 강조할 것이다. 그 다음으로 그들은 연역적 방법의 핵심부는 설정한 가설을 반증절차를 통하여 수정해가는 과정인데, 관찰된 자료의 뒷받침 없이 어떻게 이런 일이 이루어질 수 있느냐고 물을 것이다.

그의 과학이론의 한계성 중 세 번째로 지적할 수 있는 것은 언어지식은 일종의 내재적 지식이기에 그것을 파악하는 데는 마땅히 직관적인 방법이 쓰여야 된다고 본 점이다. 물론 귀납주의자들도 직관적인 방법은 일종의 하향적인 방법이어서 상향적인 방법보다 한 차원 높은 방법임을 인정한다. 그러나 이런 방법에 의해서 얻어진 지식이 언제나 맞는 것은 아니어서, 그것 뒤에는 얻어진 지식의 진실여부, 즉 객관적 타당성을 검증할 귀납주의적 방법이 따라야 된다. 더 나아가서 귀납주의자의 입장에서 보자면 언어지식과 같은 내재적 지식이 과연 철학자들이 말하는 인간의 본성적 지식과 같은 것일 수 있느냐도 문제가 될 수 있다.

이 학문에서 다루어질 주제 중 그 다음으로 비중 있게 다루어질 것은 언어관일 것이다. 어떤 의미에서는 이 주제가 첫 번째 것보다 더 중요하다고 볼 수가 있는데, 그 이유는 지난날의 언어이론적 논쟁은 Saussure의 음운론 중심적인 것 대 Chomsky의 통사론 중심적인 것 사이의 싸움이었기 때문이다. 물론 과학의 목적을 어떤 실체의 본질적 특성을 제대로 설명할 수 있는 이론이나 원리를 찾는 것으로 치자면 언어학에서 그것을 달성할 수 있는 최선의 방법은 통사론을 연구의 대상으로 삼는 것이라는 Chomsky의 생각이 틀린 것은 아니다.

그리고 무엇보다도 중요한 사실은 그의 지난 몇 십 년 동안의 연구업적이 그의 이런 입장을 익히 정당화하고 있다는 점이다. 예컨대 그는 통사론 중심의 연구를 통해서 역사상 어떤 언어학자도 내세울 수 없었던 다양한 이론들, 즉 보편문법의 내재론을 기반으로 한 언어습득이론을 비롯하여, 문장생성의 핵심적 기구는 통사적 기구이고 음운과 의미적 기구는 해석적 기구에 불과하다는 언어모형론, 심층구조에서의 기본문이 표층구조에서 변형문으로 바뀌는 데는 이동과 병합의 절차가 순환적으로 적용된다는 변형이론, 보편문법은 몇 가지 원리와 매개변인으로 이루어져 있다는 보편문법 이론, 언어는 일종의 특별한 유전자적 돌연변이에 의하여 10만 년 전쯤에 생겨났다는 언어기원설, 문법적 조작은 일종의 컴퓨터적 연산작업이라는 인지이론, 언어기구는 두뇌의 산물이라는 생물언어학 이론 등을 내세울 수 있었다.

그러나 건전한 언어이론가라면 궁극적으로 언어는 다면적인 기구인데다가 그것의 기능도 인간의 능력만큼이나 다양하기 때문에 통사론에 대한 연구만으로는 그것의 전체적인 모습이나 본질적인 실체가 밝혀질 수가 없다는 것을 모를 리가 없다. 따라서 앞으로 생겨날 이론 언어학에서는 좁게는 순수언어학의 지금의 현황의 한계성을 확인한다는 목적에서이고, 넓게는 여러 분야에서의 응용언어학의 발전 가능성을 내다본다는 목적에서 언어연구의 다변화의 필요성이 강조될 것이 분명하다.

먼저 첫 번째 목적에서 살펴볼 것 같으면 순수언어학은 현재 통사론에서 멈춰서 있는 셈이니까, 그것의 앞길에는 의미론과 화용론이라는 큰 과제가 남아있다고 볼 수가 있다. 그런데 큰 맥락에서 볼 것 같으면 통사론의 시대에 이르러 이런 정지의 현상이 언어학에서 일어나게 된 것은 너무나 당연한 귀취라고 볼 수가 있는데, 그 이유는 일단 화용론의 시대에 들어서게 되면 필연적으로 그동안에 내세웠던 언어이론이나 연구방법론과는 정반대의 것들이 나타나게 되기 때문이다. Mey(2006)가 이런 변화를 「화용론적 전환」이라고 부르고 있다는 사실 하나만으로써 화용론으로의 진입이 얼마나 전언어학적인 사건인가 하는 것을 익히 알 수가 있다.

그 동안의 언어연구를 언어기반적인 것으로 치자면 화용론적 언어연구는 언어사용자 중심의 것이다. 다시 말해서 그 동안의 언어학에서는 언어를 인간과는 무관한 하나의 추상적 기구로 다루었는데 반하여, 화용론적 언어연구에서는 인간과의 관계 속에서의 언어, 즉 언어사용의 현장에서의 언어를 다루게 된다. Mey의 말을 그대로 빌리자면 「언어학에서의 화용론적 전환은 이론적 문법(특히 통사론)의 패러다임으로부터 언어사용자의 패러다임으로의 추이」로 볼 수가 있는데, 이런 혁명적 변화가 실제로 일어나게 되는 가능성이 있는지나 만약 있다면 그 시기가 과연 언제일지는 아직 몰라도, 그것에 대비해서 이론적 준비 작업을 한다는 것은 바람직한 일이다. (Ibid, p.59)

그 다음으로 두 번째 목적에서 살펴볼 것 같으면 Chomsky의 공로로 20세기 후반부터는 순수언어학과 응용언어학이 병진적으로 발달되는 현상이 일어나게 되었는데, 그가 최근에 특별히 강조하고 나선 것은 바로 생물언어학의 출현의 필요성이다. 일찍이 Hjelmslev(1943, 1961)가 언어학의 궁극적 목적을 「인간성과 보편성」의 구명으로 잡았듯이, 그도 언어학의 궁극적 목적을 그렇게 철학적인 것으로 잡았는데, 그 차이점은 그는 언어학을 뇌과학과 융합시켰을 때만 그런 목적이 달성될 수 있다고 본 점이다.

그런데 그가 제안하는 생물언어학은 좋게 말해서 융합이지 실제로는 언어학적 이론을 정당화시키는 데 생물학을 이용하고 있다는 비판이 나올 수 있을 정도로 일방적인 성격의 학문이 될 위험성이 없는 것도 아니다. 또한 그는 언어학의 우월성을 드러내려다 보니까 종전까지는 언어학이 심리학과 인지과학의 모형이 될 수 있다고 내세우더니, 지금에 와서는 드디어 그것이 생물학의 모형이 될 수 있다고까지 생각하게 되었다는 비판을 받을지도 모른다. 그 이유는 한 마디로 말해서 생물학이나 뇌과학의 수준이 그의 언어이론의 타당성을 검증할 수 있는 데까지 도달해있지 않기 때문이다.

그렇지만 과거에 심리언어학이나 인지과학이 그랬듯이 그의 당돌한 제안이 생물학과 언어학의 융합체인 생물언어학의 출범의 계기가 될 것이 분명하다. 그는 특히 이런 학문이 필요한 것은 인간의 본성이나 언어의 본질과 같은 궁극적인 과제는 인문학과 자연과학을 하나로 통섭시켰을 때만 제대로 다루어질 수 있기 때문이라고 보았다. 그는 이런 범학문적인 견해를 「언어/정신/두뇌」라는 등식으로 나타냈다. 또한 그는 아마도 오랜 기간에 걸쳐서 전 학계에서 미해결의 과제로 남겨져 있던 언어기원의 문제도 결국에는 여기에서 판결이 날 수 있는 것이라고 생각할 텐데, 그 이유는 지금까지 그는 끈질기게 반진화론적인 언어기원론을 주장해왔기 때문이다.

3) 기여성

이렇게 어려움이 클 것이 익히 예측될 수 있음에도 불구하고 이 학문의 출현을 기대하게 되는 것은 누구라도 쉽게 그것으로부터 크게 다음과 같은 세 가지의 이점을 얻을 수 있을 것이라고 생각 할 수 있기 때문이다. 첫 번째로 이렇게 되면 언어학의 발전이 크게 빨라지게 될 것이다. 이론 언어학에서 언어학의 지금의 현황을 분석한 다음에 앞으로의 그것의 바람직한 발전방향을 제시하게 될 테니까, 그만큼 발전의 속도가 빨라지게 될 것이다. Chomsky가 말하는 최선의 과학적 연구방법이란 결국에 그로 인하여 언어학이 최선의 과학으로 바뀌게 되는 방법인 것이다.

두 번째로 이렇게 되면 언어학의 위상이 한층 높아져서 그것이 주변

학문들을 주도해가는 현상이 나타나게 될 것이다. 솔직히 말해서 Chosmky의 언어이론의 등장과 함께 이런 현상이 이미 나타나기 시작했다고 볼 수가 있으니까, 이 학문의 출현으로 결국에는 언어학 주도의 이런 현상이 가속화될 수 있다고 볼 수가 있다. 또한 이와 동시에 다양한 종류의 응용언어학이 생겨나는 현상도 일어날 수가 있다. 세 번째로 이렇게 되면 넓은 의미에서의 언어학은 과학이론의 발전에도 적지 않게 기여를 하게 될 것이다. 특히 이렇게 되면 어떤 것이 최선의 과학적 연구방법인가에 대한 논의를 언어학자들이 이끌어 갈 수가 있을 것이다. 한 마디로 말해서 이렇게 되면 언어학은 최선의 과학적 학문의 한 모형으로 군림할 수 있을 것이다.

■ 참고문헌

Akamatsu, T. 2010. Phonemics. In Malmkjar, K.(ed.), The Routledge Linguistics Encyclopedia. London: Routledge.

Amsler, M. 2008. Linguistic theory in the later middle ages. In Brown, K.(ed.), Encyclopedia of language & linguistics. Vol. 7. N.Y.: Elsevier.

Anderson, J., Dawson, H., and Joseph, B. 2010. Historical linguistics. In Malmkjar, K.(ed.), The Routledge Linguistics Encyclopedia. London: Routledge.

Barthes, R. 1964, 1967. Elements de semiologie. Lavers, A. and Smith C. (trans). Elements of semiology. London: Cape

_____. 1973. Mythologies. Lavers, A.(trans). London: Paladin.

_____. 1974. S/Z Howard, R.(trans). Oxford: Blackwell.

_____. 1979. Image-Music-Text. Heath, S. (trans). N.Y.: Hill & Wang.

Benett, D. 2003. Stratificational grammar. In Frawley, W.(ed.), International Encyclopedia of linguistics. 2nd. Ed. Vol. 4. Oxford: Oxford univ. Press.

Benveniste, E. 1966, 1971. Problemes de linguistique generale. Vol. 1. Paris: Gallimand. Meek, M.(trans) Coral Gables: Univ. of Miami Press.

Blackburn, S.(ed.). 2008. Oxford Dictionary of Philosophy. Oxford: Oxford univ. Press.

Bloomfield, L. 1933. Language. N.Y.: Holt.

Boeckx, C. 2006. Linguistic minimalism: origins, concepts, methods, and aims. N.Y.: Oxford univ. Press.

_____. 2010. Language in cognition. N.Y.: Wiley-Blackwell.

Boskovic, T. and Lasnik, H.(eds), 2007. Minimalist Syntax. Oxford: Blackwell Publishing.

Bresnan, J. 2000. Optimal syntax. In Dekkers, J., Van der Leeuw, F. & Van de Weijer, J.(eds), Optimality Theory : phonology, syntax and acquisition. Oxford: Oxford univ. Press.

Brown, K. 2010. Generative grammar. In Malmkjar, K.(ed.), The Routledge

Linguistic Encyclopedia. London: Routledge Group.

Burke, T. 1988. Science as a conjecture and refutation. In Parkinson, G.(ed.), An Encyclopedia of Philosophy. London: Routledge.

Bursill-Hall, G. 1994. Linguistic Theory in the later middle ages. In Asher R.(ed.), The Encyclopedia of language and linguistics. Vol. 4. Oxford: Pergamon Press.

Callaghan, G. and Lavers, G. 2006. Logic and Language. In Barber, A. and Stainton, R.(eds), Concise Encyclopedia of philosophy of language and linguistics. N.Y.: Elsevier.

Canvalho, J. 2006. Barthes, Roland. In Bonchert, D.(ed.), Encyclopedia of philosophy. Vol. 1. N.Y. Thomson Gale.

Chapman, S. and Routledge, C.(eds), 2005. Key thinkers in linguistics and the philosophy of language. Oxford: Oxford univ. Press.

Chomsky, N. 1955. The Logical Structure of Linguistic Theory. mineogragh. MIT Library.

_____. 1962. Syntactic Structures. Mouton & Co.

_____. 1964. Current Issues in Linguistic Theory. The Hague: Mouton & Co.

_____. 1965. Aspects of the Theory of Syntax. Cambridge, MA: MIT Press.

_____. 1966. Cartesian Linguistics. N.Y.: Harper & Row.

_____. 1968. Language and mind. N.Y.: Harcourt Brace Jovanovich, Inc.

_____. and Halle, M. 1968. The Sound Pattern of English. N.Y.: Harper & Row.

_____. 1975. Reflections on Language. N.Y.: Pantheon Books.

_____. 1977. Language and Responsibility. N.Y.: Pantheon Books.

_____. 1980. Rules and Representations. N.Y.: Columbia univ. Press.

_____. 1982. Lectures on Government and Binding: The Pisa Lectures. Holland: Foris Publications.

_____. 1986(a). Knowledge of Language: Its Nature, Origin, and Use. N.Y.: Praeger Publishers.

_____. 1986(b). Barriers. Cambridge, MA: MIT Press.

_____. 1989. Some notes on economy of derivation and representation. MIT Working papers linguistics 10.

_____. 1993. A minimalist program for linguistic theory. In Hale, K. and Keyser, S.(eds), The view from Building 20 : Essays in linguistics in honor of Sylvian Bromberger. Cambridge, MA: MIT Press.

_____. 1995. The Minimalist Program. Cambridge, MA: MIT Press

_____. 2001. Derivation by phase. In Kenstowicz, M.(ed.), Ken Hale: a life in language. Cambridge, MA: MIT Press

_____. 2002. On Nature and Language. Cambridge: Cambridge univ. Press.

_____. 2005. Three factors in language design. Linguistic Imquiry, Vol. 36, No. 1.

Clark, E. 2003. First Language Acquisition. Cambridge: Cambridge univ. Press.

Cobley, P. 2006. Saussure : Theory of the sign. In Brown, K.(ed.), Encyclopedia of language & linguistics Vol. 10. N.Y.: Elsevier.

Collinge, N. 1994. Historical linguistics : History. In Asher, R. and Simpson, G.(eds), The Encyclopedia of language and linguistics. Vol. 3. N.Y.: Pergamon Press.

Derrida, J. 1967. De la grammatologie. Spivak, G.(trans). Baltimone: Johns Hopkins Univ. Press.

Dixon, R. 2010. Basic linguistic theory (3Vol.). Oxford: Oxford univ. Press.

Ducrot, O. and Todorov, T. 1972. Dictionnaire Encyclopedia des sciences du language. Paris: Editions du seuil. 강금순 등 (역). 기호학 사전. 1990. 서울: 우석

Fauconnier, G. 1994. Mental spaces: Aspects of meaning construction in natural language. Cambridge: Cambridge univ. Press.

Fehr, J. 1997. F, de Saussure: linguistique et sémiologie. 최용호 (역), 소쉬르: 언어학과 기호학 사이, 서울: 인간사랑.

Fillmore, C. 1968. The Case for Case. In Bach, C. and Harms, R.(eds). Universals in linguistic Theory. N.Y.: Holt, Rinehart & Winston.

Fischer-Jorgensen, E. 2010. Glossmatics. In Malmkjar, K.(ed.), The Routledge Linguistics Encyclopedia. London: Routledge.

Fitch, T., Hauser, M., and Chomsky, N. 2005. The Evolution of the language faculty: clarifications and implications. Cognition 97.

Fox, A. 2006. Historical and Comparative linguistics in the 19th century. In Brown, K.(ed.), Encyclopedia of language and linguistics. Vol. 5. N.Y.: Elsevier.

Fudge, E. 1994. Glossmatics. In Asher, R.(ed.), The Encyclopedia of language and linguistics. Vol. 3. N.Y.: Pergamon.

_____. 2006. Glossmatics. In Brown, K.(ed.), Encyclopedia of language and linguistics. Vol. 5. N.Y.: Elsevier.

Green, M. 2010. Assertion. In Barber, A. and Stainton, J.(eds), Concise Encyclopedia of philosophy of language and linguistics. N.Y.: Elsevier.

Greimas, A. 1966, 1983. Structural Semantics: an attempt at method. McDowell, D., Schleifer, R. and Velie, A.(trans), London: Univ of Nebraska Press.

Grice, H. P. 1975. Logic and Conversation. In Cole, P. and Morgan, L.(eds), Syntax and Semantics, Vol. 3. N.Y.: Academic Press.

Hale, K. 1978. On the Position of Walbiri in a typology of the base. Mimeograph. MIT.

Harris, R. 1987. Reading Saussure: a critical commentary on the Cours de linguistique generale. London: Duckworth.

_____. 1988. Language, Saussure and Wittgenstein: How to play games with words. London: Routledge. 고석주 (역), 소쉬르와 비트겐슈타인의 언어. 서울: 보고사.

_____. 2001. Linguistics after Saussure. In Cobley, P.(ed.), The Routledge companion to semiotics and linguistics. London: Routledge.

_____. 2003. Saussure and his interpreters. Edinburgh: Edinburgh univ. Press.

_____. 2006. Modern Linguistics: 1800 to the present day. In Barbler, A. and Stainton, R.(eds), Concise Encyclopedia of philosophy of language and linguistics. N.Y.: Elsevier.

_____. 2009. Rationality and the Literate Mind. N.Y.: Routledge.

Hjelmslev, L. 1943, 1961. Prolegomena to a Theory of Language. Whitfield, F.(trans). Madison, Wisc. : Univ of Wisconsin Press.

Hockett, C. 1942. A system of descriptive phonology. Language 18.

Hookway, C. 2010a. Formal logic and modal logic. In Malmkjar, K.(ed.), The

Routledge Linguistic Encyclopedia. London: Routledge.

_____. 2010b. Formal semantics. In Malmkjar, K.(ed.), The Routledge Linguistic Encyclopedia. London: Routledge.

Husserl, E.1968. Logische Untersuchungen. Niemeger: Tubinge.

Jackendoff, R. 1983. Semantics and Cognition. Cambridge, MA: MIT Press.

_____. 2002. Foundations of Language. Oxford: Oxford univ. Press.

_____. and Pinker, S. 2005. The Nature of evolution of language. Cognition 97.

Jakobson, R. Fant, C. & Halle, M. 1963. Preliminaries to speech analysis. The distinctive features and their Correlates. Cambridge, Mass: MIT Press.

_____. 1968. Child language, Aphasia and Phonological Universals. Keiler, A.(trans), The Hague: Mouton

_____. 1971. Fundamentals of language. Mouton: The Hague:

Joseph, J. 1994. Saussurian tradition in 20th century linguistics. In Asher R.(ed.), The Encyclopedia of language and linguistics. Vol. 7. N.Y.: Pergamon Press.

Kemp, J. 1994. Phoneme. In Asher R.(ed.), The Encyclopedia of language and linguistics. Vol. 6. Oxford: Pergamon Press.

Kempson, R. 1988. Grammar and Conversational Principles. In Linguistics: The Cambridge Survey Vol. II. Cambridge: Cambridge univ. Press.

Koerner, E. 2006(a). Historiography of linguistic. In Brown, K.(ed.). Encyclopedia of language and lingustics. Vol. 5. N.Y.: Elsevier.

_____. 2006(b). Saussure, Ferdinand de. In Brown, K.(ed.). Encyclopedia of language and lingustics. Vol. 10. N.Y.: Elsevier.

Kuhn, T. 1962. The Structure of Scientific revolutions. Chicago: Chicago univ. Press.

Lakoff, G. and Johnson, M. 1980. Metaphors We live by. Chicago: The Univ. of Chicago Press.

_____. 1987. Women, fire and dangerous things: What categories reveal about the mind. Chicago: Univ of Chicago Press.

Lamb, S. 1966. Outline of stratificational grammar. Washington D.C., Georgetown Univ. Press.

_____. 1999. Pathways of the Brain: The neurocognitive basis of language. Amsterdam and Philadelphia: John Benjamins.

Langacker, R. 2006. Cognitive grammar. In Brown, K.(ed.). Encyclopedia of language and linguistics. Vol. 2. N.Y.: Elsevier.

_____. 2008. Cognitive grammar: a basic introduction. Oxford: Oxford univ. Press.

Larsen, S. 1994. Semiotics. In Asher R.(ed.), The Encyclopedia of language and linguistics. Vol. 7. N.Y.: Pergamon Press.

Lasnik, H. 2006. Minimalism, In Brown, K.(ed.). Encyclopedia of language and linguistics. Vol. 8. Oxford: Elsevier.

Leff, M. and Velasco, A. Rhetoric. 2010. In Malmkjar, K.(ed.), The Routledge Linguistic Encyclopedia. N.Y.: Routledge.

Legendre, G. 2003 Optimality Theory: Syntax. In Frawley. W.(ed.). International Encyclopedia of Linguistics 2nd Edition. Vol. 3. Oxford: Oxford Univ. Press.

Levi-Strauss, C. 1977. Structural Anthropology. Jacobson, C. and Grundfest Schoepf, B.(trans). Harmondworth: Penguin.

Malcolm, N. 2006. Wittgenstein, L. In Borchert, D.(ed.), Encyclopedia of philosophy. Vol. 9. N.Y.: Thomson Gale.

Malmkjar, K. 2010. History of grammar. In Malmkjar, K.(ed.), The Routledge Linguistics Encyclopedia. London Routledge.

Mautner, T. 2002. The Penguin Dictionary of Philosophy. N.Y.: Penguin Books.

Mey, J. 2006. Pragmatics: Overview. In Brown, K.(ed.). Encyclopedia of language and linguistics. Vol. 10. N.Y.: Elsevier.

Morris, C. 1938. Foundations of the theory of signs. Chicago: University of Chicago Press.

Murphy, J. 2006. Rhetoric: History. In Brown, K.(ed.). Encyclopedia of language and linguistics. Vol. 10. N.Y.: Elsevier.

Newmeyer, F.(ed.). 1988. Linguistics : The Cambridge Survey. Vol. I ~ Vol. IV. Cambridge: Cambridge Univ. Press.

Ogden, C., and Richards, I. A. 1949. The Meaning of meaning.(2nd ed.).

London: Routledge and Kegan Paul.

Ostertag, G. 2009. Definite and Indefinite Descriptions, In Allen, K.(ed.). Concise Encyclopedia of Semantics. N.Y.: Elsevier.

Pinker, S. and Jackendoff, R. 2005. The faculty of language: what's special about it?. Cognition 95.

Popper, K. 1972. The logic of scientific discovery. London: Hutchinson.

Prince, A. and Smolensky, P. 1993. Optimality Theory: Constraint Interaction in Generative Grammar. Ms. Rutgers University and University of Colorado at Boulder.

_____. 2003. Optimality Theory: Phonology. In Frawley. W.(ed.). International Encyclopedia of Linguistics 2nd Edition. Vol. 3. Oxford: Oxford Univ. Press.

Proudfoot, M. and Lacey, A. 2010.(eds), The Routledge Dictionary of Philosophy. 4th Edition. London: Routlegde Taylor & Francis Group.

Rumelhart, D. and McClelland, J. 1986. On learning the past tenses of English verbs. In Rumelhart, D., McClelland, J. and the PDP Research Group.(eds). Parallel Distributed Processing. Vol. 2. Cambridge, MA: MIT Press.

Ricoeur, P. 1975. The Rule of Metaphor: Multi-disciplinary Studies in the Creation of Meaning in Language. Czerny, R. and McLaughlin, K., Costello, J.(trans). 1978. London: Routledge and Kegan Paul.

Risser, J. 1998. Barthes, Roland. In Craig, E.(ed.). Routledge Encyclopedia of Philosophy. Vol. 1. Routledge.

Robins, H. 1967. A Short history of linguistics. London: Longman

_____. 1973. Ideen und Problemgeschichte der Sprachwissenschaft. 박수영 (역). 2004. 언어학의 사상사. 서울: 역락.

Roeper. T. 1988. Grammatical Principles of First Language Acquisition. In Linguistics: The Cambrigde Survey Vol. II. Cambridge: Cambridge Univ. Press.

Sanford, A. 2009. Coherence: Psycholinguistic Approach. In Allen, K.(ed.). Concise Encyclopedia of Semantics. N.Y.: Elsevier.

Saussure, F. de. 1916, 1959. Course in General Linguistics.(ed.). Bally, C. and

Sechehaye, A.(trans). Baskin, W. N.Y.: Philosophical Library.

_____. 1940. Cours de linguistique générale. 小林英未역 東京:

_____. 1983. Course in General Linguistics. Harris, R.(trans). London: Duckworth.

Saxton, M. 2010. Child Language: Acquisition and Development. Los Angeles: Sage.

Sells, P. 2006. Optimality-Theoretic Lexical-Functional Grammar. In Brown, K.(ed.), Encyclopedia of language & linguistics. Vol. 9. N.Y.: Elsevier.

Seuren, P. 2006. Aristotle and Linguistics, In Barber, A. and Stainton, R.(eds). Concise Encyclopedia of Philosophy of Language and Linguistics. N.Y.: Elsevier.

Simpson, T. 2006. Innate Knowledge, In Barber, A. and Stainton, R.(eds). Concise Encyclopedia of Philosophy of Language and Linguistics. N.Y.: Elsevier.

Sperber, D. and Wilson, D. 1986. Relevance: Cognition and Communication. Oxford: Blackwell.

Talmy, L. 2001. Toward a Cognitive Semantics. Vol. Ⅰ, Ⅱ. Cambridge, MA: MIT Press.

Togeby, K. 1951. Structure immanente de la langue française. Paris : Larousse.

Tomalin, M. 2006. Linguistics and the Formal Sciences the Origins of Generative Grammar. Cambrigde: Cambrigde Univ. Press.

Tomasello, M. 2003. Constructing a Language. Cambrigde MA: Harvard Univ. Press.

Uldall, H. 1957. An Outline of Glossmatics, Part 1. General Theory. Nordisk Sprogog Kulturforlag, Copenhagen.

Uriagereka, J. 1999. Multiple Spell-out. In Epstein, S. and Hornstein, N.(eds), In working minimalism. Cambridge MA: MIT Press.

Walmsley, J. 2006. Chomsky, Noam. In Brown, K.(ed.), Encyclopedia of language & linguistics. Vol. 2. N.Y.: Elsevier.

Waugh, L. and Hume, E. 2003. European Structuralist Phonology. In Frawley, W.(ed.). International Encyclopedia of Linguistics 2nd Edition. Vol. 3. Oxford: Oxford Univ. Press.

Wierzbicka, A. 2006. Semantic primitives, In Brown, K.(ed.), Encyclopedia of language & linguistics. Vol. 11. N.Y.: Elsevier.

김니혜 (역). 1990. 소쉬르학파. Ducrot, O. and Todorov, T.(eds). Encyclopedia dictionary of the sciences of language. (기호학 사전). 서울: 우석

原口廣輔, 中村捷. 編著. 1992. 촘스키 언어학사전. 강명윤 (역). 서울: 한신문화사.

大塚高信, 中島文雄 (共編). 1982. 新英語學辭典. 東京: 硏究社.

田中春美(編). 1988. 現代言語學辭典. 東京. 成美當.